LES ORIGINES

INDO-EUROPÉENNES

OU LES

ARYAS PRIMITIFS

ESSAI DE PALÉONTOLOGIE LINGUISTIQUE

PAR

ADOLPHE PICTET

PREMIÈRE PARTIE

PARIS

JOËL CHERBULIEZ, LIBRAIRE

10, RUE DE LA MONNAIE, 10

MÊME MAISON, A GENÈVE

1859

LES ORIGINES

INDO-EUROPÉENNES

OU LES

ARYAS PRIMITIFS

ESSAI DE PALÉONTOLOGIE LINGUISTIQUE

SAINT-DENIS. — TYPOGRAPHIE DE A. MOULIN

LES ORIGINES

INDO-EUROPÉENNES

OU LES

ARYAS PRIMITIFS

ESSAI DE PALÉONTOLOGIE LINGUISTIQUE

PAR

ADOLPHE PICTET

PREMIÈRE PARTIE

PARIS

JOËL CHERBULIEZ, LIBRAIRE

10, RUE DE LA MONNAIE, 10

MÊME MAISON, A GENÈVE

1859

AVANT-PROPOS

Le travail dont je soumets ici la première partie à l'appréciation des juges compétents, est le résultat de recherches poursuivies pendant bien des années, et, s'il répondait au labeur qu'il m'a coûté, il devrait avoir quelque valeur. C'est là, sans contredit, l'opinion que j'en ai moi-même, puisque je me décide à le publier. Mais, tout en l'estimant utile au progrès de la science, je sens trop tout ce qu'il y manque encore, pour le considérer autrement que comme un premier essai de ce que j'appelle une *paléontologie linguistique*.

Je dis un premier essai, sans prétendre toutefois au mérite de l'invention. L'idée de remonter aux origines des choses humaines par le secours des langues n'est point nouvelle, et Crawfurd déjà, dans son bel ouvrage sur l'Archipel indien, en a fait une heureuse application pour rechercher quel a été l'état de culture primitive de la grande race malaie. Il est certain, cependant, que les tentatives de ce genre n'ont acquis une base solide que depuis les progrès récents de la philologie comparée. Ce n'est qu'à dater des beaux travaux de Grimm pour les langues germaniques, et de Bopp pour les idiomes indo-européens, que l'exécution d'une paléontologie arienne est devenue possible ; et c'est dès lors aussi que les questions qu'elle soulève ont commencé à fixer l'attention. Les ouvrages même de ces deux maîtres de la science nouvelle renferment, sous ce rapport, une foule d'indications précieuses, et les matériaux de l'œuvre future s'accroissent chaque jour par les recherches actives de l'école qu'ils ont fondée. Je n'ai qu'à rappeler, entre beaucoup d'autres, les noms de Pott, de Benfey, de Kuhn, d'Aufrecht, de Weber, de Max Müller, etc., pour faire comprendre toute la valeur de ces travaux préparatoires qui m'ont offert de puissants secours. Réunir, et compléter selon mes forces, l'ensemble des résultats obtenus, tel est le but que je me suis proposé.

Tout en consultant, et toujours avec fruit, ces guides expérimentés, j'ai cependant suivi ma propre route, au risque de m'égarer quelquefois. Pour explorer des régions inconnues, il faut bien que les chercheurs ne craignent pas de s'aventurer dans des directions diverses. J'ai eu soin constamment, et aussi bien que je l'ai pu, de motiver mes conclusions; mais, à peu d'exceptions près, je me suis abstenu de polémique contre les vues dissidentes, en laissant à d'autres le soin d'un futur arbitrage. Il y a place pour tous au travail préliminaire de l'étude des faits. Il faut que le minerai sorte de la terre avant d'être purifié, et si les mineurs se querellent entre eux, la besogne n'avancera guère.

Recomposer pièce à pièce, et par l'analyse de mots souvent énigmatiques, l'ensemble de la vie d'un peuple préhistorique, est une œuvre laborieuse et pleine de détails arides; et cependant une sorte de poésie intrinsèque s'attache encore pour nous à chacun de ces débris d'un monde primitif. C'est ce qui fait tout à la fois le charme et le danger de cet ordre de recherches, et il faut se défendre de l'imagination comme d'un guide fallacieux. De là la forme un peu sévère imposée à tout travail d'investigation préliminaire. Lorsque le champ des faits aura été exploré plus à fond, et alors seulement, on pourra tenter de faire revivre le passé dans des tableaux animés de l'esprit des anciens âges, de même que la paléontologie terrestre a cherché à nous retracer quelques-unes des scènes du monde antédiluvien.

Il me reste à rendre compte du mode de transcription que j'ai adopté pour éviter l'emploi de caractères étrangers. J'ai cherché un système de transcription assez simple pour ne pas embarrasser le lecteur, sans compromettre le degré nécessaire d'exactitude. L'alphabet universel, proposé récemment par Lepsius, répond sous ce dernier rapport à tout ce que l'on peut exiger, et mériterait d'être appliqué généralement ; mais, pour un ouvrage du genre du nôtre, on peut se contenter d'un système moins parfait.

Les caractères qui n'ont subi aucune modification conservent leur prononciation ordinaire. Je dois remarquer seulement que le *ch*, dans les mots slaves, persans et sémitiques, équivaut au *ch* guttural allemand, et que le *j*, en zend, en persan, en ancien slave et en russe, doit se prononcer comme en français, ou comme le *ż* du lithuanien et du polonais. En illyrien, il conserve la valeur de la semi-voyelle germanique, ou du *y* sanscrit. Les aspirées sanscrites *kh*, *gh*, *th*, *dh*, *ph*, *bh*, ont le son de la consonne simple suivi d'une légère aspiration. La voyelle *u* représente partout le son *ou*, et non pas l'*u* français, exprimé par *ü*.

Les voyelles de transcription sont les suivantes :

L'*ã*, *ẽ*, *ĩ* (prononcez *on*, *in*, à la française) remplacent les voyelles nasales de l'ancien slave, du polonais et du lithuanien. Toutefois, dans cette dernière langue, l'*ẽ* équivaut aussi souvent à un *ē* long.

L'*ĭ* bref figure le *jer* slave, et l'*ŭ* très-bref le *jerr* de la même langue et du russe, où il est devenu tout à fait quiescent. L'*ĕ* représente en zend un son analogue, et semblable à celui de notre *e* muet.

Le *ṛ* et *ṝ* sanscrit se prononcent comme *ri*, avec une légère nuance entre la brève et la longue. Les grammairiens indiens les considèrent comme des voyelles.

Les *palatales* sont figurées par *ć* et *ǵ* (prononcez *tch*, et *dj*), *ćh*, *gh*, partout où elles sont en usage. Cependant le *ć* final polonais n'est pas une palatale, et tient la place du *ti* slave.

Les *cérébrales*, qui sont propres au sanscrit, sont représentées par *ṭ*, *ḍ*, *ṭh*, *ḍh*, avec leur nasale *ṇ*.

Je n'ai pas jugé nécessaire de distinguer aussi par des signes particuliers les diverses classes de nasales du sanscrit, et j'écris indifféremment *ank*, *anć*, *ant*, etc. Toutefois, j'ai rendu l'*anusvara* par *ñ*, qui remplace aussi l'*n* zend dans certaines positions.

Pour les *sibilantes*, je remarque que le *sh* représente notre *ch* français, et que le *z* conserve partout sa prononciation douce, excepté dans les mots germaniques.

J'ajouterai que, pour la transcription des termes persans et arabes, j'ai suivi, quant aux voyelles, la méthode de Johnson, qui est de rendre l'orthographe sans égard à la prononciation actuelle, très-variable suivant les dialectes. Ainsi je mets partout l'*a* bref au lieu de l'*e* qui prévaut souvent dans le langage parlé. Ces légères nuances n'ont d'ailleurs aucune importance pour les recherches comparatives.

J'ai cité les mots sanscrits sous la forme du thème pour les noms, et de la racine pour les verbes; mais j'ai laissé le suffixe du nominatif dans les mots européens, et les verbes sont mis, soit à l'infinitif en persan, en germanique, en cymrique et en lithuano-slave, soit à la première personne du présent en grec, en latin et en irlandais. J'ai cru devoir suivre en cela l'usage des lexiques de chaque langue.

Les linguistes reconnaîtront, j'espère, que j'ai puisé aux meilleures sources pour assurer la correction des éléments de comparaison ; mais, éloigné que je suis du secours des grandes bibliothèques, je n'ai pu être toujours aussi complet que je l'aurais désiré.

Voilà pour les observations de détail. L'introduction qui suit renferme l'exposition des vues générales qui m'ont dirigé, et de la méthode que j'ai cherché à suivre pour arriver à des résultats fructueux.

INTRODUCTION

§ 1. — NATURE ET BUT DE L'OUVRAGE.

A une époque antérieure à tout témoignage historique, et qui se dérobe dans la nuit des temps, une race destinée par la Providence à dominer un jour sur le globe entier, grandissait peu à peu dans le berceau primitif où elle préludait à son brillant avenir. Privilégiée entre toutes les autres par la beauté du sang, et par les dons de l'intelligence, au sein d'une nature grandiose mais sévère, qui livrait ses trésors sans les prodiguer, cette race fut appelée dès le début à conquérir par le travail les conditions matérielles d'une existence assurée, à mettre en jeu les ressources d'une industrie persévérante pour s'élever au-dessus des premières nécessités de la vie. De là un développement précoce de la réflexion qui prépare, et de l'énergie qui accomplit; puis, sans doute, les difficultés du début une fois vaincues, un état de bien-être paisible au sein d'une existence patriarcale.

Tout en croissant ainsi joyeusement en nombre et en prospérité, cette race féconde travaillait à se créer, comme puissant moyen de développement, une langue admirable par sa richesse, sa vigueur, son harmonie et la perfection de ses formes ; une langue où venaient se refléter spontanément toutes ses impressions, ses affections douces, ses admirations naïves, mais aussi ses élans vers un monde supérieur; une langue pleine d'images et d'idées intuitives, portant en germe toutes les richesses futures d'une magnifique expansion de la poésie la plus élevée, comme de la pensée la plus profonde. D'abord une et homogène, cette langue, déjà parvenue à un très-haut degré de perfection, servit d'organe commun à ce peuple primitif tant qu'il ne dépassa pas les limites de son pays natal. Mais un accroissement constant et rapide de la population dut amener bientôt des migrations graduelles, et de plus en plus lointaines. Dès lors la séparation en tribus distinctes, les communications devenues moins fréquentes, les changements dans la manière de vivre firent surgir, du fonds commun, un certain nombre de dialectes qui continuèrent à se développer, sans toutefois se détacher encore de leur souche primitive ; et, en même temps, le caractère original de la race, se modifiant suivant les circonstances, donna naissance à autant de génies nationaux secondaires, destinés plus tard à grandir, à vivre de leur vie propre, et à jouer leur rôle dans le vaste drame de l'humanité.

Combien de siècles a-t-il fallu pour accomplir cette première phase d'évolution pacifique? C'est à peine si l'on peut former à cet égard quelque conjecture. Ce qui est certain, c'est que, dès l'aurore des temps historiques, nous trouvons ce peuple primitif dispersé déjà sur un espace immense, et divisé en un grand nombre de nations diverses dont la plupart ont oublié leur origine, et se croient autochtones sur le sol qu'elles occupent. Quelles ont été les causes de cette grande dispersion? S'est-elle opérée graduellement, pacifiquement, ou a-t-elle été provoquée par des révolutions intestines, ou par quelque bouleversement de la nature physique? On ne peut plus le savoir en l'absence de toute tradition historique, car celle du déluge remonte plus haut encore, et ne saurait être invoquée ici.

Il faut donc bien se contenter de partir du fait incontestable de cette dispersion déjà accomplie plus de deux mille ans avant notre ère; car, à cette époque, la race que nous appellerons *arienne,* nom que nous justifierons plus tard, étendait ses rameaux depuis l'Inde jusqu'aux limites extrêmes de l'Europe à l'occident, et formait, d'un bout à l'autre, comme une longue chaîne de peuples sortis d'un même sang, mais ne se reconnaissant plus comme frères, ne se comprenant plus, et se rencontrant en ennemis quand leurs migrations les rapprochaient.

De la position géographique de ces peuples, qui ont rayonné d'un centre commun, et de quelques traditions mythiques conservées ici et là sur la direction de leurs premiers mouvements, on peut tirer quelques indices sur les routes qu'ils ont dû suivre ainsi que sur la région qui leur a servi de point de départ. Ainsi la plupart des nations européennes ont tourné de tout temps les yeux vers l'Orient comme leur ancienne patrie, et c'est toujours de l'est à l'ouest que se sont opérés les grands mouvements de peuples qui ont fini par changer la face du monde. L'unique exemple d'une impulsion en sens contraire, celui des Gaulois retournant en Asie pour s'établir dans la Galatie, s'explique peut-être précisément par des souvenirs d'origine qui leur inspiraient le désir de revenir au pays merveilleux de leurs pères; car une vieille tradition, conservée chez les Cymris, fait partir de l'Hellespont le chef fabuleux *Hu le Puissant*, pour amener son peuple dans la Grande-Bretagne. Les Indiens, au contraire, reportaient vers le nord leurs souvenirs d'un pays bienheureux, d'un paradis terrestre, réminiscence toute mythique de leur patrie originelle; tandis que les Persans, restés plus stationnaires entre les extrêmes, plaçaient dans l'Iran même le berceau sacré de leurs ancêtres. Ceci indique déjà d'une manière générale que c'est dans cette dernière région qu'il faut chercher les origines primitives de la grande race des Aryas.

Jamais toutefois on ne serait arrivé, par les seules données de la tradition, à autre chose qu'à des conjectures assez vagues, et il a fallu, pour leur trouver une base bien plus solide, qu'une science de nouvelle date, la linguistique comparée, vînt éclairer ces obscurs problèmes d'un jour inattendu. C'est à l'aide de ce puissant moyen d'investigation que l'origine commune de tant de peuples dispersés au loin a été démontrée avec une évidence irrésistible. Ce grand fait, une fois bien constaté, a servi à relier entre eux des indices épars qui d'ailleurs seraient restés presque sans valeur; et, sur ce fondement inébranlable, on peut espérer de reconstruire ce que le temps semblait avoir à jamais détruit pour les souvenirs de l'humanité.

Ce n'est pas ici le lieu de montrer par quels procédés méthodiques, la linguistique est parvenue à ces importants résultats qui ont changé l'état de bien des questions historiques, et établi l'ethnographie sur des principes certains. Il suffit de dire que ces procédés, dans leur ensemble, sont à l'abri de toute critique, et peuvent se comparer, pour la sûreté, à ceux que la paléontologie a mis en œuvre pour retrouver l'histoire des révolutions de notre globe. Ce dont on pourrait s'étonner à bon droit, c'est que l'on soit arrivé si tard à reconnaître les analogies manifestes qui relient entre elles toutes les langues de la famille arienne. Ce n'est pas qu'elles eussent échappé entièrement à l'observation des philologues. Les rapports du latin avec le grec, du grec avec l'allemand, de l'allemand avec le slave et le persan, etc., avaient frappé bien des esprits. Mais d'une part, les divergences considérables de ces idiomes entre eux restaient inexpliquées, et de l'autre, les influences théologiques, qui portaient à voir dans l'hébreu la langue primitive du genre humain, conduisaient les chercheurs sur des voies sans issue. On s'efforçait donc, contre toute vraisemblance, d'expliquer ces rapports par des transmissions de peuple à peuple, ou par des filiations impossibles, dans lesquelles les idiomes des Celtes, des Grecs, des Germains, des Slaves jouaient tour à tour le rôle principal pour le céder définitivement à l'hébreu. C'est qu'il manquait encore, comme centre de ralliement, une langue qui, restée plus près de la source originelle, en eût mieux conservé la pureté primitive. Cette langue s'est retrouvée dans le sanscrit, l'ancien idiome sacré de l'Inde, et dès lors la lumière s'est faite au milieu du chaos des contradictions. Les rapports déjà observés ont été constatés de nouveau, et reliés entre eux d'une manière intime; les divergences apparentes ou réelles ont été ramenées à leurs causes véritables, aux altérations, aux pertes occasionnées par l'effet du temps, ainsi qu'au travail incessant des langues pour remplacer les formes perdues, et pour suivre pas à pas les développements graduels des nationalités. C'est ainsi que, en retrouvant épars les linéaments du type originel commun admirablement conservé dans le sanscrit, on a pu les compléter les uns par les autres, et en rétablir l'unité avec la plus grande évidence.

Nous n'avons pas à faire ici l'histoire de ce grand travail auquel de hautes intelligences ont concouru. Ce sont les Anglais qui ont ouvert la route en nous faisant pénétrer dans le monde inconnu de l'Inde ancienne, mais c'est la science allemande surtout qui a su faire fructifier cette découverte. La France aussi a apporté son concours à l'œuvre, car c'est à elle que l'on doit la conquête du zend, cet idiome rival du sanscrit pour l'ancienneté, par le zèle admirable d'Anquetil du Perron d'abord, puis par les beaux travaux de l'illustre Burnouf. Avec de pareils antécédents la France ne saurait faillir à la tâche de coopérer encore à ces belles études.

L'affinité radicale de toutes les langues ariennes conduit nécessairement à les considérer comme issues d'une seule langue-mère primitive, car aucune autre hypothèse ne saurait rendre compte des rapports intimes qui les relient entre elles. Or, comme une langue suppose toujours un peuple qui la parle, il en résulte également que toutes les nations ariennes proviennent d'une souche unique, en tenant compte cependant des éléments étrangers qu'elles ont pu s'assimiler quelquefois. On peut conclure de là avec certitude, à l'existence préhistorique d'un peuple arien, pur à son origine de tout mélange, assez nombreux pour avoir alimenté les essaims d'hommes qui en sont sortis, assez bien doué pour être parvenu à se créer la plus belle, peut-être, des langues du monde. C'est ce peuple inconnu à toute tradition, mais révélé en quelque sorte par la science philologique, que nous nous proposons comme sujet d'étude, et dont nous avons, au début, esquissé, par anticipation, l'histoire hypothétique en traits généraux.

Ce serait peu de chose, en effet, que d'avoir simplement constaté son existence passée s'il fallait s'en tenir là ; mais ce seul fait soulève tant de problèmes intéressants, notre curiosité est si fort éveillée au sujet de ce peuple primitif dont nous descendons presque tous, nous autres Européens, nous désirons à tel point savoir un peu ce qu'il a été, que nous serions mal satisfaits si la science restait muette à cet égard. Heureusement qu'il n'en est point ainsi. Le même flambeau qui nous a guidés dans le dédale des faits relatifs à l'histoire des langues peut nous guider encore plus loin avec la même sûreté.

On a souvent observé que la langue d'un peuple présente l'image la plus fidèle de toute sa manière d'être, et qu'elle renferme, comme en dépôt, les témoignages les plus certains de son histoire physique et morale. Cela, toutefois, n'est entièrement vrai que des langues primitives, où les mots sont les images immédiates des choses mêmes, qu'ils expriment par un sens caractéristique, et non pas seulement par un son arbitraire. Or un mot significatif révèle directement l'idée qui lui a donné naissance, et un idiome composé de termes semblables laisse voir, comme au travers d'un tissu transparent, tout le travail de l'esprit qui a présidé à sa formation. Si donc, par la comparaison aussi complète que possible des termes possédés en commun par les langues ariennes, nous pouvons les ramener à leur forme première, et retrouver leur signification réelle, nous arriverons à nous faire une idée tout au moins approximative de l'état matériel, social et moral du peuple auquel est due la création de l'idiome primitif. Même là où l'interprétation étymologique fera défaut, le seul fait de la concordance des termes témoignera de l'ancienne possesion de la chose qu'ils désignaient, et cette possession même pourra, dans bien des cas, nous initier à quelque détail du genre de vie, des coutumes, des idées de l'antique race arienne. Il en est de ceci exactement comme de la paléontologie, quand, à l'aide d'ossements fossiles, elle parvient non-seulement à reconstruire un animal, mais à nous mettre au fait de ses habitudes, de sa manière de se mouvoir, de se nourrir, etc. Car les mots durent autant que les os ; et, de même qu'une dent renferme implicitement une partie de l'histoire d'un animal, un mot isolé peut mettre sur la voie de toute la série d'idées qui s'y rattachaient lors de sa formation. Aussi le nom de *paléontologie linguistique* conviendrait-il parfaitement à la science que nous avons en vue ; car elle se propose pour but de faire revivre, en quelque sorte, les faits, les choses et les idées d'un monde enfoui dans les ténèbres du passé.

On conçoit tout d'abord le vif intérêt que peuvent avoir de semblables recherches, soit pour l'histoire de l'esprit humain en général, soit plus particulièrement pour celle de notre race. Que de systèmes n'a-t-on pas construits sur des hypothèses relatives à l'état primitif du genre humain ! Pour les uns, l'homme, parti de la vie sauvage pour s'élever graduellement à la civilisation, ne serait en réalité qu'un animal perfectionné. Pour les autres, il aurait débuté par un âge d'or où, doué de tous les biens, y compris la science infuse, il régnait en maître sur la nature, comme un être supérieur descendu de l'empyrée ; et les arts, les sciences, les religions diverses n'auraient été que des débris épars d'un antique système de vérités révélées au commencement des âges. Jusqu'à présent, ces hypothèses, étayées de raisonnements plus ou moins plausibles, sont restées cependant à l'état de fictions, parce que la science était impuissante à soulever le plus petit coin du voile qui recouvre les temps préhistoriques. En faisant pénétrer quelque lumière au sein de ces ténèbres, la paléontologie linguistique peut seule nous fournir les données nécessaires pour approcher, tout au moins, d'une solution positive.

Il faut bien le dire, cependant, pour ne pas éveiller des espérances exagérées, ces recherches, si haut qu'elles puissent nous reporter vers les origines humaines, laissent intacte, jusqu'à présent, toute la question de l'existence de l'homme lors de sa première apparition sur la terre; car elles ne concernent encore que l'un des rameaux de la race humaine, et ne sauraient nous éclairer sur l'histoire primitive des autres. Encore bien moins peuvent-elles jeter quelque jour sur l'époque antérieure à la séparation des races. Dans cette région, inabordable maintenant par la science des faits, nous n'avons d'autre guide que nos traditions sacrées, et les graves problèmes qu'elles soulèvent sur les premières destinées de l'homme échappent, en grande partie, au domaine de la linguistique. Ils s'y rattachent, cependant, par la question de l'unité primitive du langage; mais, dans l'état actuel des choses, cette question ne saurait être abordée avec la moindre chance de succès. Restera-t-elle inaccessible à jamais? C'est ce qu'il est difficile d'affirmer d'une manière absolue. Quelques rapides progrès qu'ait faits récemment la linguistique générale, c'est une science qui commence à peine. Quand toutes les familles de langues auront été explorées avec le soin et le détail que les naturalistes apportent à l'étude des êtres organisés, quand elles auront été ramenées, autant que possible, à leurs éléments radicaux, il se révélera peut-être des analogies et des lois de formation qui se dérobent encore sous la multiplicité confuse des faits accidentels. Alors seulement la question de l'unité d'origine pourra être discutée en partant d'une base réelle. Or, c'est là un travail qui exigera plus d'un siècle d'efforts persévérants, et qui sera loin de conduire toujours aux résultats brillants que l'on a obtenus par l'étude comparée des langues ariennes, et que l'on peut espérer aussi de celle des idiomes sémitiques. Pour ces deux familles, en effet, nous possédons une masse de faits et de monuments écrits qui nous permettent d'en suivre l'histoire jusqu'à près de quarante siècles en arrière, tandis que, pour la plupart des autres nous sommes réduits aux langues actuellement parlées, lesquelles, à coup sûr, diffèrent grandement de ce qu'elles ont été à leur origine. Sans donc vouloir poser des bornes à la puissance d'une investigation patiente, nous pouvons être assurés que la solution du problème se fera longtemps attendre encore.

Ceci ne doit pas nous empêcher, cependant, de marcher d'un pas ferme dans la voie qui nous est ouverte; car c'est une grande chose déjà que de pouvoir pénétrer, à l'aide des langues ariennes, jusqu'au berceau de la race la plus puissante du monde, de celle-là même à laquelle nous appartenons. Quel intérêt n'y a-t-il pas pour nous à remonter à la source commune de tant de génies nationaux qui ont brillé tour à tour sur la scène du monde, et dont quelques-uns poursuivent encore le cours de leurs glorieuses destinées! Partout où les peuples ariens ont pénétré, dans l'Orient et dans l'Occident, ils ont porté avec eux les germes d'un puissant développement progressif. S'il n'a pas été donné à tous de le réaliser, à certains égards, avec autant d'éclat que l'Inde et l'antiquité classique, tous du moins ont su conserver les vertus héroïques, le sens de la poésie, et l'esprit de progrès à un très-haut degré. Si, au point de vue religieux, ils ont marché d'un pas moins sûr que le peuple gardien des vérités du monothéisme, il faut reconnaître que, ici et là, ils sont arrivés bien près du but, et on ne saurait, sans injustice, nier la beauté et la grandeur des formes qui ont servi d'expression à leurs croyances sincères. Il ne faut pas oublier non plus que, si le christianisme a pris naissance au sein du monde sémitique, ce n'est qu'en passant aux races ariennes qu'il est devenu à tout jamais la religion de l'humanité. Ainsi tout se réunit pour accroître l'importance des études sur les origines de cette race privilégiée; car, si elles ne peuvent résoudre tous les obscurs problèmes de l'humanité primitive, elles tendent du moins à remettre en lumière une des pages les plus remarquables de son histoire.

Quand je dis de son histoire, c'est peut-être trop dire cependant, et il ne faudrait pas se faire d'avance une fausse idée de ce qu'une paléontologie linguistique peut donner en fait de résultats positifs. Il est évident, tout d'abord, que ces résultats ne pourront guère se rapporter qu'à l'état de civilisation matérielle, sociale, morale de la race arienne avant l'époque de sa dispersion. Ainsi, l'analyse comparée des termes qui appartiennent aux divers arts manuels permettra de juger approximativement à quel degré de développement ils étaient parvenus, et il en sera de même des mots relatifs à toute autre sphère de l'activité humaine. D'un autre côté, les noms donnés aux plantes, aux animaux, aux objets et aux phénomènes les plus frappants de la nature extérieure, pourront conduire à déterminer la position géographique du berceau des anciens Aryas. Mais dans tout cela, il ne saurait être question d'histoire proprement dite, et il faudra souvent se contenter d'inductions plus ou moins vagues sur les points qui nous intéresseraient le plus. Comme pour le naturaliste qui étudie les règnes antédiluviens, c'est avec des débris épars qu'il faut reconstruire l'édifice d'une civilisation perdue, et on doit bien s'attendre à des lacunes et à des incertitudes de plus d'un genre. Mais ce qui reste obscur encore peut s'éclaircir graduellement par un travail continu. Les matériaux de ces recherches s'accroissent de jour en jour, les moins bien connues d'entre les langues ariennes sont explorées avec un redoublement de zèle, les traditions primitives sont interrogées et scrutées partout dans un esprit de critique philosophique qui promet d'en faire jaillir des lumières nouvelles. Le travail que nous entreprenons ici n'est donc qu'un premier essai, une préparation à des développements futurs qui le compléteront, et le rectifieront sans doute en beaucoup de points.

Ce qui importe avant tout, c'est que ces questions neuves et souvent difficiles soient abordées sans esprit de système, sans opinions préconçues d'aucune espèce. Il faut laisser parler les faits purement et simplement, et se garder en les interprétant d'en tirer des inductions qui dépasseraient leur portée. On sait assez à quel point une étymologie aventureuse et sans frein se prête à appuyer toutes les hypothèses. Il faut donc, à cet égard, s'imposer une réserve salutaire, en s'astreignant avec rigueur aux lois solidement établies désormais par la philologie comparée. Les conjectures sont souvent inévitables, et même utiles, pour mettre sur la voie de la vérité, à condition qu'on ne les donne que pour ce qu'elles valent, et que l'on soit prêt à les abandonner dès qu'un fait nouveau les ébranle. Il faut, en un mot, procéder avec la plus grande circonspection si l'on veut échapper aux piéges que les jeux du hasard et les feux follets de l'étymologie tendent sans cesse sous les pas de l'investigateur. En dépit de toutes les précautions, on ne peut pas espérer d'éviter toujours l'erreur, mais en s'abstenant de conclusions précipitées ou d'une portée trop grande, on en restreindra du moins l'influence sur la solidité des résultats généraux.

Ceci me conduit à entrer dans quelques détails préliminaires sur la méthode à suivre dans ces recherches pour les rendre fructueuses. Pour ceux qui sont au fait des procédés de la linguistique comparée, et de l'état actuel de la science, cette méthode est toute tracée, mais le nombre des juges compétents est encore restreint, et il importe de mettre en garde les lecteurs moins bien préparés, contre les préjugés défavorables qui jettent encore du discrédit sur les études de ce genre.

§ 2. — LA MÉTHODE.

La philologie comparée se propose un double but. En établissant l'affinité de deux ou de plusieurs langues entre elles, et, par suite, leur communauté d'origine, elle vient en aide à l'histoire pour éclairer la filiation des peuples, et à l'ethnographie pour les classer dans leur ordre naturel. En cherchant par l'observation quels sont les procédés et les lois qui président partout à la formation des langues, elle ouvre la seule voie possible pour arriver à comprendre ces merveilleuses créations instinctives de l'esprit humain, à poser les principes d'une philosophie de la parole, et à préparer la solution de l'obscur problème de l'origine du langage. Ces résultats ont certes par eux-mêmes une haute importance, mais ils le cèdent peut-être en intérêt à ceux que l'on peut attendre encore de la comparaison des langues pour l'histoire primitive des races, au point de vue de leur développement matériel et intellectuel. Cette paléontologie linguistique, toutefois, qui part des mots pour remonter aux choses et aux idées, courrait grand risque de s'égarer, si elle ne s'appuyait pas fortement sur le terrain préparé par la philologie, de même que, sans l'anatomie comparée, la paléontologie proprement dite n'aurait abouti qu'à de vaines hypothèses. Il importe donc avant tout de bien se rendre compte des règles à suivre pour la comparaison des termes isolés, pour leur analyse, leur interprétation, et les inductions que l'on peut en tirer rationnellement. C'est à ce sujet que je crois devoir présenter quelques considérations applicables plus spécialement à la famille de langues qui fait l'objet de ce travail.

En thèse générale, lorsque deux mots de même son se trouvent présenter le même sens dans deux idiomes différents, il en résulte tout d'abord une propension à croire, soit à une transmission, soit à une commune origine à l'exception de ce qu'on appelle les *onomatopées,* qui naissent d'une imitation directe. Cette première impression n'a cependant par elle-même aucune valeur, et celle-ci dépend entièrement de conditions qu'il faut bien considérer avant d'admettre la réalité d'un rapport. Si les mots comparés appartiennent à deux idiomes très-rapprochés l'un de l'autre, leur identité sera facilement reconnue ; s'ils proviennent de sources plus éloignées entre elles, la probabilité d'un rapport réel diminuera en raison directe de cet éloignement, et pourra même se réduire à zéro dans les cas extrêmes. Il ne faut pas perdre de vue, en effet, que si les combinaisons possibles des sons articulés entre eux sont nombreuses, la multitude des termes comparables est aussi très-grande ; car il se parle sur le globe plusieurs centaines de langues différentes, sans compter les dialectes. Si le mot qui fait l'objet d'un rapprochement ne se compose que d'une ou deux syllabes, il est évident que, sur plusieurs centaines de cas, les mêmes combinaisons se présenteront plus d'une fois, et devront être regardées comme purement fortuites. Les chances de ressemblance deviendront bien plus nombreuses encore, si, comme on le fait ordinairement, on ne s'embarrasse pas des voyelles, et si l'on donne une égale valeur aux consonnes, pourvu qu'elles appartiennent à un même organe.

Il serait facile d'appuyer ces considérations sur le calcul des probabilités, et c'est faute d'en avoir tenu compte que le savant Klaproth a cru découvrir les traces d'une langue primitive unique, en rapprochant entre eux des mots isolés et empruntés à tous les idiomes de l'ancien et du nouveau continent. La multiplicité de ces rapprochements peut faire, au premier abord, une certaine illusion sur leur valeur intrinsèque ; mais, comme pour chaque rapprochement particulier cette valeur est nulle, leur valeur totale est nulle également. Il en serait autrement, si les coïncidences se répétaient un certain nombre de fois entre deux langues seulement ; mais, dans ce cas, il y aurait, ou affinité, ou transmission.

La probabilité d'un rapport réel entre les mots semblables qui désignent le même objet dépend donc essentiellement du degré d'affinité des langues auxquelles ils appartiennent, et cette affinité doit être établie préalablement par un ensemble de preuves qui embrasse l'organisme entier de ces langues. Ce n'est qu'alors que l'on peut procéder avec quelque sûreté à la comparaison des termes isolés pour remonter, autant que possible, à leur origine commune. Mais, ici encore, il convient de cheminer avec prudence, car les jeux du hasard conservent leur part d'influence, et on n'arrive pas toujours à la certitude. Il est vrai que, dans ce cas, chaque probabilité partielle ayant quelque valeur, en acquiert une nouvelle par son accord avec les autres, et c'est ainsi que d'une somme suffisante de faits plus ou moins hypothétiques, on peut tirer cependant des inductions d'une grande évidence.

Ces conditions sont précisément celles dans lesquelles nous nous trouvons placés pour les recherches à faire sur les langues ariennes. Nous considérons la question de leur affinité comme complétement résolue par les travaux antérieurs, et nous entendons partir de cette base pour chercher à éclairer l'histoire primitive de la race arienne. Ce qu'il faut considérer maintenant, c'est le degré de certitude auquel on peut espérer d'atteindre dans une investigation de cette nature.

L'étude de cette vaste famille des langues a conduit à la diviser en un certain nombre de rameaux distincts, qui tous ont leurs caractères spéciaux et leur importance relative, mais dont la valeur diffère naturellement, au point de vue comparatif, suivant qu'ils sont plus ou moins rapprochés de la source première. On peut dire d'une manière générale, que leur degré de valeur est déterminé par l'ordre chronologique de leurs monuments écrits qui nous donnent, pour chaque époque, la mesure exacte des altérations de diverse nature amenées par l'effet du temps et du développement particulier des idiomes. Toutefois, la destinée des langues dépend d'influences si variées que la règle ci-dessus ne saurait être absolue. Si les représentants les plus anciens du type primitif, tels que le sanscrit, le zend, le grec et le latin, doivent être placés sans contredit au premier rang, cela n'empêche pas que les idiomes germaniques, celtiques et slaves ne puissent avoir conservé quelquefois des éléments primitifs et des mots radicaux qui ont disparu partout ailleurs. Bien plus, le lithuanien, que nous ne connaissons guère que sous sa forme actuelle, surpasse infiniment, par la pureté de son organisme et de son lexique, le persan moderne et les autres dialectes iraniens, qui se sont altérés de très-bonne heure par l'effet des nombreuses révolutions politiques et religieuses dont l'Iran a été le théâtre. La règle la plus sûre est donc de comparer chaque langue avec le type primitif de la famille, type dont nous n'avons, il est vrai, qu'une connaissance indirecte, mais suffisante cependant, par les idiomes qui s'en écartent le moins, le sanscrit et le zend.

Pour en venir à la comparaison des mots, leur ordre d'importance est naturellement déterminé par celui des langues elles-mêmes, dont l'ancienneté et la pureté garantissent celles de chaque terme particulier. Quand nous avons sous les yeux un mot sanscrit, de la classe de ceux qui peuvent être considérés comme primitifs, nous sommes sûrs qu'il est, ou inaltéré, ou très-rapproché de sa forme native, et, dans ce dernier cas même, nous pouvons rétablir celle-ci avec quelque certitude. Il n'en est pas ainsi de la plupart de nos termes européens, bien souvent mutilés ou contractés de manière à en rendre la restitution impossible sans le secours d'une analogie sanscrite. Mais la pureté du mot, condition essentielle pour retrouver son étymologie, ne prouve pas encore qu'il ait appartenu à l'ancien idiome des Aryas, et cette preuve ne devient complète que s'il y a, de plus, coïncidence entre le sanscrit et les langues occidentales. Comme on ne saurait admettre, en effet, sauf quelques exceptions faciles à reconnaître, qu'il y ait eu transmission de l'Inde à l'Europe, ou le contraire, toute coïncidence verbale bien constatée implique nécessairement une communauté d'origine, et, en réunissant avec soin tous les faits de ce genre, on peut arriver à reconstruire un vocabulaire très-riche encore de l'idiome primitif de la famille. Dans ce vocabulaire préhistorique, qui devient le point de départ des recherches ultérieures, tout ne saurait avoir une certitude égale, et chacun de ces éléments doit être soumis à un examen scrupuleux pour déterminer son degré de valeur, et, partant, celle des inductions à en tirer. C'est là un travail un peu aride, mais nécessaire au même degré que celui de l'étude patiente des débris fossiles pour reconstruire les faunes antédiluviennes. Là, comme ici, les faits spéciaux se classeront suivant leur importance, et leur série parcourra toutes les nuances de la certitude depuis l'évidence incontestable jusqu'à l'hypothèse conjecturale. Comme tout dépend, pour nos recherches futures, de cette appréciation graduée, il faut bien nous y arrêter un instant, et montrer, par quelques exemples, les divers résultats que peut donner la méthode comparative.

Supposons que l'on veuille rechercher pour un objet quelconque s'il a été connu des Aryas primitifs. On commencera par en établir la synonymie, d'une manière aussi complète que possible, dans tous les embranchements de la famille; puis, on procédera à un examen comparé, en tenant compte des variations phoniques propres à chaque idiome. Le mot sanscrit, s'il existe, servira de point de départ et de norme constante, comme représentant, selon toute probabilité, la forme la plus ancienne et la plus pure. On y rapportera, comme à un type central, les coïncidences plus ou moins multipliées et divergentes que pourront offrir les autres langues. Si ces coïncidences se répètent à plusieurs reprises, surtout dans les branches principales, ou si elles embrassent la famille entière, comme cela arrive plus d'une fois, on peut se tenir pour certain que le mot en question provient de la source arienne commune. Si les analogies sont plus isolées, elles deviennent, par cela même, moins sûres; mais elles restent dignes cependant de toute attention quand elles n'ont rien de forcé, et qu'aucune divergence étymologique ne peut faire soupçonner l'influence du hasard.

Comme exemple du premier cas, on peut consulter dans ce volume les articles qui concernent le bœuf (§ 86), le cheval (§ 87), le chien (§ 92), et plusieurs autres où j'ai fait remarquer l'importance du sanscrit pour relier entre elles des formes parfois si différentes que rien n'aurait pu faire soupçonner leur affinité sans l'aide de ce puissant auxiliaire. Ceci résulte d'une manière plus frappante encore des rapprochements que l'on trouvera au nom du cygne (§ 95, n° 2), où l'on voit comment plusieurs langues ariennes se sont partagé, en quelque sorte, les *disjecta membra* d'un ancien terme composé.

En fait d'analogies plus isolées, mais presque aussi certaines, je citerai le sanscrit *pêlin*, cheval, qui se retrouve dans l'irlandais *peall*, *pill*, le cymrique *ffilawg*, jument, et l'albanais *pelë*, *pella*, id. L'accord de l'albanais éloigne déjà l'idée d'une coïncidence fortuite, mais tout doute disparaît, malgré la perte ou la différence du suffixe de dérivation, quand on vient à constater l'identité de la racine de mouvement sanscrite *pil*, *pêl*, avec l'irlandais *pill*, *fill*, et le cymrique *ffil*, dont le sens est tout semblable.

Le résultat est moins décisif lorsque l'on compare, par exemple, le sanscrit *baḍava*, jument, avec l'illyrien *bedevia*, id., parce que, ici, l'origine étymologique du mot est également obscure de part et d'autre, et que les intermédiaires manquent pour relier ensemble les deux termes. L'accord d'une forme de trois syllabes porte bien à croire à quelque liaison réelle, mais on ne saurait avec sûreté la faire remonter jusqu'à la source arienne primitive, attendu que le mot peut avoir été reçu beaucoup plus tard par l'illyrien de quelque dialecte oriental, peut-être iranien. Et il est à remarquer, en effet, que plus d'une fois les noms de certaines races de chevaux ont passé d'un peuple à un autre avec ces races elles-mêmes. Ici donc la question d'origine reste forcément incertaine.

Le cas d'une analogie purement fortuite, selon toute apparence, se présente pour le sanscrit *ghôṭa*, cheval, auquel le scandinave *goti* ressemble assurément beaucoup. Klaproth n'aurait pas hésité à rapprocher ces deux noms, et, cependant, il est à peu près certain qu'ils n'ont rien de commun. Cela résulte de la complète divergence de leurs dérivations respectives, et de leur sens étymologique. Le sanscrit *ghôṭa*, en effet, vient de *ghuṭ*, résister, regimber, et désigne l'animal impatient du joug, tandis que le scandinave *goti* se rattache à *geta*, engendrer, et signifie le cheval de race ou l'étalon, comme *gotûngr*, le poulain. Un dérivé analogue est *got*, *gota*, le frai du poisson. Ceci montre à quel point la recherche des racines est importante pour éviter, autant que possible, les comparaisons erronées.

Il résulte de ces exemples un autre enseignement, savoir le peu de confiance que l'on doit accorder à de simples rapprochements isolés pour en tirer aucune conclusion, affirmative ou négative, sur l'affinité des termes comparés. Bien souvent, comme dans le cas ci-dessus, deux mots tout semblables n'ont entre eux aucun rapport; mais bien souvent aussi c'est le contraire qui a lieu, et des formes en apparence tout à fait différentes peuvent être identifiées avec une complète certitude quand leurs divergences s'expliquent par des variations phoniques régulières et par des termes intermédiaires qui les réconcilient. Seulement il faut que la régularité de ces variations ait été constatée préalablement par des exemples suffisants, et les termes intermédiaires doivent être toujours des mots réellement existants, et non pas inventés pour le besoin de la cause, suivant l'habitude de certains étymologistes. Sans la connaissance des lois phoniques du zend, nul n'aurait songé à comparer *qañhar*, sœur, avec le sanscrit *svasar ;* mais quand on sait que le groupe initial *sv* devient toujours *q* en zend, et que l'*s* se change en *h* et intercale une nasale quand un *a* la précède, l'identité des deux mots devient certaine. Rien n'aurait mis sur la voie pour rattacher le scandinave *io-r*, cheval, au sanscrit *açva-s*, si l'ancien allemand *ehu* et le gothique *aihvu-s* ne venaient pas prouver que *io-r* est pour *iho-r ;* et comme le *ç* ou *k* sanscrit devient *h* dans les langues germaniques, et que le dialecte scandinave remplace par *r* le suffixe *s* du nominatif, la forme *ior* se trouve parfaitement identifiée avec *açvas*. On voit ainsi que les mêmes consonnes n'ont point la même valeur étymologique dans les diverses langues ariennes, et il faut avant tout se familiariser avec leurs mutations régulières pour ne pas risquer de s'égarer à chaque pas.

Le travail de comparaison ne s'exécute pas toujours dans les circonstances favorables des exemples qui précèdent. Souvent le mot sanscrit analogue fait défaut, et il devient bien plus difficile de rétablir le thème arien primitif, et d'en retrouver la signification originelle. Il faut chercher alors si les langues iraniennes n'offrent point quelque concordance, auquel cas l'origine arienne des termes est au moins constatée. Mais ici, et surtout quand il s'agit du persan moderne, dont les formes sont très-corrompues, et qui renferme beaucoup d'éléments étrangers, on marche sur un terrain peu sûr, et il faut se retrancher dans une défiance salutaire.

En l'absence de tout point de comparaison avec l'Orient, on est réduit à celle des termes européens entre eux, et, par cette voie, on peut encore arriver à des résultats d'une certitude satisfaisante, quand les analogies sont suffisamment multipliées. Il n'est pas rare de voir certains mots reparaître dans toutes les branches occidentales de la famille, et, lors même que le sanscrit ne les possède plus, il serait impossible d'en expliquer l'extension autrement que par le fait d'une origine arienne. Il va sans dire que ceci ne s'applique pas aux termes assez nombreux qui ont passé des langues classiques au reste de l'Europe, et qui ne sont pas difficiles à reconnaître; mais il est certain que, par suite des rapports constants qui ont régné depuis bien des siècles entre les peuples limitrophes, beaucoup d'autres mots ont voyagé des uns aux autres. Il faut toujours avoir égard à cette possibilité d'une transmission avant de conclure d'une coïncidence à une origine commune. Une attention constante à la nature des mutations phoniques est le plus sûr moyen d'éviter les erreurs sous ce rapport, parce que ces mutations ne sont plus les mêmes aux temps modernes que celles qui remontent à la séparation primitive des idiomes ariens. L'étymologie aussi doit être consultée dans les cas douteux, et bien souvent elle tranche la question. Les affinités limitées à deux langues sont les moins sûres, mais, au point de vue de l'origine arienne, elles le deviennent d'autant plus que ces langues sont moins rapprochées géographiquement parlant. On conçoit d'ailleurs qu'il est impossible d'établir ici des règles générales, et que chaque fait particulier exige une appréciation raisonnée. Je m'abstiens de citer des exemples, parce qu'ils se présenteront à chaque pas dans le cours de nos recherches.

Lorsque l'on a réussi, par ces divers procédés de la critique comparative, à constater l'existence d'un mot arien, c'est-à-dire d'un mot qui doit avoir appartenu à la langue primitive de la race, il reste à rechercher son origine, sa racine, son sens propre, son étymologie, car c'est là le point le plus important pour la paléontologie linguistique. Cette importance, il est vrai, n'est pas la même pour toutes les classes de mots; mais elle est grande, surtout, quand il s'agit des termes relatifs à la culture sociale, morale ou religieuse, car en nous révélant l'idée qui l'a fait naître, le mot nous initie par quelque côté à la vie même des anciens

Aryas. Et lors même qu'il n'est question que de quelque objet matériel ou de quelque être de la nature animée, il est intéressant de voir par l'effet de quelles impressions spontanées les hommes des temps primitifs ont imposé des noms à toute chose. Rien n'est plus propre à caractériser le génie des races que cette création à la fois instinctive et libre de leur premier vocabulaire. C'est prendre, en quelque sorte, sur le fait une des opérations les plus curieuses de l'esprit humain.

Si la recherche des racines est importante, elle est aussi, dans bien des cas, très-difficile, et on peut dire qu'elle aurait été impossible à jamais sans le secours puissant du sanscrit, et les travaux admirables des grammairiens de l'Inde, qui nous ont transmis une bonne partie, tout au moins, des éléments radicaux de l'ancienne langue des Aryas. Le soin extrême qu'ils ont apporté de très-bonne heure à l'étude de la formation des mots, à la distinction des préfixes et des suffixes de dérivation, leur a permis de dégager avec une grande sûreté, du milieu des formes secondaires, le fonds primitif et inaltéré de leur antique idiome. Comme résultat de ces travaux, accomplis déjà plusieurs siècles avant notre ère, nous possédons un abondant trésor de racines verbales, d'où l'on voit sortir, avec une étonnante régularité, la plus grande partie des richesses de la langue développée. Que la critique européenne conserve un droit de révision sur cet héritage des anciens temps, qu'elle puisse l'épurer à quelques égards par le secours de la philologie comparée, c'est ce qui n'admet pas de doute ; mais elle peut aller trop loin lorsqu'elle met en suspicion un très-grand nombre de racines transmises par les grammairiens indiens, sous le prétexte qu'elles n'ont pas été retrouvées encore dans les textes, ou que leurs dérivés manquent dans le lexique sanscrit tel que nous le possédons actuellement. L'immense domaine de l'ancienne littérature indienne est encore trop imparfaitement exploré pour prononcer à cet égard, et il ne faut pas oublier que, malgré tout ce qui reste, une bonne partie des monuments écrits ne sont point arrivés jusqu'à nous. Sans doute que les grammairiens ont quelquefois imaginé des racines pour expliquer les termes d'une origine obscure, mais ils ont eu soin de les distinguer des autres par un nom particulier, et d'en faire une classe à part. Quant aux racines sans dérivés connus, on ne saurait imaginer par quel motif elles auraient pu être inventées de toutes pièces, comme quelques philologues l'ont prétendu. Déjà la comparaison des autres langues de la famille est venue justifier l'existence d'un bon nombre de ces racines isolées, et il est à croire que le reste consiste en débris pétrifiés, pour ainsi dire, de l'idiome primitif. Il serait donc peu rationnel de les exclure des recherches comparatives, où, plus d'une fois, elles apportent un secours que l'on chercherait vainement ailleurs.

La plupart des mots sanscrits se ramènent régulièrement à des racines verbales, et une foule de termes, que leur affinité avec ceux des langues européennes démontre avoir appartenu aux Aryas primitifs, trouvent ainsi leur étymologie. Ce n'est pas que cette dernière soit toujours parfaitement sûre, car le sens très-général, et quelquefois multiple, de certaines racines, laisse souvent un champ bien large à l'interprétation ; mais on arrive du moins ordinairement à des résultats d'une probabilité suffisante.

Le cas est tout autre lorsque le mot sanscrit vient à faire défaut, et que, cependant, l'accord de plusieurs termes européens entre eux indique avec sûreté une origine arienne. Il est bien à présumer alors que leur racine commune doit se trouver également dans le sanscrit, qui peut avoir perdu le dérivé ; mais le champ des hypothèses s'étend alors à tel point que les résultats restent presque toujours douteux. Il est utile, toutefois, de chercher une solution, même conjecturale, en s'appuyant du secours de l'analogie, et en adhérant plus strictement que jamais aux lois du système phonique. Une conjecture heureuse peut conduire plus tard à la vérité, et trouver dans de nouveaux indices un appui inattendu. Un des noms européens du cheval en fournit un exemple intéressant.

Rien ne répond directement en sanscrit à l'irlandais *capall*, cymrique *ceffyl*, latin *caballus*, slave *kobyla*, etc. ; mais comme le cheval tire souvent ses noms de sa rapidité, j'avais conjecturé depuis longtemps déjà, en parlant de l'irlandais, que *capall* s'expliquait par le sanscrit *čapala*, rapide, agile, de la racine de mouvement *čap* pour *kap*[1]. Ce rapprochement, que je n'avais fait qu'indiquer en passant, ne pouvait être accepté qu'à titre d'hypothèse probable. Mais voici que plus tard j'ai trouvé dans le vocabulaire kavi de Stamford Raffles, le mot *kapala* avec le sens de cheval. Or, le kavi, l'ancien idiome sacré de Java, est tout rempli de termes sanscrits, et il n'est guère douteux que *kapala* ne soit de provenance indienne, puisque le cheval a été introduit de l'Inde dans l'Archipel. Il faut ajouter que le persan *kawal* est venu fournir un nouveau jalon pour relier les noms européens à leur source orientale, et c'est ainsi que la conjecture se trouve changée en quasi-certitude.

A côté des mots qui se groupent entre eux par leur affinité dans deux ou plusieurs langues ariennes, il en est un grand nombre qui restent isolés, sans racine connue, et dont l'origine cependant peut remonter quelquefois jusqu'aux temps les plus anciens. Chercher pour ceux-là une étymologie sanscrite est une entreprise fort chanceuse, vu la multiplicité des hypothèses possibles, et on ne peut la tenter que dans des circonstances exceptionnelles. Un exemple des incertitudes qui accompagnent cette classe d'étymologies se présente dans le nom germanique de Dieu, dont la forme la plus ancienne est le gothique *guths*. On avait plus d'une fois comparé le persan *chudâ, chodâ,* mais Burnouf ayant montré que ce n'est là qu'une altération du zend *qadâta*, créé par lui-même, où *qa* répond au sanscrit *sva*, il n'y a plus eu aucun moyen d'y rattacher *guths*. On a cherché dès lors d'autres interprétations, les Allemands mettant avec raison quelque intérêt à savoir quelle idée leurs ancêtres se faisaient de la Divinité; mais ce qui prouve à quel point elles sont douteuses, c'est qu'il y en a déjà trois ou quatre différentes les unes des autres, et que le champ des conjectures n'est peut-être pas

[1] *De l'affinité des langues celtiques avec le sanscrit*, p. 109.

épuisé. La découverte de quelque nom sanscrit correspondant pourrait seule donner raison à l'une ou à l'autre de ces hypothèses. Avec quelle sûreté, au contraire, n'est-on pas arrivé tout d'abord au sens primitif de notre nom de Dieu, Θεὸς, *Deus*, etc.? et cela parce que nous avons pu comparer le sanscrit *Dêva-s*, qui dérive de la racine *div*, briller, et signifie *le lumineux*.

De tout ce qui précède, on peut tirer quelques conclusions sur la méthode à suivre pour une paléontologie linguistique, et nous chercherons à les résumer brièvement sous forme de règles.

1° Réunir d'abord en groupes, aussi complétement que possible, les termes qui s'accordent dans les diverses branches de la famille, une seule forme pouvant jeter un jour précieux sur l'ensemble du groupe.

2° Partir toujours du mot sanscrit, s'il existe, soit pour arriver à la restitution du thème primitif, soit pour en découvrir l'étymologie probable.

3° A défaut du mot sanscrit, chercher si les autres langues de l'Orient qui font partie de la famille arienne, ne fourniraient pas quelque indice d'une solution, et recourir, mais avec circonspection et en consultant l'analogie, au riche fonds de racines primitives que le sanscrit a conservées.

4° Adhérer toujours, et strictement, aux lois phoniques qui régissent les permutations des sons articulés dans les divers dialectes, et n'admettre les exceptions qu'autant qu'elles sont justifiées et appuyées par des exemples suffisants.

5° Se tenir constamment en garde contre l'intervention possible du hasard, en interrogeant chaque mot sur sa provenance, et en ne cherchant au loin qu'après s'être assuré de l'absence d'une origine prochaine.

6° Enfin, ne donner à chaque résultat que sa valeur relative probable, surtout quand il s'agit d'en tirer quelques inductions historiques, et ne pas étendre ces dernières au delà des limites imposées par les faits.

En s'astreignant à ces règles, sera-t-on toujours certain de ne point faire fausse route? Il y aurait bien de la témérité à s'en flatter. A côté d'un certain nombre d'inductions très-sûres, un plus grand nombre encore resteront incertaines, et nul investigateur n'échappera complétement aux causes incessantes de l'erreur. Ce que l'on peut espérer, c'est que les efforts réunis des chercheurs rétréciront de plus en plus le champ des hypothèses conjecturales. La connaissance approfondie d'une seule langue exige déjà presque une vie d'homme, et aucune science humaine ne saurait embrasser à la fois le vaste domaine de la famille arienne. Il le faudrait cependant pour pouvoir marcher toujours avec sûreté. La paléontologie linguistique ne peut être qu'une œuvre d'avenir, accomplie patiemment par le concours d'une armée de travailleurs. C'est dire que ce premier essai, qui en résume l'état actuel en tentant de faire quelques pas de plus, n'est présenté au monde savant que comme une base d'attente pour l'édifice que d'autres mains élèveront plus tard.

Maintenant quelques mots encore sur le plan que nous nous proposons de suivre pour nos recherches.

Notre travail se divisera en deux parties principales. La première sera consacrée aux questions ethnographiques et géographiques qui concernent les anciens Aryas, la seconde aura pour objet de rechercher tout ce que l'on peut savoir encore de leur état général de culture.

Où faut-il placer le berceau de la race arienne? Telle est la question qui se présentera d'abord. Pour y répondre, nous interrogerons en premier lieu les données diverses que peuvent fournir la géographie, les anciennes migrations des peuples, les rapports réciproques de leurs langues, les noms divers par lesquels ils se sont distingués dans l'origine. L'étude comparée des termes qui se rapportaient au climat, aux saisons, et à la topographie du pays nous permettra ensuite d'en déterminer approximativement la latitude et le caractère général. Tel sera l'objet du premier livre.

Dans le second, nous serrerons le problème de plus près en passant en revue les termes relatifs aux trois règnes de la nature. En voyant ainsi quels sont les minéraux, les plantes, les animaux que les anciens Aryas ont dû connaître, nous pourrons presque à coup sûr déterminer la région qu'ils ont habitée avant leur dispersion. Dans cette revue, ce sont avant tout les produits naturels utilisés par l'homme, les métaux, les plantes cultivées, les animaux domestiques, qui fixeront notre attention, comme autant de données précieuses pour éclairer ensuite les questions plus importantes de l'état de civilisation primitive.

Les livres suivants, qui composeront notre second volume, seront entièrement consacrés à ce dernier problème. Nous réunirons avec soin toutes les indications qui peuvent jeter quelque jour sur la culture matérielle, le mode de vivre, la constitution sociale, les connaissances et les croyances de la race arienne aux temps préhistoriques, de manière à pouvoir en retracer, sinon le tableau complet, au moins les principaux linéaments. Ce sera là comme une première esquisse générale, comme la carte imparfaite encore d'un pays mal exploré, et dont les lacunes se rempliront plus tard peu à peu par les découvertes ultérieures une fois que l'attention des savants sera éveillée sur les questions à élucider. Si cet essai provoque de nouvelles recherches, s'il encourage surtout à étendre à d'autres familles de langues l'application des procédés de la paléontologie linguistique, il n'aura pas été sans fruit pour avancer l'étude des origines humaines.

LIVRE PREMIER

ETHNOGRAPHIE ET GÉOGRAPHIE.

CHAPITRE I.

§ 3. — LE NOM PRIMITIF DES ARYAS.

Au début des temps historiques, nous l'avons dit, la grande famille des peuples dont il s'agit d'éclairer les origines communes, nous apparaît divisée déjà en nations distinctes, dispersées au loin, et portant des noms qui diffèrent presque tous les uns des autres. Il est à croire cependant que ces peuples, alors qu'ils ne formaient encore qu'une seule race homogène, ont dû se donner un nom commun, car c'est là comme le symbole de toute nationalité vivante. Nous n'avons, il est vrai, à cet égard, aucune donnée positive, mais quelques indices conduisent à une hypothèse au moins très-probable, et d'autant plus acceptable qu'elle ne préjuge rien sur les questions essentielles, tout en fournissant une dénomination très-convenable pour exprimer l'unité de cette grande race humaine. Jusqu'à présent on l'a désignée par les noms de famille *indo-germanique* ou *indo-européenne,* lesquels ne sont ni logiques, ni harmonieux; car ils n'expriment qu'imparfaitement le sens qui leur est attribué, et leur longueur démesurée en rend l'emploi fort peu commode. Le nom de famille *arienne* nous semble de tous points préférable, et d'autant plus qu'il paraît avoir quelque droit à une valeur historique.

On sait, en effet, que le nom d'*Aryas* est celui des deux peuples orientaux les plus anciens de la famille, et dont les langues, le sanscrit et le zend, sont de toutes les plus rapprochées de la source primitive. La branche *iranienne* ou persane l'a répandu au loin dans les vastes régions qu'elle a occupées plus tard ; la branche indienne l'a porté avec elle dans sa nouvelle patrie, où il figure, dès les temps les plus anciens, comme le titre distinctif et glorieux de la race dans sa pureté. Les noms de peuples échappent souvent, par leur ancienneté même, aux efforts de l'étymologie, surtout quand ils ont été imposés du dehors à ceux qui les portent. Cela n'est heureusement pas le cas pour celui des Aryas, car il est resté vivant dans le sanscrit comme dans le zend, et son sens général est encore parfaitement clair.

En sanscrit, *arya* signifie, comme adjectif, fidèle, dévoué, aimé, excellent, comme substantif, maître, seigneur. La forme plus simple, *ari*, a aussi dans les Vêdas le sens de dévoué, zélé, plein d'ardeur. Le dérivé secondaire *ârya*, vénérable, excellent, de bonne race, maître, ami, s'emploie plus spécialement comme ethnique pour désigner les hommes de la race pure, de la nation privilégiée, par opposition à ceux des castes inférieures. Ces deux formes, également, donnent naissance à plusieurs termes qui participent de leurs significations diverses, tels que *aryaman*, ami, compagnon, *âryaka*, homme vénérable, grand père, *âryatâ*, *âryatva*, conduite honorable, etc. Elles entrent aussi, comme premier élément, dans une foule de composés et de noms d'hommes, de lieux et de pays. Parmi ces derniers, je ne citerai que celui d'*Aryavarta*, qui appartenait à l'Inde brahmanique par excellence, comprise entre l'Himâlaya et les monts Vindhya. On voit ainsi que ce terme a conservé en sanscrit une grande extension.

En zend, on le retrouve sous la forme de *airya*, respectable, vénérable, et il s'applique de même à la nation et au pays. Du synonyme *airyana,* dans ce dernier sens, est venu le nom de *Iran* pour désigner la monarchie persane dans son ensemble. De là aussi les diverses dénominations Ἀρία, Ἄριοι, Ἀρίανα, Ἀρίακα, etc., données par les anciens auteurs à des pays et à des peuples iraniens distincts les uns des autres. Une autre forme dérivée paraît se trouver dans l'*Elam* de la Genèse, suivant J. Muller, de *Ailama* pour *Airyama*[1].

La racine verbale du mot *arya, airya,* a été également conservée par les deux langues-sœurs ; c'est le sanscrit ṛ *(ar)* et le zend *ĕrĕ,* dont le sens primitif est celui de mouvement en général, mais surtout de mouvement en haut, comme le latin *or-iri,* et de mouvement vers quelque chose, *adire, obtinere, adire colendi causa, colere.* Elle prend aussi la signification active de mouvoir, élever, exciter, etc[2]. Ce n'est pas ici le lieu de suivre, dans ses acceptions diverses et ses nombreux dérivés, cette racine remarquable, une des plus répandues et des plus fécondes de la famille arienne. Ce que je veux remarquer encore, c'est qu'il en sort un synonyme de *arya,* le sanscrit *ṛta,* en zend *arĕta, ĕrĕta,* vénéré, illustre, auquel Burnouf a rattaché l'ancien nom des Perses Ἀρταῖοι, que nous a transmis Hérodote (VII, 61).

Il y a sans doute un grand intérêt à rechercher en Orient les traces du nom des *Aryas* partout où elles se trouvent, mais pour la question qui nous occupe, on ne saurait en tirer aucun argument concluant, parce qu'il peut avoir été limité aux deux branches orientales de la famille. Les Ossètes du Caucase, il est vrai, s'appellent eux-mêmes *Iron* du nom de leur pays *Ir.*[3]; mais leur langue, bien que très-originale à certains égards, se lie cependant d'assez près au rameau iranien[4].

[1] *Journ. asiat.*, 1839, VII, p. 298.

[2] Dans le *Dict. sanscrit* de Bœhtlingk et Roth, *sich erheben, aufstreben, erreichen, erlangen, bewegen, aufregen, erheben.* Cf. Westergaard. *Rad. sansc.* voc. cit.

[3] Siœgren, *Oss. Gramm.*, p. 396.

[4] Sur l'extension de l'ethnique *Arya* dans le Touran et chez les Scythes, *Ariacae Antariani, Arimaspi, Ardmaei,* et les noms de rois *Ariapithes, Ariantes,* voy. Burnouf, *Comm. s. le Yaçna,* p. cv. Notes.

L'Orient seul ne peut donc nous fournir aucune preuve positive que le nom de *Aryas* ait été la propriété commune du peuple primitif avant sa dispersion, bien que l'on puisse le conjecturer par le fait qu'il appartenait aux deux tribus les plus anciennes. Pour faire un pas de plus, il faudrait aussi le retrouver quelque part chez les peuples de l'Occident, où, jusqu'à présent, on l'a cherché en vain. En effet, l'unique analogie, déjà signalée plus d'une fois, des *Arii* de la Germanie, dont parle Tacite comme d'une des tribus les plus belliqueuses [1], semble être purement fortuite; car on ne saurait séparer ce nom de l'*ari-, ario-* qui se montre souvent dans la composition des noms d'hommes, tels que *Ariovistus, Ariobindus, Ariaricus, Aribald, Arilint, Aribert, Ariman,* etc. [2]. Or, plusieurs de ces noms se retrouvent avec une aspiration initiale, *Heribald, Herilint, Heriberaht, Heriman* [3], et ici *heri* est évidemment l'ancien allemand *heri, hari,* gothique *harji, miles, agmen, exercitus,* et n'a dès lors rien de commun avec *arya.* Il est donc très-probable que la forme *Harii*, dans les manuscrits à côté de *Arii*, est la plus correcte; et telle est aussi l'opinion de J. Grimm, la plus haute autorité pour la philologie allemande [4].

D'autres, cependant, sont portés à chercher dans *arii*, l'ancien allemand *êra,* anglo-saxon *âr,* scandinave *aer,* honneur, gloire, que Bopp, dans son glossaire sanscrit, compare avec *arya.* Cela supposerait une forme gothique *aira,* laquelle ne se rencontre point. D'un autre côté, on trouve en gothique le verbe *aistan,* honorer, d'où Grimm conclut à un substantif *aiza,* honneur, duquel les formes ci-dessus dériveraient par le changement ordinaire de *s* en *r* [5]; et ceci nous rejetterait de nouveau bien loin du sanscrit *arya.* On voit donc à quel point le rapprochement des deux ethniques reste douteux. Il est peu probable,

[1] *German,* c. 43.
[2] Graff, *D. Sprachschatz,* I, 432.
[3] Id., IV, 433.
[4] *D. Rechtsalth,* p. 292.
[5] Cf. Diefenbach, *Goth. Wœrterbuch,* I, p. 25.

en outre, qu'une tribu obscure et isolée ait exclusivement conservé une dénomination qui aurait appartenu dans l'origine à toute la race germanique.

Il faudrait donc renoncer à trouver en Europe quelque trace de l'ancien nom des Aryas, s'il ne se présentait pas une analogie mieux fondée à tous égards dans celui des Celto-Gaëls de l'Irlande, lequel a dû être *Er* ou *Eri*. J'ai traité cette question dans un article du journal de philologie comparée de Kuhn et Schleicher [1], et je dois y renvoyer pour les détails; mais, comme cet article est écrit en allemand, je crois utile d'en donner ici un résumé succinct.

On a expliqué jusqu'à présent le nom de l'Irlande, *Erin, Eirinn,* par *iar-in* ou *iar-innis,* l'île de l'ouest; mais cette étymologie ne saurait être acceptée, parce que le thème *Eirinn* ne s'emploie régulièrement que dans les cas obliques, et que le nominatif est *Eire, Eire,* plus anciennement *Eriu*. Cette suppression de l'*n* final au nominatif singulier, qui caractérise en irlandais la cinquième déclinaison [2], se remarque déjà dans le sanscrit et ailleurs, pour les thèmes formés par les suffixes en *n* [3]. On peut en citer plusieurs exemples parfaitement identiques de part et d'autre. Le plus remarquable est l'ancien irlandais *menme,* esprit, au génitif *menman,* au datif *menmin,* à l'accusatif pluriel *menmana,* etc. Ce mot se retrouve dans le sanscrit vêdique *manman,* désir, de la racine *man,* penser, au nominatif singulier *manma,* au génitif *manmanas,* au datif *manmanê,* etc. D'autres exemples sont l'irlandais *ainm,* nom, au nominatif pluriel *anman,* en sanscrit *nâma* et *nâmâni* du thème *nâman;* l'irlandais *cu,* chien, au génitif *coin,* en sanscrit *çvâ* et *çunas* du thème *çvan;* l'irlandais *noide,* plus anciennement *noidiu,* enfant, au génitif *noiden,* au datif *noidin;* en sanscrit *nandi,* et *nandinas, nandinê,* du thème *nandin,* etc., etc.

Il résulte de là que *Erin, Eirinn,* ne peut être qu'une

[1] *Beitrage z. Verg. Spr. F.*, t. I, p. 81.
[2] O'Donovan, *Irish Grammar*., p. 106.
[3] Bopp, *Vergl. Gramm.*, § 139.

forme dérivée par un suffixe en *n*, et non pas un composé; car on ne s'expliquerait point pourquoi le second élément de composition, *in, innis*, l'île, se trouverait supprimé ou réduit à *e, iu*, au nominatif, où il serait le mieux à sa place. On peut objecter encore à l'étymologie en question, que *iar*, l'ouest, ne s'écrit jamais *er* ou *eir*, et que la forme *Iarin* ne se rencontre nulle part pour *Erin*.

Le fait de la dérivation une fois reconnu, que faut-il chercher dans *Erin*, si ce n'est l'ancien nom national des Gaëls, *Er*, ou *Eri*, tombé en désuétude depuis l'emploi de *Gaidheal* et de *Eirinach, Eirionnach*, adjectif formé de *Eirin?* Le nom simple et primitif doit avoir été encore en usage à l'époque où les Anglo-Saxons et les Scandinaves entrèrent en communication avec l'Irlande, car il se montre évidemment dans l'ang.-sax. *Ire, Ira*, Hibernus (en scand. *Irar*, Hiberni) et *Ireland, Iraland*, scand. *Irland*, signifie le pays des *Ires*. On trouve aussi, dans un vieux poëme du XIIe siècle, une forme *Ereo*, Hibernus (ou Hibernia?), peut-être la plus complète, et qui se rapproche singulièrement de *arya*[1], mais sans tenir compte de cette forme un peu douteuse encore, on conçoit aisément que *Arya* ait pu devenir *Er* ou *Eir*, de même qu'il s'est changé en *Ir* dans le nom indigène de l'Ossétie du Caucase.

Ceci, toutefois, resterait à l'état de simple hypothèse si ce nom de *Er* n'avait pas, en irlandais même, un sens tout semblable à celui de *Arya*. Il se trouve, en effet, que *er*, comme adjectif, signifie noble, bon, grand, et comme substantif, un guerrier, un héros[2]. De plus, la racine sanscrite *ṛ, ar*, est restée vivante en irlandais avec le sens de *colere, honorare;* car *air-im, oir-im, air-ighim* signifie soigner, garder, servir, honorer, et les dérivés *aire*, soin, attention, noblesse; *aireach*, soigneux, atten-

[1] O'Connor, *Prolegom.*, t. I, p. 153. Gildas Modudii carmen. Strophe 81. — Le passage toutefois est un peu obscur. Le nom propre *Irereo*, Ir hibernus? se rencontre dans la chronique des IV Maîtres, p. 54, 55.

[2] O'Reilly, *Ir. Dict*, voc. cit. cf. l'arménien *ari*, vaillant, d'où le pluriel *Arikh*, qui désigne les Mèdes chez les historiens.

tif; noble, riche, célèbre; homme noble, chef, gardien, etc., se rattachent de près aux acceptions diverses de *arya, âryaka,* etc. L'adjectif *ṛta,* en zend *arĕta, ĕrĕta,* illustre, vénéré, se retrouve de même dans l'irlandais *aireadha,* excellent, fameux, et *art,* noble, magnanime, etc. Ces coïncidences multipliées laissent peu de doute sur l'affinité réelle et primitive de *Er* avec *Arya.*

Le travail spécial relatif à cette question, et indiqué ci-dessus, contient d'autres détails sur les traces du mot *er* dans les anciens noms propres irlandais, sur celui des *Erna,* qui appartenait à deux tribus distinctes de l'Irlande, et qui, en composition avec *ibh,* pays, peuple, me semble expliquer le mieux les termes classiques Ἰέρνη, Ἰουερνία, *Hibernia,* etc.; enfin, sur l'indication que pourrait fournir le composé *ibh-er* pour rendre compte de l'homonymie, restée énigmatique jusqu'à présent, des *Ibères* et de l'*Ibérie* de l'Espagne et du Caucase. Cette dernière question reviendra bientôt ailleurs, et les autres nous écarteraient trop de notre sujet [1].

Ce fait que le nom des *Aryas,* le plus ancien sans contredit des branches orientales de la famille, se retrouve aussi chez le peuple qui en forme la limite extrême à l'occident, fait qui me semble établi avec toute l'évidence que comportent de semblables recherches, est une forte raison de croire que ce nom a été celui de la race dans son unité primitive. Des indices de plus d'un genre, tirés, soit des langues, soit des données géographiques, tendent à montrer que les Celtes, et en particulier le rameau gaëlique, ont été les premiers émigrants vers les contrées lointaines de l'Europe. Cela peut expliquer comment seuls ils auraient emporté avec eux l'antique dénomination de la race, que d'autres peut-être avaient déjà perdue avant de quitter l'Asie [2].

[1] Cette dissertation sur l'ancien nom de l'Irlande a été traduite en anglais dans le *Ulster Journal of archaeology.* Belfast, 1857, n° 17, p. 52, et a reçu un accueil très-favorable de la part des philologues irlandais.

[2] Voyez sur toute cette question un article intéressant de Spiegel, dans les *Bei-*

Quoi qu'il en soit, ce qui précède me semble justifier suffisamment l'emploi du nom de *Arya* pour désigner, dans son unité, le peuple père de la grande famille appelée jusqu'à présent *indo-européenne*.

traege, etc., de Kuhn et Schleicher, I, p. 129, où ce savant orientaliste incline à adopter ces conclusions.

CHAPITRE II.

§ 4. — HYPOTHÈSES GÉOGRAPHIQUES.

C'est quelque part sur le vaste plateau de l'Iran que l'on s'accorde à chercher le commun berceau de la race arienne ; mais cet immense quadrilatère qui s'étend de l'Indus au Tigre et à l'Euphrate, de l'Oxus et du Iaxartes au golfe Persique, est un monde divisé par la nature en tant de régions diverses qu'une indication aussi générale ne nous apprend pas grand'chose. Il est difficile sans doute d'arriver à cet égard à une solution bien précise ; on peut cependant espérer, à l'aide de quelques traditions, ainsi que de certaines données géographiques et linguistiques, de fixer approximativement la région qui a dû être la première demeure des Aryas.

En fait de traditions, nous ne possédons que celle du Zend Avesta, d'autant plus précieuse qu'elle est unique, et qu'elle présente tous les caractères d'une authenticité très-reculée. Cette antique tradition, il est vrai, ne concerne que les origines iraniennes ou ario-persanes, et il ne faut y chercher aucune réminiscence directe de l'état primitif des Aryas. Telle qu'elle nous est parvenue, toutefois, et au travers des obscurités du mythe, elle peut nous fournir quelques indications importantes, et c'est toujours de là qu'il faudra partir pour s'orienter dans la nuit profonde des temps préhistoriques, en ce qui regarde la race arienne.

Au premier Fargard du Vendidad, *Ahura mazda* (Ormuzd), le dieu bienfaisant, raconte dans quel ordre il a créé pour son peuple les lieux d'habitation que le méchant *Añhro mainyu* (Ahriman) frappe, en succession, de quelque calamité. Ces lieux, au nombre de seize, s'étendent déjà sur la surface presque entière de l'Iran, leurs noms ont été identifiés à peu près tous, par les savantes recherches de Burnouf et de Lassen, avec leurs homonymes plus modernes, et plus ou moins altérés; et ces noms nous permettent de suivre pas à pas l'extension graduelle des Iraniens dans le vaste domaine qu'ils ont occupé dès lors.

Ce qui nous intéresse surtout dans cette énumération, c'est le point de départ et la direction générale du mouvement. La première demeure excellente créée par Ormuzd est appelée *Airyana vaêġa*, l'Ariane de l'origine. Alors vient Ahriman qui apporte la mort, et il fait surgir le grand serpent, et l'hiver créé par les *Daêvas* ou démons. Auparavant il y avait *sept mois d'été* et *cinq mois d'hiver*, mais dès lors il y eut *dix mois d'hiver* et seulement *deux mois d'été* [1]. Ainsi que le remarquent Ritter et Lassen, cette dernière donnée climatérique ne peut s'appliquer qu'aux vallées les plus élevées du Belourtagh et du Moustagh, à l'extrémité du plateau de l'Iran, vers le nord-est [2]. C'est là aussi qu'était la sainte montagne *Bĕrĕzaṭ*, ou les *garayô bĕrĕzanto*, montes excelsi, splendentes, le *Bordj* ou *Albordj*, invoqué dans le Zend Avesta comme l'*ombilic des eaux* [3]. Il est difficile toutefois d'imaginer comment il aurait pu y exister jamais une demeure excellente, à moins d'admettre un changement fort impro-

[1] Ce passage important est malheureusement corrompu dans le texte, où les deux indications contradictoires se suivent sans transition. « *Il y a là dix mois d'hiver et deux mois d'été*; *sept sont les mois de l'été, cinq ceux d'hiver.* Anquetil ajoute *auparavant,* mais on pourrait mieux sous-entendre *maintenant.* Spiegel retranche le second passage comme une interpolation (*Avesta*, p. 62).

[2] Ritter, *Geogr.*, t. VIII, p. 38; Lassen, *Ind. Alt.*, t. I, p. 526.

[3] Burnouf, *Comment. s. le Yaçna*, I, p. 239; et notes CXI, CLXXXI.

bable de climat. On ne saurait pas mieux concevoir comment une contrée aussi rude et aussi pauvre aurait pu servir de berceau à la race féconde des Aryas. Je crois donc qu'il faut séparer, dans cette tradition, l'élément mythique de la donnée historique. L'*Airyana vaêga*, le paradis primitif, n'était probablement qu'une réminiscence très-confuse du pays habité dans l'origine par les Aryas. Lors de la dispersion, la branche ario-persane, refoulée peut-être par l'accroissement graduel de la population arienne, se sera dirigée vers l'orient jusque dans les hautes vallées du Belourtagh et du Moustagh, qui durent arrêter tout progrès ultérieur. Plus tard, et quand l'émigration des autres tribus ariennes leur eut laissé le champ libre, ils redescendirent de ces régions inhospitalières vers les contrées plus heureuses dont ils avaient conservé quelque souvenir, ainsi que l'indique le mythe du Vendidad [1].

On peut déjà inférer de là que l'Ariane primitive a dû se trouver quelque part au sud-ouest des hautes chaînes qui forment la limite de l'Iran vers l'Asie centrale, et, de plus, qu'elle ne pouvait en être éloignée; car les Ario-Persans se seraient arrêtés sans doute pour s'établir dans un pays moins disgracié de la nature. On voit, en effet, que, en revenant sur leurs pas, ils prennent successivement possession de *Çugdha*, la Sogdiane, de *Môuru*, Marw ou Merw, de *Bâkhdhi*, la Bactriane, de *Niçaya*, Nishapour [2], de *Haroyu*, Hérat, de *Khnenta Vĕhrkâna*, l'Hyrcanie ou pays des loups, etc., autant de lieux d'établissement créés bons par Ormuzd, et frappés de quelque calamité par Ahriman. Ils se meuvent ainsi de l'est à l'ouest vers la mer Caspienne d'abord, pour descendre ensuite vers le sud de l'Iran jusque

[1] Cela expliquerait les idées funestes que les anciens Iraniens attachaient à l'hiver créé par Ahriman et les Daêvas, et auquel présidait le démon *Zémaka*. Dans l'*Avesta*, il est appelé *le méchant, le cruel, qui arrive en rampant, qui tue les troupeaux, qui est plein de neige et de mauvaises pensées* (Voy. *Fargard*, IV, 139, et VII, 60, trad. de Spiegel). De là aussi la manière de considérer le Nord comme la demeure des mauvais esprits (Cf. plus loin, § 15, 3).

[2] Ou, suivant Kiepert, dans le travail cité plus loin, la *Nisaea* de Ptolémée sur le *Murgâb*.

dans le Caboulistan et le *Hendu*, ou le pays voisin de l'Indus.

Au second Fargard du Vendidad, on voit comment ce grand mouvement s'est accompli sous la conduite, sans doute, du roi mythique *Yima Kshaêta* ou Djemshid. C'est lui qui, après avoir amené son peuple vers la région du sud, fonde le royaume d'Iran, le divise en provinces, y introduit les plantes, les bestiaux, l'agriculture, et tous les éléments de la vie sociale. C'est ainsi, suivant le langage de la tradition, qu'il construit le *varĕ* ou *vara* (littér. l'enceinte) aux quatre côtés, ce qui rappelle le τετράπλευρον σχῆμα, la forme quadrilatère, que Strabon attribue à l'Ariane de son temps. Alors on voit revenir sur la terre cet âge d'or qui avait régné autrefois dans la première demeure créée par Ormuzd [1].

Dans cette antique tradition, le nom de *Airyana* semble pren-

[1] Ceci toutefois n'est qu'une interprétation de la tradition, très-obscure par elle-même; car le second Fargard de Vendidad n'est qu'un fragment qui ne se lie pas directement au premier, et qui semble nous ramener dans l'*Airyana* purement mythique, avant l'intervention funeste d'Ahriman. Plusieurs expressions toutefois contredisent cette supposition, et le texte est évidemment altéré et incomplet. Je le donne ici d'après l'excellente version allemande de Spiegel (*Avesta,* p. 73, Leipzig, 1852).

Yima étend d'abord successivement la terre habitable à mesure que les hommes et les animaux se multiplient; puis Ormuzd s'adresse à lui et lui dit :

» Sur le monde où sont les corps, pourraient fondre les malheurs de l'hiver.
» Ce qui ferait naître l'hiver violent et malfaisant.
» C'est pourquoi la neige pourrait tomber avec grande abondance,
» Sur les sommets des montagnes, sur les plateaux des hauteurs.
» Que le bétail donc, ô Yima, s'éloigne de trois lieux :
» Lorsqu'il se trouve aux lieux qui sont les plus redoutables,
» Lorsqu'il se trouve sur le sommet des montagnes,
» Lorsqu'il se trouve dans le fond des vallées.
» (Qu'il se rende alors) vers les demeures sûres.
» *Avant cet hiver la contrée donnait des pâturages.*
» *Devant coulent les eaux, derrière fondent les neiges.*
» Construis donc une enceinte, etc. »

On voit que les passages soulignés indiquent de nouveau la présence de l'hiver, qui plus haut n'était qu'annoncée; et l'ordre d'éloigner les troupeaux des régions devenues inhabitables, et de construire le *Var* comme lieu de refuge, ne peut faire allusion qu'à la seconde migration des Iraniens en quête d'un climat moins rude.

dre successivement trois valeurs distinctes qu'il ne faut pas confondre. L'*Airyana* de Djemshid est le grand Iran, tel qu'il subsiste dès lors et plus tard dans l'histoire; l'*Airyana vaêġa* désigne l'habitation antérieure des Iraniens, frappée par Ahriman du fléau de l'hiver. Mais cette *Ariane de l'origine* ne paraît être elle-même qu'une réminiscence plus ancienne encore du berceau commun des Aryas, d'où les Iraniens étaient sortis pour s'établir temporairement dans les rudes vallées du nord-est de l'Iran.

Ce qui est à remarquer, c'est le caractère tout pacifique de cette prise de possession de l'Iran par Djemshid. Nulle part il n'est question de résistance et de conquête. Les lieux d'habitation sont créés en succession par Ormuzd pour son peuple exclusivement, et celui-ci s'y établit sans conteste. Il est fort possible que le mythe ait remplacé ici l'histoire véritable, par suite de la tendance des races anciennes et puissantes à se considérer comme les premiers-nés de la terre; mais il se peut aussi que les autres tribus de sang arien se fussent assez éloignées, dans des directions diverses, pour laisser le champ à peu près libre aux Iraniens.

Maintenant, où peut-on placer avec quelque probabilité cet *Airyana vaêġa*, ou pays excellent créé par Ormuzd à l'origine des temps, et que nous distinguons de la première demeure, mieux connue de fait, des Ario-Persans? Nous avons observé déjà qu'il ne pouvait en être très-éloigné. Il faut admettre de plus que ce devait être une contrée favorisée de la nature ; assez prodigue de ses dons pour subvenir aux premiers besoins d'une race vigoureuse sans doute, mais, au début du moins, dénuée de culture ; assez étendue enfin, pour que cette race pût croître et se multiplier librement pendant un temps assez long, vu le développement remarquable qu'elle a dû atteindre, sans contredit, avant l'époque de sa dispersion. Or, rien ne répond mieux à ces conditions diverses que les deux pays contigus de la Sogdiane et de la Bactriane, et il est difficile de placer ailleurs la demeure primitive des Aryas.

Çugdha et *Bâkhdhî*, en effet, sont avec *Môuru* les premiers pays nommés dans la tradition de la migration iranienne, bien qu'il soit singulier de trouver *Môuru* à la seconde place, ce qui ne cadre pas avec les positions géographiques. On peut soupçonner ici une altération de l'ordre primitif où *Bâkhdhî* devait suivre immédiatement *Çughdha*. Ces deux belles et vastes provinces touchent immédiatement aux régions montagneuses, où il faut placer le point de départ des Iraniens, et on y arrive tout droit en descendant le cours de l'Oxus et du Iaxartes. Parmi les lieux d'habitation qui viennent immédiatement à la suite, aucun ne peut avoir été le berceau primitif d'un grand peuple, car Merw, Nishapour (ou Nishaea), Hérat, ne sont que de fertiles oasis. Il serait bien peu probable d'ailleurs que les Iraniens, venus ainsi de l'Occident, ne se fussent pas fixés tout d'abord dans la Bactriane, au lieu d'aller s'égarer jusqu'aux régions glaciales du Belourtagh [1].

C'est donc la Bactriane surtout qui doit attirer l'attention comme la demeure probable des anciens Aryas. Cette contrée célèbre, le Balkh actuel, a toujours été considérée comme le plus beau joyau du vaste empire de l'Iran. Située entre le 33e et le 38e degré de latitude, s'étendant entre l'Hindoukouch au sud, la Boukharie au nord, le Belourtagh à l'est, et les territoires de Merw et de Hérat à l'ouest, elle présente une surface très-accidentée, et toutes les variétés de climat qui appartiennent aux régions tempérées. Le puissant fleuve Oxus, maintenant l'*Amou* ou *Djihoun*, la séparait de la Sogdiane, et les nombreux cours d'eau tributaires qui la traversaient en descendant de l'Hindoukouch, portaient la fertilité au sein de ses vallées. De là l'abondance et la variété de ses productions, attestée déjà par les anciens auteurs. Strabon dit qu'on y trouve toute espèce d'arbres

[1] Voyez, sur toute cette question, une dissertation intéressante de Kiepert (*Monatsberichte der Berl. Akad.*, 1856, p. 621 et suiv.). Kiepert doute aussi, et avec raison, que l'on puisse considérer les hautes vallées du Belourtagh comme le berceau de la race arienne, mais il incline à y faire venir les Aryas de l'Orient et de l'Asie plus centrale, contrairement à ce que nous avons présumé.

fruitiers à l'exception de l'olivier [1]. Une description plus détaillée nous a été transmise par Quinte-Curce, et l'Anglais Burnes, un des rares voyageurs qui ont pu y pénétrer de nos jours, en atteste la parfaite exactitude.

« La Bactriane, dit Quinte-Curce, est un pays très-varié dans » sa nature. En quelques endroits les arbres abondent, et la » vigne donne des fruits remarquables par leur grosseur et leur » douceur. Des sources nombreuses en arrosent le sol fertile. Là » où le climat est favorable, on sème du blé; ailleurs, le pays » fournit des pâturages aux troupeaux [2]. » — Il ajoute plus loin que les hommes et les chevaux s'y multiplient en grand nombre, et que la Bactriane fournissait trente mille cavaliers. Ce qu'il rapporte ensuite des déserts sablonneux que tourmentent les vents qui soufflent de la mer Caspienne, s'applique seulement à la région occidentale qui sépare Balkh de Merw, et qui encore aujourd'hui est inhabitable.

A ces avantages d'un climat tempéré, et d'un sol varié et fertile, la Bactriane joignait ceux d'une position centrale géographiquement parlant, position qui lui a donné dans l'antiquité sa haute importance politique et commerciale. Elle constituait le grand point de communication entre l'Asie intérieure et les contrées occidentales. L'accès de la mer Caspienne lui était ouvert par l'Oxus et les plaines de Merw, et trois routes célèbres dans l'antiquité la reliaient au Caboul et à l'Iran du sud [3]. Au delà de l'Oxus s'ouvrait la Sogdiane, et commençaient les forêts et les steppes de Scythie, issue toujours ouverte au déversement d'une population surabondante. La Bactriane était ainsi éminemment propre, soit à servir de berceau à une race vigoureuse, soit à la faire rayonner dans plus d'une direction par des émigrations successives.

Tout ce que nous savons de l'histoire de ce pays et malheureusement nous en savons trop peu, confirme la haute opinion

[1] Strab., l. XI, p. 516; édit. Casaub.
[2] Quint. Curt., l. VII, c. 4.
[3] Lassen, *Ind. Alt.*, I, 13, 29; II, 278.

que l'on doit se faire de ses ressources naturelles. La célébrité de l'ancienne *Bâkdhî*, *Bâkhtri*, *Balkh*, que les Orientaux appellent encore la *mère des villes*, la circonstance qu'elle a été le centre principal de la religion de l'Iran au temps de Zoroastre, et sous la dynastie des Kâyâniens [1], le nombre des villes que put y fonder Alexandre, l'état florissant de la Bactriane sous la domination de ses successeurs, enfin, le rôle que jouent les *Bahlikas* dans les traditions épiques de l'Inde, tout se réunit pour attester une puissance de vie qui devait avoir pour base une nature riche et féconde.

Ce ne sont là, toutefois, que des indications vagues encore pour y rattacher l'hypothèse qui ferait de la Bactriane la demeure première des Aryas. Les données que peut fournir l'histoire sont ici sans valeur, parce qu'elles se rapportent toutes aux temps postérieurs à la dispersion, alors que l'Iran était déjà occupé d'un bout à l'autre par les Ario-Persans. Les seuls faits de quelque importance, à côté de l'antique tradition du Zend Avesta, sont ceux qui concernent la géographie et l'histoire physique et naturelle de ce pays, parce qu'on peut croire qu'ils n'ont pas essentiellement changé depuis les âges les plus reculés. La géographie, en nous révélant les rapports de position et de communications de la Bactriane avec les contrées environnantes, peut nous éclairer sur les directions qu'ont dû prendre nécessairement les migrations anciennes. La configuration intérieure du pays peut jeter quelque jour sur la distribution primitive des populations ariennes. Il faut voir jusqu'à quel point ces données positives s'accorderont avec celles qui résultent de considérations d'un autre ordre, pour appuyer ou ébranler l'hypothèse en question.

[1] Lassen, *Ind. Alt.*, t. II, 280.

CHAPITRE III.

§ 5. — DONNÉES LINGUISTIQUES GÉNÉRALES.

Le résultat le plus certain des études poursuivies jusqu'à présent sur la famille des langues ariennes, c'est que toutes descendent d'un type commun, dont elles ont conservé la forte empreinte malgré des altérations de diverse nature, et par conséquent, d'une langue primitive réelle, vivante, achevée en elle-même, et qui a servi d'organe commun à un peuple entier. Ce n'est pas là une simple hypothèse imaginée en vue d'expliquer les rapports qui les relient entre elles; c'est une conclusion qui s'impose irrésistiblement, et qui a toute la valeur du fait le mieux constaté. Quand on voit un aussi grand nombre de langues d'une structure si caractérisée, converger par tous les détails de leur organisme vers un centre commun où chaque fait spécial trouve sa raison d'être, il devient impossible d'admettre que ce centre n'ait eu qu'une existence purement idéale, et que cet accord merveilleux ne résulte que d'une impulsion instinctive propre à une certaine race d'hommes.

Un écrivain d'un grand talent, et d'une érudition solide, a cherché récemment à établir qu'il faut, en linguistique, comprendre les dialectes de la même manière que l'on entend, en histoire naturelle, les *espèces constituées*, c'est-à-dire comme un fait actuel et désormais permanent, sans rechercher si les diversités présentes existaient ou non à l'origine [1]. Il ne faut point, suivant lui, placer l'unité au début. L'idiome des premiers âges aurait été un langage illimité, capricieux, indéfini, produit d'une liberté sans contrôle, et, au lieu de faire précéder les dialectes par une langue unique et compacte, il faudrait dire, au contraire, que cette unité n'est résultée que de l'extinction successive des variétés dialectiques [2].

Nous n'avons pas à rechercher jusqu'à quel point cette manière de voir s'applique à l'histoire des langues sémitiques, qui paraît l'avoir suggérée à son auteur, mais il semble impossible de l'adopter pour celle des idiomes ariens, à moins de fermer les yeux à l'évidence. L'assimilation des dialectes aux *espèces constituées* des sciences naturelles, nous paraît pécher par la base. Nous ne savons rien, en effet, de l'origine des espèces qui, aussi haut que nous pouvons remonter, se présentent avec des caractères invariables; et ici l'unité primitive peut n'être qu'idéale. Ceci touche immédiatement à la question de la création des plantes et des animaux, laquelle restera toujours le secret du Créateur. Mais les langues sont incontestablement un produit de l'esprit humain, produit instinctif, il est vrai, mais en aucune façon purement aveugle. Le rapport qui lie les sons articulés aux idées qu'ils expriment est d'une tout autre nature que celui des formes végétales ou animales aux êtres invisibles qu'elles révèlent; car, en tant que signe de la pensée, le son n'a essentiellement qu'une valeur arbitraire toutes les fois qu'il n'est pas imitatif. Or, quand ce signe, arbitraire par lui-même, se trouve être identique dans des idiomes séparés depuis des siècles, et que les analogies s'étendent à tout l'organisme du langage, il devient impossible d'en rendre compte autrement que par une transmission continue à partir de l'origine. Du moment que l'on admet que tous les rameaux d'une même race proviennent d'une source commune, il faut bien l'admettre aussi pour les langues

[1] Ernest Renan, *Hist. des langues sémitiques*, t. I, p. 96.
[2] Ibid, p. 93.

qu'ils portent toujours avec eux, et dont ils n'ont jamais pu cesser de se servir. Les différences dialectiques s'expliquent fort bien par les influences du temps et de l'éloignement, comme les différences de constitution physique et d'aspect extérieur par les effets du climat ; mais elles n'intéressent en rien l'unité primitive dont l'existence réelle n'en est pas moins certaine dans le passé.

Nous pouvons d'ailleurs invoquer ici, contre l'opinion de M. Renan, une autorité imposante, celle de Jac. Grimm, le grand philologue. Voici comment il s'exprime dans son *Histoire de la langue allemande.*

« Tous les dialectes se développent dans un ordre progressif, » et plus on remonte vers l'origine des langues, plus leur nombre » diminue et plus leurs différences s'effacent. S'il n'en était pas » ainsi la formation des dialectes et la pluralité des langues res» teraient inexplicables. Toute diversité est sortie graduellement » d'une unité primitive. Les dialectes allemands se rapportent » tous à une ancienne langue germanique commune, et celle-ci » à son tour, à côté du lithuanien, du slave, du grec et du latin, » n'était qu'un des dialectes d'un idiome primitif plus ancien » encore [1]. »

En ce qui concerne la famille arienne, nous croyons donc qu'aucun fait ne peut être mieux démontré que celui d'une langue primitive, parfaitement une et compacte, dont les divers idiomes ariens ne sont à beaucoup d'égards que des dégénérescences. Quant à savoir comment cette langue-mère est arrivée elle-même à se former, c'est une question que nous n'abordons pas, bien que nous l'estimions très-susceptible d'une investigation rationnelle. Le problème de la formation des dialectes se reproduirait ici dans une sphère plus reculée encore ; car la langue arienne elle-même ne remonte pas à l'origine du genre humain, et des indices encore imparfaitement étudiés semblent lui assigner à son tour un point de départ commun avec l'idiome

[1] J. Grimm, *Gesch d. D. Spr.*, p. 833.

primitif des peuples sémitiques. M. Renan, il est vrai, ne veut pas admettre l'existence de ce dernier, mais nous avouons que son argumentation ne nous a pas pleinement convaincus.

Ce serait sans doute une entreprise vaine que de vouloir reconstruire de toutes pièces cet antique langage des Aryas par la comparaison des formes plus ou moins altérées qui en sont sorties; mais on peut du moins, en toute sûreté, en esquisser à grands traits le tableau général. C'était une langue très-riche en racines verbales monosyllabiques, d'où elle faisait surgir, à l'aide de suffixes, une abondance de dérivés de toute espèce. Son système phonique était simple et harmonieux. Par la distinction des trois genres, elle donnait une sorte de vie symbolique à tous les objets de la nature inanimée. Au moyen de ses trois nombres et des sept cas de sa déclinaison, elle exprimait avec précision les rapports grammaticaux. La structure de son verbe était surtout d'une admirable perfection. Des désinences pronominales pour les trois personnes et les trois nombres, ainsi que des flexions variées, en combinaison avec l'augment, la réduplication et les changements de la voyelle radicale, permettaient de distinguer jusqu'aux plus fines nuances des temps et des modes. Si l'on ajoute à cela une grande facilité à former des composés de toute espèce, on reconnaîtra que cette langue réunissait à un haut degré des qualités dont nulle part ailleurs on ne retrouve l'ensemble aussi complet.

Les idiomes dérivés de la souche primitive ont conservé ces qualités, mais dans des proportions diverses. Le sanscrit, le zend et le grec en ont sauvé la meilleure partie; les autres en ont perdu plus ou moins, et remplacent quelquefois par des procédés nouveaux ce que le temps et l'oubli leur ont enlevé. C'est à l'histoire spéciale de chaque langue qu'il appartient de faire son bilan sous ce rapport, et de comparer son état actuel avec la richesse des anciens temps.

Une question d'un grand intérêt est celle des affinités plus ou moins intimes qui relient entre eux les divers membres de cette vaste famille. Ainsi, on reconnaît au premier coup d'œil que les deux idiomes orientaux, le sanscrit et le zend, forment un groupe à part, le plus rapproché, sans contredit, du type primitif. Parmi les langues européennes, c'est le grec qui s'y rattache le plus près; le latin et surtout le celtique s'en éloignent davantage, tandis que le germanique et le lithuano-slave, s'en rapprochent de nouveau à beaucoup d'égards sans y revenir cependant au même degré que le grec. On a tenté de partir de là pour tirer quelques inductions sur l'ordre chronologique des migrations des peuples ariens, mais il faut bien avouer que cette voie présente encore beaucoup d'incertitudes, et c'est ce que prouve déjà la divergence des solutions proposées.

On est bien d'accord à reconnaître que le sanscrit et le zend doivent être restés unis entre eux plus longtemps que les autres idiomes anciens, ce qui résulte soit de leurs affinités plus intimes, soit des traditions mythiques communes aux Indiens et aux Iraniens; mais pour les peuples européens, il existe deux systèmes opposés. Suivant Bopp, les Lithuano-Slaves se seraient séparés plus tard du centre commun que tous les autres; suivant Schleicher, au contraire, ils auraient été avec les Germains, et à l'exception peut-être des Celtes, les premiers à se détacher de la souche primitive [1]. Le principe sur lequel il s'appuie c'est que plus les langues s'éloignent de leur type originel, et plus il a fallu de temps pour les modifier. Ce principe, assez rationnel en lui-même, est toutefois d'une application difficile. Il faudrait bien s'entendre d'abord sur l'importance relative des caractères qui déterminent le plus ou moins d'affinité des langues entre elles. Il est certain, par exemple, que le gothique, par la pureté de son vocalisme, se rapproche plus du sanscrit que le grec, et cela pourrait bien compenser un degré moindre d'affinité quant aux formes grammaticales. Il faudrait ensuite, et surtout, tenir grand compte de l'âge relatif des langues comparées. Nous ne connaissons le gothique qu'à partir du IVe siècle de notre ère, le slave que depuis le XIe, le lithuanien que bien plus récemment encore.

[1] *Beitraege z. vergl. Spr.*, t. I, p. 11.

Si nous possédions de ces langues des textes contemporains d'Homère, elles se montreraient peut-être plus rapprochées de l'idiome primitif que le grec le plus ancien. Il serait donc dangereux de tirer de leur état actuel des conclusions trop absolues.

Ce qui semble fournir une base d'appréciation plus sûre, c'est la position géographique des peuples telle qu'elle a été déterminée par leurs anciennes migrations. Il y a là un fait analogue à celui des stratifications en géologie, qui permettent de reconnaître avec précision leur âge relatif. C'est en combinant ces données géographiques avec celles de la philologie que l'on peut le mieux espérer une solution approchée du problème. Il importe surtout de fixer son attention sur les affinités qui se révèlent de groupe à groupe entre les langues de la famille, en accord manifeste avec la position géographique des peuples; car rien n'est plus propre à jeter quelque jour sur les points de départ de leurs migrations respectives, et, par suite, sur le centre commun de leurs premiers mouvements. Il est peu probable, en effet, que la dispersion des tribus ariennes ait été soudaine, et se soit accomplie d'un seul coup, à moins de supposer quelque révolution violente de la nature dans leur pays natal. Les émigrations lointaines auront été précédées par une extension graduelle, dans le cours de laquelle se seront formés peu à peu des dialectes distincts, mais toujours en contact les uns avec les autres, et d'autant plus analogues qu'ils étaient plus voisins entre eux. Ainsi le peuple arien, divisé en tribus, aura déjà porté en lui-même les germes de la filiation des idiomes sortis plus tard de son sein, et chacune de nos langues européennes aura commencé à se développer dans sa direction propre, alors qu'elle se trouvait encore en communication immédiate avec ses sœurs de l'Occident et de l'Orient.

Ce qui est certain, dans l'état actuel des choses, c'est que l'on remarque, entre les peuples de la famille arienne, comme une chaîne continue de rapports linguistiques spéciaux qui court, pour ainsi dire, parallèlement à celles de leurs positions géographiques. Quelques-uns de ces rapports, il est vrai, s'expliquent par des transmissions et des influences de voisinage, et se reconnaissent avec assez de sûreté; mais il en est d'autres que l'on ne saurait attribuer à cette cause, et qui remontent évidemment à une époque beaucoup plus ancienne. Ainsi, en partant du point extrême à l'orient, c'est-à-dire du zend et du sanscrit, pour faire le tour du grand domaine des langues ariennes par le midi, et revenir ensuite par le nord, on trouve en premier lieu le grec, qui se lie de très-près aux deux idiomes orientaux par les formes si riches de sa conjugaison, par l'augment et la réduplication, et, surtout, par le système de l'accentuation, qui reproduit presque identiquement celui du sanscrit védique [1]. Les rapports intimes du grec et du latin, dont on a fait le groupe ario-pélasgique, sont suffisamment connus, et assez prononcés pour avoir fait croire faussement que le second dérivait du premier. Plus loin, les langues celtiques touchent au latin, non-seulement par un grand nombre de termes communs qui ne proviennent pas tous d'emprunts directs, mais par certaines particularités grammaticales très-caractéristiques, comme la formation du futur au moyen de l'auxiliaire *bhû* ajouté à la racine, et la désinence en *r* des verbes passifs et déponents, ainsi que de l'impersonnel. Des deux dialectes celtiques, le cymrique se rapproche de nouveau plus sensiblement des langues germaniques, et celles-ci à leur tour se rattachent aux idiomes lithuano-slaves par plusieurs affinités primordiales. Enfin, ces derniers nous ramènent aux langues iraniennes par des analogies phoniques et autres qui leur sont propres.

Je dois m'en tenir à ces indications générales, suffisantes pour ceux qui connaissent la grammaire comparée des langues ariennes, mais qu'il faudrait un livre entier pour justifier. Cette esquisse ne s'applique, bien entendu, qu'à l'ensemble des faits; car, à côté de cet enchaînement continu de rapports qui forme comme un grand cercle, il y en a d'autres qui relient directement au centre

[1] Voy. le beau travail de Bopp, *Vergleichendes Accentuationssystem des Sanskrit u. Griechischen*. 1854.

les divers points de la circonférence. Tel idiome, par exemple, qui a plus perdu que tel autre en fait de formes grammaticales, rachète ce désavantage par la conservation de racines verbales, ou de termes de divers genres, qui ont disparu dans les langues plus favorisées. Ce cas se présentera plus d'une fois dans le cours de nos recherches. On est toujours surpris quand on rencontre inopinément un mot sanscrit transporté à l'autre extrémité du monde arien, en Irlande, par exemple, sans avoir laissé ailleurs aucune trace intermédiaire. Ce fait, qui rappelle celui des cailloux roulés de la géologie, est un de ceux qui donnent la preuve d'une durée plus ou moins prolongée de l'unité primitive du peuple des *Aryas*, même après leur première division en tribus et en dialectes.

Si l'on fait abstraction de la grande extension ultérieure des Indiens vers le sud, ainsi que de celle des Ario-Persans sur toute la surface de l'Iran, on pourra représenter graphiquement assez bien les résultats énoncés ci-dessus au moyen d'une ellipse allongée, dont l'un des foyers figurera le point de départ de la race arienne.

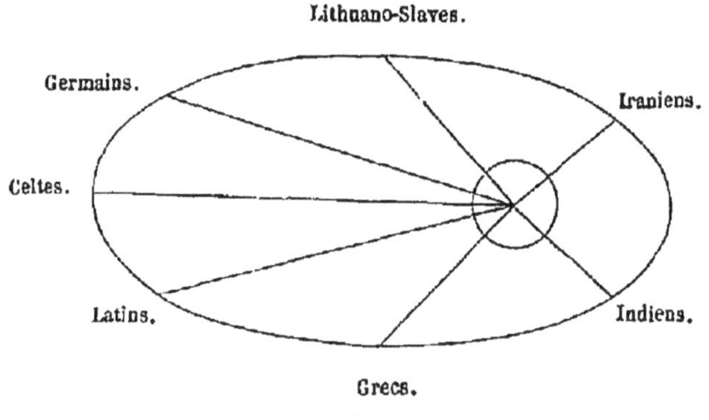

Cette ellipse, comme on le voit, ne reproduit pas mal les positions géographiques des peuples de la famille arienne, et, en les ramenant respectivement au centre oriental, on se fera une idée assez juste, probablement, de leur distribution primitive dans le berceau commun, ainsi que des directions de leurs premiers mouvements.

Que l'on se figure maintenant, par hypothèse, que le petit cercle tracé autour du foyer de l'ellipse représente la Bactriane, et on reconnaîtra qu'aucun autre point géographique ne répond aussi bien aux inductions fournies par les faits linguistiques et traditionnels. Si l'on fait rentrer les essaims dans la ruche d'où ils sont sortis, on verra que les Iraniens ont dû occuper la portion nord-est qui avoisine la Sogdiane vers le Belourtagh, et que dès lors, poussés par le surcroît de population, ils n'ont pu s'étendre d'abord que dans la direction de l'est, jusqu'aux hautes vallées des montagnes d'où ils sont redescendus plus tard pour peupler l'Iran. A côté d'eux, au sud-est, probablement dans les fertiles régions du Badakchan, se trouvaient les Ario-Indiens, appuyés aux versants de l'Hindoukouch qu'il leur a fallu traverser ou tourner pour arriver dans le Caboulistan, et pénétrer de là dans l'Inde du nord. Cette position resserrée au fond de la Bactriane, et fermée par les hautes chaînes du côté où l'émigration aurait dû s'effectuer naturellement, expliquerait fort bien pourquoi ces deux tribus sont restées plus longtemps que les autres en contact dans leurs demeures premières. Au sud-ouest, et vers les sources de l'Artamis et du Bactrus, nous placerions les Ario-Pélages (les Grecs et les Latins), qui se seront avancés de là dans la direction de Hérat, pour continuer leur migration vers l'Asie Mineure et l'Hellespont, par le Khorasan et le Mazenderan. La tribu qui devait former le grand peuple des Celtes aura occupé la région de l'ouest du côté de la Margiane. Parfaitement libre de ses mouvements à l'Occident, elle aura sans doute obéi à la pression exercée du centre par une population devenue trop dense. Les Celtes se seront étendus vers Merw d'abord et l'Hyrcanie; puis, contournant au sud la mer Caspienne, ils auraient fait une halte dans les pays fertiles de l'Ibérie et de l'Albanie, dont les noms mêmes, avec quelques autres encore, ainsi que nous le verrons bientôt, semblent être restés comme une trace de leur établissement temporaire. Plus tard, poussés en avant sans doute par des colonies iraniennes, par les Géorgiens descendus des montagnes de l'Arménie, et par des tribus venues du nord, ils auront franchi les défilés du Caucase, contourné la mer Noire au nord, gagné le Danube et remonté son cours pour pénétrer au centre de l'Europe, et ne s'arrêter définitivement qu'aux limites extrêmes de notre Occident. Cette longue migration ne se sera pas accomplie tout d'une haleine, et, sur cette route lointaine, bien des noms de pays, de fleuves et de peuplades d'ailleurs peu connues, témoignent des établissements fondés par les Celtes, et envahis plus tard, en tout ou partie, par le flot germanique qui succéda.

Pour en revenir à la Bactriane, il ne nous reste plus qu'à placer le long du cours de l'Oxus, qui formait la limite au nord, les tribus ario-germaniques et ario-slaves, s'étendant vers le sud au cœur du pays dans les fertiles vallées des affluents du grand fleuve, en contact par conséquent dans trois directions avec les autres tribus. De bonne heure sans doute, ces deux races fécondes auront traversé l'Oxus pour s'étendre à l'aise dans les vastes régions de la Scythie, et y demeurer, pendant bien des siècles peut-être, avant de se diriger vers l'Europe, où les a poussées graduellement l'invasion des peuples tartares. Ce dernier mouvement doit avoir commencé bien avant notre ère, en partant probablement des régions situées entre le Tanaïs, le Tyras et l'Ister, jusqu'au delà du Hæmus ; car, au temps d'Alexandre, la masse des peuples germaniques s'était avancée déjà de la mer Noire jusqu'au Rhin et à la Baltique [1]. Les Lithuano-Slaves, répandus plus loin au nord et à l'est, sont venus ensuite, et trouvant l'Europe déjà occupée en grande partie, se sont arrêtés dans les régions du nord-est.

Je ne sais si je m'abuse, mais il me semble qu'aucune autre hypothèse ne rend aussi bien compte de tous les faits qui se rattachent aux migrations ariennes. Soit que l'on cherche le point de départ plus au nord ou plus au midi, plus à l'est ou à l'ouest, on tombe dans des difficultés et des contradictions, dès qu'il s'agit de se faire une idée claire des premiers mouvements de

[1] Grimm, *Gesch. der deutsch Spr.*, p. 803.

cette grande race. Cette hypothèse s'accorde d'ailleurs essentiellement avec les conjectures de Schlegel et de Lassen qui placent les origines ariennes quelque part entre les hautes chaînes de l'Asie centrale et la mer Caspienne [1]; mais elle a l'avantage d'une plus grande précision.

En parlant, ainsi que nous venons de le faire, des divers peuples ariens comme déjà distincts entre eux avant leur sortie de la Bactriane, nous n'entendons rien préjuger sur la nature et le degré des différences qui pouvaient avoir commencé à se dessiner. Il est certain que la configuration topographique du pays, divisé en plusieurs bassins par les affluents de l'Oxus, devait favoriser le fractionnement en tribus et en dialectes. Ptolémée n'énumère pas moins de treize peuplades distinctes qui habitaient la Bactriane [2], et au VIIe siècle, d'après le pèlerin bouddhique Hiouen Thsang, le royaume de *Thou-ho-lo* (Toukhâra), qui la comprenait, était divisé en vingt-sept petits États [3]. La question de savoir si, à un moment quelconque, la langue arienne primitive a été une et compacte dans toute l'étendue du pays, ne peut se résoudre que par des inductions conjecturales. Tout dépend ici du degré d'unité et de centralisation qu'avaient atteint les Aryas par une culture sociale et des croyances religieuses communes, peut-être aussi déjà par une poésie traditionnelle nationale. Bien des faits semblent indiquer que cet état d'unité a préexisté à la séparation, et nous aurons plus d'une fois à les signaler dans le cours de nos recherches.

[1] Schlegel, *De l'origine des Hindous,* dans ses *Essais,* p. 514. — Lassen, *Ind. Alt.*, t. I, p. 527.

[2] Mannert, *Géogr.*, t. IV, p. 448.

[3] Stan. Julien, *Vie de Hiouen Thsang,* p. 455.

CHAPITRE IV.

§ 6. — DONNÉES ETHNOGRAPHIQUES.

Les tribus ariennes, avant leur dispersion, se sont-elles distinguées par des noms particuliers à côté de celui de *Aryas*, qui paraît avoir été commun à toute la race? Cela est fort probable d'après les analogies que présentent ailleurs les populations fractionnées par la nature de leur pays. Quel jour ces noms, caractéristiques sans doute de ceux qui les portaient, n'auraient-ils pas jeté sur l'ethnographie primitive de la famille! Malheureusement, et surtout pour le rameau européen, les données positives manquent complétement à cet égard, et nous en sommes réduits à quelques conjectures plus ou moins incertaines. Les noms des peuples de l'Europe sont presque tous d'une origine relativement moderne. Quelques-uns peuvent sans doute remonter à un âge très-reculé; mais ils restent isolés, et leur signification première est obscure. Un très-petit nombre seulement semblent se rattacher à l'époque arienne, ou du moins aux temps qui ont suivi d'assez près le moment de la dispersion. Ce sont là les seules indications à consulter, et, faute de mieux, il ne faut pas les négliger, quelque problématiques qu'elles puissent paraître. Nous réunirons donc ici les faits épars qui semblent porter quelque lumière au sein de ces ténèbres.

§ 7. — LES ARYAS ET LES BARBARES.

La première question qui se présente est celle de savoir s'il existe quelque indice que les Aryas se soient trouvés en contact, pacifique ou hostile, avec d'autres races voisines. On ne devait guère l'espérer, et cependant il se trouve que sur ce point, qui nous reporte à l'histoire la plus reculée, nous obtenons d'un fait curieux un jour inattendu. Ce fait ne consiste qu'en un mot, mais ce mot dit bien des choses. C'est le nom de *barbares* que les Aryas donnaient aux peuples qui leur étaient étrangers.

On sait que le mot βάρβαρος nous a été transmis par les Grecs, et qu'il paraît déjà dans Homère; mais il se retrouve aussi chez les Indiens, avec les mêmes acceptions, sous les formes de *barbara, barvara, varbara* et *varvara*. On ne saurait admettre qu'il y ait eu transmission d'un peuple à l'autre, parce que le terme sanscrit se rencontre non-seulement dans le Mahâbhârata, mais dans le *Rikpratiçâkhya,* ou traité de prononciation et de récitation annexé au Rigvêda, et qui date d'une époque encore plus ancienne. Il faut donc remonter à la source arienne commune.

Le sanscrit *varvara*, outre le sens de barbare, et d'homme des castes dégradées, a aussi celui de cheveux laineux et crépus comme ceux des nègres. C'est ce qui a conduit Benfey à en conclure que ce nom était donné par les Aryas à quelque race noire analogue aux Papous ou aux Africains, et à le rattacher à la racine *hvṛ (hvar) curvum esse* [1]. Cette dérivation, qui supprime l'*h* initiale, est considérée avec raison par Lassen comme peu admissible, et il ajoute que rien ne porte à croire que les Aryas primitifs aient jamais été en contact avec des races du type nègre [2]. Ce terme,

[1] *Encycl.* de Ersch et Gruber, art. *Indien*, p. 10.
[2] Lassen, *Ind. alt.*, t. I, p. 855.

suivant lui, s'appliquait plus spécialement au langage, ainsi que l'indique l'épithète de βαρβαροφώνοι, *barbare-loquentes*, que donne Homère aux Cariens [1]. Kuhn appuie cette manière de voir, en ce qui concerne le sanscrit, par la citation du passage du *Rikpratiçâkhya* mentionné ci-dessus, où le dérivé *barbaratâ*, exactement le grec βαρβαρότης, signifie une prononciation trop rude et fautive de l'*r* [2]. Il observe aussi que la forme *barbara*, plus ancienne que *varvara*, éloigne encore la possibilité d'une dérivation de la racine *hvṛ* [3].

L'emploi de ce mot chez les anciens pour désigner une langue étrangère, incompréhensible, peut être mis en évidence par plusieurs exemples. Ainsi, dans les *Oiseaux* d'Aristophane (au v. 200), la huppe dit que les oiseaux étaient des βαρβαροι avant qu'elle leur eût appris à parler. D'après Hérodote, les Égyptiens traitaient de *barbares* tous les peuples qui ne parlaient pas la même langue qu'eux [4]. Strabon appelle les Cariens βαρβαρόγλωσσοι, à cause de leur mauvaise prononciation du grec [5]. Enfin Ovide, exilé parmi les Gètes, s'écrie : *Barbarus hîc ego sum, quia non intelligor ulli* [6]. Il paraît donc certain que le sens de grossier, d'ignorant, d'inculte qui s'attachait au nom de barbare n'est que secondaire, et provient de ce que les Grecs se considéraient comme les plus civilisés des hommes. Il en était de même chez les Indiens, où le mot *mlêććha* du verbe *mlêććh*, parler confusément, bredouiller, désignait à la fois un idiome inintelligible et un barbare, c'est-à-dire un homme qui ne parlait pas le sanscrit [7].

[1] *Iliad.*, II, 867.

[2] *Atisparçô barbaratâ ća rêphê;* la prononciation forte et la *barbarisation* du *répha* (sont des fautes). *Dict. Scr.* de Boehtel et Roth. au mot *atisparça.*

[3] *Zeitsch. f. v. Spr. F.*, I, 382.

[4] Hérod., II, 158. On ne saurait inférer de là que le mot fût aussi égyptien, parce que Hérodote aura sans doute rendu en grec le terme original.

[5] Strab., XIV, p. 997; édit. Casaub.

[6] *Trist.*, 5, 10, 37.

[7] Cette racine, qui prend aussi les formes de *mṛksh, mraksh, mlaksh,* confuse loqui, lingua barbara uti, se retrouve dans l'anc. slave *mlŭćati,* rus. *molćati,* tacere,

Ceci ne peut laisser aucun doute sur l'origine imitative du mot arien *barbara*. C'était, comme *mlêccha*, une onomatopée, et on le traduirait parfaitement par *bredouilleur*. Ce qui le prouve mieux encore, c'est que, en sanscrit, *barbara*, *varvara* désigne le bruit confus des armes, *varvarî* une abeille bourdonnante, et *barvara* un fou, un idiot au parler inintelligible. C'est le persan *barbar*, insensé, babillard, querelleur, et *bâr-bâr*, cris, murmure. D'autres analogies sont le grec βορβορύζειν, gronder, le lithuanien *burbuloti*, bourdonner, faire glou-glou, etc., etc. Cette onomatopée se retrouve aussi dans l'arabe *barbarat*, murmure de colère, *barbâr*, irrité, grommelant, *balbâl*, *balbalat*, confusion comme celle des langues à *Babel*, *balbulâ*, le bruit des chameaux d'une caravane, etc.

Il résulte de tout cela que le sens de cheveux crépus, et aussi celui de ver, qu'a le sanscrit *varvara*, n'est qu'une extension matérielle de la notion de confusion, d'embrouillement, appliquée d'abord aux sons, et que l'on ne saurait admettre la conjecture, ingénieuse d'ailleurs, de Benfey, sur l'existence d'une race à cheveux laineux en contact avec les anciens Aryas.

Ce qui est propre à ces derniers, c'est l'emploi de cette onomatopée pour désigner tous ceux qui n'appartenaient pas à leur sang et à leur langue, et cela prouve chez eux un vif sentiment de supériorité sur les races voisines. Celles-ci ne peuvent guère avoir été que les Finno-Tartares au nord, et, peut-être, les Sémites à l'ouest, avant qu'ils fussent descendus vers la Mésopotamie des régions de l'Arménie, leur première demeure. On ne saurait, en effet, songer aux aborigènes de l'Inde, dont les Aryas étaient sans doute complétement séparés par de hautes chaînes de montagnes. Ce sobriquet, un peu méprisant de *Barbaras*, en

primitivement sans doute murmurer sourdement, sans parler. Cf. polon. *mrukać*, *mruszeć*, grogner, gronder, *markotać*, murmurer dans sa barbe, etc. Suivant Leo et Stenzler (*Zeits. f. vergl Spr.* II, 252, 260), l'ang.-sax. *wealh*, anc. all. *walh*, *walah*, mod. *wælsh*, peregrinus, latinus, ainsi que le pol. *wloch*, italien, et le slav. *wlach*, valaque, seraient les corrélatifs directs de *mlêccha*. S'il en était ainsi, ce dernier nom du barbare remonterait également à l'époque arienne.

contraste avec le nom glorieux de *Aryas*, implique des rapports plutôt hostiles que pacifiques, et nous verrons, en effet, par l'examen des termes relatifs à la guerre et aux armes, que l'état de paix n'a pas toujours été celui de ces temps primitifs.

§ 8. — LES YAVANAS ET LES IONIENS.

Un nom de peuple qui s'est étendu fort loin dans l'Orient, et qui semble témoigner d'une antique relation de voisinage entre les Grecs et les Indiens, c'est celui des Ioniens, Ἰάονες, en sanscrit *Yavanas*. Malheureusement les questions qu'il soulève sont entourées de beaucoup d'incertitudes, et ont fait surgir des hypothèses plus ou moins plausibles dans des sens très-opposés. On ne s'accorde encore ni sur l'origine de ce nom, ni sur sa valeur primitive, ni sur la manière dont il s'est transmis ou conservé chez les divers peuples. Réussirons-nous mieux à éclairer ces obscurs problèmes? Nous le tenterons du moins, au risque d'augmenter le nombre des solutions conjecturales.

On sait par Hérodote que, dans l'origine, les Grecs se divisaient en deux races principales, la *dorienne* et l'*ionienne* [1], et que la tradition rattachait cette dernière à *Ion*, frère d'Achéus, fils de Xutus et petit-fils de Hellen, lequel lui aurait donné son nom quand elle passa de l'Attique dans le Péloponèse. Hérodote, il est vrai, ajoute que les Ioniens étaient originairement des Pélasges, c'est-à-dire, dans son opinion, de race barbare, ce qui le conduit à la supposition peu probable que les Athéniens, Ioniens eux-mêmes dans le principe, auraient changé de langage en devenant Hellènes. Dans l'ignorance complète où nous sommes de la nature de l'idiome pélasgique, il est impossible de savoir s'il différait radicalement du grec, et d'apprécier ainsi la valeur du témoignage d'Hérodote. Quoique la tradition relative à Ion ne soit

[1] Hérod., I, 56.

évidemment qu'un mythe, elle montre cependant que le nom des Ioniens était bien considéré comme grec, et non comme barbare. Il est à croire, d'après cela, que son origine véritable est indigène et nationale, au même degré que celle des Doriens, des Éoliens et des Achéens, tous descendus d'Hellen, de Deucalion et de Prométhée, c'est-à-dire venus en Grèce des régions du Caucase, où nous reportent les traditions qui concernent ces derniers personnages mythiques. Ce qui semble aussi l'indiquer, c'est ce que dit ailleurs Hérodote que les Ioniens, établis alors en Béotie, reçurent les premiers de Cadmus la connaissance de l'alphabet phénicien [1]. Or Cadmus vint dans la Béotie moins d'un siècle après le déluge de Deucalion, en 1521 avant Jésus-Christ, suivant les marbres de Paros, et, comme Ion était l'arrière-petit-fils de Deucalion, le fait rapporté par Hérodote remonterait à une époque antérieure à l'établissement des Ioniens dans l'Attique, où cependant, d'après lui, ils auraient commencé à porter ce nom. Ces contradictions, fréquentes dans les traditions des temps mythiques, montrent bien qu'on ne saurait rattacher le nom de la race à celui d'Ion, fils de Xutus.

Ce qui s'y oppose d'ailleurs encore, c'est que la forme ancienne de ce nom n'est pas Ἴων, mais Ἰάων, et que c'est évidemment de la première qu'on est parti pour imaginer l'Ion traditionnel. De l'Attique, il a passé dans l'Asie Mineure vers le XIe siècle avant notre ère, avec les colonies qui fondèrent les douze villes ioniennes devenues plus tard si florissantes. On le trouve pour la première fois dans l'Iliade, au chant XIII, v. 685, où les Ἰάονες ἑλκεχίτωνες combattent à côté des Béotiens près des vaisseaux. Toutefois, comme l'épithète de *vêtus de longues robes* indique une coutume barbare, et qu'elle se retrouve dans l'hymne homérique à Apollon (v. 147), on a jugé que le vers de l'Iliade est une interpolation. On ne saurait cependant en conclure que le nom même des Ἰάονες soit d'une origine postérieure à Homère, ce qui s'accorderait mal avec le dire d'Hérodote, que *de temps immémorial* la

[1] Hérod., V, 58.

race ionienne a constitué une des divisions de la Grèce. Si l'on admettait, avec Schlegel, cette supposition, ainsi que celle d'une origine lydienne du nom de Ioniens [1], il deviendrait difficile d'expliquer comment il serait revenu dans la Grèce continentale pour y servir de base à un mythe, et pour désigner plusieurs portions du pays, telles que la côte de Sunium à l'isthme et celle du Péloponèse au nord, appelée plus tard Achaïe [2]. Plutarque nous apprend aussi que, avant l'époque de Solon, un oracle de la Pythie donnait encore à Salamis le nom de Ἰαονία [3]. Ainsi il est beaucoup plus probable que le nom des Ioniens est bien d'origine hellénique, et que c'est de la Grèce qu'il a passé dans l'Asie Mineure.

Ce qui paraît certain, toutefois, c'est que c'est de là, et par suite du développement remarquable des villes ioniennes, que ce nom s'est répandu dans une partie de l'Orient; car, à l'époque de Darius, les Grecs continentaux étaient à peine connus des Perses [4], et le nom même des Ioniens n'était plus qu'un souvenir dans la Grèce proprement dite. On l'a retrouvé, en effet, sous la forme de *Iuna*, dans les inscriptions cunéiformes, comme désignant les Grecs de l'Asie Mineure et des îles, et il est à remarquer que cette forme se rattache à celle de Ἴωνες, déjà contractée de Ἰάονες. Il en est de même de l'égyptien *Iunan* que Champollion donne dans sa grammaire, et qui ne peut pas être fort ancien [5].

Si la question de transmission ne dépendait que de ces premières données, elle n'offrirait que peu d'incertitudes; mais, à coté de ces formes contractées, et par conséquent relativement modernes, il s'en présente une autre plus primitive encore que Ἰάονες, et qui semble, par l'antiquité de ses sources, nous reporter au delà des temps historiques. L'une de ces sources est la Ge-

[1] *Ramâyana*, I, 2e partie; édit. Schlegel, p. 169, note.

[2] Wolf, *Vorles. üb. d. gr. Litter.* p. 28.

[3] Plut., *Solon*. 10.

[4] On le voit par la manière dont Artapherne, gouverneur de Sardes, demande aux députés athéniens d'où ils viennent, et en quel lieu de la terre habite leur peuple. Un peu plus tard le roi Darius fait la même question (Hérod. I. v).

[5] *Gramm. égypt.* I, p. 151.

nèse (x, 2) où *Iavan* est nommé parmi les fils de Japhet, desquels descendent *les peuples qui partagèrent entre eux les îles des nations;* l'autre, plus éloignée, est l'ancienne littérature sanscrite, où le nom de *Yavanas* revient fréquemment pour désigner en général les peuples des pays reculés de l'Occident. Occupons-nous d'abord de ce dernier nom.

C'est avec raison, sans doute, que Schlegel le considère comme très-ancien [1], car il se rencontre déjà dans le Code des lois de Manou (liv. x, 44), où les *Yavanas* figurent avec les *Kambôgas*, les *Sakas*, les *Pahlavas*, etc., parmi les races des Kchatriyas dégénérés. Il reparaît de nouveau dans le Ramâyana, toujours en compagnie des peuples ci-dessus, que la vache Çabalâ fait surgir de ses mamelles sur l'ordre de Vaçishṭha [2]. Au livre iv, c. 43 du même poëme, lors de la description de la région occidentale, il est parlé des *villes des Yavanas*. Leur nom revient plus d'une fois aussi dans le Mahâbhârata où, ici et là, il semble assez clairement désigner les Grecs, et cela fait penser à Lassen que ces passages datent d'une époque où le bruit de la gloire d'Athènes pouvait avoir retenti jusque dans l'Inde [3]. Cette supposition, toutefois, est difficilement admissible pour le code de Manou et le Ramâyana, et il serait singulier que l'emploi de ce nom y provînt d'interpolations subséquentes dont le but serait peu compréhensible. Par quelle voie s'imagine-t-on d'ailleurs qu'il pourrait être parvenu aux Indiens avant l'époque d'Alexandre? Serait-ce par les Phéniciens ou les Arabes? Mais ils n'avaient de communications qu'avec les populations des côtes de l'Inde méridionale, et, comme le nom même des Phéniciens est resté inconnu à l'Inde brahmanique, il est fort peu probable que celui des Ioniens y ait pénétré par leur entremise? Serait-ce par les Perses au temps des conquêtes de Darius? Mais on ne s'expliquerait pas alors comment la forme *Yavana* aurait été substituée à celle de *Yuna* qui était en usage dans la Perse. Or, cette forme indienne est en réalité plus

[1] Apud Indos vocabulum *Yavana* est antiquissimum. (*Ramây.* loc. cit.)
[2] *Ramây.* I. 45, 46, éd. Gorresio; 44, 45, éd. Schlegel.
[3] Lassen. *Ind. Alt.* t. I, p. 862.

primitive que celle même de Ἰάονες, laquelle, comme le prouve aussi l'hébreu *Iavan*, est déjà contractée de Ἰαϝονες par la suppression du digamma, et un retour à cette forme, en partant de Ἴωνες et de *Yuna*, resterait inexplicable.

Il semble résulter de là que, dans l'origine, les Indiens n'appliquaient point spécialement aux Grecs, qu'ils ne connaissaient pas, le nom de *Yavanas*, lequel ne désignait pour eux que les peuples les plus reculés à l'Occident [1]. Plus tard, et quand ils se trouvèrent en contact immédiat avec les Grecs, au temps d'Alexandre et de la monarchie bactrienne, ils donnèrent naturellement à ce nom une signification plus précise. Mais il est à remarquer que, alors aussi, ils revinrent à la forme plus moderne ; car, dans les inscriptions de l'époque d'Asôka, au IIIe siècle avant notre ère, on trouve constamment *Yôna* pour *Yavana* [2].

Si, d'après tout cela, il est difficile d'admettre que le terme de *Yavana* ait été importé de la Grèce dans l'Inde, il faut bien, avec Schlegel et Lassen, lui attribuer une origine sanscrite. Mais je ne saurais, je l'avoue, malgré mon respect pour de si hautes autorités, croire à une transmission inverse par l'intermédiaire des populations de l'Asie Mineure voisines des Ioniens. Car, d'une part, rien ne prouve que ces populations fussent de race arienne, et on les rattache plutôt à la famille sémitique, et de l'autre, l'extension du nom aux traditions et à la géographie de la Grèce continentale resterait inexpliquée. On ne peut concilier ces contradictions qu'en admettant pour *Yavanas* et Ἰαϝονες une origine à la fois sanscrite et grecque, c'est-à-dire une origine arienne primitive.

Ceci nous conduit à la question étymologique, qui constitue en fait le nœud du problème, et qui seule, peut-être, pourrait le trancher. Pott le premier est entré dans cette voie par une conjecture

[1] C'est ce qu'indiquent les noms de quelques produits indiens qui alimentaient le commerce avec l'Occident, comme le poivre, *yavanaprya*, aimé des Yavanas; l'étain, *yavanéshta*, désiré par les Yavanas.

[2] Cf. Prinsep. *On the Edicts of Asoka*, J. of the lit. soc. of Bengal. 1838, n° 75, p. 224.

ingénieuse, à laquelle se rallient Benfey et Lassen [1]. D'après lui, *yavan* serait synonyme du sanscrit *yuvan*, jeune, au compar. *yavîyas*, au superl. *yavishṭha*, en zend *yuvan*, au nom. sing. *yava*, au plur. *yavanô* [2]. Les *Yavanas* auraient été ainsi les *juvenes*, et ce nom aurait désigné primitivement les races ariennes qui émigrèrent vers l'Europe, par opposition à celles qui, restées plus longtemps dans le berceau commun, se considéraient comme plus anciennes. Au point de vue philologique, il n'y a rien à objecter à cette explication, mais la justification du sens laisse peut-être quelque chose à désirer. On ne comprend pas bien comment cette distinction de vieux et de *jeunes* aurait surgi entre des peuples de même race et contemporains, et comment les Grecs auraient accepté un nom qui impliquait pour leurs égaux une sorte de droit d'aînesse. Ce doute se confirme par le fait que le corrélatif de *yuvan*, qui se retrouve dans la plupart des langues ariennes, manque précisément en grec, où Ἰάων n'a jamais signifié jeune. Or, il semble que c'est là où il s'est maintenu comme nom de peuple qu'il aurait dû le mieux conserver son sens propre. On échappe, il est vrai, à ces objections en supposant que le nom des Ioniens n'est pas hellénique, et qu'il a tiré son origine prochaine de l'Asie Mineure; mais alors se présentent les objections signalées plus haut contre cette manière de voir.

Pour être vraiment satisfaisante, il me semble que l'étymologie cherchée devrait être à la fois sanscrite et grecque, et se rapporter à quelque intérêt commun à l'ancien peuple des Aryas. On s'expliquerait alors comment le nom serait resté de part et d'autre, soit que les Ario-Hellènes l'eussent reçu de leurs frères, soit qu'ils se le fussent donné eux-mêmes. Je tente donc une interprétation nouvelle, en ce sens qu'elle s'appuie sur la signification primitive et l'étymologie de *yuvan* dans l'acception de jeune.

Pour chercher la racine, on peut partir également du thème

[1] Pott. *Etym. F.* t. I, p. XLI. Benfey. *Gr. W. Lex.* t. II, p. 206, Lassen. *Ind. Alt.* t. I, p. 730.

[2] Cf. le latin *juvenis*, le lith. *jaunas*, l'anc. slav. *iunŭ*, le goth. *juggs*, le cymr. *ieuanc*, etc.

yavan ou *yavana*, les suffixes *an* et *ana* formant tous deux des noms d'agents et des appellatifs. Cette racine ne saurait être que *yu*, qui se développe en *yav* devant la voyelle du suffixe. Mais *yu*, en sanscrit, présente deux sens différents, suivant la classe des verbes où il se range. A la seconde et neuvième classe *(yâuti, yunâti)*, il signifie *colligare, conjungere*, à la troisième *(yuyôti)*, et dans les Védas seulement, *arcere, avertere*. Il s'agit de choisir entre ces deux acceptions.

La première ne conduit à rien de satisfaisant, car la valeur des suffixes *an* et *ana* s'oppose à ce qu'on cherche, dans les *Yavanas*, les conjoints, les alliés, les confédérés, interprétation qui serait d'ailleurs assez plausible. *Yavana*, au singulier, ne pourrait signifier que *celui qui joint*, ou, comme substantif abstrait, jonction, réunion. De plus, la racine *yu*, *conjungere*, a pris en grec la forme de ζυ, comme on le voit dans ζῶ-μα, ceinture, ζώ-νη, ζῶ-σις, etc.; de même que le synonyme *yuǵ*, *jungere*, est devenu ζυγ, ζεύγνυμι, ζυγὸς, etc. Et dès lors tout rapprochement avec 'Ιάων devient impossible.

Le second sens de *yu*, *arcere*, *avertere*, me paraît fournir à tous égards une solution meilleure. Le substantif dérivé *yavan* signifierait *un défenseur*, et, de la forme causative *yavay*, qui s'emploie exactement comme *yu*, dériverait aussi régulièrement le synonyme *yavana*[1]. Appliqué par les anciens Aryas à quelqu'une de leurs tribus, ce nom a pu désigner plus spécialement celles qui, placées près de la frontière, étaient appelées à défendre l'accès du pays commun, et qui devaient être, par cela même, plus belliqueuses que les autres. Or, si l'on se souvient de la position probable des Ario-Indiens, et des Ario-Hellènes, dans la Bactriane, les premiers, appuyés à la haute chaîne de l'Hindoukouch, et protégés de tous côtés, les seconds placés plus à l'ouest, vers les passages qui s'ouvrent au sud et à l'occident, on comprendra que le rôle de *défenseurs*, et le nom de *Yavanas* conve-

[1] Le suffixe *ana* forme des noms d'agents surtout de verbes causatifs avec retranchement de la caractéristique *ay*. (Bopp. *Skr. Gram.* p. 297.)

naient particulièrement à ces derniers. C'était là comme un titre d'honneur dont ils pouvaient se glorifier, et qu'ils auront conservé comme éminemment national. On s'explique dès lors pourquoi les Ario-Indiens, habitués à appeler ainsi leurs frères occidentaux, ont continué plus tard à désigner par ce nom les races éloignées du côté de l'ouest; et le fait que Manou classe les *Yavanas* parmi les *Kchatriyas* (les guerriers) dégénérés, c'est-à-dire non brahmaniques, semble même indiquer un vague souvenir de la communauté d'origine.

Ce qui ajoute à la probabilité de cette étymologie, c'est qu'elle est appuyée d'une manière remarquable par le grec même. A la forme causative de la racine *yu*, au présent *yâvayâmi*, répond de tout point le verbe ἰάομαι ou ἰαῶμαι, pour ἰαϝωμαι, ainsi que l'a fort bien démontré Kuhn [1]. Ce verbe, il est vrai, a pris le sens spécial de *sanare;* mais sa signification primitive est celle de *arcere, avertere (morbum)*, et Kuhn prouve, par plusieurs citations, que le sanscrit *yu*, s'emploie dans le Rigvêda d'une manière tout analogue. Cette modification de sens a empêché, jusqu'à présent, de reconnaître dans ἰάομαι la vrai racine du nom des Ἰάονες, qui a dû signifier, dans l'origine, comme *Yavanas*, les défenseurs, et non pas les guérisseurs. On se rend mieux compte, dès lors, des formes contractées Ἰὰς, Ἰαχὸς, etc., par l'analogie des dérivés réguliers de ἰάομαι, tels que ἰατρὸς, médecin, ἴαμα, remède, ἴασις, guérison, etc. Ainsi le nom des Ἰάϝονες, est grec, comme celui des *Yavanas* est sanscrit, et les deux étymologies se prêtent un mutuel appui.

C'est également à la racine *yu* qu'il faut rapporter, je crois, le sanscrit *yuvan*, jeune, pour *yavan*, ainsi que le prouve le comparatif *yavîyas*, et le zend *yava*, au nominatif. Ce mot a dû désigner, dans l'origine, le jeune homme, en tant que *défenseur* naturel de la famille ou du pays. C'est exactement le sens que les Romains donnaient au mot *juvenes*, et Tite-Live appelle ainsi les citoyens propres au service militaire depuis vingt ans

[1] *Zeits. f. vergl. Spr.* t. V. p. 50.

jusqu'à quarante. L'acception plus générale de *jeune* ne semble donc que secondaire. Ce qu'il faut encore observer, c'est que le latin *juvenis* trouve également sa racine indigène dans *juvare*, *jutum*, etc., aider, secourir, qui correspond au sanscrit *yu*, *yavay*, et à ἰάομαι. Et ainsi se justifie l'étymologie de Varorn, qui fait dériver *juvenis a* JUVANDO, scil. *qui ad eam ætatem pervenit ut* JUVARE *possit* [1].

Il reste à parler du nom hébreu *Iâvân*, fils de Japhet, que les exégètes s'accordent à considérer comme un nom de peuple ou de pays, et que Gesenius identifie avec celui de l'Ionie. Donner à ce nom une origine sémitique, que rien d'ailleurs ne justifie, c'est soulever de nouveau toutes les objections relatives à sa transmission dans la Grèce continentale, et surtout dans l'Inde, à une époque aussi reculée. L'homonymie d'une ville arabe du Yemen, *Yavânu*, où l'on croit retrouver le *Iâvân* d'Ezéchiel (xxvii, 13), n'est sans doute due qu'au hasard, et ne saurait ébranler l'enchaînement des faits que nous avons exposés en faveur de l'origine arienne d'un nom de peuple arien. La difficulté qui se présente, c'est de s'expliquer comment l'Ionie a pu être connue des Hébreux au temps de la rédaction du xe chapitre de la Genèse, c'est-à-dire sûrement avant l'établissement des colonies ioniennes dans l'Asie Mineure. Ce que l'on peut conjecturer avec assez de vraisemblance, c'est que le nom biblique ne se rapporte pas à l'Ionie historique, mais aux Ἰάϝονες ou *Yavanas*, beaucoup plus anciens, qui, sortis de leur berceau primitif, ont dû traverser l'Asie Mineure pour se rendre dans la Grèce, et y ont peut-être séjourné pendant un temps plus ou moins long. Ce serait là un indice de plus de la marche, toute tracée d'ailleurs par la force des choses, que les Ario-Hellènes ont suivie dans leur migration. Il se pourrait bien aussi que le nom des Ἰάϝονες fût resté dans l'Asie Mineure avec quelqu'une de leurs tribus détachées, et confondues plus tard avec de nouveaux immigrants. Et qui sait si quelque vague souvenir de ce genre n'a pas été une des causes du mouve-

[1] Forcellini. *Dic.*, voc. cit.

ment qui a reporté les Ioniens vers l'Asie pour s'y établir de nouveau?

Si toutes nos conjectures ne sont pas illusoires, et la manière dont elles concilient l'ensemble des faits leur donne certainement quelque probabilité, nous aurions dans ce nom de Ἰάϝονες=*Yavanas* un témoignage de plus des anciens rapports de voisinage entre les deux tribus ariennes de l'Inde et de la Grèce, ce qui s'accorde d'ailleurs avec les inductions tirées de la géographie et de la philologie comparée.

§ 9. — LES *Eri* (*Aryas*) ET LES *Iberi* DU CAUCASE ET DE L'ESPAGNE.

J'ai cherché à montrer que le nom d'*Aryas* a été, selon toute apparence, le premier que se sont donné les tribus encore réunies de la race indo-européenne. Ce nom, comme on le sait, a pris en Orient une grande extension, et l'antique *Airyana*, est devenue la puissante monarchie de l'Iran. Mais les traces nombreuses qu'il a laissées dans les dénominations de pays et de peuples ne sont dues qu'au développement du rameau iranien, et ne peuvent rien nous apprendre sur les migrations des Aryas primitifs. Ainsi, les Ἀριακαι que Ptolémée place au nord-est de la mer Caspienne, et les Ἄριοι, au sud du Caucase, dont parle Scylax et Apollodore [1], étaient sans doute des tribus iraniennes. Il en est peut-être autrement d'un nom de pays qui semble être resté comme un antique jalon sur la route suivie par les Ario-Celtes dans leur migration vers l'Europe. Je veux parler de l'*Ibérie*, et je reviens ici à la question que je n'ai fait qu'indiquer au § 3, en traitant des *Eri* de l'Irlande.

J'ai dit que l'étymologie très-probable du nom classique de l'Irlande, Ἰερνη, Ἰουερνία, *Hibernia*, que je crois composé de *ibh*, pays, et de *Erna*, forme secondaire de *Er*=*Arya*, pourrait jeter

[1] Scyl. *Perip.* p. 213, édit. Klausen. Apollod. *Bibl.* p. 433, éd. Heyne.

quelque jour sur l'homonymie singulière des deux Ibéries du Caucase et de l'Espagne. Pour cette dernière, je me fonde sur ce que le nom d'*Ibères,* parfaitement étranger aux Basques, qui constituent les seuls débris de la vieille race indigène, peut fort bien avoir une origine celtique, ce dont Pott et Diefenbach concèdent aussi la possibilité [1]. Dans le principe, on a appelé Ibérie la portion seulement de l'Espagne comprise entre l'Iber et les Pyrénées. Avienus rattache le nom du pays à celui du fleuve, mais la filiation inverse est plus probable [2]. Les Celtes, qui ont pénétré de très-bonne heure en Espagne, appartenaient sans doute à la branche gaëlique des *Eri,* arrivés les premiers dans la Gaule, et tout naturellement ils doivent avoir occupé d'abord, au delà des Pyrénées, cette région qui aura reçu d'eux le nom d'*Ibérie* ou de *pays des Eri.* L'extension subséquente à l'Espagne entière et à ses habitants l'a fait passer à la race indigène restée en majorité; et dès lors les *Celtibères,* ont été regardés comme un peuple mélangé, tandis qu'il est plus probable que cette dénomination, à l'instar de celles de *Celtobretons* et de *Celtogalates,* ne désignait dans l'origine que les Ibères en leur qualité de Celtes. Cette manière de voir est appuyée d'ailleurs, soit par les anciennes traditions de l'Irlande, qui font arriver d'Espagne une des premières colonies dans l'île d'Erin, soit, surtout par le mythe de la fraternité d'Ἴϐηρ et de Κελτὸς que nous a transmis Denys d'Halycarnasse [3].

Pour l'Ibérie caucasienne, il faut avouer que la question est beaucoup plus obscure, parce qu'ici toutes les données historiques manquent, et que les noms tout seuls peuvent facilement induire à des rapprochements imaginaires. Chercher dans les langues du Caucase et de la Géorgie des traces celtiques serait une entreprise vaine, parce que les populations actuelles proviennent toutes d'immigrations plus récentes. Le nom d'Ibères est aussi étranger aux Géorgiens qu'aux Basques; ils s'appellent

[1] Pott, *Etym. Forsch.* t. II, 187. Diefenb., *Celtica,* II, 5.
[2] Avien. *Ora marit.* v. 268. Humboldt, *Urbew. Span.,* p. 60.
[3] Dion. Hal., XIV, 3.

eux-mêmes *Karthuli*, et leur tradition les fait venir du haut pays de l'Arménie [1]. Les *Lesghis*, qui leur sont voisins, doivent être venus du nord, si, comme le croit Klaproth, ils descendent des Λήγαι de Strabon, qui habitaient autrefois près des Amazones. Les Ossètes, la seule peuplade arienne du Caucase, s'appellent, il est vrai, *Ir*, et ce nom, ainsi que celui de leur pays, *Iron*, présente une singulière analogie avec *Er*, *Ir*, *Erin*, etc. Cette analogie, cependant, ne provient que d'une commune descendance du nom des *Aryas*; car la langue des Ossètes se rattache évidemment au rameau iranien, et n'a rien qui la rapproche plus spécialement du celtique. Nous en sommes donc réduits, pour chercher dans ces régions quelques traces du passage des Celtes, aux noms de pays, de fleuves, de montagnes, lesquels survivent en général aux immigrations des races nouvelles.

Le fait le plus saillant sous ce rapport, c'est de trouver une *Albanie* accolée à une *Ibérie*, exactement comme l'*Albainn* britannique à l'*Hibernie*, d'autant plus que l'analyse de ces noms tend à y faire reconnaître un cachet spécialement celtique. L'irlandais *ibh*, pays, tribut, correspond au sanscrit *ibha*, famille, état de maison, serviteurs, d'où, par une extension naturelle, dérive le sens de clan, de tribu et de pays. De *ibha* vient l'adjectif *ibhya*, riche, opulent, c'est-à-dire possesseur d'un grand état de maison [2]. Cet adjectif se retrouve dans le grec ἴφιος, avec l'acception peut-être secondaire de *fort*, d'un substantif ἶφις, conservé seulement dans l'adverbe ἶφι, avec force. Mais, à ma connaissance du moins, aucune autre langue arienne ne possède ce terme, et le sens de tribu ou pays est propre à l'irlandais exclusivement. De plus, le composé *ibh-er*, qui paraît expliquer le

[1] Klaproth, *As. Polyg.*, p. 124.

[2] Voy. le *Dict. Scr.* de Bœhtlingk et Roth. *Ibha* est un mot vêdique d'une origine incertaine. Wilson donne bien une racine *ibh*, *imbhayatê* accumuler, amonceler, mais elle manque dans les *Radices* de Rosen et de Westergaard, ainsi que dans le grand dictionnaire de Pétersbourg. Il est donc difficile de savoir si le sens de force, qui prévaut dans le grec, est primitif ou secondaire. *Ibha* signifie aussi l'éléphant, soit comme animal fort, soit comme animal domestique.

nom de peuple et de pays, n'est pas conforme à la règle sanscrite qui exigerait *er-ibh, aryêbha,* au lieu de *ibhârya,* mais il est dans le génie de la langue irlandaise, comme les noms analogues avec *tir,* pays, *Tirgall, Tirconal,* etc. Ce sont là certainement des présomptions en faveur d'une origine celtique du nom en question.

Les mêmes considérations se présentent, avec plus de poids encore, pour l'*Albanie,* le *Daghestan* (ou pays de montagnes) actuel, nom qui se retrouve dans deux autres régions montagneuses qu'habitent encore, ou qu'ont habitées les Celtes, en Écosse et dans l'Illyrie. Il en est des Albanais actuels comme des anciens Ibères, c'est-à-dire qu'on leur a donné le nom du pays qu'ils sont venus habiter, car ils s'appellent eux-mêmes *Skipetàr.* Les Gaëls *Albanach* de l'Écosse, par contre, portent un nom purement celtique, et dont l'étymologie n'est pas douteuse.

En irlandais et en erse, *alp, alb,* signifie une hauteur, une grande masse, une montagne, en cymrique *alp,* un rocher abrupte et sourcilleux. Nous savons également, par le témoignage de Servius, que les Gaulois appelaient *Alpes* les montagnes élevées [1]. Mais ce qui est à remarquer, c'est que ce mot ne se retrouve nulle part ailleurs que dans les langues celtiques, et que le sanscrit même ne le possède point. Il ne faudrait pas en conclure, cependant, qu'il est étranger à la famille arienne, car c'est bien dans le sanscrit qu'il semble trouver son étymologie. Je crois, en effet, qu'il faut rapporter *alp* à la forme causative *arp (arpayati)* de la racine *ṛ (ar),* dans son sens spécial de s'élever, tendre en haut, *oriri.* La signification devient alors poser, mettre au-dessus, *ponere, imponere, infigere,* et de là à celle d'élever, d'amonceler, la transition est facile. Le thème verbal *arpay* se retrouve même dans l'erse *alpaidh, compingere, inserere,* sens très-rapproché du causatif sanscrit. O'Reilly ne le donne pas dans son dictionnaire, mais, en irlandais, sa forme au présent

[1] Gallorum linguà alti montes *Alpes* vocantur. (Serv. *ad Georg.* 3.)

serait *alpaighim*=scr. *arpayâmi*. Le changement de *r* en *l* n'a pas besoin de justification.

Il semble difficile de croire que deux noms essentiellement celtiques, et qui se retrouvent chacun deux fois encore dans d'autres pays habités par des Celtes, soient réunis par un pur effet du hasard sur les bords de la mer Caspienne. Cette considération m'a encouragé à chercher si l'on ne découvrirait point aussi quelques traces celtiques dans les anciens noms de fleuves et de montagnes de l'Ibérie et de l'Albanie caucasiennes, et le résultat de cet examen m'a paru digne de quelque attention. Je n'ignore pas à quel point les rapprochements de ce genre peuvent induire en erreur quand ils sont isolés et séparés des données historiques ou ethnographiques; mais on ne saurait leur contester une certaine valeur lorsqu'ils s'appuient soit entre eux, soit sur un ensemble de faits concordants. J'indique donc ici ceux de ces rapprochements qui m'ont paru les plus probables.

En fait de noms de fleuves, nous trouvons d'abord dans l'Ibérie et l'Albanie :

Le *Casius* (Ptol. et Plin.), d'après Mannert, l'Amur ou le Samur actuel, qui se jette dans la mer au sud de Derbend [1]. On trouve plus au nord une rivière appelée maintenant *Koisu*, que Mannert identifie avec la *Soana*, et qui pourrait bien avoir été le Casius. — En irland., *cais, caise,* fleuve, de *casaim,* serpenter, se mouvoir tortueusement et rapidement; de là aussi, *cas,* rapide, agile, *caise, caiseadh,* rapidité. Cf. l'armoricain, *kâs,* vitesse, mouvement, et la rac. sanscrite *kas, ire, se movere.* Il existe en Irlande, dans le comté de Kerry, province de Munster, une rivière, *Cashen,* ou *Caisean* [2].

Le *Gerrus* (Ptol.). — En irland., *ger,* rapide.

La *Soana* (Ptol.). — Il ne faudrait pas comparer la Saône, anciennement *Saucona,* mais peut-être l'irlandais *suaineamh,* confluent, où je crois reconnaître *sua,* rivière, le sanscrit *sava,*

[1] Mannert, *Geograph.*, pt. IV, . 415.

[2] Seward, *Topog. of Ireland*.. voc. cit.

eau. Un synonyme *suan*=scr. *savana*, serait tout à fait régulier.

L'*Alonta* (Ptol.), un peu au nord de l'Albanie, le Terek actuel, suivant Mannert. — En irland., *alaim, ealaidhim*, signifie aller, errer, fuir; de là *ealadhanta*, rapide, errant. Un dérivé *alanta, ealanta*, aurait le même sens.

L'*Alazonius* (Strab. et Plin.), qui se jette dans le Cyrus, encore aujourd'hui *Aloson* ou *Alacks*. — Je compare l'*Alisontia*, un des affluents de la Moselle, qui répondrait à une forme Ἀλαζῶν-οντος avec le suffixe irlandais *anta*, cymrique *ant*, d'un usage fréquent. En irlandais *aillse*, signifie retard; *aillseach*, tardif, négligent, et la comparaison du sanscrit *alasa, alâsya*, paresseux, inerte, sans énergie, indique la perte d'une voyelle au milieu du mot. L'étymologie est la même de part et d'autre, en sanscrit *a-lasa* de *a* négatif et de *las*, lucere, micare; en irlandais de *a, ea*, idem, et de *lasaim*, briller, brûler, d'où *lasan*, passion, et *lasanta*, passionné. L'épithète de *alasan, alasanta*, indiquerait une rivière au cours paisible et lent.

Le *Cambyses* (Mela, Plin.), d'après Mannert le Zari ou Ior actuel, qui se jette dans l'Alacks. — On pourrait y chercher l'irlandais *cam-bais*, littér. l'eau tortueuse. Dans le comté de Longford, province de Leinster, il y a une rivière *Cam-lin* (de *linn*, eau), dont le sens est le même.

L'*Abas* (Ἄβας-αντος) (Dio Cas. 37, 3; Plutarq. Pompée) dont la position est incertaine. — En irlandais *abhain*, cymr. *afon*, armor. *aven*, signifie rivière en général. C'est le sanscrit *avani*, *id*, de la racine *av, ire, properare*, d'où *avana*, hâte. Mais on trouve aussi dans l'irlandais ancien la forme *abann* [1], où la réduplication de l'*n* indique un *d* final assimilé, reste du suffixe *ant*; et il est remarquable que cette forme correspond également au sanscrit *avanti*, féminin de *avant*, au nomin. *avat*, littér. la rapide, et nom d'une rivière de l'Inde. Ainsi *aband, abant*, serait exactement Ἄβας-αντος et en sanscrit, au masculin, *avat, -antas*.

[1] O'Connor, *Prolegom.* II, 57.

Le Ῥοιτάκης (Strab. xi, p. 500), affluent du Cyrus. — En irlandais *sroth, sruth,* fleuve, *strotach,* coulant, fluent. C'est le sanscrit *srôta, srôtas,* fleuve de *sru,* couler. Les Grecs, ne possédant point le groupe initial *sr,* devaient naturellement retrancher l'*s.*

L'Ἀράξης (Strab. xi, p. 501), fleuve rapide qui se jetait dans le Cyrus près de son embouchure. Les noms de deux autres rivières des mêmes contrées, l'*Arragus* et l'Ἀῤῥαγών, aujourd'hui l'*Aragu,* affluent du Kour [1], paraissent avoir la même origine, et offrent de plus une coïncidence remarquable avec l'*Arago* ou *Aragon* des Pyrénées, en Espagne, qui était sans doute celtibère. — En irlandais, *arach, arrach,* signifie force, *arrachta,* fort, puissant. Je ne sais si l'*Arrow,* du comté de Sligo, qui est remarquable par une belle cataracte, ne dérive point de là, parce que je n'en connais pas l'orthographe irlandaise.

Enfin, le principal fleuve de l'Ibérie, le *Cyrus,* Κῦρος, aujourd'hui le Kour, rappelle l'erse *caor,* cymrique *carog,* rivière, torrent, ainsi que *Carus,* le nom gaulois du Cher. — En irlandais, *car, cor,* signifie tour, méandre; *carach,* qui serpente, du verbe *caraim, coraim,* errer, faire des détours, en sanscrit *ćar, ire, errare.* Le changement de la voyelle dans Κῦρος peut s'expliquer par la ressemblance du nom avec celui du roi *Cyrus,* et Ammien Marcellin (xxiii, 6) n'hésite pas à l'en faire dériver. La même observation s'applique au fleuve *Cambyse* nommé plus haut.

Les anciens noms de montagnes sont plus rares, mais leur examen conduit à des résultats tout semblables, car presque tous rappellent plus ou moins des mots celtiques.

Si, comme le dit Pline (vi, 17), le vrai nom du Caucase était *Graucasus,* et signifiait *couvert de neige* dans la langue des Scythes, il faudrait ici le laisser de côté. Ce qui peut en faire douter, c'est que l'ossète *choch,* désigne encore une chaîne de montagnes, et *kauch,* chez les Abases, une pierre, un rocher. Si l'on compare le persan *kôh,* montagne, et le lithuanien *kaukaras,*

[1] Mannert, *Geogr.* IV, 402, 406.

kaukurà, colline, on est bien tenté de chercher pour le *Caucase* une origine arienne. Mais ce qui nous ramène à notre question, c'est que l'irlandais *coiche*, montagne, coïncide parfaitement avec le terme ossète.

La portion occidentale du Caucase est appelée Κόραξ par Ptolémée, et par Pline *Coraxii montes*. Ceci ressemble fort à l'irlandais *carraic*, rocher, *carrach*, *carreiceach*, rocailleux; au cymrique *càreg*, pierre, à l'armoricain *karrek*, écueil, etc. La portion orientale, Κεραύνια ὄρη, *Ceraunii montes*, qui séparait en partie l'Albanie de l'Ibérie, n'offre qu'une analogie plus éloignée avec l'irlandais *carn*, *carnan*, et le cymrique *carn*, hauteur, colline; mais il se pourrait bien que ce mot eût été altéré par les Grecs pour le rattacher à κεραυνὸς, foudre, et lui donner ainsi un sens connu.

Il faut ajouter que le *Taurus*, qui était contigu au Caucase, répond à l'irlandais *torr*, montagne, masse.

Je sais, je le répète encore, combien les étymologies des noms de lieux, dont la signification primitive est inconnue, et la provenance souvent incertaine, sont sujettes au doute. Nulle part, assurément, les déceptions du hasard ne sont plus fréquentes. Mais ici les rapprochements se présentent en nombre, et s'appuient mutuellement. Quelques-uns, sans doute, peuvent être erronés, mais leur ensemble fournit bien une assez forte présomption en faveur de notre hypothèse.

Cette hypothèse, déjà indiquée au § 5, consiste à présumer que les Ario-Celtes, après avoir contourné la mer Caspienne par le sud, ont fait une halte plus ou moins prolongée dans l'Ibérie et l'Albanie, pays remarquables par leur beauté et leur fertilité, suivant les témoignages des anciens, et qui offraient tous les avantages d'un excellent établissement. Plus tard de nouveaux essaims de peuples affluèrent de l'Orient, du Nord et du Midi dans ces heureuses contrées, et les Celtes continuèrent leur longue migration vers l'Occident, en ne laissant d'autres traces de leur passage que des noms de pays, de fleuves et de montagnes.

10. — LES ARYAS DU NORD. — LES PRÉTENDUS INDO-GERMAINS DE L'ASIE CENTRALE. — LES GÈTES ET LES GOTHS. — LES DACES ET LES DANOIS. — LES SACES ET LES SAXONS.

Je passe maintenant au Nord pour chercher si l'on ne trouverait pas dans les noms de peuples quelques indices des premières migrations ariennes. Mais ici nous arrivons sur un terrain singulièrement mouvant, et plein de périls pour l'ethnographie conjecturale. Dans ces vastes régions de la Scythie, à peine connues des anciens, où de temps immémorial les races nomades ont été dans un perpétuel mouvement pour se presser, se remplacer, se mêler, se confondre, il devient aussi difficile de trouver un fil conducteur que de reconnaître une route tracée dans les sables mobiles du désert. Aussi les hypothèses ont-elles beau jeu pour tenter de s'asseoir sur des faits isolés, sur des analogies de noms, faciles à signaler, mais difficiles à justifier. De là des opinions très-divergentes, soutenues de part et d'autre par des érudits de premier ordre, et qui n'aboutissent guère qu'à un doute général. Nous n'avons pas la présomption de juger en dernier ressort ces systèmes divers, présentés peut-être par les uns avec trop de confiance, et rejetés par les autres avec trop de dédain. Nous ne voulons toucher à ces obscures questions que pour autant qu'elles se rattachent au sujet spécial de nos recherches.

Si l'on considère l'ensemble des grands mouvements des peuples germaniques et slaves, au nord de la mer Caspienne et de la mer Noire, il est impossible de ne pas admettre l'existence d'une forte proportion d'éléments ariens dans cette vaste agglomération d'hommes que les anciens confondaient sous le nom général de Scythes. La grande difficulté, c'est de reconnaître ces éléments au milieu du chaos de ces populations d'origines diverses, et de ces noms de tribus et de pays qui varient incessamment de siècle en siècle.

Il est à présumer que, dans le principe, les Aryas septentrionaux se sont étendus graduellement au delà de l'Oxus, et ont occupé d'abord les portions habitables de la Boukharie, pour se répandre ensuite, soit au nord, soit à l'ouest, vers la mer Caspienne, en traversant les déserts qui entourent au loin le Khiwa actuel. Il est moins probable qu'ils aient pénétré également du côté de l'Orient et de l'Asie centrale, où les Ario-Persans ont dû les précéder en occupant les régions de la Sogdiane et du Ferghana jusqu'aux sources de l'Oxus et du Iaxartes. On trouve, en effet, dans cette direction, et jusque dans l'ancienne Sérique, des noms de peuples et de lieux qui indiquent une origine iranienne, ainsi que l'a fait remarquer Burnouf[1]. Les plus caractéristiques sous ce rapport sont ceux où l'on reconnaît le mot *açpa*, cheval (en sanscrit *açva*), dont la forme est propre au zend. Tels sont les *Arimaspes*, les *Aspisii montes*, dans la Scythie, en deçà de l'Imaüs, les villes *Aspabota*, *Aspakara* et *Asparatha*, dans la Sérique. Il se pourrait toutefois que ces noms ne fussent pas indigènes, mais qu'ils eussent été en usage seulement chez les tribus iraniennes voisines. Le fait bien constaté que les *Tâdjiks*, ou habitants primitifs de la Boukharie et du Khokand, mêlés aux Tartares qui les dominent, parlent des dialectes persans, indique une extension considérable vers l'Asie centrale; mais, à en juger par le boukhare, ces dialectes se rapprochent si fort du persan moderne, que l'on ne saurait y voir des rameaux détachés de la branche iranienne à une époque bien reculée.

L'étude des historiens chinois a fait surgir une hypothèse plus précise relativement à l'existence de races ariennes au centre de l'Asie, hypothèse mise en avant par Abel Rémusat, puis tour à tour soutenue et contestée avec un grand luxe d'érudition par les juges les plus compétents, ce qui indique déjà à quel point elle est incertaine.

[1] *Comment. sur le Yaçna*, p. cv, notes.

D'après les annales de la Chine, au deuxième siècle avant notre ère, un peuple nommé *Youetchi* fut expulsé de son pays situé près du Hoangho supérieur, dans la province de Kansou, par l'invasion des *Hioung-nou* de race turque. Une portion de ce peuple se réfugia dans le Thibet oriental, et y resta sous le nom de *petits Youetchi;* le gros de la nation s'avança vers le nord-ouest du côté du fleuve *Ili*, et, rencontrant sur sa route le peuple des *Sse*, le chassa à son tour devant lui jusque dans le sud de la Sogdiane[1]. Ce fut là le début de la grande migration appelée *indo-scythique*, qui vint renverser le royaume de la Bactriane, fondé par les successeurs d'Alexandre. Les *Youetchi*, en effet, furent bientôt forcés de chercher de nouvelles demeures, lorsque les *Ousioun* ou *Ousoun*, autrefois leurs voisins, chassés également par les *Hioungnou*, vinrent les presser à leur tour. Ils se répandirent alors au sud du Iaxartes, traversèrent le pays de Ferghana ou du Khokand, et subjuguèrent les *Ta-hia* ou les *Dahae* des anciens, tandis que les *Sse*, cédant à cette nouvelle impulsion, passèrent l'Hindoukouch, et occupèrent le *Kipin* ou la portion nord-est de l'Arachosie. Les *Youetchi* s'établirent alors dans la Bactriane, où, sous le nom de *grands Youetchi*, ils fondèrent un État qui devint florissant.

Comment des races venues de si loin ont-elles pu être rattachées avec quelque probabilité, non-seulement à la famille arienne en général, mais plus spécialement à la branche germanique et gothique? Une hypothèse aussi hardie aurait exigé des preuves bien fortes pour être acceptée, et cependant les faits qui ont servi à l'établir sont loin de répondre à une telle exigence. Le principal de ces faits, c'est ce que rapportent les historiens chinois des yeux bleus et des cheveux blonds ou rouges de quelques-uns de ces peuples; mais Prichard a observé avec raison que ces caractères physiologiques ne sont pas exclusivement propres à la race germanique. La ressemblance, bien vague assurément, du nom d'une des tribus des Ousioun, *Khoute* ou

[1] Lassen. *Ind. Alt.*, t. II, p. 353.

Houte, avec celui des Goths, est moins concluante encore. Abel Rémusat, qui, le premier, a hasardé ce rapprochement, avait promis d'y revenir, et de l'appuyer de preuves nouvelles dans le second volume de ses *Recherches sur les langues tartares*, lequel malheureusement n'a jamais paru [1]. Après lui, Klaproth a repris cette hypothèse pour son compte dans ses *Tableaux historiques de l'Asie*, où il fait de ces peuples blonds et à yeux bleus un groupe particulier. Enfin, le savant géographe Ritter l'a développée fort au long dans son grand ouvrage, où il appelle ces races *indo-germaniques*, et cherche à relier les *Sse* avec les Saces, et les *Youetchi* avec les Gètes et les *Djâts* de l'Inde [2]. Ce dernier rapprochement est certainement erroné, comme le montre Lassen; car *Djât* est une forme pracrite, contractée de *Djârtika*, qui n'a plus aucun rapport avec *Gète* ou *Goth* [3]. Ritter croit même retrouver le mot allemand *kœnig*, roi, dans le titre de *Kunmo* ou *Kuenmi*, que portaient les chefs des *Ousioun*, ainsi que dans les noms propres *Kungsun*, *Kuangte*, *Kiunte*, de quelques souverains du Khotan [4]; mais cette conjecture ne résiste pas à l'examen. L'allemand *kœnig*, en effet, anciennement *chuning*, anglo-saxon *cyning*, scandin. *konûngr*, etc., se rattache directement au gothique *kuni*, anc. allem. *chuni*, anglo-saxon *cyn*, *genus*, *prosapia*, *gens*, et signifie le chef de la race, de la nation. La racine *kan*, *kin*, *kun* équivaut au sanscrit *ǵan*, *nasci*, par le changement régulier du *ǵ* ou *g* en *k*. Or, ce changement, de même que celui des autres consonnes, qui constitue ce que les Allemands appellent *lautverschiebung*, n'a commencé à se produire dans les langues germaniques que vers le deuxième ou troisième siècle de notre ère, suivant l'opinion de Grimm. Si donc les *Ousioun* étaient vraiment sortis de la même souche que les Germains, le nom de leurs rois devrait offrir encore le *g* primitif de la racine

[1] Voyez l'ouvrage en question, p. 319, 327 et suiv.
[2] Ritter, *Erdkunde*, t. I, p. 193, 350, 431; t. VII, p. 604, etc.
[3] *Ind. Alt.*, t. I, p. 822.
[4] *Erdkunde*, VII, p. 357, 362, 614

gan, et non pas le *k* qui l'a remplacé beaucoup plus tard.

Ce qui achève enfin d'ébranler cette hypothèse gothique, c'est que les noms et les mots encore inexpliqués qui figurent dans les légendes des médailles indo-scythiques plus récemment découvertes, ne montrent aucune espèce d'affinité avec les langues germaniques, ou même avec les langues ariennes en général. Lassen incline à croire que tous les peuples en question appartenaient, comme les *Hioungnou,* à la race turque, mais rien ne le prouve encore d'une manière décisive [1]. Il repousse également l'identité prétendue des *Sse* et des *Saces,* des *Youetchi* et des *Gètes,* et cela par des raisons que nous ne pouvons exposer ici, mais qui ont beaucoup de force. Il rejette, en un mot, comme *une pure rêverie* tout ce qui se rapporte à ces prétendus Germains du centre de l'Asie [2].

Une autre question, qui se lie à celle-ci, tout en restant indépendante, et qui ne donne pas lieu à des débats moins vifs, c'est de savoir s'il existe quelque rapport de filiation entre les peuples germaniques et ceux que nous connaissons, à partir d'Hérodote, dans la Scythie du midi, les Gètes, les Massagètes, les Saces, les Daces, etc. Cette thèse, soulevée déjà par plusieurs savants, vient de trouver récemment un puissant défenseur dans l'illustre philologue Grimm, qui l'a développée avec la verve qui lui est propre, et en l'appuyant de tous les secours de son immense érudition. En Allemagne même, elle rencontre cependant une forte opposition, et n'est point encore généralement acceptée. Il faut convenir pourtant qu'il en est ici tout autrement que pour l'hypothèse chinoise, où tout flotte en l'air, et que les arguments de Grimm méritent une sérieuse attention. On ne saurait douter de la direction générale qu'ont suivie les peuples germaniques en se portant vers l'Europe, et il faut bien concéder, tout au moins, la possibilité de retrouver quelques-unes de leurs traces sur la route qu'ils ont parcourue.

[1] *Ind. Alt.*, t. II, p. 359.

[2] Ibid., p. 364. — *Zur Gesch. der Indo-Scyth. Kœn.*, p. 249.

Le point de vue de Grimm se fonde essentiellement sur l'identité de race qu'il cherche à établir entre les *Gètes* de la Thrace et les *Goths*, identité qui entraîne, suivant lui, celle des *Daces* et des *Danois*. Ses arguments sont tirés en partie de faits linguistiques et en partie de considérations historiques. Ces dernières surtout ont de l'importance, car la rareté et la nature même des débris qui nous restent encore des deux langues thraces rendent la question philologique très-épineuse. Ainsi, Grimm a soumis à un examen minutieux tous les noms de plantes qui nous ont été transmis comme *daces* par Dioscorides, et il y signale quelques termes qui semblent se rattacher au germanique et au lithuanien [1]. Les noms de plantes sont très-peu propres à fournir des points de comparaison, et les résultats obtenus par Grimm seraient fort insuffisants pour la démonstration de sa thèse, s'ils n'étaient appuyés par des preuves d'un autre ordre. Il en est de même des noms d'hommes et de lieux, soit gètes, soit daces, que Grimm cherche à interpréter, toujours d'une manière ingénieuse et quelquefois avec bonheur.

Les considérations historiques nous semblent avoir bien plus de poids, mais il faut en chercher le développement dans l'ouvrage même. Elles reposent surtout sur ce fait que les Goths apparaissent dans l'histoire exactement là où se trouvaient les Gètes, et bien peu de temps après la disparition de ces derniers. « Ce seraient, dit Grimm, le plus étonnant des hasards si deux peuples » du même nom se succédaient immédiatement dans le même » pays, sans avoir rien de commun entre eux; et la disparition » soudaine des Gètes resterait une énigme aussi incompréhensible que l'apparition subite des Goths [2]. » Grimm s'attache ensuite à montrer que les écrivains d'une époque ultérieure, tels que Claudien, Orose, Hieronyme, saint Augustin, ainsi que les historiens Cassiodore, Jornandès, Procope, emploient souvent dans le même sens les noms de Gètes et de Goths. Au commencement du

[1] *Gesch. d. deut. Sprache*, p. 204 et suiv.

[2] Ibid., p. 182.

ve siècle, Philostorgius, en parlant des Scythes de l'Ister, dit positivement qu'ils s'appelaient autrefois *Gètes*, et que maintenant ils se nomment *Goths* [1]. Lors même que cet emploi des deux noms pourrait résulter quelquefois d'une confusion, il indique cependant autre chose qu'une ressemblance phonique accidentelle.

Une autre preuve, à laquelle Grimm attache une grande importance, résulte pour lui d'une double forme du nom qui paraît déjà dans Pline (IV, 2), quand il place dans la Thrace les *Gaudae* à côté des *Getae*, et qui se retrouve plus tard également chez les divers peuples germaniques. A *Getae* correspond, avec le changement régulier du *t* en *th*, le gothique *Guthai*, l'ancien allemand *Gudi*, le scandinave *Goth*, plur. *Gothar*; à *Gaudae* se rattachent, avec *t* pour *d*, le gothique *Gautós*, le scandinave *Gautar*, l'anglo-saxon *Geatas*, et l'ancien allemand *Kôzâ*. Les deux formes se trouvent réunies dans le nom d'une tribu, *Gautigoth*, que donne Jornandès (chap. 3). *Gaudae*, suivant Grimm, serait un terme patronymique, et signifierait *descendants des Gutae*. « Comment admettre, dit-il, » cette double forme du nom chez les Gètes et chez les Goths, sans » reconnaître deux fois leur identité? Celui que ne persuade pas » ce parallélisme des *Getae* et *Gaudae* thraces, et des *Guthai* et » *Gautós* germaniques, est vraiment frappé de cécité [2]. »

Une nouvelle induction se tire de la confraternité des Gètes et des Daces qui, d'après Strabon, étaient ὁμόγλωττοι, c'est-à-dire parlaient la même langue. Déjà dans les comédies de Plaute et de Ménandre, Γέτας et Δάος, Davus, apparaissent fréquemment l'un ou l'autre comme des types d'esclaves, et l'histoire associe toujours ces deux noms de peuples. Or, cette même association se reproduit dans la Scandinavie, où Ptolémée place côte à côte les *Gutae* et les *Dauciones*, forme secondaire analogue à celle de *Gothones*. A quelques siècles de distance, on les retrouve ensemble dans le poëme saxon de Beowulf sous les noms de *Geatas* et de *Dene*, et chez les Scandinaves sous ceux de *Gautar* et *Danir*. Ce dernier, qui

[1] Οὕς οἱ μὲν πάλαι Γέτας, οἱ δέ νῦν Γότθους καλοῦσι (Photii. Epit. Philost., II, 5.

[2] Ibid. p. 439.

est resté aux *Danois*, est la contraction d'une forme *Dacinus*, analogue à celle de *Gothinus*. Au moyen âge, on disait encore *Dacia* pour *Dania*, Danemark, et *Dacus* pour *Danus*. Les Russes appellent les Danois *Dattchanim*, et les Lapons les nomment *Dazh*, ce qui témoigne de l'existence d'une gutturale qui a disparu. On sait que le danois, comme le scandinave, se rapproche plus à certains égards du gothique que des autres dialectes germaniques. Cette coïncidence d'une constante association des Gètes et des Daces d'une part, et de l'autre des Goths et des Danois, s'expliquerait difficilement par un simple effet du hasard. Nous reviendrons bientôt sur la question de l'origine étymologique probable de ces deux noms de peuples.

Nous ne pouvons suivre Grimm dans les rapprochements ingénieux et pleins d'intérêt qu'il établit entre les mœurs, les usages, les croyances des Gètes et des Germains, pour appuyer encore son hypothèse. Mais il suffit de l'esquisse rapide que nous venons de tracer de son système pour reconnaître qu'il mérite une haute attention. Si l'on étudie dans son ouvrage même l'enchaînement de ses preuves, on se refusera difficilement à ses conclusions qui sont en substance les suivantes.

Les peuples de la Thrace doivent être rattachés à la famille européenne. Ils en formaient un anneau essentiel qui reliait les Grecs aux Germains et aux Sarmates, par la Macédoine au sud, par les Gètes et les Daces au nord. Les Gètes sont les prédécesseurs des Goths, les Daces ceux des Danois, et ce que nous pouvons entrevoir encore de leur langue nous montre le type germanique à son état primitif, c'est-à-dire plus rapproché du sanscrit, et tel qu'il était avant le déplacement systématique des consonnes (*lautverschiebung*) qui a dû commencer vers les premiers siècles de notre ère.

Ces conclusions, comme je l'ai dit, sont encore loin d'être généralement adoptées en Allemagne; mais le problème qu'elles soulèvent se discute sous toutes ses faces, et ne peut manquer de s'éclaircir toujours davantage. Je reviens maintenant au point par lequel toute cette question se rattache à notre sujet.

On sait que le nom des Gètes et celui des Daces se retrouvent avec une grande extension au delà de la mer Caspienne, et que les deux peuples y paraissent associés comme dans la Thrace. Les *Massagètes* de la Transoxiane, les *Tyragètes* et les *Thyssagètes* de la Sarmatie et de la Scythie, ne semblent être que des rameaux d'une même race dispersée au loin. Les *Dacæ, Dahæ,* ou *Dasæ* sont plus concentrés à l'est de la mer Caspienne, mais tout voisins des Massagètes. Ne voir encore ici, comme en Europe, qu'un jeu du hasard, serait pousser bien loin le scepticisme, et il est plus que probable que les Gètes et les Daces de l'Asie appartenaient à la même souche primitive que leurs homonymes du Danube. Leur séparation, toutefois, doit s'être effectuée à une époque fort ancienne, puisque Cyrus combat les premiers vers l'an 545 de notre ère, et que trente ans seulement plus tard, Darius soumet les seconds dans la Thrace. Tous semble indiquer que c'étaient là les descendants des premières tribus ariennes qui émigrèrent vers le nord, et d'où est sorti le grand rameau germanico-slave. Que les Perses et les Grecs les traitassent de barbares, et ne les reconnussent plus comme frères, c'est ce qui doit peu surprendre ; car, à la suite d'une longue séparation, les mœurs étaient devenues tout autres, et l'affinité primitive des langues n'aurait pu se révéler qu'à une observation attentive. Il en était ici comme des Grecs et des Perses eux-mêmes, qui ne se doutaient guère de leur confraternité originelle.

Si, d'après tout cela, les Gètes et les Daces appartenaient à la race arienne, leurs noms doivent s'expliquer aussi par la langue des Aryas, et il est probable qu'ils se les sont donnés eux-mêmes à une époque très-reculée, vu leur grande extension en Asie et en Europe. Le composé *massagète*, il est vrai, semble être iranien, et signifier les *grands Gètes,* du zend *maz,* grand, le sanscrit *mah, mahat ;* mais cela ne prouve pas que le nom même le soit également. Pour en chercher l'origine, il faut remonter à la source arienne commune, et trouver une explication qui puisse rendre compte des formes divergentes Γέται, *Gu-*

thai, Δάσαι, Δάαι, *Dahæ*, *Dacii*, etc. Commençons par les Gètes.

Je ne rapporterai pas ici les diverses étymologies que l'on a proposées pour le nom des Goths, parce que, sans tenir compte de sa liaison avec celui des Gètes, on les a cherchées, en général, dans le gothique même, tandis qu'il aurait fallu remonter plus haut. Je m'attache de suite à celle qui me paraît la vraie, et que Grimm lui-même a proposée, sans cependant s'y arrêter définitivement. « Si, dit-il, *Geta* et *Gutha* sont iden-» tiques, on pourrait comparer le latin *getes* dans *indigetes*, et » le grec γετός dans τηλύγετος, synonyme de τηλέγονος, et *gutha* n'au-» rait rien de commun avec *Guth*, *Deus*, ni avec *gôds*, *bonus* [1]. » — Ailleurs, cependant (pag. 447), il hésite, et incline de nouveau à voir dans *Guthans* un équivalent du nom Δῖοι, les divins, que Thucydide donne à un peuple de la Thrace. Ce qui semble s'opposer à cette interprétation, c'est que, dans *Guth*, *Deus*, la voyelle *u* est très-probablement radicale, comme je le montrerai en temps et lieu, et qu'ainsi la forme *Geta*, plus ancienne que *Gutha*, resterait inexpliquée.

Pour aller droit au fait, je vois, dans *Geta*, un dérivé de la racine sanscrite *ġan*, *oriri*, *nasci*, commune à la plupart des langues ariennes. On sait que, devant les suffixes *ta* et *ti*, cette racine perd sa nasale, et allonge sa voyelle, comme on le voit dans *ġâta*, *ġâti*, etc. La forme *ġâta* correspond, lettre pour lettre, à Γήτα, et signifie, comme adjectif, engendré, né, comme susbtantif, race, descendance, classe, multitude, etc. Le substantif féminin *ġâti* partage toutes ces significations. Les Γῆται se nommaient donc ainsi, comme les *hommes de la race* par excellence, c'est-à-dire de celle des Aryas, de même que les Allemands s'appellent *Deutsche*, autrefois *Diutiska*, de l'ancien allemand *diota*, gothique *thiuda*, peuple, nation, par conséquent *les hommes de la nation*. La palatale sanscrite *ġ* (dj) est un affaiblissement d'un *g* primitif, affaiblissement qui se reproduit dans le zend *zan*, *zâta*, ce qui prouve que la forme Γήτα est indépendante du

[1] *Gesch. d. Deut. Spr.*, p. 159.

sanscrit comme du zend, bien que dérivée de la même source.

La suppression de la nasale, qui se remarque aussi dans le persan *ni-jâd,* famille, l'arménien *ġed,* idem, le grec *γέτος,* le latin *getes,* etc., n'est cependant pas générale. L'*n* est conservé dans le zend, *zantu,* création et ville, le latin, *gens, gentis,* l'irlandais *geinte,* idem, le lithuanien *gentis*, parent, le gothique *kunds* (en composition), idem, l'anglo-saxon *cynde,* ancien allemand *chundi,* scandinave *kunds,* race, descendance, etc., etc. Cette remarque est importante parce qu'elle nous conduit directement à expliquer le changement de la voyelle primitive dans la forme *gutha.*

Ce changement de *a* en *u,* assez fréquent en gothique, est amené le plus souvent par l'influence d'une nasale ou d'une liquide qui suit la voyelle. Ainsi, pour nous en tenir à l'*n*, le sanscrit *man*, penser, devient *munan, ġana,* race, devient *kuni, danta*, dent, devient *thuntus,* etc. Si la nasale a disparu plus tard, l'*u,* devenu quelquefois *ô,* reste comme un indice de son ancienne présence. C'est ainsi que le gothique *môds, môths, animus,* ancien allemand *muot,* se rattache à *munan,* et au sanscrit *man;* et de même *tunthus* devient *tôdh,* en anglo-saxon. — Un fait tout semblable se présente dans le russe, où l'*u* remplace constamment l'*ã* nasal, *on* de l'ancien slave. Au sanscrit *pantha,* chemin, répond, par exemple, l'ancien slave *pãtĭ,* mais en russe *putĭ,* au sanscrit *angara,* charbon, le slave *ãglĭ,* et le russe *uglĭ,*, etc., etc. On peut inférer de là que la forme *Gutha,* dérive d'un thème plus ancien *Guntha,* et primitivement *Gantha,* tout semblable aux formes nasales citées plus haut.

On ne s'arrêtera pas à l'objection que le *g* initial aurait dû se changer en *k,* comme dans *kuni=ġana.* Grimm y a répondu déjà en faisant observer que les noms propres, soit de pays, soit de peuples, échappent facilement aux permutations régulières, et qu'Ulphilas écrit *Galatia, Galeileia,* et non pas *Kalatia,* etc.[1]. D'ailleurs, le *g* initial se maintient quelquefois intact,

[1] *Gesch. d. Deut. Spr.,* p. 179.

comme dans *gaggan, ire,* le sanscrit *gam* (*gangati*), et ailleurs.

Le nom des Daces est sans doute aussi fort ancien, puisqu'il accompagne celui des Gètes en Asie, aussi bien qu'en Europe; mais il est plus difficile de lui trouver une étymologie probable qui rende compte de ses formes diverses.

Dans la Thrace, on trouve Δάκοι et Δάοι, en Asie Δάσαι, Δάαι, *Dahae* et *Dacii*[1]. Grimm conjecture une liaison avec le gothique *dags,* jour, ce qui conduirait au sens de brillants, lumineux, glorieux. Mais *dags* se rattache très-probablement à la racine sanscrite *dah, lucere, urere,* et il est impossible de là d'arriver soit à *Daci,* soit à Δάσαι. Les difficultés sont plus grandes encore pour l'étymologie proposée par Leo du sanscrit *dhâv, currere,* les agiles[2], ce qui n'explique ni *Dahae,* ni Δάσαι. Si l'on veut s'en tenir au sens conjecturé par Grimm, il vaudrait mieux recourir à la racine sanscrite *daç* ou *das, lucere,* d'où *daçâ,* mèche de lampe, *dasma,* feu, etc., dont la double forme répondrait à *Daci,* et à Δάσαι. Celle de *Dahae,* que les Chinois ont changée en *Tahia,* s'expliquerait alors par la substitution de *h* à *s* qui est ordinaire aux langues iraniennes. Malgré tout cela, cette étymologie reste hypothétique. Ce qui est plus sûr, c'est la connexion réelle qu'il faut bien admettre entre ces noms de peuples en Asie et en Europe, et cela nous fournit un indice assez clair de la direction générale des migrations ariennes au nord de la Bactriane.

Il est encore un peuple, célèbre au loin dans l'Orient, que l'on a tenté de rattacher au rameau germanique par un rapprochement de noms qui semble plus que douteux; je veux parler des *Saces,* ou Σάκαι. D'après Hérodote, les Perses appelaient ainsi tous les Scythes en général[3]. Ptolémée place les *Sacae* dans la petite Boukharie et le Turkestan actuels, et avec eux des Massagètes. Les épopées de l'Inde parlent souvent des *Çakas,* comme d'un peuple puissant et belliqueux, au nord

[1] Pline (VI, 16, 17), nomme les *Dacii,* parmi les peuples de la Sogdiane.

[2] *Zeitsch. f. vergl. Spr.* III, 181.

[3] Hérod., VII, 64. Cf. Pline, VI, 17; Mela, III, 5.

de l'Himâlaya, ainsi que de leurs incursions dans l'Inde septentrionale. Grimm soupçonne un rapport d'órigine primitive entre leur nom et celui des Saxons [1]; mais il est difficile de croire qu'une dénomination aussi généralement appliquée aux races touraniennes par les Perses et les Indiens, ait pu être aussi celle d'une tribu germanique. D'ailleurs les deux noms, bien que semblables en apparence, diffèrent à coup sûr par leur étymologie. Les *Seaxa,* en scandinave *Saxi,* en ancien allemand *Sahso,* rattachaient le leur au mot *seax,* scand. *sax,* ancien allem. *sahs,* couteau, glaive court, leur arme habituelle [2], et celui des *Saéae* ou *Çakas,* n'offre aucun sens analogue dans les langues ariennes de l'Orient. Les Scythes eux-mêmes ne le connaissaient point [3], et tout indique qu'il a été donné à ces peuples par les Indiens et les Perses.

La racine sanscrite *çak,* en effet, signifie être puissant, fort, et donne naissance à plusieurs dérivés tels que *çaka,* un souverain, *çâka, çakman,* puissance, force, *çakvan,* éléphant, *çakvara,* taureau, *Çakra, Indra,* le dieu fort, etc. Rien de plus naturel que d'appeler *les puissants, les forts,* des peuples redoutables par leur nombre, leur vaillance et leurs perpétuelles agressions.

Je n'ai garde de m'engager plus au nord au sein de la Scythie à la poursuite de traces de migrations ariennes; car aucune région ne soulève des problèmes ethnographiques plus obscurs. Aussi les solutions tentées jusqu'ici se contredisent-elles presque toutes les unes les autres. Une étude plus approfondie des langues de l'Asie septentrionale et centrale, que nous ne connaissons encore qu'imparfaitement, peut seule apporter peut-être quelque lumière dans ce chaos, où il est maintenant si facile de s'égarer.

[1] *Gesch. d. deut. Spr.,* p. 228 et 609.

[2] Ibid., p. 610. Déjà le chroniqueur Widukind dit : *Cultelli enim nostra lingua* sahs *dicuntur, ideoque* Saxones *nuncupatos, quia cultellis tantam multitudinem fudissent.*

[3] D'après Hérodote (IV, 6), ils se nommaient eux-mêmes Σκόλοτοι, et Σκύθαι n'était en usage que chez les Grecs.

Si nous résumons nos considérations sur ces divers noms de peuples, nous verrons qu'elles appuient singulièrement notre hypothèse relative à la première demeure des Aryas. De quelque côté que nous portions nos pas, à partir de la Bactriane comme centre, nous trouvons des points de repère qui indiquent un système de dispersion rayonnante. Le nom de *Barbaras* appliqué aux races non ariennes, nous reporte jusqu'aux temps antérieurs à cette dispersion. Celui d'*Aryas*, plus ancien encore, nous conduit d'une part dans l'Inde, et de l'autre jusqu'aux limites extrêmes de l'Europe occidentale. Les *Yavanas* relient l'Inde à la Grèce, en témoignant d'une connexion préhistorique dans la commune patrie. Enfin, au nord, les *Gètes* et les *Daces* constituent le premier anneau d'une chaîne dont le second se retrouve dans la Thrace danubienne, et qui nous conduit jusque dans la Germanie et la Scandinavie.

Il faut voir maintenant si notre thèse peut trouver de nouvelles preuves par des considérations d'un autre ordre.

CHAPITRE V.

COMPARAISON DES TERMES RELATIFS AU CLIMAT.

Sous quel ciel vivaient les anciens Aryas? Sous quelle latitude faut-il chercher leur première demeure? Rien ne saurait mieux nous renseigner à cet égard, d'une manière au moins générale, que les noms mêmes qu'ils donnaient aux saisons, et que nous pouvons retrouver encore à l'aide de la philologie comparée. Ce ne sera là, sans doute, qu'une base d'estimation un peu large, parce que les climats d'une même zone de latitude ne suffisent pas à bien caractériser un pays plutôt qu'un autre; mais cette première approximation se complétera par des données d'un ordre différent.

§ 11. — L'HIVER, LA NEIGE, LA GLACE.

Le fait principal à signaler, c'est la remarquable concordance des langues ariennes pour les noms de l'hiver et des phénomènes qui l'accompagnent, tandis que les termes qui désignent les autres saisons divergent davantage, et sont, à peu d'exceptions près, d'une origine plus récente. Il faut que dans l'ancienne Aryana l'hiver ait joué un rôle assez considérable pour avoir laissé un souvenir aussi persistant chez les Aryas dispersés.

1). Le sanscrit *hima* signifie, comme adjectif, froid, comme substantif neutre, la neige, le gel, et, au masculin, il désigne l'*Imaüs*, appelé aussi *Himâlaya*, *Himaprastha*, la demeure de la neige, *Himavat*, le neigeux, *Himâdri*, la montagne de neige. De *Hima* ou du synonyme *hêman* dérivent plusieurs noms de l'hiver, *hêman*, *hêmanta*, *hâimana*, *hâimala*, et les composés *himaṛtu*, la saison neigeuse, *himâgama*, l'arrivée de la neige, *himâkuṭa*, l'abondance de la neige. D'autres dérivés sont *himikâ*, *hâima*, gelée blanche; *himêlu*, froid, gelé, transi, etc. Le mot *hima* s'applique, en outre, par extension, à diverses substances ou objets remarquables par leur blancheur, leur fraîcheur, ou leurs propriétés réfrigérantes, tels que le camphre, le santal, l'étain, la perle, le lotus blanc, le beurre frais, etc. On voit qu'il a pris dans la langue un développement considérable.

Le sens primitif de *hima* est sans doute celui de neige, car il paraît dériver, par le suffixe *ma*, de la racine *hi (hinôti)*, *jacere*, *projicere*, et exprimer ainsi le mouvement rapide de la neige lancée du ciel.

En zend, suivant une mutation constante, *hima* devient *zima*, hiver; mais on trouve aussi *zyâô*, à l'accusatif *zyâm*, ce qui indique un thème *zya*, dérivé de *zi*=scr. *hi* par le suffixe *a*. Le persan moderne change la voyelle radicale dans *zam*, froid (p. ê. d'une forme secondaire zend *zaêma*), *zamistân*, hiver, composé avec *istân*, assemblage, quantité; mais elle reparaît dans *zimistânî*, hivernal. Le nom de la neige, *zîj*, se rattache au zend *zya*. Les autres langues iraniennes suivent toutes la même analogie phonique; ainsi le boukhare *zimestân*, hiver, le kourde *zevestân*, l'afghan *zemei* ou *zumy*, l'assète *zimag*, etc. L'arménien *tsmiern*, hiver, et *tsiun*, neige, qui rappelle le grec χιών, ne diffèrent que par la terminaison. Partout une sifflante initiale remplace l'*h* du sanscrit.

Si nous passons au grec, nous trouverons un nouveau changement phonique aussi régulier que le précédent, celui de *h* en χ, l'aspiration gutturale, et χεῖμα,-ατος, hiver, répond à un thème sanscrit *hêmat,* dont *hêmanta* n'est qu'une forme secondaire. Le synonyme χειμών,-ωνος est exactement *hêman*. D'autres dérivés sont χειμίη, gelée, χείμερος, hivernal χείμαρος, χίμαρος, torrent gonflé par la fonte des neiges, etc. Le nom de la neige χιών,-όνος, est surtout remarquable, parce qu'il nous conduit à la racine χέω pour χίο, fundo, identique au sanscrit *hi,* projicere, ce qui confirme l'étymologie que nous avons proposée.

J'arrive au latin *hiems* qui a conservé l'*h* initial du sanscrit, comme cela est le cas pour plusieurs autres termes. Le changement de la voyelle simple en diphthongue s'explique peut-être par un renversement du guna sanscrit $\hat{e} = a + i$, le grec ει. Mais comment expliquer l'adjectif *hibernus,* d'où est venu notre mot hiver? Le rapprochement avec χειμερινὸς que propose Pott[1] semble bien douteux, car on ne voit pas ce qui aurait provoqué le changement assez insolite de l'*m* en *b,* à moins de suppposer une influence des rhumes contractés pendant l'hiver. Dans les exemples que cite Pott, le *b* provenant de *m* est précédé ou suivi d'une liquide (*marmor* et *marbre, humulus* et *houblon,* etc.), ce qui n'est pas le cas pour *hibernus.* J'aimerais mieux y voir un ancien composé *hi-bernus,* où *hi* serait le nom de la neige, contracté peut-être de *hic, hia,* le zend *zya,* et *bernus,* l'analogue du sanscrit *bharaṇa,* de la rac. *bhṛ, ferre. Bernus* aurait la même origine que le *ber, brum, bra,* de *celeber, cerebrum, candelabrum, tenebræ,* que Pott a rapportés à la rac. *bhṛ*[2]. *Hibernus* serait ainsi *nivem ferens,* sens parfaitement convenable.

Les langues celtiques nous présentent encore une autre transformation de l'*h* sanscrit en *g,* aussi régulière d'ailleurs que celle du z et du χ zend et grec. Ce *g* paraît même plus rapproché de la véritable consonne primitive, car le *hi* sanscrit semble affaibli déjà de *ghi* à en juger par le prétérit redoublé *gighaya.* Quoi

[1] *Etym. Forsch.*, I, 113.
[2] Ibid., II, 365.

qu'il en soit, le sanscrit *hima* est représenté en irlandais par *geamh,* hiver (en composition *gaim, geimh*), et *gamh,* froid, rappelle, quant à sa voyelle, le persan *zam*. Ce qui est remarquable, c'est la parfaite coïncidence du composé *gaimrith, gaimred, geimhre,* en erse *geamhradh*, littéralement *saison d'hiver,* avec le sanscrit *himartu,* le mot *rith, rath, readh, red,* saison, répondant au sanscrit *ṛtu* et au zend *ratu.*

On aurait quelque peine à reconnaître *hima* dans le cymrique *gauaf,* le cornique *goyf*, et l'armoricain *goaf, goanv, goan, gouian,* si l'on ne savait que l'*f* final remplace ordinairement un *m* plus ancien, et si, dans les vieux textes cymriques, on ne trouvait les formes *gaim* et *gaem* [1] identiques à l'irlandais.

Seuls de toute la famille arienne, les idiomes germaniques ont perdu cet ancien nom de l'hiver, pour lequel ils ont un autre terme que nous examinerons bientôt. Dans la règle, l'*h* initial sanscrit devient *g*, comme en celtique, et on aurait dû trouver *gima* ou *gim* pour *hima*.

Pour achever le tour de la grande ellipse par laquelle nous avons figuré l'extension de la famille, il reste les langues lithuano-slaves; et celles-ci nous ramènent exactement au point de départ par leurs noms de l'hiver identiques à celui du zend, comme on le voit par le lithuanien *żëma,* l'ancien slave, russe, polonais et bohémien *zima*, illyr. *sima,* hiver et froid. Dans toutes ces langues, de même que dans la branche iranienne, l'*h* du sanscrit est ordinairement remplacé par la sifflante douce.

2). L'unique nom de l'hiver qui diverge en Europe du précédent est le gothique *vintrus,* anglo-saxon *winter,* scandin. *vetr,* anc. allem. *wintar,* etc., lequel ne semble pas avoir d'étymologie en germanique. Le rapprochement avec *vinds,* vent, n'est pas admissible à cause de la différence radicale du *t* et du *d*. C'est avec moins de raison encore que Diefenbach tente de le rattacher à *hima,* par un changement de *m* en *n* devant un suffixe *tru* [2],

[1] Zeuss, *Gram. celt.* p. 119.
[2] *Goth. W. B.*, v. cit.

car le *v* pour *h* reste inexpliqué, et d'ailleurs l'*m* ne fait pas partie de la racine dans *hima*. Grimm soupçonne un thème primitif *qvintrus* ou *quintrus* [1] qui ne nous rapproche pas mieux du sanscrit où le *qv* gothique est représenté dans la règle par *g* ou *ǵ* [2]. Je crois aussi à une gutturale initiale supprimée, mais à un ancien thème *hvintrus*, lequel conduit régulièrement à la racine sanscrite *çvind*, *album esse*, et *frigere*, *frigidum esse*. Cette racine, il est vrai, est isolée et sans dérivés connus, mais elle répond si complétement à la forme *hvint* (*h* et *t* gothiques = *ç* ou *k* et *d* sanscrits), et fournit une étymologie si satisfaisante, que l'on peut en inférer l'existence d'un ancien nom de l'hiver *çvindra*, identique à *hvintru*. Ce terme germanique remonterait ainsi aux origines ariennes.

Nous avons ici un premier exemble d'un fait qui se présentera plus d'une fois dans le cours de nos recherches, c'est que certains mots européens restés sans étymologie la retrouvent dans telle racine sanscrite qui, de son côté, n'a pas de dérivés connus. Ce fait s'explique par l'inégale distribution des richesses de l'idiome primitif entre les dialectes qui en sont sortis. Tout indique que, dans l'origine, il existait pour chaque objet une abondance de synonymes analogues à celle que le sanscrit surtout présente encore à un haut degré. Ces mots étaient alors tous significatifs, et se rattachaient clairement à leur racine verbale ; mais, par l'effet de la dispersion et du temps, tel dialecte a perdu le dérivé tout en conservant la racine, tandis que tel autre a perdu la racine et gardé le dérivé.

3). Le nom de la neige offre aussi une série de concordances évidentes, mais dont les formes plus divergentes se ramènent avec moins de sûreté à une origine étymologique commune ; et cela est le cas toutes les fois que le sanscrit nous fait défaut pour éclairer la filiation primitive.

Le terme le plus ancien est le zend *çniż*, ou *çnij*, *ningere*

[1] *Gesch. d. deut. Spr.* p. 73.

[2] Cf. *qvinô*, femme et *ǵanâ*, *qviman*, venir et *gam*, *qvius*, vivant, et *ǵiv*, vivre, etc.

(*çnaêzât, ningat)*, dont le dérivé régulier serait *çnaêza* [1]. A cette racine correspond phoniquement le sanscrit *snih*, dont le sens ordinaire *amare* n'a cependant aucun rapport avec *ningere*. Toutefois le participe *snigdha* signifie, non-seulement aimé, aimable, mais aussi gras, épais, onctueux, huileux, doux, émollient, et, comme substantif, moelle, cire. Le dérivé *snêha* désigne toute substance onctueuse, et le verbe dénominatif *snêhay* a le sens de *pinguem, lubricum esse*. Cela nous ramène certainement à l'idée de la neige, et on peut croire que *snih* a eu primitivement une valeur analogue à celle de *çniz*, et que *snêha*, comme aussi *çnaêza*, a été un nom de la neige [2].

Au zend *çniz, ningere*=scr. *snih (?)*, se lie clairement le lithuanien *snigti*, neiger, et son dérivé *snẽgas*, neige, auquel correspondent l'ancien slave et russe *sniegŭ*, le polonais *snieg*, l'illyrien *sniegh*, le bohémien *snih*, etc. L'irlandais-erse *sneachd*, *sneachda*, qui rappelle mieux encore le sanscrit *snigdha*, paraît même posséder sa racine vivante dans *snighim* ou *snidhim*, glisser, ramper, couler, dégoutter, sens tout analogue à celui des dérivés du sanscrit *snih*.

Les langues germaniques offrent partout un *v* en place de la gutturale finale ; ainsi le goth. *snaivs*, l'ang.-sax. *snaw* (*snawan*, *sniwan*, neiger), l'anc. allem. *snêo* (génit. *snêwes; sniwit*, il neige), le scand. *snior, sniar, snaer*, contracté comme *snêo*. Toutes ces formes s'expliqueraient certainement mieux par le zend *çnu* et le sanscrit *snu, fluere, snava, fluxus*, distillation, que par *çniz* et *snih*. La gutturale reparaît, il est vrai, dans l'anc. allem. *versniegun, ningidus*, l'allem. moyen *snigen*, le suéd. *snoega*, neiger, qui inclinent de nouveau vers *snih;* mais il n'est pas certain qu'il faille en inférer un thème gothique

[1] Le nom zend de la neige est *vafra*, pers. *barf*, kour. *bâfer*, afghan, *wauri*. Cf. sansc. *vapra*, dans le sens de poussière, de la rac. *vap*, semen spargere.

[2] Benfey (*Gr. W. Lex*, II, 54), rapporte à *snih*, le mot *nihâra* ou *nîhâra*, gelée, givre, rosée abondante, mais, suivant Wilson, la rac. *hṛ*, ferre, auferre, précédée de *ni*, prend le sens de geler (to freeze).

snaigvs, comme on l'a proposé [1], et les deux racines peuvent s'être maintenues côte à côte.

Le latin *nix, nivis* ne saurait être séparé de *ningo, ninguo,* qui répond à *çniz* et *snih,* comme *mingo* à *miz* et *mih.* La suppression de l'*s* initial est de rigueur dans le latin, où aucun mot ne commence par *sn.* On doit en conclure que le thème *nivi,* est bien contracté cette fois de *nigvi,* ce qui donne de nouveau quelque probabilité au changement analogue dans le gothique. Le cymrique *nyf,* neige, est peut-être emprunté au latin, à côté des termes indigènes *eira* et *od,* en armoricain *erch.*

Enfin le grec νίψ, νιφὸς s'explique d'une manière analogue, en partant, avec Benfey, d'un thème primitif νιχϝα [2], contracté, au nominatif avec changement de la gutturale en labiale, et dont, au génitif, le χ devient φ par l'influence rétroactive du digamma supprimé.

En dépit des incertitudes que laissent encore quelques formes sur leur dérivation réelle, il ne saurait rester aucun doute quant au fait essentiel de leur origine arienne, et cet accord général confirme les inductions suggérées déjà par celui des noms de l'hiver.

4). De la racine sanscrite *ǵal, frigidum esse,* vient *ǵala,* froid, froidure. On y reconnaît sans peine notre mot *gel* du latin *gelu,* mais cette racine est répandue au loin dans les langues ariennes. Ainsi on trouve :

En persan *jûl, jâlah,* blanche-gelée, grêle, neige à demi fondue, et en kourde *ǵelîd,* glace.

En latin, *gelo, gelu, gelum,* etc.; peut-être aussi *glacies,* si l'on peut y voir une contraction de *gelacies.*

En irlandais *gel, geal,* gelée. Un nom de l'eau, *gil,* correspond au sanscrit *ǵala,* id., car l'eau est ainsi nommée de sa fraîcheur.

[1] Diefenbach, *Goth. W. B.,* t. II, p. 281. — Bopp. *Gloss. sansc.* rapporte *snaivs* à *snu.* Il est à remarquer que le cymr. *odi,* neiger, *od,* neige, se lie de même au sansc. *ud,* fluere, *uda,* eau, comme l'irlandais *oidhir,* neige, à *udra,* eau.

[2] *Griech. W. L.* II, 54.

En gothique *kalds,* froid, anglo-sax. *ceald,* scand. *kaldr,* anc. all. *chalt,* avec changement régulier de la gutturale initiale. La racine simple se retrouve aussi dans l'ang.-sax. *col* (anglais *cool*), froid, frais, et *cyle,* anc. allem. *chuoli,* froidure, etc.

En lithuanien *gélumà, gélmenis,* grand froid, froid piquant. De là le sens secondaire de *géla,* douleur piquante, comme celle du froid.

Enfin, l'ancien slave et russe *golotĭ,* glace, complète cette série d'analogies, où le grec seul fait défaut, et appuie la conjecture de *gelacies* pour *glacies,* malgré la différence des suffixes.

5). A côté des noms ariens de la neige, le zend nous a conservé aussi un de ceux de la glace que le sanscrit ne possède plus. C est le mot *içi,* qui nous indique l'origine du germanique *îs.* D'après Spiegel, ce terme est identique au parsi *yah* et au persan moderne *yach* [1]; afghan, id. L'ossète *ich* est resté plus près du zend, mais les formes néo-persanes ne paraissent pas en dériver directement, et se rattachent probablement à un ancien thème plus complet *yaça* ou *yaçi.* Je crois, en effet, que le zend *içi* dérive d'une racine *yaç,* perdue en sanscrit, mais conservée dans le dérivé *yaças,* éclat, splendeur, et que la glace est ainsi nommée de son éclat brillant. La transition de *yaç* à *iç* se justifie pleinement par celle de *yaǵ,* sacrifier, à *iǵ* dans *iǵyâ,* sacrifice, etc.

Comme le *ç* alterne souvent avec l'*s,* même en sanscrit, je n'hésite pas à identifier l'anglo-saxon *îs, îsa,* scand. et anc. allem. *îs,* anglais *ice,* allem. *eis,* etc. Mais le scandinave semble avoir conservé le thème primitif inaltéré dans *jaki, ingens fragmentum glaciei,* d'où *jœkull,* montagne de glace. — Il paraît s'être maintenu dans les langues celtiques, si, comme je le crois, l'irlandais *aigh,* glace, est un affaiblissement de *aich,* et si le cymrique *ia, iaën,* a perdu la gutturale finale.

[1] *Zur interpret. d. Vendidad,* p. 24.

Une analyse attentive des autres racines et termes qui se rapportent aux notions du froid et du gel révélerait sans doute un plus grand nombre d'analogies entre les diverses langues ariennes, mais ce travail appartient à la philologie comparée à laquelle nous empruntons nos matériaux, en faisant un choix parmi ceux qui peuvent le mieux éclairer les problèmes d'origine. Je m'en tiens donc aux exemples ci-dessus, en faisant remarquer que cet accord si général pour les noms de l'hiver, de la neige, de la glace et du gel, prouve que le climat de l'ancienne demeure des Aryas devait être assez rude pendant la saison froide. Cela s'accorde fort bien aussi avec ce que nous savons du climat de la Bactriane centrale, dans la partie montueuse qui s'étend entre l'Hindoukouch et les plaines de l'Oxus.

Bien que ce pays, en effet, soit situé sous la même latitude que la Grèce et l'Italie, sa position à l'intérieur d'un vaste continent et son élévation au-dessus de la mer, y rendent l'hiver beaucoup plus rigoureux, et on sait, par le voyageur Burnes, que le grand fleuve Oxus gèle assez souvent d'une rive à l'autre [1]. En suivant Burnes dans sa route au travers de la Bactriane, à partir de Bamian, on peut se faire une assez juste idée de la transition de l'hiver au printemps, laquelle a lieu, comme dans nos Alpes, pendant les mois d'avril et de mai, selon l'élévation des régions. Après avoir franchi, au 22 mai, les hauts cols du *Hadjigak* et de *Kalou,* couverts de neiges éternelles, Burnes arrive au premier affluent de l'Oxus, lequel plus loin prend le nom de *Gori*. A Bamian, et dans les montagnes situées au delà, la neige a disparu ; à *Sighan,* il y a de beaux jardins, et, après le col de *Dandan-Chikoun,* au village de *Kamard,* Burnes remarque un verger d'abricotiers. Il passe ensuite le *Kara-Kouttal*, dernier col du Caucase indien, et de là, pendant les 95 milles qu'il parcourt encore avant de sortir des montagnes, il trouve partout la végétation en pleine activité, les troupeaux paissant dans les pâturages alpestres, et les vergers

[1] *Voyage de l'Indus à Boukhara,* trad. franç., t. II, p. 343 ; III, p. 151.

remplis d'arbres fruitiers. Tout cela indique un retour du printemps à la même époque que dans notre Europe centrale, et un hiver de cinq mois environ de durée pour la région montagneuse moyenne.

§ 12. — LE PRINTEMPS.

Après l'hiver, et par l'effet même du contraste, aucune saison ne réveille des impressions plus vives que le printemps, dont l'arrivée est saluée partout avec bonheur. Cela seul fait présumer déjà que son nom primitif et caractéristique se sera maintenu dans le souvenir des races ariennes. Il en est ainsi, en effet, et si ce nom se dérobe quelquefois sous les formes très-divergentes qu'il a prises, on peut cependant le ramener avec sûreté à son origine première.

La synonymie du printemps est très-riche en sanscrit, car il n'a pas moins d'une vingtaine de noms, dont plusieurs, il est vrai, sont purement poétiques ; mais un seul nous intéresse ici par son affinité avec ceux des autres langues ariennes. C'est le mot *vasanta,* dérivé d'une racine *vas* dont la signification sera recherchée plus tard.

Anquetil, dans son glossaire zend, donne *venghre* comme nom du printemps, mais on ne l'a pas jusqu'ici retrouvé dans les textes. En rétablissant l'orthographe correcte, on obtient la forme *vañhra,* qui semble n'avoir aucun rapport avec *vasanta.* Elle en diffère, en effet, mais par le suffixe seulement, et sa racine est la même. D'après une règle phonique propre au zend, et que Burnouf a démontrée le premier, le sanscrit *as* est représenté souvent par *añh,* l'*s* se changeant en *h* précédé d'une nasale. Ainsi, *vasana,* vestis, se transforme en *vañhana, vasu,* dulcis, en *vañhu,* etc. Il résulte de là que *vañhra* ou *vañhara,* printemps, suppose un thème sanscrit *vasra* ou *vasara*, synonyme de *vasanta,* et dérivé de la même racine.

Les dialectes iraniens plus modernes ont conservé le mot zend en supprimant la nasale. Ainsi, le pehlwi *wahar*, le persan *bahâr*, *bahârân*, le kourde *bahr*, le boukhare *buhâr*, etc, ; l'afghan *psarlâi*, probablement un composé, a gardé l'*s* primitif, car *psar* est sans doute pour *bsar*, *basar* et *vasar*.

Ce qui indique assez positivement que ces deux synonymes *vâsanta* et *vasara* ont dû coexister dans la langue primitive, c'est qu'ils se retrouvent également dans les branches occidentales de la famille arienne, et même côte à côte dans deux dialectes d'une même branche.

Ainsi, pour commencer par la forme la mieux conservée, le lithuanien nous offre *wásarà*, qui désigne l'été, il est vrai, et non le printemps, lequel est appelé *pa-wasaris*, avant-été; mais la substitution de sens se conçoit aisément [1]. Les langues slaves, par contre, alliées de si près au lithuanien, ont un autre thème, en anc. slave et russe *vesna*, en polonais *wiosna*, printemps. Ce n'est pas tout à fait *vasanta*, mais un dérivé très-semblable par le suffixe *na* ou *ana*, et qui serait en sanscrit *vasna* ou *vasana*.

A *vasara* ou *vasra* se lie évidemment le latin *ver*, sans doute contracté de *vesr*, comme l'indique la longueur de l'*e*, et cela par suite de la répugnance du latin pour le groupe inusité *sr* [2]. Une absorption toute semblable de *s* se remarque dans *vena* pour *vesna*, le sanscrit *vasna*, fibre, tendon.

Une forme presque identique au latin est le scandinave *vâr*, *vor*, suédois *vår*, danois *vaar*, étranger d'ailleurs aux autres langues germaniques. Ici l'*s* de la racine peut s'être changé directement en *r*, comme cela est souvent le cas en scandinave.

Du latin *ver*, nous arrivons tout droit au grec ἦρ pour ϝῆρ, forme contractée de ἔαρ, εἶαρ, et qui confirme pleinement le thème hypothétique *vesr*. Le changement de *s* en *r* est, en effet, étranger au grec qui, par contre, supprime volontiers le σ entre deux voyelles.

[1] Chez les Siahpôsh de l'Hindoukouch, *vasunt* est aussi le nom de l'été (Burnes, Cabool, vocab.), et les Albanais appellent *bechar* l'une et l'autre saison.

[2] Cf. alban., *vère*, printemps, à côté de *bechar*, id., qui rappelle le persan *bahár*.

Ainsi, ἔαρ est pour εσαρ, et, en rétablissant le digamma, pour ϝεσαρ, ce qui le rattache nettement à *vasara*. Et, de même que l'explication du latin *ver* s'appuie de l'analogie de *vena*, nous trouvons en grec ἑανὸς, εἰανὸς, vêtement, pour ϝεσανος, le sanscrit *vasana*, comme corrélatif parfait de la transformation de ἔαρ [1].

Restent les langues celtiques où les deux formes *vasra* et *vasanta* se trouvent réunies, mais si bien déguisées qu'on ne les aurait jamais reconnues comme provenant d'une même source, sans la comparaison des autres termes ariens.

Le nom irland.-erse du printemps est *earrach*, plus anciennement *erruc* [2], tout semblable au grec ἔαρ, avec un suffixe de plus. La réduplication de l'*r* s'explique ici par l'assimilation de l'*s* de la racine, et *earrach* provient de *easrach*. De plus, l'*f* initial (= *v* sanscrit) disparaît souvent en irlandais, comme le digamma grec. On arrive ainsi à restituer le thème complet *feasrach* ou *fesruc*, correspondant à *vasraka*, forme augmentée de *vasra*.

Qui pourrait se douter maintenant que le cymrique actuel *gwanwyn* dérive de la même racine que *earrach?* et cependant son affinité avec le sanscrit *vasanta* peut être clairement démontrée. Pour cela, il ne faut pas partir du moderne *gwanwyn* qui est fortement contracté, mais des formes plus anciennes *gwaeanwyn*, *guiannuin* et surtout *guahanuyn* [3]. On sait que le cymrique, comme le grec et le zend, change l'*s* en *h*, et qu'il renforce toujours par un *g* le *v* initial (*gw*, *gu* = *v*). Ainsi déjà, *guahan* répond à *vasan;* mais il y a plus. La réduplication de l'*n* dans *guiannuin* pour *guahannuin* indique l'existence d'un *t* assimilé, comme cela se remarque par exemple pour *dannedd*, dentes, pluriel de *dant*, et *hanner*, demi, synonyme de *hanter*, etc.; et, ce qui achève la démonstration, c'est que ce *t* se retrouve encore dans l'ancien cornique *guaintoin* printemps [4], où par contre l'*h*

[1] Voyez sur toute cette question, Benfey, *Griech. W. L.*, I, p. 309, et Aufrecht, *Zeitsch. f. vergl. Spr.*, I, p. 350.

[2] *Annal. Ulton.*, p. 234.

[3] Zeuss. *Gr. celt.*, p. 1087.

[4] Ibid., loc. cit.

a disparu. Nous arrivons ainsi à la restitution du thème comple *guahantuin*, où l'on reconnaît sans peine *vasanta* avec un suffixe surajouté.

Maintenant, quelle est la signification primitive de ces noms du printemps, que nous avons vus partout se rattacher à la racine *vas?* La question n'est pas facile à résoudre, à cause de la multiplicité des sens de cette racine, qui ouvrent la voie à plus d'une conjecture. On peut choisir entre *habitare*, *induere sibi*, *fixum esse*, *amare*, *offerre*, *findere*, *secare*, *interficere* et *lucere*; aussi, les interprétations diffèrent-elles grandement. Les étymologistes indiens rapportent *vasanta* à *vas*, habiter, parce que le dieu *Vasanta*, personnification du printemps, habite alors sur la terre, explication trop indienne pour être acceptée. Si l'on compare, parmi les autres noms sanscrits, ceux de *kâmala*, *kânta*, de la racine *kam*, aimer, et de *ishga*, *ishma*, de *ish*, désirer, la saison aimée, aimable, désirable, on pourrait penser avec Benfey à *vas*, *amare* [1]; mais le suffixe *anta*, auquel nous reviendrons tout à l'heure, donnerait le sens de *aimant*, plutôt que celui de *aimé*, ce qui ne conviendrait guère. J'aimerais mieux voir, avec Aufrecht, dans *vasanta*, la saison brillante, en le ramenant à *vas*, lucere et lumen, d'où dérivent *vasu*, radius, ignis, *vâsara*, dies, *vastar*, mane, etc. [2]. L'étymologie la plus probable, toutefois, me semble être celle de *vas*, induere sibi, vestire, comme je vais chercher à le montrer.

Rien de plus naturel que de se figurer le printemps comme venant rendre à la terre son vêtement de verdure dont l'hiver l'a dépouillée. Partout, dans les locutions ordinaires, et dans la poésie, l'herbe et les fleurs *tapissent* les champs, les arbres se *revêtent* de feuilles, la végétation est un manteau qui se renouvelle chaque année. Chez plusieurs peuples européens, comme dans l'Inde, l'arrivée du printemps était une occasion de fêtes, et, encore de nos jours, en Allemagne et en Suisse, on symbo-

[1] *Griech. W. L.* II, p. 349.

[2] Lassen, *Antholog. sansc.* Gloss. voc. *vastar*. Aufrecht. Zeitsch. f. vergl. Spr. I, p. 350.

lise cette arrivée par un personnage revêtu de la tête aux pieds de feuillages et de fleurs [1].

Une autre analogie remarquable est celle du zend *vastra* ou *vaçtra*, *vâçtra*, qui signifie, comme féminin, plaine, pâturage, herbe [2], et comme neutre, vêtement, en sanscrit *vastra*, id., couverture. Dans le premier sens, il s'applique, suivant Burnouf, aux plaines en tant que *revêtues* par la végétation, et il traduit *garayô pôuru vaçtrâoñhô*, par *montes multis pascuis vestiti* [3]. Cette interprétation semble préférable à celle que propose Bopp, qui rattache *vâçtra*, pascuum, et *vâçtrya*, agricola, à la rac. *vaksh*, crescere [4].

Ainsi *vasanta*, forme augmentée du participe présent *vasant*, comme *ġayanta*, héros, de *ġayant* (rac. *ġi*) victorieux, *ġaranta*, vieillard, de *ġarant* (rac. *ġṝ*) vieillissant, *ġîvanta*, vivant, de *ġîvant* (rac. *ġîv*) id., etc., a signifié *la saison qui revêt la terre de végétation*. Et il est à remarquer que les formes *vasera* ou *vasra* et *vasana*, que nous avons induites de la comparaison des autres langues, auraient exactement le même sens, les suffixes *ara*, *ra*, *ana* donnant naissance comme *anta*, à des appellatifs et à des noms d'agent.

Tout ceci se confirme encore par la manière toute semblable dont quelques dérivés de *vas* se sont transformés dans leur double sens de printemps et de vêtement. J'ai parlé déjà du grec ἑανός vêtement, pour ϝεσανος, le sanscrit *vasana*, qui se trouve ainsi correspondre au slave *vesna*, printemps. Il en est de même pour l'irlandais *earrach*, id., *earraidh*, printanier, que nous avons ramené à *feasrach*, car *earraidh*, signifie vêtement, accoutrement, et sa métamorphose phonique est identique. La forme primitive paraît même se retrouver intacte dans l'erse *fasair*, harnais, équipement de cheval, etc. [5], et ce qu'il y a

---

[1] Grimm. *Deut. mytholog.*, p. 455. *Laubeinkleidung*.
[2] Spiegel, *Avesta*, p. 215. Cf., l'afghan *washe*, herbe.
[3] *Comment. sur le Yaçna*, p. 79, notes.
[4] *Vergl. Gramm.* p. 1144, note.
[5] *Dict. Scoto-celt.* de la Soc. des Highlands, voc. cit. Ce mot manque dans le dict. irlandais d'O'Reilly.

de curieux, c'est que *fasair* signifie aussi *un riche pâturage*, comme le zend *vâçtra*, et nous reconduit tout droit au nom du printemps *vañhara* et *vasara*.

On voit par ce qui précède que les langues ariennes s'accordent aussi bien pour le nom du printemps que pour celui de l'hiver ; mais il n'en est plus de même pour l'été, ainsi que nous allons le montrer.

§ 13. — L'ÉTÉ.

Dans les climats tempérés, l'été n'est qu'une continuation de la belle saison, et il n'y a pas ici de transition frappante comme celle de l'hiver au printemps. Aussi les langues, qui reflètent toujours fidèlement les premières impressions de l'homme, sont-elles restées plus indifférentes, en quelque sorte, à la manière de désigner l'été. Il en résulte que le nom primitif, qui a existé sans doute, mais que l'on ne peut plus reconnaître avec sûreté, a été remplacé par des termes significatifs propres à chaque idiome. Ces termes, surtout chez les peuples du Midi, n'expriment ordinairement que la notion de chaleur. Ainsi le sanscrit *ushna*, *ushma*, de *ush*, urere; *grîshma* et *gharma*, littér. chaud et chaleur; *nidâgha*, de *dah*, urere: *çuci*, littér. feu, soleil, pur, brillant; *tapa*, *tapas*, *tapana*, de *tap*, calefacere, etc. [1]. A ce dernier nom se lie le persan *tabistân*, été, de *tabîdan*, ou *taftan*, chauffer. Une trace de cette ancienne dénomination de la saison chaude, se reconnaît encore dans le latin *tempus,-oris*, pour *-osis*, le sanscrit *tapas,-asas*, dont le sens propre est celui de saison, comme pour le cymrique *tymp*, id., à côté de *twymp*, chaud. Ce mot a pu dans l'origine désigner l'été, la saison par excellence. L'insertion d'une nasale est fréquente dans toutes les langues ariennes, et la

[1] Cf. Zend, *tap*. id.; d'où *tafnu*, ardent.

racine *tap* se retrouve d'ailleurs dans *tepeo, tepor, tepidus,* etc. [1].

Le grec θέρος, et le latin *aestas*, portent avec eux leur signification du temps de la chaleur. Le lithuanien *wásarà* est le nom du printemps transporté à l'été. L'anc. slave et russe *liato*, polon. *lato*, bohém. *leto*, été et année, est d'origine incertaine. Miklosich le rapporte à la rac. sanscrite *lî*, liquefacere, et compare le lithuanien *lytus*, pluie [2]. J'ai quelque peine à croire que l'été ait tiré son nom de la pluie, et je préférerais rapprocher *lieto* du sanscrit *ṛtu*, et du zend *ratu*, saison, l'été étant appelé ainsi comme la saison par excellence.

Dans tout ceci nous n'avons que des analogies indirectes ou douteuses, mais les langues celtiques et germaniques vont nous fournir un rapprochement plus précis, et qui indique une affinité primordiale.

En irlandais *sam, samh*, signifie été et soleil. Comme O'Reilly donne aussi la forme *sabh*, pour soleil, et que le *bh* répond souvent au *v* sanscrit, j'ai comparé ailleurs *sava*, soleil, l'astre qui féconde, de la rac. *su*, generare, d'où dérivent les synonymes *savitṛ, sâvitra, suvana, sûnu*, et *sûta* [3]. Ce rapprochement me paraît encore fondé quant à la forme *sabh*, mais je crois maintenant qu'il faut en séparer le nom de l'été, *sam, samh*, où l'*m* semble être primitif. Cela résulte déjà de l'ancien cymrique *ham*, été [4], *h*=*s*, devenu plus tard *haf*, en armoricain *hâf, hañv, hañ*. Mais une coïncidence plus décisive encore est celle du zend *hama*, été [5], d'où l'adjectif *hãmina*, ou *hâmina*, aestivus, exactement le cymrique *hafin, hefin*, id., plus anciennement *hamin, hemin*. La même forme dérivée se retrouve dans l'irlandais *Samhuin, Samhain*, divinité solaire qui présidait à l'été chez les Gaëls païens, et dont le nom est resté attaché au

[1] Grimm. *Gesch. d. deut. Spr.*, p. 232, y rapporte aussi *templum* avec le sens primitif de *lieu du feu*.

[2] *Radices sloven*, voc. cit.

[3] *Les noms celtiques du soleil*, dans la *Zeitsch. f. vergl. Spr.* de Kuhn, t. IV, p. 352.

[4] Zeuss, *Gram. celt.*, p. 130.

[5] Spiegel, *Avesta*, p. 106.

terme de la belle saison, le 1er novembre, appelé encore *la Samhna* ou *oidche Shamhna*, le jour ou la nuit de *Samhuin*. A cette époque, on prenait congé du dieu de l'été par des cérémonies qui subsistent partiellement de nos jours chez le peuple en Irlande.

Le zend *hama* répond au sanscrit *sama*, égal, complet, bon, etc., dont le féminin *samâ* signifie année. Plus d'une fois le nom de l'année entière est emprunté à l'une des saisons, comme en sanscrit *çarad*, année et automne, en slave, *lieto*, année et été, il est donc fort possible que *samâ* ait aussi désigné l'été. La racine paraît être *sam* (*samati*), non pertubari, identique sans doute à *çam*, sedari, placidum, quietum fieri, et dont *sâm* (*sâmayati*) placare, quietare, est une forme secondaire. De là *sâman*, conciliation, apaisement. L'été serait ainsi la saison tranquille et douce, par opposition aux rigueurs de l'hiver. Il est remarquable que les noms celtiques conduisent à la même étymologie, car *samh*, en irlandais signifie aussi tranquille, calme, doux, agréable, et *saimhe*, *samhain*, plaisir, bonheur, agrément, etc. Cela vient à l'appui de l'interprétation proposée.

Il faut sans doute rattacher au même groupe l'ang.-saxon *sumor*, *sumer*, anc. all. et scand. *sumar*, été, avec *u* pour *a* par l'influence de la nasale (cf. p. 85). Grimm conjecture une forme gothique *sumrus*, analogue à *vintrus* [1]. Cela conduirait à un thème primitif *samra*, dérivé régulier de *sam*, et de même sens que *sama*, *hama*. L'arménien *amarn*, été, pour *hamarn?* s'y rattache peut-être ; mais il ne faut pas comparer directement, comme on l'a fait, l'irlandais-erse *samhradh*, été, lequel est composé avec *radh*, *rath*, saison, de même que *geamhradh*, anc. irland. *gaimrith*,=sansc. *himartu*, hiver.

La distinction à maintenir, je crois, entre l'irlandais *sabh*, *samh*=sansc. *sava*, et *sam*, *samh*=zend *hama*, se justifie par le fait qu'elle se reproduit dans tout un groupe de termes orientaux. En kourde, le nom de l'été est *hawin* (Klaproth. *As.*

[1] *Gesch. deut. Spr.*, p. 73.

polyg. p. 80) ou *avin*, *avini* (Garzoni. *Vocab.*). Ce n'est pas là, sans doute, une corruption du zend *hâmina*, quelque rapprochées que paraissent ces formes, car, en parsi, *hâwin* désignait la première prière du jour, celle qui se récitait au lever du soleil (Richardson. *Dict.* p. 1663. éd. Johnson) et ce *hâwin* est évidemment le zend *hâvani*, la portion du jour où le soleil se lève [1]. En sanscrit, on trouve *sâvana* avec le double sens de jour solaire et de mois solaire, et de là on passerait aisément à celui de saison solaire. Nous sommes ramenés ainsi à *sava*, soleil, en zend *hû* (Spiegel. *Avesta*, p. 189), et peut-être *hava* [2], et en irlandais, *sabh*. Comme, dans cette dernière langue, le *bh* et le *mh* ont tous deux le son du *v*, la confusion des formes était presque inévitable.

Nous pouvons conclure, en résumé, que le zend d'une part, et de l'autre les langues celtiques et germaniques ont conservé l'ancien nom arien de l'été comme de la saison calme et douce, et que très-probablement il y avait aussi un synonyme dérivé de *tap*, urere, calefacere, et désignant la saison chaude.

§ 14. — L'AUTOMNE.

Ici la divergence des langues est aussi complète que possible, et rien absolument n'indique qu'il ait jamais existé une dénomination commune. Même dans les idiomes et les dialectes ariens les plus rapprochés entre eux, les noms diffèrent tout à fait. Il n'y a aucun rapport entre le sanscrit *çarad* ou *ghanânta*, et le persan *pâyiz*, *tîr*, *mihrgân*, etc., entre le grec ὀπώρη et le latin *auctumnus*, le germanique *herbist* et le slave *ieshenĭ* ou le lithua-

[1] Burnouf, *Comment. sur le Yaçna*, p. 201, 340. *Hâvani*, le saint, le pur, est aussi une personnification solaire, comme l'irlandais *Samhuin*.

[2] Le *hû* zend, rappelle singulièrement le *Hu* mythique des Cymris, qui était sûrement une divinité solaire, car il est aussi appelé *Huon*, et *huan*, et en sansc. *suvana*, est un nom du soleil.

nien *rudû,* l'irlandais *foghmar* et le cymrique *cynhauaf* ou *hydref,* etc. Il est évident que chaque peuple n'a donné un nom à l'automne qu'après l'époque de la dispersion seulement.

Cela s'explique, au reste, par le fait que, aux temps anciens, on ne divisait l'année qu'en trois saisons, l'hiver, le printemps et l'été. Nous le savons positivement pour l'Inde vêdique [1]. Le témoignage de Tacite le confirme en ce qui regarde les Germains [2]. L'Irlandais *foghmar, fomar,* évidemment contracté de *fo-geamhra,* sous-hiver, et le cymrique *cyngauaf,* de *cyn* et *gauaf* avant-hiver, prouvent l'absence d'un nom spécial de l'automne chez les Celtes, ce qui s'accorde avec le fait que la fin de l'été tombait en Irlande sur le 1er novembre, *la nuit de Samhain.* Le serbe *predzima,* automne, ne signifie non plus que avant-hiver. Ce mode de division de l'année paraît remonter au temps de la vie pastorale, alors que la belle saison se terminait à la rentrée des troupeaux pour l'hivernage. Les premiers développements de l'agriculture, qui s'appliquèrent sans doute aux céréales, ne conduisirent point à changer cette division, parce que la moisson se faisait pendant l'été. Ce n'est que là où la culture des fruits, et surtout de la vigne, prit plus tard une certaine extension, que l'on fut amené à distinguer une quatrième saison. Les noms de l'automne restent ainsi en dehors du cercle de nos recherches, et nous devons les laisser de côté, quelque intérêt qu'ils puissent avoir en eux-mêmes.

On peut conclure, ce semble, de tout ce qui précède, que les anciens Aryas divisaient l'année en trois périodes, l'hiver ou la *saison de la neige,* le printemps ou l'époque du *revêtement* de la nature, et l'été, la *saison du soleil.* Cette division implique un climat tempéré et une latitude moyenne. Les peuples du Nord ne connaissent que deux saisons, l'été et l'hiver. L'Edda scandinave en fait deux géants, *Sumar* et *Vetr,* mais ne personnifie

[1] Voy. *Nouv. J. Asiat.* 1835. Juillet p. 11.

[2] Tacit. *De mor. German. Hiems et ver et æstas intellectum ac vocabula habent; auctumni perinde nomen ac bona ignorantur.*

ni le printemps ni l'automne [1]. Chez les Slaves, qui cependant ont conservé l'ancien nom du printemps, on remarque une tendance décidée à le remplacer par des équivalents qui le subordonnent à l'été. Les Illyriens disent *proljetje*, avant-été, ou bien *podzimak*, après-hiver, les Bohémiens *podleti* ou *podzim*. Les Slovaques appellent le printemps *mlado leto* ou jeune été. Chez les Lithuaniens, l'été lui a enlevé son nom primitif *wásarà*, pour ne lui laisser que celui de *pawasaris*, sous-été. Les Celtes distinguent trois saisons, et subordonnent l'automne à l'hiver, comme aussi les Serbes. Plus au sud, les Grecs et les Romains ont senti de bonne heure la convenance d'une division quadruple. Dans l'Inde, on a fini par compter jusqu'à six saisons distinctes qui correspondent à autant de variations du climat, et cette division sextuple se trouve aussi chez les Arabes. Ainsi le nombre trois tient le milieu entre le nord et le midi, et s'accorde bien avec notre hypothèse sur la position géographique du pays primitif des Aryas.

[1] Grimm., *Deut. Mythol.*, p. 436.

CHAPITRE VI.

EXAMEN DE QUELQUES TERMES GÉOGRAPHIQUES ET TOPOGRAPHIQUES.

§ 15. — OBSERVATIONS PRÉLIMINAIRES.

Les noms qui s'appliquent à la topographie d'un pays peuvent sans doute nous éclairer sur la manière dont ses habitants concevaient la nature, et les objets du monde extérieur, mais ils sont d'un caractère trop général pour fournir des indices précis quant à la position géographique. Il y a partout ou presque partout, des montagnes, des plaines, des fleuves, des lacs, etc., et les analogies de mots ne prouvent ici que l'affinité des langues elles-mêmes, sans que l'on puisse rien en inférer de plus d'une manière bien positive. Il faut rechercher, cependant, si dans cette classe de termes il ne s'en trouverait pas quelques-uns qui, par leur nature exceptionnelle, pourraient jeter quelque jour sur le problème géographique. Les noms de la mer, et ceux qui sont propres aux contrées montagneuses, sont surtout intéressants à étudier sous ce rapport. Ceux des cours d'eau ont moins d'importance, mais ils peuvent compléter les données fournies par les autres.

§ 16. — LA MER.

Je place en première ligne les termes relatifs à la mer, parce que les mers n'abondent nulle part, et que, de toutes manières, elles doivent frapper vivement l'imagination des peuples. On comprend dès lors tout l'intérêt de cette question : *Les anciens Aryas ont-ils connu la mer?* Car la réponse ne peut manquer d'éclairer le problème de leur demeure primitive. Il se trouve heureusement que la linguistique comparée peut trancher cette question dans le sens affirmatif.

1). Toutes nos langues européennes, à l'exception du grec, possèdent pour la mer un nom commun; en lat. *mare;* en irland. *muir* (génit. *mara*), en cymr. *môr*, *myr*, en corn. et armor. *môr;* en goth. *marei*, en ang.-sax. *mere*, en scand. *mar*, en anc. allem. *mari*, *meri;* en lithuan. *marẽs* (au pluriel); en anc. slav. et rus. *morŭ*, en polon. *morze*, en illyr. *morra*, etc. Un accord aussi général ne saurait provenir d'aucune transmission, et doit remonter à l'origine même de toutes ces langues. Cela est d'autant plus certain que ce nom se retrouve aussi dans le sanscrit *mîra*, mer, océan. La différence des voyelles ne saurait être objectée, et s'explique par l'étymologie du mot qui dérive sans doute de la rac. *mṛ*, mori. Les racines de cette forme, en effet, se développent souvent en *îr* ainsi qu'en *ar*, et *mîra* est à *mara*, comme *tîra* à *tara*, *tîrayati* à *tarati*, de *tṝ*, transire.

Le sens que l'on obtient par cette étymologie se justifie facilement. La mer s'offre naturellement à l'imagination comme une grande surface stérile et déserte; c'est le πόντος ἀτρύγετος d'Homère, le *vastum mare* des Latins, le *vast*, *væst* (prop. désert) des Scandinaves. Un des noms sanscrits de l'océan, *mṛtyôdbhava*, signifie l'origine ou la source de la mort. De plus *maru*, en sanscrit, désigne le désert, et se présente, sauf la différence des suffixes, comme le vrai corrélatif de *mare*, etc., sans que l'on puisse mettre en doute sa provenance de la racine *mṛ*.

Il résulte déjà de là, avec beaucoup de probabilité, que les anciens Aryas ont connu la mer, puisque leurs descendants à l'orient comme à l'occident, lui donnent le même nom. Mais quelle mer ont-ils pu connaître? Ce ne peut-être, à coup sûr, ni l'Océan austral, ni la mer du Nord, ni la Méditerranée, qui nous éloignent beaucoup trop des seules régions où il est possible de placer leur berceau. Il ne reste donc que la mer Noire ou la mer Caspienne, peut-être aussi le grand lac Aral. Or, comme il faut de toute nécessité chercher le point de départ de la race arienne à l'est de la mer Caspienne, et en deçà de l'Hindoukouch et du Belourtag, cette dernière seule a pu se trouver assez rapprochée des Aryas pour qu'ils en aient eu connaissance, et cela nous ramène à la Bactriane comme satisfaisant le mieux à ces diverses conditions. Cette première induction est appuyée d'une manière remarquable par d'autres considérations.

On sait que la Bactriane est séparée de la mer Caspienne par un vaste désert qui commence déjà à trente milles de Balkh, et qui s'étend au loin dans le Karisme actuel, l'ancien Khorasan. C'est dans ce désert qu'est située la fertile oasis de Merw, le *mouru* du Zend Avesta, et ce nom même, qui correspond au sanscrit *maru*, était sûrement celui du désert en général. Quoi de plus naturel que, dans l'imagination des Aryas, si on les suppose établis en Bactriane, la mer qui continuait immédiatement le désert, se confondît sous la même dénomination? D'après la description de Burnes, rien ne ressemble plus aux vagues de la mer que les dunes de sable, escarpées du côté opposé aux vents régnants, en pente douce de l'autre, et dans l'intérieur desquelles les particules tournoyantes du sable offrent la parfaite image de l'eau en mouvement [1]. Il est donc très-probable que *maru*, et peut-être aussi *mîra*, désignaient toute la région occidentale, y compris la mer Caspienne qui n'en était qu'une continuation. Plus tard, et quand les rapports géographiques se trouvèrent changés, les divers peuples ariens n'appliquèrent plus ces noms qu'à la mer seulement, et d'une manière générale.

2). Les quatre points cardinaux sont souvent nommés d'après les conditions de la position géographique des divers pays. C'est ainsi que les Indiens appelaient le nord *uttara*, *udañć*, *udîćî*, de *ud*, sursum, la région d'en haut, et le sud, au contraire,

[1] Burnes. *Voy. à Boukhara*, t. III, p. 342. Trad. franç.

avânc, *avâncî*, de *ava*, deorsum, la région d'en bas, parce que au nord s'élevait l'Himâlaya, et que tous les fleuves de l'Inde s'épanchaient vers le midi. C'est ainsi encore que les Groënlandais appellent l'ouest *kitâ*, mer, le côté de la mer, et l'est *kangia*, terre, le côté de la terre [1]. Il n'y aurait rien de surprenant d'après cela à ce que les Aryas eussent désigné l'occident comme le côté du désert ou de la mer. Comme les noms des points cardinaux ont beaucoup varié depuis la dispersion, et par l'effet même des changements de pays, on ne trouve pas de terme commun aux diverses langues ariennes pour appuyer cette conjecture, mais plusieurs faits isolés tendent à la confirmer.

a). Je citerai en premier lieu le nom germanique de l'occident, ang.-sax. *west*, scand. *vestr*, anc. all. *west*, *westen* (*westar*, versus occidentem) d'où provient notre mot *ouest*. Cf. les *Wisigothi* opposés *Ostrogothi*. Serait-ce par un pur hasard que ce terme se trouve si rapproché de l'anglo-saxon *westen*, desertum, *weste*, *west*, desertus, de l'anc. all. *wôsti*, id., et du scandinave *vast*, *wæst*, pelagus, auxquels se lie le latin *vastus*, *vastum*? La racine de ces derniers mots paraît se trouver dans le sanscrit *vas* ou *vast*, interficere, occidere, d'où *vasra*, la mort, *vasu*, sec, stérile, et, comme *vasuka*, *vasira*, sel, sel marin; car au sel s'attachait la notion de stérilité. On semait du sel sur un lieu pour le maudire à jamais, et l'on sait qu'il abonde dans certaines parties des déserts. Je crois que de *vas* dérivent aussi deux noms de la nuit, *vasati* et *vâsura*, parce que la nuit était opposée au jour comme la mort à la vie, comme le mal au bien; c'est ce que confirment d'autres synonymes tels que *dôsha*, en zend *daosha*, la mauvaise, et *nakta*, la morte, de *naç*, necare, qui est resté dans toutes nos langues européennes. Pott déjà a rapproché de *vasati* le germanique *west*, vu la liaison naturelle du soir ou de la nuit avec l'ouest. Il est difficile de décider laquelle de ces notions a prévalu primitivement dans le nom de l'occident; et il y aura eu sans doute des transitions de l'une à l'autre. Quoi qu'il en soit, la

[1] Kleinsmidt. *Groenl. gramm.*, p. 40.

racine *vas* se retrouve également dans l'irlandais *fás, fásach, fasmhar*, désert, vide, désolé, sauvage [1], ce qui confirme l'affinité des termes germaniques et latins avec le sanscrit. Il est probable aussi que le gothique *vis*, qui rend dans Ulphilas le grec γαλήνη, le calme de la mer, se rattache à *west*, par l'idée de l'immobilité et du silence qui règnent dans le désert, plutôt qu'à celle du calme de soir, comme le pense Grimm [2].

Si l'on se souvient que les Ario-Germains ont dû occuper précisément les portions occidentales de l'Ariane primitive, un peu au nord des Celtes, et qu'ils touchaient, par conséquent, au grand désert, on comprendra comment ce mot de *west*, qui se rattache à la fois aux sens divers de désert, de nuit, de mer, et d'occident, a pu rester plus spécialement dans leurs langues comme un souvenir incompris des circonstances qui lui ont donné naissance.

b). Un souvenir du même genre se reconnaît peut-être encore chez les Indiens, où l'occident est appelé *varuṇî*, c'est-à-dire la région de la mer, *varuṇa*, ou de *Varuṇa*, le dieu de l'Océan. Les trois autres points cardinaux sont régis également par des divinités ; le sud *yamî*, par *Yama*, le dieu de la mort ; l'orient par *Agni*, le dieu du feu ; le nord *kâuvêra*, par *Kuvêra*, le dieu des richesses. D'après la situation de l'océan indien, c'est la région du sud qui aurait dû être celle de *Varuna*, et rien n'explique pourquoi il règne sur l'Ouest. Cela n'indiquerait-il point une réminiscence des temps où la mer était située à l'occident pour les anciens Aryas?

c). Si les noms du désert et de la mer ont pu servir à désigner l'occident, celui de l'occident, à son tour, a pu être appliqué à la mer et au désert, et, si je ne me trompe, les langues slaves paraissent avoir gardé quelques traces de cette ancienne connexion.

En sanscrit *apâné*, de la préposition *apa*, ἀπο, signifie ce qui

[1] De là le nom gaulois de *Vosegus mons*, les Vosges. En erse *fàsach* signifie aussi montagne.

[2] Cf. Diefenbach. *Goth. W. Buch.* voc. *vis*.

est situé en arrière, l'ouest, par opposition à *prânć*, de *pra*, ce qui est devant, l'est. Cette manière de désigner l'orient, commune à plusieurs peuples, se fondait sur la coutume de se tourner vers le soleil levant pour faire acte d'adoration. De *apânć* dérive *apâćîna*, occidental, en arrière. Or, à cette dernière forme, et avec le retranchement de l'*a* initial, qui s'observe assez fréquemment, répond exactement l'ancien slave *pâćina*, russe et illyrien *pućina*, qui est le nom de la mer. Cette dénomination de *occidentale* ne peut lui avoir été donnée par les Slaves qu'à une époque où ils se trouvaient encore à l'est de la mer Caspienne. Le nom slave du désert suggère une conjecture analogue [1].

En sanscrit et en zend, on trouve *paçća*, avec le sens du latin *post*, et de là vient en sanscrit, *paççima*, occidental, ce qui est derrière. Ce terme se rattache très-probablement, comme *apâćîna*, à la préposition *apa*, avec suppression de l'*a*, et addition d'un *s*, de même que dans l'adverbe védique *avas*, deorsum, de *ava*, lequel *s* est changé en *ç* par l'influence de la palatale *ć* [2]. L'élément essentiel de ce mot serait donc *pas*, pour *apas*, et on le reconnaît, en effet, dans le latin *post*, de *pos*, le lithuanien *pas*, près de, *paskuy*, après, le persan *pas*, et l'ossète *fusteh*, après, derrière [3]. Une autre forme remarquable est celle de l'osque *postin*, ombrien *pustin*, *pusti*, dont le sens un peu différent, *propter*, *secundum*, se rattache cependant au latin *post* [4]. Cette forme, en effet, nous conduit immédiatement au slave *pustŭ*, lithuan. *pustas*, desertus, d'où, comme substantif, le russe *pustynia*, polon. id. et *puszcza*, illyr. *pustigna*, *pustosc*,

[1] Le zend *apâkhtara* désigne le nord et non l'ouest, comme la région située en arrière. Cela confirme le fait de la migration des Iraniens du nord au sud. De plus le nord était considéré par eux comme la demeure des démons, en opposition avec les idées des Aryas de l'Inde qui en faisaient le séjour des dieux. Il y avait là sans doute un souvenir des rigueurs du climat de leur ancien pays.

[2] Benfey. *Griech. W. Lex.* t. I. p. 128. Il y compare ingénieusement le grec ὀπίσσω, et le latin *pone*, pour *posne*, = zend *paçné* auprès.

[3] Cf. Pott. *Et Forsch.* I. 88. Bopp. *Gloss. sansc.* — Curtius *Zeitsch. f. v. Spr.*

[4] Bugge. Ibid. t. V. p. 4.

bohém. *pausst*, et le lithuan. *pusszczià*. Le désert était donc, comme la mer, pour les Slaves ainsi que pour les Germains, la *région située en arrière*, c'est-à-dire à l'occident. Le nom qu'ils donnent au nord, *sieverŭ*, où l'on reconnaît le sanscrit *savya*, le nord et la gauche, prouvent qu'ils se tournaient aussi vers l'orient pour déterminer les points cardinaux, et qu'ainsi l'ouest était bien pour eux la région postérieure. Cette coïncidence entre les Slaves et les Germains, laquelle s'expliquerait fort bien par leur commune position primitive, prête une force nouvelle à toute notre hypothèse.

d). Le cymrique nous fournit peut-être encore un indice d'une ancienne connexion entre les noms de l'occident et de la mer. Dans cette langue, l'ouest est appelé *llywen*, *llywyn*, et ce mot n'a pas d'étymologie indigène satisfaisante. Si l'on compare le sanscrit *lavaṇa*, sel marin, et *lavaṇôda*, mer, eau salée, si l'on se souvient de plus que la mer tire souvent son nom du sel qu'elle renferme, comme dans le grec ἅλς, le latin *sal*, l'irland. *sal*, *sail*, *saileas*, le scand. *salt*, on ne trouvera rien d'impossible à ce que le cymrique *llywen* ne soit qu'un ancien nom de la mer appliqué à l'occident.

3). Pour achever de mettre en évidence le fait principal de notre hypothèse, savoir que les Aryas ont connu la mer, il faut signaler encore plusieurs analogies dignes d'attention parmi les termes moins généralement répandus que ceux du premier paragraphe.

a). Le grec πόντος répond au sanscrit *pantha*, *patha*, route, voie, de la rac. *panth*, *path*, ire, d'où aussi *pathila*, voyageur. C'est l'ancien slave *pâtĭ*, russ. *putĭ*, illyr. *put*, chemin. L'application à la mer, comme voie facile et large de communication, se retrouve également dans le sanscrit *pâthis*, auquel correspond, aussi fidèlement que possible, l'ancien saxon *fâthi*, mer, que Grimm a déjà rapproché de πόντος par l'intermédiaire d'une forme gothique présumée *fanthi*[1]. Il est probable que

[1] *Deut. Gramm.* II. 382.

l'irlandais *bath* (pour *path*), mer, se relie au même groupe. Ce nom significatif, et décidément arien, semblerait indiquer que les Aryas n'ont pas été étrangers à la navigation maritime. Le fait est certain du moins pour celle des fleuves, comme nous le verrons ailleurs en étudiant les termes qui s'y rapportent, et la grande voie navigable de l'Oxus, qui se jetait alors dans la mer Caspienne, a dû les mettre de bonne heure en communication avec cette dernière [1].

b). L'origine du nom de l'Océan, ὠκεανὸς, a été l'objet de beaucoup de conjectures diverses que je m'abstiens de rapporter, parce qu'aucune ne me paraît satisfaisante. Je me permets toutefois d'en présenter une nouvelle qui me semble suffisamment appuyée par l'analogie du sanscrit. L'océan y est appelé *ǵalâçaya*, le réceptacle des eaux, et *mahâçaya*, le grand réceptacle, termes composés avec *âçaya*, récipient, réceptacle, demeure, de *â* et de *çi*, jacere, quiescere. Le synonyme *nidhi* (de *ni* + *dhâ*, ponere) forme plusieurs composés analogues avec les noms de l'eau, tels que *ambunidhi*, océan, *ǵala-*, *tôya-*, *vâri-*, *salilanidhi*, id. Or, comme de la racine *çi* dérive la double forme *çaya*, et *çayana*, lit, sommeil, on peut parfaitement admettre à côté de *âçaya* un synonyme *âçayana* qui serait le corrélatif exact de ὠκεανὸς, pour ὠκειανος. Ce mot n'aura eu dans le principe que le sens général de mer, en tant que réservoir des eaux, et l'idée grecque de l'océan qui entoure la terre comme un vaste fleuve est sans doute beaucoup plus récente.

Il est fort douteux que les formes ὠγὴν, ὠγενὸς, que donne Hesychius, aient la même origine, mais leur explication reste encore incertaine. Leur ancienneté est prouvée par la concordance de l'irlandais *aigein*, *oigean*, *oigian*, et du cymrique *eigiawn*, *eigion*, la mer; mais ni le sanscrit *ôgha*, flux, torrent, ni *ôǵas*, eau, entre lesquels hésite Windischman, ne

[1] Voyez, sur la question de l'ancien cours de l'Oxus, Humboldt, *Asie centrale*, II, p. 221 et suiv. « Je crois, dit-il plus loin (p. 259), très-fortement à l'ancien » transport des marchandises de l'Inde et du pays des Sères par l'Oxus dans la » mer Caspienne. »

rendent pas bien compte des termes grecs et celtiques [1]. En s'en tenant strictement aux concordances phoniques régulières, ὠγήν,-ενός, conduirait au sanscrit *âǵâna, âǵanana*, origine, naissance ; mais ces mots n'ont point l'acception d'océan. Si toutefois ce rapprochement était fondé, on pourrait voir dans le nom grec une allusion au mythe antique de l'eau, comme élément générateur de toutes choses.

c) On fait dériver θάλασσα, θάλαττα du verbe ταράσσω, θράσσω, agiter [2], peut-être avec raison ; car ταράσσω conduit à la racine sansc. *tṛ*, d'où *tarala*, tremblant, liquide, *taranga*, flot, *taranta*, et *tarîsha*, mer. On peut hésiter, cependant, en présence du sanscrit *dhara*, qui contient, renferme, de *dhṛ*, tenere, detinere, synonyme, par conséquent, de *âçaya*, et qui se combine de la même manière avec les noms de l'eau pour désigner l'Océan, *ǵaladhara*, ou le nuage *ambhôdhara*, *payôdhara*, *tôyadhara*. Comme féminin, *dharâ* signifie la terre qui porte et contient toutes choses, et aussi matrice, ventre, vaisseau du corps, etc. Le persan *dâr* s'emploie de même à la fin des composés, et il est à remarquer que *daryâb* ou *daryâ*, inversion de *âbdâr*, aquam tenens, est le nom de la mer et du fleuve. Au point de vue phonique, θάλα répond entièrement à *dhara*, et se retrouve d'ailleurs dans θάλα-μος, θαλά-μη, chambre, lit, caverne, etc. (Cf. le persan *darî*, lit.) Par le même changement de *r* en *l*, on peut rattacher ici le cymrique *dylan*, mer=scr. *dharaṇa*, synonyme de *dhara*.

Le forme θάλασσα paraît se lier à un thème *dharat*, *dharant*, continens, par un changement phonique analogue à celui des terminaisons εις, εσσα, que Bopp fait provenir de εντ, εντα, le sanscrit *vat*, *vant* [2]. Le sens primitif du mot serait ainsi, comme pour le persan *daryâ*, celui de réservoir des eaux, le même que pour ὠκεανός.

d). L'origine de πέλαγος, est encore douteuse, car la dérivation

[1] Windischman. *Ursagen den arischen Vœlker*. p. 5 et 6. L'ω grec répond dans la règle à un *â* ou *âu*, sanscrit, et le *gh* exigerait χ.

[2] Bopp. *Vergl. Gramm*. p. 1405. Cf. Pott. *Etym. Forsch*. II. 448.

de πέλας, proche, πελάω, approcher, ne se justifie guère quant au sens. En sanscrit *paraġa, paranġa,* désigne l'écume, probablement en tant que *produite par un autre (para),* c'est-à-dire par l'eau. L'application du même nom à l'écume et à la mer n'aurait rien d'insolite, et se trouve appuyée par l'analogie du sanscrit *abbhra*, océan, littér. aquam ferens, contracté sans doute dans *abhra,* nuage, et que représente le grec ἀφρός, écume[1]. Ce qui confirme d'ailleurs ce rapprochement, c'est la concordance de l'irlandais *fearg, fairge*, mer, vague, où *p* est changé en *f*, et l'analogie de l'erse *sal* qui signifie à la fois la mer et l'écume. L'identité primitive des trois formes *paraġa*, πέλαγο, *fairge*, trouve son parallélisme dans *paraçu*, πέλεκυ, *fairce*, hache, ou maillet, des trois langues comparées.

e) Après cet examen de quelques noms grecs, je passe aux langues germaniques, où Kuhn a signalé une remarquable coïncidence avec le sanscrit [2]. Dans l'ancien saxon, qui déjà nous a offert *fathi*=scr. *pâthis*, la mer est appelée *gaban*, en anglo-saxon *geofon*. En sanscrit *gabhîra, gambhîra*, de la rac. *ġabh, ġambh*, oscitare, signifie profond, et le mot vêdique *gambhan* désigne spécialement la profondeur de la mer. La nasale supprimée dans *gaban, geofon,* reparaît dans l'ancien allemand *gumpito*, l'étang ou l'abîme de feu de l'enfer, et le *gump, gumpen*, creux profond, de quelques dialectes germaniques. Le grec βύθος, l'ang.-saxon *dypa* et l'erse *dohman*, *doimhne*, appliqués à la mer, n'expriment également que l'idée de profondeur.

f). Un autre terme germanique très-digne d'attention ne me semble pas jusqu'ici avoir été ramené à son origine véritable. C'est l'anglo-saxon et scandinave, *sund*, mare, fretum et natatio, identique sans doute au *sint* de l'anc. allemand dans *sint-fluot*, diluvium, en suédois *syndaflôd*, danois *syndflöt*, néerlandais *sondvloed*, allem. moderne *sündfluth*, avec le sens impropre de *fluth der sünde*, déluge du péché. Ce nom du déluge que Grimm croit très-ancien, et fondé sur quelque vieille tradition

[1] Cf. l'irland. *abar*, marais.
[2] *Zeitsch, f. Vergl. Spr.* t. I, p. 137.

indigène [1], a été expliqué jusqu'à présent par l'anc. allemand et anglo-saxon *sin*, perpetuo, ce qui ne donne pas un sens bien satisfaisant. Les deux formes *sund* et *sint* ont sans doute désigné également la mer, car la seconde répond lettre pour lettre au sanscrit *sindhu*, mer et fleuve, de la rac. vêdique *sidh*, ire (fluere). Comme, à côté de *sidh*, on trouve aussi *sâdh*, proficisci, abire, et que *sund* signifie natatio, on peut conclure avec grande vraisemblance à une racine germanique forte *sand, sind, sund*, fluere, natare, qui rendrait compte de l'une et de l'autre forme, et qui donnerait de plus l'étymologie de l'ang.-saxon *sand*, scand. *sandr*, anc. all. *sant*, le sable qui coule comme l'eau. Le *sintfluot* serait alors *l'inondation de la mer*, en sanscrit *sindhupluta*, soit par allusion au récit de la Genèse, quand *les fontaines du grand abîme furent ouvertes*, soit comme une tradition indépendante du témoignage biblique.

On sait que *Sindhu* est le nom sanscrit de l'Indus (en zend *hendu, handu*) d'où est venu celui de l'Inde en général. L'afghan *sint*, *sin*, et le tirhai (dialecte des montagnes du Caboul) *sînth*, signifient une rivière quelconque; mais une analogie plus lointaine et plus curieuse est celle de l'irlandais *sind, sinn* (plus tard *sionan, sionainn*), l'ancien nom du Shannon, qui n'a de commun avec le *sindhu* que le sens général de fleuve.

g). Une remarquable coïncidence se révèle encore, sans intermédiaires à moi connus, entre les deux rameaux extrêmes de la famille arienne. C'est, d'une part, le sanscrit *avisha*, océan et ciel [2], et, de l'autre, l'irlandais-erse *aibheis*, océan, haute mer, mer profonde, et aussi atmosphère, ciel. Comme en irlandais *bh* remplace souvent le *v* qui, ainsi que je l'ai dit déjà, manque à l'alphabet de cette langue, l'identité de forme est aussi complète que celle du double sens. Le seul doute que l'on pourrait conserver c'est que *aibheis* ne fût une corruption de *abyssus*, qui n'a plus aucun rapport avec *avisha*; mais la

[1] *Deut. Mythol.* p. 472.

[2] Wilson. *Sansc. Dict.*, v. cit. Le sens de ciel manque, je ne sais pourquoi, dans le dictionnaire de Pétersbourg.

signification de ciel, en irlandais et en sanscrit, éloigne ce doute, car le ciel n'est jamais appelé l'abîme. Quant à l'étymologie de *avisha*, elle n'est pas très-claire, à cause des acceptions nombreuses et en grande partie inusitées, de la racine *av*. Comme *avishî* signifie rivière, il est difficile de le séparer de son synonyme *avani*, et dès lors le sens de mouvement, *ire*, que le *Nighaṇṭu* donne à la racine *av*, semble le plus convenable pour la mer mobile, le fleuve qui coule et le ciel qui tourne.

h). Un autre nom sanscrit, tout semblable quant au suffixe, est *tavisha*, océan, au féminin *tavishî*, rivière. La racine est ici *tu*, crescere; et comme *tavishî*, dans les Vêdas, signifie aussi force, *tavisha* doit avoir le sens primitif de grand et de puissant. A la même racine, mais sans le suffixe *isha* conservé dans *aibh-eis*, se rattache l'irlandais *tabh*, *taibh*, *támh*, océan, et on peut croire à l'existence d'un synonyme *taibheis*, d'après l'adjectif *taibhseach*, pour *taibhiseach*, grand, massif. La notion de force se retrouve également dans *tabhach*, impulsion, effort, *tabhachd*, solidité, vigueur, substance, de sorte que l'on ne saurait douter de l'affinité de *tabh* et de *tavisha*.

3). Ces exemples déjà nombreux d'analogies pourraient se multiplier encore si l'on tenait compte des affinités de beaucoup de termes qui ne diffèrent que par la spécialité de leur application, désignant, par exemple, dans une langue la mer, et dans l'autre l'eau en général. Ainsi le gothique *saivs*, anglo-saxon *sewe*, *seo*, scand. *siôr*, anc. all. *sêo*, mer, lac, est évidemment le sanscrit *sava*, eau ; l'irlandais *li*, mer, cymr. *lli*, flux, torrent, répond au sanscrit *lî*, liquide, liquéfaction ; l'irlandais *go*, mer, au sanscrit *gô*, eau, et au contraire, l'irlandais *dobhar*, cymr. *dwfr*, eau, au sanscrit *dabhra*, mer ; etc., etc. Ces mots, toutefois, ne prouvent que l'affinité des langues comparées, sans qu'on puisse en inférer que, de part et d'autre, ils aient été appliqués à la mer. C'est pourquoi nous les laissons de côté.

Il n'est pas inutile, cependant, pour notre thèse, de comparer encore quelques-uns des noms de la vague, bien que, à la rigueur, il ne soit pas certain qu'ils aient désigné plus spécialement le flot maritime. Cela est probable néanmoins pour le sanscrit *bhanga*, *bhangi*, parce qu'il dérive de la racine *bhanģ*, briser, et que la vague qui brise appartient mieux à la mer qu'aux fleuves. Or, ce nom se retrouve identiquement dans le lithuanien *bangà* et dans l'irlandais *banc*. De même le sanscrit *vâna*, forte vague (de *vâ*, souffler, d'où *vâta*, vent), se reconnaît dans l'irlandais *baine* et le cymrique *gwaneg;* et *bhaṇḍi*, le flot qui se joue (de *bhaḍ*, ludere) est probablement encore l'irlandais *baidh*.

Des analogies plus étendues, mais d'une nature moins précise, se rattachent à la rac. sansc. *ud*, *und*, fluere, madefacere, d'où les noms de l'eau, *uda*, *udan*, *udra*, etc. *Udan* est aussi la vague, et *ôdma*, *ôdman* exprime le mouvement des flots. Sans parler des noms de l'eau qui coïncident dans les autres langues ariennes, je me borne à rappeler le latin *unda*, le scandinave *unn*, *unnur*, *udur*, et l'ancien allem. *unda*, *undja*, ainsi que l'irlandais *inn* (de *ind*, *uind?*) qui tous signifient vague, flot.

En présence de ces rapprochements multipliés, qui se compléteront plus tard par l'examen des noms de quelques produits marins tels que la conque marine et l'huître, on ne saurait se refuser à conclure que les anciens Aryas ont habité dans la proximité de quelque mer. Or, ainsi que j'ai cherché à le prouver par des inductions de divers genres, cette mer ne peut avoir été que la Caspienne. Comme il faut de plus, de toute nécessité, chercher l'Ariane primitive à l'est de cette mer, et que, dans cette direction, on ne trouve, après le désert, en fait de pays habitable, que la grande vallée de l'Oxus et la Bactriane, on doit en inférer que c'est bien là qu'il faut placer le berceau de la race arienne.

§ 17. — LES MONTAGNES.

L'étude des termes relatifs à cette partie de la topographie d'un pays ne saurait fournir des indications bien précises sur sa position géographique. Il ne faut cependant pas la négliger, parce qu'elle peut confirmer les inductions tirées de considérations d'un autre ordre. Le nombre, la nature, et surtout le sens primitif des noms anciens de la montagne, du rocher, de la vallée, doivent bien jeter quelque jour sur la question de savoir si la première patrie des Aryas était une région alpestre, ou un pays de plaine, et cette question a une importance véritable. Nous passerons donc en revue les coïncidences que nous offrent les langues ariennes sous ce rapport ; mais comme ici les matériaux surabondent, nous nous bornerons à signaler les analogies les plus sûres, en insistant plus spécialement sur celles qui peuvent le mieux éclairer notre problème.

A). — La montagne.

1). Sansc. *giri*, montagne, colline ; zend *gairi*, pers. *girî*, afghan *ghire, ghare*. — Se retrouve dans toutes les langues slaves sous la forme de *gora*, en bohém. *hora*. Le lithuanien *girra* a pris le sens secondaire de forêt, que l'illyrien *gora* partage aussi avec celui de montagne. La racine me paraît être *gṛ* (*gar*) effundere, conspergere, à cause des eaux qui descendent des hauts lieux et des montagnes neigeuses. C'est ce qu'indique le synonyme sanscrit *vigara* composé avec le préfixe intensitif *vi*, et qui signifie, comme *vigalat*, valde-fundens.

2). Sansc. *maru*, montagne : à proprement parler, désert, région morte, de *mṛ*, mori (Cf. § 16.1). — La même extension de sens se reconnaît dans l'ang.-saxon *mor*, montagne, et de plus, comme l'anc. allem. *muor*, scand. *myri*, un marais, en tant que lieu stérile et désert. Nous avons vu de même l'erse *fàsach* désigner à la fois un désert et une montagne. Ceci nous conduit à rattacher au sanscrit vêdique *araṇa*, étranger, éloigné, d'où *araṇya*, la forêt déserte, le cymrique *aran*, montagne, qui se rencontre aussi plus d'une fois en Irlande comme nom spécial.

3). Sansc. vêd. *dhâsas*, id. de la rac. *dhas*, ejicere, projicere ; pers. *daz*, *diz*, colline. — C'est le scand. *des*, monceau ; irl.-erse *dais*, cymn. *das*, id.

4). Sansc. *mâla*, id.; sans doute plus spécialement une chaîne montagneuse, d'après le féminin *mâlâ*, ligne, rangée, série, guirlande, etc., probablement de la rac. *mal*, ou *mall*, tenere, ce qui tient ensemble, ce qui est connexe. Je compare l'irland. *mol*, *molan*, *meall*, *mull*, *mullach*; cymr. *mwl*, colline, monceau, et l'albanais *malli*, montagne. Le latin *moles*, de *molere*, est sans doute différent.

5). Sansc. *kuṭa*, *kûṭa*, *kuṭṭâra*, *kuṭṭîra*, montagne, monceau, pic, sommet; de la rac. *kuṭ*, *kuṭṭ*, curvum esse ou scindere? pers. *kôt*, colline. —Cf. lithuan. *szutis*, monceau (*sz*=*k*); irland. *cottut*, *cottud*, montagne, et *cuth*, *cuit*, tête, sommet.

6). Sansc. *varâha*, montagne, probablement allié à *vâra*, monceau, de la rac. *vṛ*, tegere, operire, circumdare, arcere: La terminaison *âha* est peut-être ici, comme *âhi*, un suffixe *taddhita* ou secondaire. — A *vâra*, ou plutôt *vara*, qui entoure, qui protége, paraît se lier le grec ὄρος, pour ϝορος, montagne, ce qu'appuie l'irland.-erse *fair*, *faire*, colline, éminence. L'irland. *fireann*, montagne, semble répondre au sansc. *varaṇa*, paroi, enceinte, protection.

7). Sansc. *avi*, montagne, enceinte, paroi, de la rac. *av*, tueri, de même sens, par conséquent, que le précédent. — Je ne trouve d'analogue que l'irlandais *aoi*, *a*, colline, *aoi*, *ai*, île, pays, où le *v* a disparu, comme dans *aoi*, mouton, sansc. *avi*, *ovis*, etc.

8). Sansc. *aga*, id., synonyme de *agama*, c'est-à-dire qui ne se meut pas, immobile. *Aćala*, mont, a le même sens. — Ici encore, l'irlandais seul paraît avoir conservé ce nom dans *aighe*, colline, hauteur.

9). Sansc. *kakudmant*, id., de *kakud*, sommet, aussi *kakuda*, et *kakubh* (Cf. *kakubha*, *kakuha*, élevé, éminent). L'incertitude de la forme primitive rend l'étymologie de ces termes douteuse. Il faut peut-être séparer *kakud* de *kakubh*, et les considérer tous deux comme composés avec l'interrogatif *ka*, quam, quantum, genre de formations assez fréquentes en sanscrit, et dont nous verrons plus d'un exemple. La racine *kubh, kumbh,* en effet, signifie tegere, operire, et *kakubh,* quantum tegens! donnerait un sens tout semblable à ceux des n°ˢ 6 et 7. Pour *kakud*, on ne pourrait recourir qu'à la racine *kuḍ, kuṇḍ*, colligere, et aussi tueri, servare, dont le *ḍ* cérébral aurait remplacé l'ancienne dentale, comme cela arrive quelquefois [1]. Quoi qu'il en soit, à *kakudmant* répond singulièrement bien le latin *cacumen*, pour *cacudmen*, et, comme le *d* se change parfois en *l*, il est probable que *culmen*, pour *cudmen*, dérive de la racine [2].

10). Sansc. *punga, punǵa,* monceau, pers. *pungah,* colline. Origine incertaine. — C'est exactement le cymrique *ponc*, colline.

11). Sansc. *sânumant*, montagne, de *sânu*, sommet, mais plus particulièrement un plateau de montagnes propre au pâturage, une *alpe*, dans le langage des pâtres de la Suisse. Ce mot est intéressant, parce qu'il semble offrir un souvenir de l'ancienne vie pastorale alpestre. Kuhn, en effet, y rattache le nom de *Senne*, qui est celui d'une montagne de la Westphalie [3]; j'ignore si c'est le même que le *Sennius, Sennwald* de Graff [4].

On sait d'ailleurs que *senn*, dans le dialecte suisse, désigne le pâtre qui monte chaque année sur l'*alpe* avec les troupeaux. Le féminin *sennerin* indique un thème *senner*, formé de *senne*, comme *ælpler* de *alp*, ce qui ramène au sens primitif du mot. Le rapprochement qu'établit Kuhn se confirme par l'analogie de l'irlandais *sunnach*, sommet, et *sonnadh*, forteresse élevée sur une hauteur. Ce qui reste plus douteux, c'est l'origine étymologique de ce mot, pour l'explication duquel la rac. *san*, colere,

[1] Cf. *tuḍ, tuṇḍ,* frangere, occidere, et *tud*, tundere; *kshvid* et *kshviḍ*, amare; *muṇḍ*, purum esse, et le latin *mundo, mundus*, etc.

[2] Voy., pour ce groupe de mots, les observations de Kuhn, *Zeitsch. f. verg. Spr.* I. 137.

[3] *Zeitsch.* t. II. p. 462.

[4] *Deut. Sprachschatz.* VI. 239.

amare, obtinere, dare, laisse un peu trop dans le vague. La signification primitive de s'élever (*sich erheben*), que propose Kuhn, me semble bien hypothétique, et j'aimerais mieux m'en tenir aux acceptions connues. Si l'on compare, en effet, *sânu*, soleil, et *sani*, lumière, à côté de *sani*, service, culte, don, on peut voir dans *sânu*, plateau de montagne, un lieu bien exposé, agréable, aimé, profitable, etc. Et il est à remarquer que cette interprétation est appuyée de nouveau par l'irlandais, où *son* signifie bien, profit, avantage, *sona*, *sonuige*, *sonmhar*, heureux, fortuné, prospère, *soin*, estime, *soinean*=cym. *hinon*, beau temps, sérénité, joie, etc., significations qui toutes se rattachent sans effort à la racine *san*. Ainsi *sânu*, comme l'allemand *senne*, suivant Kuhn d'une forme augmentée *sânva*, me paraît avoir désigné le pâturage alpestre aimé, fréquenté, agréable et profitable. Le sens général de sommet n'aura prévalu que plus tard.

12). Sansc. *bhṛgu*, plateau de montagne, précipice. — Synonyme du précédent, ce nom est plus important encore comme souvenir de la vie pastorale, soit par son étymologie probable, soit par ses analogies plus étendues. Je crois y reconnaître, en effet, un ancien composé de la rac. *bhṛ*, ferre, sustentare, nutrire, avec le nom de la vache, *gô*, qui devient souvent *gu*, à la fin des mots [1]; de sorte que *bhṛgu* signifierait *qui porte* ou *qui nourrit des vaches*. Ce genre de composés, où le second élément est régi à l'accusatif par le premier, est devenu étranger au sanscrit classique; mais, ainsi que l'observe Rosen, on en trouve de fréquents exemples dans le dialecte vêdique, comme *bharad-vâga*, sacra ferens, *mandayat-sakha*, amicos exhilarans, *kshayad-vîra*, viros necans, etc., auxquels correspondent en grec des formes telles que φερές-βιος, Δαμάς-ιππος, λιπες-ήνωρ, etc. [2]. Il y a toutefois cette différence que le verbe est toujours un participe présent, tandis que dans *bhṛgu*, pour *bharad-gu*, la racine seule figure. Mais, ici encore, nous avons l'analogie du grec

[1] Voy. ces noms de la vache. § 79, n° 1.
[2] *Rig. Vêda*, ed. Rosen, p. XXII, annot.

aussi complète que possible dans les composés φέρ-ασπις, porte-bouclier, φερ-ανθής, porte-fleur, φερ-αυγής, porte-lumière, etc. Rosen, il est vrai, ajoute : *Quod compositorum genus prorsus ignotum fuisse videtur Indis ;* mais il ne serait pas impossible qu'il s'en trouvât des traces dans quelques termes très-anciens. J'ajouterai que le sanscrit *gôtra,* montagne, combinaison inverse de *gô,* vache, et de la racine *trâ,* tueri, présente le même sens que *bhṛgu,* et que le persan *gô-barah*, étable à vaches, offre les mêmes éléments intervertis.

Maintenant, ce qui donne à ce mot un intérêt tout particulier, c'est qu'il semble se retrouver dans les langues germaniques, celtiques et slaves, avec l'acception générale de montagne, hauteur, colline, sommet, mais sous des formes légèrement altérées par suite de l'oubli complet du sens originel. Partout, en effet, la voyelle finale de *gu*, a disparu, et il n'est resté du nom de la vache que la consonne incomprise, et rattachée dès lors au thème du nom. Ainsi dans le gothique *bairgs,* que Grimm infère de *bairgahei*, région montagneuse, angl.-sax. *beorg*, scand. *berg*, anc. all. *pereg*, etc. [1]. Ainsi dans l'irl.-erse *brigh*, montagne; colline, cymr. *brig*, id., sommet, d'où *brigant*, montagnard, et le nom des anciens *Brigantes;* ainsi encore dans l'illyr. *brig*, *brieg*, *breg*, montagne, en anc. slave *briegŭ*, russe *béregŭ*, boh. *breg*, avec le sens plus restreint de rive escarpée, *berge* [2]. Toutefois le synonyme irlandais *brugh*, colline, *brughach*, pente de montagne, peut devoir son *u* à une influence rétroactive de l'ancienne terminaison de *brighu*.

Comme, en grec, *gô* est devenu βοῦς, par le changement de *g* en *b*, on peut se demander s'il ne faudrait pas voir dans φέρ-βα, φορ-βή, φορ-βεά, φορ-βειά pâturage, un composé identique à *bhṛgu*, et où βεα, βειά, pour βερά, contracté en βή, βα, répondrait à *gava*,

[1] Bopp. *Gloss. sansc.* rattache bien *bairgs* à la racine *bhṛ*, mais il laisse la terminaison inexpliquée. On pourrait aussi, et avec plus de raison, penser à la rac. *bṛh vṛh*, extollere, erigere, en zend *bĕrĕz*, d'où *bĕrĕza*, haut, élevé, et hauteur, ce qui ferait tomber tout rapprochement avec le sanscrit *bhṛgu*.

[2] Ajoutez l'albanais *brek*, au plur. *brighete*, colline.

thème développé de *gô*. On peut objecter le verbe φερ-βω, nourrir, faire paître; mais ce verbe lui-même pourrait bien n'être qu'un ancien dénominatif dont le caractère distinctif se serait effacé. Si cette conjecture était fondée, elle compléterait d'une manière remarquable les analogies indiquées ci-dessus.

La haute ancienneté du sanscrit *bhṛgu*, résulte encore de ce que c'est là le nom propre de l'un des *Pragâpatis*, les premiers hommes créés par Brahma, et qui représentent, pour les Indiens, les souvenirs les plus reculés des familles patriarcales et sacerdotales; et les *Bhârgavas*, ou descendants de *Bhṛgu*, tiennent une grande place dans les traditions[illegible] tant que nom d'homme, *Bhṛgu* n'a guère pu signifier *plateau de montagne*, et il peut avoir eu l'acception primitive de pasteur des vaches, *vaccas nutriens*[1].

13). D'où vient le latin *mons-tis?* — Benfey y voit une contraction du sanscrit *mahant*, grand[2]; supposition peu admissible en présence de l'irlandais *moin*, *m*[illegible] *moinse*, erse *monadh*, du cymrique *mynydd* et *mwnt*, de l'[illegible]ain *mané*, *méné*, *ménez*, qui indiquent clairement une racine *man*; et de plus *man*, en persan, et *mynia*, en lithuanien, signi[illegible] monceau. Le mot persan se rattache sans doute au ver[illegible]*idan*, *mândan*, demeurer, rester en place, et aussi faire rester, placer, et de là dérive *mân*, demeure, maison. (Cf. *maneo*, μένω, etc.) Le zend a possédé cette racine dans la même acception, ainsi que le montre *nmâna*, demeure, pour *ni-mâna*, comme en sanscrit *nivâsa* id., de *vas*, habitare. Ainsi *mons* (thème *monti*), a signifié, ou un lieu d'habitation pour un peuple montagnard, ou peut-être, de même que le sanscrit *aga* et *acala*, la masse immobile, et qui demeure en place.

[1] Dans un travail récent (*Die herabholung des Feuers.*, Berlin, 1858). Kuhn interprète *bhṛgu* tout autrement, en le ramenant à la rac. *bhrâg* (*bhṛg*) lucere, φλέγω, *fulgeo*, d'où le védique *bhargas*, fulgor, et il établit d'ingénieux rapprochements entre les *Bhârgavas*, et les Φλεγυες à demi mythiques. Si Kuhn a raison, ce que je suis maintenant porté à croire, il resterait à expliquer le sens de *plateau de montagne*. Peut-être faut-il séparer étymologiquement les deux acceptions.

[2] Griech. W. Lex. I, 80.

14). Un nom [illegible]té aux langues germaniques, mais important par son se[illegible] primitif probable, est le gothique *fairguni*, montagne, ang.-sax. *firgen*, anc. all. *firgun*. Bopp compare le sansc. *parvan* (Gloss. sansc. v. c.), Grimm, avec plus de raison, ce semble, le sansc. *parǵanya*, le nuage qui porte la foudre [1]. Les noms de la montagne et du nuage, en effet, se confondent perpétuellement en sanscrit, et le Nâighantu (1.10) indique une trentaine de mots qui ont indifféremment les deux significations.

Cela se comprend aisément, car le nuage et la montagne se ressemblent, et se confondent au moment de l'orage; tous deux épanchent les [illegible] et retentissent des roulements du tonnerre. C'est comme ré[illegible]acle d[illegible]la pluie que la montagne est ainsi nommée, car *parǵanya* dérive de la rac. *pṛǵ*, spargere, conspergere. Mais ce qui donne à ce nom un intérêt tout particulier, c'est qu'il se rattache à une antique personnification mythique de l'orage, commune à plusieurs peuples ariens. Dans l'Inde, *Parǵanya* est une épithè[illegible] dieu *Indra*, le Jupiter *pluvius* et *tonans*. Chez les Scandi[illegible] déesse *Fiorgyn*, la terre, était la mère de *Thor*, le [illegible]nnerre, et celui-ci s'appelait *Perkunas* chez les Lith[illegible]. La présence du *k* pour *g*, dans ce dernier nom, s'exp[illegible]r le fait que la racine *pṛǵ* se présente aussi sous la forme de *pṛć*, en sanscrit. On ne saurait en séparer le *Perun* armé de la foudre, des anciens Slaves (cf. le russe *perunŭ*, polon. *piorun*, bohém. *peraun*, tonnerre), probablement altéré de *Pergun*, comme l'indique le mordouine *Porguini*, emprunté au slave. Il est à remarquer d'ailleurs que le sanscrit *parǵanya* s'affaiblit déjà en *paryanya*. Ainsi tout se réunit pour rattacher le gothique *fairguni* à un terme arien primitif qui a désigné également la montagne, le nuage, la pluie, le tonnerre, et qui a été appliqué de très-bonne heure à personnifier les grands phénomènes atmosphériques.

[1] Grimm. *Uber die namen des Donners*, p. 13.

B). — *La pierre et le rocher.*

Les coïncidences sont ici moins nombreuses, parce que les diverses langues de la famille ont tiré de leur propre fonds beaucoup de termes nouveaux qui ont remplacé les mots primitifs. En laissant de côté tout ce qui n'est pas analogie directe avec le sanscrit, on trouve cependant encore plusieurs faits intéressants à signaler.

1). Sansc. *açan*, *açna*, *açma*, *açman*, rocher, pierre, d'où *açmara*, pierreux, rocheux, *açmanta*, four (construit en pierre), champ (pierreux), etc. La racine est *aç*, permeare, penetrare, qui, outre le sens de mouvement rapide, prend, dans plusieurs dérivés, celui de être tranchant, aigu, acéré, comme, par exemple, *açrî*, fil ou tranchant de l'épée, *âçî*, crochet de serpent, etc. Une foule de mots se rattachent ailleurs à cette acception spéciale. Je me borne à citer le grec ἀκή, pointe, tranchant, ἄκανος, ἄκαινα, aiguillon, ἄκων, lance; le latin *acus*, *acies*, *acer*, etc.; l'irlandais *aicde*, aiguille, le cymrique *awch*, *ochr*, taillant, tranchant; le gothique *ahs*, épi, etc; le lithuanien *aszmů*, taillant, *asztrus*, acéré, *akotas*, barbe d'épi, etc., etc. Si l'on se souvient que la pierre a servi, avant l'emploi du métal, à former des outils tranchants et des armes, on ne doutera pas que son nom ne dérive de la même notion.

A la forme *açan*, *açna*, répond le grec ἀκόνη, pierre à aiguiser; et *açman* se retrouve intact dans le lithuanien *akmů*, au génitif *akmens*, pierre, devenu *kamenĭ* en slave, par métathèse. Le latin *caminus*, le foyer, ou la pierre qui en fait l'office, se rapporte de même au sanscrit *açmanta*, four.

Une autre coïncidence, doublement remarquable, est celle du grec ἄκμων, enclume, qui prouve qu'on se servait d'une grosse pierre pour le travail des métaux. Roth a montré que cette analogie des noms s'étend à des traditions mythiques d'une haute antiquité [1]. En sanscrit, *açman*, de même que *açani*, désigne le

[1] *Zeitsch. f. vergl. Spr.* II, 44.

carreau de foudre que lance le dieu Indra, et, dans la Théogonie d'Hésiode (v. 722), on voit Jupiter lancer l'ἄκμων, qui met dix jours à tomber sur la terre. Il ne peut guère ici être question d'une enclume; mais, comme la foudre tombe plus vite, il est à croire que le sens spécial du mot a contribué à altérer la tradition primitive. Celle-ci rappelle, d'une autre part, le marteau que lance le dieu Thor en guise de foudre, et dont le nom, *hamar*, signifie aussi rocher. Ces mythes se lient sans doute à la croyance populaire, et très-répandue encore, que le tonnerre tombe quelquefois en pierre, croyance à laquelle la chute des bolides, et les fulminites, ou tubes vitreux produits dans le sable par le feu de la foudre, paraissent avoir donné naissance.

Quant au sens de nuage, d'éther, de ciel, que prend *açman* en sanscrit védique et en zend (dans cette dernière langue aussi *açan*, *açna*), et que Roth retrouve également dans le Ἄκμων, père d'Uranus, dont parle Eusthatius (Comment. 1154.23), je doute un peu qu'il faille l'expliquer par la supposition que l'on se figurait le ciel comme une voûte de pierre, et j'aimerais mieux revenir ici au sens primitif de la racine sansc.-zend *aç*, pénétrer, s'étendre, remplir l'espace [1].

2). De la racine *kṛ*, *kṝ*, *çṝ* (*kar*, *çar*), lædere, dérivent en sanscrit plusieurs termes qui expriment la dureté, et quelques noms de la pierre ou des corps analogues. Ainsi, par réduplication *karkara*, comme adjectif, dur, comme substantif, pierre, espèce de chaux contenant des nodules, *çarkarâ*, caillou, gravier, teste, sucre cristallisé (d'où *saccharum*, etc.); puis, *kara*, *karaka*, grêle, grêlon (comme en anglais *hail-stone*), *karaka*, noix de coco, *kâra*, montagne neigeuse, etc. Parmi les affinités très-étendues de cette racine, je dois me borner à signaler celles qui se lient à notre sujet.

En persan, on trouve *chârah*, *chârâ*, p[illegible] en arménien, *char*, id., *charag*, rocher. Ceci nous mène directement à l'irlandais *carraig*, *craigh*, erse *càrr*, cymrique *careg*, *cra*[illegible] armor. *karrek*,

[1] Cf. Burnouf. *Yaçna*, p. 33, 543, 552, et notes, p. 45, 65.

rocher, écueil. Par le changement ordinaire de *r* en *l*, qui s'observe déjà dans quelques formes sanscrites, comme *çara* et *çala* flèche (de *çr̄*, blesser), *çalka*, *çalkala*, écaille, écorce (de la dureté), on doit rattacher à ce groupe le latin *calx*, pierre, chaux, d'où *calculus*, bas-latin *callus*, caillou. Le mot *callus*, *callum*, cal, durillon, doit son *l* double à la même assimilation. Cela peut faire présumer que le gothique *hallus*, rocher, pierre, scand. *hallr*, *hella*, etc., dérive d'un thème plus ancien *halhus*. A la racine modifiée en *kal* se lient encore le lithuanien *kulis*, pierre, le cymrique *calen*, pierre à aiguiser, *cellt*, pierre à feu, ainsi que *caled*, dur, en irlandais *caladh*, *calc*, id., *calbh*, *calma*, dureté, etc.

Nous avons vu *açman* et *açani* appliqués au carreau de foudre. Un rapport analogue semble exister entre le sanscrit *çaru*, la foudre d'Indra, et les noms de la pierre rapportés plus haut. Ce mot, il est vrai, signifie aussi flèche et arme en général, et peut, comme son synonyme *çara*, provenir directement de *çr̄*, lædere; mais la comparaison du grec καρύς, κάρυον (d'une forme augmentée *carava*), noyau de fruit, noix, etc., semble indiquer qu'il a eu aussi le sens de pierre [1]. Or, à *çaru*, où à un synonyme *çaruṇa*, se rattache le grec κεραυνός foudre, ainsi que l'erse *caoir*, génit. *caoirean*, carreau de foudre; et notre mot même de *carreau*, semble se lier au sanscrit *çaru*, par l'intermédiaire du celtique.

De la même racine *çr̄*, dérive le sanscrit *çilâ*, pierre, rocher, pour *çira*, comme *cilî*, dard, pique, et *çiri*, flèche, épée, etc. De *çilâ*, vient *çâila*, montagne, rocheux. On y reconnaît aisément le latin *silex*, d'un thème *çilaka*, par le changement fréquent de *ç* en *s*. L'arménien *kil*, pierre de jet, offre encore la gutturale primitive.

3). Sanscrit *grâvan*, pierre, rocher, montagne, et, comme adjectif, dur, solide. — L'analogie du latin *gravis* fait présumer une liaison avec le sanscrit *guru*, pesant, par une contraction

[1] Cf. l'anglais *stone*, l'allemand *stein*, pierre et noyau; et le lithuanien *akmenělis* noyau et petite pierre.

semblable à celle de γραῦς, vieille femme, comparé à γεραιός ; cf. sansc. *ǵara, ǵarat*, etc., de *ǵṛ, ǵûr*, senescere. On serait conduit alors à la racine *gur, gûr*, adniti et lædere ; mais il est difficile de rendre compte de l'*â* long de *grâvan*. — Quoi qu'il en soit, ce nom de la pierre se retrouve presque inaltéré dans l'irlandais *grean*, et le cymrique *graean*, aussi sans suffixe, *gro*, en armor. *grouan*, gravier, gros sable, caillou Notre mot *gravier* s'y lie probablement par l'intermédiaire du bas-latin *gravaria* (Ducange gloss.). Le lithuanien *graužas*, gravier, semble provenir d'un composé *grâvaǵa*, littér. né de la pierre ou du rocher, tout semblable à *giriǵa*, caillou, c'est-à-dire né de la montagne, lequel se retrouve aussi dans l'irlandais *grigeog*, caillou, diminutif d'un thème *grige*.

4). Sanscrit *mṛnmaru*, pierre, rocher. — D'après Wilson, ce serait un composé de *mṛd*, terre, argile, et de *maru*, désert, montagne. — On sait que, dans Homère, μάρμαρος (Illiad. XII, 380) n'a que le sens général de pierre, et que celui de marbre, *marmor*, est plus moderne. L'analogie avec le sanscrit est trop évidente pour laisser subsister l'étymologie ordinaire de μαρμαίρω, briller, et ce verbe est sans doute un dénominatif, comme μαρμαρίζω. La forme ancienne a dû être μαρνμαρος, ou-μαρυς, car l'*u* final semble s'être conservé dans μαρμαρυγὴ, éclat, scintillation, d'où μαρμαρύσσω, scintiller, peut-être composé avec *ǵa, mṛnmaruǵa* (la scintillation) *produite par le rocher*. — Nos langues européennes ont reçu le nom du marbre du grec et du latin ; mais il n'en est peut-être pas de même du persan *marmar*, à côté de la forme diminuée *marwah*, qui semble, par son *w*, se rattacher directement au sanscrit *maru*.

5). Sanscrit *kâṭha*, pierre, rocher ; *kaṭhikâ, kaṭhinî*, craie ; *kaṭhalya*, sable ; *kaṭhinâ*, sucre cristallisé. Si l'on compare *kaṭhara, kaṭhôra, kaṭhôla, kaṭhina*, dur, rigide, ferme, sévère, *kâṭhina,-natâ*, dureté, on ne saurait douter du sens primitif de ce nom de la pierre. La rac. *kaṭh*, vitam miseram degere, ou comme nous dirions, mener une vie dure, d'où *kaṭhêra*, un homme dans la misère, doit avoir signifié plus généralement durum esse, ou, comme la racine alliée *çaṭh*, lædere et dolere.

De cette dernière forme dérive *çaṭha*, mauvais, méchant, qui désigne aussi le fer, ce qui nous ramène à la notion de dureté.

Cette signification se retrouve, en effet, dans le lithuanien *kietas*, ou *kētas*, dur, *kētybe*, *kētumnas*, dureté, etc., et l'irlandais *caid*, rocher, correspond peut-être au sanscrit *kâṭha*. Il est probable aussi que le lithuanien *kátas*, anc. slave et russe *kotva*, polon. *kotwica*, bohém. *kotew*, ancre, a désigné dans l'origine la grosse pierre qui en tenait lieu.

En sanscrit, *kaṭhina* signifie encore un vase à cuire, c'est-à-dire un vase dur, solide, résistant au feu. Bopp a déjà comparé le latin *catinus*, poêle à frire, plat [1], et il faut ajouter aussi *catillus*, id., et la pierre inférieure de la meule. Ce dernier nom a passé du latin dans le gothique *katils*, vase d'airain, ang.-saxon *cytel*, scand. *kêtill* et *kati*, anc. allem. *chezzil*, *chezzi*, etc., ce que prouve l'absence du changement régulier des consonnes. On doit croire, d'après cela, que le lithuanien *katilas*, anc. slave et russe *kotelŭ*, illyr. *kotla*, polon. *kociel*, sont également dérivés de *catillus*, ce qui s'explique par le fait que les vases métalliques et la poterie romaine étaient l'objet d'un commerce lointain. Aussi retrouve-t-on le latin *catinus* jusque dans l'arabe *katin*, plat, à moins qu'il n'y soit venu de l'Inde.

L'affinité de ces termes divers entre eux ne saurait guère être mise en doute, mais il n'est pas sûr qu'ils se rattachent tous, par leur origine, au sanscrit *kâṭha* et *kâṭhina*. On trouve, en effet, un synonyme *kaṭîna*, vase à cuire, qui, rapproché de *kaṭâha*, poêle, écaille de tortue, *kaṭôra*, coupe, écuelle, *kaṭîra*, cavité, *kâṭa*, fond, profondeur, conduit à une autre signification primitive, et, probablement, à la racine *kaṭ*, circumdare. C'est à ce dernier groupe que semble appartenir le grec κότυλος, cavité, creux en général, puis coupe, verre à boire, etc., que l'on a déjà comparé avec *catillus* et les termes germanico-slaves cités plus haut.

[1] *Gloss. sansc.* v. cit.

C). — *La vallée.*

Nous ne trouvons ici qu'un seul nom à comparer, mais ses affinités sont assez étendues. C'est le sanscrit *darâ*, *darî*, vallée, et caverne, grotte, de la rac. *dṝ*, dividere. La forme redoublée *dardara*, *dardura*, désigne une montagne abrupte, déchirée, comme en latin *rupes* de *rumpo*. Du persan *darîdan*, diviser, déchirer, vient de même *darah*, vallée, défilé, en arménien *dzor*, et, par réduplication, *dzordzor*, comme le sanscrit *dardara*.

En sanscrit déjà, *dṝ*, *dar* prend aussi la forme de *dal*, findi, perforari, et findere (*dâlayati*), d'où *dala*, fissure, division, etc. Cette forme se retrouve dans l'anc. slave *dieliti* (à côté de *drati*, au présent *derã*), le lithuanien *daliti*, l'irlandais *dailim*, etc.; aussi le sanscrit *darâ* ou *darî*, vallée, devient il, dans les langues slaves, *dolĭ*, *dolina*, en irland. *dal*, *dail*, en cymrique *dol*. Le *d* primitif s'est maintenu dans le gothique *dals*, anglo-saxon *dâl*, scand. *dalr*, anc. all. *tal*, comme cela est le cas pour *dauhtar* fille, le sanscrit *duhitṛ*. La racine *dṝ* est d'ailleurs représentée plus régulièrement par le gothique *tairan*, rumpere, scindere, tandis que *dals* se lie au verbe faible *dailjan*, dividere.

Il est à remarquer que ce nom de la vallée, que l'on peut considérer avec sûreté comme arien, n'a guère pu prendre naissance que dans un pays de montagnes, à cause de la signification propre de déchirure et de fissure.

§ 18. — LES COURS D'EAU.

Pour compléter ce qui touche à la question topographique, je fais suivre maintenant l'examen comparatif des noms du fleuve, du torrent, du ruisseau, dont les coïncidences multipliées, sans nous fournir de nouvelles lumières sur la position géographique de l'ancienne Ariane, prouvent du moins que les

Aryas ont dû l'habiter longtemps en commun avant leur dispersion. Je passerai d'abord en revue les termes généraux par lesquels les cours d'eau ont été désignés dans l'origine, et qui bien souvent sont devenus des noms spéciaux et géographiques. Je signalerai ensuite, dans cette dernière classe, un certain nombre de coïncidences remarquables qui semblent indiquer que les Aryas ont quelquefois transporté au loin, et appliqué aux fleuves des divers pays occupés par eux des mots significatifs dont le sens primitif s'est perdu dès lors dans leurs langues particulières.

A). — Noms généraux.

Ici, surtout, et vu l'abondance des synonymes dans la plupart des idiomes ariens, il faut s'en tenir strictement aux analogies directes entre l'Orient et l'Occident.

1). Sanscrit *srôta*, *srôtas*, rivière et eau ; *srôtasvatî*, *srôtasvinî* (aquam habens), fleuve, *srôtôvâha* (aquam vehens) id. La racine est *sru*, fluere, stillare, ire, se movere, en zend *çru*, d'où *çravâra*, qui coule, qui fuit. D'autres dérivés sont, en sanscrit, *srû*, cataracte, *srava*, flux, fontaine, *sravaṇa*, id., sueur, urine, etc., *sravantî* (fluens), rivière ; etc., etc.

Comme cela est le cas plus d'une fois, la coïncidence la plus complète se trouve à l'extrême occident, dans l'irlandais *sruth*, *sroth*, fleuve, *sruthán*, ruisseau, *sruthail*, *sruthadh*, flux, *srothach*, fluent, etc. La racine verbale est conservée dans *srabhaim*, fluo, le sansc. *sravâmi*; d'où *srabh*, *sreamh*, *sruamh*, torrent=sanscr. *srava*.

A côté de l'irlandais, se place le lithuanien *srawēti*, *srowēti*, couler, avec ses dérivés *srawa*, flux, *srowe*, courant de fleuve, *sraujas*, *sraunis*, fluent, rapide. Le russe *slota*, temps pluvieux, bruine, neige fondante, n'est sans doute que le sanscrit *srôta*, eau.

Le groupe initial *sr* étant étranger au grec, au latin et aux langues germaniques, on ne saurait y chercher des analogies certaines. On a conjecturé, il est vrai, que ῥύω, ῥυέω, ῥέω, couler, et les dérivés ῥῦμα, ῥύαξ, ῥέοξ, ῥεῖθρον, torrent, fleuve, etc., avaient perdu l'*s* initial de *sru*; mais comme, en sanscrit, on trouve aussi une racine de mouvement *ru*, d'où *ravaṇa*, mobile et *rôma*, eau (cf. persan *rawân*, kourde *ruuna*, fluide, liquide), cette supposition reste douteuse

2). Sanscrit *arṇa*, *arnas*, *arṇava*, fleuve, flux, vague, mer, de la racine de mouvement *ṛṇ*=*raṇ*, d'où *raṇa*, marche, mouvement. En zend, *arĕnava*, *ĕrĕnava*, course. Cette racine, forme augmentée de *ṛ*, *ar*, est répandue au loin dans les langues ariennes, et riche en dérivés de toute sorte. Je me borne à ceux qui se rattachent plus spécialement à la notion de fluidité.

Ici d'abord le grec ῥαίνω, verser, arroser, d'où ῥανις, goutte, ῥαντης, qui arrose, etc. ; puis, surtout, ἀρνεύω, plonger ἀρνευτής, plongeur, sans doute un dénominatif de *arṇava*. Le latin *ren*, *rien*, rein, en irland. *arn*, en cymr. *aren*, signifie proprement *stillans*, nempe urinam, de même que le grec ῥὶν, ῥινὸς, le nez. (Cf. irland. *sron*, nez, de *sru*, couler.) Au même groupe se lie *urna*, l'urne qui sert à verser, et qui accompagne la personnification des fleuves.

Les langues germaniques nous offrent le verbe fort *rinnan*, *rann*, *runnun*, couler, courir, d'où le goth. *rinnô*, torrent, ruisseau, *runs*, flux, *ga-runjô*, inondation; ang.-sax. *ryne*, *rynele*, cours d'eau, ruisseau; anc. all. *rinna*, canal, *runs*, *runst*, rivière, etc. A côté de *rinnan*, l'anglo-saxon a aussi la forme *yrnan* (*arn*, *urnen*), en accord parfait avec le sanscrit.

On a cherché dans *rinnô*, l'origine du nom du *Rhin*, mais le latin *Rhenus*, auquel répond plus exactement le cymrique *rhen*, torrent, à côté de *rhin*, canal, indique une provenance celtique. Un des affluents du Pô, dans la Gaule Cisalpine, s'appelait aussi *Rhenus* [1]. Il est fort probable que l'*Arnus*, ou Arno toscan (cf. sansc. *arṇa*.), a reçu son nom des Gaulois italiens. Il y avait

[1] Mannert, *Géogr.* XI 110. Cf. Diefenbach. *Celtica* I, 56, et *Goth. W. Buch.* II, 174.

encore dans l'Aquitaine un fleuve *Ernus*, et une rivière *Orna* dans la Belgique.

3). Sanscrit *vaha*, *vahatî*, *vâhinî*, rivière, *vâhasa*, cours d'eau. La racine est *vah*, ferre, ducere, fluere, en zend *vaz*, en grec *ὀχ-έω*, en latin *veho*, en goth. *vigan* (*vag*, *vegun*), anc. slave *vesti* (au présent *veză*), lithuan. *weszti* et *weżù*, etc. Ses dérivés de divers genres sont très-nombreux, et s'appliquent surtout aux véhicules de toute espèce. Au sanscrit *vaha*, répond le grec *ὄχος* (ϝόχος) porteur, à un thème *vahata*, augmenté de *vahat*, *ὀχετὸς*, lit de fleuve, canal. Du gothique *vigan*, procède *vêgs*, vague, ang.-saxon *waeg*, id., scand. *vâgr*, sinus maris, anc. all. *wâg*, lacus, æquor, liquor, gurges, etc. Cf. l'armoricain *gwagen*, flot. En erse *faghal*, *faghail*, désigne un gué de rivière, et rappelle le nom du *Vahalis*, le Waal, qui formait autrefois la limite de la Gaule Belgique.

De la forme désidérative *vaksh*, vient le vêdique *vakshana*, rivière (Nâigh. I, 13), et il faut, sans aucun doute, y rattacher aussi l'ancien nom de l'Oxus, en sanscrit *Vakshu* [1], et qui a dû être le même en zend, avec le sens du fleuve par excellence.

4). Sanscrit *avani*, rivière, cours ou lit de fleuve ; de la racine de mouvement *av*, ire, d'où dérivent *avana*, rapidité, hâte, *avi*, vent, *avishî*, rivière, *avisha*, océan. Un fleuve de l'Inde s'appelait *Avantî*, féminin du participe présent *avant*.

La coïncidence la plus complète est celle de l'irlandais *aban*, *abann*, *abhan*, *amhan*, rivière, cymr. *awon*, armor. *aven*, *aouen*, *aon*, id. A la même racine appartiennent sans doute l'irlandais *oba*, rivière, *abh*, eau, *obann*, rapide, *oibne*, rapidité, et le cymrique *aw*, fluide, flux. L'ang.-saxon *ewe*, *eá*, scand. *â*, anc. all. *awa*, *owa*, fleuve, eau, sont peut-être distincts du gothique *ahwa*=latin *aqua*, qui, dans l'anc. allemand est représenté par *aha*, et conduit à une autre racine. Le persan *âw*, *âb*, eau, pourrait appartenir à la racine *av* aussi bien qu'au sanscrit *âp*, eau, auquel on le rattache ordinairement. Par contre, le latin

[1] Lassen. *Ind. Alt.*, II, 277.

amnis, malgré sa ressemblance avec l'irlandais *amhan*, où *mh* est pour *bh* et *v*, se lie plus probablement au sanscrit *amani*, voie, chemin, de la rac. *am*, ire.

J'ai signalé déjà le nom du fleuve ibérien Ἄβας-αντος, comme l'analogue masculin de l'*Avantî* de l'Inde [1]. On peut ajouter ceux de deux rivières de l'Italie, l'*Avens-entis*, chez les Sabins, et l'*Aventia* de l'Étrurie [2].

5). Sanscrit *nada*, *nadî*, rivière; *Nandinî*, nom d'un fleuve de l'Inde. — La racine *nad*, sonare, strepere, prend, avec la forme *nand*, le sens de gaudere; la rivière bruit et réjouit. — Je compare l'irlandais *naodhan*, source, fontaine (plus anciennement *naedhan*) avec d'autant plus de certitude que la racine *nad* se retrouve intacte dans le cymrique *nadu*, crier, *nad*, cri, clameur, *nadwr*, crieur, etc., et que l'irlandais *neidh*, le vent qui bruit, paraît s'y rattacher également. Une analogie toute semblable est celle de l'irlandais *noide*, *naoidhe*, *naoidhean*, enfant, avec le sanscrit *nandin*, *nandana*, enfant, fils, de la rac. *nand* dans l'acception de donner de la joie.

On comprend que *nada* ait pu signifier l'eau en général, comme le synonyme *vana*, qui dérive de *van*, sonare; et dès lors on peut comparer aussi le gothique *natjan*, mouiller, arroser, ancien sax. *nat*, anc. all. *naz*, humide, et *nazan*, humecter, qui correspondent régulièrement.

6). Sansc. *sûnâ*, rivière, de la racine *su* (*sunôti*, *sunutê*), distillare, succum exprimere, *abhi-su*, aspergere, identique sans doute à *su*, *sû* (*sûuti*, *sûtê*) gignere, scil. effundere. De là plusieurs noms de l'eau, *sava*, *savara*, *sûma*, *sôma*, etc.; en persan *sû*, id. A *su* répond le grec ὕω, pleuvoir, arroser, à *sûma*, ὗμα, pluie; à *sava*, eau, le gothique *saivs*, mer, lac, anc. all. *sêo*, etc.; à *sava*, suc de fleurs, l'anglo-saxon *seawe*, anc. all. *sou*, suc, le lithuan. *sywas*, id.; miel liquide; l'irlandais *subh*, *subhàn*, suc, *sabh*, salive, etc.

[1] Vid. sup. p. 72.
[2] Mannert, *Géogr.* XI, 347, 528.

Le sens spécial de cours d'eau reparaît aussi dans l'irlandais *sua*, ruisseau et *sa*, torrent, contractés de *sava*, et plusieurs noms de fleuves celtiques s'y rattachent, tels que le *Savus* de la Pannonie, les deux *Sabis* de la Belgique et de la Gaule cisalpine, de même probablement que le *Savo* de la Campanie, et la *Savena* qui passe à Bologne. Le nom gaulois de la Saône au cours lent, *Saucona*, s'explique, peut-être par l'irlandais *sua* et *cuin*, *ciuin*, paisible, tranquille.

7). Sansc. *sarit*, rivière, *sâraṇi*, ruisseau, canal, de la rac. *sṛ*, ire, fluere, d'où les noms de l'eau, *sara*, *saras*, *sarila*, *saraṇyu*, etc. De *saras* vient *sarasvatî*, aquam habens, fleuve de l'Inde et rivière en général, que Burnouf, avec sa sagacité ordinaire, a reconnu dans le zend *Haraqaiti*, ancien nom de l'Arachotus. Il a identifié de même le nom zend de Hérat, *Haroyu*, avec celui de *Sarayu*, autre fleuve de l'Inde, tous deux ne signifiant proprement que rivière[1].

Les formes védiques *sîra*, rivière, et *surâ*, eau (Nâigh. I. 12, 13), appartiennent sans doute aussi à la racine *sṛ*. A *surâ*, répond parfaitement l'irlandais *suir*, eau et fleuve, et *Suir*, *Suire*, est le nom d'une rivière, dans la province de Munster, de même que, dans la Gaule belgique, un affluent de la Moselle s'appelait *Sura*. Un autre affluent, le *Saravus*, se lie à la forme *sara*.

Comme, en sanscrit, la racine *sṛ (sar)*, devient *sal*, et que, à côté de *sara*, *sarila*, eau, on trouve *sala*, *salila*, on peut comparer aussi les noms de *Sala*, *Salia*, rivières de l'Espagne et de l'Allemagne, la *Saale* saxonne d'aujourd'hui[2]. Suivant Pline (VI. 7, 16) le Tanaïs et le Yaxartes étaient appelés *Silis* par les Scythes. Ce dernier a pris plus tard le nom de *Sir*, *Sir Darya*, où l'on reconnaît le sanscrit *sirâ*, rivière. Il est à remarquer que la forme *sil* se retrouve encore dans l'irlandais *silim*, couler, distiller, *silt*, flux, goutte, etc., ce qui fait présumer une origine celtique pour le *Silis* de la Vénétie, les *Silarus* de la Cisalpine et

[1] Burnouf. *Yaçna*, p. 91 et 102, des notes.
[2] Diefenbach. *Celtica*, II, 334. Un affluent du Don s'appelle aussi *Sal*.

de la Campanie, et, avec moins de probabilité, pour le *Siris* de la Grande Grèce [1].

8). Sansc. *vadhu*, *badhu*, rivière (Nâigh. I. 13); zend *vaidhi*, id. [2]. La racine est *badh*, *bâdh*, *vâdh*, urgere, pulsare, *apa-bâdh*, abigere, *prati-bâdh*, repellere. Cf. ὄθομαι, moveor, ὠθέω, moveo, pello, avec perte du digamma ϝ En zend, le causatif *vâdhayêmi*, signifie je fais aller, je conduis (Cf. Spiegel. loc. cit.)

L'unique analogie, à moi connue, de ces noms de la rivière, est celle de l'armoricain *gwâz*, cours d'eau, ruisseau, où le *z* représente un ancien *d* aspiré, le cymrique *dd*. Le diminutif *gwazen*, *gwazien*, prend l'acception de veine, qui appartient aussi au cornique *guid*, et au cymrique *gwyth*, *gwythien*. Ici le *dh* primitif s'est changé en *th*, comme dans le synonyme irlandais *feith* pour *feidh*, de même que l'on trouve *ithim*, pour *idhim*, edo, le sanscrit *admi*.

9). Persan *shamr*, *shamar*, rivière, ruisseau, tournant d'eau, probablement de *shamîdan*, courir, d'où *shamah*, lait qui coule spontanément du pis. — L'irlandais *sumaire*, tournant d'eau, gouffre, n'offre qu'une ressemblance trompeuse, car il dérive de *sumaim*, avaler, engloutir, et signifie aussi un glouton; mais on pourrait, avec plus de raison comparer *sumhar*, source. Ce qui toutefois mérite plus d'attention ce sont les noms propres de plusieurs fleuves qui coïncident singulièrement avec *shamar*. Ainsi le *Samur*, qui se jette du Caucase dans la mer Caspienne, la *Samara*, anciennement *Gerrhus*, qui se verse dans la mer d'Azof, et une autre *Samara*, affluent du Wolga. Chez les Celtes, nous trouvons la *Samara*, Sambre de la Belgique, et en Irlande la *Samaer*, *Samer*, ou *Samor*, ancien nom de la rivière Erne dans l'Ulster [3].

B). — Noms propres de fleuves.

A ces comparaisons directes, qui, sans doute, sont encore

[1] Mannert, *Géogr.* XI, 85, III, 756; XII, 229.
[2] Spiegel, *Zeitsch. f. verg. Spr.*, V. 232.
[3] O'Conor. *Prolegom.* Seward. *Topog. hib.* v. cit.

incomplètes, j'en ajoute quelques autres plus incertaines par leur nature même, mais dignes cependant de quelque considération. On a vu déjà plus d'une fois les termes qui signifient eau ou cours d'eau en général devenir des noms de fleuves; mais il est arrivé ici et là que le sens primitif s'est perdu, et que le nom propre seul est resté. Vouloir retrouver partout la signification première serait se lancer sur la pente dangereuse de l'étymologie purement conjecturale; mais, en partant toujours de formes réelles et d'un sens bien précis, pour comparer les noms propres, on risque moins de s'égarer. Les grandes et successives migrations des peuples laissent, il est vrai, souvent en doute sur la question de savoir à quelle langue particulière il faut rapporter ces noms. En se tenant toutefois dans les limites de la vaste famille arienne, on peut être du moins à peu près sûr qu'ils lui appartiennent. Les exemples suivants m'ont paru les plus remarquables.

1). Sansc. *dhuni, dhûni*, rivière (Nâigh. I. 13.) de la racine *dhu, dhû (dhûnoti)* agitare, commovere. — En ossète *dun, don*, rivière, eau.

Le *Don* de la Russie paraît avoir reçu son nom d'un peuple arien.

2). Sansc. *udan*, eau, de la racine *und*, madefacere.

Udon, fleuve au nord de la Caspienne, aujourd'hui la Kuma [1].

3). Sansc. *udra*, eau, de la même racine.

Odra, rivière de la Pannonie [2], nom sans doute celtique.

Il ne faudrait pas comparer l'*Oder*, dont l'ancien nom était *Viadrus*.

4). Sansc. *tâmara*, eau. On le rapporte à la racine *tam*, confici mœrore, p. ê. primitivement lugere, et, comme *tîm*, humidum, madidum esse. La plupart des dérivés de *tam* se lient toutefois à la notion d'obscurité, et *tâmara* peut désigner l'eau sombre, comme *tamara, tamra*, fer, plomb, désignent le métal noirâtre

[1] Mannert. *Geogr.*, IV, 415.
[2] Id. III, 563.

ou terne (cf. *timira*, obscurité). Quoi qu'il en soit, plusieurs noms de fleuves européens coïncident d'une manière remarquable, ainsi :

Dans la Grande-Bretagne, le *Tamarus* (Ptol.), encore aujourd'hui le *Tamar* près de Plymouth.

En Espagne la *Tamara* ou *Tamaris*, aujourd'hui *Tambre*, près du cap Finistère [1].

En Italie, le *Tamarus* du Samnium [2].

Suivant Pline (VI. 7), les Scythes appelaient le Palus Méotis *Temerinda*, et ce mot signifiait dans leur langue *mater maris*. Grimm cherche à justifier ce sens en voyant, dans *merinda*, une dérivation du germanique *meri*, mer, et en comparant *te* avec le zingani *dei*, *dai*, et le grec θεία, tante. Bœckh, au contraire, trouve la mer dans *teme*, en s'appuyant de Θαμιμασάδας, nom de Neptune chez les Scythes (Hérod. IV); mais, comme l'observe Grimm, aucune langue connue n'offre de terme analogue à *rinda* pour mère [3]. On arriverait à une solution peut-être meilleure en voyant dans *temer* un corrélatif du sanscrit *tâmara*, car les idiomes du Caucase et du nord de l'Asie offrent pour *mère* un groupe de mots qui se rapproche beaucoup de *inda*; savoir l'ossète *anna*, le dido *enniu*, le finlandais *enne*, le lapon *edne*, le bachkire *inni*, le toungous *önni*, etc. L'assimilation du *d* de *inda* n'a rien que d'ordinaire, et se remarque ailleurs pour les noms tout semblables de la mère. Ainsi, en Afrique, on trouve le fellata *inna*, le gien *enne*, le fétou *anna*, etc., à côté du doungola *indih*, mère; et, dans les langues malaises, le lampoung, bima et sasak *ina*, mère, répond au daiak *indu*, mandhar *indo*, bougis *indona*, sounda *indong*, id.

On peut encore rapprocher de *tâmara* le nom de *tamyrake* que Strabon (VII. 308. ed. Casaub.) donne au *Sinus Karkinites* de la mer d'Azof.

5). Sansc. *Tamasâ*, rivière de l'Inde, de *tamas*, *tamasa*, obscurité, et allié au précédent.

Je compare sans hésiter l'ancien nom de la Tamise, *Tamesis*

[1] Mannert, *Géogr.*, I, 362.
[2] Id., XI, 802.
[3] Grimm, *Gesch. d. deut. Spr.*, p. 234.

(Cés. v. 11) ou *Tamesa* (Tacit. Ann. XIV. 32. Dio Cas. XI. 3); en cymrique *Tafwys*, de *Tamwys*. Ce qui justifie ce rapprochement, ainsi que le précédent pour le *Tamarus* breton, celtibère et italien, c'est que les dérivés sanscrits de la racine *tam* qui expriment l'obscurité, trouvent leurs analogues certains dans les langues celtiques. A *tama, tamâ, tamî*, obscurité, nuit, répond l'irlandais, *teme*, id., *teim*, sombre, noir, *temen, temel, teimheal*, obscurité. (Cf. sansc. *tamâla*, mimosa noire, feuille sombre de la cassia, écorce du bambou, etc.) En cymrique, où l'*m* primitif devient *f*, *v*, ou *w* au milieu des mots [1], on trouve *tywyll, tywell*, obscur et ténèbres, en armoricain *teñval, teval, teoual*. Il n'y a pas, il est vrai, de forme semblable à *tamas, tamesa*, mais les dérivés par les suffixes *as, es, is, os*, sont très-fréquents dans les deux branches celtiques [2] et on peut admettre avec sûreté un mot *temes*, pour *tamas*, d'où le nom de *Tamesa*, la rivière à l'eau sombre.

6). Sansc. *dravantî*, rivière ; féminin du part. présent *dravant* de *dru*, currere, fluere. Les autres dérivés tels que *drava*, mouvement, flux ; *drâva*, rapidité, *dravina*, force, impétuosité, *druta*, rapide, impliquent spécialement la notion de vitesse, et il est remarquable de trouver leurs analogues appliqués comme noms propres à des fleuves connus par leur rapidité.

L'exemple le plus frappant est celui de la *Druentia*, ou Durance, dont Tite-Live (XXI. 32) et Silius Ital. (3. v. 468) mentionnent déjà le cours impétueux. Un autre torrent des Alpes, qui se jette dans le Rhône, le Drôme actuel, est appelé *Druna* par Ausone (Mosel. v. 478) [3]. Le thème simple *drava* se retrouve dans le *Dravus* de la Pannonie celtique, dont Pline dit, en le comparant au *Savus*, *Dravus a Noricis violentior* (H. N. III. 25). Ici encore, les rapprochements acquièrent un haut degré de certitude par la comparaison de l'irlandais *druin*, force, *dron*, fort, *dreann*, id.;

[1] Zeus., *Gram. celt.*, p. 133.
[2] Ibid., p. 749 799.
[3] Graff, *Deut. Spr. schatz*, III, 751, donne *Truna* comme un nom de fleuve germanique.

rapidité, hâte, où, comme à l'ordinaire, le *v* du sanscrit *dravịṇa*, *dravaṇa* s'est effacé. Le cymrique *drud*, rapide, violent, répond de même au sanscrit *druta*.

7). Sansc. *vari* (Nâigh. I. 13) rivière, *vâr*, *vâri*, eau ; en zend *vairi ;* de la racine *vṛ*, *var*, tegere, circumdare. *Varaṇâ* était le nom d'un affluent du Gange près de Bénarès.

En irlandais *feor*, *feorán*, signifie encore torrent, ruisseau. On peut donc comparer le *Vara* æstuarium dans la Calédonie, le *Varus* gaulois, et la *Varusa* de la Cisalpine (Mannert XI, 108.) Le *Veronius* affluent de la Garonne rappelle *Varaṇâ* et l'irlandais *feorán*, et il est possible que la ville cisalpine *Verona* tirât son nom de quelque rivière. Un fleuve du Palus Méotis, le *Vardanus*, ou *Varadanus* (Ptol.), s'expliquerait fort bien par *aquam dans*, en sanscrit *vârdânu*, *vâriddânu*, comme *vârida*, nuage.

8). Sansc. *sindhu*, mer, et nom de l'Indus; de la racine *sidh*, ire, fluere. — J'ai déjà signalé la curieuse coïncidence de l'irlandais *Sind*, *Sinn*, l'ancien nom du Shannon. (Cf. § 16. 3. f.) On peut ajouter le *Sinnius* de la Cisalpine, aujourd'hui le Senio, affluent du Pô (Mannert XI, 3); et peut-être aussi le *Sindicus portus* du Pont-Euxin (id. IV, 387), si, toutefois, les *Sindi* et leur ville *Sinda* tiraient leur nom d'un fleuve ou de la mer.

9). Sansc. *taranta*, torrent de pluie, océan ; forme augmentée du part. présent *tarant*, de la racine *tṛ*, trajicere, effugere, natare, etc., avec le sens de mouvement rapide dans les dérivés *taras*, vélocité, force, *tarasvant*, *tarasvin*, rapide, fort, etc. (Cf. *tara*, *tarî*, *taraṇa*, *tarantî*, *taraṇḍa*, bateau, *taranga*, flot, *tarala*, mobile, liquide, etc.

A *taranta* paraissent se lier les noms de fleuve du *Tiarantus*, chez les Daces, aujourd'hui le Syl de la Valachie occidentale [1], et du *Tourountes* de la Baltique, dans la Sarmatie du nord, aujourd'hui la Windau en Courlande. Il est probable que ce dernier nom est slave, car on trouve en russe le verbe *turitĭ*, presser, hâter [2], en polonais *tarać*, rouler çà et là. Le russe *tára*, bateau,

[1] Mannert, *Géogr*, IV, 105.

[2] Cf. sansc. *tur*, festinare, forme alliée à *tṛ*, *tar*.

est identique au sanscrit, et le polonais *tarant* désigne le renne à la course rapide. Au sanscrit *tara*, dans le sens de qui va, qui passe, répond exactement l'irlandais *tara*, rapide; de là, très-probablement, le nom du *Tarus* de la Cisalpine (Mann. XI, 110), tandis que le *Tarnis*, affluent de la Garonne (Auson. Mos., v. 445), paraît se rattacher à l'irlandais *tearnaim*, fuir, s'échapper, descendre, *tairean*, *tearnadh*, descente, analogue au sanscrit *taraṇa*.

10). Persan *rûd*, *rôd*, afghan *rud*, rivière, de la racine zend *rudh*, fluere, d'où *uruidhi*, fleuve. (Spiegel, *Avesta*, p. 197.) Cette racine, en sanscrit, n'a plus que le sens de impedire, qui lui appartient aussi en zend, et on y rapporte *rôdha*, *rôdhas*, lit de fleuve, rive; toutefois le nom du sang, *rudhira*, indique clairement la signification de couler. Cf. ῥυθ-μος, le flux de la parole.

Plusieurs noms de fleuves paraissent en dériver, tels que le *Rhode* chez les Sarmates [1], le *Rhodius* de la Troade, le *Rhoedias* de la Macédoine, et surtout le *Rhodanus* gaulois. Il faut observer, quant à ce dernier nom, que la racine *rudh* se retrouve dans l'irlandais *roidhim*, courir, *roidh*, *ruidh*, course, force, impetus, *rodh*, chemin, cymrique *rhawd*, id., et *rhodiaw*, errer, rôder, etc.

Je ne veux pas multiplier davantage ce genre de rapprochements qui prêtent si facilement à l'erreur. Ceux que j'ai signalés n'ont pas tous la même valeur, et quelques-uns peuvent être illusoires; mais, dans leur ensemble, ils concourent avec les noms généraux à montrer que les Aryas ont emporté avec eux de leur berceau commun une synonymie remarquablement riche de mots appliqués aux cours d'eau. C'est encore là un indice qu'ils ont dû habiter un pays accidenté, une région alpestre entrecoupée de nombreuses vallées, riche en torrents et en rivières, fait que l'on pouvait inférer déjà de la variété des noms de montagnes, et de leurs significations propres. Nous reviendrons à cette question en résumant l'ensemble de nos recherches à la fin de ce volume.

[1] Suivant Mannert (IV, 231), le *Sagaris* d'Ovide, lequel donnait son nom au *Sinus Sagaricus*. *Sagaris* rappelle le sanscrit *sâgara*, mer.

LIVRE DEUXIÈME

HISTOIRE NATURELLE.

Le livre qui précède a eu pour objet principal de circonscrire, en quelque sorte, par des approximations, le problème de la position de l'Ariane primitive, en abordant la question de plusieurs côtés successivement. Les traditions, les langues, l'ethnographie et la géographie ont été interrogées tour à tour, et on a vu leurs réponses converger d'une manière prononcée vers une solution qui s'impose déjà avec un certain degré d'évidence. Il faut maintenant serrer ce problème de plus près encore, en réunissant les données spéciales qui seules peuvent achever la démonstration. Or, rien n'est plus important sous ce rapport qu'une étude aussi complète que possible des productions naturelles diverses du pays dont il s'agit de fixer la position. Si, dans l'état actuel de nos connaissances, on se proposait de déterminer un point quelconque du globe à l'aide de sa minéralogie, de sa flore et de sa faune, on risquerait peu de se tromper, et l'inconnue serait bien vite dégagée. Pour nous, malheureusement, la question ne se présente pas d'une manière aussi favorable. D'une part, les faits à constater et à coordonner doivent être réunis laborieusement avec le seul secours de la linguistique comparée et ils restent nécessairement incomplets, et, d'autre part, il se trouve que la portion de l'Asie sur laquelle, selon toute probabilité, doivent porter les recherches, est précisément celle que nous connaissons le moins sous tous les rapports. D'un côté des débris plus ou moins énigmatiques, de l'autre des faits imparfaitement connus! On conçoit tout ce que cette double source d'incertitude doit faire naître de difficultés. C'est ici surtout que nous marchons sur les traces de la paléontologie, quand, à l'aide de couches minéralogiques, de végétaux fossiles et de débris d'ossements pétrifiés, elle cherche à faire revivre sous nos yeux les tableaux animés de la nature antédiluvienne. Si, en dépit de ces obstacles, on arrive à quelques résultats certains, il faut bien reconnaître la puissance d'un instrument d'investigation qui nous permet de pénétrer ainsi dans les ténèbres du passé.

Notre travail se divisera naturellement en trois parties consacrées respectivement aux trois règnes, et aura pour but de constater, aussi bien que possible, quel était l'ensemble des productions diverses de l'ancien pays des Aryas. Comme cet ensemble est une des conditions essentielles de la culture matérielle d'un peuple, ce premier travail servira de base aux recherches ultérieures sur la civilisation des Aryas primitifs.

CHAPITRE I.

§ 19. — LES MINÉRAUX.

Ce serait se flatter en vain que de s'attendre à retrouver dans les langues les traces d'une ancienne nomenclature systématique, et tant soit peu complète, des corps inorganiques. L'esprit humain n'a pas débuté par l'observation réfléchie et par l'analyse, mais par l'intuition naïve et spontanée, et le langage primitif ne fait que traduire fidèlement les impressions immédiates produites par la vue des objets extérieurs. Cette impression est-elle vive, subite, résulte-t-elle de quelque caractère frappant de l'objet, le mot en jaillit, pour ainsi dire, comme une épithète descriptive. Dans le cas contraire, les objets qui se ressemblent par des propriétés communes ne sont pas distingués les uns des autres, et se confondent dans une dénomination générale. Ce n'est que plus tard, et lorsque l'expérience et l'observation conduisent à mieux saisir les nuances, que la langue procède à la formation de nouveaux termes pour les exprimer également. C'est ainsi, en particulier, que les substances minérales, à part les divisions naturelles qui les séparent en groupes bien caractérisés, n'ont pas reçu, dès le début, des noms spéciaux. La terre, la pierre, le métal, ont été désignés d'abord par des termes qui exprimaient la mollesse, la dureté, l'éclat, etc.; mais les distinctions entre les corps minéraux d'une même classe ne sont formulées dans les langues que quand leurs propriétés particulières ont été reconnues par une plus longue expérience. Cette observation ne s'applique pas, au même degré, aux plantes et aux animaux, parce que les êtres organiques, dont l'individualité est plus fortement prononcée, ont reçu plus tôt, et ont mieux conservé leurs noms caractéristiques.

Pour appuyer ce qui précède par quelques exemples, nous avons vu déjà (pag. 130 et suiv.) que le sanscrit *karkara*, chaux, le latin *calx*, etc., n'a désigné d'abord que la pierre en général, que *mrnmaru*, et μάρμαρος n'ont pas eu d'autre sens avant que ce dernier fût appliqué au marbre, que le latin *silex*, pierre à feu, a spécialisé la signification du sanscrit *çilâ*, pierre, rocher. Le nom de la craie, *kaṭhikâ*, se rattache de même à celui de la pierre, *kâṭha*. Dans la plupart des cas où l'on peut remonter encore à l'origine des termes spéciaux, on arrive ainsi à quelque notion plus générale, et il devient fort douteux que les diverses espèces de terres et de rochers aient reçu dans le principe des noms particuliers. Et, lors même qu'il en aurait été ainsi, il est fort probable que, par suite de la dispersion des Aryas, et peut-être d'un retour partiel vers un état de barbarie, ces noms se seraient perdus pour être, plus tard, remplacés par d'autres. Un petit nombre de substances seulement ont été distinguées des autres de très-bonne heure, et ont échappé à l'oubli, et ce sont précisément celles qui offrent quelque propriété bien caractérisée. C'est ainsi que le sel, par exemple, a gardé partout son ancien nom, parce que devenu un auxiliaire de l'alimentation, et répandu d'ailleurs en tous lieux, il est resté toujours en usage [1].

Comme la principale exception de ce genre, il faut signaler les métaux, dont l'aspect et l'utilité ont dû fixer de bonne heure l'attention des hommes. Leur possession et leur emploi indiquent déjà un certain degré de culture et d'industrie, et, comme tous ne se rencontrent pas partout, ils peuvent bien jeter quelque jour

[1] Le sansc. *sara*, sel, signifie proprement essence, substance; c'est le persan *shór*, le grec ἅλς, le latin *sal*, l'irland. *salann*, le cymr. *hal*, *halen*, le goth. *salt*, le slave *soli*, et le lithuan. *surus* (salé.)

sur la question géographique. Il y a donc un intérêt particulier à comparer avec soin les noms des métaux, pour rechercher quels sont ceux qui ont été connus et mis en œuvre par les anciens Aryas. C'est pourquoi nous leur consacrons des articles particuliers.

§ 20. — LE MÉTAL EN GÉNÉRAL.

Il en a été probablement des métaux comme des autres minéraux ; le nom général aura précédé les désignations particulières, ou, pour mieux dire, le nom du premier métal connu aura passé d'abord aux autres avant que l'observation de leurs qualités spéciales ait fait sentir le besoin de les distinguer entre eux. Cela n'empêche pas que plus tard, et par un procédé inverse, la langue n'ait créé de nouveau des termes généraux. On remarque encore, dans le sanscrit surtout, des traces de ces transitions anciennes d'un métal à un autre, de la notion générale aux acceptions particulières, et *vice versa*. C'est ainsi que le mot *ayas*, métal, dont le sens primitif, comme je le montrerai plus tard, n'est probablement que celui de *produit*, de *gain*, a servi successivement à désigner l'or, l'airain et le fer, tandis que le latin *æs*, et le gothique *aiz* ne s'entendent plus que du bronze seulement. D'autres noms sanscrits du métal dérivent, au contraire, de ceux de l'or et du fer, *taîǵasa*, de *têǵas*, l'or brillant, *lôha* et *tîkshṇa*, des mêmes termes appliqués au fer en tant que rouge (par son oxide) et tranchant.

Dans quelle succession les métaux ont-ils été découverts et mis en œuvre? C'est là une question qui a été fort agitée, et à laquelle nous reviendrons après avoir passé en revue leur terminologie arienne, pour éviter ainsi de partir d'une base hypothétique.

Les termes qui désignent le métal en général diffèrent, pour la plupart, dans les langues à comparer, et n'offrent point ces coïncidences répétées qui sont la preuve d'une origine très-ancienne. Deux de ces noms seulement peuvent donner lieu à quelques rapprochements plus ou moins incertains.

1). Le premier est le sanscrit *dhâtu*, de la racine *dhâ*, ponere, habere, possidere, et qui s'applique à toute substance élémentaire et à ses qualités. Ainsi *dhâtu* signifie également métal, minéral, élément quelconque solide ou fluide, puis qualité essentielle d'une substance, *couleur*, odeur, son, etc. Il est difficile de savoir si le sens de métal a prévalu dans l'origine, mais la haute ancienneté de ce terme est indiquée par l'analogie de l'irlandais *dath*, couleur, d'où *dathaim*, colorer. Comme les métaux et leurs oxydes tirent fréquemment leurs noms de leurs teintes variées et de leurs propriétés colorantes, on peut présumer une liaison primitive entre les deux significations.

2). Le second, d'une origine moins certaine, est le grec μέταλλον, qui a passé dans toutes nos langues européennes par l'intermédiaire du latin *metallum*. Les étymologies diverses que l'on a cherchées dans le grec même sont très-problématiques [1], et le deviennent plus encore par l'analogie du sanscrit *matallikâ*, qui signifie excellence, et aussi, comme adjectif, excellent. Aucun sens ne conviendrait mieux pour caractériser le métal, et les noms de plusieurs métaux particuliers, tels que *bhadra*, l'or et le fer, *varishṭha*, le cuivre, n'ont pas d'autre signification. Malheureusement le mot sanscrit, qui doit dériver d'un thème *matalla*, est sans étymologie, à tel point que les grammairiens indiens, qui sont rarement embarrassés pour en trouver, n'en indiquent aucune. Il serait bien possible, d'après cela, qu'il ne fût ni sanscrit, ni grec, et dès lors la conjecture de Gesenius, qui le rapporte à l'arabe *maṭala*, hébreu *mâṭal*, cudit, maxime ferrum, acquiert beaucoup de probabilité. La notion d'excellence

[1] Ernesti propose μέτω, μετάω, mesurer; Pott, le composé μετὰ-ἄλλον, ce qui est avec une autre (substance), le minerai impur (*Etym Forsch*, II, 392). Benfey songe d'abord à μεταλλάω, chercher (sans doute le dérivé de μέταλλον dans l'acception de mine), mais il abandonne cette explication pour comparer le slave *miedĭ*, bronze, dont l'origine semble être tout autre (*Gr. W. Lex.*, I, 257; II, 50). L'arménien *médagh*, pour *médal*, est sans doute emprunté du grec.

dériverait alors en sanscrit de celle du métal, et le mot pourrait avoir été porté par les Phéniciens dans la Grèce et l'Inde également.

J'arrive maintenant à la nomenclature des divers métaux que l'on peut considérer comme ayant été connus dès les temps les plus reculés.

§ 21. — L'OR.

Je commence par l'or, non pas en sa qualité de métal précieux, mais parce qu'il est le plus répandu de tous les métaux, bien qu'il en soit aussi le plus rare. Cela vient de son état d'extrême division qui fait qu'on le rencontre à peu près partout en très-petite quantité, mais rarement en abondance. Comme il se trouve d'ailleurs presque toujours à un haut degré de pureté, et que, charrié avec le sable des fleuves, il n'exige ordinairement d'autre opération que celle du lavage, il a été dès l'origine le métal le plus facilement exploité, et le plus généralement connu. Beaucoup de peuples sauvages n'en possèdent pas d'autre, et le simple fait de sa possession ne prouve en aucune manière une industrie quelque peu avancée.

On peut donc s'attendre à trouver, dans les langues ariennes, les anciens noms donnés à l'or avant la dispersion, et il en est ainsi en effet ; mais le nombre en paraît restreint en présence de la riche synonymie qui s'est développée plus tard, surtout en Orient. Le sanscrit n'a pas moins d'une centaine de noms pour ce métal précieux, créés, il est vrai, en bonne partie pour la poésie, dans laquelle, naturellement, il joue un grand rôle. Le persan, beaucoup moins riche, en possède cependant une douzaine, tandis que nos langues européennes se contentent généralement d'un seul nom usuel. On voit par là, comme par d'autres classes de mots, que le génie créateur du langage est resté à l'œuvre plus longtemps, et avec plus de puissance, dans l'Orient que dans l'Occident.

Les noms de l'or forment deux groupes principaux dont l'un se rattache directement encore, et l'autre d'une manière indirecte, au sanscrit et au zend.

1). Sansc. *hiraṇa*, *hiraṇya*, *haraṇa*, or. — Zend, *zara*, *zairi*, id., *zaranya*, doré, *zarĕmaya*, aureus ; pers. *zar*, *zarr*, or, *zarîn*, d'or ; kourd. *zer*, boukher. *zer*, afghan. *zar*; ossète *gharin*, dans le composé *siz-gharin*.

A la forme zend, qui substitue *z* à *h*, avec changement de *r* en *l* et un suffixe de plus, se lient l'anc. slave, *zlato*, russe *zoloto*, polon. *zloto*, bohém. *zlato*, illyr. *zlato*, etc., ainsi que le lettique *zelts*.

Le suffixe *t* se retrouve dans les langues germaniques, ainsi que *l* pour *r*, mais la gutturale primitive reparaît sous la forme de *g* et *k*. Nous avons ainsi le gothique *gulth*, anglo-saxon *gold*, scand. *gull*, anc. all. *kolt*, etc., nom qui a passé dans le finlandais *kulti*; esthonien *kuld*, lapon *golle*, etc.

Enfin, le grec χρύσος, peut-être pour χερύσος[1] ou χερύτος? ne laisse guère de doute que relativement à sa terminaison ; car le χρ répond exactement au sanscrit *hir*, *har*, ainsi qu'au *zar*, *zl*, *zol* du zend et du slave. Nous y reviendrons plus loin.

Malgré ses formes en apparence si divergentes, cet ancien nom de l'or peut être ramené avec sûreté à son origine étymologique connue, et cette recherche même confirme pleinement les rapprochements ci-dessus.

Si l'on compare, en effet, l'ensemble des termes qui désignent la couleur jaune, fauve ou brillante dans les mêmes langues qui ont en commun ce nom de l'or, on verra qu'ils se groupent entre eux de la même manière, et qu'ils forment une série exactement parallèle.

Ainsi, en sanscrit, on trouve *hari*, jaune d'or, fauve, vert ; rayon de lumière, soleil, lune ; *hariṇa*, blanc, vert, soleil ; *harit*, *harita*, vert, soleil ; *hara*, *hṛṇi*, flamme (Nâigh. I. 15).

En zend. *zairi*, jaune, vert, doré, *zairita*, id. ; persan *zard*,

[1] Cf. Grimm, *Gesch. d. deut. Spr.*, p. 13.

jaune, *zardah*, bile; kourde *zer*, afgan *zer*, *zir*, beloutchi *zard*, jaune.

En ancien slave *jeltĭ*, couleur jaune (*j* pour *z*), russe *jeltyĭ*, jaune, polon. *żolty*, bohém. *žluty*, etc. — Anc. slave *zelenŭ*, vert, russe *zelenyĭ*, polon *zielony*, etc. — Anc. slave, *jŭlŭčĭ*, bile, russe *jëlči*, polon. *żółć*, bohém. *zluč*, id.

En lithuan. *żalas*, fauve, rouge, et, avec *g* initial, *geltas*, jaune, *gêlê*, jaunisse, etc.

En anglo-saxon *gealewe*, jaune, anc. all. *kelaw*, *kelo*, allem. *gelb*, angl. *yellow*, etc. — Anglo-saxon *gealla*, bile, scand. *gall*, anc. all. *kalla*, etc. Et de plus, avec *r*, anglo-saxon *grene*, vert, scand. *graen*, anc. all. *grôni*. (Cf. sansc. *hariṇa*.)

En grec χρόα, χρόος, χρώς, couleur; χλόος, jaune pâle, χλόα, verdure; χόλη, χόλος, bile, etc.

Ajoutez encore le latin *gilvus*; le cymrique *gell*, fauve, et *geri*, bile (Cf. sansc. *hari*), etc.

Tous ces mots conduisent à une racine *har*, *zar*, *zal*, *jal*, *gar*, *gal*, etc., avec le sens général de briller, et nous la trouvons en effet, sous sa forme primitive, dans le sanscrit *ghṛ*, *ghar*, lucere, splendere, d'où *ghṛta*, brillant, *gharma*, lumière solaire, chaleur, etc. [1]. A cette racine *ghṛ*, dont le *gh* se réduit à *h* dans *hari*, etc., pour *ghari*, comme d'ailleurs cela arrive souvent, se rattachent de nouveau l'anc. slave *zrjeti*, videre, propr. lucere, néo-slave *zoria*, *zaria*, splendeur [2], polon. *zara*, *zorza*, aurore boréale, illyr. *zora*, aurore, et d'autres mots qui expriment le feu et la chaleur; le lithuan. *żêrêti*, briller, brûler, *żarija*, charbon ardent, etc.; l'anglo-saxon *glowan*, scand. *glôa*, ancien all. *klojan*, briller, brûler, d'où respectivement *glôd*, *gled*, *klôt*, charbon ardent, etc. ; enfin l'irlandais *gor*, et *gal*, lumière, *gro*, splendide, *gorm*, rouge de chaleur, brûlé, le cymrique *gawl*, *gole*, *goleu*, lumière, *glo*, *glo*, braise, *gwrm*, brun, et beaucoup d'autres mots qu'il serait trop long d'énumérer.

[1] Cf. zend *gharĕma*, pers. *garmá*, chaleur; et pers. *ghurá*, blanc, brillant, soleil, etc.

[2] Miklosich. *Rad. slov.*, p. 32.

On ne saurait douter, d'après tout cela, que l'or n'ait reçu le nom en question de son éclat et de sa couleur, ce qui est d'ailleurs tout naturel. La forme primitive, en sanscrit, doit avoir été *gharaṇa, ghiraṇa* (Cf. l'ossète *gharin*), comme *ghara, ghari, gharita,* etc., pour les thèmes respectifs avec *h* initial.

Quant au grec χρύσος, il est difficile de savoir si l'υ appartient à la racine ou au suffixe, et, dans ce dernier cas, s'il est primitif ou dérivé d'un *t*. Un thème sanscrit *harus, harusha* n'aurait rien d'insolite, non plus que *harut, haruta;* mais comme on trouve un nom de l'or, *harshayitnu,* qui dérive de *hṛsh,* lætari, d'où *harsha,* joie, on pourrait voir dans χρύσος le métal qui réjouit plutôt que celui qui brille. Cette dernière interprétation toutefois me paraît la plus probable à cause des nombreuses analogies qui l'appuient.

2). Le second groupe des noms de l'or est moins étendu, et n'a pas de représentants directs dans les branches orientales de la famille, bien qu'il appartienne sans doute aussi à l'époque la plus ancienne. C'est celui du latin *aurum*, du grec αὖρον, de l'irlandais-erse, *or, òr,* du cymr. *awr*, corn. *eur*, armor. *aour*, de l'albanais *ar*, de l'anc. prussien *ausis* et lithuan. *auksas.*

Dans le latin et le celtique, l'*r* remplace un *s* primitif, et *aurum* est pour *ausum,* comme *uro*, pour *uso* (Cf. *ustus, ustio, ustrina,* etc.), comme l'irlandais *ur,* feu, pour *us,* ainsi que le montre le cymrique *ysu,* brûler, lequel conduit à la racine sansc. *ush,* urere.

Bien que l'or brille et ne brûle pas, il est certain cependant que son nom se lie à *uro* et à *ush*. C'est ce que prouve le dérivé *ushâ, ushas,* aurore, en sanscrit et en zend, auquel correspond de nouveau *aurora,* quant à la racine du moins, car le suffixe est sans doute différent, et peut faire présumer un thème *ushârâ,* analogue à *usrâ,* matin, lumière matinale (Cf. le lithuan. *auszra,* aurore). A la forme *ushas* répond par contre le grec éolien αὐὼς=ἠὼς, pour αυσος, de αὔω, uro, pour αυσω[1]; mais αὖρα, l'air matinal, αὔριον, le

[1] Cf. αὐστηρὸς, αὐσταλέος, ἔν-αυσμα, etc.

matin nous ramènent à *usrá*, puisque le changement de *s* en *r* est étranger au grec. C'est ce qui doit faire penser, avec Benfey, que le nom de l'or, αὖρο, que l'on peut inférer de θησ-αυρός, est également pour αὖσρο, ce qu'appuie tout à fait le sanscrit *usra*, brillant [1]. Pour *aurum*, toutefois, ainsi que pour les termes celtiques, une dérivation de *ush* sans le suffixe *ra* est plus probable, à cause de l'ancien prussien *ausis*, et du lithuanien *auksas*, pour *ausas* [2]. Cette dernière coïncidence, dans une branche de la famille si éloignée des trois autres, assure à ce nom une haute ancienneté, et il est à croire que l'idiome primitif l'a possédé sous la double forme peut être de *usha*, *âusha*, et de *usra*, *âusra*, avec le sens de métal de la couleur du feu [3].

3). A côté de ces deux groupes que se partagent les langues ariennes, il se présente encore une analogie isolée, et qui n'en est que plus remarquable, entre le sanscrit et l'irlandais. En sanscrit, l'or est appelé *vasu*, et ce mot, comme *vastu*, signifie aussi, en général, substance, essence, richesse. C'est à cette dernière forme que correspond l'irlandais *fost*, *afost*, or, avec *f* pour *v*, comme à l'ordinaire; et l'arménien *voski*, *osgi*, or, n'en diffère peut-être que par le suffixe [4]. Les autres acceptions de *vasu*, telles que feu, rayon, soleil, et les termes alliés *vâsara*, jour, *vastar*, mane (au matin), conduisent encore à une racine *vas*, lucere, urere, inusitée en sanscrit, mais qui se retrouve aussi ailleurs, par exemple, dans le persan *wastâ*, feu, (cf. *Vesta* ἑστια) *wash*, beau, *washtî*, beauté, *washî*, rougeur; le lithuan. *wysti*, arescere, angl.-sax. *weosnian*, scand. *visna*, anc. allem. *wesanên*, id. etc.

4). Il est à peine besoin de justifier le sens étymologique commun à ces trois noms de l'or, et qui trouve partout des ana-

[1] Benfey. *Gr. W. Lex.*, I, 26.

[2] Le lithuanien aime à faire précéder les sibilantes d'un *k* inorganique.

[3] *Usra* se retrouve presque intact dans le scand. *usli*, feu, ang.-sax. *ysle*, charbon ardent, anc. all. *usil*, fauve, jaune. De là au sens de *or*, il n'y aurait qu'un pas.

[4] Cf. finlandais *waski*, airain, bronze.

logies. En sanscrit même, il est appelé *agnibha*, brillant comme le feu, *agnivîga*, semence du feu, *uǵǵvala*, le flamboyant, *suvarṇa*, qui a une belle couleur, et une foule d'autres noms, tels que *kanaka*, *kânćana*, *dîpta*, *rukma*, *têgas*, *ćandra*, etc., dérivent tous de racines qui signifient briller.

§ 22. — L'ARGENT.

Il n'en est pas de l'argent comme de l'or, quant à la facilité de l'exploitation. L'argent ne se rencontre dispersé en veines que dans le sein des roches, allié souvent avec d'autres métaux, et il faut un travail considérable pour l'extraire et le purifier. Sa possession indique donc un certain développement de l'industrie, et il n'y aurait rien eu d'étonnant à ce qu'il fût resté inconnu aux anciens Aryas, comme à beaucoup d'autres peuples peu cultivés. Le contraire, toutefois, est certain, et c'est là un indice d'une aptitude spéciale de cette race primitive à tirer parti de très-bonne heure des ressources que la nature mettait à sa disposition.

La synonymie orientale de l'argent, moins riche que celle de l'or, comprend cependant encore de vingt-cinq à trente noms pour le sanscrit, et une dizaine pour le persan. Les langues européennes en ont plusieurs, dont un seul se rattache décidément à l'Orient. D'autres, plus isolés, offrent moins de certitude à cet égard.

1). Sansc. *raǵata*, et *arǵuna*, argent et blanc; zend. *ĕrĕzata*, arménien *ardzath*. Le persan *arzîz*, qui semble correspondre, ne désigne que l'étain et le plomb.

Les termes européens analogues sont le grec ἄργυρος, ἀργύριον, le latin *argentum*, l'irland. *airgeat*, *airghiot*, *airghead*, le cymr. *arian*, *ariant*, anc. corn. *argans*, armor. *archant*; et l'albanais *ergènt* [1].

[1] Cf. *aratz*, *urz*, *arzi*, argent, chez les Lesghi du Caucase (Klaproth, *As. Polygl.*)

Ces noms dérivent tous d'une racine qui signifie briller, et qui se présente, en sanscrit, sous les formes de *raǵ*, *râǵ*, *rêǵ*, *arǵ*, *lanǵ*, *lunǵ*, etc. Le sanscrit *raǵata* est un thème augmenté du participe présent *raǵant*, brillant, blanc, et qui désigne aussi l'ivoire, l'or et le sang, à cause de sa couleur rouge. Le latin, le celtique et l'albanais offrent le même suffixe appliqué à la forme *arǵ*, et qui diffère dans *arǵuna* et ἄργυρος. Le sens de blancheur se retrouve dans ἀργὸς, d'où ἄργιλος, *argilla*, terre blanche. L'irlandais *ārg*, blanc, et le cymrique *argan*, brillant, prouvent que le nom celtique du métal n'a pas été emprunté au latin.

Je laisse de côté les affinités multipliées des dérivés de cette racine dans toute la famille arienne, parce qu'elles n'ajouteraient rien à l'évidence de cette étymologie.

2). Les langues germaniques et lithuano-slaves ont en commun un nom de l'argent qui a fort occupé les étymologistes. C'est le goth. *silubr*, angl.-sax. *seolfor*, scand. *silfr*, anc. allem. *silapar*, etc.; en anc. prussien *sirabras*, lithuan. *sidábras*, lett. *sudrabs;* en anc. slave *srebro*, rus. *serebro*, pol. et illyr. *srebro*, wende *sliebro*, etc. Ce nom ne s'explique par aucune des langues qui le possèdent, et dès lors on s'est tourné vers le sanscrit; mais ici on reste en doute s'il faut partir de la forme germanique ou lithuanienne (le *d* et l'*l* se remplaçant quelquefois), ce qui conduit à deux voies différentes.

Pott et Benfey considèrent comme plus primitif le lithuan. *sidábras*. Le premier compare le sansc. *sitâbha*, blanc-brillant et camphre. (*Etym. Forsch.* II. 414), et le second un composé hypothétique *çvêtâbhra* (*çvêta*+*abhra*) avec le sens de *or blanc* (*Griech. W. Lex.* I. 52). Aucun des deux ne fait mention de *sitâbhra* que Wilson donne comme un nom du camphre, et qui semblerait fournir une très-bonne explication. Le camphre, en effet, en vertu de sa blancheur et de son éclat, a plusieurs noms très-analogues à ceux de l'argent [1]; et le mot en question peut avoir passé du mé-

[1] Par exemple, *çubhra*, argent et *çubhrânçu*, camphre; *ćandra*, id., et *ćandralâuha*, argent, *indu*, camphre et *indulôhaka*, argent; *dhâuta*, argent et blanc, et de la même racine *dhâv* : purum esse, *dhavala*, camphre et blanc.

tal à la substance végétale. Quelle que soit l'étymologie, encore un peu incertaine, du sanscrit *abhra*, ses acceptions diverses, éther, ciel, or, talc, se rattachent à la notion de lumière et d'éclat, tout comme le grec ἀφρος, l'écume blanche, dont le sens est sans doute aussi primitif que ceux du sanscrit. Les Persans appellent l'étain *kafshir*, écume de lait; pourquoi l'argent n'aurait-il pas reçu une dénomination semblable? L'interprétation de *or blanc*, proposée par Benfey, a cependant en sa faveur plus d'une analogie. Il arrive assez souvent que le nom d'un métal passe à un autre avec l'adjonction d'une épithète caractéristique. C'est ainsi, par ex., que chez les Toungouses-Lamouts, par une transposition inverse, l'or est appelé *ulaty-myngun*, argent rouge. En siamois, le nom du cuivre est *tông-lüang*, or jaune, et celui du plomb *to-kôw-dlan*, étain bleu. En sanscrit, *kurûpya*, quel argent! mauvais argent, désigne l'étain, et *kuvanga*, quel étain! signifie plomb. De quelque manière que l'on explique *sitâbhra*, ce composé offre certainement avec le lithuanien *sidábras* une analogie de forme et de sens qu'il semble difficile d'attribuer au hasard.

Tel serait le cas, cependant, si les formes germaniques et slaves avec *sil*, *ser*, *sr*, se trouvaient être plus primitives que le lithuanien, ce qui après tout est fort probable, puisque le mot gothique date du IVe siècle, et que l'ancien prussien *sirabras* a plus de poids que le lithuanien moderne. On pourrait alors y chercher le sanscrit *çilâ*, rocher, pierre, en composition avec *bhara*, de la rac. *bhṛ*, ferre, nutrire, etc. Le changement de *ç* en *s*, très-fréquent d'ailleurs, se justifie pleinement ici par le latin *silex* (cf. p. 131). Mais ce qui appuie singulièrement cette conjecture, c'est la comparaison des composés tout semblables qui désignent le fer en sanscrit, tels que *çilâġa*, né du rocher, *çilâtmaġa*, fils du rocher, *çilâsâra*, essence du rocher. Le composé *çilâbhara* exprimerait la même chose, et aucun nom ne conviendrait mieux à l'argent, qui se trouve dans le roc vif. Il faut ajouter que le gothique *bairan* signifie aussi porter et enfanter, d'où *baur*, *barn*, en irlandais *bár*, fils.

On voit que le choix n'est pas facile entre l'une ou l'autre hypothèse ; mais il n'y aurait rien d'impossible à ce qu'il y eût eu deux noms de l'argent, *sitâbhra* et *çilâbhara* dont la ressemblance serait devenue plus tard une source de confusion.

3). L'ancien irlandais a conservé, à côté de *arget*, deux synonymes qui n'ont d'analogues dans aucune langue européenne, *cim* et *cepadh*, que donne le glossaire de Cormac du xe siècle. *Cim* est peut-être pour *gim*, comme *cineal*, race, est pour *gineal*, de *geinim*, le sansc. *ġan*, nasci ; et on pourrait alors comparer le sanscrit *hima* qui désigne, non-seulement la neige, mais plusieurs substances remarquables par leur blancheur, et surtout le camphre et l'étain. Quant à *cepadh*, il rappelle singulièrement l'ancien persan ou parsî *kaypah*, argent [1], où je crois reconnaître le persan *kaf*, et le sanscrit *kapha*, écume, en irlandais *coip*, id. J'ai déjà remarqué plus haut que *kafshîr*, écume du lait, est un nom persan de l'étain et du plomb, de sorte que l'application à l'argent n'aurait rien d'insolite.

§ 23. — LE FER.

Je passe maintenant au plus utile de tous les métaux, à celui dont la possession et l'emploi ont l'influence la plus grande sur le développement de l'industrie humaine. A un plus haut degré que l'argent, le fer est une conquête de l'homme ; car il faut non-seulement l'extraire de ses minerais, vu sa rareté à l'état natif, mais apprendre à le raffiner et à le travailler pour le rendre propre à ses diverses applications. Il y a donc un intérêt particulier à savoir si les anciens Aryas ont connu et employé le fer, fait dont on pourrait douter si l'on ne consultait que les données archéologiques qui semblent indiquer, chez les peu-

[1] Richardson, *Pers. Dict.*, édit. Johnson. voc. cit.

ples européens, un emploi exclusif du bronze et de la pierre aux époques les plus anciennes.

La comparaison des langues ne conduit pas ici à une solution aussi nette que pour l'or et l'argent, parce que les noms du fer sont plus isolés, et se confondent parfois avec ceux de l'airain sans qu'il soit possible d'attribuer la priorité à l'un ou à l'autre. On se trouve réduit trop souvent, dans la recherche des origines, à l'étymologie conjecturale, pour arriver à autre chose qu'à des résultats plus ou moins probables.

1). Sansc. *ayas*, fer et métal en général, par conséquent appliqué aussi à l'airain et à l'or [1], mais l'acception spéciale de fer est presque constante. De là *âyasa*, fer et ferreus. En zend, *ayas* devient régulièrement *ayañh*, nomin. *ayô*, avec le double sens de fer et d'airain, car Burnouf traduit *ayañha*, par vase d'airain [2]. A ce thème se rattache le persan *âyan*, fer, forme plus primitive que le synonyme *âhan*.

En latin nous trouvons *aes*, *aeris* pour *aesis*, le génitif sansc. *ayasas*, appliqué à l'airain seulement. L'adjectif dérivé *aenus*, *ahenus*, est une contraction de *aesnus*, *ahesnus*, que Kuhn rapproche du sanscrit *ayasmaya* [3]. La substitution d'un *h* à l'*y* primitif est semblable à celle du persan *âhan* pour *âyan*.

Enfin, le gothique nous offre une coïncidence non moins précise dans *aiz*, ou, suivant Grimm, *ais*, par lequel Ulphilas traduit χαλκὸς, airain. Pour le fer, le gothique a un autre mot, *eisarn*, que l'on a rattaché généralement jusqu'ici à *ais* et *ayas*, mais qui me semble devoir en être séparé, comme je chercherai bientôt à le montrer. Par le changement ordinaire de *z* ou *s* en *r*, *aiz* devient *êr* en anc. allemand, et *âr* en angl.-saxon. Le scandinave *eyr*, aes ductile, cuprum, a peut-être, comme le pense Diefenbach [4], une origine différente, à cause de son *u* radical

[1] *Nâigh*, I, 2. Ce dernier sens manque, je ne sais pourquoi, dans le dictionnaire de Pétersbourg.

[2] *J. Asiat.*, 1845, p. 273, 279.

[3] *Zeits. f. verg. Spr.* II, 319.

[4] *Goth. W. P.*, I, 14.

qui reparaît dans *aurar*, opes, pluriel de *eyrir*, res, bona mobilia, uncia. Si l'on compare *aur*, argilla, *ûr*, scintilla, *yria*, micare, et peut-être, l'angl.-sax. *urig*, canus, on est ramené à la racine sansc. *ush*, et aux noms de l'or qui en dérivent. Mais où placerons-nous l'ang.-saxon *ora*, *ore*, metallum, vena metalli, anglais *ore*, métal et minerai, que son sens et sa forme séparent assez nettement de *âr*, et qui rappelle singulièrement le sanscrit *âra*, bronze et oxyde de fer? On voit à quel point ces rapports divers sont difficiles à démêler, surtout si l'on ajoute l'allemand *erz*, dérivé de l'ancien *aruz*, *aruzi*, minerai, dont le *ruz* correspond régulièrement au latin *rudus*, ce qui le séparerait complétement des termes ci-dessus [1].

Je n'ai pas parlé jusqu'ici de l'étymologie du sanscrit *ayas*, laquelle ne me semble pas avoir été reconnue encore. Celle que Pott et Benfey ont proposée, de *a* privatif et de *yam*, domare, *ayas*, pour *ayamas*, indomabile, paraît plus ingénieuse que solide [2]. Si l'on retranche le suffixe *as*, il reste *ay* qui ne peut appartenir qu'à la racine *i*, non pas dans le sens général de *ire*, mais dans son acception plus spéciale de *adire*, *obtinere*. Le dérivé neutre *ayas* exprime ce qui est obtenu, acquis par le travail, le gain, comme le masculin *aya* est le succès, la réussite, la bonne fortune. C'est ce qui explique pourquoi *ayas* signifie le métal en général, et s'applique tour à tour au fer, à l'airain et à l'or. Cette étymologie simple et précise est appuyée d'ailleurs par plusieurs analogies. Ainsi, en cymrique, *mael* signifie à la fois fer, acier, et gain, profit ; et l'irlandais *edamh*, *eadam*, fer, dérive de *edim*, je prends, j'obtiens, comme aussi *ed*, *edal*, *eadail*, profit, gain, butin, trésor.

Comme ce premier nom du fer, en sanscrit, en zend et en persan, s'applique aussi à l'airain, qu'il désigne seul en latin et en germanique, il ne prouve pas encore que les Aryas primitifs aient connu le fer. On peut supposer, en effet, qu'il n'a pris cette

[1] Cf. Graff, *Deut. Spr. Schatz*, t. I, p. 463.
[2] Pott, *Et. Forsch*, I, 136. Benfey, *Griech. W. L.*, II, 201.

dernière acception que postérieurement à la séparation des deux branches orientales. Il faut donc rechercher si les autres noms de ce métal fourniront quelque indication plus sûre.

2). Commençons par le gothique *eisarn*, ang.-sax. *isern*, *îren*, scand. *isarn*, *jârn*, anc. all. *îsarn*, *isan*, *isin*, etc., que nous croyons devoir séparer de *ayas*.

Il n'existe en gothique aucun exemple de substantifs dérivés par le suffixe *arn*, et, dans les autres dialectes germaniques, les suffixes analogues *ern*, *urn*, *erni*, etc., ne donnent naissance qu'à des adjectifs et à des noms abstraits [1]. On peut donc se demander si, au lieu de voir dans *eis-arn* un dérivé de *aiz*, il ne faudrait pas y chercher un composé *ei-sarn*. Je ne veux pas appuyer cette conjecture sur la forme *sarn*, pour *isarn*, qui se rencontre dans le poëme de Reinhart Fuchs [2], parce qu'elle est trop isolée; mais elle prendra plus d'importance pour la comparaison du sanscrit et du cymrique qui vont nous offrir des arguments plus décisifs.

Le sanscrit *sâra*, de la rac. *sṛ*, ire, fluere, signifie en général ce qui découle ou provient de quelque chose, le suc, la sève, l'essence, la crème, la moelle, etc. ; puis par extension, l'excellence, la force, la solidité, et, comme adjectif, excellent. Au genre neutre, *sâram*, désigne l'acier, l'essence du fer; et il entre, comme élément, dans plusieurs noms du fer composés avec ceux de la montagne et de la pierre, tels que *adrisâra*, *girisâra*, *açmasâra*, *çilâsâra*. On trouve de plus le dérivé *sarana*, tout semblable au gothique *sarn*, dans *eisarn*, parmi les noms de l'oxyde du fer.

En cymrique, le fer s'appelle *haiarn*, *haearn*, anc. corn. *heirn*, armor. *houârn*. Dans ces formes l'*h* initial représente, comme à l'ordinaire, un *s* plus ancien, et *haiarn* est pour *saiarn*, le sanscrit *sarana* ou *sârana*; car la triphthongue *aia*, *aea*, armor. *oua*, se développe en cymrique d'un *â* primitif, ainsi qu'on le

[1] Grimm. *Deut. Gram.*, III, 337.
[2] Grimm, *Gesch. d. deut. Spr.*, p. 13, note.

voit par la comparaison de *daiar*, *daear*, armor. *douar*, terre, avec le sanscrit *dhâra*, id. Le nom irlandais du fer, *iaran*, *iarann*, en erse *iarunn*, paraît avoir perdu l'*s* initial, peut-être par l'influence du scandinave *jârn*, ang.-sax. *iren*, angl. *iron*, à moins que, au contraire, ces formes propres seulement aux Germains de l'ouest et du nord, ne proviennent de l'irlandais.

L'ancien nom gaulois du fer ne nous a pas été transmis, mais on peut le retrouver encore à l'aide de quelques noms d'hommes, et s'assurer qu'il a dû être *saran*, *seran*, σηρον, probablement avec une voyelle finale, comme le sanscrit *saraṇa*. Rien de plus fréquent, chez les Cymris et les Armoricains, que les noms propres tirés du fer, tels que *Haiarn*, *Hoiarn*, *Hoiarnscoit*, *Cathoiarn*, *Haelhoiarn*, etc.[1], et les chroniques irlandaises du moyen âge nous offrent ceux de *Iarn*, *Iarnan*, *Iarnlaith*, *Gluniairin*, etc.[2]. Comme les noms d'hommes conservent et transmettent les formes les plus anciennes, on trouve encore, chez les Cymris, celles de *Saiarn* et de *Saeran*[3], et, en Irlande, celle de *Saran*[4]. Une ancienne inscription britannique découverte à St-Dogmael, donne le nom de *Sasranius* (Orelli. *Inscr.* n° 2779), *Sasaranius?* lequel se retrouve dans le *Sausoarnus*, *Sausoiarnus* (*soiarnus*=*hoiarn*) des vieux chartulaires de Rhedon du XIe siècle[5]; et tous deux se reconnaissent dans le Σεσηρονεύς gaulois dont parle Plutarque (10.732. éd. Reisk). Ces trois noms sont composés avec le cymrique *sa*, *se*, *saw*, armor. *sa*, *saô*, qui exprime la stabilité, la permanence, et doivent signifier *ferme comme le fer*. A la forme simple de l'irlandais *Saran*, et du cymrique *Saeran*, *Saiarn*, répondent les noms gaulois *Saranus* (Orel. 205. Aq. Conven.; Gruter 922. 20. Liriæ. Hisp.) *Soranus* (Grut. 543. 3. Venet; 562, 3, prop. Budam) *Sornia* (id. 724. 10. Celeiæ), et p.-ê. *Sarronia* (id. 887. 11. Patav.). On peut suivre ainsi, en

[1] Zeuss, *Gram. celt.*, p. 120 et passim.
[2] *Annal. Ulton.*, p. 323, 341. *Annal. IV Magist.*, 236, 629, etc.
[3] *Archæol. of. Wales*, II, 51, 52.
[4] *Tighernach. Chron.*, p. 142, 179, *IV Magist.*, p. 161.
[5] Courson, *Histoire des peuples bretons*, t. II, cart. n° 12.

quelque sorte pas à pas, les modifications successives du nom du fer, en remontant de *Haiarn* à *Saiarn*, *Soiarnus*, *Saran*, *Saranus*, etc., ce qui ne saurait laisser aucun doute sur sa forme primitive [1].

D'après ces rapprochements avec le sanscrit et le celtique, il est difficile de ne pas reconnaître dans le gothique *ei-sarn* un terme composé, et il faut maintenant se demander ce que peut être le premier élément *ei*. L'analogie des noms sanscrits du fer cités plus haut doit faire présumer la signification de montagne ou de rocher, mais rien, dans les langues germaniques, ne conduit à cette interprétation. En sanscrit, au contraire, nous avons déjà signalé *avi*, en irlandais *ai*, *aoi*, *a*, avec le sens de montagne (Voy. § 17. A. 7.) de sorte que *avisâra*, *avisarana*, serait le synonyme exact de *adrisâra*, *girisâra* et le gothique *eisarn*, contracté de *avisarn*, trouve ainsi l'explication la plus satisfaisante. Ainsi, tout indique que c'est là un nom primitif arien dont la signification propre s'était perdue dans les langues germaniques [2].

3). J'arrive à la seule coïncidence directe que l'on puisse signaler avec sûreté, entre le sanscrit et la branche lithuano-slave, pour le nom du fer. Le sansc. *giriga*, fer, caillou, synonyme de

[1] C'est donc à tort que Zeuss (*Gram. celt.*, p. 45.), suppose que *hoiarn* est pour *oiharn*, = german. *isarn*.

[2] J'ajoute ici une note sur un nom iranien du fer que l'on a rapproché à tort du germanique; c'est le kourde *asén*, belout. *àsin*. Klaproth, qui établit ses comparaisons avec une légèreté dangereuse, n'a pas manqué d'identifier *asén*, ou, comme il l'écrit, *hasin*, avec l'allemand *eisen* (*As. Polyg*, p. 77), sans tenir aucun compte du goth. *eisarn*, ainsi qu'avec le persan *âhan*, tandis qu'il est certain que ces trois mots n'ont rien de commun entre eux. Pott déjà, avec sa sagacité ordinaire, a fait remarquer que l'ossète *awséinag*, de même que l'afghan *ospana*, fer (pour *opsana*), faisait présumer la disparition d'une labiale dans le mot kourde, mais il n'a pas cherché à justifier cette conjecture qui semble parfaitement fondée. En persan, *sanah*, *sanay*, est un des noms du fer, et *sân*, *shân*, désigne une lime, une pierre à aiguiser; ce dernier sens appartient aussi à *afsân*, *apsân*, *awsân*, composés avec le préfixe *af*. *ap*=sansc. *apa*. *Sân* répond au sansc. *çâna*, de *çân*, ou de *çó*, acuere, d'où *çâta*, tranchant. De la racine analogue *çi*, acuere, vient *niçita*, fer, et acutus. Le kourde *asén* n'est que le persan *awsân* appliqué au fer comme métal tranchant. L'ossète *awseinag* a conservé le préfixe, et l'afghan *ospana* a interverti le *ps* du persan *apsân*.

açmaga, *çilâga*, *çilâtmaga*, signifie né de la montagne (cf. l'irlandais *grigeog*, caillou). Ce nom se retrouve, sans aucun doute, dans le lithuanien *geležis*, et l'anc. slave *jeliezo*, rus. id. polon. *želazo*, bohém. *železo*, etc., où l'*r* est devenu *l*, et où *ži*, *zo* répond au sanscrit *ga*, de *gan*, nasci, comme le lithuanien *žinóti* et le slave *znati*, noscere, au sansc. *gnâ*, id. D'autre part, le *g* initial, conservé par le lithuanien, s'est affaibli en *j*, *ž*, dans le slave, comme dans *jena*, femme, comparé au vêdique *gnâ*, id. — L'identité de ces termes ne saurait guère être mise en doute, et comme d'ailleurs le sanscrit *giri*, montagne, se retrouve dans le slave *gora* et le lithuanien *girra*, *girre*, on voit que le nom du fer avait perdu son sens étymologique, et qu'il faut y reconnaître, de même que pour le gothique *eisarn*, dont la signification est très-analogue, un ancien mot arien légèrement altéré dans sa forme primitive.

4). Ces deux exemples doivent encourager à chercher si les noms classiques du fer, qui n'ont pas d'étymologie indigène, ne seraient point aussi d'anciens termes ariens qui se rattacheraient de quelque manière au sanscrit.

Ce qui rend l'origine de *ferrum* incertaine, c'est l'ignorance où nous sommes de sa forme primitive, la réduplication de l'*r* pouvant être le résultat de l'assimilation de plusieurs consonnes différentes avec la liquide qu'elles ont précédée ou suivie. De là les explications divergentes dont ce mot a été l'objet. Il faut s'en tenir à la plus probable, en attendant que quelque découverte heureuse dans les anciens dialectes de l'Italie, qui sont plus que jamais à l'étude, vienne nous éclairer sur cette forme primitive perdue.

Pott (*Etym. Forsch.* II, 278) conjecture *fertum* pour *ferrum* et le rapporte, comme *firmus*, à la rac. sansc. *dhṛ*, tenere, d'où *dhṛti*, fermeté, en s'appuyant sur le changement de *dh*, et de θ en *f*, qui s'observe dans *dhûma*, fumus, θήρ, fera, etc.

Benary (*Röm. Lautlehre*) y voit *fersum*, qu'il explique d'une manière analogue, par la rac. sansc. *dhṛsh*, offendere, vincere.

Grimm (*Gesch. d. deut. Spr.*, p. 10) suppose *fesrum* d'où *fersum* et *ferrum*, et, sans chercher d'étymologie, compare le gothique *eisarn* et le cymrique *haiarn*.

Le côté faible de ces hypothèses diverses, c'est l'absence de quelque nom réel du fer en sanscrit qui leur fournirait un appui, et c'est là ce qu'il faudrait trouver pour *ferrum*. Or, en considérant que l'*f* initial du latin correspond dans la règle au *bh* sanscrit, il n'y aura aucune difficulté à comparer *ferrum* avec *bhadra* (nomin. *bhadram*) qui désigne le fer et l'acier, avec le sens propre de (métal) *excellent*. Le changement de *dr* et *tr* en *rr*, est fréquent en latin et dans les langues néo-latines. C'est ainsi que *ad* devient *ar* devant *r*, *arripio*, *arrogo*, *arrideo*, etc., que *parricida* est pour *patricida*, que le français *pierre*, *verre*, *larron*, provient de *petra*, *vitrum*, *latro*, probablement par l'intermédiaire d'un *d* affaibli de *t*, comme dans l'italien *piedra*, *vedro*, *ladro*. D'après tout cela, *ferrum* me paraît être pour *fedrum*, qui répond complétement au sanscrit *bhadram*.

5). Le grec σίδηρος offre un problème plus difficile que *ferrum*. Pott compare, non sans quelque vraisemblance, le latin *sidus*,-*eris*, astre, et le lithuanien *swidus*, blanc, ce qui conduirait à la signification de métal *brillant* [1], comme *rukma*, fer et or en sanscrit, de *ruć*, briller, à côté de *krshna*, et *kâla*, le métal *noir*, pour le fer brut. Benfey, avec moins de probabilité, ce semble, s'adresse à la racine *svid*, sudare, ἱδίω, en se fondant sur ce que l'allemand *schweissen* (anc. all. *sueizan*, faire suer, griller, causatif de *suizan*) signifie souder le fer, et sur ce que le sanscrit *sviditа* se prend dans le double sens de *mis en sueur* et de *fondu* [2]. Il semble difficile de croire, toutefois, que le plus réfractaire des métaux usuels ait tiré son nom de la notion de fusibilité. Quant au dérivé *svêdanî*, que Benfey allègue comme une preuve irrécusable de son explication, et qu'il traduit par *eiserne platte*, plaque de fer (dans Wilson *an iron plate or pan used as a frying*

[1] *Etym. Forsch*, I, 127.
[2] *Griech. W. Lex.*, I, 466.

pan), il paraît évident qu'il ne s'agit pas ici du métal de l'ustensile, mais de son emploi pour chauffer et frire. Cf. le sansc. *svêda*, chaleur, et l'anc. all. *sueizan*, frire.

Ces deux explications ont le même défaut que celles qui avaient été proposées pour *ferrum*, savoir l'absence d'une analogie sanscrite suffisamment précise, et il faut chercher s'il n'y aurait pas quelque solution moins hypothétique. Nous avons vu dans le lithuanien *sidábras* que très-probablement le sanscrit *çilâ*, rocher, a changé son *l* en *d* (Voy. § 22. 2), pourquoi n'en serait-il pas de même pour σίδηρος? Ordinairement, il est vrai, c'est le *d* qui se change en *l*, mais le contraire a lieu quelquefois. Ainsi *cadaver*, le sanscrit *kalêvara*, est pour *calaver*, *fidius* procède sans doute de *filius*, qui appartient à φιλέω, et à la rac. sansc. *bhṛ*, ferre, nutrire, et *lingua* se lie de trop près à *lingo*, λείχω, sansc. *lih*, pour que *dingua* soit sa forme primitive. Bien que le grec ne paraisse pas offrir d'exemples de ce genre, on ne saurait contester du moins la possibilité d'une forme σίληρος, changée en σίδηρος à une époque où les nuances phoniques du grec n'étaient pas encore fixées; et cette conjecture est appuyée par l'albanais *zile* qui désigne le fer. Or σίληρος conduirait directement à un dérivé sanscrit de *çilâ*, *çilâra*, formé comme *açmara*, rocheux, de *açma*, pierre, et signifiant *ce qui appartient au rocher*. L'analogie frappante de *çilaja*, fer (Voy. n° 3), c'est-à-dire né du rocher, donne certainement à cette explication un haut degré de probabilité.

6). J'ajoute encore ici un nom irlandais du fer, *eabhradh*, plus anciennement *ebron* suivant le glossaire de Cormac, et qui me paraît se lier au sanscrit *abhra*, or, avec le sens probable de métal brillant. (Cf. p. 161.) La transition d'un métal à l'autre se justifie par l'exemple déjà cité plus haut de *rukma*, or et fer, de la rac. *ruć*, lucere; et ce qui confirme encore notre rapprochement, c'est que *abhra*, dans l'acception de ciel, se retrouve également dans le cymrique *wybr*, *wybren* (Cf. *ebron*), et l'armoricain *ebr* ou *evr*.

De ces analogies multipliées, les unes directes, les autres indirectes, on peut conclure avec assez de sûreté que les anciens Aryas ont connu et employé le fer ; mais rien n'indique qu'ils aient su déjà le transformer en acier. Les noms de l'acier, en effet, diffèrent entièrement dans l'Orient et dans l'Occident, ou n'offrent du moins, ici et là, que des ressemblances si problématiques que l'on ne peut rien en inférer. Quelque intérêt qu'ils puissent offrir pour l'histoire de la métallurgie et des relations de peuple à peuple, nous devons les laisser de côté comme étrangers à notre sujet.

§ 24. — LE CUIVRE ET L'AIRAIN.

Bien que les langues ne fournissent pas de preuves que la connaissance du cuivre ait précédé chez les Aryas celle du fer, il est à croire qu'elle remonte tout au moins à une antiquité aussi reculée. Le cuivre en effet, ainsi que l'argent, se trouve souvent à l'état natif, et son exploitation offre peu de difficultés. Il paraît certain que, chez la plupart des anciens peuples de l'Europe, le cuivre et son alliage avec l'étain, le bronze ou l'airain, ont été employés plus tôt, et plus généralement que le fer, pour les armes et les outils tranchants. Ce fait toutefois ne prouve rien en ce qui concerne les Aryas primitifs, car il se pourrait que les races séparées, dans le cours de leurs longues migrations, eussent oublié l'art d'extraire et de travailler le fer, et se fussent attachées au cuivre plus facile à obtenir et à façonner. Quoi qu'il en soit, ses noms présentent partout des divergences plus grandes, et sont plus isolés dans les diverses branches de la famille que ceux des trois premiers métaux, et on est souvent réduit aux conjectures pour découvrir leur origine.

1). Le nom le plus important, et sans doute le plus ancien, est le sanscrit *ayas*, dans l'acception d'airain, dont j'ai traité déjà à l'article précédent. D'après sa signification de métal en général, son sens étymologique de produit ou gain, et son application commune à l'or, au fer et à l'airain, il est à croire qu'il date de l'époque toute primitive où les métaux n'étaient pas encore bien distingués les uns des autres par leurs qualités propres. Je n'ai rien d'ailleurs à ajouter à l'article qui le concerne.

2). Le sanscrit *varishṭa*, cuivre, est un superlatif de *vara*, bon, excellent, de la rac. *vṛ*, eligere, et s'appliquait peut-être à une espèce particulière du cuivre appelée généralement *vara*. En lithuanien, en effet, *wáras*, lett. *warsch*, désigne le cuivre et le bronze, mais c'est l'unique analogie certaine à signaler. Si l'on admettait, avec Benfey (*Griech. W. Lex.* I, 315), un digamma perdu dans ἀρείων, ἄριστος, ἀρετή, etc., ainsi que dans Ἄρης, Mars (Ibid. 315, 320), il faudrait y rattacher aussi ἄρης dans le sens de fer; mais l'existence du digamma n'est pas prouvée, et ἄρης peut appartenir au nom qui suit.

3). Sansc. *âra*, airain et oxide de fer. — Je compare le grec ἄρης, fer, l'irlandais *iris*, bronze, et l'ang.-saxon *ora*, *ore*, angl. *ore*, métal, minerai, que la différence de signification autorise peut-être à séparer de *âr*, airain, lequel correspond au gothique *aiz*. (Cf. § 23. 1.)

Le sens étymologique du mot sanscrit est douteux, quoiqu'il ne puisse dériver que de la racine *ṛ*. Si l'on prend celle-ci dans l'acception de *lædere*, *âra* serait le métal qui blesse, fend, déchire, et la rouille qui ronge et détruit [1]. Mais plusieurs des dérivés de la rac. *ṛ*, se rattachent à la notion de lumière, d'éclat, de couleur rouge. Ainsi *aru*, soleil, *arusha*, id., aurore, brillant, rougeâtre, *aruṇa*, id., id., rouge foncé, *ârû*, rouge sombre, brun. Ceci s'appliquerait également bien à l'airain et à l'oxyde de fer; et il est à remarquer qu'en irlandais, à côté de *iris*, bronze (forme affaiblie probablement d'un thème neutre *aras*), on trouve *airis*, charbon ardent, tison, en cymr. *eirias*, id., *airos*, couleur de feu, *air*, lumière, éclat, *eirian*, splendide, etc.

Le grec ἄρης, soit comme feu, soit comme Dieu de la guerre,

[1] Cf. sansc. *arus*, blessure, *ârâ*, alène, tranchet; grec ἀρὴ, ἀρά, destruction, dommage; irland. *ar*, meurtre, carnage, etc.

peut avoir eu primitivement l'une ou l'autre signification ; le fer en tant qu'instrument de meurtre ou de la couleur de son oxyde, Mars comme le dieu du carnage ou comme divinité sanglante [1]. Mais, dans les deux cas, Ἄρης ne saurait être comparé directement avec le sanscrit *âra*, à cause de son génitif Ἄρεος, et de la forme éolienne Ἄρευς, lesquels conduisent à un thème *arava* dérivé de *aru* [2]. Or, comme *aru*, de même que *arusha* et *aruṇa*, désigne le soleil à cause de sa couleur rouge, il devient probable que le nom du dieu de la guerre se liait à l'idée du sang. Ajoutons que le sang et le fer s'appellent tous deux *lôha*, rouge, en sanscrit, et que, suivant Grimm, un mythe fait provenir le fer du sang [3].

4). Les noms sanscrits du cuivre, qui sont au nombre d'une trentaine, sont souvent tirés de sa couleur rougeâtre, et reliés à ceux du soleil. C'est ainsi qu'il est appelé *rakta*, *raktadhâtu*, *lôhitâyas*, le métal rouge, *ravilôha*, métal du soleil, *ravipriya*, aimé du soleil, *sûryâhva*, qui défie le soleil, etc. Une dénomination singulière est celle de *markaṭâsya*, *mlêććhâsya*, *mlêććhamukha*, littér. bouche de singe ou de barbare, de la teinte cuivrée du museau de l'animal, ou du visage des races aborigènes de l'Inde. A ce groupe de mots appartient aussi *arka*, cuivre, et rayon, soleil, cristal, de la rac. *ṛć*, *arć*, lucere, lequel se retrouve dans l'ossète *archu*, cuivre, et, peut-être, avec un autre suffixe, dans le cymrique *alcan*, pour *arcan*. A la forme *arka* se lient aussi le cymr. *erch*, brun, et, surtout, l'irlandais *earc*, rouge, soleil et ciel.

5). Serait-ce par un pur effet du hasard que le sanscrit *kupya*, cuivre, ressemble à *cuprum*, ressemblance qui s'augmente encore par le fait que *kupya* paraît n'être qu'une forme pracrite altérée, de *kupriya*? Ce dernier terme signifie peu aimé, peu estimé, vil,

[1] De là les deux épithètes homériques de Mars; βροτολοιγὸς, qui détruit les hommes, et μιαιφόνος, teint ou souillé de carnage, *bluttriefend*, comme traduit Voss.

[2] Benfey semble avoir négligé cette considération quand il rattache Ἄρης à ἀρετή.

[3] *Gesch. d. deut. Spr.*, p. 13.

bas, et *kupya* désigne, en effet, le cuivre et les autres métaux inférieurs, par opposition à l'or et à l'argent [1]. On sait que le cuivre, *cuprum*, selon toute apparence, tirait son nom de l'île de Chypre, Κυπρός, qui en fournissait une espèce de qualité supérieure, l'*aes cyprium* des anciens [2]. La réputation de ce métal devait le faire rechercher au loin dans l'Orient; les Phéniciens l'avaient, en quelque sorte, sous la main, et nous savons, par l'auteur du Périple, que le cuivre figurait au nombre des articles du commerce d'importation dans l'Inde [3]. Il est à croire, d'après tout cela, que *kupya* ou *kuprya*, n'est autre chose que κυπρίον, *cyprium*, lequel se trouve fortuitement avoir en sanscrit un sens approprié. Les analogies que présentent les autres langues européennes n'ont aucune importance pour la question, parce que ce nom du cuivre provient partout du latin.

6). Une coïncidence plus énigmatique encore est celle que l'on a remarquée entre le sanscrit *çulva*, cuivre, et le latin *sulph-ur*, attendu que *çulvâri*, composé de *çulva* et de *ari*, désigne le soufre en tant qu'*ennemi du cuivre*. C'est bien à tort que Pott (*Et. Forsch*. II, 326) trouve cette épithète peu compréhensible, puisque l'on sait que le plus faible alliage de soufre détruit complétement la ductilité du métal pur. Ces deux noms ont-ils une origine commune, ou bien l'un a-t-il été emprunté à l'autre? Les deux suppositions offrent également de grandes difficultés. L'irrégularité du *ph* latin pour le *v* sanscrit s'oppose déjà à une affinité primitive, et d'ailleurs la nomenclature du soufre diverge à tel point dans la famille arienne qu'il est fort douteux que cette substance ait été connue très-anciennement. De plus, le mot *çulva*, cuivre, dont l'étymologie est incertaine, ne se trouve nulle part ailleurs que dans l'énigmatique *sulphur*. D'un autre côté, le sens si précis de *çulvâri*, en présence de l'obscurité du nom latin, empêche de songer à une transmission par le commerce de l'Occident à l'O-

[1] L'argent s'appelle *akupya*, non-vil ou précieux. Le finlandais *hopia*, argent, s'y lie-t-il de quelque manière?

[2] Pline, H. N. III, c. 20.

[3] Lassen, *Ind. Alth.*, t. II, p. 46.

rient. Les Indiens avaient pour le soufre une douzaine de noms caractéristiques, le connaissaient fort bien, et l'employaient de plusieurs manières. De son odeur pénétrante, ils l'appelaient *gandha, gandhika*, odorant, *sugandha*, parfumé, *divyagandha*, d'une odeur divine (Cf. le grec θεῖον), ou *pûtigandha*, le puant, suivant les goûts individuels ; de son action sur les substances métalliques, *dhâtuvâirin*, ennemi des métaux, *svarṇâri, çulvâri*, ennemi de l'or et du cuivre ; de ses effets médicaux, *kushṭhâri, pâmâri, pâmaghna*, ennemi de la lèpre et de la gale ; de son action délétère, *kîṭaghna*, qui tue les insectes, etc. L'hypothèse inverse d'une transmission partie de l'Inde, ne saurait guère mieux se justifier. Le soufre ne figure point au nombre des produits exportés de ce pays, et il est peu probable que les peuples italiens, qui habitaient au milieu d'une contrée volcanique, aient attendu, pour le nommer, un mot venu de si loin. Je ne vois donc d'autre solution possible que d'admettre l'intervention du hasard pour cette coïncidence singulière, ce qui doit faire renoncer, jusqu'à nouvel ordre, à chercher dans *sulphur*, le nom sanscrit du cuivre.

La question ferait sans doute un pas de plus si l'on pouvait considérer le gothique *svibls*, soufre, ang.-sax. *sweful*, anc. all. *suebal*, etc., ainsi que l'anc. slave et russe *jupelŭ*, slovaq. *żweplo*, etc., comme primitivement alliés à *sulphur* et à *çulva*. Il faudrait supposer alors que *svibls* est une inversion de *svilbs*=*çulva*, peut-être de *çvalva*, et que, de l'ancien composé *çulvâri*, il n'est resté que le nom du cuivre. Mais l'étymologie probable de *svibls*, le rattache à l'ang.-saxon *swefan*, scand. *sôfa*, anc. all. *sueban*, dormir, le latin *sopio* et le sansc. *svap*, à cause de la propriété stupéfiante du souffre, ce qui l'éloigne également de *sulphur* et de *çulva* [1].

7). A la suite de ces analogies directes, dont les deux dernières sont très-incertaines, je place encore quelques noms européens du cuivre, qui paraissent presque tous se lier à des termes sans-

[1] Cf. Diefenbach, *Goth. W. B.*, II, p. 364. A *sulphur* appartiennent, par contre, l'illyr. *sumpor* et l'albanais *skiuphur*.

crits exprimant les notions de lumière, et de couleur rouge.

a). Ici d'abord le latin *raudus*, *rodus*, *rudus* (gén, *ruderis*), airain, monnaie de cuivre, qui répond au sansc. *rudhira*, sang, au grec ἐρυθρὸς, rouge, au moins quant à la racine, aussi bien qu'au goth. *rauds*, scand. *raudr*, ang.-sax. *reád*, anc. all. *rôt;* irland. *ruadh*, cymr. *rhudd;* lithuan. *rúdas*, *raudonas;* anc. slav. *rŭijdĭ*, rouge, *rŭjda*, rubigo, etc., etc. Le sens spécial du latin reparaît dans le lithuanien *rúda*, airain, métal, forge; anc. slav. *rouda*, rus. et polon. *ruda*, minerai, etc. [1]; et il faut peut-être ajouter le cymr. *llud*, métal, *elydr*, *elydn*, airain, avec *l* pour *r*.

b). Le grec χαλκός est d'une origine incertaine, faute d'analogies directes dans les langues alliées. Si sa racine est χαλ, on pourrait le ramener avec χολὴ, χλόος, etc., au groupe des noms de l'or, dont nous avons traité à l'art. I. Que l'on compare, en particulier, le lithuanien *żalas*, fauve, rouge. Il appartiendrait ainsi à la rac. sansc. *ghṛ*, lucere, et cette conjecture est appuyée, en sanscrit même, par la forme *ǵhalâ*, splendeur, lumière solaire, dont la palatale aspirée dérive de *gh*, comme *ǵ* de *g*. L'airain, qu'Homère appelle νώροψ, le brillant (*Iliad.* VII. v. 206) a fort bien pu tirer son nom de son éclat.

c). Le scandinave *bras*, airain, ang.-sax. *braes*, angl. *bras*, est étranger aux autres dialectes germaniques, mais il se retrouve dans l'irlandais *prás*, *prásan*, et le cymr. *prês*. De là probablement, avec une nasale intercalée, notre *bronze*, ital. *bronzo*, espagn. *bronze*. La forme germanique semble la plus correcte si l'on rapporte *bras* à la rac. sanscr. *bhrâs* ou *bhlâs*, lucere, fulgere. Il n'en existe, en sanscrit, aucun dérivé connu, mais elle a, sous ses deux formes, des représentants dans plusieurs langues européennes. Ainsi l'irland. *breas*, beau, pur, *blos*, clair, *blosc*, lumière; le scand. *blossi*, flamme, *blys*, flambeau, ang.-sax. *blase*, *blysa*, id.; l'anc. slave *bleskŭ*, splendeur, russe *blesnutĭ*, briller, polon. *blask*, lumière éblouissante,

[1] De là le finlandais *rauta*, fer, esthon. *raud*, lapon *roude*.

blyskot, éclair, etc.; le lithuan. *blesczoti*, briller, etc. Il n'y a donc rien d'improbable à ce que *bras*, l'airain brillant, ait une connexion réelle avec la racine *bhrâs*, bien qu'elle soit restée stérile en sanscrit [1].

d). Le nom slave ancien et moderne du cuivre et de l'airain est *miedĭ*. Je crois pouvoir comparer le sanscrit *madhuka*, bien qu'il ne désigne pas le cuivre, mais l'étain. Ce mot signifie mélodieux, comme son synonyme *surêbha*, qui sonne bien, soit par allusion à ce qu'on appelle le cri de l'étain, soit à cause de la sonorité de son alliage avec le cuivre. L'application à l'airain sonore se comprend d'elle-même.

e). Un terme tout celtique est l'irlandais *uim*, *umha*, airain et cuivre, d'où *umhaire*, un ouvrier en cuivre, en cymrique ancien *emyd*, maintenant *efydd*, avec un suffixe additionnel. L'analogie générale qui se révèle pour le sens étymologique des noms du cuivre, appuie un rapprochement direct avec le sansc. *umâ*, lumière, de la racine *av*, lucere, d'où dérivent également *avi*, soleil, et *û*, lune.

f). Enfin, l'irlandais *unga*, cuivre, se lie encore au même ordre de dérivés, comme on le voit déjà en comparant l'irlandais *ong*, soleil, feu. La racine sanscrite est *anǵ*, lucere, manifestare, *ungere*, en irland. *ongaim*. De là en sanscrit *anǵishṭha*, soleil, comme (l'astre) le plus brillant.

La nomenclature arienne du cuivre et de l'airain, malgré ses divergences, présente trop de points de rapprochement entre l'Orient et l'Occident pour laisser quelque doute sur la question essentielle. Ce métal et son alliage doivent avoir été connus et utilisés par les anciens Aryas, en même temps que le fer, et peut-être même plus tôt. Le fait de l'application de ces deux métaux aux armes, aux ustensiles et aux instruments de l'agriculture,

[1] Le zend *bĕrĕzya*, cuivre, en pers. *burinǵ*, *pirinǵ* (Spiegel. *Avesta*, p. 155), ne ressemble à *bras* qu'en apparence, mais conduit au même sens. Cf. *bĕrĕzat*, splendeur, de *bĕrĕz*, = scr. *bhrâǵ*, lucere, suivant Bopp. (*Verg. Gr.*, p. 127.)

recevra plus tard une évidence nouvelle de l'examen des termes qui se rapportent à cette classe d'objets.

§ 25. — L'ÉTAIN.

La connaissance de l'airain implique celle de l'étain, le seul métal, abstraction faite du zinc qui n'a été employé que beaucoup plus tard, qui puisse donner au cuivre la dureté nécessaire pour son application aux armes et aux outils tranchants. Ici, toutefois, le secours des langues nous fait défaut, parce que l'ancien nom de l'étain ne paraît se retrouver nulle part, et qu'il a été remplacé par des termes nouveaux. Cela s'explique par la rareté relative de ce métal qui ne se rencontre en abondance que sur quelques points isolés et très-distants entre eux. Devenu plus tard l'objet d'un lointain commerce, l'étain dès lors a transporté avec lui les noms particuliers qu'il avait reçus de ceux qui l'exploitaient, et l'usage de ces noms a prévalu partout. Aussi, aucune nomenclature n'offre-t-elle un champ d'extension aussi vaste que celle de cet utile métal. De là des coïncidences surprenantes, qui embrassent parfois les trois continents de l'ancien monde, et dont il n'est pas facile d'indiquer la source primitive. Bien que cette question ne se lie pas directement à l'objet de nos recherches, son intérêt justifiera les considérations qui suivent sur quelques-uns des noms de l'étain.

On sait que, dès les temps les plus anciens, les Phéniciens apportaient ce métal dans la Grèce et l'Asie antérieure, des deux points opposés et extrêmes du monde alors connu, l'Inde et les îles Britanniques, et ce sont là, encore aujourd'hui, les deux principales sources de ce métal. On le trouve, dans l'Inde proprement dite, près de Mewar, mais plus abondamment encore à Siam, à Malacca et dans l'île de Banca. Les mines d'étain de Cornouailles n'ont jamais cessé d'être exploitées, et c'est de là, sans aucun doute, que les Phéniciens le tiraient à l'Occident.

Plus tard, d'après Pline, on en trouva aussi dans la Lusitanie et la Gallæcie [1]. Il n'est fait mention d'aucun autre lieu d'origine de quelque importance, et il est à croire, d'après cela, que les noms classiques de l'étain devaient provenir également des deux pays qui seuls le fournissaient.

1). Le plus ancien de ces noms est le grec κασσίτερος, qui figure déjà fréquemment dans Homère, et qui avait passé aux *Cassitérides*, les îles de l'étain, comme on désignait vaguement les îles Britanniques au temps d'Hérodote [2]. On aurait donc pu présumer que ce mot devait avoir une origine bretonne et celtique ; mais la découverte du sanscrit *kastîra* est venue montrer qu'il est très-probablement indien, et que les Phéniciens allaient chercher l'étain au fond de l'Orient avant de l'avoir trouvé aussi au delà des colonnes d'Hercule.

L'identité de *kastîra* et de κασσίτερος est trop évidente pour être mise en doute, mais on est encore divisé sur la question de savoir si ce nom est originairement sanscrit ou grec. Pott, le premier, je crois, a soulevé cette alternative, et proposé, pour l'un et l'autre cas, des explications qu'il signale lui-même comme peu sûres, et qui le sont en effet [3]. Schlegel, Benfey et Lassen ne doutent pas que le terme ne soit sancrit, mais Benfey seul hasarde une étymologie malheureusement peu acceptable [4]. Par contre, les savants auteurs du dictionnaire de Pétersbourg se prononcent en faveur de l'antériorité du grec, et cela par la raison que le mot sanscrit ne figure jusqu'à présent que dans des sources relativement modernes ; et Weber incline à croire qu'il a été porté dans l'Inde

[1] Pline, *H.-N.*, l. XXXIV, c. 16.

[2] Hérod., III, c. 115.

[3] *Etym Forsch*, II, 414. Pour le grec, il pense à *candere, candidus*, et à σίδηρος pour le sanscrit, à *kâs*, lucere, ou à *ka-styâi*, quam bene sonare.

[4] Schlegel, *Ind. Bibl.*, II, 393. Lassen, *Ind. Alt.*, I, 239, II, 553. Benfey, *Griech. W.*, *L.* I, 151. Ce dernier explique *kastîra* par la réunion de deux noms de l'étain, *kasa* et *tîra*, mais, sans parler de ce qu'un tel pléonasme aurait de singulier, *kasa* n'a en réalité que le sens de pierre de touche, et c'est *kañsa* qui désigne, non pas l'étain, mais le cuivre blanc ou *toutanag*, espèce de laiton.

à l'époque des Alexandrins[1]. Il est vrai que l'étain figure, à cette époque, avec le cuivre et le plomb, parmi les articles que l'Inde recevait de l'occident[2]; mais cette circonstance n'est pas décisive pour les temps plus anciens, car on sait assez à quel point les rapports du commerce sont variables suivant les occurrences. Il faudrait une preuve bien forte pour admettre que le nom d'un produit essentiellement indien, et pour lequel le sanscrit a une trentaine de synonymes, ait été emprunté au grec. Il faudrait de plus trouver, pour κασσίτερος, une étymologie grecque tant soit peu probable, ce qui n'est pas le cas[3]. Non-seulement *kastîra* a une physionomie tout indienne, mais il me paraît s'expliquer fort bien sans sortir du sanscrit, et, si on ne l'a pas rencontré dans les sources anciennes, il n'est pas sûr qu'on ne l'y découvre pas encore, ou qu'il n'y ait jamais existé.

A côté de *kastîra*, en effet, on trouve *tîra* comme nom de l'étain, et, si l'on compare *tîrṇa,* stratus, expansus, de la rac. *tṝ,* transire, on ne doutera pas du sens de métal ductile. Or, *stîrṇa,* de *stṝ,* sternere, expandere, a exactement la même signification, et *stîra* serait le synonyme parfait de *tîra.* D'après cela, le *ka* initial ne saurait être que le pronom interrogatif, comme Pott l'a conjecturé avec raison, et *ka-stîra,* quantum ductile, désigne ainsi l'étain par une de ses propriétés caractéristiques. Nous verrons tout à l'heure un autre nom de ce métal offrir précisément le même sens.

Le sanscrit *kastîra* a voyagé au loin, avec le métal même, dans les trois continents. Du grec κασσίτερος il a passé dans l'illyrien *kositer,* et, par l'arabe *qazdîr,* il a pénétré jusqu'au sein de l'Afrique, où on le retrouve, dans le Souaquin, et chez les nègres du Dar-Four, sous les formes de *kastîr* et de *kesdir*[4].

[1] *Ind. Skizzen,* p. 75.

[2] Lassen, *Ind. Alt.*, II, 48.

[3] Weber, loc. cit., propose bien κατταςίδηρος, mais sans trop y croire lui-même.

[4] Seetzen, *Ling. Samml.*; dans Vater, *Sprach Forsch,* etc.

2). Un autre nom sanscrit de l'étain, *pâṭira*, offre quelques analogies curieuses, et difficiles à expliquer. Ce mot, qui signifie aussi champ et nuage, se lie très-probablement à *pâṭa*, extension, largeur, suivant Wilson d'une racine *paṭ*, s'étendre (to spread), que Westergaard rend par dissilire, et findere. Il aurait ainsi le même sens étymologique que *kastîra*.

Je rapporte d'abord à ce nom l'hébreu *bdil*, étain, provenu peut-être d'une forme *pâṭîla*. Gesenius, il est vrai, le fait dériver de la racine *bâdal*, en arabe *badala*, separavit : *quod*, dit-il, *in fodinis invenitur argento mixtum et vi ignis ab eo separatur.* (Lex. hebr. v. cit.) Mais les procédés employés pour extraire l'étain étaient sûrement inconnus aux Hébreux, qui ne recevaient ce métal que par le commerce. Il est donc à croire que la forme *bdil*, très-altérée de *pâṭîra*, est résultée de la tendance naturelle à lui donner une étymologie indigène.

Une coïncidence dont il est moins facile de se rendre compte, est celle de l'irlandais *péatar*, *peodar*, erse *peòdar*, *feodar*, cymr. *ffeudur*, étain, auquel correspondent l'anglais *pewter*, le hollandais *peauter*, alliage d'étain et d'antimoine, et le vieux français *peautre*, *piautre*, étain. Ce mot a-t-il passé de l'anglais à l'irlandais, ou *vice versa*, et, dans le premier cas, d'où est venu *pewter?* Comme il ne se trouve pas dans l'anglo-saxon, on pourrait croire qu'il provient des relations du commerce moderne avec l'Inde; mais voici qu'il reparaît dans le scandinave *piâtr*, stannum foliatum [1], qui ne saurait avoir une origine aussi récente, et qui semble emprunté à l'irlandais. D'un autre côté, il n'est guère possible d'admettre la supposition d'une affinité primitive entre ce dernier et le sanscrit pour le nom d'un métal que rien n'indique avoir été connu des Aryas. Ce mot de *pâṭîra* aurait-il pénétré en Europe au xve siècle avec les Zinganis, qui faisaient souvent le métier de fondeurs d'étain ambulants? C'est peut-être dans les dialectes de cette race errante venue de l'Inde, que l'on trouverait la solution de cette énigme.

[1] Biorn, *Lex. island.*, v. cit.

3). Quelques mots encore sur le nom européen de l'étain dont le latin *stannum* est le représentant le plus ancien, mais non sans doute la source première. De là sont dérivés l'ital. *stagno*, l'espagn. *estaño*, l'ang.-sax. et angl. *tin*, l'anc. all. *zin*, le lithuan. *cinnas*, le polon. *cyna*, etc. ; mais *stannum* lui-même me paraît être un vieux nom celtique venu, avec le métal, des mines de la Cornouaille. C'est dans le cornique et le cymrique, en effet, que se trouve son étymologie la plus probable.

Les formes celtiques de ce mot sont en cymr. *ystaen*, en cornique *stêan*, en armor. *stéan*, *sten*, *stin*, en irland. *stan*, *stain*, en erse *staoin*. Le cymrique *ystaen* signifie proprement extension, *taen*, étendue, stratum, *taenu*, s'étendre, *ysteiniaw*, étendre, etc. La présence constante de la diphthongue empêche de comparer la race sansc. *tan*, extendere, conservée d'ailleurs dans le cymr. *tanu*, id., et il est probable qu'un *v* intermédiaire a disparu. Ce qui en donne la presque certitude, c'est que le cornique *teva* (cymr. *tefu*, *tafu*) signifie aussi étendre, et *stous*, pour *stovus* (cymr. *ystaf*, ou *ystafus?*), étendu. A la même racine se rattachent le cymr. *tafawd*, corn. *tavot*, *tavaz*, langue, dont le *v* disparaît également dans l'armoricain *téôd*, le cymr. *tefydd*, ample, large, *ystefaig*, le palais de la bouche, etc. — Cette racine *tav*, *taf* paraît correspondre au sanscrit *tu*, crescere, d'où nous avons vu dériver le nom de l'océan, *tavisha*.

Ainsi, pour nous résumer, *ystaen* ou *stêan*, pour *ystafen*, *stêvan*, a désigné le métal qui s'étend, le métal ductile, comme *kastîra* et *pâṭîra*, et le latin *stannum* doit provenir d'une forme *stavnum* ou *stavenum*, ce qui rend compte de la réduplication de l'*n*.

§ 26. — LE PLOMB.

Beaucoup plus répandu que l'étain, le plomb n'offre pas des applications aussi utiles que les autres métaux pour une civilisation peu avancée. Il ne s'allie pas avec le cuivre, et sa mollesse le rend impropre à la confection des armes et des instruments de travail. On a dû, dans l'origine, en faire peu de cas, et ses noms même témoignent quelquefois du rang inférieur qu'on lui assignait. Ainsi, en sanscrit, où l'étain déjà est appelé *kurupya*, mauvais argent, le plomb à son tour a reçu l'épithète de *kuvanga*, mauvais étain. Ce mépris du plomb explique comment ce métal, connu sans doute dès la plus haute antiquité, mais oublié par ceux qui n'en faisaient point usage, a reçu presque partout de nouveaux noms quand on a commencé à l'utiliser. Ici et là seulement, on peut conjecturer quelques rapports de filiation primitive, mais on ne remarque aucune de ces affinités étendues qui dissipent toute espèce de doute. C'est ce que montreront les observations suivantes.

1). Un des noms sanscrits du plomb (il y en a une trentaine dont plusieurs lui sont communs avec l'étain) est *bahumala*, composé de *bahu*, beaucoup, et de *mala*, ordure, saleté, résidu, etc., soit parce que le plomb salit les mains quand on le touche, soit parce qu'il laisse des crasses après la fusion. Ce composé ne se rencontre nulle part ailleurs, mais le grec μόλιϐος, μόλυϐος, μόλυϐδος, qui se rattache à μολύνω, salir, souiller, a la même origine que *mala*. Le suffixe secondaire ϐο répond au sanscrit *va*, dans *kêçava*, chevelu, de *kêça*, cheveux, et ailleurs. La forme homérique μολιϐος supposerait un thème sanscrit *malava*, avec le sens de métal sale, et l'existence réelle de cette forme semble indiquée par l'hindoustani *mulva*, plomb, et le zingani *molliwo*, qui a passé à l'étain [1]. La province de *Mâlava* aura été appelée ainsi parce qu'elle fournissait du plomb, plutôt que d'avoir donné son nom au métal, comme le pense Bohlen [2]. Pott, il est vrai, conjecture que *mulva* vient de μόλυϐος, mais rien n'appuie cette hypothèse, puisque l'Inde fournit beaucoup de plomb, et que ses trente noms sanscrits devaient bien suffire à le désigner. Il est

[1] Pott, *Kurd. Stud.*; dans le journal de Lassen, *Zeitsch. f. d. Kunde, d. Morgenlands*, IV, p. 261.

[2] *Das alte Indien*, II, 118.

donc très-probable que μόλυϐος provient bien de l'antique fond de la langue arienne primitive.

Ce fait acquerrait un degré de certitude de plus si, comme le croit Pott [1], on pouvait rattacher ici l'anc. slave *olovo*, plomb, lithuan. *alwas*, étain, d'où l'*m* initial aurait disparu, comme dans le lithuan. *agonà*, pavot, en lettique *maggons*=μήκων, etc. ; mais il se présente encore une autre explication qui viendra bientôt.

2). On a cherché, par des transitions phoniques un peu forcées, à identifier avec μόλυϐος le latin *plumbum*, mais son origine est sans doute tout autre. En sanscrit, l'étain est appelé *âlînaka*, de *âlîna*, liquéfié (rac. *lî*), à cause de sa fusibilité, et *plumbum* paraît avoir le même sens, si on le rapporte à la racine *plu*, *plav*, *plab*, superfluere, natare, qui se retrouve dans la plupart des langues ariennes [2]. Le cymrique *plwm*, corn. *plobm*, armor. *ploum*, est probablement emprunté du latin.

L'anc. allemand *plî*, *plio* (génit. *pliwes*), scand. *bly*, allem. *blei*, n'offre avec *plumbum* qu'une analogie trompeuse, à moins qu'il n'en provienne, ainsi que plusieurs l'ont pensé. Le *p* initial, en effet, devrait être représenté par *f*, comme dans *flôwan*, *flut*, etc., si l'affinité était primitive. Suivant Grimm, ce nom se lie à l'anc. allem. *plaô*, ang.-sax. *blaô*, scand. *blâr*, allem. *blau*, etc., bleu, livide, dont la racine se trouve dans le gothique *bliggvan*, tundere, à cause de la couleur livide produite par les coups. De là l'anc. all. *pliuwan*, frapper, bleuir de coups [3].

3). L'ang.-sax. et anglais *lead* est d'origine celtique, et provient de l'irlandais *luaidh*, plomb. La racine *lu*, avec le sens de se mouvoir, couler (Cf. λόω, *lavo*, et le sansc. *ru*, ire), se montre dans l'irland. *lua*, eau, *luadh*, mouvement, *luas*, rapidité, *luath*, rapide, etc., et *luaidh* paraît désigner le métal qui coule facilement.

[1] *Etym. Forsch*, I, 113.

[2] Cf. lat. *pluo*, *pluvia*, grec πλύνω, laver ; angl.-sax, etc., *flôwan*, couler ; lithuan., *plauti*, laver ; anc. slave, *plouti*, naviguer ; irland., *plodaim*, flotter ; armor., *pluia*, *plouma*, *pluñia*, plonger, etc.

[3] Diefenbach, *Goth. W. B.*, I, 311.

C'est à la même racine que me semble appartenir l'anc. slave *olovo*, plomb, russe *ôlovo*, étain, pol. *olów*, plomb, illyr. et bohém. *olovo*, id. ; lithuan. *alwas*, lett. *alwa*, étain, d'autant mieux que cette racine est conservée dans le polonais *lu-nać*, fondre, verser, à côté de *li-nać*, l'anc. slav. *li-ti*, le sansc. *lî*. Cf. russe *lóĭ*, chose fondue, polon. *lóy*, suif, etc. [1].

Les noms sanscrits et persans du plomb offrent entre eux, et en dehors de la famille arienne, plusieurs analogies intéressantes, mais que nous devons laisser de côté pour éviter des digressions trop multipliées. On voit, par ce que nous venons de dire, qu'une seule coïncidence entre le sanscrit et le grec, peut être admise comme préhistorique.

§ 27. — RÉSUMÉ DES RECHERCHES SUR LES MÉTAUX.

Nous avons limité nos considérations aux six métaux les plus usuels, parce que les autres, y compris le mercure, qui cependant doit avoir été connu très-anciennement, ou n'ont été découverts que beaucoup plus tard, ou sont restés longtemps sans applications utiles.

D'après les analyses comparées qui précèdent, on peut conclure avec une grande certitude que les Aryas, avant le moment de leur dispersion, possédaient les quatre métaux les plus importants par leurs propriétés, savoir : l'or, l'argent, le fer et le cuivre. L'usage du bronze, que l'on ne saurait non plus leur dénier, implique aussi la connaissance de l'étain ; mais ici les langues nous laissent sans secours, et il est probable que la rareté relative de ce métal et son emploi restreint, ont contribué à faire oublier ses noms les plus anciens. Le plomb aussi doit sans doute avoir été connu, et, si ses noms ariens divergent plus que ceux

[1] Miklosich, *Rad. slov.*, pense au sansc. *lû*, scindere.

des quatre premiers métaux, il faut l'attribuer au peu d'usage que l'on en faisait.

Une possession presque complète des corps métalliques les plus utiles à une époque aussi reculée, est un fait digne d'attention, et d'où l'on peut tirer quelques inductions intéressantes. Ce fait témoigne d'abord d'une culture matérielle assez avancée; et il prouve de plus que l'ancienne demeure des Aryas devait être un pays naturellement riche en produits métalliques, c'est-à-dire un pays de montagnes. Ceci confirme de nouveau les conclusions déjà tirées de l'étude des termes topographiques.

Quant au premier point, il ne faut pas oublier que les données linguistiques ne nous éclairent que sur l'état des Aryas immédiatement avant leur dispersion, c'est-à-dire sur l'époque de leur plus haut développement de civilisation relative. On ne saurait douter que cette époque n'ait été précédée par plusieurs siècles, tout au moins, de progrès graduel, puisque les Aryas ont dû, comme nous le verrons, débuter par la vie pastorale avant de se livrer aux travaux de l'agriculture et de l'industrie. Il est donc probable que la conquête des métaux s'est opérée successivement, et rien n'empêche d'admettre, pour les Aryas, l'hypothèse récemment adoptée par quelques archéologues, pour les peuples du nord de l'Europe, d'un âge de pierre antérieur à l'âge d'airain et à celui de fer, bien qu'ici, en ce qui concerne la race primitive, les faits linguistiques restent insuffisants pour la démontrer. Ce n'est pas une raison, sans doute, pour la rejeter en ce qui regarde l'Europe du nord, si l'étude des anciennes sépultures et des débris qu'elles renferment, vient à la confirmer mieux encore; mais il ne faut pas vouloir l'étendre prématurément au delà du champ des observations réelles. Pour l'Europe même, on reste encore dans le doute si l'âge de pierre, où aucun métal n'était employé, appartient à la même race d'hommes que les âges d'airain et de fer, ou à quelque peuple aborigène qui aurait précédé l'immigration des Aryas. Il serait, à coup sûr, assez difficile d'expliquer comment les Celtes et les Germains, qui ont dû apporter avec eux la connaissance de l'airain et du fer, aussi bien que celle de l'or et de l'argent, puisqu'ils en ont conservé les noms ariens primitifs, auraient rétrogradé jusqu'à la pierre avant de revenir à l'usage des métaux. Ce qui semble plus probable, c'est que la facilité de travailler le cuivre et le bronze a donné à ces métaux une sphère d'application plus étendue, sans que pour cela la connaissance du fer se soit entièrement perdue. C'est, en effet, ce qui a lieu chez les Grecs, où le bronze surtout servait à la fabrication des armes du temps d'Homère, époque à laquelle, cependant, le fer était fort bien connu [1]. Il est certain que, dans l'Orient, ce dernier métal a été en usage de temps immémorial, puisque la Genèse parle déjà de Tubal Caïn, fils de Lémec, qui forgeait, avant le déluge, toutes sortes d'instruments d'airain et de fer [2].

Pour ce qui concerne la seconde question, celle de la position géographique, on doit reconnaître que notre hypothèse bactrienne trouve ici une confirmation nouvelle. Bien que l'on connaisse mal encore les produits minéralogiques de ce pays, on sait cependant que l'Hindoukouch, le Belourtagh et leurs embranchements, abondent en métaux de toute espèce. D'après Burnes et Meyendorf, on trouve de l'or, et même des pépites, dans les sables de l'Oxus, et de plusieurs fleuves de la Boukharie [3]. Meyen-

[1] Le fer était tenu en grande estime, comme on le voit au chant VI, v. 47 de l'*Iliade*, par les paroles d'Adraste :

Πολλὰ δ'ἐν ἀφνειοῦ πατρὸς κειμήλια κεῖται,
Χαλκός τε χρυσός τε πολύκμητος τε σίδηρος.

« Beaucoup de trésors sont réunis chez mon père qui est riche : de l'airain, de » l'or et du fer bien travaillé. »

[2] Genèse, IV, 22. — Suivant Gesenius, Tubal Caïn signifie *scoriarum faber*, de l'arabe *kayn*, forgeron, et de *tûbâl*, scories métalliques. Ce dernier mot, qui s'écrit aussi *tupâl*, est persan, et non sémitique, et il désigne de plus le cuivre. Il ne se trouve, en sanscrit, ni dans l'un ni dans l'autre sens, mais sa racine paraît être *tup*, *tumb*, *tub*, frapper, le grec τύπτω, anc. slav. *tâpiti*, cymr. *twmpian*; goth. *stimp*, *stamp*, *stump*, suivant Grimm (*D. Gramm*, II, 58), etc. Il est singulier de trouver ainsi un mot arien dans la Genèse.

[3] Burnes, *Voy. à Balkh*, III, 127, trad. franç. — Meyendorf, *Voy. à Boukhara*, p. 370.

dorf vit à Boukhara des minerais très-riches de cuivre et de plomb, extraits des montagnes orientales. L'argent et le fer n'y manquent sûrement pas, et il est possible que l'étain s'y rencontre en petite quantité. Il serait difficile de trouver réunis ailleurs, dans le champ des conjectures admissibles pour l'ancienne demeure des Aryas, les six métaux qu'ils doivent avoir connus.

CHAPITRE II.

LES PLANTES.

§ 28. — OBSERVATIONS PRÉLIMINAIRES.

A un bien plus haut degré que le règne minéral, l'ancienne flore arienne nous éclairerait sur la question géographique, si nous pouvions la connaître d'une manière suffisamment complète; car, si l'on excepte les plantes introduites par la culture, la végétation des divers pays ne doit pas avoir sensiblement changé depuis les dernières révolutions terrestres. Mais justement ici, où l'on pourrait s'attendre à trouver des faits décisifs, des circonstances de diverse nature se réunissent pour restreindre considérablement le champ des recherches possibles.

En supposant, en premier lieu, ce qui est assez probable, que les Aryas aient possédé une nomenclature riche et complète de la flore de leur pays, il est évident qu'en se dispersant au loin, et en perdant de vue les objets qu'elle désignait, ils l'auront oubliée en grande partie. Quelques plantes alimentaires d'un transport facile, et devenues nécessaires, auront seules échappé à cet oubli, ainsi qu'un petit nombre de végétaux qui, se rencontrant partout, peuvent avoir conservé ici et là leurs noms primitifs. Mais, ici même, une certaine confusion a dû nécessairement s'introduire ; car, à défaut de notions botaniques, les races émigrantes ont naturellement appliqué les noms anciens aux végétaux de leurs nouvelles demeures sans trop s'enquérir de l'identité des espèces, et d'après des ressemblances fort peu scientifiques d'aspect ou de propriétés. A part quelques exceptions, limitées à une classe de plantes, la flore de chaque pays a fait surgir, avec le temps, une terminologie presque entièrement nouvelle.

Une circonstance particulièrement défavorable, c'est que le sanscrit, ce flambeau qui dissipe presque seul les ténèbres de la linguistique comparée, nous fait ici grandement défaut. Les Aryas de l'Inde, en effet, transportés au sein de la végétation tropicale, entourés de merveilles qui se révélaient à leurs yeux pour la première fois, ont créé de toutes pièces une nomenclature infiniment riche, mais demeurée étrangère aux Ayras de l'Occident. Même la terminologie botanique des peuples iraniens diffère presque totalement de celle de l'Inde, et, à plus forte raison, celle des races européennes. Le zend aurait pu combler en partie cette lacune regrettable, si les ressources qu'il offre sous ce rapport étaient moins exiguës ; mais le persan moderne a été envahi par tant d'éléments étrangers, et présente, en général, des formes si corrompues, qu'il reste d'un bien faible secours pour la recherche des origines.

Trop souvent donc, on se trouve réduit, pour les noms de plantes, aux langues de l'Europe. C'est dire que, soit pour le rapprochement des termes, soit pour leur étymologie, on est exposé à bien des chances d'erreurs. Les analogies qui se révèlent entre les mots comparés sont loin d'impliquer toujours une origine commune et ancienne, parce que beaucoup de transmissions ont eu lieu de peuple à peuple, surtout pour les plantes cultivées, et que nous connaissons trop mal l'histoire de ces dernières pour prononcer dans chaque cas avec quelque sûreté. D'un autre côté, les termes dont le sens étymologique est clair, sont tous plus ou moins modernes, et ceux que l'on peut regarder comme anciens sont, en général, isolés et d'origine obscure. Il peut, dans cette dernière classe, se trouver des noms qui remontent réellement à l'époque primitive; mais, faute de points de comparaison avec l'Orient, il n'est plus possible de les reconnaître autrement que par des conjectures.

Il faut enfin ajouter à tout cela, comme je l'ai dit déjà, que la portion de l'Asie où nous pouvons chercher la première patrie des Aryas est à peu près inconnue, de nos jours, aux botanistes. C'est là, sans doute, que l'on peut espérer de trouver plus tard de nouvelles lumières sur les origines et l'histoire des espèces cultivées, ainsi que sur l'ancienne nomenclature arienne, si toutefois les langues indigènes en ont gardé quelques traces. Les dialectes encore presque inexplorés des montagnards de l'Hindoukouch, et des hautes vallées de l'Oxus, apporteront peut-être un jour des secours inattendus pour la solution de bien des questions.

On voit ainsi que tout concourt à amoindrir les résultats que l'on pouvait se promettre de la comparaison des noms des plantes, et on ne s'étonnera pas du petit nombre des faits décisifs en présence de toutes les causes qui ont concouru à les restreindre. Il faudrait s'étonner plutôt de ce qu'il en est resté suffisamment encore pour nous reporter quelquefois avec certitude jusqu'aux premières origines de notre race.

Dans les recherches qui suivent, nous comparerons d'abord quelques-uns des termes généraux relatifs aux plantes et à leurs diverses parties. Nous passerons de là aux noms particuliers des espèces, en nous attachant surtout à ceux des végétaux qui ont servi de très-bonne heure à l'alimentation et à d'autres usages.

SECTION I

LE VÉGÉTAL ET SES PARTIES.

§ 29. — L'ARBRE.

Les noms généraux ont ici quelque importance, parce que, plus d'une fois, ils ont passé aux espèces particulières. L'arbre, en effet, tire souvent ses noms de quelqu'une de ses parties, de ses branches, de ses feuilles, de ses racines, etc. ; et si une espèce se distingue par un développement marqué de ces mêmes parties, elle prend facilement la dénomination de la classe entière. On en verra bientôt plus d'un exemple.

La synonymie arienne primitive de l'arbre doit avoir été très-riche, à en juger par les débris épars que l'on en retrouve encore dans les langues de la famille. Les coïncidences directes sont assez rares, mais le nombre des analogies s'augmente si l'on tient compte des transitions qui ont eu lieu évidemment du général au particulier. Je commence par les premières.

1). Sansc. *dru*, *druma*, *druta*, arbre ; *dravya*, ce qui provient de l'arbre ; zend *dru*, id. ; *drvaêna*, ligné.

Ancien slave *drievo*, arbre (*drěva* (pl.) ligna) ; russe *drévo*, (*drová*, bois à brûler), pol. *drzewo*, illyr. *dervo*, id. ; bohém. *drwo*, bois. — Lithuan. *derwà*, bois de pin.

Goth. *triu* (génit. *trivis*) arbre, bois, tronc.; ang.-sax. *treôw*, *treô*, scand. *trê*, angl. *tree*. — Le scand. *drumbr*, tronc, se lie peut-être au sanscrit *druma*, malgré l'irrégularité du *d* inaltéré.

Grec δρῦς (génit. δρυὸς pour δρυϝος) arbre et, plus spécialement le chêne, l'arbre par excellence. De là, δρυμὸς, forêt et bois de chêne (cf. sansc. *druma*). Le sens général reparaît dans δρύον, δρίον, taillis, forêt, montagne boisée, etc. A la forme sanscrite *druta*, répond δρύτη, δροίτη, mais dans l'acception toute spéciale de caisse de bois, baignoire, bière (cf. irland. *drotla*, poutre, timon).

Alban. *dru*, δρου, bois, arbre.

A côté de *dru*, on trouve en sanscrit *dâru*, bois, et nom d'une espèce de pin, Pinus Deodara, ou *dêvadâru*, bois divin, dont la première forme n'est sûrement qu'une contraction ; comme *ğnu*, *snu*, de *ğânu*, *sânu* [1]. Cela est d'autant moins douteux que cette forme plus complète reparaît dans les autres langues avec toutes les acceptions de *dru*. Ainsi le zend *daoru* (*dâuru?*) (Spiegel.

[1] Kuhn, *Zeitsch*, IV, 87.

Avesta. p. 140), le persan *dâr*, kourd. *dár*, arbre, bois, belout. *dâr*, bois, armén. *dzar*, arbre, et, avec un nouveau suffixe, le persan *dirach, diracht*, arbre, plante ; belout. *darashch*, id. Ainsi, encore, l'anc. all. *tar*, arbre, à la fin des composés. Le grec δόρυ (génit. δορὸς, δουρὸς) bois, puis tout ce qui est en bois, poutre, lance, navire, etc., conserve le sens du sansc. *dâru*[1], mais l'irlandais *daire, doire*, prend celui de forêt, taillis ; et, de même que δρῦς désigne le chêne, l'irlandais *dair, duir, darach*, cymr. *dar, derw, derwen*, armor. *derv, derô*, est devenu le nom de ce même arbre.

Cette identité de *dru* et de *dâru* est importante pour l'étymologie du mot, parce qu'elle conduit à la rac. *dṝ* (*dar*) diviser, fendre (cf. δέρω, goth. *tairan*, anc. slave *drati*, lithuan. *dirti*, etc.) Kuhn, qui indique aussi cette dérivation, l'entend dans le sens de l'arbre que l'on dépouille de son écorce[2] : je croirais plutôt que le bois ou l'arbre ont reçu ce nom de leur propriété caractéristique de se fendre facilement dans le sens de leurs fibres. Cette explication se confirme par le sanscrit *dalika*, bois, de la rac. *dal*, diviser = *dṝ*.

2). Sansc. *rôhi, rûksha*, arbre, tous deux de la rac. *ruh*, crescere, d'où dérivent aussi plusieurs noms spéciaux d'arbres et de plantes, *rôhin, rôhina*, le figuier-indien, *rôhisha*, espèce de graminée, etc. — Le persan *arûgh*, tronc, souche, tige, répond au sanscrit *âruh*, pousse, rejeton ; mais, par le changement ordinaire de *h* et *z* ou *j*, *ruh* devient, en persan, *ruzîdan, rujidan*, croître, augmenter.

Les langues slaves suivent en ceci l'analogie iranienne, et il faut rattacher ici l'anc. slave et russe *rozga*, polon. *rózga*, verge, tige, et, avec la transition de *r* à *l*, l'anc. slave *loza*, russe *lozà*, verge, cep, polon. *lozia*, id., *lozyna*, buisson, etc. ; en lithuan. *laużas*, branche, menu bois.

Le sansc. *rôhisha* désigne une graminée, probablement de

[1] D'après Kuhn (loc. cit.), le génitif δόρατος, se lie à un thème augmenté par le suffixe ατ, ϝατ = sansc. *vat*, avec le sens de *ligneus*.

[2] Kuhn, loc. cit. IV, 86.

sa croissance rapide, et on retrouve de même la racine *ruh* dans le nom slave, lithuanien et germanique du seigle, russe *rojĭ*, lithuan. *ruggiei* (plur.), anc. all. *roggo*, etc., auquel nous reviendrons ailleurs. Le jonc, qui ne croît pas moins vite, s'appelle en russe *rogozŭ*, en polon. *rogoż*, en bohém. *rohoż*, etc.

Le sanscrit *rûksha*, de la forme désidérative de *ruh* (*ruruksh*, cf. *vṛksha*, arbre, de *vṛh*, crescere), explique peut-être un terme gothique resté fort énigmatique jusqu'à présent, savoir *rôhsns*, αὐλή, cour, vestibule. Sauf l'addition d'un suffixe *n*, la forme correspond complétement, mais, au premier coup d'œil, le sens ne paraît avoir aucun rapport. On peut conjecturer toutefois que, dans le principe, *rôhsns* ne signifiait que le devant, l'abord de la maison, et comme, de tout temps, on s'est complu à l'orner, et le protéger par quelque ombrage naturel, le terme gothique pourrait avoir désigné primitivement l'arbre ou les arbres qui entouraient l'entrée de la demeure.

En irlandais, le groupe sanscrit *ksh* perd sa gutturale, et se réduit à *s*, comme dans *deas*, dexter, en sansc. *daksha*, *eas*=lat. *ex*, etc. Ainsi *ruksha* est devenu *rús*, *rós*, bois, bosquet, par une extention de sens analogue à celle de δρυμὸς comparé au sansc. *druma*, arbre. Et, de même que le slave *loza* change *r* en *l*, l'irlandais *lus*, plante, herbe, cymr. *llys*, armor. *louzou* (plur.), ne paraît être qu'une forme modifiée de *rus*.

3). Sanscr. *parṇin*, arbre, littér. qui a des feuilles, de *parṇa*. feuille. De là plusieurs noms de végétaux remarquables par leur feuillage : *parṇa*, *parṇin*, le Butea frondosa, *parṇî*, une plante aquatique (Pistia stratoites), *parṇasi*, le lotus, etc. La racine est *pṝ*, *par*, soit dans le sens de implere, complere, à cause de l'abondance des feuilles (Cf. *puru*, πολυ, multus), soit plutôt dans celui de tutari, custodire, *parṇa*, la feuille qui couvre et ombrage.

Ce nom de l'arbre se retrouve dans le cymrique *pren*, arbre et pièce de bois, corn. *pren*, *prin*, id. armor. *prenn*, bois, barre. En irlandais, où le *p* primitif se change souvent en *c*, comme dans *corcur*, purpur, *cuig*, sansc. *pańća*, quinque, etc., ce mot devient *crann*, arbre, bois, poutre.

Comme la fougère se distingue surtout par la grandeur et la forme singulière de ses feuilles, je compare aussi avec *parṇa*, l'anc. all., *farn*, ang.-sax. *fearn*, angl. *fern*, fougère.

4). Sansc. *varaṇa*, arbre, et aussi une espèce distincte, Capparis trifoliata. Ce mot signifie protection, couvert, et dérive de la rac. *vṛ*, *var*, tegere, circumdare.

Dans les langues celtiques, ce nom a été appliqué spécialement à l'aune, en irland. *fearn*, cymr. *gwern*, armor. *gwern*, d'où le français *verne*. L'irlandais *fearna*, cymr. *gwernen*, armor. *gwern*, signifie un mât de vaisseau. Cela semble indiquer que le sens général d'arbre était le primitif, à moins que les Celtes britanniques n'employassent que des troncs d'aune pour faire des mâts, ce qui est peu probable.

5). Sansc. *sâla*, arbre, et nom spécial du Shorea robusta, grand et bel arbre qui figure souvent dans les images épiques. En persan *sâl*, arbre.

Ce nom semble avoir passé au saule dans plusieurs langues européennes, en grec ἑλίκη, lat. *salix ;* ang.-sax. *seal*, *sealh*, scand. *selia*, anc. all. *salaha ;* irland. *sail*, *saileach*, cymr. *helyg*, armor. *halek*, etc. Comme le saule aime l'eau, et que, dans l'Inde, les grands arbres ne prospèrent guère sans beaucoup d'humidité, tous ces noms dérivent probablement de *sala*, eau (rac. *sal*, ire), et ont désigné primitivement l'arbre comme le végétal qui en a besoin pour sa croissance.

Ce n'est qu'avec doute que je tente de rattacher ici le latin *sylva*, grec ὕλη, forêt. Un dérivé sanscrit *sâlava*, signifierait *qui a des arbres*, mais le changement de la voyelle offre quelque difficulté. On pourrait admettre que, dans ὕλη pour σαλϝη, l'influence rétroactive du digamma disparu a contribué à la contraction ὑλ de σαλ, mais cette explication semble faire défaut pour *sylva* où le *v* est resté. Cependant, comme l'*y* témoigne d'une relation directe avec le grec, le mot pourrait provenir de l'époque où la transition de σαλϝη à ὕλη était en voie seulement de s'accomplir.

6). Sansc. *pallavin*, arbre, c'est-à-dire branchu, de *pallava*, branche, pousse, et aussi extension, expansion, de la rac. *pall*, ire. — En ossète *pallas*, arbre.

Je compare l'anc. allem. *felwa*, saule, avec d'autant plus de confiance que le saule se distingue par la multiplicité de ses branches, et leur rapide croissance.

7). Sanscr. *phalin*, *phalita*, arbre, littér. qui a des fruits, de *phala*, fruit; aussi *phalada*, qui donne des fruits. La racine est *phal*, dehiscere, findi et fructum edere.

Le composé *phalada* se retrouve presque intact dans le cymrique *palad*, *paled*, *paladr*, tronc, tige, poutre, trait, lance, rayon, etc., où le sens primitif s'est généralisé, comme on le remarque pour les acceptions diverses du grec δόρυ, et de l'anglais *beam*.

8). Sansc. *kuṭa*, *kuṭi*, arbre, aussi *kuṭha*, *kuṭhi*, *kuṭhâra*, de la rac. *kuṭ*, *kuṇṭ*, *ćuṭ*, *ćuṇṭ*, scindere, mutilare, *kuṇṭh*, mutilem esse. Le *ṭ* cérébral paraît provenir ici de la suppression d'un *ṛ* médial, car *kuṭ*, *ćuṭ*, *ćuṇṭ*, sont sans doute identiques à *kṛt*, *kṛnt*, *ćṛt*, scindere. (Cf. l'anc. slave *ćrtati*, couper.) Une autre forme de cette racine est *kaḍ*, *kaṇḍ*, *ćuṇḍ*, scindere, d'où *kâṇḍa*, tronc. A l'une ou à l'autre appartient le persan *kundah*, tronc coupé, et à *kaḍ*, sans doute l'ossète *qad*, arbre, *qadach*, tronc.

Au sansc. *kuṭa* paraissent se lier le cymrique *coet*, *coed*, bois, *coeden*, arbre, armor. *koat*, *koad*, bois, forêt, et l'irlandais *coid*, broussaille, taillis; et je crois qu'il faut rapporter au même groupe général, κοντός, *contus*, pieu, lance, bâton, et peut-être *caudex*, tronc.

9). D'où vient le latin *arbor* dont je ne connais jusqu'à présent aucune étymologie acceptable? Bopp, il est vrai, compare le zend *urvara*, arbre, mais il avoue lui-même que la forme plus ancienne *arbos*. (*arbosem* dans Fest.), conservée dans *arbustum*, est difficilement explicable [1]. A défaut d'un terme sanscrit correspondant, je crois que l'on peut rattacher *arbor* à la même

[1] Bopp, *Vergl. Gramm.*, p. 22. Burnouf, *Yaçna*, I, p. 133, introd. dérive *urvara* de *uru*, *urva*, grand.

racine que *arbha*, dans le sens de herbes en général qu'indique Wilson, et qu'omettent, je ne sais pourquoi, les auteurs du dictionnaire de Pétersbourg. Cette racine ne peut guère être que *rabh*, *labh*, desiderare, obtinere, adipisci, d'où *rabhasa*, joie, et *labhasa*, richesse, et dont la forme primitive *ṛbh*, *arbh*, est indiquée par le grec ἀλφω, ἀλφαίνω, adipisci, mereri. Un dérivé *arbhas*=*arbos*, signifierait ce qui est désiré, obtenu, un gain, un produit, et a pu désigner dans l'origine un arbre à fruit. Quelques noms de plantes et de fruits semblent provenir de la même racine; ainsi le sansc. *rāmbha*, bambou, *rambhâ*, plantain, le persan *arbû*, poire, et peut-être l'anc. allemand *reba*, vigne. Celui du peuplier, *albari*, *alpari*, dans cette dernière langue, paraît aussi se lier à *arbor* [1].

10). Une dernière coïncidence à signaler est celle du lithuanien *médis*, arbre, avec le scandinave *meidhr*, id., et l'irlandais *maide*, bois, pieu, bâton. Ce triple rapport indique une origine arienne, et l'on trouve, en effet, en sanscrit *mêdhi*, qui désigne le pilier placé au centre de l'aire à battre le grain, et dont le sens primitif peut bien avoir été celui de tronc ou d'arbre. L'étymologie en est incertaine, car on ne saurait le rapporter qu'à la racine *midh*, *mêdh*, *mith*, *mêth*, dans l'acception de ferire, occidere, peut-être aussi scindere, ce qui s'accorderait avec la dérivation de *kuṭa*, arbre. (Cf. n° 8.)

§ 30. — LE TRONC, LA TIGE.

1). Sansc. *stambha*, tronc, tige, pilier, colonne, de la rac. *stabh*, *stambh*, stabilire, fulcire. Cf. στέμφω, fouler; anc. allem. *stamphôn*, *stemphan*, id., scand. *stemma*, cohibere, etc.

La forme sanscrite est parfaitement conservée dans le lithuanien *stambas*, tige de plante, aussi *stambras*; puis dans l'anc.

[1] Graff, *Deut. Spr. Schatz.*, voc. cit.

allem. *stam* (plur. *stamma*, pour *stamba?* L'ang.-saxon *stemn*, scand. *stofn*, tronc, tige, offrent un suffixe *n* particulier; et l'anc. allem. *stab*, ang.-sax. *staf*, scand. *stafr*, bâton, verge, ne présente plus que la racine simple. Une autre formation s'observe dans le russe *stebelĭ*, bohém. *stéblo*, tige, illyr. *stablo*, et *stabar*, arbre, dont le suffixe correspond au grec σταφυλή, cep de vigne. Il faut ajouter le lithuanien *stēbas*, dimin. *stēbelis*, pilier, mât, l'irlandais *stumpa*, pilier, et l'erse *stob*, tronc.

2). Le sanscrit *kalama* ne désigne plus que le roseau à écrire, et une espèce de riz, mais il doit avoir eu le sens général de tige, tronc, comme l'indiquent les analogies multipliées des autres langues ariennes.

En grec κάλαμος, tige et roseau; en latin *calamus*, *culmus* et *columna*, proprement tronc; en ang.-sax. *healm*, scand. *hâlmr*, anc. all. *halm*, tige; en lithuan. *kélmas*. tronc et *szalma*, poutre; en russe *solóma*, pol. *sloma*, illyr. *slama*, paille (par changement de *k* en *s*, probablement de *ç*); en irland. *colbh*, tige, *columhan*, *colamhuin*, pilier; cymr. *cala*, *colof*, tronc, *colofn*, pilier, armor. *kelf*, tronc, etc., etc.

L'origine étymologique de ce mot, éminemment arien, n'est pas facile à déterminer, à cause des acceptions variées de la racine sanscrite *kal*. Celle qui semble le plus probable est gestare, ferre, puisque l'office principal du tronc et de la tige est de servir de support au végétal.

Je laisse de côté d'autres analogies plus ou moins douteuses.

§ 31. — LA BRANCHE.

1). Sansc. *çâkhâ*, branche, bras, *çikhâ*, branche, pointe, sommet. — De là *çâkhin*, arbre (branchu). La racine est *çâkh*, pervadere, amplecti. Pers. *shâch*, *shach*, *shagh*, *shaghah*, branche, et par inversion *azgh;* afghan *shach*, id., armén. *tsaghi*, bâton.

Ce mot se retrouve dans le lithuanien *szakà*, branche, et *szaknìs*, racine, le russe *sukŭ*, *sučokŭ*, le polon. *sęk*, bohém. *suk*, etc. [1]. Le grec ὄσχη, et le cymrique *osgl*, semblent offrir la même inversion que le persan *azgh*.

2). Au sansc. *çanku*, souche, bâton (rac. *çak*, sustinere, ferre), répond le persan *sank*, id., et, sans doute, aussi *kang*, branche. Le cymrique *cainc*, *caing*, branche, l'a conservé presque inaltéré.

3). Sansc. *lankâ*, branche. — Probablemen, de la racine *lak*, *rak*, adipisci.

Comme les noms de la branche et du bras sont souvent les mêmes, je rattache ici le lithuan. *rankà*, bras et main ; anc. slav. *rãka*, rus. et illyr. *ruka*, polon. *rēka*, main. — Le latin *racemus*, paraît se lier à la même racine ; ainsi que l'allemand *ranke*, rameau de vigne et de plante grimpante, mot que je ne trouve pas, avec ce sens, dans les anciens dialectes germaniques. Ces applications à la main qui saisit, au bras et au rameau flexible qui embrasse, justifient une dérivation de la racine indiquée.

Les langues celtiques ont aussi conservé ce mot, mais avec deux acceptions un peu différentes. Le latin *lancea*, grec λόγχη, était un mot gaulois, λαγχία d'après Diodore de Sicile (V. 30), et se retrouve encore dans l'irlandais *lang*. La transition de sens se comprend aisément. L'autre acception, celle du cymrique *llanc*, jeune homme, *llances*, jeune femme, se justifie également par de nombreuses analogies. Ainsi, sans sortir des langues celtiques, l'irlandais *gas* et *ogán* signifient tous deux à la fois une branche, une tige, et un jeune garçon.

4). Sansc. *pallava*, branche, rejeton, pousse. — Je reviens ici à ce mot d'où on a vu dériver *pallavin*, arbre, et auquel j'ai comparé l'anc. all. *felwa*, saule (I. 6). La racine de mouvement *pall* se retrouve dans le grec πάλλω, balancer, agiter, lancer, le

[1] Mieux au suivant, à cause de la nasale du polonais *sęk*. L'anc. slave a, en effet, *sãtsĭ*, surculus.

latin *pello*, pousser, le cymr. *pellu*, repousser, éloigner; l'anc. allem. *fallan*, scand. *falla*, etc., tomber, etc.

Les dérivés de πάλλω perdent ordinairement la réduplication de λ, comme πάλμα, παλτός, πάλος, etc., et, en sanscrit même, on trouve *pal*, ire, à côté de *pall*. On peut donc, en toute sûreté, comparer le latin *palus*, pieu, l'anc. slave et russe *palitsa*, *pálka*, id. polon. *pal*, *palka*, *palik*, illyr. *paliza*, pieu, bâton, massue, le cymrique *palis*, latte, etc., tous avec le sens primitif de branche [1].

Le sanscrit *pallava* doit dériver, par le suffixe secondaire *va*, d'un thème plus simple *palla*, et une forme *pallaka* serait tout aussi régulière. D'après les analogies du celtique, indiquées dans le n° qui précède, je n'hésite pas à comparer le grec πάλλαξ, παλλακός, παλλακή, jeune homme, jeune fille, le latin *pellex*, primitivement une branche, un rejeton, une pousse.

5). Pers. *bâr*, *barz*, branche, probablement du verbe *burdan*, porter, le sansc. *bhr*, φέρω, *fero*, goth, *bairan*, irland. *beirim*, etc.

C'est le cymrique *bâr*, *baren*, armor. *bâr*, irland. *barrach*, *barróg*, branche ; le scandinave *barr*, arbre, d'où *barri*, ang.-sax. *bearw*, *bearo*, anc. allem. *paro* (génit. *parawes*), nemus, lucus.

6). Armén. *ost*, *osd*, branche, *ashdê*, lance. — Cf. Laghmani (montagnard du Caboul) *ást*, bras.

On reconnaît ici sans peine le gothique *asts*, anc. all. *ast*, branche, ang.-sax. *ost*, nœud du bois. Je compare de plus l'irlandais *astas*, javelot, *astal*, *astul*, bâton, latte, pique, lance, et le cymrique *asdell*, *asdyll*, latte, ais, planche, etc. Le latin *hasta* est d'une origine tout autre. La source commune de ces noms me paraît se trouver dans la racine sanscrite *as*, jacere projicere, d'où *asta*, ce qui est projeté, lancé.

§ 32. — LA RACINE.

1). Sansc. *bradhna*, et *budhna*, racine. — Ces deux formes

[1] L'ancien all. *phal*, ang.-sax. *pal*, scand. *peli*, viennent du latin *palus*.

semblent dériver également de la rac. *vṛdh*, crescere, et provenir d'un thème commun *bṛdhna* ou *vṛdhna*, renforcé d'un côté par la substitution de *ra* à *ṛ*, affaibli de l'autre par le changement de *ṛ* en *u*. La forme *vṛdhna* existe en effet avec le sens de bubon à l'aîne, c'est-à-dire de tumeur qui croît, excroissance, et on sait que le *v* et le *b* se remplacent souvent dans les racines sanscrites. Il faut que cette divergence des deux thèmes remonte à une époque bien reculée, car elle se reproduit dans les autres langues ariennes.

A *vṛdhna*, ou plutôt directement à *vṛdh*, crescere, se lie le goth. *vaurts* (f), ang.-sax. *wurt*, *wyrt*, anc. all. *wurza*, *wurzala*, lesquels répondent au thème sanscrit féminin *vṛddhi* ou *vṛddhâ*, croissance et crue, développée, étendue. D'après une règle euphonique propre au sanscrit, ces formes sont pour *vṛdh-ti*, *vṛdh-tâ*, et c'est là ce qui explique l'irrégularité du *t* et du *z* germaniques pour le *dh* sanscrit. Le gothique devrait être régulièrement *vaurtds*, mais le *d* a très-naturellement disparu par la difficulté de le prononcer. Le même cas se reproduit exactement pour le gothique *aurti*, plante, que l'on a rattaché avec raison au sanscrit *ṛdh*, crescere, et qui répond à *ṛddhi*, plante médicinale [1].

Au même groupe appartiennent le cymrique *gwraidd*, racine (*gw*=*v*), et l'irlandais *fridh*, forêt.

La forme *budhna* a pris une extension bien plus grande dans la famille arienne. Spiegel a signalé l'analogie du parsi *bunda*, racine, fond, où la nasale a été déplacée [2]. Le persan *bun*, *bûn*, le kourde *ben*, l'ossète *bin*, ont perdu la dentale aspirée. Le grec βυθὸς, fond, répond à un thème *budha*, et πυθμὴν, éolien. βυθμὴν, racine, pied d'arbre, fond, à *budhman*, tandis que le latin *fundus*, reproduit le parsi *bunda* [3]. A cette dernière forme se lie aussi l'anc. irland. *bond*, plus tard *bun*, comme le persan et le cymrique.

[1] Cf. Bopp, *Gloss. sanscr.* v. *ṛdh* et de plus le zend *rudh*, crescere, l'irland. *rud*, forêt, et le scandin. *rôt*, ang. *root*, racine.

[2] *Zeitsch. f. vergl. Spr. K. V*, 320.

[3] Cf. Kuhn. ibid. II. 320 et *Beiträge*, I. 86, note.

bon. Enfin le scandinave *botn*, fond, se rapproche de *budhna*, et l'ang.-saxon *botm*, anc. allem. *bodam*, se rattache à la même formation que βυθμήν. Cette coexistence de thèmes divers, dérivés d'une même racine, témoigne d'une synonymie très-riche à l'époque de l'unité de la race.

2). Sansc. *ćaraṇa*, racine, à proprement parler, pied, de *ćar*, ire, comme *pâda*, pied et racine.

Le sens de racine se retrouve dans l'anc. slave et russe *korenĭ*, polon. *korzen*, illyr. *korjen*; ainsi que dans l'irlandais *currán*, toute plante à racine pivotante. L'anc. irlandais *cairine*, pieds, jambes, a conservé l'autre acception.

3). Sansc. *çapha*, racine et sabot d'animal, de cheval, etc.; *çiphâ*, racine fibreuse. — Origine inconnue.

Le *ph* sanscrit devient souvent *p* dans les langues alliées. (Cf. *kapha*, écume, irland. *coip*, etc.) On peut donc comparer le latin *cippus*, souche, et, mieux encore, *cæpa*, *cepa*, oignon. De même l'irland. *ceap*, *ceapán*, cymr. *cyff*, armor. *kéf*, souche, tronc. Le sens de sabot de cheval se retrouve dans le slave *kopyto*, et l'ang.-saxon *hôfe*, scand. *hôfr*, anc. all. *huof*. Le slave *kopati*, creuser, fouir (Cf. pers. *kâftan*, grec σ-κάπτω, σ-κάφη, etc.), donnerait une bonne étymologie, et fait présumer une racine *kaph*, perdue en sanscrit.

4). Sansc. *mûla*, racine, *mûlaka*, radis, yam; *mûlin*, arbre. — De *mul*, *mûl*, firmiter stare, radicem esse, causat. *môlay*, plantare. En persan, *mûlî* désigne une plante diurétique indéterminée, et *mûrâmûn*, la carotte. Le changement de *l* en *r* se remarque déjà dans le sanscrit *môraṭa*, racine de la canne à sucre.

Les langues européennes, comme le persan, ont appliqué ce mot à plusieurs plantes spéciales. Ainsi le russe *morkóvĭ*, polon. *marchew*, illyr. *morka*; lithuan. *mórkas*, *mórkwa*, daucus carotta; l'anc. allem. *moraha*, all. *möhre*, ang.-sax. *weal-mora*, pastinaca, daucus; irland. *murán*, *miuran*, id.; cymr. *moron*, *moronen*, plantes pivotantes en général.

Benfey rapporte aussi à *mûla*, le μῶλυ d'Homère, appliqué plus tard à l'ail [1]. La forme μῶλυζα, espèce d'ail, dont la terminaison lui paraît énigmatique, me semble répondre au sanscrit *mûlaġa*, plante née d'une racine, ce qui confirme d'ailleurs son rapprochement.

Comme le mûrier est un arbre à racines traçantes, et qui se multiplie facilement par des stolons, on peut se demander s'il ne faut pas rattacher ici le grec μορέα, lat. *morus*, plutôt que, avec Pott (*Etym. Forsch.* I. 253), à μαυρὸς, noir, de la couleur du fruit, μόρον, et cela d'autant mieux qu'il y a des mûres blanches aussi bien que des noires. Ce nom se retrouve chez les Slaves du midi, en illyrien *murva*, polon. *morwa*, d'où il a passé au lithuanien *móras*. L'anc. allem. *mur-*, *mul-baum*, *mor-beri*, ang.-sax. *mor-beam*, scand. *môr-ber*, ainsi que le cymrique *mer-wydd*, proviennent sans doute du latin. Le mûrier est indigène dans le Pont, l'Arménie et l'Asie mineure [2], et probablement aussi dans la Bactriane, où il abonde aujourd'hui. Il n'y a donc aucune improbabilité à ce que les peuples du midi de l'Europe en aient apporté l'ancien nom avec eux. Il ne se retrouve, toutefois, ni dans le persan, ni dans le sanscrit.

5). L'accord remarquable de l'irlandais *preamh* (génit. *preamhan*), ou *freamh*, erse *freumh*, racine, avec le grec πρέμνον, souche, tronc, indique une origine arienne commune ; et le sanscrit, en effet, nous offre une explication très-satisfaisante dans le mot *pramâṇa*, cause, principe, principal, capital, du préfixe *pra*, et de *mâ*, metiri.

§ 33. — L'ÉCORCE.

1). Sansc. *kṛtti*, écorce de bouleau, et peau en général, de la racine *kṛt*, findere, dividere; persan *ćartah*, peau.

Dans les langues occidentales, nous trouvons le latin *cortex*,

[1] *Griech. W. Lex.* I. 90.

[2] Alph. De Candolle. *Géogr. botan.*, p. 856.

l'irland. *cairt*, et le cymr. *carth*, écorce. L'irlandais *ceirt*, signifie arbre.

2). Le sanscrit possède trois noms de l'écorce qui, malgré leur divergence apparente, n'ont probablement qu'une même racine primitive. Ce sont *ćarman*, *ćîra* et *ćôlaka*. Cette racine me paraît être *kṛ*, *kṝ*, dans le sens de secare, lædere, qui, dans ses formes secondaires, se développe également en *kar*, *kir*, et *kur*.

Le premier nom *ćarman*, écorce, peau, ne saurait dériver de la rac. *ćar*, ambulare, qui ne l'explique en aucune manière. La palatale *ć* remplace ici un ancien *k*, et dès lors *karman* peut être rattaché à *kṛ*, au prétérit *ćakâra*, à l'infinitif *kartum*, etc., et d'où viennent *karaṇa*, blessure, et *kâra*, meurtre. La forme *ćîra*, écorce, haillon, etc., se lie à *ćîrṇa*, fendu, divisé, et ce dernier mot est un affaiblissement de *kîrṇa*, blessé. Quant à *ćôlaka*, pour *ćôraka*, je le rapporte à la racine *ćur*, pour *kur*, laquelle n'a plus que le sens de voler, dérober, mais qui a dû signifier primitivement enlever, dépouiller. Ces formes diverses sont entre elles exactement comme celles de *çṝ*, lædere, dirumpere, autre modification de *kṝ*, et d'où dérivent *çara*, *çaraṇa*, blessure, *çîrṇa*, détruit, déchiré, *çur*, *çûr*, lædere, occidere, *çul*, perfodere, *çûla*, pique, dard, etc.

Les mêmes divergences de forme se reproduisent pour ces racines dans les autres langues ariennes, ce qui prouve leur haute ancienneté. Il serait trop long de les énumérer ici, même d'une manière abrégée ; je me borne à mettre en regard du sanscrit la série grecque κρίνω, κείρω, κηραίνω, κουρεύω, κολεύω, etc., et je reviens aux noms de l'écorce et de la peau qui appartiennent à ce groupe si étendu.

Le sanscrit *ćarman* se retrouve dans le persan *ćarm*, le kourde *ćièrma*, l'afghan *sarman*, et l'ossète *ġarm*, peau, cuir. Le mot sanscrit *ćarma*, signifie aussi bouclier, et j'y rattache l'anc. allem. *scirm*, *scerm*, bouclier, protection, dont le verbe *scirman*, est un dénominatif. Le lithuanien *kárna*, écorce de tilleul, n'en diffère que par le suffixe.

A la racine *kar* ou *kur* appartiennent l'anc. slave *kora*, rus.

et polon. *kora*, illyr. *korra*, bohém. *kora*, *kura*, écorce; le lat. *corium*, le cymr. *cwr*, et l'irland. *corrach*, peau. De plus, avec l'*s* prosthétique, l'anc. slave, rus. et polon. *skora*, peau, en lithuan. *skurà*. Le scandinave *skurmr*, *skurn*, écorce, dérive plus immédiatement de *skera*, *skora*, anc. all. *sceran*, ang.-saxon *sceoran*, scindere, incidere; et le scand. *skêl*, écorce, croûte, anc. all. *skâla*, ang.-sax. *scala*, se lient à l'autre forme de la même racine, scand. *skilia*, ang.-sax. *scylan*, anc. all. *scelen*, dividere, decorticare. Cf. lat. *scala*, irland. *scol*, écaille, et le grec σκῦλλον, peau, de σκύλλω, écorcher, déchirer. Enfin l'irlandais *colamna*, peau, sauf le suffixe qui est le même que celui de *ćarman*, rappelle le sanscrit *ćôlaka*.

On voit à quel point les racines et les dérivés se transforment et se mêlent dans toute la famille, tout en rayonnant, pour ainsi dire, d'un centre commun.

3). Sansc. *tvać*, *tvaća*, écorce, peau, de la rac. *tvać*, tegere, d'où le désidératif *tvaksh*, et *taksh*, id. et pellem detrahere. — Le bouleau est appelé *bahutvać*, qui a beaucoup d'écorce. Le persan *tôz*, *tôj*, désigne une écorce mince semblable au papyrus ; et le lithuanien *toszis*, l'écorce du bouleau.

4). Sansc. *valka*, *valkala*, *valkuta*, écorce, p.-ê. de la racine *val*, tegere, circumdare, à moins que le *k* ne soit radical, auquel cas on pourrait le rapporter à *vṛk*, capere, dans le sens de dépouiller. (Cf. *vṛć*, *vṛçć*, lædere. *Nâigh*. I. 19, et *vraçć*, scindere.) Ce qui appuie cette dernière conjecture, c'est l'analogie remarquable du lithuanien *wilkti*, au présent *welku*, tirer, traîner, tirailler, et aussi vêtir, revêtir. En sanscrit *valkala* signifie un vêtement d'écorce, et en lithuanien *ap-walkalas* désigne un vêtement, *pa-walkalas*, *uż-walkalas*, une couverture ; ce qui ne laisse aucun doute sur l'affinité de ces termes.

§ 34. — LA FEUILLE.

1). Sansc. *patra*, *pâtra*, *patraka*, feuille (*patra*, aussi aile), de la rac. *pat*, tomber, voler.

Le grec πέταλον dérive de même de πέταμαι, πτῆμι, voler. Cf. πτερὸν, πτίλον, aile, plume, ang.-sax. *fether*, scand. *fidr*, anc. all. *fedara*, plume; le latin *penna*, pour *petna*, etc. La fougère, πτερὶς, est ainsi nommée de ses feuilles en forme d'ailes, et l'orme, πτελέα de ses graines ailées [1].

2). Sansc. *dala*, feuille, de la rac. *dal*, findi; cf. *dalita*, ou vert, étendu, épanoui.

Les langues celtiques seules ont conservé ce nom dans l'irland. *duille*, le cymr. *dal*, *dail*, *dalen*, *deilen*, armor. *delien*. L'ancien gaulois était *dul* ou *dula*, comme le prouve *pempedula*, quinquefolium, en cymr. encore *pumdalen*, pour *pumpdalen*.

3). Sansc. *bala*, feuille, probablement de *val*, tegere. — Ici encore, l'irlandais et l'erse nous offrent l'unique coïncidence de *bil*, *bile*, *bileóg*, feuille; *bile* aussi arbre et bouquet d'arbres.

4). Sansc. *parṇa*, feuille. (Voy. § 29. 3.)

§ 35. — LA FLEUR ET LE FRUIT.

Je réunis ici ces deux articles, parce que le seul de leurs noms qui soit comparable entre l'Orient et l'Occident dérive sûrement d'une même racine sous deux formes différentes; savoir *phull*, florescere, et *phal*, fructum ferre.

1). De *phull* vient *phulla*, fleuri, *phulli*, *phullati*, floraison, *phullavant*, florissant; mais pour la fleur, je ne trouve dans

[1] Le grec πέτρα, lat. *petra*, semble avoir désigné primitivement la pierre en tant que missile.

Wilson que la forme non aspirée *pulla*, qui n'est peut-être pas correcte.

Dans les langues alliées, on rencontre toute une série de termes qui se lient évidemment à cette racine, mais avec des divergences qui semblent provenir de certaines variations du radical primitif, ou de ce que le *ph* aspiré sanscrit n'a pas ailleurs de représentant exact. Ainsi à *phulla* répondent sans doute le grec φύλλον et le latin *folium* qui, régulièrement, indiqueraient une racine *bhull*, et, d'un autre côté, φλόος, φλοῦς, pour φλοϝος, fleur, rapproché de φλέω, φλύω, déborder, bouillonner, sens analogue à s'épanouir, se dilater, *erumpere*, conduiraient à *bhlu*. Le latin *flos*, *floris*, pour *flosis*, dont l'*s* appartient au thème, est p.-ê. une contraction d'un dérivé primitivement neutre, *bhlavas*, également de *bhlu*. L'existence de cette dernière forme est tout à fait appuyée par l'ang.-saxon *blôwan*, angl. *to blow*, fleurir, mais déjà l'anc. allem. *blôhan*, *blôjan*, *pluohan* n'offre plus le *w*, et, dans l'ang.-saxon *blôsma*, angl. *blossom*, fleur, on voit reparaître un *s* énigmatique qui ne saurait être de même nature que l'*s* du latin. Le scandinave *blômstr*, rejette cet *s* après l'*m*, et le gothique *blôma*, scand. *blômi*, anc. allem. *plôma*, *pluoma*, non plus que *bluot*, *pluot*, fleur, n'en offrent aucune trace. Grimm lui-même hésite entre trois hypothèses, *blôsma*, *blôhma*, *blowma*, pour expliquer la forme gothique[1]. La dernière semble la plus probable, mais l'*s* de l'ang.-saxon reste une énigme.

Les langues celtiques apportent à la question de nouveaux éléments sans l'éclairer davantage. Le cymrique *bloën*, *blöyn*, armor. *bleûn*, fleur, semble avoir perdu un *v*, ce qui indiquerait un thème primitif *bhlavana*, tandis que le cymrique *blawd*, *bloden*, ainsi que l'irland. *bláth*, *bládh*, se rapprochent de l'anc. allem. *blôt*. D'autre part l'irlandais présente, à côté de *flur*, cymr. *fflwr*, qui est sûrement latin, une forme *pulur*, *plur*, d'autant plus singulière que le *p* initial est très-rare en irlandais, et qu'elle nous ramène au sanscrit *phull*. Enfin, le cymrique

[1] *Deut. Gramm.* II. 147, note.

offre encore une troisième forme *gwull* que l'on ne sait trop où classer, et qui ne provient peut-être que d'un affaiblissement de *bhull* déjà altéré de *phull*.

2). La racine *phal*, fructum ferre et dehiscere, findi, est sans doute originairement identique à *phull*, car son participe passé est *phulla*, et sa forme intensitive *pamphulyatê* [1]. De *phal* dérivent *phala*, fruit, *phalita*, *phalin*, arbre fruitier, mais aussi *phalya*, fleur. J'ai comparé déjà *phalada*, fructum dans, arbre à fruit, avec le cymrique *palad*, tronc, où le sens primitif est perdu [2]; mais la signification de fruit paraît s'être conservée dans le nom européen de la pomme, l'anc. allem. *aphul*, ang.-sax. *appel*, scand. *apli*; lithuan. *obolys*; anc. slav. *iabŭlko*, polon. *iablko*; irland. *abhal*, *ubhal*, cymr. *afal*, armor. *aval*, etc. Tous ces noms semblent se lier à un ancien composé avec le préfixe *â*, *âphala*, fruit, et offrir le même affaiblissement du *ph* en *bh* qui se remarque dans le nom de la fleur.

Quant aux conjectures que l'on peut faire sur la forme première des racines *phull* et *phal*, nous les laissons de côté comme étrangères à notre sujet. Toute l'histoire des racines est d'ailleurs si obscure encore et si peu étudiée, qu'il y a peu de profit à l'aborder dans les questions particulières.

Les analogies multipliées que nous venons de signaler pour les noms généraux de l'arbre et de ses parties, et dont le nombre pourrait sans doute s'augmenter encore, ne prouvent jusqu'ici qu'une chose, c'est que les anciens Aryas devaient habiter un pays boisé, et non des steppes dépourvues de végétation. Pour arriver maintenant à quelque conclusion plus précise, il faut passer à l'examen des noms d'espèces; mais, auparavant, et comme complément de ce qui précède, nous parlerons encore des termes qui désignaient le bois et la forêt.

[1] Cf. lithuan. *pumpurras*, bouton de fleur, *pumpuróti*, pousser des boutons.
[2] § 29, 7.

§ 36. — LE BOIS (*lignum*).

Les noms de l'arbre, du bois et de la forêt, sont souvent les mêmes dans beaucoup de langues, et passent facilement d'un sens à l'autre, ce dont nous avons vu déjà plusieurs exemples. Le mot *dâru*, en particulier, réunit les trois significations, mais celle du bois qui se fend aisément est la primitive. D'autres noms, en plus grand nombre, sont tirés de sa nature combustible, et, dans cette classe, il se présente quelques analogies remarquables que je fais suivre ici.

1). Sansc. *idhma, indhana, êdha, êdhas*, bois à brûler, de la rac. *idh, indh*, urere, le grec αἴθω. — En zend, *idhma* devient *aêçma*, bois, par suite de la tendance de cette langue à changer les dentales en sifflantes, soit devant une autre dentale, soit devant *m*[1], comme cela a lieu aussi dans le latin *æstus*. Le persan moderne *hêzam, hizam*, a pris un *h* inorganique.

A l'extrême Occident, nous retrouvons *idhma* dans l'irlandais *adhmadh*, probablement pour *aedhmadh*, puisque *aedh* signifie feu (Cf. cymr. *aidd*, chaleur). Cette provenance de l'*a*, d'une diphthongue *ae, ai*=sansc. *ê, âi*, développement secondaire de *i*, est confirmée par les formes *idhadh, idhan*, clair, brillant (sansc. *iddha*, id. et chaleur, lumière), à côté de *adhanaim*, enflammer, allumer, *adhanta*, brûlant, *adhanadh*, inflammation, d'un thème *adhan*=sansc. *indhana*, inflammation. Le sansc. *êdha* se reconnaît également dans l'ang.-saxon *âd*, anc. allem. *eit*, bûcher, feu, avec le même changement vocal qu'en irlandais.

De la rac. *idh, indh*, avec le préfixe *sam*, dérive un autre nom du combustible, *samidh, samindhana*. (Cf. *samidha*, feu, *samiddha*, enflammé.) — Je compare le nom grec du bouleau, σημύδα, malgré l'irrégularité des voyelles, provenue sans doute de ce

[1] Bopp. *Vergl. Gramm.*, p. 102.

que le sens primitif était perdu. Le δ pour θ=sansc. *dh* peut s'expliquer par le fait que le nominatif sanscrit est *samid* ou *samit*, suivant une règle euphonique constante. Une seconde coïncidence du même genre est celle de l'ancien allemand *semida*, carex, qui ne paraît signifier autre chose que combustible.

2). Rien n'est plus fréquent que de voir le bois tirer ses noms de son emploi le plus naturel; ainsi l'ossète *sug*, de *sugin*, brûler, le grec κᾶλον, κῆλον de καίω, le latin *cremium* de *cremo*, le bohém. *paliwo*, du slave *paliti*, brûler, etc., etc. Ceci conduit à chercher dans le sanscrit l'étymologie de plusieurs noms européens qui ont perdu leur racine. Je réunis ici quelques exemples de ce genre.

a). Le latin *lignum*, que Pott ramène d'une manière un peu forcée au sansc. *dah*, urere [1], me paraît s'expliquer mieux par la rac. *ṛǵ*, frigere, assare, *rêǵ*, lucere, d'où *rêǵ*, feu, *ṛǵîti*, brûlant, flamboyant, *ṛǵra*, rouge, *ṛǵîsha*, poêle à frire, *ṛǵîka*, fumée, etc. A ce dernier sens se rattache le grec λιγνὺς, fumée, feu qui fume (Cf. afghan *lüge*, fumée), que l'on ne peut guère séparer de *lignum*. A la même racine se lient l'ang.-sax. *rêc*, *racan*, fumus, fumare, scand. *reykr* et *riuka*, anc. all. *rauch*, et *riuchan*.

b). L'anc. slave *lěsŭ*, nemus, russe *liesŭ*, bois et forêt, polon. *las*, bohém. *les*, id., semblent appartenir à la rac. sansc. *las*, lucere, en irland. *lasaim*, brûler, flamboyer, *las*, feu, *laise*, *lasair*, flamme, etc. Le grec ἄλσος, nemus, est peut-être une inversion de λάσος.

c). L'ang.-saxon *timber*, bois, scand. *timbr*, id. (*timbra*, *timbrian*, construire en bois, charpenter), anc. all. *zimpar*, structure, édifice (en bois), d'où l'allemand *zimmer*, chambre, a été rapporté à tort, selon moi, à la rac. sansc. *dam*, grec δέμω, ligare, struere, à cause du gothique *timrjan*, ædificare. Mais ce verbe gothique est évidemment un dénominatif de *timbr*, et sa véritable racine doit être *timb*, ainsi que le conjecture Diefen-

[1] *Etym. Fors.*, I, 282.

bach (Goth. W. B. I. 670). Or, *timb*, répond exactement au sansc. *dambh*, urere (*dabhnôti*), sans dérivés connus en sanscrit même, mais conservé dans l'arménien *dab*, feu. C'est donc avec raison que Grimm et Diefenbach comparent l'ancien slave *dãbŭ*, arbre et chêne, rus. *dubŭ*, polon. *dãb*, illyr. et bohém. *dub*, chêne, littéralement cremium, bois à brûler, comme σημόδα, bouleau, en grec ; ce qui prouve, soit dit en passant, que ces deux arbres devaient abonder dans l'ancienne demeure des Aryas. L'irlandais *dubh*, brûlé, noir. cymr. *du*, a sans doute la même origine (Cf. αἶθος, noir, de αἴθω). Le grec δάφνη, laurier, peut avoir tiré son nom de l'éclat de ses feuilles, le double sens de briller et de brûler appartenant souvent aux mêmes racines.

§ 37. — LA FORÊT.

Les noms de la forêt divergent plus, dans les langues ariennes, que ceux de l'arbre, comme cela est le cas ordinaire pour les termes généraux. Je ne trouve ici qu'un petit nombre de coïncidences directes avec le sanscrit, à côté de celles que nous avons signalées incidemment.

1). Sansc. *araṇya*, forêt. — Suivant Bœhtlink et Roth (Dict. sansc. de Pétersbourg), ce mot dérive de *araṇa*, lointain, étranger, de la rac. *ṛ*, *ar*, ire; et signifie proprement le désert, la région qui n'est ni cultivée, ni pâturée. La liaison de ces deux termes est assez évidente, mais on peut douter de leur provenance de la racine *ar*, dont le sens est trop général. Si l'on compare *araṇi*, avarice, *ari*, *arâya*, avare, de *a* privatif et de *râ*, donner, on pourrait y chercher la notion de stérilité, d'improductivité ; mais on peut présumer aussi un composé de *a* et de *raṇ*, sonare, d'où *raṇa*, bruit, car le silence du désert est une des impressions qui frappent le plus vivement. *Araṇi* dans l'acception de soleil, et de *Premna spinosa*, bois qui servait à allumer le feu par la friction, se rapporterait mieux à la racine *ar*, dans le sens de s'élever ou d'exciter.

Bopp soupçonne dans le grec ὄρνις-ιθος, oiseau, un composé de *araṇya*, bengali *oroṇi*, avec θέω, courir, l'habitant des bois (*Vergl. Gramm.* p. 147), mais Benfey croit à un thème ϝορνιθ, qui ne s'accorderait plus avec cette explication (*Griech. W. L.* I. 332). Une coïncidence plus sûre est celle de l'erse *àruinn*, forêt, que je ne retrouve pas dans les lexiques irlandais, mais qui paraît être identique à *aran*, montagne en cymrique, et nom de plusieurs collines et îles en Irlande.

Une autre analogie, non moins digne de remarque, est celle de *araṇi* comme nom de plante, avec l'irlandais *airne*, erse, *àirneag*, l'épine noire, *Prunus spinosa*, d'où *airnidh*, la belosse, en cymr. *eirin*, armor. *irin*. L'adjectif *airneadhach*, buissonneux, indique le sens primitif de buisson, broussaille, et, comme les broussailles servent partout à allumer le feu, cela confirme le rapport avec *araṇi*, qui a dû avoir dans l'origine une acception analogue.

2). Sansc. *ghasha*, forêt, taillis, de la rac. *ghash*, tegere, operire ; persan *ghîsh*, *ghîshah*, forêt, fourré.

Je compare l'irlandais *gas*, touffe, tige, tronc, branche, *gasach*, touffu, *gasadh*, action de pousser des tiges, *geasadan*, buisson.

3). Sansc. *vana*, forêt, et aussi demeure, maison.—Ce double sens serait-il un indice de la vie primitive dans les bois ? Mais le mot peut s'interpréter de deux manières, suivant qu'on le rapporte à *van*, colere, servire, addictum esse (Cf. ang.-saxon *wunian*, anc. allem. *wonên*, irland. *fanaim*, habiter, demeurer), ou bien à *van*, sonare, par allusion aux bruits de la forêt agitée par le vent. Cette dernière acception paraît ici la plus probable, et semble appuyée par l'anc. slave *vienia*, frons [1], le feuillage bruissant. Le dérivé *vieňtsĭ*, guirlande, rus. *vienokŭ*, polon. *wianek*, illyr. *vjenaz*, lithuan. *wainikkas*, que Miklosich rapporte

[1] Dobrowsky. *Inst. ling. slav.*, p. 290.

à *viti*, circumvolvere (*Radic. slov.* v. cit), ne signifie sans doute que guirlande de feuilles. Je ne connais pas d'autre analogie directe avec le sanscrit, mais ce nom de la forêt me paraît conservé dans le lithuanien *wánagas*, milan et oiseau de proie en général, exactement le sanscrit *wanaga*, né dans la forêt, sauvage. L'irlandais *fang*, vautour, corbeau, y répond également bien, et ce rapprochement semble confirmer la conjecture de Bopp relativement à ὄρνιθ, que nous avons mentionnée plus haut.

Ces exemples, bien qu'en petit nombre, tendent à prouver mieux encore que l'ancienne demeure des Aryas devait être un pays boisé, aussi bien qu'une région montagneuse. J'aborde maintenant l'examen des noms spéciaux, qui fourniront des données plus précises pour fixer par approximation la position géographique de cette demeure primitive.

SECTION II.

ARBRES SPONTANÉS.

Ainsi que je l'ai fait observer, il serait parfaitement oiseux de suivre pour ces recherches l'ordre de la classification botanique, parce que le langage primitif procédait par des intuitions immédiates, et non par l'observation réfléchie. Les végétaux étaient surtout considérés au point de vue de leur utilité pour l'homme, et désignés en conséquence, ou bien leur nom n'était qu'une épithète descriptive de leur aspect. La division la plus naturelle à adopter est celle des plantes spontanées et des plantes plus ou moins cultivées pour divers usages. C'est l'ordre que nous choisirons, en commençant par les premières.

§ 38. — LE CHÊNE.

Comme le chêne, ce roi des forêts, est répandu au loin sur tout l'ancien continent, et que l'on en connaît plusieurs espèces dans l'Inde du nord et l'Himâlaya, il doit sûrement avoir en sanscrit plus d'un nom, et cependant je n'en trouve aucun dans les sources qui me sont accessibles. En fait de noms indiens, je ne connais que l'hindoustani *sitavṛksha*, qui est bien purement sanscrit, et qui signifie *arbre blanc*, mais qui n'offre aucun rapport avec les langues de l'Occident. Le nom zend est également inconnu.

1). En persan, nous trouvons *bûk*, chêne, et, en même temps, aliment, nourriture [1]. On a dû sans doute désigner ainsi le chêne à glands doux, le *quercus esculus* des latins, et très-probablement le φηγός des Grecs, dont le nom dérive de φάγω=sansc. *bhaǵ*, manger [2]; et ceci nous conduit, pour le persan *bûk*, à la racine synonyme *bhuǵ*, d'où *bhukti*, aliment, nourriture. Or, de même que le nom grec du chêne a passé au hêtre dans le latin *fagus*, de même le mot persan ne désigne que ce dernier arbre dans les langues germaniques, en ang.-saxon *bôc*, scand. *beiki*, anc. allem. *pôha*, *puocha*, etc. Et il est à remarquer que le *k*, *ch* germanique indique une forme primitive *bhuga* ou *bhôga*, en sanscrit aliment, et que le persan *bûk* doit être altéré de *bûg*. L'identité radicale de ces termes résulte mieux encore de la coïncidence du persan *bûkan*, ventre, avec l'ang.-sax. *buce*, scand. *bûkr*, anc. allem. *pûch*, etc. Est-ce au chêne ou au hêtre que s'appliquait l'ancien nom arien, probablement *bhôga?* C'est ce qu'il est impossible de décider. Peut-être les deux arbres s'appelaient-ils de même, les glands doux ayant dû servir de très-bonne heure à l'alimentation de l'homme, ainsi que les glands

[1] Cf. l'albanais *bukea*, pain.

[2] Cf. plus loin l'article du hêtre.

ordinaires et les faînes à celle de quelques animaux domestiques.

L'irlandais *eitheach*, chêne, paraît dériver également du verbe *ithim*, je mange, la diphthongue *ei* remplaçant *i*, comme dans *eite*, *ite*, plume, aile, etc.

2). Nous avons vu déjà que le grec δρῦς n'est autre chose que le sansc. *dru*, arbre en général, et que l'irlandais *dair*, *duir*, *darach*, cymr. *dar*, *derw*, armor. *dérô*, répond au sansc. *dâru*, bois, et Pinus Deodara. Le chêne semble avoir été désigné ainsi comme l'arbre par excellence, et le respect presque religieux dont on l'entourait chez les Celtes surtout et les Germains, pourrait bien remonter jusqu'aux origines ariennes.

Le cymrique *caterwen*, au plur. agrégatif *cateri*, signifie plus spécialement un grand chêne (*a large spreading oak*. Owen). Ce nom remarquable me paraît se rapporter au sanscrit *taru*, arbre, comme *derw*, *derwen* à *dâru*, et j'y vois un de ces composés avec l'interrogatif *ka* qui expriment la surprise ressentie à la vue d'un objet frappant [1]. Le sanscrit *kataru*, quel arbre! c'est-à-dire quel grand et bel arbre! rendrait parfaitement compte du cymrique *caterw-en*. Le grec κέδρος n'aurait-il point une origine analogue, de *kadru?*

3). C'est encore le sens d'arbre en général qui me semble appartenir au nom germanique du chêne, ang.-saxon *âc*, scand. *eik*, anc. allem. *eich*, angl. *oak*, etc.; et c'est à tort, je crois, qu'on l'a rapporté à la racine sanscrite *aç*, edere, à cause de l'analogie apparente de ἄκυλος, gland, avec l'anc. allem. *eichila* [2]. Le gutturale, en effet, ne correspond pas régulièrement, et on devrait trouver *âh*, *eih* au lieu de *âc*, *eik*. Il est d'autant moins nécessaire de supposer ici une anomalie exceptionnelle, que le sanscrit *aga*, arbre, synonyme de *agama*, *agaććha*, littéralement *qui ne marche pas*, par opposition à *ćari*, l'animal qui se meut, répond exactement au nom germanique. La forme gothique se-

[1] Voyez, sur ces composés, un intéressant article de Nesselmann, dans le journal de Lassen. *Zeitsch. f. d. Kunde d. Morgenl.*, II, p. 93.

[2] Benfey. *Griech. W. Lex.*, I, 219.

rait *aiks*, et la diphthongue *ai* remplace plus d'une fois un *a* primitif, comme dans *aithei*, mère, sansc. *attâ*, *haims*, vicus, sansc. *çama*, *dails*, partie, sansc. *dala*, etc.

4). Le latin *quercus* est encore inexpliqué, car la racine *ġaksh*, edere, que propose Benfey (*Gr. W.* L. II. 211), n'est guère acceptable, Comme le *qu* latin répond souvent au *k* sanscrit (Cf. *qui* et *ka*, *quatuor* et *ćatvar* de *katvar*, etc.) et que le chêne, en hindoustani, est appelé *sitavkṛsha*, l'arbre blanc, *quercus alba*, on pourrait penser au sanscrit *karka*, blanc, et bon, excellent, beauté, etc. et qui désigne aussi une plante particulière. En l'absence toutefois d'une analogie plus directe, ce n'est là qu'une conjecture douteuse.

5). Je renvoie au § 36. 2. c. du chapitre précédent pour le nom slave du chêne, qui signifie l'arbre ou le bois à brûler, et je laisse de côté ceux dont l'origine est encore trop obscure, tels que le grec ἄσκρα, ἄσπρος, le latin *cerrus*, le lithuanien *ażolas*, *aużolas*, l'irlandais *om*, *omna*, *tuilm*, *farcan*, *rál*, , *rail*, etc. Ce dernier nom rappelle le kourde *rèl*, forêt.

6). Le fruit du chêne, ou gland, donne lieu à quelques rapprochements intéressants qu'il faut placer ici.

a). Le nom sanscrit n'est pas connu. Anquetil, dans son glossaire zend, donne *hekhte*, probablement *hakhta*, en pehlwi *akh*, lequel indiquerait une forme sanscrite *sakta*, attaché, adhérent, mais qui rappelle aussi *saktu*, *çaktu*, le grain grillé et moulu, préparation que l'on fait subir également au gland. Je ne sais si l'on peut comparer l'arménien *shakanag*, châtaigne.

b). Le persan *barnîs*, gland, et le kourde *berrú*, id., paraissent se rattacher à la rac. sansc. *bhṛ*, sustentare, nutrire, d'où *bharaṇa*, nourriture, pers. *bar*, *bâr*, aliment, fruit; irland. *barán*, nourriture, pain, cymr. et armor. *bara*, pain, etc. On serait tenté de comparer le grec βάλανος, gland; mais le β serait irrégulier, et la racine sansc. *bal*, vivere, fruges in granario reponere, semble fournir une bonne étymologie. Une espèce de fève s'appelle *balâṭa*. Le persan *ballûth*, gland, est un mot arabe tout différent.

c). L'arménien *gaghin*, gland et noisette, pour *galin* (*gh* = *l*) se lie à un groupe qui embrasse plusieurs langues européennes. La racine paraît être le sanscrit *gṛ*, *gal*, glutire, edere, d'où *garâ*, *garaṇa*, *giri*, *gîrṇi*, déglutition, *gâritra*, grain, blé, riz, *gala*, gorge, etc. Cf. zend *gala*, pers. *gulû*, armén. *gurdzkh*, gosier, *ger*, nourriture ; lat. *gula*, et *glutus*, slave *garlo*, *gorlo*, lithuan. *gerkle*, gorge, etc.

Ici d'abord le lithuanien *gille*, *gillis*, gland, dont se rapproche l'illyrien *scir* (prononcez *jir*). L'anc. slave *jelãdĭ*, rus. *joludĭ*, polon. *żolãdz*, illyr. *scelud*, ajoutent un *d* que nous retrouvons dans le latin *glans*, *glandis*, où reparaît aussi la nasale du slave *ã*. Comment s'explique ce *d?* Je crois qu'il faut y voir un reste de la racine *da*, en composition avec *gala* dans le sens de nourriture. Un composé sanscrit tout semblable est *garada*, poison, qui donne la maladie, *gara*. *Galanda* ou *galanda*, avec la forme de l'accusatif souvent usitée dans les composés, signifierait : qui donne la nourriture. Cette explication si précise fait croire à une origine arienne commune. Le persan *galûz*, noisette, paraît appartenir tout au moins à la même racine.

Je serais fort tenté d'y rapporter aussi le gothique *akran*, fruit, auquel correspondent sans doute l'ang.-sax. *aecern*, scand. *âkarn*, angl. *acorn*, gland, qui s'expliqueraient fort bien par le sanscrit *âgaraṇa*, ce qui s'avale, l'aliment. Par contre, l'anc. allem. *eichila*, gland, dérive de *eich*, chêne.

Il faut ajouter, comme analogies générales, que le grec ἄκυλος, se rattache à la rac. sansc. *aç*, edere [1], et que l'irlandais *bachar*, gland, faîne, semble appartenir à *bhaksh*, avec le même sens.

d). Les langues celtiques ont pour le gland un nom particulier, mais dont les affinités s'étendent fort au loin dans l'Orient ; c'est l'irlandais *mais*, *meas*, cymr. *mes*, *mesen*, armor. *méz*, *mézen*. *Maise*, en irlandais, signifie nourriture en général. Dans le sanscrit, nous trouvons *mâsha* pour la fève (Phaseolus radia-

[1] Benfey. *Griech. W. Lex.*, I, 219.

tus) et *masura* pour la lentille, en persan *mâsah*, *mushû*, *mîshû*, pour le pois et la vesce. La racine est *mash*, *mush*, *mus*, frangere, findere, en persan, *masîdan*, écraser, presser, en grec μασάομαι, mâcher, manger, en lat. *masso*, *mastico*, etc. Cf. lithuan. *maise*, pain, *maistas*, nourriture, anc. allem. *môs*, *mast*, ang.-sax. *maeste*, id., etc., etc. Le nom celtique désigne le gland comme le fruit que l'on broie, ou dont on brise l'enveloppe, de même que pour la fève, le pois, etc.

Klaproth (*As. Polygl.* p. 80) donne le persan *mîshêstân* (lieu des glands?), avec le sens de forêt de chênes, mais ce mot ne se trouve ni dans Castellus, ni dans Richardson. En turc *mîshah* est le nom du chêne, et μέσσε, en grec moderne, celui du Quercus cerris [1]. De là peut-être le kourde *mesh*, lithuan. *miszkas*, forêt (de chênes?); en circassien *mesh*, et en finlandais *mezza*, id.

La signification d'aliment qui se montre partout comme étant primitivement celle du gland, prouve que chez les anciens Aryas, et peut-être avant l'établissement de l'agriculture, le fruit du chêne a dû avoir une certaine importance comme ressource nutritive. Il en résulte également que le chêne lui-même devait abonder dans leur pays, ce que l'on pouvait inférer déjà de l'analyse comparée de ses noms.

§ 39. — LE BOULEAU.

Le bouleau, plus encore que le chêne, appartient à tout l'ancien continent du nord, et ne s'étend pas, vers le sud, au delà de l'Himâlaya. Mais ce qui lui donne une importance particulière, c'est que c'est là, jusqu'à présent, le seul arbre dont le nom se retrouve également dans le sanscrit et dans plusieurs langues européennes, circonstance que Klaproth déjà a signalée comme digne d'attention [2].

[1] Cf. Pott. *Kurd. Stud. Zeitsch. f. d. k. d. Morgenlands*, v. 71.
[2] *Nouv., J. Asiat.* V, p. 112.

1). Ce nom est le sanscrit *bhûrġa*, d'après Wilson une espèce de bouleau de l'Himâlaya, dont l'écorce sert de papier à écrire. Bohlen, il est vrai, doute que ce soit notre bouleau, parce que, dans le drame indien de Vikrama et Urvasi, la nymphe écrit huit lignes sur une feuille de *bhûrġa* [1]. Wilson, en effet, traduit par *a bhûrġa leaf* [2]; mais si, comme cela est probable, il y a dans l'original sanscrit le mot *patra*, on peut l'entendre dans le sens de feuillet, c'est-à-dire de pièce d'écorce [3]. Et ce qui indique que c'est bien là l'acception véritable, c'est que, au moment où la nymphe invisible laisse tomber la feuille écrite près du *vidushaka*, ou bouffon de la pièce, celui-ci s'écrie : « Holla ! *une peau de serpent* me tombe dessus ! » Or, une peau de serpent ressemble beaucoup plus à une bande d'écorce de bouleau qu'à une feuille d'arbre. Le sanscrit a d'ailleurs pour le bouleau deux autres noms composés avec *patra*, où ce mot ne peut désigner que l'écorce, savoir : *kavaċapatra*, qui a une cuirasse d'écorce, et *patrânga*, dont le corps est d'écorce. D'autres noms, comme *bahutvaċ*, qui a beaucoup d'écorce, *mṛdutvaċ*, écorce douce, flexible, *ċitratvaċ*, écorce bariolée, etc., se rapportent à ce caractère distinctif de l'arbre.

Bhûrġa est donc bien le bouleau, quoique l'espèce puisse différer de la nôtre, le *Betula alba*. Le nom zend n'est pas connu, et le persan n'offre rien d'analogue ; mais plusieurs langues européennes l'ont conservé. Le lithuanien *bérżas*, le russe *bereza*, le polon. *brzoza*, etc., répondent au nom sanscrit, aussi bien que l'ang.-sax. *beorc, birce*, le scand. *biörk, birki*, l'anc. allem. *pircha*, etc.

L'étymologie de *bhûrġa* est obscure en sanscrit, et c'est peut-être ici un des cas rares où les langues de l'Occident viennent expliquer un mot incompris dans l'antique idiome de l'Inde. Le nom germanique du bouleau se lie évidemment à celui de l'écorce, scand. *börkr*, angl. *bark*, et ce dernier dérive d'une racine ver-

[1] Bohlen. *Indien.*, II, 436.
[2] *Theater of the Hind.*, I, p. 36, du drame.
[3] Cf. *patra, patrikâ*, feuillet de livre, puis lettre, épître.

bale qui signifie rompre, déchirer, diviser, goth, *brikan*, ang.-sax. *brecan*, scand. *brâka*, anc. all. *prechan*, etc. Le lithuanien *beržas*, bouleau, se lie de même à *brẽszti*, entailler, *brẽžiti*, peler, écorcher, et l'anc. slave *bražda*, rus. *borozda*, sillon, a la même origine que *bereza*. Si l'on compare de plus le grec φράγνυμι, le lat. *frango*, l'irland. *brughaim* et le cymr. *bregu*, on devrait attendre en sanscrit une forme *bhṛǵ*, *bhṛnǵ*, au lieu de laquelle on ne trouve que *bhanǵ*, frangere, d'où le *ṛ* primitif semble avoir disparu. C'est de cette forme hypothétique *bhṛǵ* que *bhûrǵa* a pu provenir avec le sens primitif d'écorce.

2). L'accord de l'irlandais *beth*, *beith*, cymr. *bedw*, *bedwen*, corn. *bedho*, armo. *bézô*, avec le latin *betula*, indique une origine commune et ancienne, car on ne saurait admettre ici une transmission. Le sanscrit *pittala*, bouleau, littéralement couleur de bile, jaune, de la teinte de l'écorce, n'offre sans doute qu'une ressemblance fortuite, et il serait inutile de chercher une étymologie qui resterait nécessairement très-incertaine.

§ 40. — LE HÊTRE.

Le nom sanscrit de cet arbre n'est pas connu, et ses noms européens n'offrent pas de rapports directs avec l'Orient; mais nous avons vu, au § 38, 1, que le persan *bûk*, chêne, est devenu le hêtre chez les Germains, de même que φηγός, a changé de sens dans *fagus*. Je reprends ici cette question avec quelques détails de plus.

1). L'ang.-sax. *bôc*, hêtre, scand. *beiki*, anc. all. *puocha*, allem. *buche*, angl. *beech*, etc., appartient, comme je l'ai dit, ainsi que le persan *bûk*, à la rac. sanscrite *bhuǵ*, edere, d'où *bhukti*, aliment, et désigne ainsi l'arbre aux faînes. Ce nom se retrouve dans le lithuan. *buka*, le russe *bukŭ*, le polon. illyr. et bohém. *buk*, probablement par l'effet d'une transmission des Germains aux Lithuano-Slaves, attendu qu'un *g* devrait remplacer le *k* si l'affinité était vraiment primitive.

2). Par contre, le latin *fagus*, que l'on a souvent comparé avec le germanique, ne saurait être séparé de φηγός, bien que ce mot ne désignât pas le hêtre, mais le *Quercus œgilops* de Linnée, et l'*Esculus* des Romains [1]. Et, comme φηγός, dérive clairement de φάγω, manger, on est conduit à la rac. sansc. *bhaġ*, synonyme de *bhuġ*.

L'irlandais *feagha*, le cymr. *fawydd* (de *fa* et *gwydd*, arbre), et l'armor. *faô*, sont empruntés, sans aucun doute, à *fagus*, parce que l'*f* et le φ grec exigeraient régulièrement un *b* celtique. Cela résulterait encore du témoignage de César d'après lequel le hêtre et le sapin auraient été étrangers à la Grande-Bretagne [2], si on pouvait le considérer comme décisif, ce qui n'est pas le cas, puisque César n'a connu qu'une très-petite portion de l'Angleterre. L'irlandais d'ailleurs a encore, pour le hêtre, un autre nom, *beath, beathóg*, qui pourrait bien provenir originairement de la même racine que *fagus*. Si l'on compare, en effet, *beatha*, vie, subsistance, *beathain*, nourriture, *beathaighim*, nourrir, etc., on peut présumer une contraction du sansc. *bhakta*, aliment, de la racine *bhaġ*; et l'analogie de *bachar*, faîne, gland, que j'ai rapporté plus haut au désidératif *bhaksh*, appuie encore cette conjecture. Ce nom du hêtre paraît tout à fait distinct de *beth*, *beith*, bouleau.

Enfin, on pourrait encore ramener à *bhaġ*, le gothique *bagms*, arbre (pour *bakms* par l'influence adoucissante de *m*), lequel, comme l'irlandais *beath*, a perdu sa gutturale dans l'ang.-sax. *beam*, anc. allem. *paum*. Le gothique aurait alors désigné primitivement un arbre à fruits quelconques.

Ces analogies diverses semblent indiquer, chez les anciens Aryas, l'existence de plusieurs synonymes appliqués au hêtre, au chêne et à l'arbre à fruit en général, et dont les thèmes primitifs paraissent avoir été *bhuġa*, *bhaġa*, *bhakta* et *bhagma*.

---

[1] Link. *Urwelt.*, I, 332, 365. Le nom grec du hêtre, ὀξύα, ὀξέα, rappelle le sansc. *aksha*, qui désigne plusieurs espèces de fruits nuciformes. Le dérivé *akshava* signifierait qui porte des fruits de ce genre.

[2] *Materia cujusque generis præter fagum et abietem* (César. V, 12).

§ 41. — L'ORME.

Des six ou sept noms persans de l'orme, aucun n'offre d'analogies avec l'Europe, et le sanscrit fait défaut; mais nos langues occidentales présentent entre elles quelques rapports qui indiquent une provenance de la source commune.

1). Au latin *ulmus* répondent l'ang.-sax. *ellm*, le scand. *almr*, l'anc. all. *elm*, *eli-baum*, etc. ; le rus. *ilemŭ*, le polon. *ilm*, *ilma*; l'irland. *ailm*, *uilm* [1], et, par inversion, *leamh*, *leamhán*, et le cymr. *llwyf*, *llwyfan* (pour *llwym*). Le sens primitif de ces noms paraît être, comme pour le chêne et le bouleau (en slave et en grec), [2], celui de combustible, et voici comment.

On trouve en sanscrit une racine étymologique *(sâutra) ul*, urere, à laquelle on rattache *ulkâ*, *ulkushî*, tison, météore igné, *ulupa*, esp. d'herbe, *ulapa*, broussailles, mèche de lampe (de *ulu*, *ula* + *pa*, qui alimente la flamme?), *ulmuka*, tison, d'un thème *ulmu?* Au même groupe se lient sans doute le cymr. *ulw*, *ulwŷn*, braise, charbon ardent, et l'irland. *ulachd*, couleur, par la liaison ordinaire entre les notions de brûler et de briller.

A côté de *ul*, il existe aussi des traces d'une racine *al*, *el*, avec le même sens, surtout dans les langues germaniques, où le nom de l'arbre *elm*, *almr*, paraît avoir un rapport direct avec l'ang.-sax. *aelan*, brûler, enflammer, *aeled*, *aeld*, scand. *elldr*, feu, anc. all. *elo*, *elw*, rouge de feu, fulvus (Cf. persan *âl*, rouge, *âlî*, couleur de safran, *âlâ* *âlâw*, flamme, le russe *álŭi*, rouge, *álostĭ*, couleur rouge, etc. [3]). Il n'y aurait donc ici qu'une variation de la voyelle semblable à celle que nous avons remarquée entre *bhaǵ* et *bhuǵ*, *fagus* et *buche*.

[1] La forme *tuilm*, orme et chêne, que donne Shaw (*Gaelic Dict.*), n'est sans doute que *uilm* avec le *t* qui suit l'article, *an-t-uilm*. *Ailm* est aussi le nom du sapin.

[2] Ch. IX. Art. VIII, 1, c.

[3] Ajoutez encore le grec ἀλέα, chaleur solaire, l'irland. *alain*, brillant, le cymr. *awl*, lumière, et le scand. *ylr*, chaleur.

L'armoricain *évléch*, orme (aussi *uloch*), ainsi que *évl*, bourdaine, paraît avoir une autre origine, et se rattacher, avec le même sens de combustible, au cymr. *ufel*, feu, étincelle, en irland. *aibheal aibhle*, *aibhleog*, id., et en armor. *elven*, par inversion pour *evlen*.

2). J'ai conjecturé que l'orme en grec πτελέα, était ainsi nommé de ses graines ailées (πτερὸν, πτίλον, aile, plume, sansc. *patra*. (§ 34, 1.) Je crois retrouver cette signification dans un autre nom commun au slave, au lithuanien et au germanique. C'est le rus. *viázŭ*, polon. *wiãz*, lithuan. *winkszna*, allem. *wicke*, angl. *wych*. Ces formes conduisent à une racine *vaǵ*, *viǵ* qui, en sanscrit, signifie ire, vagari, tremere, d'où, entre autres dérivés *vâǵa*, aile, *vâǵin*, ailé, oiseau, et nom d'une plante, *Justicia adhenatoda*, p.-ê. à graines ailées. De *vîǵ*, ventilare, vient aussi *vîǵa*, la graine que le vent emporte. Le scand. *vaengr*, aile, allem. *winge*, angl. *wing*, appartient au gothique *vigan*, movere, agitare, qui répond mieux au sanscrit *vah*, ferre, mais la forme nasale est semblable à celle du lithuan. *winksznas*.

§ 42. — LE FRÊNE.

Le nom du frêne coïncide dans toutes les langues du nord de l'Europe, le rus. *iasenĭ*, polon. *iesion*, illyr. *jasen*; le lithuan. *osis*; l'ang.-sax. *aesc*, scand. *askr*, anc. allem. *asc*; l'irland. *oinsean*, *oinseog*, *uinsean* (pour *oisean*, etc.), le cymr. *on*, *onen*, armor. *ounn*, *ounnen* (pour *osn*, *ousn*, etc.). Les suffixes diffèrent, mais la racine est la même partout, et ne peut guère être que le sanscrit *as*, jacere, projicere. Le dérivé *asana*, signifie jet, et désigne aussi une espèce d'arbre, *Terminalia tomentosa*; d'autres dérivés sont *âsa*, arc, *asanâ*, flèche, *astra*, arme de jet, etc. L'arbre était-il ainsi nommé de son port élancé, de même que nous disons un jet, en anglais *a shoot*, pour une tige droite et haute? ou bien de ce que son bois servait à faire des lances et des flèches? On sait que le frêne et la lance portent souvent le même nom, en grec μελία, en ang.-sax. *aesc*, en cymr. *onen*, etc.; mais c'est l'arbre, sans doute, qui donne son nom à l'arme, et non pas le contraire. La première explication semble donc la plus probable, surtout si l'on compare le goth. *asts*, armén. *ost*, branche = sansc. *asta*, projeté, lancé, et les autres mots cités au § 31, 6.

Le grec μελία et le latin *fraxinus* sont trop isolés pour nous occuper ici. Le nom sanscrit manque, et les analogies orientales font défaut, car l'arménien *hatsi* diffère sans doute des termes comparés plus haut.

§ 43. — LE SAULE.

Deux noms européens du saule se font remarquer par leurs affinités étendues, bien que le sanscrit n'offre aucun terme de comparaison directe.

1). Un premier groupe se compose du latin *salix*, du grec ἑλίκη (chez les Arcadiens), de l'ang.-sax. *seal*, *seulh*, scand. *salia*, anc. all. *salaha*, de l'irland. *sail*, *saileach*, erse *seileach*, cymr. *helyg*, armor. *halek*. — A l'article de l'arbre en général, n° 5, j'ai déjà rapproché ces noms du sanscrit *sâla*, arbre, et *Shorea robusta*, lequel dérive de *sala*, eau, d'où se formerait régulièrement *salika*, aquatique. L'étymologie ordinaire du grec ἑλίσσω, volvo, ne saurait être admise en présence de l'accord des autres langues européennes, qui n'ont sûrement pas reçu des Grecs le nom du saule [1].

2). L'autre groupe comprend le grec ἰτέα (pour ϝιτέα), l'ang.-sax. *widhig*, scand. *vidhir*, anc. all. *wîda*, allem. *weide*, angl. *withe*, *withy*, etc., le russe *vetlá*, polon. *wita*, *witwa*, et le letton. *witols*. — La racine verbale est conservée dans le gothique

[1] Le verbe grec d'ailleurs provient d'une racine ϝελ, et non pas σελ, le latin *vol-vo*, et le sansc. *vṛ* (Cf. Benfey, *Griech. W. Lex.*, II, 290).

vithan, lier, au prétérit *vath*, dont le *th* s'affaiblit déjà dans *gavidan*. En sanscrit, on devrait attendre *vat*, mais on trouve *vaṭ*, nectere, circumdare, avec un *ṭ* cérébral, d'où dérivent *vaṭa*, corde, lien, *vaṭara*, natte, et très-probablement *viṭa*, branche, avec affaiblissement de *a* en *i*. (Cf. l'anc. slave *vietvĭ*, rus. *vitvina*, boh. *wetew*, lithuan. *wytis*, branche, osier, et, plus loin, l'article de la vigne.) Le *ṭ* cérébral s'explique peut-être par une altération de la forme primitive *vṛt*, vertere.

Je ne sais si l'on peut comparer aussi le persan *bêd*, *bêdî*, *badah*, saule, boukhar. *bîd*, id. Ce qui en fait douter, c'est que *bêd*, qui désigne aussi le tremble, signifie vain, inutile, et *badah*, *bidlah*, tout arbre stérile et seulement bon à brûler, ce qui conduit à un sens étymologique différent.

§ 44. — LE PEUPLIER.

Le nom persan *pulpul* est évidemment de même origine que le latin *populus*, et, pour un arbre aussi répandu en Occident et en Orient, il est difficile de penser à une transmission. Une provenance commune de l'époque arienne est d'autant plus probable que ce nom est sans doute une réduplication de la rac. sanscrite *pul*, magnum, altum esse, vel fieri (Cf. *pupôla*, *apûpulat*, etc.), et qu'il exprime parfaitement la haute et rapide croissance de l'arbre. Le persan *pullah*, saule, en dérive également.

Le latin *populus* a passé dans plusieurs langues européennes, le scand. *popel*, l'allem. *pappel*, l'angl. *poplar*, le cymr. *poblys*, l'irland. *pobhuil*, etc. Le cymrique, cependant, a pour le peuplier noir une forme *pwmplęren* qui paraît originale [1]. Le lithuanien *pĕplē* est sans doute l'allemand *pappel*; mais l'anc. slave *topolia*, rus. *topolĭ*, polon. et illyr. *topola*, lithuan. *tapalas*, avec *t* pour *p*, transition très-irrégulière, pourrait bien remonter à la source

[1] Walker, *Dict. English and Welsh*.

primitive. D'autres termes propres à ces divers idiomes, tels que l'anc. allem. *albari*, le lithuan. *jówaras*, le cymr. *peisgwyn*, etc., prouvent du moins que l'arbre lui-même n'est pas venu du midi de l'Europe.

§ 45. — LE TILLEUL.

Le sanscrit continue ici à faire défaut, et le persan *âghârah* ne répond à rien en Europe ; mais l'arménien semble offrir une coïncidence digne d'attention.

1). L'arménien *diliai*, répond au latin *tilia*, à l'irlandais *teile*, *teileog*, et à l'armoricain *tîl* (*l* mouillé). Il n'est guère à croire qu'il y ait eu emprunt, soit d'un côté, soit de l'autre, et c'est ce qui résulte surtout de l'origine étymologique très-probable de ce nom de l'arbre.

Le latin *tilia* désigne aussi l'aubier du tilleul, et c'est là sans doute sa signification primitive. Cette substance souple, douce et tenace servait à faire des cordes et des nattes, et *tilia* se retrouve avec le sens de corde dans le persan *tîlâ*. Une analogie plus rapprochée encore est celle du grec τίλος, fibre déliée, τίλτον, τίλμα, charpie, de τίλλω, vellico ; et l'armoricain *tîl* (*l* mouillé) désigne de même l'écorce fine du chanvre, la *teille*, d'où *tîla*, teiller. En cymrique *til* signifie une particule menue, et ceci nous ramène au sanscrit *tila*, particule, petite portion, et nom du sésame, comme *tilaka*, celui d'une espèce d'arbre. Nous arrivons ainsi à la racine *til*, être onctueux, doux, humide, comme la source première de ces termes divers [1], et cette série d'analogies indique que le tilleul doit avoir reçu son nom primitif de la douceur, de la finesse de son aubier flexible, qui aura été utilisé de très-bonne heure.

[1] Le grec τῖλος, stercus liquidum, et l'armor. *tîl*, mortier de terre grasse mêlé de paille, lesquels dérivent de *til*, comme le latin *merda* de *mṛd*, terere, d'où *mṛdu*, doux, tendre.

Ce nom du tilleul me semble encore se retrouver dans l'ang.-sax. *thil*, scand. *thil*, *thili*, *thilia*, anc. allem. *dil*, *dilo*, qui n'a plus que le sens de planchette mince. On sait que le grec φιλύριον, de φίλυρα, tilleul et aubier, désignait une tablette de bois de tilleul, ce qui explique la transition germanique [1].

2). Plusieurs autres noms de l'arbre, d'ailleurs sans rapports directs entre eux, appuient l'étymologie proposée.

Ainsi le persan *âghârah*, tilleul, signifie aussi un cuir souple et fin, et dérive de *âghârdàn*, *âghârîdan*, macérer, pétrir, dissoudre.

L'ang.-saxon et scandinave *lind*, anc. allem. *linda*, *linta*, ne paraît pas différer essentiellement de l'ang.-saxon *lidh*, scand. *linr*, anc. allem. *lind*, doux, *lindi*, mollesse, douceur, etc.

Enfin le slave *lipa*, lithuan. *lēpa*, semble se rattacher à la rac. sansc. *lip*, ungere, d'où *lêpa*, mortier, substance molle, onctueuse (comme l'armor. *tîl*, et τίλος). Cf. l'anc. slave *liepiti*, glutinare, lithuan. *lipti*, id.; le grec λίπας, λίπος, graisse, le cymr. *llipan*, doux, lisse, poli, etc., etc.

§ 46. — L'AUNE.

Je ne connais aucun nom oriental de l'aune, mais en Europe plusieurs langues présentent un groupe de termes qui n'a pu surgir que d'une racine commune, bien que les suffixes de dérivation soient parfois différents.

Au latin *alnus*, correspond fidèlement le scandinave *elni*, *ölun*, à côté de la forme plus simple *ell*. L'ang.-saxon *alr*, *aler*, *alor*, anc. allem. *elira*, *erila*, allem. *eller*, *erle*, angl. *alder*, etc., font varier le suffixe. Le lithuanien *alksznis*, *elksznis*, offre de

[1] φίλυρα, ainsi que *filum*, paraît se rattacher à la racine sansc. *bhil*, = *bhid*, findere, d'où probablement aussi φελλός, le liége, et l'erse *beilleag*, écorce. (Cf. Benfey. *Griech*, *W*. *Lex*. I, 574.)

plus une gutturale qui se retrouve aussi dans le russe *olĭcha*, polon. *olszá*, illyr. *joha*, pour *jolha*, avec la suppression de *l* dans ce dialecte. On peut présumer, d'après cela, que cette gutturale s'est perdue dans le latin et le germanique, que *alnus* est pour *alcnus*, *elni*, pour *elkni*, *ell*, pour *elh*, etc., et ceci conduirait à comparer le sanscrit *alka*, arbre [1], de même que nous avons vu l'irlandais *fearna*, cymr. *gwern*, aune, répondre au sanscrit *varaṇa*, arbre en général (§ 29, 4).

Cette forme germanique *elh*, *alh*, que l'on peut induire des noms lithuano-slaves, me semble jeter un jour nouveau sur un terme gothique encore inexpliqué. Ulphilas traduit ναός, ἱερόν, temple, lieu saint, par *alhs*, et ce mot se retrouve dans l'ancien saxon *alah*, ang.-saxon *alh*, *ealh*, temple, anc. allem. *alah*, dans les noms propres [2]. On sait que les anciens Germains célébraient leur culte dans les forêts, et que les arbres sacrés y jouaient un grand rôle. Un de ces arbres servait sans doute de point de réunion, de ἱερόν, et de là paraît être venue l'acception ultérieure de temple. Ce qui appuie singulièrement cette conjecture, c'est que le culte des arbres existait aussi chez les Lithuaniens et les Lettes, et que, dans le dialecte de ces derniers *elks* signifie une idole, c'est-à-dire un arbre, le sanscrit *alka*. Grimm était tout près de cette solution quand il remarque que le gothique *alhs* se trouve déjà dans Tacite (*German.*, c. 43). *Ea vis numini, nomen Alcis*, (au nominatif *Alx*), et que le *numen* doit s'entendre ici de la forêt sainte, ou d'un arbre sacré [3]. Bien que les superstitions populaires de l'Allemagne rattachent à l'aune certaines traditions relatives aux esprits, sur lesquelles se fonde, par exemple, la célèbre ballade *Erlenkönig* de Gœthe, il est probable que *alhs* avait le sens général du sanscrit *alka*, et ne s'appliquait pas à l'espèce.

[1] Wilson. *Dict. Sansc.* Ce mot est omis, je ne sais pourquoi, dans le dictionnaire de Pétersbourg.

[2] Graff. *Deut. Spr. Schatz*, I, 235. Cf. Diefenbach. *Goth. W. B.*, I, 36, pour les explications diverses qui ont été proposées, et dont aucune ne paraît satisfaisante.

[3] Grimm. *Deut. Mythol.*, p. 39. *Ibid.*, sur le culte des arbres, p. 371.

§ 47. — LE SUREAU.

Les noms de cet arbuste diffèrent beaucoup partout, et le seul qui paraisse se rattacher à la source orientale est le latin *sambucus* ou *sabucus*. Le lithuanien *bukas*, en effet, qui a le même sens, indique clairement un composé avec le préfixe sanscrit *sam*, *sa*, cum, et, comme en sanscrit *bhûka* signifie un trou, *sambhûka* ou *sabhûka* exprimerait parfaitement le caractère du sureau qui se distingue par ses tiges creuses. Le latin nous aurait ainsi conservé un composé purement sanscrit, ou, pour mieux dire, arien primitif. Ce fait curieux serait mis hors de doute par le persan *schubûqah*, sureau, si l'on était certain que ce mot n'est pas une importation étrangère, ce que peut faire soupçonner le *qaf* ou *q* qui ne figure guère que dans les termes empruntés à l'arabe. Celui-ci pourrait l'avoir reçu de l'Occident comme un nom de la matière médicale. Je ne sais jusqu'à quel point le grec σαμβύκη, σάμβυξ, espèce de harpe (instrument creux? ou à trous?) et σάμψυχον, nom étranger d'une plante odoriférante, se lient à *sambucus*. Le *schübiken* des dialectes allemands modernes est sûrement latin.

Le sureau est d'ailleurs plus d'une fois nommé de son bois creux. L'anc. allemand *holuntar*, *holantar*, de *hol*, *holan*, *holun*, cavus, signifie arbre creux; et le cymrique *ysgaw*, *ysgawen*, armor. *skaô*, *skaven*, vient de *ysgau*, creusé, excavé. C'est l'ancien gaulois σκοβιὴν que nous a transmis Dioscorides.

§ 48. — L'IF.

L'habitation de l'if est si étendue qu'il doit sûrement se rencontrer dans l'Himâlaya, cependant je ne lui connais pas de nom sanscrit. En Europe, il y en a deux qui paraissent remonter à l'époque préhistorique arienne.

1). Le latin *taxus* a déjà été ramené par Benfey à la rac. sansc. *taksh*, diffringere, fabricari, tailler [1], dont les affinités sont très-multipliées. Le nom russe, *tisü*, polon. *cis* (*c* de *t*), se lie de même à *tesatĭ*, tailler, polon. *cios*, bois taillé, *ciosany*, taillé, etc.

D'autres noms de l'if conduisent au même sens étymologique, comme l'illyrien *lopuch*, de la rac. slave *lup*=sansc. *lup*, scindere, en russe *lupitĭ*, polon. *lupić*, peler, écorcher, etc., et le grec σμῖλος, σμῖλαξ, μῖλος, if et Quercus ilex. Cf. σμίλη, couteau, σμιλεύω, tailler, etc. Le bois très-dur de cet arbre est éminemment propre aux objets façonnés et taillés avec soin, et on l'employait de préférence, chez plusieurs peuples, pour la fabrication des arcs. De là, sans doute, le grec τόξον, arc, proprement if, comme κέρας, corne et arc, δόρυ, bois et lance, ang.-sax. *aesc*, frêne et lance, etc. L'analogie de l'irlandais *tuagh*, arc, prouve que cet emploi de l'if doit dater de l'époque arienne; car *tuagh* est à τόξον, comme *tuagh*, dans le sens de hache, est au sanscrit *takshaṇî*, id., *takshan*, *takshaka*, charpentier, etc. [2]. Mais ce qui complète la démonstration, c'est que le persan *taksh* signifie une arbalète, sans doute aussi un arc, et, primitivement, un if. L'ancien nom de l'arbre est peut-être aussi conservé dans l'ang.-saxon *thixl*, *thisl*, anc. allem. *dîhsila*, allem. *deichsel*, timon.

Enfin, en sanscrit même, *takshaka* désigne un arbre dont l'espèce n'est pas déterminée dans Wilson (serait-ce le *Teak?*) mais qui, probablement, se distingue par la qualité de son bois. En persan *tâk* est un arbre épineux, indéterminé.

2). L'autre nom de l'if, commun aux langues germaniques et celtiques, est d'une origine plus obscure. C'est l'anc. allem. *îwa*, ang.-sax. *iw*, *eow*, angl. *yew*, all. *eibe*, d'où le bas-latin *ivus*, le vieux français *euves*, et enfin *if*. Les formes celtiques sont le cym-

[1] *Griech. W. Lex.*, II, 250.

[2] Cf. de plus le pers. *tash*, *tashtan*, hache, anc. allem. *dehsa*, *dehsala*, lithuan. *teszlyczia*, id., de *taszyti*, tailler.

rique *yw*, *ywen*, armor. *ivin*, *ivinen*, et l'irland.-erse *iubhar*. Le lituanien *iwa*, *jewa* semble avoir passé de l'if au *Rhamnus frangula*.

Comme l'if se distingue par sa remarquable longévité, on peut conjecturer une liaison de l'anc. all. *îwa* avec *êwa*, éternité, *êwig*, *êwîn*, éternel, le goth. *aivs*, latin *ævum*, grec αἰών. (Cf. irland. *iubhal*, temps et *iubhar*, if.) Kuhn, le premier, a signalé l'affinité de ces termes divers avec le sanscrit vêdique *êwa*, cours (du temps), cours habituel, coutume, de même que l'anc. all. *êwa* signifie aussi coutume, loi, etc. [1].

L'if est indigène dans les îles Britanniques aussi bien qu'en Allemagne, de sorte que les noms celtiques ne proviennent pas d'une transmission ; et, si le sens que nous avons indiqué est bien réel, il en résulterait que, à l'époque où les Celtes et les Germains ne formaient encore qu'un seul peuple, c'est-à-dire à l'époque arienne primitive, on avait eu le temps déjà de remarquer que l'if atteint un âge extraordinaire.

§ 49. — LE PIN ET LE SAPIN.

Les conifères, si répandus dans les climats tempérés et les régions montagneuses, constituent un élément caractéristique de la physionomie d'un pays, et la multiplicité de leurs noms peut faire espérer des coïncidences plus décisives que pour toute autre espèce. A ce double titre, ils méritent une attention particulière. Les analogies sont ici, en effet, assez nombreuses entre les langues ariennes, mais il n'est pas toujours facile de s'orienter au milieu de formes que l'on est souvent aussi embarrassé à séparer qu'à réunir. C'est là le cas surtout pour le groupe le plus étendu de ces noms, qui offre un vrai dédale à l'étymologie. Entre *pîta*, *pinus*, πίτυς, πεύκη, *puszis*, *fieta*, etc., surtout si l'on ajoute *pix*, πίσσα,

[1] Kuhn. *Z. f. vergl. Spr.*, II, 232.

peklo, etc., il y a un air de famille qui induit à les ramener à une origine commune, et qui pourrait bien être trompeur. Dans les considérations qui suivent, j'exposerai les difficultés de la question, sans me flatter de les résoudre constamment.

1). Les *Pinus deodara* et *longifolia* sont appelés en sanscrit *pîtana*, *pîtadâru*, *pîtadru*, le dernier aussi *pîḍa*, sans doute par corruption. L'adjectif *pîta* signifie jaune, et forme beaucoup d'autres noms d'arbres et de plantes composés comme *pîtadru*,*-dâru*, arbre ou bois jaune, ainsi que *pîtaparnî*, feuille-jaune, *pîtasâra*, suc-jaune, etc. L'étymologie de ce mot est obscure, d'autant plus qu'il ressemble singulièrement à *pitta*, bile, d'où *pittala*, couleur de bile, bronze, bouleau (cf. *pîtala*, jaune et bronze) d'une origine tout à fait incertaine.

Ces deux formes semblent reparaître côte à côte dans le grec πίτυς, pin, où cependant le iota est bref, et πίττα, πίσσα, la résine, dont la couleur est jaune. Le même fait se reproduit dans l'anc. allemand *fieta*, *fiet*, pin [1], et *feizt*, gras, scand. *feitr*, ang.-sax. *faett*, etc. L'ang.-saxon *pidha*, angl. *pith*, sève, paraît avoir conservé le *p* primitif. Cf. encore *pituita*, suc épais des arbres, le persan *pêd*, *pîh*, *pî*, ossète *fiû*, graisse ; l'irland. *bith*, *bioth*, résine, gomme, et l'anc. slave *pitati*, engraisser, p.-ê. dénominatif de *pita*.

Il est impossible de ramener régulièrement le sanscrit *pîta* et *pitta* à une même racine, et il faut sans doute les séparer, ainsi que les termes qui leur correspondent ailleurs. Je m'en tiens donc provisoirement au rapprochement de *pîta* avec πίτυς et *fieta* pour le nom du pin ; mais je me demande en même temps si l'acception de *jaune* est bien la primitive en sanscrit. Aucune étymologie, en effet, ne justifie ce sens, et l'épithète d'arbre jaune (*pîtadru*) ou de jaune (*pîtana*) ne se comprend guère appliquée à deux espèces de pins. Comme *pittala*=*pîtala*, jaune, bronze, dérive de *pitta*, bile, il semble probable que *pîta* a désigné de même, dans l'ori-

[1] On peut douter que l'allem. moderne *fichte* soit plus correct que *ficta*, comme le pense Kuhn (Z. Schr., IV. 85). La gutturale peut avoir été ajoutée par suite de l'analogie du latin *picea*.

gine, une substance jaune, sans doute la résine, et cette observation s'étend à πίτυς, et *pituita*, p.-ê. d'un thème *pîtu*. La question serait alors simplifiée, parce que *pîta* peut être rapporté à la rac. *pyâi*, pinguem esse, pinguescere, dont le part. passé est *pîna*. La résine pouvait fort bien être appelée une substance grasse, et dès lors les noms du pin, arbre ou bois résineux, deviennent parfaitement clairs.

Le part. passé *pîna*, signifie, comme adjectif, gras, grand, gros, etc., et le latin *pinus* y répond si bien que l'on doit évidemment le ramener à la même racine que *pîta*. L'anc. all. *pînpoum*, vient du latin, et p.-ê. aussi l'irland. *pín*, et le cymr. *pin*, mais le cymr. *ffeinid-wydd* n'a pas l'air d'un terme emprunté.

2). Le latin *picea*, sapin, pesse, dérivé de *pix*, *picis*, poix, résine, me semble appartenir à un groupe différent du précédent. On a toujours identifié *pix* et πίσσα, πίττα, mais le sanscrit *pitta*, indiqué ci-dessus peut faire douter d'un rapport immédiat. Dans toutes les autres langues européennes la gutturale se maintient, mais il est vrai que plusieurs ont reçu le mot du latin. Cela est certain pour l'anc. all. *peh*, *pech*, ang.-sax. *pic*, scand. *bik*, où sans cela le *p* devrait être représenté par *f*. L'anc. allemand *peh* désigne aussi l'enfer, et il a passé du latin dans le germanique avec la notion chrétienne de l'étang de feu et de soufre. Les Slaves appellent de même l'enfer *peklo*, et les Lithuaniens *peklà*, comme les Grecs modernes πίσσα. Cela n'implique cependant pas ici une transmission du mot même du latin ou du grec, et l'anc. slave *peklo*, poix, rus. *pekŭ*, pol. *pak*, illyr. *pako*, ainsi que le lithuanien *pikkis*, sont sans doute indigènes. Dans les langues celtiques, on trouve l'irland. *pic*, *bigh*, le cymr. *pyg*, l'armor. *pék*, *pég*. Ce qui indique enfin une origine orientale, c'est l'analogie de l'ossète *phisi*, résine [1], et du persan *pêch*, chassie des yeux.

La racine commune de ces termes me paraît se trouver dans le sansc. *piç*=*pish*, conterere, d'où *pêçvara*, qui broie, qui pile, et surtout *pêçala*, tendre, mou (Cf. le slave *peklo*). On peut compa-

[1] Rosen. *Osset. Spr. Abhand. d. Berl. Akad.*, 1845.

rer aussi le persan *pîchîdan*, diviser en parties, le grec πέκω, peigner, *pecto*, le lithuan. *pészti*, arracher, tirer les cheveux, le pol. *pękać*, se rompre, crever, etc. Si le grec πίσσα, πίττα, est pour πίκτα, ou πίστα, le sansc. *pishṭa*, broyé, pilé, il se rattacherait alors au même groupe, et il faudrait le séparer du sanscrit *pitta*, dont le sens est d'ailleurs différent.

En résumé, ce nom de la résine paraît bien être arien, et signifier primitivement une substance molle. En sanscrit, elle a pu s'appeler, soit *pêçala*, soit *piçi* ou *pêçi*, en analogie avec les formes européennes.

3). Le grec πεύκη, pin, me paraît tout à fait distinct de *picea;* comme l'indique déjà sa diphthongue. Il faut sans doute le rapporter à la même racine que le lithuanien *puszis*, primitivement *pukis*, pin, ainsi que le persan *pûk*, bois à brûler, combustible de toute espèce, *pukâ*, nom d'un arbre indéterminé. Ceci nous conduit au sanscrit *pâvaka*, feu, et aussi le bois de la *Premna spinosa* qui servait à allumer le feu par la friction, de la rac. *pû*, purificare et qui semble expliquer fort bien la forme πεύκη.

De la rac. *pû*, et par un suffixe différent, dérivent en germanique les noms du feu, ang.-sax. *fyr*, scand. *fyr* (et *furi*, étincelle), anc. all. *fiur*, etc., de même que le grec πῦρ. Ici encore, on remarque un rapport direct avec les noms germaniques du pin, scand. *fura*, anc. all. *foraha*, angl. *fir*, allem. *föhra*, etc.; et le cymrique *pyr*, id., où le *p* est inaltéré, témoigne de l'ancienneté de ce terme.

4). Plusieurs autres noms du pin sont tirés de sa combustibilité et donnent lieu à quelques rapprochements intéressants.

a). Le grec δᾴς, δαΐς, δᾳδός, δαΐδος, lat. *tæda*, pin et torche de résine, vient de δαίω, pour δαϝω, brûler, et correspond, sauf le suffixe, au sanscrit *dava*, forêt, de la racine *du*, urere.

b). Le russe *sósna*, polon. *sosna*, pin, rappelle le persan *sôzîdan*, *sôchtan*, brûler, d'où *sôz*, inflammation, *sôzân*, ardent, etc. Ce verbe est, en ossète, *sugin*, d'où dérive *sug*, bois; et le nom arménien du pin, *soĝi*, *shoĝ*, se lie à la même racine.

c). L'origine de l'anc. allem. *chien*, all. *kien*, pin et torche de pin, est plus obscure. Comme la racine primitive a dû être *gin* ou *ǵin*, je soupçonne un rapport avec l'anc. slave, et rus. *znói*, polon. *znòy*, chaleur, rus. *znyĭ*, brûlant [1]. Le kashgari (du Caboul) *ǵin*, bois [2], répondrait mieux encore au germanique, et on peut comparer aussi l'ossète *zing*, ou *jing*, feu.

d). L'irlandais *con*, *cona*, pinus sylvestris, se lie très-probablement à *conadh*, *connadh*, *cunnadh*, bois à brûler, en cymr. *cynnûd*, armor. *keûneûd*, id. La racine semble être la même que celle du persan *kanûsh*, pin, peut-être le sansc. *kan*, lucere (urere?) d'où *kanaka*, or, et peut-être *kânana*, forêt, comme *dava* de *du*, urere. Cf. lithuan. *kanika*, pourpre. — Je serais tenté de comparer aussi le grec κῶνος, pin, résine, et pomme du pin, cône. Ce dernier sens, qui s'est généralisé, est sans doute secondaire, et tiré de la forme du fruit qui servait de combustible, aussi bien que l'arbre et sa résine. Comment serait-on arrivé, en effet, à désigner celle-ci en partant de la notion de figure conique? A la même racine paraissent appartenir encore les noms de la cendre, κόνις et *cinis*.

e). Le grec ἐλάτη, sapin, pin, a été rattaché par conjecture à ἐλαύνω (ἐλάω), impellere, excitare, sens trop vague pour être acceptable. J'aimerais mieux comparer le sansc. *alâta*, tison, enflammé ou éteint, dont l'origine, il est vrai, est incertaine. Si l'on pouvait penser à cette racine *al*=*ul*, brûler, briller (en sanscrit elle n'a que l'acception de *ornare*, faire briller?), que nous avons signalée dans plusieurs langues en parlant de l'orme (§ 41, 1), on aurait une bonne étymologie, mais le suffixe *âta* n'est point usité. Il est certain toutefois que plusieurs noms du sapin s'y rattachent ailleurs. Ainsi l'arménien *eghevin*, pour *elevin*, l'irland. *ailm*, pin (Cf. *ailmh*, pierre à feu), et peut-être le russe *elĭ*, illyr. *jela*, bohém. *gel*, etc., s'il n'appartient pas au lithuanien *ēglē*, sapin, avec perte du *g* [3].

[1] Cf. le sansc. *ǵanyu*, feu, de *ǵan*, nasci; et le javanais *gini*, feu, p.-ê. sanscrit.

[2] Leech. *Vocabul.* dans le *Journ. of the As. Soc. of Bengal*, n° 81, p. 782.

[3] Le lith. *ēglē*, ainsi que *ēglus*, *oglus*, if, semble désigner l'arbre en pointe, et se rattacher au slave *igla*, sansc. *agra*, pointe, sommet.

5). Le pin et le sapin tirent plus d'une fois leurs noms de la résine, comme *picea*, de *pix*, et *sapinus*, de *sapa*. C'est ainsi que l'arménien *saroj*, pin, se lie au sanscrit *sarġa*, la résine du *Shorea robusta*, de *srġ*, effundere. Le sansc. *mêruka*, résine odorante, semble se retrouver aussi dans l'arménien *mair*, pin, le cymr. *merywu*, genévrier, et, plus complétement encore, dans l'anc. slave *smrĕĉ*, cèdre, *smerĉie*, genévrier, illyr. *smreka*, id. polon. *smrok*, pin, sapin, bohém. *smrk*, id. — Je ne sais si le lithuanien *karláukas*, sapin, nom poétique, suivant Nesselmann, se lie de quelque manière à *karlà*, *karlukas*, nain; mais, en tout cas, il offre un singulier rapport avec le sanscrit *karâla*, résine.

6). L'irlandais *giubhas*, sapin, se rattache sans doute à la même racine que le persan *ġibâ*, bois à brûler, savoir le sansc. *ġîv*, vivere; car le bois vivifie le feu, et le persan *zindah* signifie à la fois vie, vivant, et mèche, amadou. De la racine *ġîv* dérivent en sanscrit plusieurs noms d'arbres et de plantes, *ġîva*, *ġîvaka*, Pentaptera tomentosa, *ġîvanti*, Celtis orientalis et Mimosa albida, *ġîvant*, jasmin, etc.; et l'irland. *giubhas* a pu désigner l'arbre toujours vivant, le *sempervirens*.

7). L'anc. allem. *danna*, *tanna*, sapin (et chêne), allem. *tanna*, scand. *thinir*, dérive clairement de *danjan*, scand. *thenia*, ang.-sax. *thenian*, extendere, le sansc. *tan*, τείνω, *tendo*, etc. Le sens de chêne se retrouve dans l'armoricain *tann*, et, en sanscrit *tanaya*, *tanni*, désigne une espèce de fougère, mais aucun nom oriental du sapin, à moi connu, n'y répond. Par contre, et quelque forcé que paraisse au premier abord ce rapprochement, le latin *abies*,-*etis*, pourrait bien appartenir à la même racine, si ce n'est là qu'une contraction du sanscrit *abhyâtata*, extensus, expansus, composé de *abhi-â-tan*. Il y aurait là un exemple curieux de ces formations de l'ancienne langue, qui, parfois, se sont conservées presque sans altération, après avoir perdu leur sens primitif.

8). Les noms de la résine présentent encore quelques coïncidences remarquables, qui achèvent de prouver l'abondance des conifères dans l'ancien pays des Aryas. J'ajoute ici celles qui n'ont pas été signalées déjà dans les articles précédents.

a). Le latin *resina* est exactement le persan *rashînah*, de *rashîdan*, verser, et se retrouve dans l'irland. *roisin*, et *roisid*, ers. *ròisead*, cymr *rhwsyn*, armor. *rousin*. En sanscrit, *rasa* signifie exudation, suc, fluide, eau, etc., *rasika*, succulent, *rasin*, qui a du suc, etc. L'acception de saveur, goût (d'où le dénominatif *rasay*, gustare), paraît être secondaire, et la vraie racine *ṛs*=*ṛsh*, *arsh*, ire, se movere. (Cf. ἔρσω, arroser, ἔρση, rosée, lat. *ros*, *roris* (pour *rosis*), slav. *rosa*, lithuan. *rasa*, id.) Plusieurs noms sanscrits de plantes remarquables par leur suc ou leur saveur se rattachent ici, comme *rasâ*, Boswelia thurifera, *rasana*, Pœderia fœtida, *rasuna*, Allium sativum, etc. Il en est de même du persan *aras*, ou *râsan*, le Juniperus sabina.

b). Le grec ῥητίνη, malgré sa ressemblance avec *resina*, doit en être séparé, car il correspond au persan *râtiyân*, *râtinaǵ* (ce dernier composé de *râti*, et de *nâǵ*, pin) [1], et à l'arménien *redin*. La racine est probablement *rat*, le sansc. *ṛt*, ire.

c). Le sanscrit *dravya*, résine, gomme, littér. ce qui vient de l'arbre, *dru*, se retrouve dans l'ang.-saxon, *tyrwa*, *teru*, *tero*, scand. *tiara*, ang. *tar*, etc. Cf. les noms germaniques de l'arbre qui répondent à *dru*, ang.-sax. *treow*, etc. L'irlandais *tearr*, armor. *ter*, sont des mots d'emprunt, à cause du *t*, qui devrait être *d*.

d). Le slave *smola*, lithuan. *smalà*, résine, poix, est le sanscrit *mala*, excrétion en général, lie, sédiment, etc., avec l'*s* prosthétique si fréquent en slave. — La racine est *mal*, dans le sens inusité de *molere*, d'où *malana*, trituration.

e). Enfin l'anc. allemand *harz*, correspond lettre pour lettre au sanscrit *karda*, substance molle, boue, le latin *cerda*, excrément, dans *su-cerda*, et *mu-cerda*. La racine paraît être *kard*, indistinctum sonum edere, βορβορύζειν.

[1] Le persan *nâǵ*, *nâz*, *nôz*, *nôj*, pin, ossète *naezi*, *naeji*, id. ; armén. *noǵi*, cyprès, semble répondre au sansc. *nâga*, montanus, et nom de plusieurs arbres.

De cette longue série d'analogies, on peut conclure avec sûreté que les conifères devaient tenir une grande place dans l'ancien monde végétal árien, ce qui indique tout à la fois un climat tempéré et un pays de montagnes.

SECTION III

ARBRES A FRUITS.

§ 50. — OBSERVATIONS PRÉLIMINAIRES.

Ce sujet offre un champ de recherches intéressantes, mais difficiles sous plus d'un rapport, à cause de la complication de certaines données essentielles. Parmi les arbres fruitiers que nous possédons en Europe, quelques-uns sont indigènes aussi bien que dans l'Asie tempérée, d'autres ont été introduits et propagés par la culture depuis les temps historiques, et naturellement leurs noms, partis du lieu de leur origine, les ont accompagnés partout. C'est ainsi que nous avons reçu des Grecs et des Romains le cerisier, le pêcher, l'abricotier, et d'autres arbres pour lesquels la concordance des noms européens ne prouve rien quant aux affinités primitives; et ce n'est que pour les espèces indigènes, telles que le pommier, le poirier, le prunier, etc., que l'on peut espérer de trouver des coïncidences préhistoriques. On conçoit, en effet, que les peuples ariens, sortis de leur premier berceau, aient appliqué aux arbres qu'ils reconnaissaient ailleurs les noms qui leur étaient familiers; mais ils ont dû oublier ceux des espèces qu'ils ne retrouvaient pas dans leur nouvelle patrie, et qui ne leur ont été rendues que beaucoup plus tard, par transmission. Il n'est pas facile d'établir ces distinctions avec une constante certitude, parce que les botanistes eux-mêmes ne sont pas toujours d'accord sur les origines locales des espèces. Heureusement nous avons pour nous guider ici les excellentes observations d'Alphonse De Candolle, dans sa *Géographie botanique* [1], et nous en profiterons souvent en cherchant à les compléter pour la partie linguistique.

Une autre difficulté provient de l'absence presque complète de noms sanscrits à comparer, nos fruits étant généralement étrangers à l'Inde. On pourrait attendre plus de secours des noms iraniens; mais ils sont pour la plupart très-différents des nôtres, circonstance qui s'explique peut-être par le fait que les Ario-Persans ont occupé, longtemps sans doute, la portion la plus montagneuse et la plus reculée à l'est de toute l'ancienne Aryana, et qu'ils ont dû, alors et plus tard, se créer une nomenclature en grande partie nouvelle. Il résulte de tout cela que les obstacles à une marche sûre pour les recherches comparatives, que nous avons signalées déjà en ce qui concerne les végétaux en général, se présentent surtout pour les arbres fruitiers, et que l'étymologie conjecturale réclame ici une part plus grande que partout ailleurs.

§ 51. — LE POMMIER.

Le *Pyrus malus* est spontané dans l'Europe tempérée et la région du Caucase. On le trouve partout dans l'Asie centrale, le Cachemire, le nord de l'Inde et de la Chine [2], et il a été sûrement connu de toute ancienneté.

1). Déjà, au § 35, 2, j'ai parlé du nom de la pomme qui est commune aux Germains, aux Celtes, aux Lithuaniens et aux Slaves, et je l'ai rapporté au sanscrit *phala*, fruit en général, avec le préfixe *â*, ou, peut-être, un *a* prosthéique. Je me borne

[1] Voy. surtout le chap. IX de ce savant ouvrage : *De l'origine des espèces le plus généralement cultivées.*

[2] Alph. De Candolle. *Geog. bot.*, p. 880. — Link, *Urwelt*, p. 428.

à rappeler ici que le latin *pomum*, ne signifie également que fruit charnu, comme *pomus*, arbre à fruit en général, et que sa racine est le sansc. *pâ*, nutrire, conservée d'ailleurs dans le fréquentatif *pa-sco*, dans πάομαι, etc.

2). Au latin *malum*, pomme, *malus*, pommier, correspond le grec μῆλον, et μηλέα, μηλίς. L'albanais *mólé* ne paraît pas emprunté au grec. En persan, *mul* est un des noms de la poire. Le sens primitif semble être encore celui de fruit en général, de gain, de profit, si l'on rapporte le mot à la rac. sansc. *mal*, *mall*, tenere, possidere, d'où *mali*, possession, *mâla*, champ, *malaya*, jardin, etc. Un arbre à fruit, l'*Aegle marmelos*, est appelé *mâlûra*, et *mâlaka* est le *Melia azedarach*. — Ceci peut expliquer pourquoi μῆλον (τα μῆλα), a aussi la signification de menu bétail, moutons, chèvres (Odys. XIV, 105), tout comme μαλὸς, μαλλὸς, ne paraît désigner la laine que comme le produit, le fruit du mouton. A la même racine se rattachent l'irlandais et cymrique *mal*, revenu, rente, tribut.

Je ne connais pas de nom sanscrit de la pomme. Le mot *seba*, que De Candolle donne pour tel d'après Piddington, est hindoustani, et emprunté au persan *sêb*, *sêw*, kourde *séf*, boukher. *seb*, brahui. (du Caboul) *súf*, etc., dont l'origine est probablement sémitique[1]. Le turc *alma* serait-il une inversion de *mala*, et de provenance iranienne?

§ 52. — LE POIRIER.

Le *Pyrus communis* occupe les mêmes régions que le pommier, et son habitation s'étend de l'Europe à la Chine du nord à travers toute l'Asie centrale, mais il ne paraît pas se trouver dans l'Inde septentrionale[2].

[1] Cf. l'hébreu *thapuah*, arab. *tuffâh*, dont le *th*, *t*, paraît s'être affaibli en *s*.

[2] De Candolle. *G. bot.*, 889.

1). Le nom qui semble le plus sûrement avoir une origine arienne, est le latin *pirum*, poire, *pirus*, poirier, auquel répond l'irland. *péire*, *piorra*, erse *peur*, cymr. et armor. *per*, *peren*. L'ang.-saxon *pera*, *peru*, scand. *pera*, anc. all. *pira*, est emprunté, soit au latin, soit au celtique, comme le prouve l'absence du changement régulier de *p* en *f*. Le mot celtique, par contre, paraît bien être indigène; car le cymrique *per*, *peraidd*, signifie doux, délicieux, et l'on dit, par exemple, *afalau perion*, pommes douces, par opposition à *afalau surion*, pommes sauvages, acides. Si l'on compare le persan *pârî*, et l'arménien *perk* (au plur.), fruit, on est conduit à la rac. sansc. *pṛ*, *pṝ*, satiare, largiri, implere (to nourish, to please, to fill. Wilson). Cf. *prî*, delectare, diligere, d'où *priya*, aimé, désiré, et *priyaka*, comme nom de plusieurs espèces d'arbres [1].

Il se présente ici une ressemblance frappante avec l'hébreu *prî*, fructus, fetus, syriaq. *piro*, amharique *fĕrĕ*, etc., que l'on rapporte à la racine *pârâh*, ferre. Cette ressemblance est-elle fortuite, ou se lie-t-elle de quelque manière aux affinités primordiales, mais encore très-obscures, des langues ariennes et sémitiques? C'est là une question qui se présentera plus d'une fois pour d'autres termes encore.

2). Le grec ἄπιον, ἄπιος, poire et poirier, n'a pas d'étymologie indigène, mais semble en trouver une très-satisfaisante dans le sansc. *apya*, aqueux, de *âp*, eau, et désigner ainsi le fruit succulent, et propre à étancher la soif. Ce rapprochement est fortement appuyé par l'analogie du persan *âbî*, aqueux, de *âb*, eau, et qui est en même temps le nom du coing et d'une espèce de raisin. Ce

[1] Ne trouverait-on point ici l'explication du latin *juniperus*, le genévrier? *Juni* semble contracté de *juvéni*, comme *junior*, et ce composé rappelle singulièrement le sanscrit *yavanupriya*, aimé des *Yavanas*, qui s'applique à plusieurs produits de l'Inde. (Cf. *hayapriya*, l'orge, c'est-à-dire aimé du cheval.) Il va sans dire que nous ne supposons pas un rapport direct entre ces deux termes; mais comme nous avons vu que le nom de peuple *Yavana* avait probablement le même sens que *juvenis* (chap. IV), *juniperus* a pu signifier dans le principe, aimé des jeunes gens, ce qui a trait p.-ê. à l'emploi des baies de genévrier pour la préparation d'une liqueur fermentée.

qui le confirme encore, c'est que ἄπιον désigne de plus une Euphorbe, ainsi que l'*apium*, ache, sorte de persil, deux plantes qui abondent en suc. L'anc. allem. *epfi*, allem. *eppich*, ache, probablement latin, est appelé aussi *milchpetersilie*, persil à lait, et en erse *fionnas*, laiteux, de *fionn*, lait.

3). Le cymrique a pour la poire un nom particulier, *rhwn*, *rhwnen*, *rhwning*, qui suggère une conjecture analogue, mais plus hypothétique. Je crois, en effet, que *rhwn* appartient à la même racine que le sanscrit *rôma*, eau, et, en admettant un synonyme *rôman*, également dérivé de *ru*, ire, fluere, *ruere*, on arrive sans difficulté à identifier les deux termes. Le cymr. *rhwn* doit être contracté de *rhwmn*, car *rhwmnai* signifie un cours d'eau, un canal, et *rhawn*, poil, crin, en irland. *roinne*, *ruainne*, répond au sanscrit *rôman* avec le même sens [1]. L'irland. *ronn*, salive, pour *romn*, se rattache de nouveau à la première signification. Ce qu'il y a maintenant de remarquable, c'est que l'ancien persan *rômanâ* désigne la grenade, fruit éminemment caractérisé par l'abondance de son jus, et ce nom se lie clairement au sanscrit *rôma* ou *rôman*, eau. On peut objecter, il est vrai, la possibilité d'une origine sémitique, puisqu'il se retrouve dans l'hébreu *rimmon*, l'arabe *rummân*, et même le cophte *roman* [2], et que, de l'arabe, il a passé au portugais *romaã*; mais tout dépend ici de l'origine locale du fruit même, qui semble bien avoir été importé dans les pays sémitiques. On croit généralement que la grenade est originaire de l'Afrique, parce que les Romains l'appelaient *malum punicum*; mais Alph. De Candolle combat cette opinion, en s'appuyant sur ce que le grenadier est sauvage dans l'Asie mineure, l'Arménie et au midi du Caucase [3]. Burnes en a trouvé des bois entiers dans le Mazenderan, et l'a vu en abondance dans la Bactriane. C'est donc de là qu'il se sera répandu au midi, et jusqu'en Afrique, et son nom arien aura voyagé avec lui. Il faut ajouter que, d'après Gesenius, il s'explique difficilement par les

[1] Dans l'acception de poil, *rôman* ou *lôman*, dérive de *lû*, scindere.

[2] Champollion. *Gram. Egypt.*, I, 29.

[3] *Géogr. botan.*, p. 892.

langues sémitiques, et c'est avec doute qu'il le rattache à l'arabe *rimm*, moelle, terre, de *ramma*, medullosum fuit os, ce qui convient bien moins que le sens si naturel tiré du sanscrit.

Cette interprétation trouve d'ailleurs un nouvel appui dans un autre nom de la grenade, le persan *anâr*, kourd. *enar*, afghan *anár*, boukhar. *anár* et *nar*, turc *nar*, hindoust. *ânâra*, etc., car il se rattache, sans aucun doute, au sanscrit *nâra*, *nîra*, eau, avec un *a* prosthétique. Ce qui le prouve, c'est que *nîrasa* est un des noms sanscrits du même fruit, et que ce mot, dérivé de *nîra* comme *trṇasa*, herbeux, de *trṇa*, signifie *aqueux* [1].

En résumé, le cymrique *rhwn*, *rhwnen*, pour *rhwmn*, poire, et l'ancien persan ou parsi *rômanâ*, grenade, semblent indiquer que les anciens Aryas désignaient par ce nom un ou plusieurs fruits abondants en jus, et qu'il est resté d'une part à la poire et de l'autre à la grenade.

§ 53. — LE PRUNIER.

Les deux variétés primitives de cet arbre, le *Prunus domestica* et *insititia*, sont spontanées dans l'Europe tempérée et le Caucase, sans doute aussi dans l'Asie centrale, puisque la prune a des noms tartares [2]. Ses dénominations divergent beaucoup dans les langues ariennes, et quelques-unes seulement doivent nous occuper ici.

1). D'abord le grec προῦμνος, προῦνος, προῦνη, prunier, προῦμνον, προῦνον, prune, latin, *prunus*, et *prunum*, qui a passé dans plusieurs langues européennes, l'ang.-sax. *plûme*, scand. *plôma*, anc. all. *pruma*; le cymr. *plymmis*, le lett. *pluhme*, etc., formes qui se rapprochent du grec plus que du latin. Le thème grec

[1] Par un singulier effet du hasard, *nîrasa*, pour *nir-rasa*, signifie aussi le contraire, privé de suc, sec, insipide, ce qui, assurément, ne saurait s'appliquer à la grenade.

[2] *Géog. bot.*, p. 878.

πρoῦμνος, en effet, est sûrement le plus complet, et l'*m* disparaît dans les formes contractées, de la même manière que nous venons de le voir pour le nom celtique de la poire.

L'origine du mot paraît être arienne, et Benfey le rapporte, avec beaucoup de vraisemblance, à la rac. sansc. *prush*, *plush*, *plus*, urere, ardere, πρoῦμνος pour προυσμενος, partic. prés. moyen [1]. De là, en sanscrit, les dérivés *prushṭa*, brûlé, *prushva*, soleil, *plusha*, combustion. Cf. le grec πυρσὸς, feu, flambeau, le lat. *prurio*, *prurigo*, et surtout *pruna*, pour *prusna*, charbon ardent, l'anc. slave *pryshćü*, pustule, le russe *plóshka*, lampion, et le lithuanien *plauska*, bûche. Benfey pense que la prune était ainsi nommée de sa couleur noirâtre, brûlée; mais il est plus probable que l'épithète s'adressait à l'arbre, au prunier sauvage, qui aura d'abord servi de combustible. C'est ce qu'indiquent le cymrique *prys*, *prysg*, irland. *preas*, broussaille, ronce, ainsi que l'ang.-saxon *fyrs*, angl. *furze*, ronce, genêt, menu bois à brûler, *cremium*. On pourrait inférer de là que le prunier, à l'époque arienne, n'était pas encore cultivé.

2). J'ai déjà rapproché du sanscrit *araṇi*, Premna spinosa, l'irland. *áirne*, *áirnidh*, ers. *airneag*, cymr. *eirin*, *irin*, armor. *irin*, qui désignent le *Prunus spinosa* et son fruit [2]. Je rappelle que l'*araṇi* fournissait le bois qui servait à allumer le feu par la friction, et nous arrivons ainsi à un sens analogue à celui de πρoῦμνος. Alph. de Candolle a cru remarquer un rapport d'affinité entre ces noms celtiques et le turc *erik*, *uruk*, prune (*Géog. bot.*, p. 872), mais ce n'est là qu'une ressemblance fortuite. Le kourde *eluk*, pers. *âlûćah*, prune, d'où provient le mot turc, est un diminutif du persan *âlû*, la prune de Damas (Cf. le boukhar. *zerd-âru*, abricot, litt. prune jaune, et le pehlwi *zerd-aloun*, abricotier. Anquetil). Le fruit est ainsi nommé de sa couleur; car *âlû* est le sanscrit *ârû*, brun foncé, fauve.

3). Les Germains et les Slaves ont en commun un nom de la

[1] *Griech. W. Lex.*, I, 29.

[2] Notre mot *belosse* est d'origine celtique; cymr. *bwlas*, armor. *bolos*, irland. *bulos*, ers. *builcas*, qui signifient petite boule.

prune qui doit être fort ancien. L'ang.-saxon *slaga*, *slag*, *sla*, anc. all. *sleha*, angl. *sloe*, all. *schlehe*, désigne la belosse, le russe, polon. et illyr. *sliva*, lithuan. *slywa*, la prune en général. Le slave a sans doute perdu une gutturale, *sliva* pour *sligva*, car la racine paraît être l'ang.-saxon *slagan*, *slan*, scand. *slâ*, anc. all. *slagan*, percutere, lithuan. *slĕgti*, presser, écraser, d'où *slĕgtis*, pressoir, etc., irland. *slaighim*, tuer, *to slay*, etc. Les deux peuples utilisaient les belosses en les écrasant pour en faire une marmelade, encore en usage en Allemagne et en Lithuanie. L'allemand *quetsche*, *zwetsche*, prune, vient de même de *quetschen*, écraser, serrer [1].

Je ne sais si l'arménien *shlor*, prune, se lie de quelque manière au nom germanico-slave.

§ 54. — LE CERISIER.

Des deux espèces de cerisier, le *Prunus avium* et le *Prunus cerasus*, la première est spontanée en Europe et au Caucase, la seconde au midi du Caucase, en Bithynie et en Macédoine. On sait que celle-ci fut apportée du Pont en Italie par Lucullus; mais Théophraste (III, c. 12) décrit un cerisier qui, d'après De Candolle, ne peut être que le *Prunus avium* [2]. Il résulte de là que le nom de κέρασος, qui s'est répandu dans toute l'Europe avec l'espèce cultivée, doit avoir existé en grec avant l'introduction de cette dernière, et qu'on peut y chercher un ancien mot arien.

1). On a fait dériver *cerasus* de la ville de *Cerasonte* au nord de l'Asie Mineure; mais il est beaucoup plus probable, si les deux termes ont entre eux quelque affinité réelle, que la ville a reçu son

[1] Le nom lithuano-slave de la poire, lith. *kráusze*, rus. *grúsha*, pol. *gruszka*, illyr. *kruszka*, indique un emploi analogue de ce fruit, car il dérive du lith. *kruszti*, rus. *krushitĭ*, pol. *kruszyć*, piler, écraser. Le lith. *kryklĕ*, belosse, peut avoir la même origine.

[2] *Géogr. botan.*, p. 877.

nom de l'arbre. Ce nom, en effet, se retrouve dans l'arménien *geras*, le kourde *keras*, et le persan *ćarâsiyah*, d'où l'arabe *qarâsiyah* et le turc *karâs*, et il n'est pas à croire qu'il provienne du grec κέρασος. Il en est de même du russe *ćereshnia*, *ćeresmina*, polon. *trzesnia*, lithuan. *czeresna*, qui désigne la guigne; car d'après Ledebour (*Flor. russ.* II, 2), le *Prunus cerasus* est aussi spontané en Volhynie et en Lithuanie [1]. Par contre, l'ang.-sax. *ciris*, *cyrs*, anc. all. *chresi*, allem. *kirsche*, etc., ainsi que le cymr. *ceiroes*, armor. *keres*, irland. *siris*, sont certainement empruntés au latin.

Le sanscrit n'a pas de nom du cerisier ; mais il semble fournir une étymologie très-bonne de κέρασος, et des termes iraniens et slaves qui s'y lient. On pourrait y voir, en effet, un composé de *rasa*, *rasana*, suc, jus, saveur, etc. (Cf. § 49, 8, *a*), avec l'interrogatif *ka*, *karasa*, ou *karasana*, quel suc! quelle saveur! dans le sens laudatif. Il existe réellement en sanscrit un composé analogue *kurasa*, mais avec l'acception contraire qui résulte de *ku*, quel (mauvais) goût! et *kurasâ* désigne une plante grimpante, *Hieracium*, et une liqueur spiritueuse apparemment peu estimée.

2). Une seconde coïncidence à signaler est celle du persan *wishnah*, turc *wishene*, cerise, avec le russe *vishnia*, pol. *wisnia*, lithuan. *wyszna*, *wēszne*, id. ; anc. all. *wihsela*, allem. *weichsel*, griotte. — Le nom slave semble se rattacher au verbe *visēti*, pendere, et désigner le fruit qui pend, qui oscille (Cf. la racine de mouvement sansc. *vis*, *vês*, ire, se movere). Un autre nom persan de la cerise, *bâlû*, paraît avoir le même sens, si l'on compare *bâlîdan*, osciller, rouler, *bâlân*, *bâlânah*, oscillant, etc.

§ 55. — L'AMANDIER.

L'habitation primitive de l'amandier semble avoir été très-vaste ; car on le trouve répandu au loin, avec des noms divers, dans la

[1] De Cand. *Géog. bot.*, l. c.

Perse, l'Asie Mineure, la Syrie, le nord de l'Afrique et le midi de l'Europe [1]. Comme il est sauvage au sud du Caucase, et que Burnes l'a vu en fleurs en traversant la Bactriane, on doit présumer qu'il a eu un nom arien; mais il ne faut pas s'attendre à le retrouver dans les langues du nord de l'Europe autrement que par l'effet d'une transmission plus récente du grec et du latin. Les formes diverses de l'ang.-saxon *magdal*, scand. *mandel*, anc. all. *mandala ;* russe *mindal*, polon. *mĕdel*, illyr. *mjendeo*, lithuan. *migdala*, ital. *mandorla*, esp. *almendro*, etc., se rattachent tous au grec ἀμυγδαλος-άλη, et au latin *amygdalus*, et ce dernier nom seul doit fixer notre attention.

L'étymologie que l'on a proposée de ἀμυσσω, piquer, blesser, déchirer, ne donne aucun sens satisfaisant, et laisse d'ailleurs inexpliquée la terminaison δαλος, δάλή. L'amandier étant étranger à l'Inde, le sanscrit n'offre rien à comparer directement; mais on y trouve un nom de la fève, *mudga*, qui met sur la voie d'une conjecture assez plausible. L'origine de ce mot est incertaine; mais il se lie sans doute à *mudgara*, *mudgala*, masse, maillet, massue, et nom d'une espèce de jasmin. Il est donc probable que la fève a été nommée *mudga* de sa forme extérieure, quand elle est encore dans sa gousse. Or, l'amande entourée de son péricarpe ressemble fort à une fève en gousse, et je crois que ἀ-μυγδαλος = *sa-mudgala*, a signifié dans l'origine l'arbre *qui porte des fèves* [2]. L'interversion des consonnes se comprend aisément, et d'autant mieux que *mudga* devient *munga* dans les dialectes modernes de l'Inde. Mais ce qui confirme notre conjecture, c'est que le persan *mung*, altéré de la même manière, désigne l'amande amère. Nous trouvons ainsi, dans le mot grec, un nom arien de la fève et de l'amande tout à la fois.

[1] De Candolle. *Géog. bot.*, p. 888.

[2] Pour ἀ initial = *sa*, cf. Benfey. *Griech. W. Lex.*, I, 382.

§ 56. — LE NOYER.

Cet arbre est spontané au midi du Caucase, dans les forêts montueuses de Talush, probablement aussi en Perse et dans le Cachemire. Roxburgh le croit natif des montagnes du nord et du nord-est de l'Hindoustan. On le trouve encore dans les forêts du Liban et la Chine septentrionale [1].

Pline affirme positivement que le noyer est venu de la Perse en Grèce, et que l'espèce la plus estimée était appelée *persica*. (*H. N.* xv. 22.) Les Romains l'ont sans doute reçu de la Grèce; car le latin *juglans, Jovis glans* n'est que la traduction de Διὸς βάλανος, qui désignait la châtaigne. A-t-il passé de l'Italie dans le reste de l'Europe? C'est ce qui est probable malgré les doutes que pourrait suggérer la comparaison des noms de la noix.

1). Le latin *nux*,, en effet, semble se trouver sous une forme plus complète et plus primitive dans les langues germaniques et celtiques, savoir l'ang.-sax. *hnutu, hnut*, scand. *hnot, hnyt, nyt*, anc. all. *hnuz, nuz*, etc.; l'irland. *cnúdh, cnó, cnú; cnomh*, le cymr. *cnau, cnaouen*, armor. *knaoun, kraoun*. Le latin ne diffère que par le suffixe, et la perte de la gutturale initiale, *nux*, pour *cnux*, comme *natus* pour *gnatus*, *nosco* pour *gnosco*, etc. Ceci, toutefois, ne prouve pas que les trois peuples aient apporté de l'Orient ce mot comme nom spécial de la noix, car il a pu s'appliquer à tous les fruits à coques ligneuses. Si l'on compare le scand. *hnûtr*, ang.-sax. *cnotta* (*hnotta?*), anc. all. *chnodo* (*hnodo?*), irland. *cnotadh*, nœud, et le latin *nodus*, pour *cnodus*, il devient probable que la noix a tiré son nom de sa ressemblance avec une nodosité dure, comme nous disons que les fruits se *nouent* quand ils commencent à se former. La même analogie se montre dans le persan, où *band* signifie un nœud, et *banduk*, kourd. *bendak*, une noisette, un petit nœud.

[1] De Cand. *Géog.bot.*, p. 968. Link, *Urwelt.*, I, 358.

La racine des noms européens semble se trouver dans le sanscrit *kshṇu*, acuere, d'où *kshṇut*, *kshṇuta*, acéré, tranchant. Cf. κνύω, gratter, anc. all. *hnuan*, *nuan*, scand. *nûa*, tundere, terere, irland. *cnaoidhim*, cymr. *cnoi*, ronger, etc. Le groupe initial *kshn*, se contracte en *kn* dans les langues où il est inusité, et le *k* tend à disparaître. Le persan *nawâ*, pointe, *nâwak*, aiguillon, *nawk*, *nôk*, pointe, angle, bec, se lie à la même racine, et correspond, pour le suffixe, au latin *nux*. Les deux thèmes primitifs du nom de la noix ont dû être *kshṇut*, ou *kshṇuta*, et *kshṇuka*.

2). Le grec κάρυον, noix, d'où καρύα, noyer, ne signifie, comme καρὺς, que noyau de fruit en général. Cf. le sansc. *çaru*, pierre (Voy. page 131). A la même racine, indiquée déjà, se rattachent le sansc. *kara*, grêlon, *karaka*, noix de coco, l'armén. *goriz*, noyau, le cymr. *ceri*, id., etc. L'étymologie singulière que donne Pline (xv. 22), κάρυον, *a capitis gravedine, propter odoris gravitatem*, de κάρος, mal de tête, léthargie, ne vaut pas mieux que la plupart de celles que proposent les anciens.

3). Les Slaves ont pour la noix un nom particulier, le russe *oriechŭ*, polon. *orzech*, illyr. *orah*, etc., auquel correspondent le lithuan. *resz-uttis*, et l'albanais ἄῤῥε. C'est là évidemment le persan *aragh*, noix, de *arghîdan*, devenir dur, et ceci indique que le noyer doit être venu de la Perse chez les Slaves du midi aussi bien qu'en Grèce.

4). Cette origine persane de l'arbre se révèle clairement encore pour le nom sémitique, en arabe *gawz*, en hébreu *egoz* (Cant. 6. 11), lequel n'est autre que le persan *gùz*, *gauz*, kourd. *gûz*, armén. *ĕngoiz*, noix, dont la racine paraît se trouver dans le sansc. *guḍ*, entourer, envelopper, d'où *guḍa*, rond, boule, globe. C'est là probablement une forme altérée de *gudh*, circumdare, tegere, vestire et de *guh*, tegere, abscondere, auquel répond exactement le persan *gûz* (*z*=*h*), de sorte que la noix aura tiré son nom de son péricarpe ou de sa coquille.

Il est difficile d'affirmer, d'après cela, que les anciens Aryas aient connu le noyer, bien que ce soit très-probable vu son origine géographique. Le nom primitif de la noix peut s'être conservé avec le sens général de fruit à coque ou à noyau, après que l'arbre lui-même a été perdu de vue, puis appliqué de nouveau, dans son acception spéciale, quand le noyer s'est propagé de la Perse en Europe. Il faut ajouter que le sanscrit possède un nom qui témoigne aussi de l'indigénat de l'arbre dans le nord de l'Inde, savoir *akshôḍa*, *akshôṭa*, *akhôḍa*, *akhôṭa* [1]. Ce sont là, sans doute, des formes altérées d'un thème primitif *akshôda*, noix, c'est-à-dire difficile à casser, de *kshud*, frangere, qui déjà se change aussi en *khuḍ*, id. Et il est curieux que l'ossète *achsare*, noyer (noix?) (Siogren. *Oss. Gram.*, § 57) réponde exactement au sanscrit *akshara*, indestructible.

§ 57. — LE CHATAIGNIER.

Le châtaignier n'est pas un arbre cultivé, mais il mérite une place ici, à cause de l'importance de son fruit qui a dû servir de très-bonne heure à l'alimentation.

Cet arbre est indigène dans toute l'Europe méridionale et tempérée, dans la Géorgie et le Caucase oriental [2]. Il se trouvait aussi en Lydie, d'où venaient les châtaignes de Sardes, ce qui a fait croire à Pline que le châtaignier en venait également. (*H. N.* xv. 23.) Mais il est certain qu'il se trouvait déjà sauvage sur les montagnes de la Grèce.

Le nom de la châtaigne offre dans toutes les langues européennes un accord remarquable, mais son origine est encore obscure. Il est fort peu probable que le grec Καστανὸν, dérive de la ville Κάστανα, en Thessalie, comme on le suppose ordinaire-

[1] Wilson. *Sansc. Dict.* v. cit. A tree growing in the hills, *a wallnut*; a tree beaning an oily nut (*Aleurites triloba*). Bohtlingk et Roth omettent le sens de noyer, qui est cependant confirmé par les botanistes anglais Roxburgh et Piddington.

[2] De Cand. *Géog. bot.*, p. 688. Link. *Urwelt*, I, 355.

ment, et le contraire est beaucoup plus admissible. Le latin *castanea* est sans doute aussi primitif que le grec; mais l'anc. all. *kestina*, *chestina*, ang.-sax. *cisten-beam*, scand. *kastania*, etc., est certainement emprunté au latin, à cause de l'identité de la gutturale, ou peut-être au slave, à moins que le russe *kashtanŭ*, polon. *kasztan*, illyr. *kostagn*, lithuan. *kasztanas*, ne soient aussi des mots d'emprunt. Le cymrique *castan* (aussi *sataen*, *satain*) et l'armoricain *kistin*, paraissent d'autant moins devoir être considérés comme celtiques, que l'irlandais *geanm-chnù*, nux casta, provient d'une fausse interprétation de *castanea* rapporté à *castus*.

Aucune des langues européennes ne fournit une étymologie probable, et il faut bien se tourner vers l'Orient pour chercher à la découvrir. Je n'ai pas su trouver le nom persan de la châtaigne dans les sources qui me sont accessibles; mais l'arabe *qastal*, *kastal*, *kastanat*, a tout l'air d'un mot d'importation iranienne, puisque le châtaignier est étranger à l'Arabie. Or, en persan, *kashtah* signifie un fruit sec, un pépin, *chistah*, *chastû*, un noyau, et ces termes se rattachent au sanscrit *kâshṭha*, bois, d'où *kâshṭhin*, ligneux. Il est donc très-probable que la châtaigne a reçu son nom de son enveloppe ligneuse, et que ce nom remonte bien à l'époque arienne primitive. La connaissance des noms iraniens éclaircira sans doute mieux cette question.

§ 58. — LA VIGNE.

Bien que la vigne ne soit pas un arbre, je ne puis la classer plus convenablement qu'ici. Elle mérite une attention particulière à cause de sa culture très-ancienne, et du grand rôle qu'elle a joué dans tous les temps comme source de la boisson *qui réjouit le cœur de l'homme*. Les témoignages traditionnels de son histoire remontent jusqu'au déluge ; c'est Noé qui plante la vigne, et qui le premier, malheureusement, offre déjà un triste exemple des dangers de l'abus du vin. On sait que, dans Homère, il est souvent question de la plante cultivée et de son produit.

D'après De Candolle, la vigne est spontanée dans toute la région inférieure du Caucase, au nord et au midi de la chaîne, en Arménie, et au sud de la mer Caspienne [1]. C'est là, suivant lui, la patrie primitive de l'espèce, qui s'étendait probablement à la Perse, au nord de l'Inde et au Caboul, où l'armée d'Alexandre la trouva, ainsi qu'à la Bactriane dont Quinte-Curce vante particulièrement les beaux raisins. Link croit aussi que la vigne est indigène dans tout le midi de l'Europe [2] ; mais il est difficile de savoir si les pieds trouvés sauvages proviennent ou non de plantes cultivées. Quoi qu'il en soit, les affinités que l'on peut signaler quant aux noms de la vigne, du raisin et du vin, suffisent, malgré leur petit nombre, à prouver que les anciens Aryas l'ont connue, ainsi que son produit.

1). Le sanscrit a, pour le raisin et le vin une synonymie très-riche, mais purement indienne en bonne partie. Le seul nom qui paraisse remonter à l'époque arienne est *rasâ, rasâlâ,* raisin, le fruit succulent, aussi *svâdurasâ,*, dont le jus est doux, et *rasita*, vin. Ce mot se retrouve dans le persan *ras*, *raz*, *razân*, vigne, et *raz*, *rîsi*, raisin. Le grec et le latin nous offrent deux termes très-analogues, ῥάξ et *racemus*, qui, cependant, diffèrent soit entre eux, soit du sanscrit *rasa ;* et ce n'est, chose singulière, que par un nouveau jeu du hasard que notre mot *raisin*, si semblable au sanscrit *rasin,* succulent, semble se rattacher plus directement à l'Orient. Essayons de nous orienter au milieu de ces trois formes qui se croisent d'une manière si surprenante.

Le sanscrit et le persan *rasâ*, *ras*, *raz*, etc., appartiennent sans contredit à *rasa*, suc, fluide, eau, saveur, goût, que nous avons vu

[1] *Géog. bot.*, p. 872.
[2] *Urwelt*, I, 432.

figurer déjà au nom de la cerise et ailleurs, et dont le verbe *rasay*, gustare, amare, paraît n'être qu'un dénominatif.

Le grec ῥάξ, génit. ῥαγὸς, aussi ῥώξ, grain de raisin, est rapporté ordinairement à ῥάσσω, ῥήσσω, ῥήγνυμι, frapper, briser, fendre, etc.; mais la rac. sansc. *rag*, *lag*, gustare, semble fournir un sens plus approprié, et qui se trouverait en rapport parfait avec celui de *ras* et *rasâ* [1].

Le latin *racemus* diffère du grec par la gutturale, mais se rattache également bien à la forme *rak*, *lak*, gustare, = *rag*, *lag*, mais sans dérivés en sanscrit [2].

Le français *raisin*, qui semble se rapprocher de nouveau de *rasâ*, vient cependant à coup sûr de *racemus*, puisqu'on trouve dans le bas latin la forme intermédiaire *racenius* (Du Cange), et dans le provençal *ragin*, *rasin*, *roisin*, raisin, à côté de *racimal*, pied de vigne (Roquefort. *Dict. prov.*). Du français, le mot a passé à l'armor. *raesin*, et au cymr. *rhisyn*, avec d'autant plus de certitude que la vigne n'était pas cultivée en Angleterre. Ajoutez encore l'angl. *raisin*, raisiné, et l'allem. *rosine*, raisin sec.

Mais faut-il attribuer la même provenance à l'irland. *réasaid*, raisin, dont le suffixe est tout autre? On peut d'autant plus hésiter ici que le sanscrit *rasa*, sentiment, goût, se retrouve dans l'irlandais *ros*, agréable, qui plaît, et que *lis*, *lissan*, langue, répond à *rasana*, *rasika*, id., comme organe du goût. La vigne, il est vrai, n'était pas non plus cultivée en Irlande; mais il ne serait pas impossible que *réasaid* (Cf. sansc. *rasita*) ne se rattachât à quelque vieux nom celtique venu des contrées plus méridionales. Il faut remarquer aussi que l'albanais *rush*, raisin, ne peut dériver ni de ῥάξ, ni de *racemus*.

En résumé, trois racines sanscrites de même sens, *ras*, *rag* et *rak*, paraissent être la source des trois noms du raisin que nous

[1] Le verbe *rag* (*râgay*), gustare, est un dénominatif de *râga*, sentiment, désir, passion, et le sens primitif appartient à la rac. *rag* (*ragati*), dubitare, suspicari, être agité au moral. Entre *douter* et *goûter*, la transition est naturelle. Le latin *rogo*, demander, et l'irland. *róghaim*, désirer, choisir, appartiennent au même ordre d'idées.

[2] Cf. cependant § 31. 3.

trouvons d'une part dans l'Inde et la Perse, et peut-être chez les Celtes et les Albanais, et de l'autre chez les Grecs et les Romains. On peut en inférer avec beaucoup de probabilité une origine arienne primitive.

Le raisin tire d'ailleurs plus d'une fois son nom de l'abondance et de la douceur de son jus. Ainsi le sansc. *sâbdî*, de *sa-abda*, aquam dans, *mṛdvî*, *svadû*, *svadî*, le fruit doux; le persan *âbî*, de *ab*, eau; le latin *uva*, *uvidus*, etc.

2). Le latin *vitis*, vigne, est rapporté à *vieo*, tresser, tisser, lien, comme *vimen*, hart, tige flexible, etc., et, par conséquent, au sansc. *vê*, texere[1]. Quelque plausible que soit cette dérivation, elle devient douteuse en présence des noms du saule qui ne peuvent guère en être séparés, et où, comme nous l'avons vu, le *t* semble appartenir à la racine (§ 43, 2). Cette racine, encore inaltérée dans le gothique *vithan (vidan)*, *vath*, *vêdun*, ligare[2], nous a conduits au sansc. *vaṭ*, nectere, circumdare, et à ses dérivés *vaṭa*, lien, *vaṭara*, natte, *viṭa*, branche, et leurs analogues lith.-slaves, le *ṭ* cérébral paraissant provenir de la forme primitive *vṛt*, avec vocalisation de *ṛ*. Une confirmation nouvelle de cette manière de voir se présente dans le sanscrit *vîṭi*, lien, attache, et qui désigne aussi le bétel, c.-à-d. une plante grimpante comme la vigne, *vitis*, ce qui rend très-probable une étymologie commune.

Enfin, le savant orientaliste Spiegel, qui continue brillamment en Allemagne les travaux de Burnouf, a fait connaître récemment un terme zend qui se lie sûrement au même groupe, bien que le sens précis en soit encore incertain. C'est le mot *vaêti* rendu par *vit* dans la version huzvaresh. Spiegel l'a traduit d'abord par *saule*, à cause de l'analogie du persan *bêd*; mais, plus tard, il a trouvé dans le Mino-Khired une forme *bîṭ* que Neriosengh rend en sanscrit par *phala*, fruit. Il ne saurait donc ici être question du saule, et Spiegel incline à comparer le latin *vitis*, tout en restant en doute sur l'identité complète de signification[3].

[1] Pott. *Et. Forsch.*, I, 120; II, 246. Benfey. *Griech. W. Lex.*, I, 289.
[2] Cf. Grimm. *Deut. Gram.*, III, 26.
[3] Kuhn. *Zeitsch.*, etc., V, 320.

Sans nous arrêter toutefois aux incertitudes de la question étymologique, nous pouvons conclure de ce qui précède que ces divers noms, si semblables entre eux, ont désigné dans le principe plusieurs espèces, peut-être, de plantes grimpantes, et en particulier la vigne.

3). Le latin *vinum* a été considéré jusqu'ici comme allié à *vitis;* mais Kuhn a fait observer avec raison qu'on ne saurait guère ramener les deux formes à la même racine, parce que le vin a dû tirer son nom de la vigne, et que la transition de *vitis* à *vinum* est difficilement explicable. Le problème serait bien moins abordable encore pour le grec οἶνος, si l'on tient compte de l'affinité de ἰτέα, saule, avec *vitis*. Kuhn tente donc une nouvelle voie, et compare ingénieusement le sanscrit *vêna*, aimé, agréable, de la rac. *vên*, amare, desiderare, et qui, dans les Vêdas, désigne comme substantif, la liqueur spiritueuse et sacrée du *sôma*. Il pense que le gothique *vein*, anc. all. *wîn*, etc., n'est pas emprunté au latin, en s'appuyant sur ce que la rac. *vên*, se retrouve d'ailleurs dans l'anc. all. *wini*, anc. sax. *vine*, scand, *vinur*, avec le sens d'ami [1]. Cf. aussi le goth. *vêns*, désir, espoir, *vênjan*, espérer, *vinja*, pâturage, etc.

Cette conjecture reçoit un nouvel appui du parallélisme parfait des transitions phoniques qui se présente pour les noms de la maison.

Sansc. *vêça,* maison.	— Gr. οἶκος.	— Lat. *vicus.*	— Goth. *veihs.*
vêna, vin.	— οἶνος.	— *vinum.*	— *vein.*

Il est douteux que cette conclusion puisse s'étendre aussi au slave *vino*, et au lithuanien *wynas*, qui peuvent provenir du germanique; et il en est de même de l'irland. *fine, fineamhuin*, vigne, *fín, fíon*, vin, cymr. *gwinïen* et *gwin*, armor. *gwîn*, bien probablement venus du latin.

L'analogie du sanscrit *vêna* ne suffit pas à prouver que les anciens Aryas aient appliqué ce nom spécialement au jus de la vigne; mais on peut le croire avec d'autant plus de vraisem-

[1] *Zeitschr. f. verg. Sp. K.*, I, 191.

blance que le persan *wîn* désigne encore une espèce de raisins noirs [1].

4). Plusieurs langues européennes ont un nom commun pour le vin nouveau ou *moût*, le latin *mustum*, anc. allem. *most*, ang.-sax. et scand. *must*, russe *mstó*, polon. *moszcz*, *muszcz*, illyr. *mas;* alban. *musht*, etc., et la conformité du persan *mustâr*, id., indique une origine arienne. Si l'on compare le pers. *mast*, ivre, *mastî*, ivresse, *must*, *mustah*, agitation d'esprit, l'ossète *mast*, colère, etc., on est conduit au sansc. *mad*, inebriari, lætari, ou *mud*, id. d'où *matta*, ivre, *mattâ*, vin, liqueur spiritueuse, *mudita*, joyeux, etc. Comme le vin nouveau est éminemment capiteux, ce nom lui convient fort bien. Le latin *mustus*, jeune (joyeux), se lie p.-ê. plus spécialement à la forme *mud*, lætari [2].

De la rac. *mad* dérivent en sanscrit, outre *mattâ*, plusieurs noms du vin, *mada*, *madya*, *madanâ*, *madîrâ*, *madishṭhâ*, *madayitnu*, etc. Le persan *may*, kourd. *mèi*, vin, est sans doute contracté de *madya*.

5). Le grec μέθυ, vin, appartient à un autre groupe de termes ariens appliqués à diverses boissons spiritueuses. En tête, il faut placer le sansc. *madhu*, comme adjectif, doux, comme subst. eau, lait, miel, sucre, puis liqueur distillée des fleurs du *Bassia latifolia*, et aussi vin de raisins, comme *madhvî*, *madhvîka*. De là encore *madhula*, *mâdhurâ*, liqueur spiritueuse. La racine paraît être *mṛdh*, humidum esse, avec vocalisation du ṛ, et la forme primitive semble conservée encore dans *mârdhvîka*, vin.

En zend, *madhu* est aussi le nom du vin, et le persan *mul*, id., est p.-ê. une contraction de *madhula*. Chez les Ossètes, *mid* désigne l'hydromel, de même que *medŭ*, *miód*, *medovina*, chez les Russes, les Polonais et les Illyriens, *middus* chez les Lithuaniens, *medu*, *medo*, *miodur*, *meto*, chez les Anglo-Saxons,

[1] Richardson. *Dict.* v. c. L'arabe *waynat*, grain de raisin noir, vient sans doute du persan.

[2] Cf. Pott. *Etym. Fors.*, I, 245. Pour le changement de *tt* en *st*, id., II, 60.

les Scandinaves et les anciens Allemands, *meadh*, *midh*, chez les Irlandais, *medd* chez les Cymris, etc.; et partout ce nom se lie à celui du miel, le sanscrit *madhu*. Nous y reviendrons ailleurs en parlant de ce dernier.

Il est probable, d'après cela, que les peuples ariens du nord de l'Europe, ayant perdu de vue la vigne et son produit, ont transporté le nom du vin à l'hydromel, tandis que les Aryas méridionaux, les Indiens, les Iraniens, les Grecs, l'ont conservé dans son acception propre. Il est possible cependant que le mot ait été appliqué à plusieurs sortes de liqueurs fermentées avant l'époque de la dispersion.

6). Le grec seul possède encore dans χάλις, vin pur, un vieux nom arien qui ne se retrouve plus d'ailleurs que dans le sanscrit *halâ*, *hâlâ*, *hâlâhali*, vin. Le sens étymologique de ce mot n'est pas clair; mais, comme *halâ* est aussi un nom de l'eau, il faut sans doute le rapporter à la racine *hṛ*, ferre, auferre (Cf. *hara*, vector). Le vin est la boisson qui transporte, et la forme redoublée *hâlâhali*, exprime cette signification avec plus d'énergie [1]. Ceci explique pourquoi χαλις, signifie aussi insensé, comme χαλίφρων dans Homère (Od. 4.371; 19.530). Les χαλιφρονέοντα νεύματα κούρης (Musaeus. 117), les gestes ou regards indignés d'une jeune fille, expriment le sentiment de la colère. Les dérivés χάλιμος, fou, furieux, χαλιμὰς, χαλίμη, bacchante, se lient au sens primitif du sanscrit, et doivent faire renoncer à l'étymologie ordinaire de χαλάω, laisser aller, lâcher, qui n'explique guère les diverses acceptions de χάλῖς.

J'aurai l'occasion de revenir ailleurs sur la question des boissons fermentées, dont les Aryas ont sûrement connu plusieurs espèces. Il suffit pour le moment d'avoir montré par les rapprochements ci-dessus qu'il ont dû posséder la vigne et le vin.

[1] Cf. le vêdique *hṛṇîyatê*, irasci, *hṛṇâna*, furens, transporté de colère. *Halâhala* désigne aussi un poison (qui rend furieux?). C'est le persan *halhalâ*, *halhil*, poison.

Au nombre des arbres fruitiers de l'époque primitive, il faut encore ajouter le mûrier, pour lequel je renvoie au § 32, 4. Je laisse de côté le pêcher et l'abricotier, dont l'introduction en Europe tombe dans les temps historiques. D'autres arbres et arbustes à fruits, tels que l'olivier, le figuier, le coignassier, le groseillier, le framboisier, le noisetier, etc., ne donnent lieu qu'à des rapprochements rares et incertains.

SECTION IV

PLANTES CULTIVÉES POUR LEUR UTILITÉ.

§ 59. — OBSERVATIONS PRÉLIMINAIRES.

Les arbres fruitiers sont un don de la nature plutôt qu'une conquête de l'homme, et là où ils dispensent leurs produits avec abondance, comme dans quelques pays tropicaux, l'homme n'est point forcé de gagner son pain à la sueur de son visage, et l'agriculture reste sans développement. Il en est autrement dans les régions tempérées où la nature est moins prodigue. Ici, et du moment que les ressources de la chasse ou de la vie pastorale deviennent insuffisantes, par suite des circonstances locales ou de l'accroissement de la population, il faut bien aviser à s'en procurer de plus sûres que celles des fruits sauvages et des racines de la forêt. Dès lors le travail de la terre devient une nécessité, et la culture des plantes nutritives prend une extension toujours croissante.

Les origines de l'agriculture se perdent partout dans la nuit des temps. La Genèse nous montre déjà Caïn, le premier-né d'Adam, comme laboureur, et la plupart des peuples attribuent à des bienfaiteurs divins ou mythiques, le don des céréales et l'invention de la charrue. La masse des végétaux utiles actuellement cultivés est très-considérable. Gœppert l'évalue, pour l'Europe seulement, à 2,500 espèces, dont 600 plantes alimentaires, et 40 céréales [1]. Au début, toutefois, la culture a été limitée à un petit nombre d'espèces, et principalement aux céréales. C'est ici surtout que nous pouvons espérer de remonter très-haut à l'aide de la linguistique comparée, parce que les anciens noms ont dû se transmettre et se conserver à la faveur d'une possession non interrompue de moyens de subsistance devenus nécessaires. On verra, en effet, que cette attente n'est point trompée, et il résultera du travail de comparaison que les anciens Aryas ont possédé déjà la plupart des plantes utiles qui forment encore la base principale de notre agriculture. Les limites géographiques de plusieurs espèces étant mieux connues et définies que celles d'autres classes de végétaux, nous pourrons aussi tirer de là quelques inductions nouvelles sur la position de l'Ariane primitive.

§ 60. — DE QUELQUES NOMS GÉNÉRAUX DES CÉRÉALES.

Dans la plupart des langues on trouve, pour les céréales, des termes collectifs, et d'un sens général, à côté des noms spéciaux. Ainsi notre *blé*, du bas-latin *bladum*, ne signifie en fait que herbe, l'allemand *korn* n'est que du grain, *getraide* vient de l'anc. allemand *gitragidi*, possession, rapport, *frumentum*, est le produit dont on jouit, etc. Il en était de même dans l'idiome primitif des Aryas, et l'on peut signaler encore quelques-uns de ces mots généraux. Seulement il est arrivé plus d'une fois ce que l'on remarque, par exemple, pour notre *froment*, provenu de *frumentum*, c'est que le nom général a été appliqué plus tard à une espèce particulière. Nous verrons aussi que plusieurs dénominations spéciales se rattachent à des racines primitives qui leur donnent un sens plus étendu.

[1] Bergmann. Geog. Mittheil, 1856, p. 295.

1). Le groupe le plus riche de ces anciens termes se lie à la racine sansc. *ad*, manger, restée vivante d'ailleurs dans la plupart des langues ariennes [1].

En sanscrit d'abord, on trouve *anna*, blé, riz cuit, aliment, euphoniquement pour *adna*. Cf. *adas*, *adman*, *adana*, *adyâ*, nourriture. L'anc. irlandais *ana*, id., paraît contracté de *adna*.

En persan, *adas* désigne une espèce de grain, et *âdth*, en beloutchi, signifie la farine. Le latin *ador*, épeautre, répond exactement au sanscrit et persan *adas*, avec le changement ordinaire de *s* en *r* [2].

Le scandinave *aeti*, blé, et l'ang.-saxon *ata*, *ate*, ang. *oat*, avoine, se lient directement au verbe goth. *itan* (*at*, *êtun*) manger, d'où dérivent aussi *atisk*, anc. all. *ezisc*, seges; ang.-sax. *ael*, scand. *ât*, *âta*, anc. all. *âz*, cibus, etc.

Enfin l'irlandais *ith*, *ioth*, *etha*, *eatha*, blé, cymr. *yd*, armor. *éd*, se rattache de même à *ithim*, edo, pour *idim*, racine verbale qui manque au cymrique.

Kuhn rapporte aussi à la racine slave *iad*, le russe *iaćmenĭ*, polon. *iĕczmien*, illyr. *jecjam*, bohém. *ječmen*, qui désigne l'orge [3]; mais le *ć* palatal semble indiquer une gutturale primitive, et la racine sanscrite *aç*, edere, présente une étymologie plus sûre [4].

2). Le sanscrit *dhânâ*, grain moulu, *dhânya*, blé, riz, de la rac. *dhâ*, sustentare, nutrire, d'où *dhâka*, nourriture, se retrouve dans le persan *dânah*, *dânaka*, grain, belout. *dân*, kourd. *dane dendek*, id. Le lithuanien *dûna* a pris le sens de pain. Au même groupe se lie le sanscrit *dhâni*, grenier, conservé dans l'anc. allemand *tenni*, aire, aujourd'hui *tenne*.

3). Le sanscrit *gâritra*, grain, blé, riz, appartient à *gṝ*,

[1] Cf. ἔδω, *edo*, goth. *itun*, anc. all. *ezan*; lith. *ēsti* (*ēdu*, *ēdmi*), anc. slav. *iasti* (pour *iad-ti*, *iadĭ*, nourriture); irland. *ithim*, etc.

[2] Kuhn, *Ind. Stud.*, de Weber, I, p. 358.

[3] Ibid.

[4] Cf. aussi le vêdique *yaça*, nourriture. (Nâigh, II, 7.) — L'ossète *namig*, grain, rappelle de même le vêdique *nama*, *néma*, nourriture (ibid.).

vorare, glutire, tout comme le hourde *garez*, millet, armén. *go-reag*. Je compare l'irlandais *gart*, blé, moisson encore sur pied. Le basque *garia*, blé, froment, et *garagarra*, orge, d'où le nom du mois de Juillet, *gariela*, *garila*, sont sans doute d'origine celtibère. L'albanais *ghrure*, blé en général, se lie p.-ê. au groupe suivant.

4). Les racines sanscrites *gṝ*, vorare, et *ǵṝ*, avec le sens intransitif de confici, concoqui stomacho, puis de senescere, sont alliées de près entre elles, et se rattachent à la notion plus générale de broyer et d'être broyé, usé, détruit graduellement. On pourrait rapporter à l'une ou à l'autre le latin *granum*, l'irland. erse *grán*, cymr. *grawn*, armor. *greûn*, ainsi que l'ang.-sax. et scand. *corn*, *korn*, anc. all. *chorn*, grain et blé; mais l'anc. slave *zrĭno*, rus. *zerno*, polon. *ziarno*, bohêm. *zrno*, illyr. *zarno*, grain, sont décisifs en faveur de *ǵṝ*, leur *z* correspondant à la palatale [1]. C'est ce que confirme le nom slave de la meule *jrŭnŭvŭ*, rus. *jernovŭ*, pol. *żarna*, illyr. *sciarn* (le *z* et le *j* ou *ż* se remplacent souvent), auquel répondent le lith. *girnas*, lett. *dzirna*, et le goth. *qvairnus*, ang.-sax. *cweorn*, scand. *qvörn*, anc. all. *churni*, etc. Ici, en effet, il ne peut être question que de trituration, et l'allemand *korn* traduit exactement le latin *triticum*. Le sanscrit *ǵaraṇa*, *ǵîrṇa*, vieux, infirme, déchu, digéré, ne signifie autre chose que *contritus*. Le grec a conservé l'acception de senescere dans γέρας, γῆρας, γηραιός, etc., comme l'irlandais *grant*, vieux = sansc. *ǵarant*, id.; mais le nom de la fine farine, γῦρις, se rattache de nouveau à la signification de broyer [2].

5). De la racine sansc. *ǵîv*, vivere, dérivent plusieurs noms du grain et du riz, comme *ǵîvatu*, *ǵîvanaka*, etc. Il en est de même en slave où de *jiti* (au prés. *jivă*) vivere, vient le russe

[1] Cf. le lithuan. *żirnis*, le pois qui se pile, et le persan *ǵirǵir*, *girgir*, pois, fève. Miklosich (*Rad. slov.*, p. 32), ramène avec raison *zrĭno* à *zrieti*, maturescere, mais il compare à tort le sanscr *çrî*, coquere, au lieu de *ǵṝ*, concoqui.

[2] Cf. Benfey, *Griech. W. Lex.* II, 128. — Le mongol *guril*, *gulir*, farine, offre une analogie sans doute fortuite.

jito, pol. *żyto*, bohém. *žjto*, etc., qui désigne tantôt le blé en général, tantôt l'orge ou le froment, suivant les dialectes.

6). Le sanscrit *sîtya*, *çîtya*, grain, blé, riz, correspond sans doute au grec σῖτος, froment, qui sera plus loin l'objet d'un examen particulier.

7). Le sanscrit *nîta*, blé, grain, richesse, comme adjectif, gagné, obtenu, de la rac. *nî*, abducere, secum ducere, paraît se retrouver dans l'albanais *neto*, seigle [1].

8). Enfin, de la rac. *stu*, laudare, vient en sanscrit *stôma*, grain, blé, richesse, louange, etc., ce qui est précieux, digne d'éloges. L'irlandais *stuth*, blé, répond sans doute au part. *stuta*, vanté, loué.

J'arrive maintenant à l'examen des noms spéciaux.

§ 61. — LE FROMENT.

La possession du *Triticum vulgare*, remonte, comme on le sait, à l'origine même de l'agriculture, et se lie aux premières traditions des peuples de l'ancien monde. Il est fort difficile, d'après cela, de déterminer avec quelque précision quel a été le point de départ de sa culture. Alph. De Candolle, qui discute avec sagacité les témoignages anciens et modernes, arrive à conclure qu'elle doit être sortie de la région comprise entre les montagnes de l'Asie centrale et la Méditerranée [2]. S'il en est ainsi, les Aryas ont dû être au nombre de ses premiers possesseurs, et l'avoir propagée en Europe et dans l'Inde à la suite de leurs migrations. Le sanscrit, en effet, a pour le froment une douzaine de noms, mais dont quelques-uns seulement sont anciens, et datent de l'époque où les Aryas occupaient encore exclusivement l'Inde septentrionale. Comme plus au midi cette céréale ne

[1] *Vocab. Petropol*, n° 141, 45. Je ne trouve ce mot ni dans le vocabulaire de Xylander, ni dans celui de Hahn.

[2] *Géog. bot.*, p 931. Cf. Link, *Urwelt*, I, 399.

réussit pas bien, on l'a désignée plus tard par les épithètes de *mlêćchâça*, *mlêććhabhôgana*, aliment des barbares, c'est-à-dire des peuples au nord et à l'ouest de l'Inde. Parmi les noms que l'on peut regarder comme anciens, il en est plusieurs qui se retrouvent clairement dans les langues européennes.

1). Le sanscrit *sitaçimbika*, froment, signifie littéralement *épi blanc*, et *sita*, blanc, désigne au féminin plusieurs autres plantes. Ce mot s'écrit aussi *çita*, et présente, sous cette forme, le double sens de blanc, et de tranchant, aigu, acéré. De là une confusion entre les noms du froment et de l'orge, appelés tous deux *çitasûka*, ou *çitaçûka*, ce qui signifie pour le froment *épi blanc*, et pour l'orge, *épi acéré* [1]. Un autre terme, *sîtya*, qui désigne en général le grain, le blé, le riz, doit être encore distingué de *sita*, car, comme adjectif, il signifie *cultivé*, et se rattache à *sîta*, sillon.

A *sita* ou à *sîtya*, dont les origines sont également obscures, répond très-exactement le grec σῖτος, froment et pain de froment, au pluriel σῖτα et σῖτια, d'où le dénominatif σιτέω, σιτίζω, nourrir, et beaucoup d'autres dérivés. L'affinité est évidente, mais on reste en doute sur le sens primitif. Je ne connais pas d'autre analogie arienne; car le russe *sitnikŭ*, pain bis, que l'on pourrait être tenté de comparer, vient de *sito*, bluteau, tamis, et signifie pain de farine blutée.

Gesenius rapproche de σῖτος l'hébreu *chitta*, froment [2], mais sûrement à tort à cause du chaldéen *chintin*, et de l'arabe *hhinṭat*, auquel nous reviendrons plus loin.

2). Un composé de même sens que *sitaçimbika* est *çvêtaçunga*, épi blanc, que Wilson donne comme un nom de l'orge, mais qui conviendrait mieux au froment. Il y a peut être ici une confusion entre les deux céréales comme pour *çitaçûka*. Le féminin *çvêtâ*, blanche, désigne aussi une graminée, l'*Andropogon*

[1] Comme la racine est *çi*, acuere, la forme *sitaçûka* pour l'orge est peut-être fautive. Toutefois, il est bien possible que le sens de blanc s'applique aussi à l'orge, puisque Homère (Od. 4, 604) l'appelle κρῖ λευκον, hordeum album.

[2] *Dict. hebr.*, p. 332.

aciculatum. Le même rapport de signification se présente, dans les langues germaniques, entre le gothique *hveits*, blanc, et *hvaiti*, *hvaiteis*, froment, ang.-sax. *hwît* et *hwaete*, scand. *hvîtr* et *hveiti*, anc. all. *hwîz* et *hwaizi*, etc. Malgré cette double coïncidence, il n'est pas sûr que le gothique *hveits* réponde directement au sanscrit *çvêta*, de la racine *çvit*, album esse, car le *t* de ce dernier exigerait un *th* gothique et un *d* pour l'anc. allemand. Mais, à côté de *çvit*, on trouve *çvid*, *çvind*, albere, dont un dérivé supposé, *çvêda*, serait le corrélatif parfait du germanique [1]. Le lithuanien *kwĕtys*, un grain de froment, au pluriel agrégatif *kwĕtei*, froment, semble en parfait accord avec *çvêta* pour *kvêta*, mais il provient peut-être du germanique, dont le *hv* initial ne peut se rendre que par *kw* en lithuanien où l'*h* manque tout à fait. Une décision en faveur de l'une et de l'autre étymologie semble avoir peu d'importance, mais la question touche par un autre point à un problème d'un certain intérêt.

En persan, en effet, *ch'îd*, *ch'ayd*, *ch'awîd*, *chîd*, désigne le blé en herbe, et je crois y voir un ancien nom du froment identique au *çvêda* hypothétique. Le *ch'*=*chw*, remplace, il est vrai, dans la règle un *sv* sanscrit, et le *çv* de ce dernier devient en persan *sp*, *sap*. Ainsi *çvêta*, blanc, est en zend *çpaêta*, et en persan *ispêd*, *sapêd*, etc. Mais quelquefois aussi, et par suite de l'emploi simultané de *sv* et *çv* dans beaucoup de mots sanscrits, le *ch'* ou *ch* persan se substitue à *çv*, comme dans *chasûr*, beau-père = *çvaçura*. Or, de *ch'îd*, *chîd*, on arrive facilement à l'hébreu *chittâh*, syriaque *chetto*, froment, et, si l'on se souvient de la forme sanscrite *çvind*, albere, à côté de *çvid*, on aura l'explication de la nasale qui reparaît dans le chaldéen *chintin* (plur.), et l'arabe *hhinṭat*. Le nom sémitique du froment serait ainsi d'origine iranienne, fait important pour l'histoire de cette céréale, s'il était mieux constaté encore. On peut aussi alléguer en sa faveur l'absence d'une étymologie sémitique satisfaisante ; car celle que l'on a proposée de *hânat*, condivit, outre l'irrégularité de la

[1] Cf. au § 11, le nom germanique de l'hiver.

gutturale, ne convient guère au froment qui ne se confit, ni ne s'embaume.

Quant au sens étymologique de ces deux premiers noms, il est à remarquer que le froment est d'ailleurs plus d'une fois désigné par sa blancheur comparativement aux autres céréales. Ainsi le mongol *čagàn-taràn, zagan-tarija*, et le cymrique *gwen-ith*, arm. *gwin-iz*, signifient également *blé banc*, tandis que le seigle est appelé en mongol *chára-tarija*, ou blé noir [1].

3). Le sanscrit *sumana*, ou *sumanas*, froment, de *su*, et de *mana*, *manas*, pensée, esprit, estime, de la rac. *man*, penser, estimer, honorer, signifie proprement beau, agréable (Cf. ἐυμενής). Le substantif simple *mana* est un nom du nard indien. Si l'on retranche le préfixe *su*, on reconnaîtra, dans *mana*, l'ossète *mannau*, froment, auquel correspond exactement l'irlandais *mann*, froment, pain, nourriture. Le beloutchi *mânî* désigne le pain seulement.

4). Un terme limité aux deux branches ariennes de l'Orient est le sanscrit *gôdhûma*, en pers. *gandum*, belout. *gandîm*, kourd. *ghenam*, afghan. *genem*, etc. Le mot sanscrit paraît signifier *fumée de la terre*, par allusion peut-être à l'abondance avec laquelle le blé jaillit en quelque sorte du sol. Nous avons dans notre *fume-terre*, en italien *fumoterra*, un nom de plante tout analogue, bien que sans doute d'un autre sens figuré, à moins que fumée n'ait, dans les deux cas, l'acception de fumet ou de parfum. Il n'est pas facile, en effet, au point de vue phonique, de concilier les formes du sanscrit et du persan, et, comme en sanscrit même, le froment s'appelle aussi *gandhavihvala*, qui agite ou répand le parfum, on peut chercher dans le persan *gandum* un composé semblable, mais non identique, à *gôdhûmâ*, peut-être *gandhadhûma*, fumée odorante.

5). L'arménien *thsorean*, froment, blé, offre avec l'irlandais *tuireann*, id., une ressemblance qui peut n'être pas fortuite. Le mot irlandais paraît se lier à la même racine que *tor*, *toradh*, *to-*

[1] Klaproth, *As. Polygl.*, 281 et 283.

ramh, fruit, profit, croissance, etc., mais j'ignore si l'arménien conduit à une origine semblable. Le seul terme comparable, en sanscrit, serait *tṛṇa*, herbe en général. Une analogie plus problématique encore se présente dans le mongol *taràn*, *taryàn*, *tariya*, blé, *turè*, orge, suivant les dialectes. Il faut observer que les noms des céréales surtout peuvent avoir passé très-anciennement d'un peuple à un autre, et le mot qui suit semble offrir un second exemple d'une transmission semblable.

6). Columelle (2, 6) donne *rōbus*, comme le nom d'une espèce de froment. En irlandais, *arbha*, *arbhar*, signifie blé, *arbharach*, fertile en blé. On peut comparer encore l'afghan *urbish*, orge, et l'albanais *éljbi*, id. En traitant du mot *arbor* (§ 29, 9), j'ai cité déjà le sanscrit *arbha*, herbes en général, et rapproché plusieurs noms des plantes qui tous conduisent à la racine *rabh*, *labh*, ἀλφω, obtinere, adipisci, desiderare. On serait tenté d'y joindre ἄλφιτον, gruau d'orge, farine, τά ἄλφιτα, nourriture, entretien, si ἀλφὸς, blanc, ne fournissait pas une autre étymologie assez probable.

Ce qu'il y a de curieux maintenant, c'est que le nom mongol de l'orge est *arbai*, et se retrouve dans plusieurs langues de l'Asie du nord, le turc *arba*, *arpa*, le mandchou *arfa*, l'éniséen *arbà*, *arpà*, etc., où il désigne tantôt l'orge, tantôt le blé en général. N'est-il pas singulier de voir se reproduire deux fois, entre trois langues aussi distantes, la même série d'analogies ?

Sansc. *arbha*, herbe. — Irland. *arbha*, blé. — Mongol *arbài*, orge.

Sansc. *tṛṇa*, herbe. — Irland. *tuireann*, froment. — Mongol *taràn*, froment.

Il est difficile de mettre le tout sur le compte du hasard, et il devient probable que les noms ariens ont été transmis aux races tartares avec les céréales elles-mêmes.

7). J'arrive au grec πυρός, qui n'a peut-être pas désigné spécialement le froment dans l'origine, mais une céréale en général [1]. On

[1] Link, *Urwelt*, I, 401.

l'a fait dériver de πῦρ, feu, à cause de sa couleur dorée, mais les affinités de ce mot conduisent à une origine différente. Dans l'anc. slave on trouve *pyro*, pour far, ὄλυρα, en russe *píra*, pour le seigle, en croate *pira*, pour l'orge, en bohém. *pyr*, pour le Triticum repens., en lithuan. *púrai*, pour le froment d'hiver, et *pyrágas*, pour le pain de froment [1]. Si l'on compare de plus le sanscrit *pûra*, *pûrika*, espèce de gâteau, le persan *pûrah*, mets composé de pain et de viande bouillie, le géorgien *puri*, pain, le russe *pírŭ*, repas, festin, le cymr. *pawr*, armor. *peûr*, pâturage, herbe, l'irland. *port*, nourriture, etc., on est conduit à la rac. sansc. *pṛ*, *pṝ*, *pûr*, implere, satisfacere, nutrire, et le sens primitif est celui d'aliment substantiel. Cette étymologie me semble préférable à celle que propose Kuhn de la rac. *push*, nutrire [2]; car, si le changement de *s* en *r* dans le dialecte laconien est déjà fort exceptionnel en grec, il est tout à fait étranger aux langues lithuano-slaves.

8). Un nom remarquable du froment est encore le russe *pshenitsa*, pôlon. *pszenice*, illyr. *psceniza*, *sceniza*, bohém. *pshenice*, etc. Le thème plus simple *psheno* est le nom russe du millet. Ce mot qui, en slave, est sans étymologie, répond parfaitement au sanscrit *psâna*, aliment, nourriture, de la rac. *psâ*, manger, en grec ψάω, broyer, gratter, etc. Chez les Touchis du Caucase, l'orge s'appelle *psa*.

§ 62. — L'ORGE.

Les diverses espèces de *Hordeum* ont été cultivées aussi anciennement et plus généralement peut-être que le froment [3], et on lui a assigné comme patrie primitive un grand nombre de

[1] En coréen *pori*, orge, *pôlí*, froment. (Siebold, *Voy. au Japon. V*. p. 33, 257), coïncidence sans doute fortuite.

[2] *Ind. Stud*, de Weber, I, 356.

[3] *Antiquissimum in cibis hordeum* (Pline H. N, XVIII, 14).

lieux divers. Suivant Alph. de Candolle, il faut regarder le *Hordeum distichon*, comme spontané et aborigène au midi du Caucase du côté de la mer Caspienne, et, probablement en Perse [1]. Ceci lui donnerait déjà, géographiquement parlant, une origine arienne, et il est certain que ses noms ariens en font remonter la culture aux temps les plus reculés, comme on le verra par les rapprochements qui suivent.

1). Le plus important de ces noms est le sanscrit *yava*, *yavaka*, aussi *ya* (par abréviation ?), appliqué ordinairement à l'*Hordeum hexastichon*, mais aussi dans les Vêdas, au *triticum*, ou frumentum [2]. L'étymologie probable de ce mot indique, en effet, une signification générale, car il me paraît dériver de la racine *yu*, colligare, conjungere. L'orge serait ainsi ce qui est réuni par la culture, ou recueilli et mis en gerbes par la moisson. Le vêdique *yavasa*, pâturage, semble désigner de même un lieu de réunion pour les troupeaux, et le composé *yavaphala*, bambou, nard indien, et oignon ne peut s'interpréter que comme fruit réuni, aggloméré, et non comme fruit d'orge, ce qui ne donnerait aucun sens. D'autres dérivés tels que *yâva*, laque rouge, *yâvaka*, Phaseolus, Dolichos biflorus, conduisent sans doute à la même notion.

Ce nom de l'orge se retrouve d'abord chez la plupart des Aryas orientaux, dans le zend *yava*, le persan et beloutchi *ģaw*, le kourde *ģièi*, le tirhaï (du Caboul) *zav*, le siahpôsh ou kafir *yû*, etc. Dans l'ossète *yew*, *yau*, *ew*, il a passé au millet. Depuis longtemps, on y a rattaché le grec ζέα, ζεία, pour ζεϝα, appliqué plus spécialement à l'épeautre, mais primitivement sans doute aussi à l'orge et au froment. Le changement de *y* en ζ se reproduit d'ailleurs plus d'une fois, comme dans ζυγόν, jugum, le sanscrit *yuga-m*, etc. Mais la forme la mieux conservée en Europe est le lithuanien *jáwai*, blé en général, *frumenta*, pluriel de *jáwas*, grain de blé. De là le nom de la déesse *Jawinne*, qui présidait aux céréales chez les Lithuaniens.

[1] *Géogr. bot.*, p. 936.

[2] *Rig Véda*, Rosen, I, 23, 15; 53, 2.

2). Un autre nom sanscrit de l'orge est *mêdhya*, littér. le grain préparé pour l'oblation ou le sacrifice, puis, en général, pur, purifié, de *mêdha*, sacrifice, oblation (rac. *mêdh*, obviam venire), en zend *maêdha*, id., et *maêdhaya*, ce qui est relatif au sacrifice. De là sans doute le persan *mayda*, fleur de farine et le pain qui en est fait. D'après le *Vṛhadaraṇyaka* du Yadjurvêda (6, 3, 13), l'orge était au nombre des grains propres aux oblations [1]. De là son nom de *divya*, le grain divin. Ceci nous rappelle la *mola salsa*, des Romains, et les οὐλαι, οὐλοχύται, ou orge consacrée, que Nestor répand sur la tête de la victime [2]. Mais ce qui donne un intérêt particulier à l'origine étymologique de ce nom de l'orge, c'est qu'il paraît se retrouver dans le lithuanien *mëžei* (au sing. *mëžys*, grain d'orge), coïncidence qui nous révèle la haute ancienneté du sacrifice par l'oblation des grains chez les Aryas. Le *ž* lithuanien, il est vrai, ne répond pas au *dh* sanscrit, mais à l'*h* et quelquefois au *ģ*; mais on peut écarter cette objection en admettant une forme de transition *mêhya*, le *dh* se réduisant assez souvent à l'aspirée en sanscrit même. On trouve d'ailleurs en lithuanien un autre exemple de cette transition de *dh* à *ž*. Le sanscrit *madhu*, miel, reste bien *medùs*, mais le verbe *mežu* (à l'infinitif *meszti*), édulcorer avec du miel, offre la même transformation que *mężys*, *mëžei*, de *mêdhya*.

3). Un terme non moins important, bien qu'étranger au sanscrit, est le persan *bâr*, orge, grain dont on fait la bière, *bârah*. Ce mot, ainsi que *bar*, signifie en général nourriture, fruit, et se rattache au verbe *burdan*, le sansc. *bhṛ*, ferre, nutrire, sustentare, d'où *bhara*, *bharaṇa*, qui sustente, nourrit. C'est donc là encore un terme général, comme *frumentum*; aussi le latin *far*, qui y correspond parfaitement *(bh=f)* désigne-t-il non-seulement, à ce que l'on croit, l'épeautre, mais toute espèce de céréales. Les langues germaniques, par contre, ont conservé le sens spécial; car le gothique *baris* (*barizeins*, κρίθινος), ang.-sax. *bere*, scand. *barr*,

[1] Kuhn, dans Weber, *Ind. Stud*, I, 355.

[2] *Odyss.*, III, 442, ɪᴠ, 761.

s'appliquent exclusivement à l'orge, et le nom de la bière, ang.-sax. *beor*, scand. *biôr*, anc. all. *peor*, s'y rattache, comme le persan *bârah* à *bâr*. Enfin, les idiomes celtiques possèdent aussi ce mot avec des significations diverses; irland. *bar*, blé, *bár*, nourriture, fruit, *bár*, *báran*, pain, *barr*, moisson, *beoir*, bière ; cymr. *barlys* (*bar-llys*, herbe, *bar*), orge, d'où l'anglais *barley*, *bara*, pain, nourriture, *bûr*, bière; armor. *bara*, pain, *biorch*, bière[1]. — Ceci prouve à la fois la haute ancienneté du double emploi de l'orge comme aliment, et comme source d'une boisson fermentée.

Mais les analogies s'étendent plus loin encore, et nous trouvons ici, comme pour l'un des noms du froment, une de ces coïncidences avec les langues sémitiques qui ne sont pas faciles à expliquer. L'hébreu *bar*, frumentum, arabe *burr*, triticum, ne sauraient être séparés des noms ariens de l'orge; mais quelle est leur origine? Si l'on compare l'hébreu *bârah*, comedit, *bârâ*, saginavit, *bâria*, pinguis, *birjâh*, cibus, on arrive, pour la racine, au même sens que pour le sanscrit *bhṛ*, *bhar*, nutrire ; et cependant l'identité ne serait qu'apparente si la signification primitive des racines hébraïques est *secare*, puis *creare*, *producere*, comme l'indique Gesenius. D'après lui, *bar*, frumentum, signifierait *purgatum a palea*, et serait identique à *bar*, purus, *bir*, puritas, arab. *barr*, *birr*, pur, bon, juste, etc., ce qui diffère complétement de la notion première du sanscrit *bhṝ*, ferre, sustentare. Ces *bivia* étymologiques, qui se présentent plus d'une fois pour des mots ariens et sémitiques de même son et de même sens, constituent un problème difficile à résoudre.

4). L'ancien allemand *kersta*, *gersta*, allem. *gerste*, a été rapproché, à tort je crois, de *hordeum*, de κριθή, et même de l'arménien *kari* et de l'ossète *chor*. Il me paraît difficile de le séparer du nom germanique de l'herbe, goth. *gras*, ang.-sax. *graes*, *gaers*, scand. et anc. all. *gras*, que Bopp rapporte, aussi bien que γράστις, et *grāmen* (pour *grasmen*), à la racine sansc. *gras*,

[1] En russe, *borŭ* désigne le millet, en tant que nourriture.

edere, vorare[1] (Cf. γράω), le *g* initial restant inaltéré comme dans plusieurs autres cas. *Gersta* répond exactement au sanscrit *grasta*, mangé, formé comme *aṭṭa*, blé, de la rac. *ad*, edere. L'arménien *kari*, ossète *chor*, géorgien *keri*, ont le même sens étymologique, mais leur origine est tout autre. Ils se rattachent au persan *ch'ur*, nourriture, *ch'urdan*, manger, en ossète *chorun*, *charun*, et à la racine zend *qĕrĕ*, *qar*, edere, d'où *qarĕna*, *qarĕtha*, nourriture. La forme sanscrite correspondante devrait être *svṛ*, *svar*, qui n'a pas le sens de manger, mais pour laquelle on trouve dans les Vêdas la forme analogue *hvṛ* [2].

5). L'importance de l'orge comme aliment et comme offrande sacrée, lui a fait donner tout particulièrement des noms laudatifs, tels que, en sanscrit, *divya*, le grain divin, et *dhânarâja*, le roi des céréales. C'est à ce genre d'appellatifs que paraissent appartenir plusieurs noms européens devenus obscurs, et qui ne semblent trouver leur explication que par le sanscrit. Je les réunis ici parce qu'ils s'appuient mutuellement par leurs analogies quant à la manière de les interpréter.

a). Le grec κρῖ, κριθή, orge, me paraît se rattacher au sanscrit *çrî*, richesse, bonheur, beauté, lequel s'applique comme nom de plante, au Pinus longifolia et au clou de girofle. Le dérivé *çrîmant*, riche, opulent, prospère, désigne un arbre, le Tilaka, et *çrîkara*, qui effectue le bonheur, est un nom du lotus rouge. Beaucoup d'autres composés avec *çrî* forment des noms de plantes et de fruits. Le grec κριθή me paraît être une formation de ce genre, et s'explique fort bien par un féminin sanscrit *çrîdhâ*=*çrîdharâ* qui tient, possède, effectue la richesse, composé tout analogue à *çrîda*, qui donne la richesse.

b). Le grec κοστή, ἀκοστή, orge, se rattache sans doute à la même racine que le sansc. *çasya*, blé, et comme adjectif, excellent. Cette racine est *ças*, *çañs*, laudare, celebrare, d'où le participe *çasta*, excellent, heureux, au féminin *çastâ* = κοστή, laudata,

[1] Bopp, *Gloss. sansc.*, p. 110. Cf. alban. *ghroshe*, lentille.

[2] Burnouf, *J. Asiat.*, 1840, p. 258.

comme *çasya-m*, littér. laudandum. Un autre dérivé, *çaspa*, herbe tendre, se retrouve dans le latin *cespes*, gazon, dont le thème *cespit* n'est qu'une forme augmentée.

c). Le latin *hordeum* répond aussi bien que possible au sansc. *hṛdya*, neutre *hṛdyam*, aimé, désiré, agréable, qui désigne la Cassia, et, au féminin *hṛdyâ*, une plante médicinale. On pourrait objecter que *hṛdya* venant de *hṛd*, cœur, lat. *cor*, *cordis*, le nom de l'orge devrait être *cordeum*; mais de semblables doubles formes ne sont pas rares dans les langues européennes. De plus, il me semble encore douteux que *cor*, καρδία, goth. *hairtô*, etc., soient immédiatement comparables avec *hṛd*, bien que sûrement alliées de fort près; mais la justification de ce doute m'entraînerait trop loin de notre sujet [1].

d). Le cymrique *haidd*, armor. *heiz*, orge, n'est autre chose que l'irlandais *saidh*, richesse, trésor (*h* = *s*), et tous deux se rattachent à la même racine que le sanscrit *sâdhu*, excellent, beau, pur, *sâdhana*, richesse, etc., savoir *sâdh*, perficere, obtinere, capere. L'irlandais *earn*, *eorna*, *orna*, orge, a un sens analogue, car il dérive du verbe *eirnim*, recevoir, obtenir, d'où *earnadh*, don, faveur.

Ces diverses significations, qui s'accordent si bien entre elles, prouvent que l'orge a été tenue en grande estime par les Aryas primitifs, et confirment l'opinion de Lassen sur la haute antiquité de sa culture [2]. Mais quand il allègue, comme argument, que *yava* est le seul nom de céréale qui soit commun aux langues ariennes, il se trompe assurément en présence des analogies multipliées que nous venons de signaler pour le froment et l'orge.

[1] Cf. pour cette question, le § 113, 3, au nom germanique du cerf.
[2] *Ind. alt.*, I, 247, note.

§ 63. — LE SEIGLE.

Le *Secale cereale* n'a jamais eu une culture aussi étendue que le froment et l'orge. Il n'a pas de nom sanscrit, et paraît étranger à l'Inde. Les Grecs ne le cultivaient pas, et ne le connaissaient que comme un produit de la Thrace. C'est chez les peuples de l'Europe moyenne et septentrionale, les Germains, les Celtes et les Slaves que l'on trouve des noms qui témoignent d'une culture ancienne, étendue aussi à l'Italie romaine. Ceci paraît confirmer l'opinion d'Alph. De Candolle qui, d'après les faits botaniques, place l'origine de l'espèce dans la région comprise entre la mer Noire et l'Europe centrale [1]. Il faut observer, cependant, que le persan, l'ossète et l'arménien d'une part, et de l'autre les idiomes finno-tartares, ont, pour cette céréale, des noms qui leur sont propres.

Nous n'avons d'après cela aucune preuve positive que le seigle ait été connu des anciens Aryas. Toutefois l'examen de ses noms européens n'est pas sans intérêt pour la question qui nous occupe, parce que quelques-uns semblent se rattacher à d'anciennes dénominations appliquées dans l'origine à d'autres céréales.

1). Le plus important, sous ce rapport, est celui qui appartient en commun aux peuples du Nord de l'Europe, l'ang.-sax. *ryge*, *rige*, scand. *rûgr*, anc. all. *roggo*, *rocco*, etc., le russe *rojĭ*, polon. *reż*, illyr. *rasc*, bohém. *reż*; le lithuan. *ruggiei* (au sing. *ruggys*), lett. *rudzi*, et le cymrique *rhyg*, peut être emprunté à l'anglo-saxon, attendu qu'il manque à l'irlandais. L'origine de ce nom doit remonter à une époque antérieure à la séparation des Germains et des Lithuano-Slaves, et, de part et d'autre, la consonne finale indique un thème primitif qui serait en sanscrit *r-h*. Grimm déjà a comparé avec sagacité le sanscrit *vrîhi*, qui désigne le riz [2],

[1] *Géogr. bot.*, p. 936 et suiv.

[2] *Gesch. d. deut. Spr.*, p. 64.

et l'affinité de ces termes entre eux ne saurait guère être mise en doute. Il va sans dire que cela n'implique pas une transmission du nom du riz au seigle ; car le riz est originaire de l'Inde, et n'a sûrement pas été connu des Aryas primitifs. Mais on peut en inférer que *vrîhi* a désigné d'abord une autre céréale, peut-être le blé en général, et qu'il a été appliqué plus tard au riz par les Indiens, et au seigle par les Aryas d'Europe. Et ce qui l'indique déjà, c'est que chez les Slaves, et suivant les dialectes, le nom du seigle passe au froment, et que le lithuanien *ruggiei* se prend dans l'un et l'autre sens.

L'étymologie de *vrîhi* conduit plus sûrement encore à la même conclusion. Sa racine est *vṛh, bṛh,* crescere, dont le *ṛ* se développe en *rî*, comme dans *gṛî*, senescere, de *gṝ*, *rî*, ire, de *ṛ*, *vrî*, eligere de *vṛ*, etc. Le mot exprime donc la croissance forte et rapide qui caractérise les céréales. La suppression du *v* initial s'observe en sanscrit même, par ex. dans *ṛdh*, crescere, à côté de *vṛdh*= *vṛh*, *ṛddhi*, croissance, pour *vṛddhi*, etc. ; et il est à remarquer qu'elle s'opère de la même manière dans les noms du riz altérés de *vrîhi*, et dont le mot français est un exemple. Le *v* ou *b* ne disparaît cependant pas toujours. On le retrouve dans le persan *barz*, grain, blé, qui se lie à la forme développée en *ar* du sanscrit *bṛh*, *barh*, et mieux encore dans le nom thrace du seigle, βρίζα que Galène nous a conservé (*Aliment.* I, c. 43), et qui a une physionomie tout à fait iranienne.

Si l'on met en regard les diverses transformations des noms du seigle et du riz, il devient impossible de douter de leur identité. Ainsi on trouve :

POUR LE SEIGLE.		POUR LE RIZ.	
Anc. thrace,	βρίζα.	Sansc.	*vrîhi*, lequel serait en zend *vrîzi* ou *brîzi*.
Dialectes turcs,	*arysh*, *arys*.	Afghan.	*urishi*.
—	*aresh*, *irash*.	Grec	ὄρυζα.
Wogoule,	*orosh*, *oroj*.	Illyr.	*oriz*.
Eniséen.	*oros*, *arysh*.	Arabe.	*uruz*, *urz*.

POUR LE SEIGLE.		POUR LE RIZ.	
Russe.	*rojŭ.*	Polon.	*ryž.*
Polon. Bohém.	*rež.*	Italien	*ryžei.*
Illyr.	*rasc.*	Italien	*riso.*
Etc.		Arabe	*ruz.*
		Etc.	

C'est assurément un phénomène singulier que le mot *vrîhi*, parti sans doute du centre commun des langues ariennes avec une signification peut-être générale, ait été appliqué d'abord en Europe et dans l'Inde à deux céréales distinctes, et que, bien des siècles plus tard, il soit revenu de l'Orient à l'Occident, avec le riz indien, se replacer à côté de son homonyme, le seigle, sous des formes parfaitement semblables.

Aucun nom de céréale n'a voyagé plus au loin que *vrîhi* dans ses deux acceptions. Comme seigle, il occupe tout le nord de l'Europe, et une bonne partie du nord de l'Asie ; comme riz, il s'étend à toute l'Asie méridionale, à une portion de l'Afrique[1], et à l'Europe, d'où il a fait le tour du monde entier.

2). Au latin *secale*, répond l'irland.-erse *seagal*, armor, *ségal*, mais il est fort probable qu'un de ces noms provient de l'autre, sans que l'on puisse trop dire auquel appartient la priorité. L'étymologie ordinaire, *secale* de *secare*, couper, tombe en présence de la forme *sigala*, qui se rencontre également, et qui se rapproche plus du celtique. Il est à croire que *secale* en est provenu par la tendance naturelle à rattacher ce mot à *seco*. L'origine géographique du seigle, indiquée plus haut, parle en faveur d'une priorité celtique, puisque les Celtes ont occupé longtemps sans doute les régions danubiennes. Si l'on se rappelle les noms laudatifs donnés au froment et à l'orge, on pourrait sans invraisemblance rapporter l'irlandais *seagal* à *seagh*, estime, valeur, prix. Mais d'où vient l'albanais *thékere*, seigle, dont le *th* prononcé à l'anglaise semble provenir de *s* ou de *sh* ? Ici l'incertitude devient

[1] De l'arabe *uruz*, *ruz*, il a passé dans le souaquin *orsh*, le doungala *rüssh*, le dâr-four *rüsh*, etc.

très-grande, car cette forme se rapproche singulièrement de l'hébreu *sh'orah*, arabe *sha'ir*, orge, dont le *'aïn* ne peut guère être représenté que par une gutturale dans les langues non-sémitiques. Or ce mot dérive clairement de *shâ'ar*, horruit, d'où *sha'âr*, arabe, *sha'r*, cheveu. Comme, toutefois, ni l'orge, ni le seigle, ne sont originaires des pays sémitiques, il est difficile d'admettre une transmission de nom à l'Europe, et il faut supposer, ou que l'analogie est fortuite, ou que le mot sémitique, venu du dehors, a été modifié de manière à lui donner une étymologie indigène.

3). L'ossète a, pour le seigle, un nom particulier *syl*, *sil*, qui, dans les langues turques, est appliqué à l'avoine, mais qui paraît être d'origine arienne. D'après Visiani (*Fl. Dalmat.*, p. 69), cité par De Candolle (*Géog. bot.*, 939), *silj* serait aussi un nom illyrien de l'avoine. Le persan *shil* désigne une lance, un javelot, et *shîlân*, le blé vert qui commence à épier. Ceci nous conduit au sanscrit *çilî*, dard, et probablement épi, dont le verbe *çil*, spicas colligere (*çilati*), d'où *çila*, action de glaner, est bien probablement un dénominatif, malgré son apparence de racine primitive. — Je crois qu'il faut rattacher à ce groupe, le latin *siligo-inis*, espèce de froment d'été, et la farine que l'on en tirait. Si ce dernier sens était le plus ancien, et si le mot désignait le grain plutôt que la plante, il s'expliquerait parfaitement bien comme un composé de *sili* =sansc. *çili* (cf. *silex* et *çilâ*) et de la racine *ğan*, oriri, nasc, et signifierait ainsi *né de l'épi*, *çilîğana*.

Les noms tartares de l'avoine, *sulu*, *sula*, *solo*, rappellent mieux le sanscrit *çûla*, *çala*, synonymes de *çilî*, dard, tous de la rac. *çṛ*, blesser. La transition très-naturelle au sens d'épi se remarque réellement dans l'albanais *kale*, épi, le cymr. *côl*, barbe d'épi, *cal*, piquant, l'irland. *calg*, *colg*, barbe de l'orge, etc.

4). Pline nous apprend que, chez les Taurini, le seigle était appelé *asia* [1]. Les Taurini parlaient probablement un dialecte celtique plus ou moins mélangé de ligure, et *asia* fait penser à l'ancien irlandais *es*, nourriture, auquel répond le persan *âsh*,

[1] *Hist. nat.*, XVIII, 16.

nourriture, potage, gruau d'orge, et *as*, blé moulu. La racine commune paraît être le sansc. *aç*, edere, d'où *açana*, nourriture, *açna*, vorace, *âça*, qui mange, etc. ; *açya* signifie *edendus*. Du persan, ce terme semble avoir passé dans les langues turques, où *ash*, *as*, désigne le blé en général. Je ne sais si l'on peut comparer aussi le nom illyrien de l'épeautre, *osvah*, dont en tous cas le suffixe diffère.

§ 64. — L'ÉPEAUTRE.

Le *Triticum spelta* n'a jamais été cultivé aussi généralement que le froment et l'orge, et on ne lui connaît pas de nom sanscrit. Cependant il paraît originaire de l'Orient, car on l'a trouvé sauvage dans la Perse et la Mésopotamie [1]. Il est probable, d'après cela, qu'il doit avoir un nom persan, mais je n'ai pas su le découvrir dans les sources qui me sont accessibles. La question de savoir si les anciens Aryas ont connu l'épeautre reste ainsi forcément incertaine. La négative, toutefois, est d'autant plus présumable que ses noms européens se lient, pour la plupart, à des termes généraux, ou à ceux d'autres espèces de céréales. Cela est le cas déjà pour l'arménien *tsuar*, qui se rattache sans doute à *tsorean*, froment. Le grec ζέα répond comme nous l'avons vu, au sanscrit *yava*, orge, le latin *ador* au sanscrit *adas*, nourriture. Sous ce rapport, les autres noms européens peuvent fournir quelques observations intéressantes.

1). On ne sait pas bien si le grec ὄλυρα a désigné l'épeautre ou le *Triticum monococcum*; mais cela importe peu pour l'étymologie du mot, qui paraît conduire à une signification plus générale. Je crois qu'il faut le rapporter à la même racine que le sanscrit *irâ*, nourriture, savoir *ṛ*, *ar*, dans l'acception de *obtinere*, d'où proviennent également, par le changement de *ar*

[1] Alph. De Cand., *Géogr. bot.*, p. 934.

en *al*, le latin *alo*, le goth. *alan*, l'irland. *alaim*, *oilim*, etc., et leurs nombreux dérivés. Dans les Vêdas, *irâ* s'écrit aussi *ilṛâ*, (*Nâigh.* II, 7), et ὄλυρα, pourrait bien n'en être qu'une forme, en quelque sorte développée [1]. Dès lors, on peut comparer aussi le cymrique *ller*, herbe, fourrage. Chez les Andi du Caucase, *lira* est le nom du froment. (Vocab. Petropol., n° 140.)

Le latin *alica*, l'épeautre et sa farine, dérive directement de *alo*. Le grec ἄλευρον, farine, se rattache en premier lieu à ἀλέω, ἀλήθω, moudre ; mais la forme même de ce verbe semble indiquer un dénominatif d'un thème ἄλη, farine, qui appartiendrait à cette racine *al*, si répandue dans les langues ario-européennes. L'arménien *aliur*, farine, confirme cette supposition ; car il est peu probable qu'un mot aussi usuel ait été emprunté au grec.

2). Un nom de l'épeautre, singulier par son isolement même dans les langues slaves, est le polonais *orkisz*. Je ne trouve à comparer que le vêdique *arka*, nourriture (*Nâigh.* II, 7), p.-ê. de *ṛ*, obtinere.

3). L'ancien allem. *spelta*, *spelza*, ang.-sax. *spelt*, d'où l'italien *spelta* et notre mot *épeautre*, est purement germanique. L'allemand *spelze* signifie aussi balle de grain, paille, et la racine est sans doute *spaltan*, findere. On sait que l'épeautre se distingue par la difficulté à faire sortir le grain de sa balle. Je ne sais quelle peut être l'origine de l'autre nom germanique *dinchil*, *dinkil*.

Les langues celtiques n'ont pas de nom spécial pour l'épeautre, bien que les Gaulois paraissent l'avoir cultivé [2].

[1] Les indianistes allemands s'accordent, en général, à ne voir dans le *ṛ*, *ṝ*, qu'un affaiblissement purement indien de *ar*, et dans *lṛ* une invention des grammairiens. Je crois cette opinion contestable, malgré les hautes autorités qui l'appuient, mais il faudrait une dissertation en règle pour justifier ce doute. Je me bornerai ici à faire remarquer que le mot sanscrit *lṛ*, terre, se retrouve dans l'irlandais *lar* et le cymr. *llawr*, développé de la même manière que ὄλυρα de *ilṛâ*.

[2] Reynier, *Écon. des Celtes*, p. 421.

§ 65. — L'AVOINE.

L'*Avena sativa* est probablement indigène dans l'Europe occidentale, aussi bien qu'au nord du Caucase, et dans une partie de la Sibérie. Elle n'était pas cultivée chez les anciens, ni chez les Hébreux et les Égyptiens, et elle est inconnue dans l'Inde [1]. D'après Galenus (*De alim.*, I, 14), on la trouvait en abondance dans la Mysie, au-dessus de Pergame. Ses noms originaux s'étendent, avec beaucoup de diversité, sur toute l'Europe, le Caucase, la Perse et le nord de l'Asie, et se lient souvent à ceux d'autres céréales, ou à la notion générale d'aliment. Quelques-uns remontent sans doute à une très-haute antiquité, bien qu'ils nous laissent en doute sur leur provenance directe de la langue arienne primitive.

1). Le seul nom qui concorde dans plusieurs idiomes européens est le latin *avena*, dont la racine est la même que celle du russe *ovësŭ*, polon. *owies*, bohém. *owes*, illyr. *ovas*, et du lithuan. *awižà*, lett. *ausas*. — Du russe, il a passé dans l'ostiake du Narym, *abis*. — En retranchant les suffixes, on obtient la racine sanscrite *av*, juvare, amare, exhilarare, et comedere, d'où *ava*, nourriture, *avana*, *avas*, satisfaction, jouissance, et *avasa*, exactement le russe *ovësŭ*, pâturage, aliment. *Avakâ* est aussi le nom d'une herbe, *Blyxa octandra*. A la même racine appartiennent le persan *âwâ*, nourriture, et *abâ*, pain, en laghmani du Caboul, *ave*, et *aù*, id. Il paraît donc certain que ce nom est bien arien, mais il peut avoir été appliqué à une céréale quelconque.

2). Le grec βρόμος, ou βόρμος, avoine, se rattache sans doute à βρῶμι, βρώσκω, manger, βρῶμα, βρῶσις, βορὰ, nourriture, βορὸς, glouton, et au latin *voro*. En sanscrit, nous trouvons la racine *bṛ*,

[1] De Cand., *Géogr. bot.*, p. 938.

bṛ, *vṛ*, sustentare, nutrire. Nous avons vu de même que l'ang.-saxon *ata*, *ate*, angl. *oat*, avoine, appartient à *etan*, goth. *itan*, manger, et au sanscrit *ad*, d'où dérivent plusieurs noms de céréales. Un rapport semblable existe peut-être entre l'arménien *warsag*, avoine, et le sanscrit vêdique *varças*, nourriture (*Nâigh.* II, 7). Un rapprochement plus sûr se présente encore pour l'ossète *siski*, avoine, avec le vêdique *sasa*, nourriture (*Nâigh.* ibid.), et avec *sasya* ou *çasya*, blé.

3). Le nom celtique de l'avoine, irland.-erse *coirce*, *cuirce*, *corca*, cymr. *ceirch*, armor. *kerch*, est très-énigmatique. Je ne lui trouve ailleurs d'autre analogie que le persan *charkî*, espèce de grain dont on fait du pain. Mais si ce mot appartient, comme cela est probable, à la racine zend *qar*, pers. *ch'urdan*, edere, il devient difficile d'y rattacher le nom celtique, à moins d'y voir une forme iranienne. Comme nous avons vu le froment tirer deux de ses noms de sa blancheur, on pourrait peut-être penser, avec plus de raison, au sanscrit *karka*, blanc, pour expliquer le mot celtique.

4). Un terme un peu moins obscur est l'anc. allem. *haparo*, *habaro*, scand. *hafrar* (au plur.), allem. *hafer*, *haber*. Je serais tenté de chercher dans *paro*, *baro*, le sens de nourriture, qui est aussi celui du gothique *baris*, orge, et des mots qui s'y rattachent (§ 62, 3), et de voir dans ce nom un composé avec l'interrogatif *ha*=sansc. *ka*, formations dont le germanique offre plus d'un exemple. Ainsi *haparo* = sansc. *kabhara*, signifierait : *quel aliment!* dans le sens laudatif sans doute, puisque, d'après Pline (*H. n.* 18, 7), les anciens Germains se nourrissaient principalement de bouillie d'avoine.

§ 66. — LE MILLET.

Diverses espèces de *Panicum* ont été cultivées de temps immémorial en Asie et en Europe. Déjà 2822 ans avant notre ère, le millet fut introduit en Chine par l'empereur Chin-nong [1]. Le *Vṛhadâraṇyaka* du Yadjurvêda en nomme deux espèces, *aṇu*, et *priyangu*, le *miliaceum* et l'*italicum*, parmi les grains propres aux offrandes. D'après Alph. de Candolle [2], les botanistes n'ont aucun indice sur la patrie primitive des *Panicum*, qui sont difficiles à distinguer entre eux, et que l'on n'a pas retrouvés sauvages. Leurs noms varient beaucoup dans les langues ariennes, et quelques-uns seulement mettent sur la voie d'affinités anciennes plus ou moins certaines.

1). Le sanscrit *kangu*, *kanku*, *kvangu*, *kanguka*, *kangunî*, Panicum italicum, n'a pas d'étymologie connue. La seule analogie, assez lointaine, est celle du grec κέγχρος, tout aussi obscur d'ailleurs que le sanscrit. S'il y a réellement quelque affinité entre ces termes, il faut que, d'une part ou de l'autre, la forme primitive ait été altérée.

2). Le sanscrit *rasâ*, autre nom de la même espèce de millet, désigne aussi le raisin, ainsi que nous l'avons vu, et signifie, au masculin, saveur, goût, suc, et, d'après le *Nâighaṇṭu* (II, 7), nourriture. Je crois le retrouver dans le composé persan *ǵawaras*, millet, où *ǵâwa*, ne paraît être que le nom de l'orge, *ǵaw*=sansc. *yava*, de sorte que le mot signifierait : qui a la saveur de l'orge ou du froment, en sanscrit *yavarasa*. Mais le persan *ǵaw* pourrait fort bien avoir été appliqué au millet aussi bien qu'à l'orge, car, en ossète, le premier est appelé *yew*. Ce qui l'indique encore, c'est un passage d'un commentateur indien du *Nyâya sûtra*, II, 56, cité par Boehtlink et Roth au mot *kangu*, et qui dit : que les Aryas (Indiens) appellent *yava* une espèce de blé à longues barbes, mais que les *mlêććhas*, ou barbares, donnent ce nom au *kangu*, millet. Il paraît clair, d'après les mots persan et ossète, que, par barbares, le commentateur entend ici les peuples iraniens.

Je crois de plus reconnaître *rasa* dans l'anc. allem. *hirsi*,

[1] Loiseleur Deslonchamps. *Consid. sur les céréales*, part. I, p. 29.

[2] *Géogr. bot.*, p. 941.

allem. et anglais *hirse*, millet, qui semble composé avec l'interrogatif *ka*, et qui serait en sanscrit *karasa*, quelle nourriture ! quelle saveur ! synonyme, par conséquent de *haparo*, avoine (§ 65, 4). Nous avons déjà vu ce même composé expliquer très-probablement le nom de la cerise (§ 54, 1), ce qui n'est pas plus surprenant que de voir *rasâ* désigner à la fois le millet et le raisin.

3). On pourrait être tenté de chercher aussi *rasa* dans le slave *proso*, millet, mais le *p* serait difficilement explicable. On ne saurait, en effet, y voir un remplaçant du *k*, par une transition fréquente en grec et en cymrique, mais étrangère aux langues slaves. Comme le millet s'appelle en russe *psheno* et *borŭ*, et que ces deux mots ne signifient pas autre chose que nourriture (§ 63, 8, et 64, 3), il est plus probable que *proso* a le même sens. Il rappelle certainement le védique *pṛksha*, nourriture (Nâigh. II, 7), de *pṛć*, sumere, tangere, dont le *ksh* se serait réduit à *s*, comme dans le slave *osĭ*, axe, sansc. *aksha*, et *desĭnŭ*, dexter, sansc. *dakshina*.

4). Le lithuanien *sora*, plur. *soros*, millet, *sorus*, bouillie de millet, correspond au sanscrit *sâra*, substance, richesse, et, comme adjectif, excellent. Le sens primitif paraît être ici le même que celui du sanscrit *çasya*, blé, et du grec κόστη, orge (§ 62, 5, 6).

5). Le grec μελίνη, lat. *milium*, cymr. *miled*, armor. *mell*, ang.-sax. *mil*, alban. *meli*, se lie partout au nom du miel, μέλι, *mel*, cymr. *mel*, irland. *mil*. goth. *milith*, etc., et désigne l'aliment doux et savoureux. Il en est de même en sanscrit, où *madhuka*, doux, est aussi le nom d'une espèce de millet, et dérive de *madhu*, miel. C'est peut-être à tort que l'on identifie *madhu* et μελί, question qui reviendra plus tard, mais la corrélation indiquée n'en est pas moins remarquable.

6). Au latin *pānicum* répond régulièrement l'anc. all. *fenih*, all. mod. *fench*, *fennich*, à distinguer sans doute de *fenihil*, ang.-sax. *finugl*, alb. *fenchel*, fenouil, emprunté à *foeniculum*. Faut-il rapporter le latin à la même racine que *pānis*, savoir *pasco*, πάω, le sansc. *pâ*, nutritive? ou bien à *pānus*, πῆνος, le fuseau sur lequel on enroulait le fil pour tisser? par allusion à la forme de l'épi du millet? Comme *pānus* et *pannus* ne sauraient être séparés, et que *fenih* se rattache de même à *fana*, pannus, vexillum, il est probable que c'est bien là le sens primitif du mot, ce que confirme d'ailleurs le diminutif *pānicula*, touffe, épi, panache.

Comme, toutefois, il se présente presque toujours plusieurs voies ouvertes aux conjectures étymologiques, l'analogie du lithuanien *sora* (n° 4) et d'autres céréales, pourrait faire penser, pour *pānicum* et *fenih*, au sanscrit *paṇya*, excellent, louable, de la racine *paṇ*, ou *pan*, laudare, d'où dérive aussi *panasa*, l'arbre à pain. Je n'ose décider entre ces hypothèses.

On voit que, sans offrir de concordances directes bien sûres avec l'Orient, les noms européens du millet conduisent à des significations générales qui indiquent un usage étendu et fort ancien. On peut présumer, d'après cela, que ce grain n'a pas été inconnu aux Aryas avant leur dispersion.

§ 67. — LA FÈVE.

Après les céréales, ce sont les légumineuses qui offrent le plus d'importance comme plantes nutritives, et leur culture, très-généralement répandue dans tout l'ancien monde, remonte sans doute à une époque tout aussi reculée. Ce qui le prouve d'ailleurs, c'est que les botanistes sont plus embarrassés encore que pour les céréales à déterminer l'origine des espèces, dont la plupart ne se retrouvent plus sauvages. Par la même raison, la variété des anciens noms est très-grande, et les transitions d'une espèce à une autre sont fréquentes, parce que ces noms n'expriment ordinairement que des notions générales. Les analogies suffisent bien à prouver que plusieurs légumineuses ont été connues des Aryas primitifs, mais la détermination des espèces reste souvent incertaine.

La fève commune, *Faba vulgaris*, était cultivée par les Grecs, les Romains, les Hébreux et les Égyptiens, ainsi que par les Chinois déjà 2822 ans avant notre ère [1]. Son introduction dans l'Inde paraît être récente; mais le sanscrit a une nomenclature très-riche pour plusieurs espèces analogues, les *Phaseolus*, *Dolichos*, etc., et le *mâshâ*, Phaseolus radiatus, est nommé dans le *Vṛhadâraṇyaka* parmi les grains d'offrande. L'assertion de quelques auteurs que l'on aurait trouvé la fève sauvage près de la mer Caspienne, sur les confins de la Perse, est rejetée par De Candolle comme fort douteuse. Ce qui est certain, c'est que les analogies qui se révèlent entre ses noms ariens indiquent une culture de toute ancienneté.

1). Le persan *bachlah*, kourd. *baklla*, armén. *baglai*, se lie sans doute à la rac. sansc. *bhaǵ*, colere, amare, au désidératif *bhaksh*, edere, d'où *bhakta*, *bhaksya*, nourriture, et le zend *bakhta*, richesse, bonheur [2]. A la forme *bhaksh*, se rattache le grec φάσηλος, pour φάξηλος, avec le même suffixe que le persan [3]. Le *ksh* sanscrit, en effet, se réduit souvent à *s* en grec, comme en zend, en slave et en celtique. Ce nom de la fève vient ainsi de φάγω=*bhaǵ*, d'où nous avons vu dériver plusieurs noms du hêtre; mais il en provient par une modification devenue étrangère au verbe grec. Pott y ramène également φακός, lentille, aussi ἀφάκη, lentille à grains plats, avec suppression de l'*s* au lieu du *k*, et Benfey y ajoute, avec raison, le latin *bacca*, baie, fruit [4]. Ce qui confirme mieux encore ces rapprochements, c'est le goth. *basi*, ang.-saxon *baso*, baie, qui a perdu le *k*, comme φάσηλος.

[1] De Cand., *Géogr. bot.*, p. 956.

[2] L'arabe *baqlat*, fève, *baql*, *buqûl*, légumes, est rapporté à un radical *baqala*, il a crû, il a poussé, ce qui conduit à une tout autre étymologie. Mais n'est-ce point là un dénominatif tiré du mot persan?

[3] Pott, *Etym. Forsch*, I, 271 ; Benfey, *Griech. W. Lex.* I, 223.

[4] Cf. l'irland. *bachar*, gland.

En latin, nous trouvons *faba*, auquel correspondent le slave *bobŭ*, le cymr. *ffa*, et l'armor. *fav, faô, fa* [1]. Les mots celtiques sont sûrement empruntés au latin, comme tous ceux dans lesquels l'*f* se montre de part et d'autre, car l'*f* du latin représente le *bh* sanscrit et le *b* celtique ; mais le nom slave est sans doute primitif. Il est extrêmement probable que ces deux termes appartiennent aussi à la racine *bhaǵ*, soit que *faba* soit contracté de *fagba*, et *bobŭ* de *bogbŭ*, soit que le *ǵ*, ou *g*, se soit changé en *b*, ce qui arrive assez souvent.

Si l'albanais *bathe*, fève, répond au sansc. *bhakta*, nourriture, nous aurions une quatrième forme provenue de la même racine.

2). Les langues germaniques ont, pour la fève, l'ang.-saxon *bean*, scand. *baun*, anc. all. *pona*, etc., d'où paraissent dériver l'irlandais *ponaire*, et le cymr. *ponar*. On ne saurait ramener ce nom au groupe qui précède, à cause de la voyelle radicale *u* des formes germaniques, et il faut sans doute les rapporter à la racine *bhuǵ*, synonyme de *bhaǵ*, au désidératif *bhuksh*, d'où provient le zend *baokshna, baosna*, nourriture. De là *baun, pona*, pour *bausn*, etc., comme *faba* pour *fagba*. Les noms du hêtre nous ont offert déjà un exemple semblable d'une double dérivation de *bhaǵ* et de *bhuǵ*.

3). Le *Phaseolus radiatus* est appelé en sanscrit *mâsha, mâshaka*, de la rac. *mash*, findere, frangere, soit de l'écossage des fèves, soit de leur trituration [2]. C'est le persan *mâsh, mâsah, mushû*, boukhar. *mâsh*, pois et fruit à gousses en général, qui a passé dans l'arabe *mâsh*, et s'est répandu dans tout l'Orient.

Les langues européennes n'ont pas conservé ce nom dans son sens propre, mais on en retrouve des traces évidentes et de diverse nature. Ainsi nous avons vu déjà se rattacher à la même racine les noms celtiques du gland, du pain et de la nourriture en général (§ 38, 6, d.), et un rapport plus direct se montre dans le cymrique *masgl*, et l'albanais *moshúrke*, cosse de fève ou de

[1] L'albanais φάβεα désigne le pois.

[2] Cf *mush, mus*, id., et *mas* dans *masana*, blessure ; le pers. *masîdan*, écraser, μασάομαι, *mastico*, l'irland. *smistim*, broyer, le lithuan. ; *muszti*, frapper, etc.

pois. Mais un fait curieux, c'est que ce nom de la fève s'est maintenu dans celui d'une maladie cutanée, l'anc. allemand *meisa*, petite vérole, ce qui est d'autant moins douteux que le sanscrit *mashâ* désigne aussi une sorte d'éruption. Rien n'est plus fréquent dans les langues que cette manière de comparer les éruptions de la peau à des grains de diverses espèces [1], et le rapprochement ci-dessus se justifie par un second tout semblable entre le germanique et le sanscrit. Dans ce dernier, *masûrî*, *masûrikâ*, petite vérole, dérive de *maśura*, *masûra*, lentille, de la même racine *mas*, *mash*, que la fève, et l'anc. allem. *masar*, all. mod. *maser*, désigne un nœud, une tache, une veine de bois ronceux. De là le nom scandinave de l'érable, *mösr*, en cymr. *masarn*, qui est estimé pour les dessins variés de sa racine. Mais l'allemand *masern*, au pluriel, et l'anglais *measles*, sont aussi des noms de la petite vérole, et la lèpre s'appelle *misal* en anc. allemand. Tous ces termes correspondent évidemment au sanscrit *mâsha* et *masura*, éruption cutanée, petite vérole, mais primitivement fève et lentille.

4). Le sanscrit *khaṇḍîra* est une espèce de fève sauvage, le *Phaseolus mungo*, *khaṇḍin*, le *Phaseolus trilobus*, et *khaṇḍika*, le pois. Ces mots dérivent de *khaṇḍ*, conterere, frangere, racine, alliée à *khad*, comedere. Je compare le grec χόνδρος, grain en général, et, surtout, χέδροψ, au plur. χέδροπα, κέδροπα, fruits à gousses, bien que la terminaison ne soit pas claire [2]. La forme avec *k* peut se lier au sanscrit *kaḍ*, triturer et manger. A l'une ou à l'autre racine, se rattache le cymrique *cod*, *codyn*, cosse, gousse, d'où l'anglais *cod* avec le même sens.

5). Une espèce indéterminée de fève sauvage s'appelle en sanscrit *varaka*, p.-ê. de *vara*, excellent, et nom de plusieurs plantes, le safran, l'asperge, le myrobolan, etc. — C'est exactement le grec ἄρακος, pour ϝάρακος, ou ἄρακις, moins correctement

[1] On en verra plus loin d'autres exemples. En arabe *'adas*, signifie lentilles et pustules cutanées, et nous-mêmes nous appelons *lentilles* les taches de rousseur.

[2] Serait-ce là un composé de χέδρος, grain (?) et de la racine *pá*, protéger, πάομαι, etc., la gousse qui protége la graine?

ἄραχος, qui d'après Théophraste (*Hist. plant.* 8, 8) désignait une plante légumineuse croissant parmi les lentilles [1]. De là ἀράκιδνα, le *Lathyrus Amphicarpus*, plante du même ordre.

6). Du sanscrit *çimbâ*, *çimbi*, gousse, cosse, vient *çimbika*, Phaseolus maximus, et *çimbikâ*, légume en général. Le sens de cosse se retrouve dans le cymrique *cib*, *cibyn*, et le grec κίβισις, κίβα, poche, semble y appartenir également. La racine paraît être *çamb*, conjungere, colligare, et on peut comparer, soit le grec κιμβάζω, s'accroupir, se pelotonner, soit le lithuanien *kibti* (au présent *kimbu*) s'attacher à quelque chose.

7). Le sanscrit *lôbhya* est un des noms du *Phaseolus mungo*, et signifie désirable, de la racine *lubh*, cupere. C'est le persan *lûbyah*, *lûbah*, armén. *lubai*, espèce de fève [2]. Ces termes offrent une ressemblance peut-être fortuite avec le latin *lupinus* dont le *p* ne s'accorde pas, et qui ferait penser plutôt à la rac. sansc. *lup*, scindere. Le polonais *lupina*, *lupinka*, en effet, signifie cosse, gousse, écorce, et dérive de *lupić*, peler, russe, *lupitĭ*, lithuan. *lupti*. (Cf. λέπω, λέπος, etc.) Ce qui peut faire croire néanmoins à quelque rapport réel entre *lôbhya* et *lupinus*, c'est que les racines *lubh* et *lup* se rencontrent dans la signification commune de confundere, perturbare, d'où le sens de cupere, c'est-à-dire libidine perturbari. Mais il ne serait pas impossible non plus que le *p* latin ne provînt d'un rapprochement avec *lupus*; car le lupin s'appelle en allemand *wolfsbohne*, fève de loup, et le russe *volčiĭ bobŭ*, *volčanŭ*, illyr. *vucji bob*, *vucjak*, ont le même sens. Sont-ce là des traductions de *lupinus*, ou des noms fondés sur quelque particularité relative à la plante? C'est ce que je ne saurais dire. Le lupin étant spontané dans toute l'Europe méridionale, et étranger à l'Inde [3], les termes sanscrit et latin, comparés ci-dessus, s'il existe entre eux un rapport réel, ne pourraient être qu'un ancien nom de la

[1] De Cand., *Géogr. bot.*, p. 961.

[2] Cf. arabe *lubiyâ*, haricot (Humbert, *Guide de la conv. arabe*, p. 47), sûrement du persan.

[3] De Cand., *Géogr. bot.*, p. 959.

fève appliqué de part et d'autre à deux espèces différentes.

8). Le grec κύαμος, fève, paraît déjà dans Homère, κύαμοι μελανόχροες, les fèves de couleur noire (Il. XIII, 589). D'après cette épithète, il est difficile de séparer ce mot de κύανος, noir, et bleu foncé, et dès lors il s'identifie parfaitement avec le sanscrit *çyama*, noir, bleu ou vert foncé, qui s'applique, comme appellatif à beaucoup de plantes diverses, au *Datura*, au *Panicum frumentaceum*, au poivre, à l'indigo, etc. L'υ grec remplace plus d'une fois un ι primitif, comme dans κύβισις pour κίβισις, etc., et κύαμος a pu provenir de κιαμος. A *çyâma* répond le lithuan. *szémas*, gris-bleu, et, à κύανος, le sansc. *çyâna*, fumée, *çyêna*, gris, sans doute tous de la même racine, d'ailleurs incertaine, que *çiti*, noir [1].

9). Le grec δολιχὸς, Phaseolus vulgaris, le haricot, signifie long, de la forme des gousses. Comme adjectif δολίχὸς correspond au sanscrit *dîrgha*, long, zend *darĕgha*, anc. slav. *dlŭgŭ*, rus. *dolgiĭ*, etc. Une espèce de fève est appelée, en sanscrit, *dîrghadarçin*, longue d'aspect.

§ 68. — LE POIS.

La culture des pois *(Pisum, Cicer)* est aussi ancienne que celle des fèves, et leur origine primitive est également incertaine [2]. Leurs noms ariens présentent quelques coïncidences qui prouvent évidemment une très-antique possession.

1). Le sanscrit *pêçi* désigne le pois séparé de sa gousse, et dérive de *piç*, être décomposé, être réduit en parties constituantes (Wilson). Les racines alliées *pis*, *pish*, signifient terere, lædere, occidere, comme le latin *pinso*, et la forme *pêsi* serait peut-être plus correcte. En grec, en effet, on trouve πίσον, πίσος,

[1] Cf. sansc. *çyâva*, brun, armén. *seav*, ossète *saw*, noir, russe *sivyĭ*, polon. *siwy*, gris, etc.

[2] De Cand., *Géogr. bot.*, p. 958.

comme en latin *pisum*, en irland. *pis*, *piseán*, *pesair*, en cymr. *pys*, *pysen*, en armor. *pîz*. Les mots celtiques ne sont pas venus du latin, car ils se rattachent à tout un groupe dérivé directement de la rac. *pis*, savoir l'irland. *piosa*, morceau, miette, le cymr. *pisg*, gousse, *peiswyn*, balle de grain, l'armor. *péz*, *pésel*, *pisel*, *peñsel*, morceau, etc. [1].

Ce nom du pois ne semble pas s'être maintenu comme tel dans les langues iraniennes; mais on l'y retrouve avec le sens d'éruption cutanée, par la même transition que pour *mâsha* et *masura* (§ 67, 3), car, en persan, *pês*, *pîsî*, kourd. *pis*, désigne la lèpre, et, en arménien, *bisag*, ou *pisag*, la petite vérole.

2). Un autre nom sanscrit du pois, *gôlaka*, signifie petite boule, de *gôla*, boule, sphère, cercle. C'est le persan *gulûk*, *gulûl*, pois, *gûli*, *gôli*, pilule, etc. [2]. La racine paraît être le sanscrit *gur*, *gûr*, ire, dont l'*r* se maintient dans le persan *guruhah*, *gurhah*, boule, et le grec γῦρος, cercle. La mobilité des corps ronds explique pourquoi les termes qui les désignent se lient souvent à des racines de mouvement. D'après cela, je compare, avec le sanscrit et le persan, le nom slave du pois, russ. *gorochŭ*, polon. *groch*, illyr. *grah*, bohém. *hrách*, etc. [3].

3). Le persan *silak*, pois, et *sîlak*, légumineuse non spécifiée, paraît se rapporter à la forme pointue de la gousse, et se lier à *shil*, lance, sansc. *çilî*, dard, et, par conséquent, aux noms du seigle examinés plus haut (§ 63, 3). A *silak* répondent, avec le sens de gousse, le latin *siliqua* et le russe *shelucha*.

4). Un groupe de noms d'une étude difficile est celui que forment le grec ὄροβος, ἐρέβινθος, le latin *arvum*, et l'anc. allem. *araweiz*, fortement contracté dans le scand. *ert*, et l'allemand *erbse*. Le grec ἐρέβινθος, cicer, qui se rencontre déjà dans Homère

[1] Cf. grec πίσυα, son, balle (Hesych.); scand. *fis*, palea, anc. all. *fesa*, acus; rus. *pesókŭ*, pol. *piasek*, lithuan. *peska*, sable, etc.; ainsi que le sansc. *pishṭa*, farine, pers. *pist*, blé moulu, etc.

[2] L'arabe *ğulbân*, pois, fèves, n'offre qu'un rapport peut-être fortuit; car il se lie à *ğalab*, gain, profit, de *ğalaba*, il a tiré, il a extrait.

[3] L'albanais *modúle*, pois, rappelle de même le sanscrit *maṇḍala*, globe.

(Il. XIII, 589), s'accorde singulièrement avec l'anc. all. *araweiz*. La suppression de la nasale est fréquente, et la seule irrégularité est le *z* qui exigerait un δ grec au lieu de θ. Les deux termes paraissent composés, et non dérivés comme ὄροβος et *ervum*. En l'absence de toute étymologie européenne, il faut bien recourir au sanscrit qui, seul, peut faire espérer quelque solution satisfaisante.

Pour le pois, le sanscrit n'offre rien d'analogue ; mais on y trouve le mot *aravinda*, presque identique à ἐρέβινθος, et qui désigne le lotus. C'est là un composé de *ara*, rapide, et de *vinda*, qui gagne, obtient, profite, de la racine *vid (vindati)*, adipisci, obtinere. Ce composé ne peut signifier que la plante à croissance rapide, qui donne promptement un produit, et on voit de prime abord que ce sens conviendrait au pois aussi bien qu'au lotus. Il est à remarquer que le *weiz* de l'anc. allemand correspond mieux à *vinda* que le grec βινθος pour βινδος, et le scand. *ert*, contraction plus forte encore que l'allemand *erbse*, semble indiquer un thème plus ancien, p.-ê. gothique, *aravit* ou *erevit*, aussi régulier que le teutonique [1].

Quant à ὄροβος et *ervum*, je crois qu'il faut y voir un dérivé de *ara*, rapide, par le suffixe *va* = βο, qui se trouve également en sanscrit et en grec. *Arava* signifierait exactement hâtif, précoce, rapide de croissance et de produit, et les diverses formes de ce nom énigmatique seraient ainsi ramenées à une même interprétation.

5). Le grec κρίος et le latin *cicer* pourraient bien avoir une racine commune, avec réduplication dans le mot latin, et, d'après l'analogie de *pisum*, cette racine paraît être le sansc. *kṝ* ou *çṝ*,

[1] La grande ressemblance, de ἐρέβινθος et de τερέβινθος, Pistacia terebinthus, doit faire présumer, dans le nom de l'arbre, un composé analogue avec *vinda*, et il se trouve, en effet, que *taravinda*, de *tara*, rapide, aurait le même sens que *aravinda*. Le kourde *duriban* n'en serait qu'une altération. Mais on pourrait aussi chercher dans τερε le sansc. *taru*, arbre, et *taravinda*, le produit de l'arbre aurait alors désigné d'abord la résine odorante. Cf. sur cette question Pott, *Kurd. Stud.*, dans la *Zeitschr. f. d. K. des Morgenl.* V. 83, où il cherche une tout autre explication.

dans le sens de fendre, briser. Le persan *kirkir*, pois, appuierait cette conjecture, s'il n'est pas une simple variante de *girgir*, id., qui appartient à la rac. *gṝ*. La signification, cependant, reste la même dans les deux cas, et du sansc. *kṝ*, *kar*, dérive *karaṇa*, grain, comme de *gṝ* proviennent *granum*, *korn*, et le lithuan. *žirnis*, pois (§ 60, 4).

§ 69. — LA LENTILLE.

Ce qui a été dit de la culture et de l'origine des autres légumineuses s'applique également à la lentille qui figure déjà dans la Genèse, et qui était connue des Égyptiens aussi bien que des Grecs et des Romains. C'est à tort que De Candolle, d'après Piddington et Roxburgh, lui refuse un nom sanscrit. Il en existe plusieurs, au contraire, tels que *masura*, *rêṇuka*, *mangalya*, *vrîhikânćana*, etc. Nous avons vu déjà que *masura* se retrouve dans le nom germanique de la petite vérole (§ 67, 3), qui doit avoir signifié primitivement les *lentilles* [1]. D'autres analogies, également indirectes, semblent témoigner de l'existence de plusieurs anciens noms ariens.

1). Le sanscrit *mangalya* est un de ces termes laudatifs que l'ancienne langue aimait à appliquer aux plantes estimées pour leur utilité ou leur agrément. Ce nom est celui de plusieurs végétaux divers, et signifie heureux, agréable, beau, pur, propice, etc. La racine est *manǵ*, *munǵ*, purificare, forme dérivée de *mṛǵ (mṛnǵ?)*, id., d'où *manǵu*, beau, et *manǵara*, la perle (de *marǵara?* μαργαρίτης), et la plante Tilaka. *Manǵi*, *manǵira* désigne un pédicule composé, et *manǵiri*, une pousse, un jet, un rejeton. Plusieurs de ces significations se réunissent dans l'irlandais *mogal*, pousse, touffe, coque, gousse, etc. Ce dernier sens, comparé à

[1] Une singulière coïncidence avec *masura* est le haoussa (Afrique), *missir*, lentille (Seetzen, dans les *Ling. Samml.* de Vater, p. 285).

celui de *mangalya*, lentille, rappelle la transition du persan *silak*, pois, au latin *siliqua* et au russe *shelucha*, et fait présumer un rapport analogue. Je ne sais si l'on peut rattacher ici l'illyrien *mohuno*, qui s'applique aux légumineuses en général.

Ce nom de la lentille se retrouve dans le persan *manğû* ou *marğû*, forme qui se lie directement à la rac. *mṛğ*.

2). L'arménien *osbn*, lentille, offre encore un exemple d'une transition de sens semblable à celle de *masura ;* car le russe *óspa*, illyr. *ospize* (plur.), polon. *ospa*, *ospice*, est le nom de la petite vérole. La signification primitive plus générale se trouve peut-être dans le grec ὄσπρον, ὄσπριον, fruit légumineux ; mais l'origine de ces termes divers est également obscure.

3). Le sanscrit *çâka* désigne tout légume, toute portion de plante qui se cuit et se mange. Comme ce mot signifie force, puissance, de la rac. *çak*, posse, valere, il exprime sans doute ici l'aliment qui restaure et fortifie. Le persan *sîsak*, *siskak*, fruit légumineux, ne paraît être qu'une forme redoublée du même nom, ainsi que *ćîćak*, qui signifie de nouveau petite vérole, et *ćaćak*, tache de rousseur ou *lentille*, comme nous disons en français. Mais ce qui est remarquable, c'est que ce double sens se reproduit dans les langues slaves, où l'illyrien *scesce* désigne la petite vérole [1], tandis que *socivitsa*, rus. *socevitsa* et *ćećevitsa*, pol. *soczewica*, bohém. *socowice* et *ćoćka*, sont les noms de la lentille. En retranchant les suffixes de dérivation, on arrive pour tous ces mots à une racine commune, et on peut en inférer l'existence d'un ancien nom arien de la lentille.

4). Il existe un rapport évident entre le latin *lens, lentis*, et l'anc. slave *lēshda*, rus. *liashda*, illyr. *lechja*, etc., ainsi que le lithuanien *laiszis*, *lēszis*, *lenszis*, lentille, et l'anc. all. *linsi ;* mais il n'est pas sûr qu'il n'y ait pas eu transmission du latin aux autres langues. S'il en était autrement, il faudrait tenir compte de la gutturale primitive qui semble se révéler dans le *sz* lithuanien=*k*. Le latin *lenti* serait alors pour *lencti*, et on serait conduit

[1] Cf. alban. *ziese*, fruit légumineux.

à la rac. sansc. *lak*, gustare, obtinere, d'où *laka*, épi de riz, et *lakada*, *lakuéa*, espèce d'Artocarpus. Cf. alban. *ljakne*, *ljakre*, légume, chou. Comme cette racine s'écrit aussi *lagh*, λάγχανω, on peut comparer λάχανον, légume. Il n'y aurait encore ici, pour la lentille, qu'un nom général, exprimant le produit alimentaire.

§ 70. — LE PAVOT.

Bien que le pavot ne soit pas une plante alimentaire, il a été cultivé très-anciennement pour l'huile que donnent ses graines, et connu par les propriétés narcotiques de son suc. Son habitation primitive est fort incertaine, et s'étendait probablement fort au loin ; de sorte que, ainsi que le présume De Candolle, sa culture a pu naître simultanément chez plusieurs peuples[1]. Elle existait en Grèce déjà du temps d'Homère, et, bien que les noms ariens du pavot offrent beaucoup de variété, ils présentent cependant quelques analogies dignes d'attention.

1). La plus remarquable est celle du grec μῆκων, d'ou μήκώνιον, l'opium, avec le *makŭ*, *mak*, de tous les dialectes slaves, le lett. *maggons*, lithuan. *agonà*, pour *magonà*, et l'anc. allem. *mâgo*, allem. *mohn*. La gutturale ne correspond pas partout régulièrement, ce qui jette quelque doute sur la racine primitive. Benfey compare le lettique *meega sahles*, graine de pavot, littér. herbe de sommeil (en lithuan. *mĕgo żolę*, avec le même sens, désigne le *Myosotis*) et indique, comme racine, le lithuan. *mĕgóti* (au prés. *mĕgmi*), dormir[2]. Lés dérivés *mĕgas*, sommeil, *mĕgale*, dormeur et *Hyoscyamus*, *mĕgonas*, somnolent, *maigunas*, banc à dormir, appuient cette conjecture. La même racine, qui a dû être *mag*, se retrouve d'ailleurs dans le scandinave *moka*, sommeiller, *mok*, sommeil léger, et semble se rattacher à l'Orient par le persan

[1] *Géogr. bot.*, p. 966.
[2] *Griech. W. Lex.*, II, 339.

maghl, sommeil, repos, *maghl-gâh*, lieu où l'on dort, *maghnûd*, sommeil, défaillance, évanouissement. Cela pourrait conduire à la rac. sansc. *maǵǵ*, labi, animo deficere, mergi, d'où *maǵǵana*, immersion, etc., car on est *plongé* dans le sommeil. Il resterait toutefois à rendre compte du *k* des formes gréco-slaves, ce qui ne semble pas facile.

Il est très-probable que l'armoricain *roz-môch*, pavot, appartient au même groupe. A première vue, ce nom ne signifie que *rose de cochon*; mais, comme rien n'explique une telle désignation, la Villemarqué déjà, dans son Dict. breton-français, soupçonne que *môch* est ici une corruption de *morch*, somnolence, stupeur (Cf. sansc. *mûrćhâ*, id. de *murćh*, stupescere). Cette supposition, toutefois, n'est pas nécessaire ; car, en irlandais, *much*, *muich*, signifie stupeur, défaillance, et l'armoricain *môch* aura eu sans doute le même sens.

2). Une autre analogie primitive semble se révéler entre le grec κώδεια, κωδία, tête de pavot, κώδων=μῆκων, suivant Hesychius, et l'irland. *codhlan*, *codlainéan*, ers. *codalan*, cymr. *cwdd*, pavot. L'étymologie celtique n'est pas douteuse, si l'on compare l'irland. *codal*, ers. *cadal*, sommeil, d'où *codlaim*, je dors, *codalta*, somnifère, etc. Le cymr. *cws*, *cwsg*, armor. *kousk*, sommeil, paraît avoir remplacé un *dd* (=*th* anglais) par la sibilante. Mais comment ramener à la même notion le grec κώδεια qui a aussi l'acception de tête en général? Si c'était là réellement son sens primitif, la ressemblance avec le celtique serait fortuite. Au quatorzième chant de l'Iliade, v. 499, quand Pénélée vient de trancher la tête (κάρη) d'Acamas, dans l'œil duquel sa lance est restée fichée, il l'élève en triomphe comme une *tête de pavot*, κώδειαν ἀνασχών. Est-ce que ce terme n'aurait point été employé figurément, comme on dit, en langage populaire, une *coloquinte* pour une tête? Dans ce cas κώδεια, et κώδων, serait bien le nom de la plante, de même que le lithuanien *agonà*, tête de pavot, ne signifie en fait qu'un pavot isolé, tandis que le plur. *agonos* désigne le pavot collectivement.

Si le rapport entre le grec et le celtique est bien réel, il faut en chercher la source dans le sanscrit ; car, en grec, rien ne rattache κώδεία à la notion de sommeil, et un emprunt fait au celtique n'est pas admissible. Je crois que l'on pourrait penser à la racine *çad*, deficere, *cadere*, car on tombe de sommeil et dans le sommeil. Un dérivé *çadala*, répondrait au *cadal*, *codal*, celtique, et d'une forme *çada* ou *çâda*, avec le sens de défaillance, sommeil, proviendrait régulièrement *çâdêya* = κώδεια, comme *çâilêya*, montanus, de *çilâ*, *pâurushêya*, humanus, de *purusha*, etc. Ceci, toutefois, reste à l'état d'hypothèse, à défaut d'un nom sanscrit ou persan du sommeil ou du pavot qui trancherait la question. Il faut ajouter que l'hébreu *châdal*, desinit, quievit, offre avec l'irlandais, *codal*, *codlaim*, une ressemblance dont on doit peut-être tenir compte.

3). Le latin *papaver* présente une étymologie sanscrite si naturelle qu'il est difficile de s'en défendre, malgré le danger des étymologies de ce genre. En sanscrit, *vara*, désigne une gomme-résine que distille l'*Amyris Agallochum*, et qui s'emploie comme remède. Le féminin *varâ* s'applique au myrobolan, et à un autre parfum et remède obtenu d'une plante médicinale, *rêṇu*. Le sens propre de *vara* est celui d'excellent, et l'acception d'extrait, d'essence en dériverait aisément. Le mot *vîra*, de la même rac. *vṛ*, eligere, a exactement les mêmes valeurs diverses, excellent, fort, liqueur spiritueuse, et plantes médicinales de plusieurs espèces. C'est sans doute le latin *vīrus*, suc, venin, sperme, etc., que son ī long sépare de *visha*, venin, auquel on l'a comparé.

Si, maintenant, l'on identifie le *ver*, *veris* du latin, à ce *vara*, *vîra*, ou *vêra* (Cf. *vara* et *vêra*, safran), on arrive, pour *papaver*, à un composé sanscrit *pâpavara*,-*vêra*, la plante dont le suc ou le virus est nuisible, ce qui convient parfaitement au pavot. Si l'on objectait la brièveté de l'*a* latin, on pourrait répondre que le sens primitif étant perdu, puisque *pâpa*, mauvais, méchant, nuisible n'existe plus dans cette langue, la voyelle a pu facilement s'altérer.

Les langues celtiques ont un nom du pavot qui se lie à *papa*-

ver, mais sans paraître en dériver. C'est l'irland.-erse *páipin*, cymr. *pabi*, d'où très-probablement l'ang.-sax. *popeg* et l'angl. *poppy*. Le sanscrit *pâpin*, au nomin. neutre *pâpi*, signifie, comme *pâpa*, méchant, mauvais, et désignerait la plante vénéneuse aussi bien que *pâpavara*. Mais ce qui appuie mieux encore l'hypothèse d'un rapport direct, c'est que le mot *pâpa*, qui semble avoir disparu d'ailleurs des autres langues ariennes, se retrouve assez clairement dans les dialectes gaëliques. On peut y rapporter d'abord l'erse *pabach*, spurcus, immundus, *pab*, le refus du lin, ce qui est rejeté comme mauvais; et le sens propre de *pâpa*, péché, crime, se révèle dans l'anc. irlandais *bibdu*, reus, damnatus, d'où *bibdamnacht*, culpa [1], peut-être le sansc. *pâpadha*, peccatum tenens. Le *p* primitif se maintient rarement en irlandais où il devient *b* ou *f*, et les variations des voyelles sont bien plus irrégulières que dans les langues classiques. Il n'y a donc rien à objecter à ce rapprochement.

4). Le sanscrit *khaskhasa*, pavot, est répandu au loin en Orient; car on le retrouve non-seulement dans le persan *chashchâsh*, et l'armén. *chashchash*, mais dans l'arabe, identique au persan, et, très-probablement, le japonais *kesi*, qui a bien l'air d'une importation indienne. Le seul nom européen qui corresponde est l'albanais *hashásh*, venu peut-être du persan par le turc [2]. Il est à croire d'après cela que ce mot est d'origine purement indienne, et qu'il s'est répandu dans plusieurs directions avec l'opium, le sansc. *aphêna*, que l'on tirait de l'Inde. Il paraît qu'on l'employait contre la gale, car *khaskhasa* est sans doute un composé de *khasa*, gale [3], avec la rac. *khash*, détruire, tuer. C'est ce qu'indique un autre nom du pavot, *khasatila*, le

[1] Zeuss, *Gram. celt.*, p. 272 et 770.

[2] De Candolle (*Géogr. bot.*, p. 966) donne, d'après Moritzi, le mot *cascall*, pavot, comme espagnol. Je ne le trouve pas dans mes lexiques. S'il est bien réel, il sera venu de l'arabe.

[3] Cf. l'armén. *chos*, le cymr. *cos*, *cosi*, gale, l'ancien slave *pro-kaza*, lèpre, et le lithuan. *szászas*, rogne. Une curieuse coïncidence est celle du japonais *kasa*, gale, d'après Siebold (*Voy. au Japon*, t. I, 237).

tila ou sésame de la gale; ainsi que celui d'une plante différente, *khasakanda*, le bulbe de la gale.

§ 71. — LA MOUTARDE.

La moutarde n'est, et n'a jamais pu être qu'un condiment, un auxiliaire de l'alimentation; mais son usage paraît être fort ancien chez tous les peuples ariens, dont la plupart lui ont donné des noms particuliers. J'ignore si les botanistes se sont occupés de la recherche de sa patrie primitive, et je n'en aurais pas parlé sans une coïncidence curieuse, pour l'un de ces noms, entre les deux langues extrêmes de la famille arienne, le sanscrit et le cymrique.

En sanscrit, une espèce de moutarde, le *Sinapis racemosa*, s'appelle *kaṭu*, *kaṭuka*, et ce mot, qui s'applique aussi à d'autres plantes, signifie âcre, fort, en parlant des odeurs et des saveurs. Le nom cymrique est *cethw* (pron. *cethu*), *cedw*, *ceddw*, avec les épithètes de *gwyn* et *du* pour la moutarde blanche ou noire. La racine sanscrite est inconnue, et je ne trouve rien ailleurs d'analogue.

Il existe p.-ê. aussi un rapport primitif entre le sanscrit *sûrî*, sinapis nigra (de *sûr*, lædere?), avec le *saurion* que donne Pline comme un nom de la moutarde.

Quant au grec σίναπι, σίναπυ, aussi νάπυ, νάπειον, lat. *sinapis*, qui a passé dans tous les dialectes germaniques, à commencer par le gothique *sinaps*, sa provenance est inconnue. Le sanscrit *sarishapa* ou *sarshapa*, sinapis dichotoma, que Benfey compare avec doute [1], est bien difficile à identifier phoniquement, et il est d'ailleurs aussi obscur que le grec.

Je remarquerai, en passant, que notre mot *moutarde* est d'ori-

[1] *Griech. W. Lex.*, I, 428.

gine celtique ; car *mws-tardd*, en cymrique, signifie : qui émet une forte odeur.

§ 72. — L'OIGNON ET L'AIL.

Avec les *allium*, nous passons aux plantes alimentaires cultivées pour leurs racines ou bulbes, et qui ont été utilisées sans doute dès les temps les plus anciens, à l'état sauvage déjà, et avant leur amélioration par la culture. Celle de l'oignon, *allium cepa*, répandue dans toute l'Asie, se perd dans la nuit des âges. Les divergences de ses noms chez les différents peuples indiquent qu'il ne s'est pas propagé en partant d'un centre unique, et que dès l'origine, comme le pense De Candolle, il s'est rencontré spontané dans une vaste étendue de l'Asie occidentale [1]. Ce qui paraît certain, c'est que les Aryas l'ont connu et utilisé à une époque aussi reculée que les Hébreux et les Égyptiens, ainsi qu'on le verra par les rapprochements suivants.

1). Le sanscrit *kṛmighna*, *krimi*-ou *kramighna*, oignon, signifie : qui tue les vers ou vermifuge. Je crois retrouver également le nom du ver *kṛmi*, etc., dans plusieurs termes européens. L'irland.-erse *creamh*, ail, semble avoir perdu le second élément du composé, qui exprime l'action de tuer, de sorte que le nom du ver est resté seul. Cela est d'autant plus probable que ce dernier s'est maintenu, en irlandais, sous la forme presque identique de *cromh*, ou *crumh*=sansc. *krami*.

En lithuanien le ver s'appelle *kirmis*, exactement le sansc. *kṛmi*, *krimi*, et il est difficile d'en séparer le nom de l'ail sauvage, *kermusze*, *kermuszis*, où il faut sans doute chercher quelque composé analogue à *kṛmighna*. Or, si l'on divise le mot en *kerm-usze*, l'on est conduit à la rac. sansc. *ush*, urere, conservée d'ailleurs dans le lithuanien *auszra* = sansc. *ushas*, *usha*, aurora, ou,

[1] *Géogr. bot.*, p. 828.

mieux encore, *usra*, rayon, ainsi que dans *usnis*, le chardon piquant, brûlant (Cf. sansc. *ushṇa*, âcre, brûlant). L'ail serait ainsi la substance *qui consume le ver*, explication d'autant plus naturelle que nous verrons tout à l'heure un nom de l'oignon dériver aussi de la racine *ush*.

Ceci nous amène tout droit au grec κρόμυον, moins correctement κρόμμυον, oignon, que je décompose de même en κρομ-υον, et où κρομ répond au sanscrit *krami*, irland. *cromh*, tandis que υον pour υσον se rattache de nouveau à la racine *ush*, urere; cf. αὔω, brûler, αὐώς, ἠώς, aurore = sansc. *ushas*, dont l'*s* reparaît dans αὐστηρὸς, αὐσταλέος, etc.

Le lithuanien et le grec nous conduisent ainsi au même résultat, et on peut en inférer l'existence d'un ancien composé *kṛmyusha*, *kramyusha*, tout analogue à *kṛmighna*, pour désigner l'oignon.

2). J'ai dit tout à l'heure qu'un nom de ce bulbe se liait à la rac. *ush*; c'est le sanscrit *ushṇa*, oignon, littér. chaud, brûlant, piquant, de l'âcreté du suc [1].

Je crois qu'il faut y rattacher le latin *ūnio*, pour *usnio*; car l'explication ordinaire, tirée de ce que le bulbe de l'oignon est *unique*, semble quelque peu forcée. Jamais un objet naturel, tel qu'un fruit, n'est désigné par un substantif abstrait, et appeler l'*oignon* une *union*, parce qu'il est seul ou réuni, serait une chose étrange. La forme latine paraît se lier à un thème primitif *ushṇi*, avec un développement ultérieur du suffixe, analogue à celui de *tio*, *tion*, comparé au sanscrit *ti* [2]. Quant à la disparition de *s* devant *n*, on en trouve d'autres exemples, tels que *vēna*, pour *vesna* = sansc. *vasna*, nerf, tendon, *prūna*, braise, pour *prusna*, du sansc. *prush*, urere, *prurire*, etc.

[1] Le persan *sûch*, oignon, vient de même de *sôchtan*, brûler; et l'anc. slave *česnŭkŭ*, russe *česnokŭ*, illyrien, *cesan*, lith. *czěsznakas*, ail, rappelle le persan *čashn*, chaleur, à moins qu'il ne dérive de *česati*, scabere, ou du sanscrit *ças*, edere.

[2] Bopp, *Vergl. Gram.*, p. 1195, compare *junctio*, et *yukti*, *coctio* et *pakti*, *fractio* et *bhakti*, etc.

C'est sans doute du latin, et par l'intermédiaire du français et de l'anglais, que proviennent l'armor. *ouñoun* et l'irland. *oininn*, *uinniun*, ers. *uinnean*. Il n'y a pas là d'affinité primitive. Par contre, le sanscrit *ushṇa* se retrouve intact dans le lithuanien *usne*, *usnis*, mais appliqué au chardon à cause de ses piquants, comme en latin *urtica*, ortie, de *uro*.

3). Le sanscrit *rôćana* et *rôćaka*, littér. qui brille, qui plaît, de la rac. *ruć*, lucere, placere, gaudere, s'applique non-seulement à l'oignon, mais au citron, à la grenade, au plantain, au *Cassia*, et, en général, à toute substance stomachique qui aiguise l'appétit. La racine *ruć*, par le changement ordinaire de *r* en *l*, se présente aussi, sous les formes de *lôć*, *lôk*, et *lôćaka*, plantain, remplace *rôćaka*. Dans les langues européennes, c'est la forme *luk* qui domine, comme on le voit, par λευκὸς, *luceo*; goth. *liuhath*, lux; irland. *loiche*, cymr. *lluch*, id.; anc. slav. *luća*, rayon, etc. Je n'hésite donc pas à rattacher à la même racine que *rôćana* et *rôćaka*, les noms germaniques et lith.-slaves de l'oignon et de l'ail, ang.-sax. *leac*, scand. *laukr*, anc. all. *lauh* (avec mutation régulière du *k* primitif); lithuan. *lúkai*, anc. slave et russe *lukŭ*, ail, et *lukovitsa*, oignon, pol. *luk*, etc. Le laghmani (du Caboul) *arûkh*, ail, nous ramène à la forme *ruć*.

Il est probable que l'oignon a été ainsi nommé de l'éclat caractéristique de ses pellicules.

4). Un autre nom sanscrit d'une espèce d'ail rouge est *gṛṅǵana*, qui désigne aussi la rave, ainsi que les extrémités des tiges du chanvre qui procurent une sorte d'ivresse quand on les mâche. On fait dériver ce mot de la rac. *gṛǵ*, *garǵ*, gronder, murmurer sourdement, à cause des borborygmes ou éructations qu'occasionne l'usage de ces diverses substances [1].

Le grec γελγις, ail, se lie certainement à la même racine, avec un suffixe différent; mais le nom sanscrit est mieux conservé encore dans l'erse *gairgean*, ail. L'adjectif *garg*, rude, austère, amer, et *gairge*, amertume, sembleraient, il est vrai, conduire à

[1] Ajoutez le sansc. *garǵara*, carotte.

une explication un peu différente du sanscrit ; mais comme le dérivé *gargana* signifie passion, colère, fureur, le sens des termes gaëliques se rattache sans peine à la même filiation d'idées.

5). L'oignon est désigné aussi en grec par un pluriel τα κάπια ; mais le latin *cepa*, *cæpa*, *cæpulla*, alban. *kjépe*, qui correspond évidemment, est un singulier, et a passé dans la plupart des langues européennes. — Le sanscrit n'offre aucun nom semblable ; mais on y trouve *çapha*, *çiphâ*, avec le sens de racine fibreuse (Cf. § 32, 3), et le pluriel, surtout, conviendrait fort bien aux filaments fibreux qui forment l'appendice de l'oignon. L'absence du *ph*, ou *p* aspiré, en latin et en grec, explique la substitution du *p* simple, laquelle se remarque également ailleurs par la même raison, comme dans le slave *piena*, écume, comparé au sanscrit *phêna*, etc.

6). Plusieurs autres noms européens des *Allium*, sans offrir de coïncidences directes avec le sanscrit, s'y rattachent cependant par leurs analogies. Ainsi celui même d'*allium*, qui s'écrit aussi *alium*, *alum*, *alus*, rappelle le sansc. *âlu*, qui désigne une racine alimentaire. — Le grec σκὸρδον, ail, plus correct probablement que σκὸροδον, paraît se lier à la rac. sansc. *ćhard*, vomere, d'où *ćharda*, vomitus (*ćh*=σκ, comme dans *ćhid*, findere, et σκίδ, σχίδ, *ćhaya*, ombre et σκια, etc.), à cause des éructations que produit l'ail (Cf. n° 4). Le grec γήθυον, ail, semble avoir perdu la nasale de *gandha*, odeur, parfum ; car un des noms sanscrits de l'ail est *ugragandha*, qui a une odeur forte, et le persan *gandâna*, id., a la même origine. Le thème sanscrit correspondant au grec serait *gandhava*, fragrans. L'irlandais *bugha*, ail, se rattache à la race *bhuǵ*, edere, frui, d'où *bôga*, aliment, satisfaction, plaisir ; et *tirpin*, autre nom irlandais de ce bulbe, conduit au même sens, si on le rapporte à la rac. *tṛp*, satisfacere, saturare, d'où *tarpin*, qui réjouit, *tarpiṇî*, nom de l'*Hibiscus mutabilis*, et *tarpaṇi*, celui d'une autre plante. Enfin rien ne ressemble plus à un composé sanscrit que le lithuanien *swogunas*, oignon, car *svaguṇa* signifierait : excellent par soi-même.

Tant d'analogies, les unes directes, les autres indirectes, ne sauraient laisser aucun doute sur l'usage étendu que les Aryas anciens ont dû faire des *Allium*. Les noms de *yavanêshṭha*, désiré par les Yavanas, ou les peuples de l'Occident de l'Inde, et de *mlêććhakanda*, bulbe des barbares, prouvent que l'ail était fort prisé au loin; et il ne l'était pas moins dans l'Inde même, à en juger par d'autres noms laudatifs, tels que *arishta*, le parfait, *svastika*, l'heureux, *mahâushadha*, la grande plante, *mahâkanda*, le grand bulbe, *çrîmastaka*, la tête du bonheur, *khapura*, le parfum de l'air, etc. Il faut ajouter que l'on attribuait à l'ail une vertu particulière contre les mauvais esprits; car il est appelé aussi *bhûtaghna*, c.-à-d. qui détruit ou tue les gobelins. Je ne sais si l'on retrouve quelque croyance analogue parmi les superstitions populaires de l'Europe.

§ 73. — LA CAROTTE.

Le *Daucus carota* est spontané et commun dans toute l'Europe, où il ne varie que très-peu par la culture. Il doit être également répandu en Orient; car il a plusieurs noms sanscrits et persans, dont l'un, certainement, se retrouve en Europe. En sanscrit, la carotte est appelée *pîtakanda*, racine jaune, et en persan *zardak*, de *zard*, jaune. Une désignation purement indienne est *gâǵâṇḍa*, testicule d'éléphant. Un autre nom, *garǵara*, dérive de la même racine que *gṛnǵana*, l'ail et la rave (§ 72, 4), sans doute par la même raison. On le reconnaît dans l'hindoustani *gâǵir*, le persan *gazar*, *gazir*, et l'armén. *kazar*. La carotte appartient ainsi à l'Asie occidentale aussi bien qu'à l'Europe, et les analogies de noms que l'on peut signaler indiquent une culture très-ancienne.

1). Le sanscrit *mûla*, racine en général, et en particulier celle de l'*Arum campanulatum*, forme plusieurs composés pour désigner la carotte, tels que *piṇḍamûla*, racine épaisse, *çikhâmûla*, racine pointue, *svâdumûla*, racine douce. Le diminutif *mûlaka* est le nom du radis et du yam [1]. Le persan *mûramûn*, carotte sauvage, contient sans doute ce même mot *mûla*, dont la forme primitive doit avoir été *mûra*. C'est à cette forme, en effet, que se rattachent les noms de la carotte dans les langues du nord de l'Europe. L'anc. allem. *moraha*, (all. *möhre*, ang.-sax. *weal-mora*) répond exactement au sansc. *mûlaka*, petite racine. En russe, nous trouvons *morkowĭ*, en polon. *marchew*, en illyr. *kuz-morka*, en lithuan. *mórka*, *mórkwa*. Enfin l'irlandais *muran*, *miuran* et le cymr. *moron*, ne diffèrent que par le suffixe. La forme *mûla* paraît même s'être conservée dans le lithuanien *gir-mole*, *girmolis*, synonyme de *mórka*, si, comme je le crois, c'est là un composé contracté de *girra-mole*, racine de forêt.

2). Notre mot *carotte* vient du latin *carota*, en grec καρωτὸν, et il est très-probable que l'irlandais *currán*, racine pivotante en général, a la même origine étymologique [2]. Or cette origine commune se trouve dans le sansc. *ćar*, ire, d'où *ćaraṇa*, pied et racine = irland. *cairine*, jambes et *currán*, racine, avec réduplication inorganique de *r*. Les formes gréco-latines semblent se lier au part. prés. *ćarat*, *ćarant*, ou à un thème augmenté *ća-ranta*, de même sens que *ćaraṇa*, et la longueur de l'ω, ō, s'explique peut-être par la suppression de la nasale. Nous avons vu ailleurs (§ 32, 2) que le sanscrit *ćaraṇa* se retrouve dans le slave *korenĭ*, racine; et il est à croire que le nom slave du raifort, en illyr. *kren*, en russe *chrenŭ*, en polon. *chrzan*, en lithuan. *krēnas*, qui a passé dans l'allemand *chrene* et le français *cran*, n'en est qu'une forme contractée [3].

[1] Cf. § 32, 4.

[2] La carotte s'appelle *currán bhuidhe*, racine jaune, et le radis *currán dhearg*, racine rouge.

[3] Cf. De Candolle, *Géogr. bot.*, p. 654.

§ 74. — LA RAVE ET LE NAVET.

Les *Brassica rapa* et *napus*, qui se distinguent à peine par des caractères positifs, ont été cultivés très-anciennement dans toute l'Europe, surtout par les Germains et les Celtes [1]. On les a trouvés spontanés dans la péninsule scandinave, dans la Russie tempérée, la Sibérie et l'Arménie [2] ; mais leur habitation s'étendait sans doute à la Perse, car ils ont plusieurs noms persans originaux, et le sanscrit *gṛṅjana*, la rave, ainsi appelée de ses qualités venteuses (§ 72, 4), indique au moins une importation fort ancienne dans l'Inde.

1). Toutes les langues européennes ont, pour la rave, un nom commun ; et cet accord semble prouver une origine arienne, car il serait difficile de l'expliquer par une transmission de peuple à peuple pour un végétal si répandu et spontané dans l'Europe du nord. C'est le grec ῥάπυς ou ῥάφυς, le latin *rapa*, *rapum*, l'irland. *ráib*, *ráibe*, l'anc. all. *raba*, *ruoba*, le scand. *rôfa*, l'anc. slav. *repa*, rus. et illyr. *rjepa*, polon. *rzepa*, et le lithuan. *rope*. La racine oscille entre deux formes qui seraient en sanscrit *rap* et *rabh*. Le grec les possède toutes deux, mais rattache à la seconde le nom du radis, ῥάφανος. A défaut d'une analogie orientale directe, il faut bien recourir à l'étymologie pour la préférence à donner à l'une ou à l'autre. Or la rac. sanscrite *rap*, *lap*, loqui, ne fournit aucun sens applicable, tandis que *rabh*, *labh*, desiderare, obtinere, d'où dérivent *lâbha*, gain, profit, *lambhana*, id., *labhasa*, richesse, *rabhasa*, joie, plaisir, offre une explication satisfaisante pour un fruit de la terre que l'on tenait en grande estime (Cf. § 29, 9). Nous avons vu plus d'une fois déjà d'autres productions végétales et minérales présenter un sens étymologique tout semblable.

[1] Regnier, *Écon. des Celtes*, p. 438.

[2] De Candolle, *Géogr. bot.*, 827.

2). Un terme remarquable est le cymrique *erfin*, raves, au sing. *erfinen*, en armor. *irvin*, navets. Comme l'*f* du cymrique moderne dérive fort souvent d'un *m* plus ancien, la forme primitive de ce nom a dû être *ermin*. Or, Pline nous apprend que le Raphanus sauvage (ἄγρια) de la Grèce, probablement le raifort ou cran, était appelé *armon* dans le Pont [1], ce qui s'accorde singulièrement avec l'arménien *armn*, *arm*, racine. L'analogie avec le cymrique n'est pas moins frappante, et indique, pour ce nom de la rave, une origine arienne. Il n'est pas impossible que ce mot *arm*, racine, ne se trouve aussi dans l'*armoracia* des Romains qui désignait le radis sauvage, mais la terminaison reste inexpliquée. De Candolle observe avec raison que ce terme n'a rien de commun avec l'*Armorique* d'où on a voulu le faire provenir [2].

3). Notre mot *navet* vient du latin *napus* dont l'origine est douteuse. On trouve, il est vrai, en irlandais, *neap*, *neip*, et en cymrique *maip*, sans doute pour *naip*; mais on ne saurait conclure de là avec sûreté, à une provenance du celtique, parce que ces noms ont pu dériver du latin par l'intermédiaire de l'ang.-saxon *naepe*, et de l'anglais *naphew*. La question changerait si l'irl. *neap* était une altération de *cneap*; car, en irlandais et en cymrique également, *cnap* signifie un corps rond, ce qui s'appliquerait fort bien au navet. C'est ainsi que le grec γογγύλη, rave, vient de γογγύλος, rond. On sait que les gutturales initiales se suppriment souvent devant *n*, comme dans *natus* de *gnatus*, *nosco* de *gnosco*, *nux* de *cnux* (Cf. § 56, 1). C'est par suite de cette tendance que l'anglais *knob*, *knave*, *knight* se prononcent sans faire entendre le *k*. Il devient donc assez probable, après tout, que le latin *napus*, pour *cnapus*, a une origine celtique.

4). Le grec βουνιάς, navet, paraît se lier aux noms ariens de la racine que nous avons comparés ailleurs (§ 32, 1), savoir le sansc. *budhna*, le pers. *bun*, *bûn*, l'irland. *bond*, *bun*, le cymr. *bon*, etc.

[1] *Hist. n.*, XIX, 5. De Cand., *Géogr. bot.*, p. 826, note.
[2] Ibid., p. 654 et 825.

Le sens plus général qu'ont pris les formes mieux conservées βυθὸς, βυθμὴν, πυθμὴν, peut expliquer la coexistence des termes divergents.

§ 75. — LE RADIS.

L'habitation primitive du *Raphanus sativus* paraît avoir été fort étendue, peut-être de la Grèce à la Chine, suivant De Candolle [1]. En fait de noms sanscrits, ce savant botaniste ne cite, d'après Roxburgh, que *moolaka*, plus correctement *mûlaka*, qui se trouve en effet dans Wilson, et qui signifie : petite racine. Mais il y a d'autres noms encore, tels que *pâṭîra*, *sêkima*, *kandamûla*, racine-bulbe, *hastidanta*, dent d'éléphant, etc. A l'exception de *mûlaka*, que nous avons retrouvé en Europe appliqué à la carotte, aucun de ces mots n'offre d'analogie avec les langues occidentales. Il en est de même du persan *turb*, *turf*, *turûb*, *tarmah*, qui paraissent isolés. Rien n'indique donc que les anciens Aryas aient possédé le radis. Comme il est spontané dans la région méditerranée, et surtout en Grèce [2], et que le latin *raphanus* provient du grec, il est probable que sa culture a passé de la Grèce à l'Italie pour se répandre de là dans le reste de l'Europe. C'est ce que prouve aussi la concordance de ses noms, dérivés partout du latin *radix*, en angl.-sax. *raedig*, scand. *redikka*, anc. all. *ratih*, irland. *raidis*, cymr. *rhodri*, rus. *rjedĭka*, pol. *rzodkiew*, illyr. *rodakka*, lith. *ridikkas*, etc.

§ 76. — LE CHOU.

Parmi les plantes cultivées pour leurs feuilles, deux seulement,

[1] *Géogr. bot.*, p. 826.
[2] Ibid., p. 825.

le chou et l'oseille, donnent lieu à quelques observations comparatives. Ni la laitue, ni la chicorée, ni l'épinard, n'ont de noms sanscrits, et leurs noms persans n'offrent pas d'analogies avec les langues d'Europe.

De Candolle, qui a traité avec détail la question de l'origine du *Brassica oleracea,* arrive à conclure que son habitation primitive s'étendait probablement de l'Océan à la mer Noire et à la mer Caspienne, et qu'il se sera propagé de là vers l'Inde et la Chine [1]. Ce qui est certain, c'est qu'il est spontané sur les côtes de l'Angleterre, du Danemark, de la Zélande et du nord-ouest de la France, et que plusieurs espèces proviennent de la région méditerranée. Si on ne l'a pas encore trouvé dans la Russie méridionale, le Caucase et surtout la Perse, cela ne prouve pas qu'il n'y ait jamais existé, où qu'il n'y existe pas actuellement. Ses noms européens sont indigènes en partie ; mais l'un de ces noms indique décidément, et un autre fait au moins présumer, une origine arienne, et, par conséquent, l'existence de la plante dans les régions de la Bactriane.

1). Le premier est le grec κράμβη, qui se retrouve dans le persan *karamb, karam, kalam,* le kourd. *kalam* et l'armén. *gaghamb,* (*gh* = *l*). — On ne saurait y méconnaître le sanscrit *kalamba,* tige de légume, appliqué au chou, comme *caulis* et καυλίον, dérivent de *caulis* et καυλὸς, tige, distincts d'ailleurs du mot sanscrit. Le féminin *kalambî* désigne un légume particulier, le *Convolvulus repens.* C'est là sans doute encore un composé avec l'interrogatif *ka ;* car *lamba* signifie long, étendu, grand, large, et *kalamba* exprime la tige longue ou forte, et a pu s'appliquer plus directement encore au volume considérable du chou.

2). Il est moins facile de ramener à une origine commune les noms du chou qui se trouvent coïncider entre le lith.-slave et l'irlandais. En russe, en polonais, en bohémien, il est appelé *kapusta,* en illyr. *kupus*, en lithuan. *kopùstas*, en lett. *kapost*, etc. L'allemand *kabbis* et le français *cabus* en sont des formes tron-

[1] *Géogr. bot.*, 839 et suiv.

quées; mais le thème complet se retrouve dans l'irlandais *cabaiste* ou *gabaiste*, d'où provient sans doute l'anglais *cabbage*, puisque ce mot manque à l'anglo-saxon comme aux anciens dialectes germaniques. Faut-il chercher l'origine de ce nom à l'orient ou à l'occident de l'Europe, et comment expliquer sa transmission des Slaves aux Celtes gaëliques, ou *vice versâ*, en sautant par-dessus l'Allemagne ancienne? Si l'on consulte l'étymologie, on ne peut se défendre de penser au latin *caput*, tête, à cause de la forme caractéristique du végétal. Or ce nom de la tête est étranger aux langues slaves, et se retrouve dans l'irlandais *capat*, *ceap*, *cap*, en armor. *kab*. D'un autre côté, le suffixe *st* manque à l'irlandais [1], tandis qu'il abonde en slave où l'on remarque une foule de dérivés en *ast*, *ist*, *ostĭ*, *estĭ*, etc. [2]. La question d'origine reste donc fort obscure. Elle le devient plus encore si l'on compare le persan *kabast*, espèce de gros concombre, *kabastah* ou *kabastû*, la gourde amère, dont les noms peuvent provenir aussi de la forme de ces fruits arrondis comme une tête. Par une coïncidence singulière, si elle n'est pas l'effet du hasard, l'arabe *kibs* signifie une grosse tête, une *caboche*, et *kabas*, *kubâs*, qui a une grosse tête. Si l'on ajoute que, suivant Piddington (*Index*, p. 13), le chou, en bengali et hindoustani, s'appelle *kopi*, on restera dans la plus grande incertitude sur l'origine primitive du nom européen, d'autant plus que l'absence d'un terme sanscrit nous laisse tout à fait dans l'embarras.

L'unique moyen d'en sortir, au moins par une conjecture, c'est de s'attacher au nom de la tête, qui fournit après tout l'explication la plus probable. Le latin *caput* trouve son analogue, non seulement dans l'irlandais *capat*, mais dans le goth. *haubith*, ang.-sax. *heáfod*, scand. *höfud*, anc. all. *haupit*. C'est donc là, sans doute, un mot arien; mais d'où dérive-t-il? Le sanscrit nous met sur la voie par le nom du crâne, *kapâla*, auquel répond le grec κεφαλή, κεβλή, pour κεπαλή, ainsi que l'ang.-sax. *hâfala*, *heáfula*, tête, casque [3]. J'y

[1] Zeuss, *Gram. celt.*, p. 770.

[2] Dobrowsky, *Instit. ling. slav.*, p. 302, 329.

[3] L'anc. all. *hufela*, *hiufila*, signifie tempes, joues, en sansc. *kapóla*, id.

vois un composé de *pâla*, protecteur, avec l'interrogatif *ka*, dans le sens laudatif. *Quel* (bon) *protecteur!* on ne saurait mieux caractériser le rôle naturel du crâne. Or, *kapât* et *kapâ* ou *kapa*, auraient la même signification, car *pât*, *pâ*, *pa*, à la fin des composés, sont synonymes de *pâla* et dérivent également de la rac. *pâ*, tueri. Ces formes diverses rendraient compte des termes latins, celtiques et germaniques, et on peut admettre, sans trop de témérité, qu'ils ont existé réellement [1]. Il serait dès lors fort possible que le chou eût reçu des anciens Aryas déjà, un nom dérivé de celui de la tête par un suffixe additionnel dont la nature reste encore obscure, ou par quelque combinaison avec la rac. *sthâ*, stare. Cela expliquerait la coïncidence des mots slaves et celtiques sans recourir à une transmission peu admissible.

3). Le grec καυλίον, de καυλὸς, tige, et le latin *caulis*, chou et tige, ont passé dans les langues germaniques et celtiques, l'ang.-sax. *cawl*, scand. *kâl*, anc. all. *chôli*, *chôl*, irl. *cal*, *coilis*, cymr. *cawl* et armor. *kaol*, *kol*. Benfey compare le letton. *kauls*, os et tige, lith. *kaulas*, os, noyau [2]. C'est là évidemment le sansc. *kulya*, os, *kula*, corps, et espèce de pierre, dont la racine est *kul*, colligere, coacervare.

J'ajoute que le latin *brassica* paraît être d'origine celtique, car le cymr. *bresych*, irl. *praiseach*, dérive clairement du cymr. *bras*, gros, épais (Cf. sansc. *pras*, extendere). Le chou d'ailleurs était spontané en Angleterre, et dans une partie de la Gaule. L'illyrien *broskwa* vient probablement du latin, mais il pourrait aussi descendre de quelque dialecte des Celtes de l'Illyrie.

§ 77. — L'OSEILLE.

Les *Rumex acetosa* et *patientia* sont spontanés en Europe, et les anciens les cultivaient déjà. Leurs noms européens, presque

[1] Le persan *kabah*, élévation, éminence, a peut-être aussi signifié tête.

[2] *Griech. W. Lex.*, II, 153.

tous tirés de l'acidité de ces plantes, n'offrent pas entre eux d'affinités radicales. D'autre part, le sanscrit et le persan en possèdent plusieurs qui s'appliquent à d'autres espèces. Parmi les noms sanscrits, un seul fournit un point de comparaison avec l'Occident; mais les intermédiaires manquent pour donner la certitude d'une affinité primitive et directe.

Le sanscrit *amla*, *amlî* désigne l'*Oxalis corniculata*, et signifie acide. Les composés *amlaćûḍa*, tête acide, *amlapatra* et *dalâmla*, feuille acide, *amlalôṇi*, sel acide, *amlavâstuka*, légume acide, etc., sont des noms de *Rumex* divers. L'adjectif *amla*, s'écrit aussi *ambla*, et à cette forme répond le lithuanien *eble*, présure, caillette, d'autant plus sûrement que *ambla*, *amla*, signifie aussi lait aigre, caillebotte. L'application directe à l'oseille se retrouve dans l'anc. allemand *ampher* qui correspond à la forme *amra* (*ambra*), synonyme de *amla* comme nom du Mango, appelé aussi *amlaphala*, fruit acide. Conservé dans l'allemand moderne *sauerampfer*, oseille, ce terme a disparu d'ailleurs des autres dialectes germaniques.

§ 78. — LES CUCURBITACÉES.

Le grand nombre d'espèces et de variétés de ces plantes alimentaires, et la diversité de leurs origines plus ou moins incertaines, ont donné naissance à une surabondance de noms qui devient un embarras pour le linguiste. La culture de ces végétaux est partout fort ancienne, et les transmissions de peuple à peuple ont été très-multipliées, de sorte que rien n'est souvent plus difficile que de suivre un nom jusqu'à sa source première. Suivant De Candolle, les gourdes sont originaires de l'Inde (*Géog. bot.*, 897); la grosse courge est venue peut-être de l'Asie au delà du Gange ou de l'Archipel asiatique (ibid. 902); le melon appartient à la région caucasienne et à la Tartarie (ibid. 907); la pastèque à l'Asie méridionale (ibid., 909), le concombre probablement au nord-ouest de l'Inde (*Géog. bot.*, 910). Comme on peut s'y attendre, les noms descriptifs des caractères très-prononcés qui sont communs aux diverses espèces ont passé fréquemment de l'une à l'autre, ce qui complique encore la recherche de leurs origines.

La nomenclature sanscrite des gourdes et des concombres est extrêmement riche, et comprend pour chaque groupe plus d'une quarantaine de termes, dont quelques-uns seulement correspondent à des noms persans, ou présentent des rapports plus ou moins problématiques avec les langues européennes. En Europe même, et à l'exception des Slaves qui possèdent plusieurs noms originaux, ce sont les termes grecs et latins qui ont été adoptés presque partout, ce qui montre que la culture de ces plantes s'est propagée du midi au nord à une époque assez récente. C'est donc à ces trois branches de la famille arienne que se limite en fait la recherche des analogies primitives.

1). Je commence par le latin *cucurbita* que l'on regarde généralement comme une forme redoublée de *curvus* pour exprimer la plante qui serpente et s'enroule. Cela est possible sans doute, mais on peut hésiter en présence du persan *kurbuz*, *charbuz*, qui désigne un gros concombre, et qui semble répondre au thème simple *curbita* sans conduire au même sens que *curvus*. Le doute augmente en trouvant, parmi les noms sanscrits du concombre, *ćarbhaṭa*, *ćirbhiṭî*, dont l'analogie est frappante. L'anc. allemand *curbiz*, ang.-saxon *cyrfæt*, *cyrfætte*, ne constituent pas des affinités primitives, malgré leur curieuse ressemblance avec le persan et le sanscrit, parce que leur gutturale, qui régulièrement devrait être *h*, trahit une provenance du latin. Je ne sais si le polonais *korb*, *korbas*, *korbal*, courge, vient de l'Orient ou de l'Occident.

L'étymologie de ce nom paraît se trouver dans le sanscrit, où *ćarbhaṭa*, forme affaiblie de *karbhaṭa*, se présente comme un composé de la rac. *bhaṭ*, nutrire, et du pronom interrogatif *ka*, qui quelquefois prend un *r* devant les labiales. Ainsi, par ex., dans *karpaṭa*, vieux vêtement usé et déchiré, de *paṭa*, *paṭî*, drap, étoffe; littér. quelle (mauvaise) étoffe! *karpâsa*, coton, de *pas* = *paç*, ligare, *pâça*, lien; quel (bon) lien[1]! *karphara*, miroir, de *phara*, *phala*, bouclier, lame, corps, plan, feuille, de *phal*, findere, dividere; quelle (belle) surface plane! *karpûra*, camphre, probablement de *pr̥* (*pupûrshati*) exhilarare, delectare, d'où *purâ*, parfum, etc.[2]. De même *karbhaṭa*, quel aliment, désigne le concombre comme un fruit excellent.

Si la ressemblance des noms sanscrits et persans avec le latin n'est pas fortuite, il resterait à expliquer la réduplication que l'on observe dans ce dernier. On peut admettre que, le sens primitif une fois perdu, le mot a été rattaché étymologiquement à *curvo* par une tendance naturelle dont on trouve partout des exemples, et que la réduplication a servi à renforcer le nouveau sens adopté. Cette transformation étymologique peut avoir été favorisée par l'analogie de *cucumis-meris*, concombre, que Benfey déjà a rapporté à la rac. sansc. *kmar*, curvum esse, en zend, *kamĕrĕ*, id. et voûte, crâne = καμάρα, *camera*, voûte, arche, etc.[3].

2). Un problème plus complexe encore se présente pour le grec σίκυς, σικύα, σικυὸς, concombre, σικυώνη, courge, etc. Benfey le rapporte à la rac. sansc. *sić*, adspergere, parce que le concombre abonde en jus[4], étymologie assez plausible, et appuyée par l'arménien *sekh*, melon, ainsi que par un nom sanscrit du radis, *sêkima* (Cf. *sêka*, effusion, aspersion). En sanscrit, toutefois, on trouve *ikshvâku*, Citrullus colocynthis, qui se rattache évidemment, par dérivation ou composition (la chose reste douteuse) au nom de la canne à sucre, *ikshu*, ou *ikshava*, dont σίκυς et σικύα, ne semblent être qu'une inversion. La racine est sans doute *ish*,

[1] Cf. pers. *kirpâs*, étoffe fine, et *kapâs*, cotonnier, belout. *kupâs*, coton; en laghmani *paćh*, et en siah-pouch *poće*, sans le pronom préfixe. Ce nom indien se retrouve dans l'hébreu *carpas*, étoffe de coton, le grec κάρπασος, κάρβασα (τά), le latin *carbasus*, etc.

[2] Le persan-arabe *kafûr*, grec καφουρά, et lat. *camphora*, se lient peut-être à un thème *kapûra*, sans l'*r* intercalé.

[3] *Griech. W. Lex.*, II, 284. Cf. Burnouf, *J. asiat.*, 1844, p. 499.

[4] *Griech. W. Lex.*, I, 440.

cupere, à la forme désidérative *iksh*, et *ikshu*, signifierait ainsi la plante très-désirable.

Il se présente cependant un troisième rapprochement qui conduirait à une tout autre origine, dans l'hébreu *qishshüa*, arab. *qiththâ-a* (le *th* anglais), concombre, que Gesenius regarde comme la source de σίκυα, également par une inversion. La racine serait l'hébreu *qâshah*, durus fuit, ce qui ne semble pas très-naturel, car le concombre est plutôt tendre que dur. D'un autre côté, il paraît difficile d'attribuer au hasard la ressemblance évidente de ces trois noms, *ikshava*, σικύα, *qishshüa*, et on est tenté de soupçonner, pour le mot hébreu, une origine arienne.

3). Le grec ἄγγουρον, ἀγγούριον, espèce de concombre et peut-être aussi la pastèque (en italien *anguria*) conduit à quelques rapprochements curieux. Je crois le retrouver d'abord dans le russe *ogorétsü*, le polon. *ogorek*, et le lithuan. *agurkas*, concombre, (d'où l'allemand *gurke*), qui n'en diffèrent que par la suppression de la nasale, et l'accroissement du suffixe. Aucun nom de cucurbitacée n'y répond en sanscrit, mais on peut sans doute comparer *anguri*, *anguli*, *angula*, doigt et penis. La forme caractéristique du fruit expliquerait suffisamment la transition du sens, laquelle s'appuie d'ailleurs sur d'autres analogies. Ainsi le sanscrit *kâlinga*, *kâlingî*, espèce de concombre et de pastèque, est sûrement un composé de *linga*, penis, avec le pronom interrogatif : quel (gros) penis! Le persan *kadû*, *kaddû* désigne de même à la fois une cucurbitacée et le membre viril [1]. Il est à remarquer que le mot *anguri*, *anguli*, doigt, *angushṭha*, pouce, conservé dans l'ossète *angulse* et le persan *angusht*, ne se trouve plus ni en grec, ni dans le lithuano-slave. Son application au concombre doit donc remonter à l'époque où sa signification propre était encore connue, c'est-à-dire aux temps ariens primitifs.

[1] Ceci conduirait peut-être à expliquer κολοκύντη ou — κύνθη, cucurbita, que Suidas donne comme un mot médique (persan?). Car, en persan, *kund* signifie penis. Cf. sansc. *kunta*, lance, et κοντὸς, *contus*, pieu, hampe, penis. En composition avec le persan. *kal*. *kul*, courbe, *kund*, offrirait un sens descriptif très-applicable à la forme de certaines cucurbites.

4). Le sanscrit *tiktaka, tiktikâ,* gourde amère, vient de *tikta,* amer, âcre, de la rac. *tiǵ,* acuere. D'autres espèces sont appelées *tiktapatra,* feuille amère, *tiktatumbi,* gourde amère, etc. L'anc. slave russe et polonais *tykva, tykwa,* illyr. *tikva,* courge, appartient sans doute à la même racine.

5). Le lithuanien *molûgas,* courge, n'a pas d'étymologie indigène, et paraît la trouver dans le sanscrit *mâlu,* une plante grimpante, de la rac. *mal,* tenir, adhérer, s'attacher à (Wilson). *Mâluga,* formé comme *plavaga,* singe, grenouille, c'est-à-dire qui va en sautant, a pu signifier : *qui chemine en s'attachant,* comme font les cucurbitacées.

6). Les langues slaves ont encore un nom particulier pour la courge et le melon, *dynia* dans tous les dialectes, ainsi qu'en lithuanien. Miklosich conjecture une dérivation du verbe *dounûti,* spirare, avec le sens de *tumens,* le fruit qui se gonfle [1]. J'aimerais mieux comparer le sanscrit *dhanya,* bien, richesse, au féminin *dhanyâ,* le myrobolan et le coriandre, au neutre *dhânya,* le coriandre et le blé en général. La racine est *dhan,* fruges ferre, ce qui fait comprendre l'application des dérivés à diverses espèces de produits végétaux.

Si quelques-uns de ces rapprochements peuvent paraître douteux, leur ensemble cependant tend à prouver que les anciens Aryas ont connu tout au moins le concombre, probablement originaire du nord-ouest de l'Inde, et peut-être aussi de la Bactriane.

§ 79. — LE CHANVRE.

Des plantes alimentaires, nous passons avec le chanvre aux plantes textiles, moins nécessaires, sans doute, à l'homme qui peut

[1] *Rad. Slov.,* p. 26.

y suppléer de plus d'une manière, mais cultivées cependant dès les temps les plus anciens.

D'après les observations des botanistes, le chanvre est spontané en Sibérie, au midi du Caucase et dans le nord de l'Inde. C'est l'Asie tempérée, vers la mer Caspienne, qui paraît être sa patrie primitive [1], ce qui lui assigne une origine essentiellement arienne. En effet, ni les Hébreux, ni les Égyptiens n'ont connu le chanvre; son nom arabe est emprunté du persan ou du grec, et ce même nom se retrouve chez la plupart des peuples de race arienne. Ce qui est encore obscur, c'est son étymologie véritable, ainsi que la question de savoir s'il a été transmis par les Grecs et les Romains aux autres nations européennes, ou si ces dernières l'ont apporté avec elles de la source commune.

1). L'opinion d'une origine grecque du mot κάνναβις, κάναβις, ou κάνναβος, émise déjà par Isidore, a été reproduite plus récemment par Benfey, qui le ramène également à κάννα, κάνη, roseau, avec le suffixe secondaire βο, βι, qui serait égal au *bha* de quelques dérivés sanscrits [2]. Le nom signifierait ainsi : *semblable au roseau*. Si l'on fait abstraction de l'irrégularité du β, au lieu de φ, pour le *bh* sanscrit, cette explication n'a rien que de plausible; elle se justifiera même quant au rapprochement avec le nom du roseau; mais on ne saurait néanmoins admettre le fait d'une origine grecque en présence d'un passage d'Hérodote qui parle évidemment du chanvre comme d'une plante étrangère de son temps à la Grèce.

« Dans leur pays, dit Hérodote à propos des Scythes, croît le
» κάνναβις, qui, à la grandeur et à la grosseur près, ressemble le
» plus au lin [3]. Il vient de lui-même ou semé. Les Thraces en font
» des vêtements qu'on dirait de lin; il faut être connaisseur pour
» ne pas s'y tromper, etc. » Puis il ajoute d'autres détails sur la passion des Scythes pour les fumigations de la graine de chan-

[1] De Cand., *Géogr. bot.*, p. 833.

[2] *Griech. W. Lex.*, II, 156.

[3] Ἔστι δέ σφι κάνναβις φυομένη ἐν τῇ χώρῃ, πλὴν παχύτητος καὶ μεγάθεος τῷ λίνῳ εμφερεστάτη. (L. IV, ch. 74.)

vre et l'ivresse qu'elles procurent. Hérodote parle de tout cela comme de choses nouvelles et curieuses, et, à la manière dont il s'exprime, le nom du chanvre, qui paraît ici pour la première fois, devait être également nouveau pour les Grecs d'alors. Il est donc probable que ceux-ci l'ont reçu de la Thrace, avec la plante elle-même, postérieurement à l'époque d'Hérodote, et l'ont transmis aux Romains, dont le *cannabis*, ou *canabis*, a passé aux idiomes néo-latins pour se rencontrer de nouveau avec les termes slaves, germaniques, et, peut-être, celtiques, apportés sans doute directement de l'Orient.

Il est certain, en effet, que les peuples du nord de l'Europe ont connu et employé le chanvre très-anciennement, et peut-être avant les Grecs et les Romains. La comparaison de ses noms lithuan.-slaves et germaniques n'indique point une provenance du grec ou du latin. Le russe *konopélĭ*, illyr. *konopglije*, bohém. *konopě*, polon. *konop*, lithuan. *kanapě*, *knapě*, n'ont aucunement l'apparence d'importations classiques ; et bien moins encore l'anc. allem. *hanrf*, *hanuf*, *hanif*, l'angl.-sax. *haenep* et le scand. *hanpr*, où le *k* initial a subi la mutation régulière qui caractérise les affinités primitives. Le *p* de la terminaison lith.-slave, changé en *f* dans l'anc. allemand, et conservé par les deux autres dialectes, pourrait bien être plus correct que le *b* affaibli des langues classiques, lequel se retrouve aussi dans l'irlandais *canáib*, *cnáib*, l'erse *cainb* et l'armor. *kanab*, et, d'autre part en Orient, dans le persan *kanab*, boukhar. *kenâb*, tandis que l'armén. *ganep* ou *kanep* a conservé la consonne forte [1]. Le *b* se vocalise même entièrement dans le persan *kanû* à côté de *kanaw* ; mais le mot *kanaf*, corde de chanvre, exactement l'anc. all. *hanaf*, reproduit le *p* primitif que le persan et le germanique changent également en *f* (cf. le kirgise *kenep*, grosse toile de chanvre). Partout l'*n* est simple, et sa réduplication dans le grec est provenue sans doute de l'analogie de κάννα. On peut ainsi conjecturer que le thème primitif a dû être

[1] Il en est de même de l'albanais *kanĕp*, qui descend peut-être directement du nom thrace.

kanapa, et c'est de ce thème qu'il faut partir pour se mettre en quête de l'étymologie probable du nom.

On ne peut la chercher que dans des langues ariennes; et le fait que les Scythes ou les Thraces possédaient ce nom n'est pas une contre-indication, puisqu'il est certain que les peuples désignés ainsi d'une manière générale, comprenaient des races de sang arien. Le sanscrit, qu'il faut toujours consulter en première ligne, ne fournit pas de solution immédiate; car il ne possède le nom du chanvre que sous la forme de *çaṇa*, altération de *kana*, soit que la terminaison ait été retranchée, soit que *kana* seul ait eu un sens analogue à *kanapa*[1]. Mais *çaṇa* signifie aussi une flèche, et, comme très-souvent les noms de la flèche et du roseau, ou de la tige creuse d'autres plantes, se confondent, parce qu'on fabriquait l'une avec les autres, il est à croire que *çaṇa* a désigné également un roseau ou une tige creuse[2]. Cela est d'autant plus probable que plusieurs noms européens du roseau s'y rattachent évidemment. Ainsi le grec κάνη ou κάννα, le lat. *canna*, le cymr. *cawn*, *conyn*, roseau et tige, l'irland. *gainne* (pour *cainne*) roseau et flèche, etc.

Nous sommes donc ramenés par une autre voie à l'étymologie proposée pour κάνναβις, mais la terminaison du thème complet reste encore inexpliquée.

Ici le sanscrit nous vient en aide par un rapprochement curieux, car on y trouve *kanapa*, *kaṇapa*, *kuṇapa*, comme le nom d'une espèce de lance ou de javelot. Or, la lance, non moins souvent que la flèche, tire ses noms des bois ou des tiges végétales qui servaient à la fabriquer; et, si l'on se souvient que le chanvre, dans les climats et les terrains favorables à sa naissance, atteint une hauteur

[1] *Çaṇa* désigne non-seulement le *cannabis sativa*, mais aussi le *crotolaria juncea*, plante textile du Bengale. Le dérivé *çâṇa* s'applique à la toile grossière que l'on en fabrique. Une troisième plante filamenteuse, le *corchorus olitorius*, s'appelle *çâṇi*.

[2] Cf. le sansc. *kalamba*, *kâṇḍa*, *nâli*, *vâṇa*, *çara*, flèche et roseau, tige creuse, tube, etc. De même le persan *kilk* (en irl. *cuilc*, roseau), le grec δόναξ, ἠλακάτη, l'irland. *gainne*, etc., tous avec le double sens ci-dessus. Les Siahpôsh de l'Hindoukouch appellent la flèche *kain* (Burnes, Cabool, etc., p. 381).

de 12 à 14 pieds, on ne s'étonnera pas que ses tiges aient pu servir à faire des javelots [1]. Il est donc très-probable que nous possédons encore dans *kanapa* (le lithuan. *kanapē*, pol. *konop*, etc.), l'ancien nom arien du chanvre, que *çaṇa* a remplacé, en sanscrit, pour la plante elle-même.

Quel est maintenant le sens étymologique que l'on peut attribuer à *kanapa?* Il se présente ici une double voie, selon que l'on considère ce mot comme dérivé ou composé.

Il existe en sanscrit un suffixe primaire *apa*, d'un emploi rare il est vrai, qui conduirait à chercher dans *kan-apa* un synonyme de *kana* (forme primitive de *çaṇa*), κάνη, etc., roseau, tige creuse, en les ramenant tous deux à une racine *kan*, qui dans plusieurs langues ariennes signifie bruire, résonner, gémir, chanter [2]. Les corps creux sont naturellement sonores, et le roseau qui gémit et bruit quand le vent l'agite, a servi à construire les premiers instruments de musique. Aussi ses noms dérivent-ils plus d'une fois de cette propriété, comme, en sanscrit. *kalana* de *kal*, sonare, d'où *kala*, *kalana*, murmure, son, *kalatâ*, musique, etc. Le goth *raus*, roseau, se rattache de même au scand. *raust*, vox, sonus clarus, *raus*, loquacitas, *rusk*, strepitus, etc.

Si, au contraire, *kanapa* était un mot composé, il faudrait voir dans sa terminaison le substantif sanscrit *pa*, chef, prince, qui entre dans beaucoup de formations analogues, telles que *adhipa*, chef suprême, *praǵâpa*, souverain des créatures, *bhûmipa*, roi de la terre, etc. Ainsi *kanapa* signifierait le souverain des roseaux, de même que l'orge est appelée *dhanyarâǵa*, le roi des grains, nom glorieux qui témoignerait de la haute estime attachée au chanvre dès les temps les plus reculés [3]. Il faut ajouter que cette

[1] En arabe *qanât*, signifie roseau et lance, javeline. Cf. hébr. *qaneh*, roseau. Il y a là une de ces analogies entre les langues ariennes et sémitiques dont la source réelle est encore obscure.

[2] Cf. sansc. *kaṇ*, *ćaṇ*, sonare, gemere, lat. *cano*, irl. *canaim*, cymr. *canu*, armor. *kanu*, ainsi que le grec κόναβος, et καναχὴ, bruit, son.

[3] De là aussi quelques noms sanscrits du chanvre, tels que *ǵayâ*, ou *viǵayâ*, le victorieux, et *aǵayâ*, l'invincible.

dernière conjecture est fortement appuyée par la forme russe *konopélï*, illyr. *konopglie*; car le sanscrit *pâla* est synonyme de *pa*, et *kanapâla* aurait le même sens que *kanapa*.

Quoi qu'il en soit de ces interprétations, toujours un peu problématiques, le fait d'une origine arienne de ce nom du chanvre ne saurait être mis en doute, et d'autant moins qu'il s'accorde parfaitement avec les observations des botanistes sur l'habitation primitive de la plante.

2). Je viens de citer en note le sanscrit *ǵayâ*, Cannabis sativa, et aussi *Premna spinosa*, *Terminalia chebula*, et, au masculin, *ǵaya*, Phaseolus mungo. Ce mot dérive de *ǵi*, vincere, superare, et signifie triomphe, victoire [1]. Ce nom laudatif du chanvre paraît s'être contracté dans la forme *ǵyâ*, qui désigne une corde d'arc, c.-à-d. une corde de chanvre, comme on dit, en persan, *kanaf*, et en illyr. *konop*, pour une corde en général [2]. Mais ce qu'il y a de remarquable, c'est que ce terme sanscrit se retrouve dans plusieurs langues ariennes avec ces dernières acceptions seulement, et non plus comme nom de la plante. Ainsi le sens spécial de corde d'arc se reconnaît dans le beloutchi *zaiha*, que le persan moderne contracte en *zah*, et le siahpôsh *ghî* (Vigne, *Afghanistan*, p. 478 et suiv.). Le *ǵ* sanscrit s'est changé en β dans le grec βιὸς corde d'arc, exactement comme pour βίος vie, comparé au sanscrit *ǵîva*, id. Le russe *gujŭ*, corde, et le lithuanien *gija*, fil, trame, ont une signification plus générale. Enfin, à l'extrême Occident, le cymrique *gi*, fibre, nerf, proprement fil, lien, nous offre ce terme réduit à sa moindre expression, et identique à sa racine *ǵi*; mais le pluriel agrégatif *giau*, et le diminutif *gieuyn*, en anc. cornique *goiuen* (Zeuss.

[1] En zend, on trouve *zaya*, *zaêna* (cf. sansc. *ǵayana*, harnais) de *zi*, vincere, avec le sens général d'instrument, outil, arme, etc. (Spiegel, *Avesta*, p. 215), c'est-à-dire ce qui fait vaincre l'obstacle, l'auxiliaire du travail. Cela ne peut guère s'appliquer directement au chanvre; mais il est possible que *ǵi* ait signifié primitivement ligare, de même que le latin vincere ne diffère pas essentiellement de *vincire*. Alors *ǵayâ* serait ce qui sert de lien.

[2] Cf. le sanscrit *guṇa*, corde, corde d'arc, et *guṇa*, la plante dont les fibres servaient à les faire, ainsi que le grec νευρή, corde d'arc, et νεῦρον, nerf.

Gram. celt., p. 1102), laissent reparaître le thème plus complet [1].

Ce fait curieux d'un nom sanscrit du chanvre qui, perdu partout ailleurs comme tel, se retrouve dans plusieurs langues pour désigner une des applications du produit de la plante, achève de démontrer l'antique possession du chanvre par les Aryas. C'est exactement l'inverse de ce que nous avons vu pour le nom de *cannabis*, et on peut inférer de là que nos premiers pères se servaient de cette plante à plusieurs fins, puisque, de ses tiges, ils faisaient des javelots, et, de ses filaments, des cordes d'arc.

3). Comme une preuve que les Celtes britanniques ont cultivé le chanvre sans l'avoir reçu du midi de l'Europe, on peut alléguer que les Cymris n'ont point de mot qui corresponde à *cannabis*, mais qu'ils possèdent un nom original, *cywarch*, *cowarch*, armor. *kouarch*, *koarch*, corn. *cuer*, dont l'irland.-erse *corcach* semble être une contraction. Ce mot est composé de *cy*, *co*, le latin *cum*, *co*, qui indique la possession, et de *gwarch*, tégument, couverture, par allusion à la pellicule du chanvre. Le substantif *gwarch* répond au sanscrit *varaka*, couverture, de *vṛ*, tegere; et je compare aussi l'anc. allem. *werah*, *werih*, étoupe, allem. mod. *werg*, qu'il faut séparer, je crois, de *werah*, opus. Son sens propre serait celui d'écorce, comme pour le cymrique *carth*, écorce et étoupe. La racine *war*, tegere=sansc. *vṛ*, se retrouve d'ailleurs avec une grande extension dans les langues germaniques.

§ 80. — LE LIN.

Toutes les langues européennes ont le même nom pour le lin, et on s'accorde généralement à le faire dériver du grec λίνον qui se trouve déjà chez Homère (*Odys.* XIII, 73), avec le sens de *linteum*,

[1] Il faut observer cependant que *giau* se rapporte peut-être mieux au sanscrit *gavya*, ou *gavyâ*, corde d'arc, littér. qui provient du bœuf (*gô*, nerf de bœuf ou corde à boyaux.

étoffe de lin. Ce nom, en effet, paraît être étranger à l'Orient, et n'offre aucun rapport avec les termes sanscrits et persans. D'un autre côté le mot grec n'a pas d'étymologie certaine, et, d'après les observations des botanistes, le *Linum usitatissimum* serait quasi-spontané dans la Russie centrale, où sa culture réussit admirablement, ainsi que aux environs de la mer Caspienne, dans la Sibérie occidentale et au midi du Caucase [1]. Les Germains, les Celtes, et sans doute aussi les Slaves, l'ont cultivé dès les temps les plus anciens [2], et De Candolle fait observer qu'il réussit mieux dans l'Europe tempérée que dans le midi. Ceci, toutefois, ne saurait s'appliquer au lin des Égyptiens, des Hébreux et des Indiens, dont la culture se perd dans la nuit des âges, et c'est ce qui porte à croire, avec De Candolle, que les espèces et les lieux d'origine ont été multiples. Toutes ces circonstances contribuent à jeter une grande incertitude sur la question de savoir si les noms européens dérivent réellement du grec, ou d'une source arienne commune et plus ancienne, et la recherche d'une étymologie probable devient ainsi fort difficile.

1). Au grec λίνον, lat. *linum*, correspondent exactement, et avec les diverses acceptions de lin, étoffe de lin, fil, filet, etc., le goth *lein*, ang.-sax., scand. et anc. all. *lîn;* l'irl.-erse *lín*, *lion*, cymr. *llin*, armor. *lîn;* l'anc. slave *lĭnŭ*, rus. *lenŭ*, pol. bohém. *len*, illyr. *lan*, le lithuan. *linnas*, au plur. collectif *linnai*, lett. *linni*, etc. Si l'on compare le grec λῖς (dat. λιτὶ, acc. λῖτα), fin lin [3], et l'albanais *li*, on est conduit à une racine *lî*, comme la source commune de ces noms. Cette racine se trouve réellement en sanscrit avec le sens intransitif de *se adjungere*, *adhaerere*, et le transitif de *sibi adjungere*, *obtinere*. Si l'on pouvait y chercher l'origine du nom du lin, ce serait de cette dernière acception que j'aimerais le mieux le faire dériver, en lui attribuant le sens étymologique de produit, de gain, que d'autres analogies, déjà signalées, justifieraient suffisamment. Le part. passé de *lî* se forme,

[1] De Cand., *Géogr. bot.*, p. 834.
[2] Tacite. *Germ.*, c. 17. Pline. *H. N.*, 19, 2.
[3] *Iliad.*, 8, 441; *Odys*, 1, 131.

en effet, par le suffixe *na*, et *lîna* (au neutre *lînam*), rattaché au sens transitif, signifierait obtenu, gagné. Cette conjecture prendrait plus de consistance si *lîna*, ou quelque autre dérivé de *lî*, offrait en sanscrit une application analogue, ou si cette racine se retrouvait dans d'autres langues ariennes avec cette acception de obtinere, adipisci. Comme cela ne paraît pas être le cas, l'hypothèse ci-dessus reste incertaine.

2). La haute ancienneté de la culture du lin, dans l'Inde, est prouvée, non-seulement par le témoignage des vieilles épopées, où il est fait mention des étoffes de lin, mais par les noms purement sanscrits qui désignent la plante ou sa graine, tels que *atasî* (de *at*, *ant*, ligare), *umâ* (de *vê*, texere, cf. *ûti*, tissage, le lith. *udis*, tissu, et l'irland. *uaim*, métier à tisser), *kshumâ* (prob. allié à *kshumant*, fort, de *kshu*, nourriture), etc., etc., [1]. Aucun de ces noms n'a d'analogie avec ceux d'autres langues.

Une seconde preuve de cette ancienneté, c'est le mot persan *katân*, lin, kourd. *ktân*, qui a passé dans l'arabe *kattân*, *kittân*, étoffe de lin, et *quttan*, *qutun*, *qutn*, pour désigner le coton. Ces termes divers proviennent tous du sanscrit *kartana*, l'action de filer le lin ou le coton, de la rac. *kṛt*, findere, secare. La suppression de *r* devant les consonnes est fréquente dans les dialectes plus modernes de l'Inde, d'où le mot en question tire sans doute son origine.

3). Les Germains seuls, en Europe, ont pour le lin et à côté du mot arien, un nom particulier, ce qui témoigne d'une ancienne possession. C'est l'anc. all. *flahs*, ang.-sax. *fleax*, all. *flachs*, du verbe *flehtan*, plectere, intexere, scand. *fletta*, nectere. Déjà dans Ulphilas, on trouve le datif plur. *flahtom* pour rendre le grec πλέγμασι. L'affinité de ce verbe avec πλέκω, πλέκτω, *plico*, *plecto*, est évidente, et s'étend à toutes les langues européennes, comme nous le verrons plus tard en parlant de l'art

[1] Le mot *matousi*, que donne De Candolle d'après Piddington, est sûrement pour *matuli*, qui désigne le chanvre et le *Crotolaria*, mais non le lin.

du tissage. Le sanscrit possède aussi cette racine sous la forme de *pṛć*, conjungere, miscere ; mais aucun nom du lin n'en dérive en dehors des langues germaniques.

On ne saurait affirmer, d'après ce qui précède, que les anciens Aryas aient cultivé le lin quand ils ne formaient encore qu'un seul peuple ; mais l'accord général des langues européennes d'une part, et la complète divergence des noms orientaux de l'autre, peut faire présumer que ceux des Aryas qui demeuraient à l'Occident, et dans le voisinage de la mer Caspienne, l'ont connu et utilisé avant leurs frères qui occupaient les régions montueuses de l'est. Plusieurs faits du même genre, que nous signalerons en temps et lieu, concourent à montrer que la race primitive s'était séparée en deux groupes distincts avant l'époque de sa dispersion totale, et que celui de ces groupes qui, plus tard, s'est dirigé vers l'Europe par essaims successifs, s'était plus particulièrement adonné à l'agriculture, tandis que l'autre était resté plus fidèle à la vie pastorale. Ainsi les Aryas occidentaux peuvent avoir emporté avec eux le lin, resté étranger aux Aryas orientaux, lesquels n'auraient appris à le connaître qu'après être sortis de leurs premières demeures.

§ 81. — L'ORTIE.

On sait que l'ortie fournit une filasse qui a été utilisée dans le nord de l'Europe, et chez quelques peuplades de l'Asie septentrionale ; mais cet emploi n'a jamais pris d'extension en présence de la supériorité du chanvre et du lin. On trouve cependant, dans les langues germaniques et celtiques, quelques indications qui paraissent témoigner d'une haute antiquité de cet emploi de l'ortie, bien qu'on ne puisse le faire remonter avec sûreté jusqu'à l'époque arienne.

1). En anc. allemand, l'ortie s'appelle *nazza*, *nezzíla*, en ang.-

sax. *netele*, en scand. *nötr*, d'où sans doute le lithuanien *nůtērē*. L'analogie avec le nom du filet, en goth. *nati*, ang.-sax. et scand. *net*, anc. all. *nezzi*, *nezzili*, est évidente, et l'origine de ces termes doit être la même. Graff compare *nazza* avec le grec κνίδη, ortie, ce qui ne peut guère se justifier, et il rapporte avec doute *nezzi*, filet, au verbe *nâhan*, *nâwan*, νέειν, nectere [1], mais sans chercher à rendre compte d'une dérivation aussi irrégulière. Je crois aussi à une liaison réelle entre les deux termes, et de plus avec le nom de l'ortie comme plante filamenteuse ; mais les deux dérivés ne sauraient provenir directement du verbe, et leur formation paraît remonter à une époque antérieure à la séparation des langues germaniques du centre commun. Ce n'est, en effet, que dans le sanscrit que se trouve l'explication de leur forme en apparence anormale. L'anc. all. *nâhan*, répond irrégulièrement au sansc. *nah*, nectere, forme altérée déjà de *nadh*, comme l'indique le part. passé *naddha*, nectus (Cf. νήθω, *nodus*, et le cymr. *noden*, armor. *neûd*, irl. *s-nadh*, fil). Cette altération de la racine doit être fort ancienne, car elle paraît avoir influé sur les divergences de forme des verbes gréco-latins et germaniques. Quoi qu'il en soit, je compare directement *nezzi*, filet, avec le sansc. *naddhî*, corde, abstraction faite du genre, et en supposant un thème neutre *naddhi*, qui aurait dû devenir *nezti*, et, en gothique, *natdi*. On comprend que la combinaison inusitée des dentales de deux ordres ait fait place à l'assimilation dans *nezzi*, et à une simplification dans *nati*, peut-être de *natti*. Le même cas exactement s'est déjà offert à nous pour le goth. *vaurts*, anc. all. *wurza* comparés au sansc. *vṛddhi* (§ 32, 1).

Tout ce qui précède s'applique également au nom de l'ortie qui doit être fort ancien, et qui indique clairement que les Germains utilisaient les fibres de la plante.

2). Il paraît en avoir été de même chez les Celtes, car l'armoricain *linad*, *linaden*, ortie, se rattache au nom du lin, et l'irland. *feantóg* dérive de *feannaim*, peler, écorcher. Je ne sais si le

[1] *Deut. Spr. Schatz*, IV, p. 1117.

cymr. *denu*, attirer, séduire, charmer, d'où *dan*, attraction, charme, a eu primitivement le sens plus général de lier, attacher, auquel cas on pourrait y rapporter *danadl*, *danadlen*, *dynad*, ortie, que Grimm a comparé avec le dace δύν, transmis par Dioscorides [1].

On ne connaît pas de nom sanscrit de l'ortie, et ceux des autres langues ariennes conduisent à des étymologies différentes

SECTION V.

§ 82. — LES PLANTES SPONTANÉES.

Jusqu'ici, et à l'exception des principales espèces d'arbres, nous n'avons considéré que les plantes plus ou moins cultivées pour leur utilité, et les plus importantes au point de vue de la civilisation primitive. Pour achever d'éclairer la question géographique des origines ariennes, il faudrait étendre cette étude comparée aux espèces spontanées, afin de compléter autant que possible cette flore antique qui nous révélerait immédiatement la région où elle a dû se trouver. C'est là un travail qui pourra peut-être se faire un jour, mais que l'on ne saurait guère entreprendre actuellement avec fruit. Les origines des plantes spontanées sont inconnues pour la plupart, leurs noms vulgaires ont subi de fréquentes rénovations par l'effet du temps et des migrations des peuples ; ils sont encore mal étudiés et imparfaitement classés en Europe même, et, pour la région de l'Asie surtout qui a été le berceau de la race arienne, ils nous font complétement défaut. Tant que les botanistes n'auront pas exploré les contrées de l'ancienne Bactriane, les vallées de l'Hindoukouch et du grand bassin de l'Oxus, et recueilli, non-seulement les plantes, mais

[1] *Gesch. d. Deut. Spr.*, p. 211.

leurs noms indigènes, il sera impossible de se livrer à des recherches comparatives avec quelque espoir de succès. Le sanscrit même, dont le vocabulaire botanique est très-riche, serait ici d'un faible secours, parce que la flore indienne diffère trop des nôtres, et que les plantes utiles apportées ou retrouvées dans l'Inde par les Aryas ont presque seules conservé quelquefois leurs anciens noms. Il est à croire aussi que les nomenclatures européennes des plantes spontanées doivent être, à peu d'exceptions près, d'origine relativement récente, ce qu'indique déjà la grande diversité qui règne à cet égard dans nos langues. Il faut ajouter que la difficulté d'identifier les espèces, et la multiplicité des termes à comparer, exposeraient l'étymologiste à ces erreurs perpétuelles qui naissent des jeux du hasard.

Nous laisserons donc de côté toute comparaison des plantes spontanées, et nous nous bornerons à résumer ici les résultats du travail qui précède.

SECTION VI.

§ 83. — RÉSUMÉ DES RECHERCHES SUR LES NOMS DE PLANTES.

Les conclusions à tirer de l'ensemble des faits exposés concernent, soit la question géographique, soit l'histoire de la culture matérielle des Aryas. Quant au premier point, et par les raisons que nous avons indiquées, les résultats ne peuvent être d'une nature très-précise, et n'acquièrent une certaine valeur que par leur accord entre eux, et avec les données d'un ordre différent. Ce qui est certain, c'est que les végétaux, spontanés ou cultivés, dont les noms remontent aux origines ariennes, appartiennent tous à une flore qui ne peut avoir subsisté que dans une région tempérée, et dont le caractère général est européen.

La plupart de nos arbres forestiers y figurent avec des noms souvent caractéristiques de l'emploi qu'on en faisait. Le chêne, l'arbre par excellence, donnait son bois et ses glands, le hêtre ses faînes, le tilleul son aubier, les conifères leur résine. L'if servait à fabriquer des arcs, des timons, etc. Le chêne, le bouleau, l'orme, l'aune, le pin et le sapin, étaient employés comme combustible. Or, tous ces arbres, ou du moins leurs espèces rapprochées, se retrouvent dans l'Asie tempérée, et sans doute aussi dans la région de l'ancienne Bactriane. Le petit nombre d'observations que l'on trouve éparses chez quelques voyageurs sur les plantes spontanées de cette région, indiquent une végétation très-semblable à la nôtre. Burnes, en descendant de l'Hindoukouch vers l'Oxus, remarque, chemin faisant dans les vallées, le groseillier noir, la menthe poivrée, la ciguë, ainsi que la plupart de nos arbres fruitiers. A Balkh, ces derniers se trouvent en abondance, et donnent des produits supérieurs, et l'on se rappelle que Quinte-Curce déjà parle des fruits excellents et variés de la Bactriane. D'après Meyendorf, les mêmes observations s'appliquent à la Boukharie. Les botanistes d'ailleurs s'accordent à placer dans cette zone l'habitation primitive de la majeure partie de nos arbres à fruits, et la circonstance qu'ils y viennent admirablement bien appuie certainement les preuves alléguées en faveur de ces origines. On peut donc légitimement conclure des faits actuels, constatés déjà du temps de Quinte-Curce, à ceux qui ont dû prévaloir à l'époque préhistorique.

Tout ceci s'applique mieux encore aux plantes alimentaires, et surtout aux céréales. Tous nos légumes prospèrent singulièrement bien dans la vallée de l'Oxus et la Boukharie. Le blé de Balkh est célèbre par son excellence, et l'orge est cultivée dans tout le haut pays. Ce sont encore les régions avoisinantes qui sont considérées comme la patrie première de beaucoup de nos plantes utiles, et cela déjà ferait penser que les anciens Aryas ont dû les posséder, quand bien même les rapprochements nombreux que nous avons signalés au point de vue linguistique n'en donneraient pas la preuve certaine. Or, ce fait seul implique une agriculture assez avancée, et, partant, un état de société paisible et bien assis. Ces avantages, sans doute, n'auront été conquis que graduellement, et peut-être par une portion seulement de la race arienne; mais leur possession remonte en tout cas au delà de l'époque des grandes migrations, et c'est là surtout le point qui nous intéresse.

Les recherches que nous aurons à faire plus tard sur les termes relatifs à l'agriculture, achèveront de mieux éclairer cette question. Pour le moment, il faut passer des plantes aux animaux pour nous faire une idée aussi complète que possible de la nature au sein de laquelle a grandi la forte race des Aryas.

CHAPITRE III.

LES ANIMAUX.

§ 84. — OBSERVATIONS PRÉLIMINAIRES.

Le règne animal ne contribue pas moins que les végétaux à déterminer le caractère d'un pays ou d'une zone géographique, et, si l'on réussissait à recomposer l'ensemble d'une ancienne faune arienne, on pourrait indiquer avec sûreté la région à laquelle elle appartenait. Ici, cependant, pas plus que pour la flore, on ne peut espérer des résultats complets; mais, à certains égards, on se trouve placé dans des conditions plus favorables. Les principaux animaux, soit sauvages, soit domestiques, ont toujours tenu une place importante dans la vie de l'homme, et leur nombre plus restreint, ainsi que leurs caractères distinctifs, plus prononcés, ont contribué à maintenir leurs noms primitifs mieux que ceux des plantes. Les animaux domestiques ont accompagné les peuples dans leurs migrations, et rien n'induisait ceux-ci à remplacer par des termes nouveaux les noms traditionnels de leurs fidèles compagnons. Les animaux sauvages étaient trop bien connus pour que l'on en vînt aisément à confondre les espèces en les retrouvant dans de nouvelles régions, comme cela est arrivé pour les plantes. Enfin, et à quelques exceptions près, les principaux quadrupèdes sont communs à l'Asie tempérée et à l'Europe, et les peuples venus de l'Orient ont dû naturellement leur appliquer partout les dénominations déjà en usage.

Ceci, toutefois, n'est vrai que des animaux supérieurs, et à mesure que l'on descend vers les êtres moins parfaits, dont les espèces se multiplient de plus en plus, et dont l'importance pour l'homme diminue graduellement, les divergences des langues reparaissent, comme pour les plantes spontanées. Un petit nombre d'insectes seulement font exception ; les uns parce qu'ils sont restés utiles à l'homme, comme l'abeille, les autres parce qu'ils l'accompagnent partout malgré lui, comme les parasites. Ainsi le ver, le pou, la puce, la mouche, ont conservé leurs antiques noms ariens avec autant de persistance que le bœuf, le cheval ou le chien.

Les animaux domestiques sont à tous égards les plus intéressants à étudier, au point de vue linguistique, pour l'ancienne histoire de la race arienne. Leurs noms significatifs indiquent souvent le rôle qui leur était attribué dans la vie des temps primitifs, et jettent ainsi un jour précieux sur l'état de la culture matérielle à l'époque préhistorique. C'est donc par eux que nous commencerons notre étude comparative.

SECTION I.

§ 85 — LES ANIMAUX DOMESTIQUES

La domestication de plusieurs quadrupèdes se perd partout dans la nuit des âges. Aussi haut que remonte l'histoire des peuples les plus anciens, nous les trouvons déjà en possession du bœuf, du cheval, de l'âne, du mouton, du cochon et du chien. Les origines locales de ces animaux divers sont à peu près inconnues, et leurs types primitifs, plus ou moins effacés par les variations des races, ne se retrouvent plus dans la pureté de l'état sauvage. Il n'est point sûr, en effet, que les chevaux qui errent en troupes dans les steppes de l'Asie centrale, ou que les chiens qui chassent en liberté dans les solitudes de l'Himâlaya, ne descendent pas de quelques fugitifs échappés au servage domestique.

Il y a quelque intérêt à rechercher si la linguistique comparée, qui nous permet de pénétrer bien au delà des limites de l'histoire, ne nous apprendra rien de plus sur ces questions obscures. Il est certain que les anciens peuples n'ont pas également possédé à la fois et d'emblée tous les quadrupèdes utiles; et, comme cette possession se lie d'une manière intime au degré de culture matérielle et de bien-être des races, il importerait fort de savoir quelles sont celles qui ont précédé les autres dans cette voie. On verra du moins que les Aryas primitifs ont bien quelques droits à être placés sous ce rapport dans les premiers rangs.

§ 86. — LE BŒUF.

Il existe plusieurs espèces du genre *bos*, mais on ignore laquelle est la souche de notre bœuf domestique. Le bison, auquel plusieurs naturalistes ont pensé, en diffère par des caractères distinctifs. D'après Link, l'*urus*, dont la race est maintenant éteinte, aurait plus de droits à être considéré comme l'ancêtre du bœuf; mais cette filiation ne s'étendrait qu'à l'espèce européenne, car ni le *zebu*, ou bœuf à bosse de l'Asie méridionale, ni les races bovines répandues d'un bout à l'autre de l'Afrique, ne sauraient provenir de l'*urus*. Il est donc à croire que plusieurs espèces différentes ont été soumises au pouvoir de l'homme, en succession peut-être, et par imitation, chez les peuples divers. Quant à chercher un point de départ pour cette domestication, ce serait une entreprise vaine, car rien absolument ne peut nous mettre sur la voie.

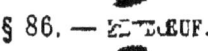

Ce qui est certain, c'est que tous les peuples de race arienne ont possédé le bœuf de temps immémorial, et que les troupeaux de gros bétail ont constitué pendant longtemps leur principale richesse. Le taureau, dompté par la castration, et la vache laitière, ont été partout pour eux deux puissants auxiliaires du travail et de l'alimentation. Cela résulte déjà de la grande variété des noms par lesquels les langues ariennes en général désignent le bœuf et la vache suivant leur âge, leur caractère particulier, leur aspect, leur couleur. Cette synonymie est, en sanscrit surtout, d'une richesse étonnante, et, en Europe même, l'irlandais n'a pas moins d'une trentaine de noms pour le taureau, le bœuf, la vache, la génisse et le veau. Comme de raison, nous ne pouvons nous occuper ici que de ceux qui se rattachent à la langue primitive des Aryas. Le nombre en est encore suffisamment considérable.

1). Le sanscrit *gô*, m. f., au nomin. *gâus*, désigne le taureau et la vache. La déclinaison irrégulière de ce nom indique un thème primitif *gava* qui reparaît dans plusieurs composés, tels que *gavarâġa*, à côté de *gôrâġa*, roi des vaches ou taureau, *puñgava*, bœuf mâle, *paramagava*, taureau excellent, etc. Un thème plus simple encore est *gu*, qui ne se montre plus qu'à la fin de quelques composés la plupart vêdiques, *çatagu*, qui a cent vaches, *agu*, pauvre, c.-à-d. qui n'a pas de vache, *arishṭagu*, dont la vache est intacte, etc. Ce thème *gu* nous indique l'étymologie du mot, car il est identique à sa racine *gu*, sonare, *to sound inarticulately* (Wilson); *gavatê*, *gôshyatê*, *gôtâ*, *ġuguvê*, dans ses temps divers. Cf. γοάω, lith. *gauti*, hurler, irl. *gubha*, lamentation, *gabh*, chant, cymr. *gwb*, cri, *gubain*, hurler, etc. C'est là évidemment une onomatopée, une imitation directe du beuglement, comme *boare*, βοᾶν, etc., de la forme *bû*=*gu*, à laquelle se rattachent *bos*, βοῦς, etc. [1].

Toutes les langues ariennes ont conservé ce nom de l'animal, directement ou indirectement. La branche iranienne, d'abord,

[1] La racine *gu* a aussi le sens de ire, et de là vient sans doute *gô*, cheval; mais comme le bœuf et la vache ne se distinguent point par leur agilité, l'origine imitative du beuglement est plus probable. Il faut ajouter que *gô* signifie aussi voix, parole.

nous offre le zend *gaô*, m. et f. (au génit. *gèus*), aussi *gava*, dans le composé *gavadaêna*=sansc. *gôdhênu*, vache laitière, le pers. *gô*, *gâw*, *gâwî* (m. f.), le boukhar. *gaô* (m.), le kourd. *gha*, *ghai* (m.), l'afghan *guai* (m.), l'armén. *kov* ou *gov* (f.) [1].

Les langues germaniques n'ont que le féminin, anc. allem. *chuo*, ang.-sax. *cû*, scand. *kû*, angl. *cow*, etc., avec changement régulier de la gutturale.

Les idiomes slaves ne le possèdent plus que dans quelques dérivés, anc. slav. *govędo*, illyr. *govedo*, bœuf, rus. *goviadina*, viande de bœuf, bohém. *howado*, bétail, etc. Le lithuanien *gowēdà* a eu sans doute ce dernier sens, mais ne signifie plus qu'une troupe d'enfants; mais, par contre, *gáuja* (=sansc. *gavyâ*, multitude de vaches), a conservé le sens de troupeau, appliqué toutefois à diverses espèces d'animaux. Le lettique a conservé *gôws* comme nom de la vache.

Les langues classiques et celtiques ont remplacé le *g* par le *b*, substitution qui se présente plus d'une fois. Le grec βοῦς est des deux genres, le latin *bos*, *bovis*, masculin seulement, mais on disait anciennement *boa* au féminin. L'irland. *bó*, et le cymr. *bu*, armor. *bû*, corn. *buch* (au plur. *bew*), ne désignent que la vache. Il est curieux de retrouver au delà de l'Inde ce même changement du *g* en *b*, dans l'anamite *bo*, bœuf, dérivé sans doute du sanscrit *gô*.

Le thème primitif n'est cependant pas étranger aux idiomes celtiques, comme on le voit par l'irlandais *gabhuin*, *gamhuin*, veau (*bh*, *mh*=*v*), dérivé de *gava*. Les langues classiques aussi en offrent des traces dans plusieurs termes composés que j'examinerai ailleurs. Je me borne à citer ici le grec γάλαξ, γάλακτος, où Bopp a reconnu le nom de la vache γά, contracté de *gava* (Cf. le pashaï *gà*, id.), en composition avec celui du lait, *lac*, *lactis;* interprétation que confirme pleinement l'irlandais *bleacht*, lait, contracté de *bó-leacht*, ainsi que le cymr. *blith* de *bu-llaeth*. Si le latin *ceva*, que Columelle applique à une petite race de

[1] Ajoutez pour les dialectes de Caboul, le tirhaï *go*, m., et le pashaï *gá*, f.

vaches, n'est pas un mot étranger, il offrirait le changement de *g* en *c* qui est de règle en germanique, et que l'on remarque aussi dans l'albannais *kâ*, bœuf, et l'arménien *kov*, vache.

On voit que le nom de l'animal domestique a suivi les Aryas partout où ils ont dirigé leurs pas ; et, d'après son étymologie, on doit bien le considérer comme arien. Il est donc digne de remarque qu'il paraisse se retrouver, non-seulement dans l'Inde au delà du Gange, mais jusque en Chine. J'ai déjà parlé de l'anamite *bo*, en siamais *vov, vuv, vu*. Le siamois *kwai*, buffle, lao *kwa*, rappelle les formes germaniques. Dans les divers dialectes chinois, on trouve *ngow, gu, gü, giu*[1]. A moins que ces mots ne soient également des onomatopées, il semblerait d'après cela que l'animal a été introduit en Chine, soit de l'Inde, soit, plus probablement, de la portion de l'Asie centrale occupée par les races ariennes.

A la même racine que *gô*, se lie le sanscrit *gavala*, buffle sauvage[2], et il est difficile d'en séparer βούβαλος, *bubalus*, bien que dans l'origine ces noms aient désigné une espèce de cerf africain, sans doute par méprise. Il ne faudrait pas en conclure que les anciens Aryas ont connu le buffle, qui paraît être originaire de l'Inde. Les Grecs et les Romains auront reçu le nom de l'Orient avec l'animal même, qui ne s'est propagé qu'assez tard dans le midi de l'Europe.

Une troisième espèce, le *Bos gavæus*, en sanscrit *gavaya*, tire encore son nom de la même racine que *gô, gava* et *gavala*, mais cette espèce n'est pas sortie de l'Inde et du Thibet.

2). Le taureau est appelé en sanscrit *ukshan*, littér. celui qui asperge, qui féconde (la vache), de la rac. *uksh*, conspergere, effundere (semen). On pourrait cependant y chercher aussi le sens de grand, fort ; car la rac. *uksh=vaksh*, a encore l'acception de *crescere, magnum, validum esse*, et de là vient *uksha*, grand. C'est là sûrement ce que signifie le vêdique *vakshas*, zend

[1] Klaproth. *As. polyg.*, p. 370.

[2] Cf. peut-être l'ossète *gal*, bœuf, à moins que ce ne soit le sansc. *gali*, bœuf gras et indolent.

vâkhsha, taureau, que l'on a ramené, avec moins de probabilité, au désidératif de *vah*, ferre (*vivakshati*), car le taureau ne *désire* en aucune façon remplir l'office de porteur. Pour *ukshan*, le sens de *fécondateur* est sans doute à préférer, et c'est celui qu'admettent Bœhtlingk et Roth dans le grand dictionnaire sanscrit.

Le zend *ukhshan* répond de tout point au sanscrit ; mais ce nom semble avoir disparu des idiomes iraniens plus modernes, à l'exception p.-ê. de l'arménien *ézn*, qui paraît en être une contraction.

Dans les langues germaniques, le thème gothique *auhsan* a conservé la forme primitive complète. Le nomin. *auhsa*, ang.-sax. *oxa*, scand, *oxi*, *uxi* (plur. *öxn*), anc. all. *ohso* (plur. *ohsns*), répond au nomin. sansc. *ukshâ*, qui supprime l'*n* final d'après une règle constante.

Le même fait se reproduit dans le cymrique *ych*, bœuf, au pluriel *ychain*, en armor. *ochen*, *ouchen*, *ouhen*, id. Ici l'*s* a disparu, le groupe *ksh*, *x*, étant inusité en cymrique. Par la même raison, l'irlandais, où il est fort rare, n'a gardé que la sibilante dans le mot *és*, bœuf [1], de l'ancien glossaire de Cormac, et dont le pluriel a dû être *esan*.

Ce nom de bœuf ne s'est maintenu, ni dans les langues classiques, ni dans la branche lith.-slave ; mais, par contre, il paraît avoir pénétré très au loin dans les idiomes caucasiens et finno-tartares. Le lesghien *os*, *is*, le wotiak. *osh*, le syrénien *ysh*, rappellent l'irlandais *és*. Le wogoul *oshka*, permien *ishka*, semble une inversion de *oksha*. L'ostiak. *ukys*, *okus*, intercale une voyelle entre la gutturale et la sibilante, de même que le *öküs*, *okus*, *ogus*, *ugus*, etc., des nombreux dialectes turcs [2]. Ce vieux nom arien aurait même voyagé jusqu'au fond de l'Asie, si le mandchou *ichan*, taureau (Cf. cymr. *ychain*), et le japonais *usi*,

[1] Cf. la préposition *es*, *eas*, qui répond au latin *ex*, comme *deas* à *dexter*, sansc. *daksha*.

[2] Le hongrois *ökör*, toungous *ukur*, bœuf, mongol *üker*, gros bétail, ont *r* pour *s*.

ushi, bœuf et vache, appartiennent bien au même groupe.

Je signale encore une singulière coïncidence entre le sansc. *vakshas*, zend. *vâkhsha*, taureau, d'une part avec le lapon *wuokses*, *wuoksa*, et de l'autre avec le cophte *vahsi*, vache. Ne serait-ce là qu'un double jeu de hasard? Le latin *vacca*, que l'on pourrait comparer avec plus de raison, a cependant très-probablement une autre origine, ainsi qu'on le verra bientôt.

3). Le sanscrit *vṛsha*, *vṛshan*, *vṛshabha*, taureau, a exactement le même sens étymologique que *ukshan*; car il dérive de *vṛsh*, pluere et generare, par la même liaison d'idées que pour *uksh*. Indra est surnommé *vṛshan* comme dieu de la pluie, *varsha*; et *vṛshan*, taureau, étalon, de même que *vṛshṇi*, bélier, désigne l'animal qui répand la semence (Cf. aussi *vṛshala*, étalon, et *vṛshaṇa*, testicule).

Le zend *arshan*, pour *varshan*, signifie homme, mâle en général [1], mais le *v* s'est maintenu dans *varsni*, bélier et semence. Ceci conduit au grec ἄρσην, ἄῤῥην, mâle, pour ϝαρσην, de même que ἔρσω, mouiller, ἔρση, rosée, correspondent à *vṛsh* et à *varsha* (Cf. irland. *fras*, pluie, grêle et semence). Ici, sans doute aussi, le latin *verres*, pour *verses*, le verrat, de même que *torreo*, *horreo*, ont assimilé l'*s* du sanscrit *tṛsh*, *hṛsh*.

Comme nom du bœuf, *vṛsha* se retrouve dans le lithuan. *werszis*, lett. *vehrsis*, esthon. *wärs*, bœuf, jeune taureau, veau mâle. Il ne faudrait pas comparer l'anc. allem. *fersa*, all. *ferse*, vache, car l'*f* suppose un *p* primitif, de même que dans l'anc. all. *far*, *farri*, *farro*, taureau, ang.-sax. *fearr*, id., et *farr*, sanglier (Cf. le grec πόῤῥις, mais aussi πόρις, πόρτις? juvencus, juvenca). Si, dans ces dernières formes, la réduplication de *r* provient bien de l'*s* assimilé, on pourrait rapporter tous ces noms à la rac. sansc. *pṛsh*, aspergere, madefacere; et, comme *parsh* signifie aussi *madeferi*, un dérivé *parsha* s'appliquerait à la vache aussi bien qu'au taureau. En sanscrit, on trouve *pṛshat*, *pṛshant*, littér.

[1] Spiegel. *Avesta*, p. 237. Dans le Rigvêda, *vṛsha* se prend aussi dans le sens de *vir*.

aspergens, comme nom d'une espèce de cerf (*the porcine deer*. Wilson)[1].

Pour en revenir à *vṛsh*, cette racine se présente aussi sous la forme de *vish*, conspergere, effundere, d'où *vish*, excrément, *vishha*, poison, etc. Il est très-probable que *visha*, pour *vṛsha*, a désigné également le taureau, car *vishâṇa*, corne, pour *vṛshâṇa*, paraît signifier *bovinum*, et de là dérive de nouveau *vishâṇin*, cornutus, comme nom de l'animal. Or, de même que le participe présent de *pṛsh*, est devenu l'appellatif du cerf, le thème analogue *vishant* serait naturellement celui du taureau, et ceci nous fournit une excellente explication pour le nom germanique du bison, anc. allem. *wisant*, *wisunt*, ang.-sax. *vesend*, scand. *visundr*, d'où le latin *bison-ontis*. On sait que le bison habitait les forêts de l'ancienne Germanie, d'où il a disparu dès lors, et les Germains, en s'y établissant, auront donné à l'animal un des noms ariens du taureau.

4). Le sansc. *sthira*, taureau, signifie, comme adjectif, ferme, solide, immobile, et exprime fort bien ce calme dans la force qui distingue l'animal. La racine, qui est *sthâ*, stare, se retrouve dans toutes les langues ariennes. Un autre dérivé, *sthûra*, désigne un homme fort[2] (cf. *sthâvara*, ferme, fort) et *sthâura*, la force, et, par extension, la charge que peut porter un animal. De là *sthâurin*, aussi *sthurin*, *sthôrin*, un cheval porteur et vigoureux. Le zend *çtaora* est une bête de somme, et l'ossète *stur*, le gros bétail en général.

C'est à la forme *sthûra*, en tant que synonyme de *sthira*, que correspond le goth. *situr*, l'ang.-sax. *steor*, *styre*, l'anc. all. *stior*, juvencus, taurus, lesquels d'ailleurs se rattachent directement à l'anc. all. *stiuri*, *stûri*, grand, fort, au goth. *stiurjan*, affermir, fixer, et aux termes nombreux qui s'y lient dans les dialectes germaniques. Il faut ajouter l'ang.-sax. *stiorc*, *styric*, ang. *sturk*, allem. *sterke*, néerland. *starke*, etc., juvencus, juvenca,

[1] Il est fort douteux que l'hébreu *par*, taureau, *pârah*, génisse, du verbe *pârâh*, ferre, ait quelque rapport avec le germanique et le grec.

[2] Dans le dialecte vêdique aussi le taureau, d'après Weber. *Ind. Stud.* I, 339.

où la voyelle varie comme dans l'anc. all. *star*, fixe, rigide, *starh*, ang.-sax. *starc*, *sterc*, scand. *starkr*, fort, robuste, etc. Et, de même que le sansc. *vṛshan*, taureau, et *vṛshṇi*, bélier, sont synonymes quant au sens étymologique, de même l'anc. all. *stêro*, bélier, all. *sterch*, n'exprime que l'animal robuste, comme *stiur* et le sansc. *sthira*.

Dans le scand. *thior*, suéd. *tjur*, dan. *tyr*, bos, taurus, on voit l'*s* initial disparaître. On ne saurait donc hésiter à rattacher au sansc. *sthûra*, *sthâura*, etc., le grec ταῦρος, le latin *taurus*, l'anc. slave *tourŭ*, urus, bœuf sauvage [1], rus. *turŭ*, pol. bohém. *tur*, id., et l'irlandais *tor*, taureau. Ici encore, on remarque une variation de la voyelle dans l'irland. *tarbh*, le cymr. *taric*, l'armor. *tarv*, *tarô* forme propre au celtique (cf. le *tarvos trigaranos* de l'inscription gauloise bien connue), et de laquelle Grimm fait dériver le scand. *tarfr*, synonyme de *thiur*.

D'après ces analogies si multipliées, fondées sur une racine essentiellement arienne, il semble impossible de ne pas revendiquer ce nom du taureau pour les anciens Aryas, et cependant il se présente ici, quant aux idiomes sémitiques, un de ces *bivia* à l'entrée desquels on s'arrête incertain. Le chaldéen *tôra*, syriaq. *taurô* (fém. *taurtô*), éthiop. *tôrê*, arab. *thawr* (fém. *thaurat*), hébr. *shôr* [2], forment un groupe complet qui semble avoir sa racine dans le sol sémitique ; car on le rapporte à l'arab. *thawara*, *thâra*, insiliit, impetum fecit, robustus fuit. *Bos a robore et audacia dictus*, observe Gesenius (*Dict. hébr.*, p. 991). Comment séparer ce groupe des noms ariens? ou comment l'y rattacher? Et, si l'on admet une origine commune, jusqu'où reculer pour trouver le point de départ? Ce qui est certain, c'est que le radical arabe *thawara* ressemble singulièrement à l'adjectif sanscrit *sthâvara*, régulièrement dérivé de *sthâ*, tandis que, par aucune

[1] En lithuan. *tauras*, d'après Mikuzky. *Beiträge* de Kuhn et Schleicher, I, p. 239. Dans Nesselmann (*Lith. W. B.*) *taurẽ*, ne signifie que *corne à boire*, et vient de *tauras*, comme, en irland. *bubhal*, corne, de *bubalus*.

[2] Ajouter le phénicien Θὼρ suivant Plutarque, Θὼρ γε οἱ Φοινίκες τον βοῦν καλουσι (*Sylla*); et l'égyptien ἀθὺρ, d'après Hesychius.

voie, on ne saurait ramener au sémitique, ni cet adjectif même, ni *sthûra* ou *sthira*.

5). Un autre nom sanscrit du taureau, de même sens que le précédent, est *balin*, le fort, de *bala*, force, puissance, et, comme adjectif, fort, robuste, gros, etc., *balita*, *valita*, id. La racine est *bal*, vivere, c'est-à-dire vigere, le lat. *valeo*, *validus*, etc. *Balin* désigne aussi le buffle, le chameau et le sanglier. Dans les langues de l'Inde moderne, on trouve, pour le bœuf, le bengali *bolod*, l'hind. *baïl*, et le marat. *baila*. Le persan *balâ*, vache noire, s'y lie sans doute. Ses analogues en Europe sont l'ancien slave et rus. *volŭ*, pol. *wòl*, bohém. *wûl*, illyr. *vola*; le lithuan. *builis*, *bullus*; le scand. *bauli* (m.), *baula*, *belia*, f., ang.-sax. *bulluca*, veau, angl. *bull*, *bullock*; l'irland. *bulan*, *bulòg*, et le cymr. *bwla*. La variation de la voyelle de *a* en *u* doit être attribuée à l'influence rétroactive de la liquide.

6). C'est encore aux notions de grandeur et de force que se lie le sanscrit *mahâ*, *mahisha*, buffle, mais sûrement aussi taureau, car le féminin *mahâ mahî*, désigne la vache. La racine est *mah*, crescere, d'où *mahat*, *mahant*, grand, gros (cf. *magnus*, etc.). Il faut peut-être rapporter à *mahisha* le grec μόσχος, veau, génisse, si c'est là une inversion de μοχσος pour μοχισος. En persan, *mahisha* s'est contracté en *mêsh*, dans *gaw-mêsh*, buffle, aussi *gâmîsh*, *gâmus*, d'où le syriaque *gomushô*. Une contraction toute semblable paraît avoir eu lieu pour l'ang.-sax. *mesa*, vache, et l'irland.-erse *maoiseach*, génisse.

C'est peut-être du persan *mêsh* que sont provenus les noms finnois du bœuf et de la vache, *mas*, *mys*, *mos*, *mus*, *misje*, en ostiake, wogoul, syraenien et permien. Une analogie plus lointaine est celle du mandchou *muhashan*, taureau, d'autant plus digne d'attention que, dans cette langue, *ichan* rappelle déjà le sanscrit *uskhan* (cf. le n° 2). Ce sont là de nouveaux indices que l'animal s'est propagé de l'Asie centrale vers le nord.

Enfin, il se présente encore une concordance, mais fortuite, sans doute, dans le cophte *mase*, taureau, bœuf, veau, qui paraît dériver de la racine *mes*, gignere, parere.

7). Un nom vêdique commun au taureau et à la vache est *usra*, m., *usrâ*, *usri*, f., aussi *usriya-yâ*, et, au diminutif, *usrika*. Il se reconnaît encore dans l'hindi *osar*, génisse. Comme *usrâ* signifie aussi rayon, et *usrâ*, *usriyâ*, lumière, ces termes, appliqués à l'animal, ont trait sans doute à la couleur rougeâtre qui le distingue souvent, et Rosen, en effet, traduit *usriyâ* par *rubicunda* (sc. *vacca* [1]). Il faut donc les rapporter à la racine *ush* (*vas*, *us*), lucere, urere, d'autant plus que la vache est aussi appelée *ushâ*, comme l'aurore. Dans les hymnes de Rigvêda, les rayons rouges du matin sont plus d'une fois comparés à des troupeaux de vaches, et *rôhiṇi*, la rouge (comme *kṛshnâ* et *çyamâ*, la noire, *arjunî* et *dhavalî*, la blanche, *çavalâ*, la tachetée) figure parmi les noms de la vache [2]. Bœhtliugk et Roth, sans s'expliquer sur l'étymologie de *usra*, comparent *ushṭar*, bœuf de labour, et *ushṭra*, buffle et chameau, dont l'origine est peut-être différente.

Je crois pouvoir rattacher à *usra* le nom celte et germanique de l'*Urus*, en anc. all. *ûr*, *ûro*, ang.-sax. *ûr*, scand. *ûr*, *ûri*, allem. *aüer-ochs*. D'après Macrobe (VI, 4), ce mot était aussi gaulois [3], et l'on trouve, en effet, dans une inscription, à Lyon, les noms d'hommes *Urogenius*, *Uregenia*, et *Urogenonertus* (*Gruter*, 490, 9) qui s'interprètent clairement par *race de l'Urus*, et *fort comme la race de l'Urus*, en cymrique *Urgen*, *Urgen-nerth*.

La forme *ûro*, *ūrus* peut avoir assimilé l'*s* de *usra*, en allongeant la voyelle, ou bien, par le changement usité de *s* en *r*, se lier directement à la racine *ush*, urere, comme le sansc. *ushâ*, vache. Quant à l'objection que l'on pourrait faire que l'Urus était toujours noir [4], tandis que *usra*, signifie rouge, il ne faut pas oublier que le sens primitif était sans doute perdu, et que les Germains et les Celtes l'ont appliqué à l'animal européen dans l'acception directe de taureau. J'ajouterai encore que l'irlandais

[1] *Rigvêda*, p. 127, v. 9.

[2] De même en irlandais, où *earc* a le double sens de bœuf, vache, et de rouge. Cf. sansc. *arka*, rayon, feu, soleil, cuivre, etc.

[3] *Uri* enim gallica vox est qua feri boves significantur.

[4] Link. *Urwelt*. I, 376.

ossraidhe, bouse de vache, semble dériver d'un ancien thème *osra* tout à fait identique à *usra*.

8). De la racine sansc. *dam*, domare, dérive *damya*, jeune taureau, littér. *domandus ;* en bengali, *domrâ*. On sait que le grec δάμαλος, δαμάλη, veau, génisse, lat. *damalio*, vient également de δαμάω, mais avec le sens un peu différent de dompté, doux, docile, comme l'épouse soumise est appelée δάμαρ. C'est encore à la même racine qu'appartiennent l'irlandais *damh*, bœuf, *damhán*, *domhán*, jeune taureau, et l'albanais *dhema*, veau.

En persan, *dâm* désigne tout quadrupède qui n'est pas féroce. On conçoit, dès lors, comment ce nom s'applique aussi au daim, lat. *dama*, irland. *damh-fiadh*, daim-cerf, armor. *duem*, tandis qu'il se trouve désigner le mouton dans le cymrique *dafad*, corn. *davat*, *davas*, armor. *davat*, *dañvad*, avec *f*, *v*, *ñv*, pour *m*. Cf. *dofi*, domare, *dof*, doux, apprivoisé, etc.

9). Le Rigvêda offre plusieurs fois *vâçrâ* comme nom de la vache et du veau [1], et ce mot signifie *mugiens*, de la rac. *vâç*, mugire, vagire, ululare [2]. Wilson donne pour la vache le synonyme *vaçâ*, de la forme *vaç*, avec *a* bref, dont le sens propre, *desiderare*, et, à l'intensitif, *exsultare*, semble dériver de celui de crier de désir ou de joie.

C'est à cette même racine qu'il faut rapporter, je crois, le latin *vacca*, plutôt qu'à *vah*, vehere, comme on l'a fait jusqu'à présent [3]. Une forme *vaçkâ* expliquerait parfaitement la réduplication du *c*, et le sanscrit *vaskaya*, ou *vashkaya*, veau, d'un thème simple *vaska*, appuie d'autant mieux cette hypothèse que l'on trouve les formes *vas*, amare, et *vâs*, mugire, à côté de *vaç* et *vâç*.

Le latin *vacca* paraît d'ailleurs isolé dans les langues ariennes

[1] Hymn. 32, v. 2 ; 37, v. 10, ed. Rosen.

[2] Ibid., p. 195, v. 6, *gâvah na vâçrâh*, vaccæ velut mugientes, et R. V. 73, 6, dans Westergaard, voc. *vâç ; dhénavah vâvaçânâh*, vaccæ mugientes.

[3] Pott. *Etym. Forsch.*, I, 85, 224, 234. Contre cette étymologie, Ebel, *Zeitschr. f. vergl. Spr.*, IV, 451, et pour Kuhn, ib. V, 71. Leo Meyer (ibid., VI, 219) pense à une affinité avec *ukshan*.

de l'Europe ; mais je crois retrouver le sanscrit *vaskaya*, ou les thèmes présumés *vaska*, *vaçka*, dans le lithuanien *biszkus*, dont le sens primitif est perdu, et qui n'est plus qu'un appel d'encouragement adressé au bœuf qui travaille. En dehors de la famille arienne, le finlandais *vasu*, *vaska*, *vasikka*, veau, offre une coïncidence plus complète encore, et difficilement fortuite.

10). Un très-ancien nom de la vache est le vêdique *psu* (au plur. *psavas*) auquel répond le zend *fshu*, vache, génisse, mais aussi production, de la rac. *fshu*, croître, engraisser, d'où *fshuyat*, qui produit, vivifie, *fshûsha*, qui fait croître, *fshûmâo*, heureux, prospère, *fshaona*, gras, etc. [1]. Cette racine ne se trouve plus dans le sanscrit, qui n'offre d'analogue que *psâ*, edere (cf. ψάω), sens trop général pour expliquer le nom de la vache [2]. Le zend, au contraire, en rend parfaitement compte, car la vache constituait la production, la prospérité, la richesse par excellence.

Le zend *fshu* ne s'est conservé en persan que dans le composé *shu-bân*, pasteur (synonyme de *gaw-bân*, *gô-pân*, littér. gardien des vaches), où je ne crois pas qu'on l'ait reconnu jusqu'à présent. Je reviendrai avec plus de détail sur ces mots en parlant de la vie pastorale, à cause des analogies intéressantes qu'ils présentent avec quelques termes slaves et lithuaniens.

Dans les langues européennes, je ne trouve à comparer que l'irlandais *scafaid*, génisse, qui semble avoir perdu le *p* ou *f*, initial, comme le persan *shu*, et ajouté un nouveau suffixe. La forme *scaf* répond d'ailleurs régulièrement au thème développé *psav*, *fshav*, des cas obliques et du pluriel. Une modification analogue se remarque peut-être dans le *sapi*, *sâpî*, bœuf et vache, des idiomes malais, bien probablement dérivé du sanscrit *psu (psav)*, puisque le bœuf est sans doute venu de l'Inde dans l'Archipel.

[1] Burnouf. *J. Asiat.* 1840, p. 327 et suiv.

[2] Cf. le vêdique *psu*, nourriture, dans *apsu*, sans aliment (B. et R. *Sansk W. Buch*).

11). Le sanscrit *vatsa*, *vatsaka*, veau, d'où *vatsatara*, jeune taureau, littér. qui est plus que veau, *vatsîya*, vacher, etc., est encore inexpliqué quant à sa formation. Les grammairiens indiens le rapportent à la rac. *vad*, loqui (*to speak kindly to*. Wilson), et le veau serait ainsi l'animal auquel on parle affectueusement, explication plus indienne que vraie. Je crois cependant aussi à une liaison avec la rac. *vad*, mais dans le sens de *vociferari*, *sonare*, *strepere*, et je soupçonne dans *vatsa*, un composé d'un substantif *vad*, cri, voix, identique à sa racine, et de *san*, dare, qui, d'après une règle connue, perd son *n* à la fin des composés, comme dans *açvasâ*, qui donne des chevaux, *dhanasâ*, qui donne la richesse, *vâgasâ*, qui donne la force, etc. Le *d* se change régulièrement en *t* devant *s*, et la voyelle finale peut être longue ou brève. *Vatsa* signifierait ainsi *vocem* ou *clamorem dans*, c'est-à-dire *mugiens*. Cette interprétation toute naturelle reçoit un nouvel appui du fait que *vatsa* désigne aussi la poitrine, qui produit le cri. Elle se confirme encore par un des noms du taureau, *vitsana*, affaibli sans doute de *vatsana*, et où la racine *san* reparaît plus complète, comme dans *açvasani*, synonyme de *açvasâ*.

Ce nom du veau paraît se retrouver dans l'ossète *uass* (pour *vats?*) id.; et on a dès longtemps comparé *vitulus*, ἰταλός, de *vitsulus*, où *l* semble avoir remplacé l'*n* du sanscrit *vitsana*, comme dans *alius*, de *anya*. L'anc. irland. *fithal* (*Gloss.* de Cornac) et le cymrique *bittolws*, sont sans doute empruntés au latin, mais le cymrique *bustach*, veau, jeune taureau, a bien l'air d'une inversion de *vatsaka*. C'est toutefois l'albanais *vits*, *vitsch*, veau, qui a le mieux conservé la forme primitive [1].

12). Un autre nom du veau, le sansc. *dôgdhṛ*, signifie celui qui tette, de la rac. *duh*, lactare. Bien que cette racine se retrouve dans le persan *duchtan*, *dôchtan*, traire, et l'anc. slave *doiti*, bohém. *dogiti*, id., le nom de l'animal ne s'y rencontre pas, mais

[1] Cf. alban. *vais*, enfant, garçon, et sansc. *vatsa*, terme d'affection appliqué aux enfants.

on peut rattacher peut-être à *duh* l'irland.-erse *laogh*, veau, par le changement assez fréquent du *d* en *l*, *laogh* pour *daogh*. Le cornique *loch, leauh* a conservé la gutturale que le cymr. *llo* et l'armor. *leuê* ont perdue. Ce qui appuie ce rapprochement, c'est que l'on trouve en persan un verbe *lûghîdan*, traire, et *lûgh*, trayeur, action de traire, qui semble se rattacher à *duh* par le même changement. Ces termes proviennent peut-être de quelque dialecte iranien, ce qui expliquerait leur présence à côté de *duchtan* [1].

13). Je me suis borné, dans ce qui précède, à signaler les coïncidences directes les plus sûres des noms européens avec le sanscrit, en laissant de côté les analogies douteuses, ainsi que toute recherche étymologique sur les termes plus ou moins isolés, et dont plusieurs sans doute remontent aux origines ariennes [2]. Ce qui a été dit suffit amplement à prouver que le taureau et la vache ont tenu une très-grande place dans l'économie des anciens Aryas. Ce qu'il importe aussi de remarquer, c'est l'extension qu'ont prise quelque noms décidément ariens, qui ont rayonné sur l'Asie dans différentes directions, comme *gô* jusqu'en Chine, *ukshan* et *mahisha* dans toute la Tartarie, *psu* dans l'Archipel malais, *sthûra, sthaurin* chez les Sémites. Serait-ce encore par un pur effet du hasard que les trois noms cophtes de l'animal, *mase*, taureau, veau, *vahsi*, vache, *ehe, ehê*, id. et bœuf, se trouvent correspondre respectivement aux trois noms sanscrits *mahisha, vakshas*, et *ahî?* [3]. Tout cela semble indiquer que les Aryas pasteurs ont précédé beaucoup d'autres peuples pour la possession de la race bovine, car eux, de leur côté, ne paraissent rien avoir emprunté en fait de noms étrangers.

[1] Cf. l'afghan *lûr, liur*, filia, contraction très-forte du sansc. *duhitṛ*, et, sauf le changement de *d* en *l*, analogue à celle de l'irlandais *dear*, fille.

[2] Par ex. le goth. *kalbô*, ang.-sax. *cealf*, scand. *kâlfr*, anc. all. *chalpa*, veau, qui répond exactement au sanscrit *garbha*, embryon, fœtus, enfant.

[3] Au védique *ahî*, vache, répond mieux encore l'anc. égyptien *ah*, taureau, bœuf, *aha, ahet*, vache (Bunsen. *Ægypt.*, p. 557 et s.) Cf. le tiggry *ahâ*, vaccæ (Ludolf. *Dict. ethiop.*). On peut comparer encore l'irland. *agh*, bœuf, génisse, ers. *agadh*, bœuf, car le *g* ou *gh*, remplace ordinairement l'*h* du sanscrit.

§ 87. — LE CHEVAL.

La patrie primitive du cheval n'est pas mieux connue que celle du bœuf, bien que l'unité de l'espèce semble devoir simplifier la recherche de son origine locale. Pallas croit que le cheval se trouve encore sauvage dans les steppes de l'Asie centrale et occidentale, mais rien ne prouve qu'il ne l'y soit pas redevenu, comme dans les Pampas de l'Amérique de Sud. Link incline à le croire originaire de l'Arabie et de l'Afrique du nord, parce que c'est là que la race atteint à sa plus haute perfection [1], mais cet argument ne saurait être considéré comme décisif. Au point de vue linguistique, cette question a peu d'importance, parce que, dès le début, nous trouvons le cheval associé à l'homme chez les peuples les plus anciens, et recevant de chacun d'eux des noms particuliers. Les transitions de ces noms d'une famille de langues à une autre s'expliquent par les importations subséquentes des races de chevaux propres à tel ou à tel pays, échanges qui ont dû être fréquents à cause de la facilité avec laquelle l'animal lui-même pouvait se transporter au loin. Ainsi, bien que l'Arabie ait possédé, dès les temps les plus reculés sans doute, une excellente race chevaline, et que l'arabe, pour désigner l'animal, ait une surabondance de termes indigènes, on y trouve cependant le mot *faras*, en hébreu *parâsh*, en éthiopien *paras*, qui ne signifie autre chose que le cheval *persan*, de même que le sanscrit *pârâsika* [2]. On aurait donc tort ici de chercher, avec Gesenius, une étymologie hébraïque d'ailleurs peu satisfaisante. Le sanscrit aussi, dans sa riche synonymie de l'animal, présente un assez grand nombre de termes évidemment étrangers, parce que l'Inde, dont le climat est peu favorable à l'élève des chevaux, tirait les siens du Nord et de l'Occident.

[1] *Urwelt*. I, 389.

[2] Cf. héb. *pâras*, arab. *fâris*, perse, persan=pers. *Fârs*, *fârsi*, etc.

D'après une énumération approximative, le sanscrit n'a pas moins de cent quarante à cent cinquante noms pour le cheval, la jument et le poulain, et le persan en compte bien une cinquantaine. La plus grande partie est d'une origine relativement récente, et un petit nombre seulement de ces noms peuvent être considérés comme ariens, dans le sens général du mot. Ces derniers, seuls, doivent nous occuper ici.

1). Le principal est le sansc. *açva*, m., *açvâ*, f., qui se retrouve sous des formes diverses chez tous les peuples ariens, à l'exception peut-être des Slaves. Les Vêdas ont *âçu* à côté de *açva*, et *âçu*, comme adjectif, signifie rapide (cf. ὠκύς). Le vent et la flèche sont appelés *âçuga*, qui se meut rapidement. La racine est *aç*, permeare, penetrare, et le sens étymologique est évident par lui-même.

En zend, on trouve *âçu*, rapide, et *açpa*, cheval, le groupe *çv* devenant presque toujours *çp*, ou *sp* dans la branche iranienne. De là le persan *asp*, *asb*, kourd. *asp*, boukhar. *asb*, afghan *as*, m., *aspà*, f., etc., et le grand nombre d'anciens noms d'hommes et de peuples terminés en *aspes*. Le pârsi *asûbâr*, cavalier, pers. *aswar*, *suwâr*, kourd. *suàr*, belout. *suñwâra*, armén. *tsiavor*, qui a passé dans l'arabe *uswar*, *iswar*, est une contraction du thème complet en sanscrit *açvavâra*, cavalier. L'ossète *ews*, *iews*, jument, est l'inversion de *esw*. L'arménien *asb* ne s'emploie qu'en composition, et dans *asbed*, *asbazên*, cavalier.

Le lithuanien *aszwà*, jument, est parfaitement identique au sansc. *açvâ*, et il y a lieu de s'étonner que ce nom manque dans les langues slaves, où il a été sans doute remplacé par d'autres termes, quelques-uns d'origine tartare.

Le grec ἵππος semble au premier abord différer grandement de *açva*, mais il s'en rapproche déjà par la forme éolienne ἴκκος, de ἴκϝος par assimilation du digamma [1]. Le changement du κ en π n'a

[1] Cf. Pott. *Et. Forsch.* I, 127. II, 256. — Benfey. *Gr. W. Lex.* I, 160. — Bopp. *Verg. gram.* 48. Diefenbach (*Goth. W. B.* I, 828) donne aussi, d'après Duntzer, une forme ἴσσος qui rappelle tout à fait le pali *assa*, assimilation de *açva*.

rien que d'ordinaire. Le latin *equus, equa,* a conservé la gutturale primitive, déjà affaiblie dans le sanscrit *açva* pour *akva*, le *ç* provenant toujours d'un *k* plus ancien. Le valaque *épa,* jument, revient à la forme grecque.

Le thème ancien s'est parfaitement maintenu dans le gothique *aihva* du composé *aihvatundi*, βάτος, rubus, que Grimm interprète par *equi combustio*, et où il voit une allusion au sacrifice du cheval usité chez les anciens Germains comme chez d'autres peuples ariens [1]. Le nominatif a dû être *aihvs* ou *aihvus*, d'après l'anc. all. *ehu*, ang.-sax. *eoh*, scand. *ior* (genit. *ios*) en composition *ió*, contracté de *iho*. Je rappelle que l'*h* germanique remplace régulièrement le *k* sanscrit.

Restent les langues celtiques où ce nom du cheval se retrouve sous trois formes différentes. D'après Pline (liv. III, c. 17), les Gaulois appelaient *eporedicos*, les dompteurs de chevaux, et comme le cymrique *rheidiaw,* armor. *rédia,* signifie forcer, contraindre, le mot *epo* a dû désigner le cheval. On le reconnaît dans plusieurs noms d'hommes gaulois et galates, tels que *Eporedorix* (Cés. VIII, 39); *Eposognatus* (Polyb. I, 20); *Eposterovidus* (Gruter, *Insc.*, 235, 5); *Eponina* (Tacit., *Ann.*, 4, 67), etc. Le cymrique, comme le grec, change souvent le *k* en *p*, ce qui n'arrive jamais pour l'irlandais. La forme *epo* serait donc bien dans le génie de ce dialecte; mais, au lieu du mot gaulois, on trouve le masculin *echw*, et le féminin *osw*, qui représentent les deux variations de *açva*, vers la gutturale et la sibilante. Une trace d'un troisième thème avec *b* pour *p*, se remarque cependant encore dans *ebran*, ration de cheval (*rhan*, portion), *ebod, ebodn,* fumier de cheval (*od, odn,* inexpliqué [2]) et surtout *ebawl, èbol,* poulain, littér. equinus [3]. L'irland.-erse *ech, each,* cheval, a perdu com-

[1] *Gesch. d. deut. Spr.*, p. 232.

[2] *Od* signifie neige, et probablement dans l'origine, eau, le sansc. *uda, udan.* L'irland. *ofdhir,* neige, répond à *udra.* Dans *eb-od,* le mot a pu désigner l'urine du cheval.

[3] Le grec ἄϐολος, poulain, de α et de βάλλω, qui n'a pas encore jeté ses premières dents, mais aussi cheval hors d'âge qui ne les *jette* plus, n'a aucun rapport avec le cymrique.

plétement le suffixe de dérivation *va*, et se trouve réduit à la racine *aç*.

Ce groupe remarquable d'un des noms du cheval, qui embrasse presque toutes les langues ariennes, est un exemple frappant de l'importance du sanscrit pour la recherche des origines. En partant du thème *açva*, et de son étymologie certaine, les formes les plus divergentes se relient entre elles et s'éclaircissent mutuellement. Mais comment, sans l'aide du sanscrit, aurait-on jamais songé à rapprocher *osw* de ἵππος ou du scandinave *io?* Établir quelque rapport d'affinité entre ces mots qui n'ont pas une seule lettre commune, aurait paru aussi absurde que de faire venir *alfana* de *equus*, et cependant cette affinité est incontestable.

2). Dans le vocabulaire kavi de Stamford Raffles, on trouve *kapala* comme un des noms du cheval [1]. On sait que le kavi est un ancien dialecte malais fortement mélangé de mots sanscrits, lesquels souvent, comme dans le singhalais, manquent aux lexiques de l'Inde. Le cheval était primitivement étranger à l'archipel, et son unique nom malai *kudha* est emprunté au sanscrit *ghôṭa* [2]. Il paraît certain, d'après cela, que *kapala* provient de la même source, et il ne peut guère se rattacher qu'au sanscrit *ćapala*, rapide, de la racine *ćap*, *ćamp*, et *kap*, *kamp*, ire, tremere. Comme substantif, ce mot signifie poisson, éclair, vif argent, voleur, et le sens de cheval peut fort bien lui avoir appartenu.

Longtemps avant de connaître le terme kavi, j'avais rapporté à *ćapala*, l'irlandais *capall*, *capuill*, cheval, jument, en cymr. *ceffyl*, corn. *kevil* [3], et ce rapprochement, mis en doute par Diefenbach [4], se trouve ainsi confirmé. Benfey (*Gr. W. Lex, II*, 157), pense que le grec καβάλλης provient de *caballus*, et que celui-ci est d'origine celtique ; mais l'anc. slave, russe et polonais *kobyla*, illyr. *kobila*, hongr. *kabala*, jument, n'est sûrement ni celtique, ni latin, et indique une commune origine arienne. Cela résulte

[1] *Hist. of Java*. II. Append. 168, 174.

[2] Humboldt. *Kawi Sprache*, t. II, p. 11, note.

[3] *De l'affinité des langues celtiques avec le sanscrit*, 1837, p. 109.

[4] *Goth. W. B.*, I, 29, où il faut lire *ćapala* au lieu de *ćavala*.

mieux encore du lithuanien *kummėle*, jument, *kummelys*, poulain, très-probablement pour *kumpėle*, d'un thème *kampala=čapala,* comme rac. *kamp=čamp*, *čap* (cf. sansc. *kampra*, agile, mobile, *kampa*, *kampana*, tremblement, agitation). Enfin, tout ce groupe de noms européens se relie à l'extrême Orient par l'intermédiaire du persan *kawal*, cheval entier et rétif, cheval de somme [1].

De la même racine *kap* dérive peut-être le pehlwi *kopa*, cheval de main. Le polon. *szkapa*, rosse, pourrait se lier à *čap* ou à *čhap*, qui en est une variante, les palatales sanscrites initiales devenant souvent *sk* dans plusieurs langues européennes. En dehors de la famille arienne, on peut comparer l'ostiake *kopt*, *kopta*, cheval, et le finlandais *kopuri*, cheval rétif.

Le sanscrit *kapi* désigne le singe comme animal agile, et tout naturellement les dérivés de *kap* ont dû s'appliquer à diverses espèces remarquables par leur agilité. Je n'hésite donc pas à y rattacher aussi *caper*, *capra*, ainsi que κάπρος, le sanglier, que nous retrouverons ailleurs. Et ceci nous ramène au nom du cheval, car en irlandais, *gabhar*, *gobhar*, affaibli sans doute de *kapar*, signifie à la fois le cheval et la chèvre, ce qui indique une origine commune pour les noms des deux animaux.

A côté de *kap*, on trouve en sanscrit la forme plus primitive sans doute, mais inusitée, *kṛp*, *krap*, ire, se movere ; et, comme de *kṛp* on arrive facilement à *kalp*, je crois pouvoir y ramener le grec κάλπη, κάλπις, jument, et καλπάζω, trotter, galoper (Cf. καρπάλιμος, rapide), ainsi que l'irland-erse *colpa*, *colpach*, poulain, mais aussi le jeune taureau et la génisse bondissante. Malgré la presque identité des formes, ou plutôt à cause de cette identité même, il faut se garder de comparer le gothique *kalbô*, anc. all. *chalp*, etc., que nous avons vu correspondre au sansc. *garbha* [2]. Le véritable corrélatif de la rac. *kṛp* est le goth. *hlaupan*, cur-

[1] Cf. arab. *chabâl*, cheval et fardeau, sans doute d'origine persane.

[2] V. sup. § 85, 13, note. Une autre coïncidence trompeuse avec le germanique pourrait conduire à comparer faussement le sansc. *kalabha*, *karabha*, jeune éléphant, jeune chameau.

rere, scand. *hlaupa*, anc. all. *hlaufan*, ang.-sax. *hleápan*, salire (Cf. scand. *hrapa*, ruere, festinare). A *kṛp* répond de plus le goth. *hlifan*, furari, *hliftus*, fur, en grec κλέπτω, κλόπος, κλέπτης, le voleur agile, comme *ćapala* en sanscrit.

Des transitions de forme et de sens analogues aux précédentes se remarquent dans les langues malaises où le nom kawi du cheval, *kapala*, a passé au buffle, en rotti, *kapal*, en javanais et bali *kabu*, en madécasse *howlu;* tandis que le malai littéral *karbau* (en siamois *karbu*, *karpu*) indique, pour l'animal indien, un nom sanscrit dérivé de *kṛp* ou *krap*.

3). Outre ces deux noms principaux du cheval, dont l'extension est à peu près égale dans les langues ariennes, on trouve un certain nombre d'analogies plus isolées, et par cela même moins sûres, mais qui indiquent l'existence d'une synonymie primitive assez riche. Je les fais suivre ici, plutôt comme des indications pour des recherches futures que comme des faits définitivement acquis.

a). Sansc. *vâġin*, cheval, *vâġinî*, jument; aussi oiseau, flèche, de *vâġa*, rapidité, aile, rac. *vâġ*, ire, vagari; *vîġ*, id., d'où *vêga*, vélocité, *vêgin*, rapide, etc.

Ang.-sax. *wicg*, cheval, sans doute de la même racine devenue *wacan*, vacillare, *wîcan*, labare, cedere, en scand. *vacha*, vagari, *vîkia*, se movere, *vikna*, moveri, en anc. all. *wachên*, *wîchan*, etc. — Ici, peut-être, le lithuan. *vagis*, voleur, *vógti*, voler, d'après les analogies citées plus haut.

b). Sansc. *rasika*, cheval, l'animal sensible, ardent, intelligent, de *rasa*, sentiment, passion. C'est aussi un nom de l'éléphant.

Anc. allem. et scand. *hros*, ang.-sax. *hors*, allem. *ross*, néerl. *ors*, suéd. *örs*, etc. — L'*h* initial des anciennes formes me paraît être le pronom interrogatif *ka*, *h-ros*=*ka-rasa*, quel sentiment! quelle passion! sous-entendu *habens*[1], exactement comme

[1] Il est curieux que le nom du cheval soit ainsi le même, en apparence, que celui de la cerise (v. § 54, 1), où cependant le mot *rasa* a le sens de suc.

dans l'anc. all. *hraban*, corbeau=sansc. *kârava* au *karavaṇa*, quelle voix !

Klaproth donne l'ossète *urss* comme nom de l'étalon, et compare le germanique, *hors*, *ors*. C'est là un rapprochement captieux, mais tout à fait illusoire, car d'après Siœgren (*Oss. Gram.*, p. 424), *ors* signifie blanc, *ors bach*, *urs bach*, cheval blanc et poulain. Sans l'*h* initial de *hors*, on aurait pu comparer aussi le sansc. vêdique *arusha*, cheval rougeâtre, qui est tout différent [1].

c). Sansc. *çôṇa*, cheval, proprement rouge, bai clair. Cf. *çôṇa*, *çôṇita*, sang, safran, etc., d'une rac. *çôṇ*, rubescere.

Comme la forme primitive a dû être *kôṇa*, on peut y rattacher p.-ê. l'anc. slav. et russe *konĭ*, polon. *kon*, illyr. *kogn*, cheval, lithuan. *kuinas*, rosse. On a considéré ce mot slave comme une contraction du synonyme *komonĭ* (Dobrowsky. *Instit.*, p. 105), mais cela semble peu probable, puisque *konĭ* est une forme également ancienne. Le slave *komonĭ* se rattache peut-être au nom des *Comans*, tribu tartare qui, du XIe au XIIe siècle, s'est étendue du Wolga au Danube, et dont une partie s'était fixée en Hongrie [2], et il ne désignait probablement qu'un cheval de race tartare ou *komane*. — Je ne sais si le persan *kumîn*, cheval bai, est comparable de quelque manière.

d). Sans. *baḍavâ*, jument, et esclave femelle; maratte *vaḍavâ*, id. — Origine inconnue.

Illyr. *bedevia*, jument de bonne race, terme étranger, je crois, aux autres dialectes slaves, et d'une origine tout aussi obscure que le sanscrit.

e). Sansc. *vṛshala*, étalon, synonyme de *vṛshan*, le fécondateur, le taureau (§ 86, 3).

[1] Il se présente encore un de ces jeux du hasard qui sont un piége perpétuel pour le linguiste. Chez les Pawnis de l'Amérique du Nord, le cheval s'appelle aussi *arusha*. (Long. *Exped. to the rocky mountains*. Vocab.). Comme le cheval a été introduit en Amérique par les Européens, il est évident que ce n'est là qu'une corruption de l'anglais *horse*, et qu'il n'y a aucun rapport avec le mot vêdique.

[2] Adelung. *Mithrid.*, I, 479.

Letton *ehrsels*, lith. *erželas*, étalon, avec perte du *v* initial, comme dans le zend *arshan*, grec ἄρσην, de *vṛshan*.

f). Sansc. *kiçôra*, poulain, de même origine, à ce qu'il semble, que *çiçu*, *çiçuka*, jeune animal, enfant. La racine probable est *çaç*, saltare, salire, à laquelle on rattache aussi *çiçna*, penis.

Lithuan. *kižukkas*, *kižuttis*, poulain, diminutif de *kižas*, où le *ž*, comme dans le nom de l'étalon, remplace *s*, ou p.-ê. *sz*. Cf. *kiszkis*, et *zuikis*, lièvre, avec le sansc. *çaçaka*, id., de *çaç*, sauter, bondir.

g). Sansc. *pêlin*, cheval. c.-à-d. rapide, de *pêla*, mouvement, rac. *pêl*, ire, vacillare, *pil*, mittere, projicere. Cf. *pal*, *pall*, ire, πάλλω, *pello*, etc.

Irland. *peall*, *pill*, cheval, cymr. *ffilawg*, jument et aile. Cf. irland. *pillim*, *fillim*, cymr. *ffilliaw*, tourner, se tourner, se mouvoir avec agilité et souplesse [1]. L'albanais *pélë*, *pella*, jument, relie les mots celtiques au sanscrit.

A la racine *pal* appartient probablement le persan *fâl*, cheval de race, et je n'hésite pas à y apporter le grec πῶλος, poulain, lat. *pullus*, goth. *fula*, ang.-sax. *fola*, scand. *foli*, anc. all. *folo*, etc. — Une analogie, fortuite sans doute, se présente dans l'arabe *falûw*, *fuluw*, poulain, *faluwat*, pouliche, du radical *falawa*, nutrivit.

h). Sansc. *laṭhva*, cheval. Origine incertaine.

Irland. *loth*, *lothóg*, poulain. On pourrait penser à la rac. sansc. *luṭ*, *luṭh*, se rouler à terre comme un cheval, d'où *lôṭana*, *luṇṭâ*, *luṭhita*, *luṇṭhâ*, l'action d'un cheval qui se roule. La forme *laṭh* n'en est peut-être qu'une variante.

i). Sansc. *sapti*, cheval; rac. *sap*, sequi?

Irland. *saith*, id. — Rapprochement douteux.

k). Sansc. *marâla*, cheval, littér. doux, docile.

Cymr. *merl*, *merlyn*, petit cheval. Cf. *merawl*; doux, tendre, humide, *mer*, moelle, *marl*, marne, comme substance onc-

[1] A côté de *pél*, *pil*, on trouve en sanscrit *vél*, *vil* avec le même sens, et à cette forme se rattache de nouveau le cymrique *gwil*, *gwilawg*, *gwilwst*, jument, comme *ffilawg* à *pil*.

tueuse et douce, et les termes germaniques qui s'y rattachent.

l). Persan *mîdach*, cheval gris, cheval rétif.

Irland. *meidheach*, *meadhach*, étalon, probablement de la même racine que *meadhair*, joie=sansc. *madra*, *meadarach*, *vif*, joyeux, *meadhachan*, force, vigueur, etc., savoir le sansc. *mad*, lætari, gaudere, inebriari, d'où *mada*, orgueil, arrogance, et *madâra*, éléphant en rut, et verrat, sens qui conviendrait à l'étalon [1].

4) Je laisse de côté d'autres noms européens d'origine incertaine, mais dont plusieurs semblent se rattacher à des racines ariennes primitives. Ce qui précède suffit à montrer par combien de points les langues de la famille se touchent pour la nomenclature du cheval.

En dehors de la famille, on peut signaler, comme pour le bœuf, quelques analogies plus lointaines qui semblent indiquer d'anciennes transitions. J'ai cité déjà l'hébreu *pârâsh*, et l'arabe *faras*, *châbal*; j'ajoute encore quelques exemples.

a). Sansc. *atya*, cheval, de la rac. *at*, continuo ire.

Turc. *at*, id., dans la plupart des nombreux dialectes. Grec mod. ἄτι, cheval entier.

b). Sansc. *kêçarin*, *kêsarin*, id., de *kêçara*, ou *kêsara*, crinière. Cf. lat. *cæsaries*.

Tchouvache *kisria*, jument.

c). Sansc. *ghôṭa*, *ghôṭaka*, cheval, de *ghuṭ*, resistere, contraferire; l'animal qui regimbe. En siahpôsh *goa*, cheval, *gudà*, âne (Burnes. *Cabool*, Voc.).

Malai *kudha*; Andi du Caucase *kotu*, *kooto*, Éniséen *kut*. Le scandin. *goti*, cheval, et *gotúngr*, poulain, n'offrent qu'une ressemblance fortuite. et dérivent de *geta*, gignere.

d). Sansc. *çûlaka*, cheval rétif; rac. *çûl*, ægrescere, clamare? Persan *shûlak*, cheval rapide.

Finlandais *salkö*, cheval de deux ans.

[1] L'allem. moyen *meiden*, *meidem*, cheval, est peut-être à comparer, si le *d* est resté intact par exception.

e). Sansc. *kulîna*, cheval de bonne race, de *kula*, race. Mandchou *kulan*, cheval tigré.

f). Sansc. *râma*, cheval et cerf, *ramana*, âne; rac. *ram*, ludere, gaudere (saltando); *lalâma*, cheval, pour *rarâma*, avec réduplication.

Hébreu *rammâk*, jument, arab. *ramak*, *ramakat*, id. Gesenius le rapporte à un radical inusité *ramak*, tenuis fuit medio corpore. Pour le sens de cerf, comparez l'hébreu *rĕem*, *rem*, oryx, bubalus, arab. *raym*, antilope blanche, suivant Gesenius de *râam*, altus fuit.

Plusieurs de ces rapprochements, que l'on pourrait aisément multiplier, sont sans doute fortuits; mais il y a quelque intérêt à les signaler, quand ce ne serait que pour les réduire à leur juste valeur. Un curieux exemple d'une analogie trompeuse se présente pour l'irlandais *marc*, cymr. *march*, etc., auquel répond l'anc. allem. *marah*, cheval, *merihha*, jument, etc., et qui ressemble assurément beaucoup à l'arabe *markab*, cheval. Il est certain cependant que ces noms n'ont rien de commun; car le celto-germanique paraît dériver d'une racine de mouvement perdue même en sanscrit, où toutefois les grammairiens indiens la classent au nombre des racines *sâutra* ou étymologiques, sous la forme de *mark*, ire, pour expliquer *markaṭa*, singe, araignée, tandis que l'arabe *markab* est un composé du préfixe *ma* et de *rakiba*, equitavit, d'où *râkib*, cavalier, *rîkbat*, équitation, etc. Il est extrêmement probable que le mongol *mori*, *murin*, toungous *moron*, *marin*, *morin*, que l'on a comparé aussi avec les noms européens, n'a pas une affinité plus réelle que *markab*.

§ 88. — L'ANE.

On s'accorde à regarder le *koulan* de la Perse, l'onagre des anciens, comme la souche de l'âne domestique, auquel il ressemble beaucoup, bien qu'il soit plus grand et plus élancé. C'est un animal très-sauvage, et d'une agilité remarquable à la course, mais l'âne domestique de l'Orient, et des pays chauds en général, a une vigueur et une vivacité que nous ne lui connaissons point dans nos climats tempérés [1]. D'après la patrie de l'onagre, la Perse, on doit croire que les anciens Aryas l'ont connu, mais rien n'indique d'une manière certaine qu'ils l'aient dompté et utilisé. Ses noms sanscrits sont pour la plupart purement indiens, et un seul se retrouve aussi dans les langues iraniennes; le persan en a d'autres, dont quelques-uns d'origine arabe. Quant à l'accord que l'on remarque entre les noms européens, il provient sans doute de ce qu'ils sont tous empruntés au grec et au latin.

1). Ces noms européens se divisent en deux groupes, qui ne diffèrent que par la terminaison.

Au premier appartiennent le grec ὄνος (pour ὄσνος), le latin *asinus;* le cymr. *asyn*, cor. *asen*, armor. *azen;* l'ang.-sax. *assene;* scand. *asni*, dan. *asen*, etc.

Au second, le goth. *asilus*, ang.-sax. *asal*, *esol*, anc. all. *esil;* l'anc. slav. *oslŭ*, rus. *oselĭ*, pol. *osiel*, illyr. *osal*, etc.; le lithuan. *asilas*, lett. *eselis;* et, enfin, l'irland.-erse *asail*, *asal*.

On voit que les deux formes se trouvent ensemble dans les mêmes dialectes germaniques et celtiques, et cela vient à l'appui de l'opinion de Diefenbach qui les fait provenir toutes deux du latin *asinus* et *asellus* [2]. Comme, d'un autre côté, l'âne est sûrement venu de l'Orient en Europe par la Grèce, où il se trouvait déjà du temps d'Homère [3], c'est le grec ὄνος qui a dû être le point de départ de tous les noms européens.

Mais d'où vient ce nom, contracté sans doute de ὄσνος, et auquel rien ne répond chez les Aryas de l'Orient? Très-probablement, et comme on l'a conjecturé depuis longtemps, d'un nom sémitique de l'animal, l'hébreu *âtôn*, asina, pluriel *atnôt*, aram. *atânâ*, syriaq. *atônô*, arab. *âtan*, *itan* (plur. *utn*, *utun*), tous féminins. D'après l'observation de Benfey, le mot grec aura passé par les trois formes successives ὄτνος, ὄσνος, ὄνος, et *asinus* se rattache à la

[1] Link. *Urwelt*, I, 390.
[2] *Goth. W. B.*, I, 75.
[3] *Iliad.*, XI, v. 558.

seconde. Le nom sémitique dérive du radical arabe *atana*, il a marché lentement (cf. *atala*, il a marché à petits pas, *atama*, il a tardé). Cela paraît indiquer que, déjà aux temps de la Genèse[1], l'âne, ou du moins l'ânesse, était l'animal lent et flegmatique de la servitude, tandis que ses noms sanscrits et zends le caractérisent au contraire comme un animal rapide et ardent. La riche synonymie de l'âne en arabe (l'onagre seul a une douzaine de noms) fait croire qu'il a été indigène dans une partie au moins de l'Asie sémitique aussi bien que dans la Perse, et c'est peut-être là qu'il a été soumis d'abord à la domestication.

L'arménien *ész*, âne, n'a sans doute aucun rapport avec *asinus*, et paraît se lier au turc *éshek*, id., d'où vient le russe *ishák*, mulet. Ce mot pourrait bien être arien, et se rattacher au sanscrit *açvaka*, petit cheval, en pali *assàka*. De *açva*, dérive de même *açvatara*, mulet, en persan *ástar*, *ustur*, *satar*, kourd. *ester*, littér. qui est plus qu'un cheval, comme bête de somme.

2). Le sanscrit et le zend ont pour l'âne un même nom, *khara*, qui signifie en sanscrit rude, dur, tranchant, piquant, chaud, ce qui peut s'entendre, soit de la voix rauque de l'animal, soit plutôt du caractère ardent et presque féroce de l'onagre (cf. sanscr. *kharu*, cruel; cheval; fierté, amour ardent. La concordance du persan *char*, du kourde *kerr*, de l'afghan *char*, de l'ossète *charag*, etc., prouve que l'âne sauvage doit avoir été connu des Indo-Iraniens avant leur séparation.

Mais ce nom de *khara* offre une analogie évidente avec l'hébreu *'air*, âne et ânon, arab. *'ayr*, âne sauvage et domestique, suivant Gesenius, du radical *'ir*, ferbuit, aestuavit, =*'ur*, arab. *âra* (medium waw) ferbuit aestu, acceleravit cursum (equus[2]). Le sens étymologique est ainsi le même de part et d'autre, et, comme le sanscrit *khara* n'a pas de racine connue, c'est le nom sémitique qui semble avoir la priorité. L'hébreu *'âròd*, chald. *'ârâd*, onagre, que l'on rapporte à un radical inusité *'ârad*, en syriaque

[1] *Gen.* 12, 16; 32, 16; 49, 11.

[2] Cf. hébr. *chárâh*, arsit, *chàraq*, ussit, *chárar*, arab. *charra*, arsit.

et en éthiopien *indomitus fuit*, conduit à un sens analogue.

3). A côté de *khara*, le zend a le synonyme *kathva*, âne qui paraît se lier au sansc. *kaṭu*, acerbe, tranchant, rauque (du son), comme dans *kaṭurava*, grenouille (cri rauque). Cf. *kaṭhara*, *kaṭhôra*, *kaṭhina*, dur, rude, violent, etc. A *kathva* se rattache le pehlwi *kotina*, mulet, d'après Anquetil. Pott et Benfey comparent le grec κάνθος, κάνθων, κανθήλιος, âne [1], et ce rapprochement semble d'autant mieux fondé que le sanscrit *kaṇṭha*, gorge et son guttural et rauque, appartient à la même racine que les termes ci-dessus. Le lion et l'éléphant en fureur sont appelés *kaṇṭhîrava*, raucisonus, et *kaṇṭhîla*, comme nom du chameau, a sans doute le même sens. Ainsi *kathva* et κάνθος se rapportent tous deux au braire de l'animal; mais il n'est pas certain que leur affinité soit primitive, et le mot grec peut avoir été emprunté à l'Orient à une époque postérieure à la séparation des Aryas.

Il est à croire, en résumé, que ceux-ci ont bien connu l'onagre, mais rien ne prouve qu'ils aient su le dompter de très-bonne heure, comme l'ont fait les Sémites. On conçoit dès lors, si les tribus émigrées n'ont pas emmené l'âne avec elles, que son nom ait été oublié, puisque l'onagre était étranger à l'Europe.

§ 89. — LE MOUTON.

Le caractère doux et timide du mouton, ainsi que sa double importance pour l'alimentation et le vêtement, ont dû de très-bonne heure provoquer sa domestication. Aussi son type primitif a-t-il presque entièrement disparu sous la variété des races, et l'on ignore quelle a été sa patrie primitive. Il est même assez probable, vu les différences prononcées de ces races (on en compte au moins six bien distinctes), qu'elles ne proviennent pas d'un type unique. A côté de l'argali et du mouflon, dont l'identité avec

[1] *Griech. W. Lex.*, II, 225.

notre mouton domestique est encore contestée, il existe en Asie et en Afrique plusieurs espèces sauvages qui peuvent être la souche d'autant de races diverses [1]. Certainement le mouflon, qui ne se trouve qu'en Sardaigne et dans le nord de l'Afrique, ne saurait être l'ancêtre des moutons asiatiques; et l'*argalî*, dont le nom est persan, et qui habite les montagnes de la Perse, aurait plus de droits à être considéré comme tel [2]. Quoi qu'il en soit de ces questions, qui sont du ressort des naturalistes, les Aryas ont possédé le mouton dès les temps les plus reculés, comme le prouvent les rapprochements qui suivent.

1). Le nom arien par excellence est le sanscrit *avi*, m. et f., *avika* m. — *kâ* f., *avilâ* f. — Sa racine est sans doute *av*, mais comme elle n'a pas moins d'une vingtaine de significations différentes, on se trouve embarrassé pour le choix à faire. En se bornant à l'acception confirmée par les textes, se complaire à quelque chose, désirer, aimer, protéger, secourir, on arrive à une explication très-plausible pour le nom de l'animal faible, doux et précieux qui, plus que tout autre, doit être entouré de soin et de protection.

Ce nom ne s'est pas retrouvé jusqu'à présent dans le zend, et il est singulier qu'il paraisse faire défaut à toute la branche iranienne, tandis qu'il s'est maintenu partout dans les langues européennes sous les formes qui suivent.

Grec ὄϊς (pour ὀϝις) m. f., latin *ovis* f.

Goth. *avis* ou *aus?* conservé seulement dans *avethi*, troupeau de moutons, et *avistr*, bergerie; ang.-sax. *eaw*, *eowa* f. scand. *â* (par contraction), anc. all. *awi*, *ôw* au f.

Irland. *oi*, *aoi* f. — La forme *oisg*, contraction de *oithisg*, en erse *òthaisg*, paraît composée de *oi* et de *taisg*, trésor, réserve, etc.

[1] Link. *Urwelt*, I, 361 et suiv.

[2] Le mouton sauvage s'appelle aussi *ghuj* en persan. Une espèce, peut-être différente, porte le nom de *godaur* chez les Siahpôsh de l'Hindoukouch. (Vigne. *Cabool*. vocab.

Anc. slave *ovĭnŭ* m. *ovitsa* f. rus. *ovtsá* f., pol. *owca*, id., bohém. *owce* f., illyr. *ovan* m., *ovza* f.

Lithuan. *awinas* m., *awis* f., *awéle*, *avate*, agnelle. Lett. *auns* m., *aws* f.

Du slave probablement, ce nom a passé dans le finlandais *oinas*, bélier et *uuhi*, brebis, l'éniséen *obsa*, le vogoul et l'ostiak. *osh*, et le permien *ysh*, contracté de *avtsa* [1].

2). Un autre groupe arien se rattache au sansc. *urâ* f., *urana* m., *uranî* f., de la racine *vr*, *var*, tegere (cf. *ûrnu*, operire, et *ûrna*, laine). Le bélier est aussi appelé *urabhra*, porte-laine, et *urnayu*, le laineux.

Comme *urana* est pour *varana*, il faut sans doute y rapporter le persan *barrûn*, bélier et *arran*, brebis, en kourd. *barâni*. De là, on arrive tout droit au russe *baránŭ* m., polon. *baran*, bohém. *beran*, lithuan. *baronas*, id., ainsi qu'à l'irland. *bruinn*, mouton.

C'est ici, sans doute, qu'il faut placer, avec Pott, le grec ἀρὴν, ἀρνὸς (par aphérèse ῥῆν), pour ϝαρην, plutôt que de le rapporter, avec Benfey, en sansc. *vrshni*, bélier, ou bien, avec Bopp, à *nara*, mâle [2]. Festus, en effet, donne un féminin *arna*, agnelle (cf. pers. *arran*, brebis. Ces mots n'ont donc rien de commun avec ἀῤῥην (ἄρσεν), mâle=zend *arshan*, et sanscr. *vrshan*.

Au sanscrit *urâ*, brebis, répond l'ossète *ur*, *urek*, agneau; et comme *urâ* est pour *varâ*, il faut y rattacher aussi le pehlwi *varéh* (Anquetil), le pers. *barah*, kourde *barek*, agneau, ossète *warikh*, id., et l'albanais *berr*, mouton. Ici encore le pashaï du Caboul, *bara-tà*, bélier, *barà-tik*, brebis, c'est-à-dire mouton mâle, mouton femelle [3].

Le sanscrit *varkara-arî*, agneau (aussi chèvre), puis jeune animal en général, est peut-être un composé analogue à *urabhra*,

[1] Chez les Lesghis du Caucase, on trouve *eu*, mouton, forme qui rappelle l'irland. *oi*, et l'anc. all. *au*, de *avi*.

[2] Pott, *Et. Forsc.*, II, 407. Benfey, *Gr. W. Lex.*, I, 330. Bopp, *Verg. gram.*, p. 290.

[3] Ce nom arien paraît se retrouver dans l'arabe *baraq*, bélier, agneau, le javanais *bérok*, mouton, le malai *babiri*, *biri-biri*, id.; et l'andi du Caucase *bura*, agneau.

porte-laine, si toutefois *var*, considéré comme un substantif identique à sa racine (cf. *vâr*, eau, de *var*, tegere) a eu le sens de laine. *Var-kara* signifierait alors qui fait ou produit la laine, et ceci pourrait conduire à expliquer le latin *vervex-vēcis*, dont le second composant serait le sansc. *vêça*, vêtement, et qui désignerait ainsi l'animal revêtu de laine [1].

3). Un terme sanscrit assez énigmatique, et qui donne lieu à quelques rapprochements curieux, est *êḍa*, *êḍaka*, *âiḍaka*, *êlaka*, espèce de mouton, et chèvre sauvage, dans ce dernier sens aussi *iḍikka*. Ces noms paraissent se lier au védique *iḍ*, *iḍâ*, *ilâ*, *ilṛâ*, libation fortifiante, surtout de lait, offerte aux dieux, et en général, vivification, force vitale, nourriture qui restaure. De là *âiḍa*, fortifiant, vivifiant, *iḍavant*, id., et fortifié, restauré par la libation. Comme la vache nourricière est aussi appélée *iḍâ*, ce nom peut avoir passé au mouton et à la chèvre qui donnent leur lait aussi bien que la vache. Il n'y aurait là rien de surprenant. Mais ce qui l'est à un haut degré, c'est de retrouver tout ce groupe de mots, avec ses significations diverses, dans les langues celtiques, sans qu'aucun intermédiaire relie entre eux les anneaux extrêmes de la grande chaîne.

En irlandais, en effet, *aodh* est un nom du mouton, et, comme la diphthongue *ao* est moderne et remplace constamment un *ae* plus ancien, la forme primitive a dû être *aedh*, exactement le sanscrit *êḍa*. De plus *aidheach* ou *aoidheach* (cf. *êḍaka*) désigne la vache laitière, comme le sansc. *iḍâ*, et répond mieux encore au vriddhi *âiḍa*. En cymrique, nous trouvons *eidion*, bête bovine, jeune taureau, lequel dérive de *aid*, vie, principe vital, d'où *eidiaw*, vivifier, *eidiawg*, *eidiawl*, vigoureux, animé, *eidiogi*, remplir de vigueur, ce qui s'accorde de tout point avec le sens primitif du sansc. *iḍâ*, *aiḍâ* [2]. Mais il y a plus encore. Le sanscrit *iḍâ*, *iḍikâ*, et ses modifications phoniques *ilâ*, *ilikâ*, *irâ*, désignent aussi la

[1] Le sansc. *varkara* devient en pali *vakkara*, en marat. *bakara*, en bengal. *bokrâ*, en hind. *bakrâ*, *bakrî*. Ces dernières formes, par un singulier hasard, sont identiques avec le scand. *bekri*, bélier, qui doit avoir une tout autre origine.

[2] Le basque *idia*, bœuf, est probablement un mot celtibère.

terre nourricière, et la dernière de ces formes se retrouve intacte dans l'irlandais *ire*, terre. Il est bien difficile d'admettre que des concordances aussi multipliées soient un effet du hasard, et nous avons ici un exemple de ces coïncidences directes et exclusives entre le sanscrit et le celtique qui nous reportent aux origines ariennes les plus reculées.

Il est plus douteux qu'il existe une connexion réelle entre *êḍaka*, *êlaka*, et l'ancien allem. *elaho*, ang.-sax. *elch*, scand. *elgr*, qui désignent l'élan, l'*alces* des anciens. Mais que dirons-nous du finlandais *itikka*, moutons, chèvres, menu bétail en général, qui reproduit identiquement le sanscrit *iḍikka*, chèvre? Si cette coïncidence est purement fortuite, il faut avouer que le hasard joue de singuliers tours aux linguistes.

4). Je ne sais si l'on peut rattacher au précédent tout un groupe des noms du mouton et de la chèvre, qui déborde au loin les limites de la famille arienne, et qui, outre la suppression de la voyelle initiale, présente des variations pour la dentale. Si l'hindoustani *takka*, bélier, se lie au sansc. *êḍaka*, il faut y rapporter aussi le persan *takal*, mouton, et *takah*, bouc, ainsi que l'arménien *dig*, id., plus rapproché de *idikka*, chèvre. Ceci nous conduit aux langues européennes, par le lithuan. *tékis*, bélier, tandis que le *d* primitif reparaît dans l'ang.-saxon *ticcen*, anc. allem. *ziki*, *zikin*, hædus, *ziga*, capra, et le suédois *tacka*, brebis. Enfin, le grec ἀττηγος, bouc, suivant Arnobe du phrygien *atagus*, offre de nouveau une voyelle initiale.

Si maintenant nous sortons de la famille arienne, nous retrouvons des noms analogues répandus d'abord dans tout le Caucase, géorgien *thiki*, *tchi*, bouc, *tcha*, chèvre, abase, *tig*, bélier, awar. *tuchi*, andi *tuka*, dido et ounso *zeki*, bouc, quasi-qoumouk *tki*, agneau, et *zuku*, chèvre. Dans les langues finnoises, outre le finlandais *itikka*, mouton et chèvre déjà cité plus haut, on remarque le wottiak. *taka*, tchérémis *taga*, mouton. En turc, *tekié* est le bouc, mais à Kasan *täkä*, ainsi que le kirgis *töke*, et le bachkir *takka* s'appliquent au mouton. Enfin, le mandchou *tocho*, toungous. *toki*, semblent avoir passé à l'élan (cf. plus haut l'anc. allem.

elaho, peut-être =*élaka*), et le samojède kamache *tägo* désigne le renne. Dans une autre direction, les langues sémitiques offrent aussi leur contingent d'analogies apparentes ou réelles. Dans l'arabe *daykas*, mouton, au singul. *dakîkat*, et le chaldéen *dekar*, bélier, qui toutefois n'est que l'hébreu *zâkâr*, arab. *dakar*, mâle en général.

On ne saurait affirmer, à coup sûr, que tous ces mots proviennent d'une origine unique, et que cette origine soit arienne; mais un accord si général témoigne au moins de communications très-anciennes entre les peuples de l'Asie pour la propagation du mouton et de la chèvre. Le groupe étendu que nous venons de passer en revue n'a peut-être aucun rapport étymologique avec celui du numéro précédent. Si les noms du Caucase et du nord de l'Asie se rattachaient au persan *takah* et à ses analogues européens, on pourrait penser à la racine de mouvement *tak*, *tik*, en sanscrit ire, se movere, laquelle se retrouve dans le persan *takîdan*, courir çà et là, *tak*, rapide, *tik*, cheval, le grec τήκω, couler, le lithuan. *tekëti* (*teku*), courir, couler, l'anc. slav. *teshći* (*tekã*), id., etc. Mais ce n'est là, comme de raison, qu'une conjecture très-hypothétique.

5). Le sansc. *mêsha*, m., *mêshâ*, *mêshî*, f., est répandu dans tout l'orient arien; hind. et bengal. *mêsh*, m., zend *maêsha*, m., *maêshi*, f., pers. *mêsh*, m. f., kourd. *mishin*, id., afghan *mikh*, etc. La racine est sans doute le sansc. *mish*, effundere, irrigare, et *mêsha* est, comme *vṛshṇi*, le bélier fécondateur. C'est donc improprement que le nom prend aussi la forme du féminin. — Je ne trouve à comparer en Europe que l'irlandais *maoiseach*, qui a passé à la biche, comme *miscach* au chevreau, et le cymrique *myhar*, *myharen*, bélier (*h*=*s*), qui serait en sanscrit *mêshara* [1].

6). Nous avons vu le bélier et le taureau recevoir les mêmes noms, *vṛshṇi* et *vṛshan*, *stero* et *stiur* (§ 86). La même transition

[1] Compar. toutefois le sansc. *mêḍhra*, bélier, synonyme de *mêsha*, de la rac. *mih*, effundere, *mingere*, ὀμίχω, etc.

se présente pour le sansc. *stabha*, bélier, bouc, *stubha*, bouc, de la rac. *stabh*, *stambh*, *stubh*, *stumbh*, stabilire, inhibere ; *stambh* aussi inniti, aggredi, offendere, l'animal ferme à la lutte [1]. Ce nom est devenu en lithuanien celui de l'Urus, *stumbras*, auquel il convient également bien. C'est là le ζοῦμπρος des historiens bysantins, devenu *zúbrŭ* en russe, et *źubr* en polonais. Il se retrouve aussi dans le scandinave *stûfr*, bœuf, bos jugalis.

7). Le persan *tîmah* désigne les brebis que l'on engraisse au logis. De là sans doute l'arabe *tîmat*, espèce précieuse que l'on trait à l'étable, car la coïncidence de l'irlandais *tím*, brebis, indique une origine arienne. En persan *tîm*, *tîmar*, signifie infirmité, affliction, *tîmaw*, stupidité, *timuk*, morose, et, en irlandais *tim*, crainte, et faible, docile. Ces divers termes se rattachent sûrement à la même racine que le latin *timeo*, savoir en sanscrit *tim*, *tîm*, *stim*, *stîm*, immotum esse, car la crainte frappe d'immobilité. La brebis est ici l'animal timide, et l'étymologie confirme la réalité d'un rapport entre les mots persan et irlandais.

8). Un autre nom du mouton, conservé par l'irlandais, est remarquable au double point de vue de son origine arienne et des affinités qu'il semble trouver en dehors de la famille. C'est *caera*, *caor*, *caora*, *caoradh*, *caoire*, *cire*, brebis, en erse *caora*, *ciora*, *cireag*, id. [2]. Le sens primitif est celui de pecus, car *caorachd* signifie bétail en général, et *caoraigheachd*, la fonction d'un gardeur de bestiaux. Or, dans le Rigvêda, on trouve *ćarâtha* avec l'acception de pecus [3], et le zend *ćaraiti* désigne, suivant Spiegel, tout animal qui pâture [4]. La racine commune est *ćar*, errare, ambulare, pabulari, pasci, d'où *ćari*, animal, et *ćara*, *ćâra*, pâturage, dans *gôćara*, *praćâra*, etc. ; en persan *ćarîdan*, paître, *ćarâ*,

[1] Le sanscrit exprime fort bien la vaillance du bélier par le nom de *prayutsu*, désireux de combattre. Je crois aussi que le goth. *vithrus*, ἀμνος, et sans doute aries, d'après l'ang.-sax. *wedher*, scand. *vedr*, anc. allem. *widar*, etc., se lie à *vithra*, contra, adversus, et signifie adversarius.

[2] Zeuss. Gram. Celt. 275, 765, 777, donne les formes anciennes *cáir*, *cáirach*, ovis, *cáirchuid*, ovinus.

[3] *Rig. V.* de Rosen, p. 130.

[4] Avesta, p. 84.

ćaraś, *ćaram*, *ćarâgh*, etc., pâturage. Je laisse de côté les analogies lith.-slaves et germaniques que nous retrouverons ailleurs, pour m'attacher exclusivement au nom du mouton.

D'après Hesychius, les Ioniens l'appelaient κάρ, au plur. τα κάρα, et κάρος ou κάρνος signifiait chez eux un pâturage. Il est difficile, d'après ce double sens, de ne pas considérer ces mots comme ariens [1]. Mais voici que, en hébreu, nous trouvons *kar*, agneau, et pâturage, que l'on rapporte au radical *kârar*, in orbem ivit, cucurrit, saltavit (cf. arab. *karra*, redivit), significations très-rapprochées du sansc. *ćar*. Il semble donc que nous avons ici une des coïncidences ario-sémitiques qui nous reportent au delà de la séparation des deux familles de langues.

Ce nom du mouton reparaît aussi dans les idiomes finnois, en finland. *karo*, bélier, *kari*, *karitsa*, agneau, en wogoule de Tchiousow *karash*, mouton, en ostiake du Narym *koren*, id. Le sens primitif plus général se montre également dans le finland. *karja*, troupeau qui pâture, d'où *karjainen*, pasteur, et *karjala*, la Carélie, pays de troupeaux et de pâturage [2]. Chez les Tcharis (Lesghis) du Caucase, on trouve *keer*, agneau, et le mingrélien *ćchuri*, mouton, offre aussi quelque analogie.

9). Au latin *agnus* répond l'anc. slav. *agnĭtsĭ*, *iagnĭtsĭ*, russe *agnetzŭ*, polon. *iagnię*, illyr. *jaghnaz*, etc.; et de plus l'irland. *uaghan*, par contraction *uan*, comme le cymr. *oen*, corn. et armor. *oan*. Le grec ἀμνός est encore incertain [3]. Cette triple coïncidence indique une origine arienne, qu'il faut tenter de découvrir.

En sanscrit, on trouve *aghnya-nyâ* (d'après Wilson aussi *aghnâ*, f.) parmi les noms du taureau et de la vache; et ce mot signifie : *que l'on ne doit pas tuer*, inviolable. C'est le sens positif que donne Wilson à l'adjectif *aghna*, de *a* privatif et de *han*, tuer, frapper, détruire, violer. J'ignore pourquoi ce terme est

[1] Si κριὸς, bélier, que l'on a rattaché à κέρας, corne, était contracté de κεριος ou καριος, il faudrait le rapporter à ce groupe. Cf. aussi l'arménien *karn*, agneau.

[2] Le nom des *Cariens* de l'Asie Mineure signifiait probablement pasteurs.

[3] Cf. Pott. *Et. Forsch.*, II, 586, Benfey. *Gr. W. Lex.*, I, 116.

omis dans le grand dictionnaire de Pétersbourg, où le vêdique *aghnya* se trouve seul mentionné. L'interprétation ci-dessus est aussi celle des commentateurs indiens, et le sens de *difficile à dompter*, que proposent les auteurs du dictionnaire, semble trop s'écarter de la signification précise de *han*. Le nom n'impliquait pas sans doute dans l'origine une défense absolue et d'un caractère religieux, et n'exprimait qu'une règle de saine économie pastorale. Le taureau générateur, et la vache nourricière devaient être ménagés et conservés. Il est à remarquer que le veau est appelé de même *avêdya*, qu'il ne faut pas blesser ou tourmenter (*not to be pained or hurt*. Wilson)[1]. Rien de plus naturel que d'appliquer ce précepte à l'agneau, qu'il ne faut pas tuer prématurément, mais conserver pour le profit futur. De là très-probablement le nom de *agnus*, pol. *agniẽ*, etc., sansc. *aghna*, *aghnya*, non-cædendus.

10). Je dois laisser de côté beaucoup d'autres termes qui désignent le bélier, le mouton châtré, la brebis et l'agneau, dans les diverses langues ariennes, les uns clairement significatifs, mais plus modernes, les autres anciens sans doute, mais d'origine obscure. L'examen des noms de la laine achèverait de montrer, s'il en était besoin, que le mouton constituait un élément essentiel de l'économie des Arias primitifs ; mais il vaut mieux renvoyer cette étude au chapitre qui concernera les vêtements et l'art du tissage.

Aux exemples d'analogies extra-ariennes, dont nous avons vu plusieurs cas, j'en ajouterai ici deux autres qui n'ont sûrement pas plus de réalité que celle du scand. *bekri* avec l'hindoustani *bakrî* (v., n° 2), mais qui ne sont pas moins surprenantes comme jeux de hasard. L'arabe *hamal* désigne l'agneau parvenu à sa pleine croissance, et l'*Aries* du zodiaque. Il signifie proprement une portée, de *hamala*, il a porté, d'où *haml*, *himl*, produit utérin. L'allemand *hammel* y ressemble à coup sûr beaucoup, et cependant il n'a aucun rapport, car il vient de l'anc. allem. *hamal*,

[1] Sans doute pour *abêdya*, de *bid*, findere, rumpere, violare.

mutilus, et s'applique au mouton châtré. Je ne connais pas l'origine de l'éthiopien *baggeh*, mouton, mais, à coup sûr, il n'a rien de commun avec le suédois *bagge*, bélier, et *bagga*, brebis, qui vient aussi je ne sais d'où. Une coïncidence mieux explicable, parce qu'elle repose probablement sur une onomatopée, est celle du sanscrit *bhêḍa*, bélier, *bhêḍî*, brebis, avec le danois *beede*, mouton.

§ 90 — LA CHÈVRE.

Les variétés de race de la chèvre domestique ne sont pas moins grandes que celles du mouton, et proviennent sans doute aussi de plusieurs espèces distinctes. Les anciens parlent de chèvres sauvages en Italie et en Espagne [1]. Il en existe également en Afrique et dans l'Asie centrale. La Perse, en particulier, possède encore le *Pasang*, et une autre espèce que Gmelin regarde comme la souche de notre chèvre. Les noms de *pâzan*, *rang*, *rink*, *barrûn*, *nahćîr*, désignent sans doute plus d'une espèce. Il faut ajouter le *mâr-chur*, ou mangeur de serpents, que Vigne a observé dans les montagnes au nord du Caboul et qui se trouve aussi dans le petit Thibet. Vigne le place entre l'ibex et le bouc ordinaire, auquel il ressemble plus qu'à aucun autre animal [2]. En sanscrit *iḍikka* et *atirômaça*, très-poilu, sont aussi des noms de chèvres sauvages.

Bien que l'importance économique de cet animal soit moindre que celle du mouton, il paraît avoir été utilisé d'aussi bonne heure, et simultanément, chez des peuples divers. Les noms des deux espèces se confondent souvent, et ceux de la chèvre n'offrent pas des affinités moins étendues, bien qu'elles ne soient pas aussi multipliées.

1). Le plus usité en sanscrit est *aǵa*, m. *aǵâ* f., l'animal agile,

[1] Varron. III, 4. = Strab., p. 163, éd. Casaub.
[2] *Visit to Ghuzni*, etc., p. 86 et 408.

de la racine de mouvement *ag̍*, ire ἄγω, *ago*, etc. En zend sans doute *aza*, à en juger par le pehlwi *azê* (Anquetil) et le persan *azarick ;* en arménien *aidz*.

En Europe, on le retrouve dans le grec αἴξ, αἰγος, dont l'*i*, comme celui de l'arménien, s'explique peut-être par la forme *îg̍*, *êg̍*, se movere, tremere, que le sanscrit présente à côté de *ag̍*. On le reconnaît de plus dans le lithuanien *ożys*, lett. *ahsis*, bouc, et *oszká*, chèvre et biche; ainsi que dans l'irland.-erse *agh*, *aighe*, biche et *oigh*, cerf.

Gesenius (*Dict. heb.*, p. 749) compare avec *ag̍a* l'hébreu *'ez* capra, syr. *'ézô*, arab. *'anz*, phénic. ἄζα suivant Steph. Byz [1]. Il est certain que le phénicien, surtout, ressemble singulièrement à l'*aza* des langues iraniennes, et le *'aïn* initial pourrait être inorganique. Il est impossible toutefois de concilier de part et d'autre les étymologies, si *'ez* vient réellement du radical *'âzaz*, valuit, robustus fuit. C'est la difficulté que présentent presque toujours les analogies que l'on peut signaler entre les mots ariens et sémitiques.

2). Notre mot *bouc* se rattache à tout un groupe très-remarquable par sa haute ancienneté et son immense extension. Bien qu'il paraisse d'origine arienne, il s'est répandu fort au loin dans l'Asie du nord, avec des transitions à d'autres espèces animales, comme pour les noms du mouton examinés au § précédent, n° 3.

En sanscrit, d'abord, on trouve *bukka*, dont la racine est *bukk*, gannire, rudere, latrare, tum de bestiis, tum de hominibus. De là *bukkana*, aboiement, et *bukkâra*, rugissement du lion. Cette racine est évidemment une onomatopée, et se retrouve dans la plupart des langues ariennes avec des acceptions analogues. Ainsi le grec βύσσω, sonner d'un instrument, d'où βυκάνη, trompette, βύκτης, bruit du vent, le latin *bucca*, bouche (en sansc. *bukk* signifie aussi loqui) *buccina*, cor des bergers, l'irland. *béicim*, crier, rugir, beugler, erse *beuc*, mugissement du vent, des flots, etc., le cymr. *buchiaw*, beugler, l'anc. slav. *boućati*,

[1] Il rapproche aussi le goth. *gaitsa*, et même l'allem. *gemse!* qui n'ont certainement aucun rapport.

mugir, russe *bučátĭ*, bourdonner [1], pol. *bākać*, illyr. *bucjati*, bruire sourdement, *buciti*, bruire avec sonorité, *bukka*, bruit, le lithuan. *bukczóti*, balbutier, etc., etc.

Au sanscrit *bukka*, se rattachent directement l'hindoust. *bok*, le bengal *bôk*, et le maratte *bôkaḍa*.

Le zend *bûza* offre une forme un peu différente, qui s'explique par le caractère imitatif du mot, et à laquelle se lient le persan *bûz*, *buz*, *buġ*, bouc et chèvre, *buzîčah*, chevreau, le belout. *buz*, id. et l'afghan *bza*, chèvre.

En Europe, ce nom du bouc ne s'est maintenu que dans les langues germaniques et celtiques; l'anc. allem. *pocch*, ang.-sax. *bucca*, scand. *buckr*, etc.; l'irland. *boc*, *bocan* (d'où *bocaim*, sauter comme l'animal), cymr. *bwch*, corn. *bocca*, *boc*, armor. *buch*, *boch*. Il a passé au chien qui aboie dans l'ang.-sax. *bicca* f., angl. *bitch*, mais *byckia*, en scandinave, biche. Les Slaves, par contre, l'ont appliqué au taureau mugissant, anc. slave et russe *bykŭ*, polon. *byk*, bohém. *beyk*, illyr. *bak*, etc., d'où le hongrois *bika*.

Le sens de bouc reparaît en dehors de la famille arienne, dans le finland. *pukki*, le carélien *bokko*, le hongrois *bak*, dans le souani (du Caucase) *piku*, le tchetchensi *bok*, le touchi *bohé*. L'abase *buac*, désigne le cerf. Au fond de l'Asie, les Mandchous appellent le cerf *buchû*, le bélier *buka*, le mouton sauvage *bukun* et le taureau *bucha*. En mongol, *buchu*, *bugu* est le nom du renne, *bükük* de la gazelle, *böge*, du taureau, et plusieurs dialectes turcs offrent pour le bœuf, les formes *buka*, *buga* et *boga*.

L'extension de ce nom sur une grande partie de l'ancien continent est certainement un fait remarquable, mais, comme on y reconnaît une onomatopée, on ne saurait en inférer une origine exclusivement arienne.

3). Le persan *čapish*, *čapush*, chevreau, se lie à la même racine que *čapûk*, *čabûk*, agile, rapide, et par conséquent, que le sanscrit *čapala*, ainsi que les noms du cheval qui s'y rattachent

[1] De là l'anc. slave *bčela*, abeille (Miklosich *rad. slov.* v. cit.).

(§ 87, 2). Cf. pers, *ćafâlah*, vol d'oiseaux, et *ćapak*, faucon. Cette racine *ćap*, *ćamp*, *kap*, *kamp*, ire, se movere, tremere, se retrouve aussi dans le persan *ćumbîdan*, sauter, bondir, fuir. L'analogie de forme et de sens du latin *caper*, *capra*, se présente d'elle-même avec évidence (Cf. sansc. *kampra*, agile); et l'accord de l'ang.-saxon *haefer*, scand. *hafr*, bouc, irland. *cabhar*, *gabhar*, *gobhar*, cymr. *gafr*, corn. *gavar*, armor. *gavr*, *gaour*[1], chèvre, prouve que nous avons là un ancien nom arien. Il faut peut-être ajouter le bohémien *chyba*, bouc (cf. polon. *chybki*, rapide, agile) et l'albanais *skàp* ou *skjap*, id. (*sk*=*ć*).

L'existence d'un nom sanscrit de la chèvre dérivé de la même racine est rendue très-probable par le malai *kambing*, madoura *hambih*, etc.; car plusieurs noms d'animaux domestiques ont passé de l'Inde dans l'Archipel.

Je n'ai aucun doute que le grec κάπρος, le sanglier bondissant, n'ait le même sens étymologique que *caper*, mais je reviendrai ailleurs à cette question. Je ne veux que signaler encore ici une analogie sémitique remarquable. En hébreu *'apher*, *'opher*, *'âphrah*, désignent le chevreau et le faon; en arabe *ghafr*, *ghifr*, *ghufr*, id. On fait dériver ces mots de *'âphar*, arab. *'afira*, subalbus, subrubicundus fuit, et de *ghafara*, villosus fuit[2]; mais on peut bien se demander, comme dans d'autres cas, si ce ne seraient point là des dénominatifs. La même question se représentera pour le nom du cochon.

4). Je réunis ici quelques termes dont les analogies sont plus isolées.

a) Sansc. *sangâ*, chèvre, de la rac. *sang*, *sagg*, ire, se movere. Ossèt. *sagh*, chèvre, *sag*, cerf. *saguth*, jeune cerf; russe *saĭga*, chamois, irland. *seaghach*, bouc. — Dans le Caucase, on trouve, pour le cerf, le touchi *sage*, et le circassien *shah*.

b). Sansc. *ćhâga*, *ćhaga*, *ćhagala* m. *ćhagâ*,-*gî*,-*gikâ* f. bengal. *ćhâg*, id., etc. Orig. incert. Pers. *shâk*, bouc, peut-être ici, plu-

[1] Le finlandais *kauris*, bouc, résulte peut-être d'une contraction semblable.

[2] Gesenius. *Dict. hebr.*, p. 785.

tôt qu'au précédent. — Irland. *cigh*, biche, et peut-être *cadhla*, bouc, pour *caghla=ćhagala*, le *dh* et le *gh* se remplaçant souvent.

c). Sansc. *manǵâ*, chèvre, peut-être de *manǵ*, purificare. Cf. *manǵu*, *manǵula*, beau, élégant, *manǵiman*, beauté, élégance. — Irland. *mang*, faon, *mangach*, semblable à un faon.

d). Sansc. *mênâda*, bouc, et aussi chat, paon, c'est-à-dire *mê-nâda*, dont le cri est *mê*[1]. — Je compare avec doute l'irland. *meann*, pour *meand*, plus anciennement *mind*, chevreau (Zeuss. *Gr. Celt.*, p. 934). Le cornique *menn* conserve encore l'*n* assimilé, qui disparaît dans le cymr. *myn*, armor. *min*. La contraction est un peu forte, et le sanscrit *mêṇḍha*, bélier=*mêḍhra*, de *mih*, effundere (semen) se rapprocherait plus du celtique, mais le sens étymologique convient moins au chevreau. L'égyptien μένδης, bouc, n'a bien probablement qu'une ressemblance fortuite.

§ 91. — LE COCHON.

Suivant Link, notre cochon domestique ne descendrait pas du sanglier de nos forêts, qui en diffère considérablement, mais plutôt d'une espèce asiatique qui se trouve en Perse. Le cochon de Siam, répandu en Chine, semble encore distinct[2]. Si cette observation est fondée, on peut en conclure que les Aryas ont dû apporter l'animal avec eux en Europe, et ce fait se confirme par la comparaison de ses noms les plus anciens.

1). Le plus important est le sansc. *sûkara* ou *çûkara* m., -*arî* f., que les étymologistes indiens expliquent de deux manières, en partant de la forme avec *ç*, savoir par *çûka-ra*, qui donne des

[1] Cf. le phrygien μᾶ, mouton, d'après Hesychius. Le grec μηκάς, μήκη, chèvre, est une onomatopée du même genre.

[2] Link *Urwelt*, 1, 387.

soies, ou par *çû-kara*, qui fait *çû*, son imitatif du grognement. Les linguistes européens partent au contraire de la forme *sû*, en se fondant sur l'analogie constante des noms orientaux, et voient dans *sû-kara*, l'animal qui fait des petits (en grand nombre) ce que signifient aussi les synonymes *bahusû*, truie, *bahvapatya bahupraǵa*, cochon, celui dont la progéniture est nombreuse. On peut objecter à cela que *sû-kara*, n'impliquerait aucunement la notion de multitude, et pourrait désigner un animal quelconque, et, de plus, que *sû*, parturition, portée, resté seul dans tous les noms européens, n'aurait plus aucun sens appliqué au cochon. Je crois donc qu'il faut voir, avec les Indiens, dans *çû*, *sû*, une onomatopée, d'autant mieux que plusieurs noms d'animaux sont formés de la même manière, comme *hiñkâra*, tigre (qui fait *hiñ*), (cf. *huñkâra*, rugissement), *krakara*, espèce de perdrix, et scie (qui fait *kra*), *ćikura*, rat musqué, espèce d'oiseau, serpent (qui fait *ći*).

Le composé complet ne se retrouve que dans les dialectes néo-sanscrits, hind. *sûkar*, *suâr*, beng. *çuyâr*, *çûar*, etc., et dans le persan *sukar*, *sughr*, etc., où il désigne le hérisson qui s'appelle souvent comme le cochon. Toutes les langues ariennes ne présentent d'ailleurs que l'onomatopée *sû* ou *çû*, avec ou sans suffixe, et en faisant alterner la sibilante et les gutturales.

Ainsi le pers. *chûk*, boukh. id., belout. *hîkh*, ossèt. *chug*, armén. *choz*.

Le grec σῦς, ὗς, lat. *sus ;* alban. θυ, θί.

L'anc. allem. *sû* f., ang.-sax. *sûg*, scand. *sy-r ;* allem. *sau*, angl. *sow*, suéd. *so*, dan. *soe*.

L'irland. *suig*, petit cochon ; cymr. *hwch* f. *hychan*, *hychig*, (dimin). corn. *hoch*, armor. *houch ;* d'où l'anglais *hog*. Cf. le roumantsch des Grisons, *hutscha*, truie, et *tschuch*, cochon.

Le letton *ćûka*, cochon, *ćuk ! ćuk !* cri d'appel.

Le russe *ćushka*, petit cochon, et *ćuchŭ ! ćuchŭ !* cri d'appel. Il est douteux que le goth. *svein*, ang.-sax. *swine*, scand. *svîn*, anc. all, *suîn*, auquel répond l'anc. slav. *sviniia*, rus. *svinĭa*, polon. *swinia*, etc., et l'armor. *souin*, dérivent de *sû* par un suffixe [1]. Si l'on compare l'ang.-saxon *swinsian*, anc. slav. *zvĭnieti*, sonare=scr. *svan*, on pourrait chercher dans *svein*, etc., l'animal qui grogne.

Ce nom du cochon paraît avoir passé dans les langues finno-tartares, où l'on trouve le finland. *sika*, l'esthon. *sigga* (génit. *seo*), le tchérémis. *süsna*, le bachkir. *suska*, le téléout. *shoshka*, le kirgis. *ćućka*, le tchouvache *sysna*, et le samoïède de Tomsk *soia* [2].

2). Le sansc. *varâha* ne s'applique qu'au sanglier et au verrat, et son étymologie n'est pas claire. Celle qu'indique Wilson, d'après les Indiens, *vara*, excellent, et *â-han*, frapper, tuer, n'est guère acceptable, et je ne sache pas qu'on n'en ait proposé une meilleure. Je crois qu'il faut diviser le mot en *va-râha*, et y voir un composé analogue à *va-nara*, singe, littér. comme un homme, semblable à un homme. La rac. *rah* signifie *deserere*, *relinquere*, et de là vient *raha*, solitude. Or, on sait que le français *sanglier*, languedoc. *sengler*, dérive de *singularis*, et que, en termes de chasseur, on dit un *solitaire* pour un sanglier. Le grec μόνιος, qui a le même sens, s'applique comme épithète au sanglier et au loup. Ces analogies, qui se fondent sur une habitude caractéristique de l'animal, appuient l'interprétation proposée.

Ce nom se retrouve dans tout l'Orient arien; en pali *varâha*, hind. *varhela*, beng. *borâh* [3]; en zend *varâza*, pers. *wurâz*, *wurâġ*, kourd. *barâz*, armén. *varaz*, etc.

En Europe, les langues germaniques seules l'ont conservé, car le latin *verres* a une autre origine (cf. § 86, 3). Mais, en germanique même, il faut le distinguer de deux autres noms qui se confondent aisément avec lui. Je rapporte à *varâha* l'ang.-sax. *bearug*, *bearg*, anc. all. *barch*, *parh*, all. mod. *borch*, maialis; mais j'en sépare l'ang.-sax. *bâr*, angl. *boar*, anc. all. *bêr*, sanglier,

[1] Cf. Diefenbach. *Goth. W. B.*, II, 359.

[2] L'anc. égyptien *saau*, truie, cophte *èshô*, ressemble singulièrement à l'allemand *sau*, id. (Bunsen, *Æg.* I, vocab.).

[3] Cf. le sirang *boira*, à Célèbes.

ainsi que l'angl.-sax, *for*, *foor*, anc. all. *farah*, *varah*, *farh*, porc.

Les formes *bâr*, *bêr*, appartiennent très-probablement à la même racine que le nom de l'ours, *bera*, *bero*, etc., à l'article duquel je renvoie pour le moment (§ 110, 2).

Quant à l'anc. all. *farh*, *farah*, Grimm y a reconnu depuis longtemps le corrélatif de *porcus*, auquel il répond régulièrement[1], et *porcus* ne saurait être ramené à *vârâha*. C'est là, sans doute, un mot arien, car il se retrouve dans l'irland. *porc*[2], le cymr. *porch*, le lithuan. *parszas*, le russe *porosŭ*, l'illyr. *prasaz*, le bohém. *prase*, etc. Du slave, il a passé au loin dans les langues finnoises et samoïèdes, esthon. *porsas*, perm. *pors*, wotiak. *pars*, samojè de Poustosersk *paras*, id. d'Obdorsk *porys*, etc. Klaproth (*Asia Polyg.*, 200), donne aussi *purs*, comme kourde, mais ce mot ne se trouve pas dans le vocabulaire de Garzoni. S'il est bien réel, il rattacherait ce nom à l'Orient. Quant à l'étymologie primitive, elle reste fort incertaine, en l'absence d'un nom sanscrit correspondant. L'analogie de *kira*, *kiri*, cochon, de la rac. *kṝ*, spargere, l'animal qui disperse la terre en la fouillant, ainsi que les noms de *dâraka*, et de *bhûdâra*, qui déchire le sol, de *dṝ*, dirumpere[3], pourraient conduire, pour *porcus*, à la rac. sansc. *pṛć*, qui signifie également *spargere*.

3). Le sanscrit *kôla*, sanglier, vient sans doute de la rac. *kul*, accumulare, d'où *kûla*, monceau, colline, et se rapporte aux formes massives et ramassées de l'animal. Par une transition dont nous avons déjà vu un exemple au n° 1, le persan *kôlah* désigne le hérisson. Comme nom du cochon, il se retrouve dans le lithuan. *kuilys* m., *kiaule* f., ainsi que dans l'irland.-erse *cullach*, *collach*, sanglier, *coilleach*, cochon, *coillmhim*, petit cochon. Le rapport avec le sanscrit est d'autant plus sûr que *collach*, ers. *cullach*, signifie corpulent, gros, obèse, et se lie à *colann*, corps,

[1] *Deut. Gramm.*, III, 329.

[2] L'irlandais offre, pour le cochon, la curieuse synonymie, *orc*, *morc*, *porc*, *torc* = cymr. *twrch*.

[3] Cf. alban. *derr*, cochon.

chair, *colluidhe*, charnel, auquel correspond de nouveau le sanscrit *kulya*, chair [1]. L'irland. *collach* désigne aussi une génisse grasse.

4). Un autre nom sanscrit, *ghṛshti*, *ghṛshvi*, m., de la racine *ghṛsh*, terere, fricare, plus emphatiquement encore *nighṛshva*, sanglier, désigne l'animal qui foule et brise tout devant lui. Benfey compare le grec χοῖρος, de χοῤῥος, χορσος, en supposant un thème *gharsha* [2]; mais le nom sanscrit se reconnaît avec plus de sûreté dans le scandinave *gris*, porcellus, suéd. et danois *gris*, angl. *grice*.

5). Le cochon tire plus d'une fois ses noms de son grouin. Ainsi, en sanscrit, il est appelé *ghôṇin*, de *ghôṇa*, grouin, et *mukhalângala*, c'est-à-dire auquel le museau sert de charrue. De ce composé, le mot *mukha*, bouche, face, ici grouin, paraît être resté seul, dans l'irland.-erse *muc*, cochon, cymr. *moch*, corn. *moh*, armor. *môch*, termes qui ont probablement perdu un suffixe de dérivation. Dans le dialecte allemand du Rhin, la truie s'appelle *mucke*.

6). Au persan *kâs*, verrat, armén. *chôs*, id., répond l'irland. *ceas*, *céis*, *caois*, truie, *ceisín*, *ceiseog*, petit cochon.—En irland. *ceis*, *ceisis*, signifie grognement, grondement, et comme le persan *kâs*, *kâsah*, désigne aussi un gros tambour, il faut sans doute rapporter tous ces termes à la rac. sansc. *kâs*, ingratum sonum edere, tussire, qui se retrouve, avec les noms de la toux, dans la plupart des langues ariennes (cf. scand. *hâs*, ang.-sax. *has*, anc. all. *heis*, raucus).

7). Le grec κάπρος, sanglier, κάπραινα, laie, appartient sans doute à la même racine *kap*, *kamp*, d'où l'on a vu dériver déjà des noms du cheval, du singe et de la chèvre. Le sansc. *kampa*, exprime le mouvement rapide, violent, saccadé, qui caractérise la course du sanglier, et *kampra*, rapide, vibrant, est, sauf la nasale, identique à κάπρος.

[1] A cette racine appartient peut-être l'irl. erse *cùl*, dos, ainsi que le latin *culus*, la partie charnue et proéminente.

[2] *Griech. W. Lex.*, II, 199.

Le grec κάπνος, la fumée qui s'agite, répond de même à *kampana*, tremblant, et le sansc. *kapi* désigne à la fois le singe et la fumée de l'encens. Le russe *kabanŭ*, sanglier, peut-être pour *kapanŭ*, comme *kobyla*, jument, pour *kopyla=kapala* (cf. § 87, 2) semble se lier à la même forme dérivée, à moins qu'il ne provienne du turc *kâban*, *iaban*, verrat, dont l'origine peut n'être pas arienne.

Il est difficile de séparer de κάπρος, le latin *aper*, et, par conséquent, l'anc. allem. *ebur*, *epur*, all. *eber*, ang.-sax. *eafor*, sanglier, bien que le *b*, *p*, *f*, semble exiger un *bh* primitif. Pour le retranchement du *k* initial, on a l'analogie du sanscrit *kapi*, singe, grec κῆπος, qui, importé plus tard, est devenu *api*, *apa*, *affo*, dans les langues germaniques. Comme, cependant, le *v* initial tombe plus facilement que le *k*, on peut rester en doute en présence de l'anc. slave et rus. *veprŭ*, aper, polon. *wieprz*, illyr. *vepar*, que Miklosich (*Rad. slov.*, p. 8), rapporte au sansc. *vap*, semen spargere, procreare, avec d'autant plus de probabilité que *vapra* signifie *genitor*.

Nous trouvons ici, comme pour *caper*, une analogie sémitique remarquable ; c'est l'arabe *'ifr*, sanglier, verrat, de *'afara*, il s'est roulé dans la poussière, il a jeté à terre. Est-ce là un dénominatif de *'afr*, poussière (cf. *'afara*, subalbus fuit), ou bien du nom même de l'animal? Je laisse à de plus habiles à décider cette question [1].

8). On peut donc signaler encore d'autres rapprochements plus isolés entre les noms sanscrits et européens, et se livrer à quelques conjectures étymologiques sur ces derniers. Je me bornerai aux indications suivantes :

a). Sansc. *akhanika*, cochon et rat, l'animal qui creuse, de la rac. *khan*, fodere. — Boém. *kanec*, sanglier. — On explique de même, comme dérivé irrégulier, le sansc. *âkhu*, cochon et rat (cf. *âkha* et *âkhana*, pelle de labour). Cette dernière forme se

[1] Il est singulier que *'afr*, poussière, se trouve ressembler au sansc. vêd. *abhra*, id., accompagné cependant d'un point d'interrogation dans le dict. de Pétersbourg.

rencontre singulièrement avec l'abase *achua*, ingouchi *kake*, cochon, dans le Caucase, mais aussi avec le basque *akhua*, le blaireau (qui se terre) et *aketsa*, le verrat.

9). Sansc. *madára*, m., l'animal lascif, le libertin, aussi l'éléphant en rut, de *mad*, inebriari, lætari (cf. § 87, 3, *b*). — Irland. *mada*, jeune verrat, *miaduigh*, cochon. — De là aussi l'irland. *madra*, *maduigh*, *madadh*, le chien lascif, qui, en sanscrit, a reçu le nom caractéristique de *aratatrapa*, qui n'a point de honte du coït.

c). En fait de conjectures étymologiques, je me bornerai, pour être sobre, au grec δέλφαξ, m. et f., dont le masculin ne peut guère s'expliquer par δελφύς, matrice, que l'on a comparé. Je vois dans φαξ, le sansc. *bhaksha*, qui mange, de *bhaksh*, edere, *asthibhaksha*, chien, qui mange les os ; et, comme le cochon se nourrit de débris de toute sorte, j'explique δελ par *dala*, morceau, fragment, débris ; δέλφαξ, = *dalabhaksha*. Le nom sansc. du chakal, *lôpâçaka*, a exactement la même signification.

§ 92. — LE CHIEN.

Ce fidèle ami de l'homme, ce gardien vigilant du troupeau et du foyer, cet intelligent compagnon du chasseur, paraît bien avoir été, en date, le premier des animaux domestiques. Cela semble résulter de la diffusion générale de l'espèce sur le globe entier. On a trouvé le chien presque partout chez les peuples sauvages, en Afrique, dans l'Océanie et la Nouvelle-Hollande, ainsi qu'au Mexique, à l'arrivée des Espagnols. On a rapporté l'origine de l'espèce domestique, soit au loup, soit au chacal. Link incline à penser, avec Ehrenberg, que chaque pays possède, ou a possédé, dans son voisinage, la race primitive de son chien particulier, à l'exception de l'Europe où les croisements multipliés ont produit des variétés infinies [1]. Il soupçonne que la souche de

[1] Link. *Urwelt*, p. 370.

notre chien européen doit être cherchée quelque part dans le nord de l'Inde, où les anciens déjà signalaient une race d'une taille et d'une vigueur remarquables. Il est curieux que cette conjecture du naturaliste se soit vérifiée au moment même où il la présentait, en 1834, dans la deuxième édition de son ouvrage, car, à la même époque, Hodgson et Sykes décrivaient le chien sauvage qui se trouve dans l'Inde depuis les vallées du Népaul jusqu'aux Nilgherries [1]. Il serait intéressant de savoir si cet animal habite aussi l'Himâlaya occidental et l'Hindoukouch, auquel cas on pourrait le considérécr comme la souche primitive du chien arien.

Ce dont on ne saurait douter, c'est que les anciens Aryas n'aient possédé une race de chiens qui leur était propre, car ils en ont emporté partout avec eux le nom primitif et purement arien. Le chien, mieux que tout autre animal domestique, a dû suivre les migrations des tribus détachées du centre commun, et c'est ce qui explique la conservation remarquable de son nom principal chez presque tous les peuples de la famille.

1). Ce nom est le sanscrit *çvan* (nomin. *çvâ*), ou *çvâna*, *çuna* *çuni*, m. *çvânî*, *çunî* f.—En hind. *svân*, beng. *çvâ*, marat. *çvâna*. Les Indiens le font dériver d'une racine *çun*, ire, laquelle toutefois n'est qu'une forme secondaire de *çu*, qui, dans les Vêdas a le sens de être rapide, impétueux. D'après Weber (*Ind. Stud.* I, 341), le thème *çvan* en provient par le suffixe *an*. Il n'y a rien à objecter à cette étymologie; mais comme *çvan* est pour *kvan*, on pourrait penser aussi à la racine *kvaṇ*, sonare, clamare, d'où *kvaṇa*, *kvâṇa*, son, clameur [2]. L'aboiement du chien le caractérise, en effet, mieux encore que la rapidité.

Par le changement usité de *çv* en *çp* (cf. *açva* = *açpa*) le zend devient *çpan* (nom. *çpa*, gén. *çûnô*, accus, *çpanem*) au féminin

[1] Hodgson. *Desc. of the wild dog of the Himalaya.* (*Asiat. Res.* 1833. — Sykes. *Desc. of the wild dog of the western Ghats* (Trans. of the roy. Asiat. soc., t. III, 1834).

[2] L'*ṇ* cérébral alterne quelquefois dans les racines avec l'*n* dental, comme dans *kshaṇ* et *kshan*, interficere, *dhaṇ* et *dhan*, sonare, *aṇ* et *an*, respirare, etc.

çpaka. On sait que, d'après Hérodote (I, 110), les Mèdes appelaient la chienne σπάκα. C'est le persan moderne *ispâh isbâh*, et l'afghan *spaî*, *spû*. L'arménien *shun* se rattache au sanscrit *çuna* et l'ossète *kui* à *çvâ*.

Le grec κύων, κυνὸς, reproduit le thème primitif *kvan*, et sa forme affaiblie *kun*. Le latin *canis* est contracté de *cvanis*, comme l'alban. *kèn* de *kvèn*.

La contraction la plus forte se présente dans l'irlandais *cu*, *ci*, cymr. et corn. *ci*, armor. *kî*, lesquels répondent au nominatif sanscrit *çvâ*. Mais le thême *çvan*, *çun* reparaît dans le génit. irlandais *con*, *coin* et le plur. *cona*, en cymr. *cwn*, corn. *cên*, armor. *kunn*, canes.

Le gothique *hunds*, ang.-sax. *hund*, scand. *hundr*, anc. allem. *hunt* offre le thème primitif augmenté d'un nouvel élément, et on pourrait tirer de là un argument en faveur de la rac. *kvaṇ* comme origine du nom; car le suffixe *an* ne présente d'ailleurs aucun cas analogue d'extension dans les langues germaniques ou autres. Le *d* final est peut-être un débris de la rac. *dhâ*, habere, possidere, et dare, laquelle, en composition avec un substantif *kvaṇ*, identique à sa racine, désignerait le chien comme l'animal *qui donne de la voix*.

Le lithuan. *szů*, gén. *szunês*, d'un thème *szuni*, lett. *suns*, répond exactement au sansc. *çvâ* et *çuni*.

Il est singulier que ce nom ne se retrouve pas aussi dans les langues slaves, car le russe et polonais *sobáka*, chien, a tout l'air d'un mot iranien égaré dans le slave, où le *çv* ne se change jamais en *sp*. Par la même raison, je ne saurais rapporter à *çpâ*, l'anc. slave *pĭsŭ*, etc., que Kuhn regarde comme une inversion [1], à moins d'admettre aussi un emprunt fait directement aux langues iraniennes, ce qui est peu probable. Je reviendrai bientôt sur l'origine de ce nom.

En dehors de la famille arienne, on peut signaler un bon nombre d'analogies lointaines qui jetteraient quelque jour sur l'his-

[1] *Ind. Stud.* de Weber, I, 344.

toire de la propagation du chien si elles ne proviennent pas du principe de l'onomatopée.

Dans le Caucase, on trouve l'aware *choi*, *hue*, l'akoucha *chwa*, le dido et ounso *gwai*, et le circas. *chha*. Cf. l'ossète *kui*.

Le touchi *pöhu*, ingouchi *pö*, et, dans les langues finnoises le tchérémisse *pié*, *pii*, le permien *pun* et le wotiak. *puny*, paraissent se lier à la forme iranienne *çpâ* et *çpan*, avec perte de la sifflante.

Le samoïède *kanak* rappelle *canis*.

Le thibétain *kiï*, le coréen *kai*, l'avanais *khui*, indiquent une extension au nord et à l'est de l'Inde; et le chinois littéral *kiuan*, *keu* (dans les divers dialectes *k'üen*, *k'ian*, *kau*, *ku*), reproduit très-exactement le sansc. *çvan* et *çvâ*. Cf. le celtique *cu* et *cî*. Est-ce que le chien de la Chine serait venu de l'Inde ou de l'ancien pays des Aryas?

A un plus haut degré encore que le nom du cheval, celui du chien présente des variations phoniques dont il serait impossible de reconnaître la nature sans la filiation que le sanscrit nous permet de suivre. Comment Hérodote aurait-il pu se douter que le médique σπάκα, provenait de la même source que κύων? Et qui se serait imaginé de comparer le persan *ispâh* avec le gothique *hunds* ou l'irlandais *cu?*

Les autres noms sanscrits du chien, dont on compte une cinquantaine, sont pour la plupart des composés descriptifs de l'apparence ou des habitudes de l'animal, et quelques-uns seulement offrent des analogies plus ou moins isolées avec les langues européennes. Les idiomes iraniens ont aussi plusieurs termes particuliers. Je ne signale ici que les rapports les plus dignes d'attention.

2). Sansc. *kâulêyaka*, chien, de *kula*, famille, maison, l'animal domestique par excellence; *kulâkshutâ*, chienne, est aussi composé avec *kula*, mais le second élément du mot est obscur.— Ici, peut-être, le grec σκύλαξ, σκύλος (éléen κύλλας, Hesych.), chien, jeune chien, grec mod. κουλούκι, petit chien. L'irland. *cuileann*, ers. *cuilean*, chien jeune et adulte, cymr. *colwyn*, ont sans doute la même origine. (Cf. sansc. *kulin*, qui appartient à la famille). Ici encore le persan *ghôlîn*, petit chien, avec *gh* pour *k*, comme dans *ghôka*, grenouille= sansc. *kôka*.

3). Sansc. *súćaka*, chien, littér. espion, informateur, de la rac. *súć*, indicare, prodere, arguere, d'où *súćâ*, vue, vision, *súćana*, information, etc. — Illyr. *zuzak*, chien ; russe et polon. *suka*, chienne. L'irland. *soich*, id., est douteux, à cause des synonymes *sogh*, *sagh*, *saighin*, qui se rattachent de plus près au persan *sag*, kourd. *sah*, boukhar. *sek*, lesquels ne sauraient provenir de *súć*. Comme *sagćah*, en persan, signifie plus spécialement un chien sagace (cf. *sagâl*, pensée, soupçon, et le latin *sagax*), on peut ramener ces noms à la rac. sansc. *sanǵ*, hærere, adhærere, d'où *sakta*, attaché à, attentif, diligent. Cette dernière forme rappelle l'irland. *saith*, *soith*, chienne, qui est sûrement sans aucun rapport avec le copte *sôthis*, chien.

4). Sansc. *rudatha*, chien, de la rac. *rud*, flere, l'animal qui hurle et gémit. — Cf. lat. *rudo*, anc. all. *riuzan*, lithuan. *raudoti*, anc. slave *rydati*, etc. — Je compare avec doute l'anc. allem. *rûdo*, all. mod. *raude*, *rüde*, molossus, ang.-sax. *rodhhund*, parce que le *d* devrait être *z*, comme dans *riuzan*=*rud*. Cependant, en ang.-saxon, on trouve aussi *rot-hund*, où le *t* serait régulier ; et, de plus, les formes *rydhdha* et *hrydhdha*, molosse. Si l'*h* est inorganique, ainsi que cela arrive quelquefois, l'irrégularité de la dentale (*dh* pour *t*=*d* sansc.) s'expliquerait peut-être par l'influence rétroactive du *tha* sanscrit, représenté par l'ang.-saxon *dha*, et *rudatha* se serait contracté en *rydhdha* pour *rytdha*.

5). Sansc. *kṛtaǵna*, chien, composé de *kṛta*, action, bienfait, et de *ǵna*, qui connaît, l'animal reconnaissant, sensible aux bons traitements. Comme adjectif, *kṛta* signifie prêt, bien disposé, de bonne volonté. — Le lithuan. *kurtas*, *kurtis*, chien de chasse, auquel répond l'anc. slav. *chrŭtŭ* (Dobrow. *Instit.*, p. 215), russe *chortŭ*, polon. *chart*, bohém. *chrt*, se rattache sans doute, soit à *kṛta* dans le dernier sens, soit à *kṛtaǵna* avec perte du second élément.

6). Sansc. *bhasha*, *bhashaka*, chien, l'aboyeur, de la rac. *bhash*, latrare et loqui, d'où *bhashana*, aboiement.

Illyr. *vascka*, cane di villa (Andelio., *Dict*, *illyr.*).

7). Le zend *gadhva*, chienne, n'a pas de corrélatif sanscrit. Comme le *dh* zend remplace souvent le *d* sanscrit dans l'intérieur des mots (Bopp., *Verg. Gram.*, § 39), on peut ramener ce nom à la racine *gad*, loqui, tonare, avec réduplication *gadgad*, singultire. — L'irlandais *gadhar*, chien de chasse, dogue, semble avoir la même origine, et le cymrique *gâst*, chienne, rappelle, par sa forme, les dérivés tels que le zend *baçta*, ligatus, de *bad*, *band* (cf. *bestia*, comme *pecus* = skr. *paçu*, de *paç*, ligare), le pers. *mast*, ebrius, de *mad*, inebriari, etc.

8). Le chien gardien des troupeaux est appelé en zend *urupis*, nom que Burnouf compare avec *vulpes*, et rapporte à la rac. *rup*, enlever, dérober [1]. Mais *vulpes*, ainsi que *lupus*, doit être très-probablement rattaché au sanscrit *vṛka*, comme nous le verrons plus tard, et d'ailleurs le sens de voleur ne conviendrait guère au gardien des troupeaux. Il faut, je crois, chercher une autre voie, et considérer ce mot comme un composé de *uru* et de *pis*. Le sens de *uru* (=sansc. grec εὐρυ) n'est pas douteux; il signifie grand, vaste, lointain, etc.; mais *pis* est plus problématique. Si l'on compare, toutefois, les composés védiques analogues, *urugâya*, *urukrama*, *urugri*, *urugrayas*, tous avec le sens de *qui va*, *qui se meut*, *qui court au loin*, on sera conduit tout naturellement à la racine sansc. *pis*, ire (*pêsati* et *pisyati*, *Nâigh.* 2, 14), et *urupis*, le chien qui court au loin, devient une épithète parfaitement appropriée au gardien vigilant des troupeaux.

C'est à cette même racine *pis* que me semble appartenir l'anc. slave *pĭsŭ*, chien, rus. *pesŭ*, polon. *pies*, illyr. *pas*, bohém. *pes*, que j'ai séparé plus haut de *çpâ*. L'allem. *petse*, chienne, est probablement d'origine slave, ainsi que le finlandais *pusu*. L'armoricain *püzé*, chien de chasse, semble indiquer l'existence d'un nom celtique de même origine que le slave, ce qui expliquerait

[1] *J. Asiat.* 1840, p. 30.

l'analogie du basque *potzoa*, *pocha*, sans doute celtibère. Ce nom ne paraît ainsi signifier que le *coureur*.

§ 93. — LE CHAT.

C'est en Égypte, à ce qu'il paraît, que le chat a été mis au nombre des animaux domestiques, et, d'après le témoignage d'Hérodote, il était tenu en grande vénération [1]. Suivant Rüppel et Ehrenberg, on doit regarder deux espèces nubiennes sauvages, les *Felis maniculata* et *bubastis*, comme la souche probable du chat égyptien. On n'en connaît point le nom hébreu, car nulle part il n'en est fait mention dans la Bible. Les Grecs et les Romains n'en avaient pas dans leurs maisons, et employaient la belette, γαλή, *mustela*, pour se débarrasser des souris. Link, d'après cela, regarde comme probable que c'est au moyen âge seulement que le chat domestique égyptien a été importé en Europe et dans une partie de l'Asie [2]. Cela semble douteux cependant depuis que l'on a trouvé à Moosseedorf (canton de Berne), dans les restes d'un ancien établissement lacustre qui paraît remonter à ce qu'on appelle l'*âge de pierre*, des ossements de chat mêlés à ceux de chien, de bœuf, de cheval, de cochon, de chèvre et de mouton [3]. Ce qui est certain, c'est que le principal nom du chat se rattache partout en Europe au latin *catus*, *cattus*, inconnu au grec ancien (κάτος est byzantin). Or *catus* se lie à l'arabe *kiṭṭ*, plur. *kiṭâṭ*, syriaq. *katô*, *kaïtôtô*, et ce nom se retrouve dans l'affadeh (du Bornouan) *gáda*, le nouba *kadiska* et le barabras *kaddîska*, de sorte que la source première paraît être africaine [4]. Il a passé aussi dans l'arménien *gadu* et l'ossète *gado*, ainsi que dans plusieurs langues cauca-

[1] Hérod. II, 66, 67.
[2] *Urwelt*, I, 393.
[3] *Bibl. univ.* de Genève, mai 1857.
[4] L'anc. égyptien *çau*, *çai*, cophte *shau* (Bunsen. *Ægypt.*, I. 557, vocab.), n'offre qu'une ressemblance fort éloignée.

siennes et finno-tartares, mais il ne se trouve ni en persan, ni en sanscrit [1]. Dans l'Inde, cependant, la domestication du chat doit remonter à une haute antiquité, car les noms sanscrits de *maṇḍîrapaçu*, animal de maison, *çalavṛka*, loup de maison (aussi chien), *akhubuǵ*, mangeur de rats, *mûshakârati*, ennemi de la souris, ne laisse aucun doute à cet égard. On peut conclure de là que le chat indien ne provenait pas de l'espèce égyptienne.

Il semble bien, en tout cas, que les anciens Aryas ne le possédaient pas, quoique sans doute ils aient connu quelque espèce sauvage. Parmi les vingt-cinq noms sanscrits que j'ai réunis, un seul, *virâla*, *vilâla*, *viḍâla*, bengal. *bêrâl*, hind. *billâr*, *bilrâ*, offre une certaine ressemblance dans le grec αἴλουρος (ϝαιλουρος?) chat sauvage ; mais ce dernier paraît composé avec οὐρά, queue, ce qui l'éloigne tout à fait du sanscrit. Un autre nom du chat qui aurait plus de droit à être considéré comme arien, est le pers. *pushak*, *pûshak*, afghan *pishik*, kourd. *psiq*, allié p.-ê. au sansc. *puččha*, *piččha*, queue, et qui se retrouve dans le lithuan. *puiżé*, l'irland. *pus* et *feisag*, *físeog*, *feisain*, dimin., en ers. *pusag*, *piseag*, id., d'où l'anglais *puss*. Du persan, probablement, il a passé au turc dans le *pishik*, *psi*, *psai*, des dialectes, en mordouin. *psaka*. Si ce nom signifie *caudatus*, il a dû être celui de quelque chat sauvage à queue bien fournie.

Une coïncidence curieuse, mais sans doute fortuite, se présente entre le sansc. *kâhala*, chat, et le finland. *kihlo*.

§ 94. — LE CHAMEAU.

Bien que le chameau ne soit pas un animal européen, et que son nom, *camelus*, dérive sûrement du sémitique, il est cependant très-probable que les anciens Aryas l'on connu, puisque le

[1] Le seul nom sanscrit qui y ressemble, *khaṭṭâça*, désigne la civette (Viverra zibetha), hind. *khaṭas*, beng. *khoṭṭâs*; mais ce mot signifie : qui mange l'herbe *khaṭṭâ*, andropogon serratus, et n'a aucun rapport avec *cattus*.

chameau à deux bosses est originaire de la Bactriane. Aristote, déjà, signale cette différence d'avec l'espèce arabe à une seule bosse [1]. D'après Pallas, on le trouve encore sauvage dans les steppes de la Mongolie sur les frontières de la Chine [2]. Un des noms sanscrits de l'animal, *dvikakud*, qui a deux bosses, s'applique à l'espèce bactrienne.

Si les Aryas primitifs ont connu le chameau, il est évident toutefois qu'ils n'ont pu l'emmener avec eux en Europe où il ne saurait s'acclimater, même en supposant, ce qui n'est pas sûr, qu'ils aient su déjà le soumettre au joug. Dès lors les Aryas occidentaux ont dû l'oublier entièrement, à l'exception peut-être des Slaves et des Goths qui sont restés longtemps plus rapprochés de l'Orient. On trouve, en effet, chez ces deux peuples, un nom particulier du chameau qui semble trahir encore son origine arienne, d'après son étymologie probable.

1). Ulphilas, dans sa version des Évangiles (Marc. 1, VI; 10, XXV. Luc. XVIII, 25) traduit κάμηλος par *ulbandus*, et ce nom se retrouve dans l'anc. allem. *olpenta*, *olbenta*, camelus, *olpentari*, dromedarius, l'anc. sax. *olvunt*, l'ang.-sax. *olfand*, scand. *úlfalldi* (forme corrompue probablement par l'influence des formes slaves citées plus loin). La ressemblance de ce nom avec celui de l'éléphant (l'anc. all. *elafant*, et l'ang.-saxon *elpent* se distinguent cependant assez nettement) a fait croire d'abord à une confusion entre les deux animaux, et Schlegel déjà, repoussant l'idée d'un emprunt fait au grec, voit dans *ulbandus* un souvenir obscurci de l'éléphant que les Goths auraient pu connaître en Asie. Moi-même j'ai partagé d'abord cette opinion qui maintenant me paraît insoutenable; car les Aryas primitifs n'ont sûrement eu aucune notion d'un animal purement indien, et les noms slaves du chameau conduisent à une tout autre étymologie que celle que l'on peut conjecturer pour ἐλέφας [3].

[1] *Hist. anim.*, II, 1, § 5.

[2] Link. *Urwelt*, I, 391.

[3] Voy. sur cette question, mon article sur les noms de l'éléphant (*J. Asiat.*, 4e série, t. II, p. 133), les objections de Pott (Hœfer, *Z. schr.*, II, 31), et de Las-

Cette question a fait un nouveau pas par les observations de *Jülg*, dans le journal de Kuhn [1], sur les noms slaves. Dans l'ancien dialecte, le chameau est appélé *velĭbădŭ*, ou *velbădŭ* (prononcer *velbondŭ*), exactement le goth. *ulbandus;* mais, dans les dialectes plus modernes, on trouve le rus. *velbliudŭ,* le polon. *wielbăd*, le bohém. *welbloud*, auxquels se lie le lithuan. *werbludas*, et, probablement, le scand. *ûlfalldi*. Jülg part de ces formes plus récentes pour en conclure un thème primitif *velblădŭ;* puis il explique ce mot composé par le slave *velii*, grand, pol. *wielki*, en composition *wiel*, *wielo*, et par un terme *bloud,* qui, en Moravie seulement, chez les Hannaks, signifie une brute, une tête de gros bétail. Ainsi le chameau serait, en slave, *le grand animal*, et le goth. *ulbandus* en proviendrait par transmission. Il ne saurait guère y avoir de doute sur l'interprétation du premier élément du composé, mais celle du second soulève de graves objections.

Il serait, en effet, singulier déjà que les deux formes les plus anciennes, et surtout le gothique du IVe siècle, fussent précisément celles qui se trouvassent altérées. Ensuite, le hannak *bloud*, dans le sens spécial de bétail, ne peut dériver que de l'anc. slave *blăditi*, rus. *bluditĭ*, polon. *blădzić*, errer, vagabonder, au physique et au moral (cf. lithuan. *blúdas*, extravagant, fou, *blúditi*, faire des folies, extravaguer). Si le chameau avait reçu de là son nom, il serait bien difficile d'expliquer comment un composé aussi clairement significatif aurait pu s'altérer déjà dans le slave ancien. N'est-il pas à croire, au contraire, que le sens primitif de *velĭbădŭ* étant perdu, les dialectes modernes ont modifié le second élément pour rendre au composé une signification compréhensible? Je crois donc qu'il faut partir des formes anciennes pour arriver à une solution satisfaisante, et, comme ni le slave, ni le gothique ne fournissent une étymologie convenable, on est conduit à la chercher plus haut, dans le fond primitif arien.

sen (*Ind. Alt.* LXI. nachtræge) à l'étymologie proposée et remplacée par une nouvelle conjecture de ma façon, dans la *Zeitsch. f. verg. Spr.* de Kuhn, IV, 128.

[1] *Zeitschr. f. v. Spr.*, IV, 20.

Le slave *velii*, en composition *velĭ*, russe *vele*, polon. *wiel*, *wielo*, est sans contredit le sansc. *vala* ou *bala*, fort, robuste, gros, puissant, *valita*, *balita*, id. (cf. *valeo*, *validus* et § 86, 5), et je vois dans *bădŭ* (*bondŭ*) le sansc. *bandha*, corps. Ainsi *belĭ-bădŭ* serait = *valabandha*, l'animal au corps puissant et robuste, synonyme parfait de *mahânga*, qui a un grand corps, chameau, et de *mahâkâya*, id., qui désigne l'éléphant [1]. Le mot *vala* s'est conservé dans le slave, où *bandha*, corps, ne se trouve plus. Par contre, *vala*, dans son sens propre, a disparu du gothique, tandis que *bandha* s'est maintenu dans l'anc. allem. *botah*, angl.-sax. *bodig*, angl. *body*, corps (cf. erse *bodhaig*, id.). On peut inférer de là une forme gothique *banda*, qui a perdu sa nasale, de même que *ansts*, gratia, *tunthus*, dens, *bansts*, præsepe, sont devenus en anglo-saxon *êst*, *tôdh*, *bôs*, etc. Cela explique comment, de part et d'autre, le composé primitif s'est altéré par celui de ses éléments qui n'était plus compris, de sorte que *vala* s'est contracté en *ul* dans le gothique, tandis que le slave *bădŭ* est devenu plus tard *blăd*, *blud*.

Je crois que l'on peut conclure de là que les Goths n'ont point reçu des Slaves le nom du chameau, ou vice versa, mais que les deux peuples, restés pendant longtemps plus ou moins en rapport avec les contrées où se trouvait le chameau bactrien et tartare, ont conservé un ancien nom arien qu'ils possédaient sans doute en commun avant leur séparation.

2). Le sanscrit *ushṭra*, m. — *ṭrî-ṭrikâ* f., se retrouve dans toutes les langues iraniennes, zend *ushtra*, *ustra*, pers. *ushtur*, *shutur*, kourd. *eshter*, belout. *hushtar*, afghan. *ush*, *ukh*, arménien. *uzd*, id., etc., ce qui fait remonter la possession de l'animal domestique à une époque antérieure à la subdivision des Aryas orientaux, à moins que le nom n'ait passé plus tard de la Bactriane à l'Inde. Comme le chameau n'est pas indigène dans ce dernier pays, la dernière supposition est fort admissible, et c'est plutôt

[1] Cf. d'autres noms du chameau, tels que *mahâgrîva*, grand cou, *mahâskandha*, grande épaule, *mahânâda*, grande voix.

dans le zend que dans le sanscrit qu'il faut chercher l'étymologie du mot. Or, en zend *usha*, *usa*, *uça*, signifie intelligence, prudence, et *ushtra* désignerait l'animal intelligent. La rac. est *vaç*, *uç*, velle, desiderare, d'où *vaça*, volens et potens, ce qui ne donnerait pas un sens moins approprié. Le sanscrit, il est vrai, possède aussi la rac. *vaç*, *ush*, d'où *vaça*, soumis, docile, dompté ; mais les dérivés *usha*, cupidus, *uçî*, désir, etc., conduisent à une signification un peu différente du zend. Toutefois, il est difficile de décider entre des nuances aussi rapprochées. Malgré la ressemblance des formes, le sansc. *ushṭar*, bœuf de labour, peut différer étymologiquement de *ushṭra*, chameau (cf. § 86, 7).

3). Le sanscrit *kramêla*, chameau, de la rac. *kram*, incedere, gradi, par conséquent l'animal marcheur, offre un rapport singulier avec l'hébreu *gâmâl*, chald. *gamêla*, syriaq. *gemêlô*, arab. *ǵamal*, éthiop. *gamal*, etc., et il est curieux qu'une forme sanscrite *gamala* ou *gamêla*, de la rac. *gam*, ire, se trouverait avoir le même sens de marcheur, D'un autre côté, le nom sémitique n'a pas d'étymologie bien certaine, car celle qu'a proposée Bochart de *gâmal*, retribuit, parce que le chameau est vindicatif, n'est guère acceptable, et il faut recourir, avec Gesenius, à l'arabe *chamala*, portavit, qui diffère par la gutturale initiale. On ne saurait cependant conclure de là que ce nom a une origine arienne, car le sanscrit peut l'avoir modifié pour l'adapter à la racine *kram*. La ressemblance aussi n'est pas telle qu'on ne puisse la mettre sur le compte du hasard. L'ancienneté de la forme *kramêla* semble d'ailleurs résulter de l'analogie, par inversion, du géorgien *aklemi*, et du touchi caucasien *aklam*, chameau, probablement d'origine iranienne. Une coïncidence du même genre se présente encore entre le sanscrit *varaṇa*, chameau, et les noms caucasiens de l'animal, awar. *waraneh*, khounsag *warani*, anzoug *uarania*, andi *gwarani*, akoucha *wari* [1], fait d'autant plus singulier, que ce nom ne paraît pas se retrouver dans les langues iraniennes, où il a dû probablement se perdre.

[1] Klaproth. *Reise im Kaukas*, III, vocabul.

§ 95. — L'OIE ET LE CYGNE.

Je passe maintenant aux oiseaux domestiques, dont la possession indique par elle-même un degré de bien-être plus avancé que celle du bétail. Les troupeaux sont l'élément essentiel de la vie nomade, le bœuf et le cheval sont les auxiliaires indispensables de l'agriculture; mais les oiseaux contribuent plus encore à l'agrément qu'à l'utilité, et la basse-cour ne peut s'établir que lorsque l'économie de la maison rurale est assez développée pour permettre le superflu à côté du nécessaire. Il y a donc quelque intérêt à montrer que les Aryas avaient déjà la plupart des oiseaux domestiques de l'ancien monde, aussi bien que les principaux quadrupèdes. A voir le très-petit nombre d'additions qui ont été faites dès lors dans le cours de tant de siècles, on s'explique difficilement comment, dès le début, les races primitives ont en quelque sorte épuisé le champ des conquêtes à faire sur le règne animal.

Je réunis ici l'oie et le cygne, parce que souvent leurs noms se confondent et passent d'une espèce à l'autre, ce qui s'explique très-naturellement.

Tout indique que l'oie a été introduite de très-bonne heure dans l'économie domestique. Homère déjà en parle comme d'un oiseau de basse-cour [1], et le rôle qu'il joue dans les mythes et les croyances de plusieurs peuples ariens, témoigne du prix qu'on y attachait. Dans l'Inde, l'oie était consacrée à la déesse Sarasvatî, comme en Grèce à Junon, et il n'est pas besoin de rappeler les oies sacrées du Capitole. Son nom principal s'est conservé chez tous les peuples ariens, et paraît s'être répandu sur une grande partie de l'Asie, de sorte que l'on est tenté d'attribuer aux Aryas la première conquête de ce précieux volatile.

[1] *Odys. XV*, 162, 174.

1). Le nom qui a pris une si vaste extension est le sansc. *hañsa*, m. oie, cygne, *hañsî,-îkâ,* f. id. ; *hañsaka*, flamant. La racine est probablement *has*, ridere, par allusion au cri peu mélodieux de l'oiseau, et à la manière dont il ouvre son bec pour le pousser.

Le mot zend n'est pas connu, mais il a dû être *zañha*. En persan, on devrait attendre *zas*, mais on trouve *qâz*, comme en afghan *qâs*, en kourd. *chas*, en ossète *qazi*, en boukhar. *gâs*. Comme le *q* ne figure jamais dans les mots vraiment persans, il est probable que c'est une forme turque *qaz*, ou arabe *qâz*, qui aura remplacé le terme primitif, bien que cette forme elle-même provienne sans doute de quelque dialecte arien, peut-être du boukhar. *gâs* (cf. plus loin les formes européennes). L'arménien *sak* ne semble être qu'une inversion de *kas*.

En grec, nous avons χὴν, avec perte de la sifflante, exactement comme dans le siamois *chân*, dérivé de *hañsa*. Par contre le latin *anser* a supprimé l'aspiration comme le malai *añgsa*, et ajouté un nouveau suffixe.

L'irlandais offre *géis*, comme nom du cygne, et pour l'oie, la forme *gédh*, *géadh*, *gé*, en erse *géadh*, dont le *dh* aspiré paraît être d'origine cymrique, où, dans *gwydd*, corn. *guydh*, *gûdh* (*dd*=*th* doux anglais), armor. *gwaz*, il remplace la sifflante primitive.

L'anc. allem. *kans*, all. mod. *gans*, reproduit la forme sanscrite dans toute sa pureté, sauf le suffixe. La nasale disparaît dans l'ang.-sax. *gos* f., angl. *goose* f., et le scand. *gassi* m., *gâs* f.=boukhar. *gâs* ; mais elle se montre de nouveau dans l'ang.-sax. *gandra* m., angl. *gander*, avec un suffixe différent. De là sans doute l'irlandais *gandal*, *ganra*, oie mâle, jars. L'espagnol *ganso*, *gansa*, à côté de *ansar*, est d'origine gothique.

Le lithuanien *żą̃sis*, *żasis*, *żusis* f., *żasinas* m., se rapproche de ce qui a dû être la forme iranienne.

Enfin l'anc. slav. *gãsü* (pron. *gonsü*), russ. *gusĭ*, *gusakŭ* m., *gusynia* f., pol. *gęs* f., illyr. *guska*, bohém. *hus*, *husa* se rattachent de plus près au germanique.

Le cercle des langues ariennes étant ainsi complété sans qu'un seul anneau fasse défaut, voyons maintenant comment le nom de l'oie s'est répandu au dehors.

Chez les Finnois européens, le lapon *gas* est scandinave, le finland. *hanhi*, carél. *hangi*, esthon. *hanni*, se lient au germanique *gans*. Chez les Finnois d'Asie, le wotiak. *gäse*, *säsik*, syraen. *seseg*, rappelle les formes lithuanienne et slaves.

Dans les nombreux dialectes turcs, le nom se présente sous les formes *qaz*, *kaz*, *chaz*, *gaz* [1], et, si l'on compare le boukhare *gâs*, le scand. *gâs*, l'ang.-sax. *gos*, etc., on ne saurait douter que le turc n'ait emprunté ce mot à quelque langue arienne, en faisant varier la gutturale. Comme nous l'avons vu, cette forme un peu altérée est revenue du turc au persan et à l'arabe *qâz*. Elle se rencontre aussi dans la plupart des langues caucasiennes, le lesghi *kaz*, *kaaz*, le circas. et l'abase *kaz*, le mizdjeghi *kaz*, *gaj*, etc.

Chez les Samoièdes motores et taygi, on trouve la contraction *kai*, chez les Kamaches et les Koibales, *tashy*, *tasi*, par substitution du *t* au *k*.

Dans une autre direction, le sanscrit *hañsa* est devenu le malai *hañgsa*, *añgsa*. Le thibét. *ngang-ba*, et le siamois *chân* (cf. gr. χὴν), en sont des altérations plus fortes, de même que le japonais *kano*, *gan*. L'anamite *ngou* conduit au chinois *ngo* dans les divers dialectes *go*, *goo*, *ka* [2], en coréen *ke-iu*, où le nom se trouve réduit à sa moindre expression, comme dans l'irlandais *gé* et le motore *kai*.

Des analogies aussi multipliées ne sauraient être l'effet du hasard, et il serait difficile de les expliquer par l'onomatopée qui n'a pas ici un caractère suffisamment prononcé. Il est à remarquer d'ailleurs qu'elles suivent un certain ordre géographique quant aux transitions d'une forme à l'autre. Le nom arien de l'oie, comme celui du bœuf, paraît ainsi se retrouver aux deux extrémités de l'ancien monde, en Irlande et au Japon, avec une chaîne non-interrompue d'anneaux intermédiaires.

[1] Klaproth. *As. Polyg.*, Atlas, p. XXVIII.

[2] Klaproth. *As. polyg.*, p. 372. En coréen, *hansai*, est le nom du cormoran (Siebold). *Voyez au Japon*. V. 258.

Je passe maintenant à quelques rapprochements de noms plus isolés.

2). Le plus intéressant est le sansc. *ǵâlapâd*, oie, composé de *ǵâla*, filet, et de *pâd*, pied, c.-à-d. l'oiseau dont le pied est réticulé. Dans l'Hitôpadêça (L. IV, fab. 12) le roi des grenouilles est appelé de même *ǵâlapâda*. J'ai cherché à montrer ailleurs déjà [1], comment ce composé s'est conservé, avec des altérations diverses dans plusieurs langues ariennes, de telle sorte que chaque langue n'en a gardé qu'une portion, et que, sans l'aide du sanscrit, il aurait été bien difficile de le reconnaître. Dans la plupart des cas, il s'applique au cygne au lieu de l'oie. La meilleure manière de révéler aux yeux l'affinité des formes divergentes, c'est de les placer en succession sous le composé sanscrit. Ainsi :.

Sansc.	*ǵâla-pâd,-pâda,* oie.
Persan.	*gûrah-pah* } esp. de canard.
	ćûr-pah }
Arménien. . . .	*gara-b,* cygne.
Lithuanien. . . .	*gul-ba,-be,* id.
Irlandais.	*gall* — id.
Ang.-saxon. . . .	*yl-fet,-fete.*
Scandinave. . . .	*âl-ft.*
Anc. allemand. . .	*al-biz.*
Anc. slave et russe.	*le-bedĭ.*
Polonais.	*le-bĕdz.*
Illyrien.	*la-but.*

Le nom mongol du cygne, *galò*, *galùn*, *gülen*, suivant les dialectes, et celui du canard, *gáli*, *galle*, en korièke, rappellent l'irlandais *gall* et le persan *ǵâl* [2], oiseau aquatique ; mais la coïncidence est peut-être fortuite.

[1] *Zeitschr. f. verg. Spr.*, de Kuhn. IV, 124.

[2] Cf. pers. *ǵâl*, filet, et espèce d'oiseau aquatique, *ǵúlah*, *ćúlah*, tisserand, araignée = sansc. *ǵâlika*.

3). Le sanscrit *varaṭa*, m. *varaṭî*, f. oie, paraît se retrouver dans l'armoricain *garz*, pour *gwarz*, m., d'où le français *jars*. La racine est sans doute *vṛ*, tegere, arcere, en cymr. *gwara*, *gwarddu*, *gwartu*, défendre, protéger, couvrir, et *varaṭa* peut avoir désigné le jars comme le défenseur du troupeau d'oies, auquel cas cependant le féminin serait impropre. Cette interprétation n'est rien moins que certaine.

4). Une autre forme analogue *varalâ*, *vâralâ*, f. oie, appartient à la même racine, et a eu sans doute un masculin *varala*.—Je compare le latin *olor*, cygne, pour *volor*, ainsi que le cymr. *alarch*, corn. *elerch*. id., avec un suffixe additionnel, tel que l'offrirait en sanscrit un dérivé *valaraka*.

5). Le sanscrit *kôka*, qui désigne à la fois une espèce d'oie (*Anas casarca;* ruddy goose) le coucou et la grenouille, est évidemment une onomatopée, comme *kâka*, corneille, *kiki*, geai bleu, *kôkila*, coucou, *kukukkṭa*, coq, etc. Nous le retrouvons dans le persan *ćućah*, cygne, *chûkîsah*, oie, ainsi que dans le grec κύκνος, cycnus. Le bas-latin *oca*, *occa*, d'où vient *oie*, est probablement pour *coca*. Toutes ces formes sont imitatives du cri du cygne, qui est *kouk! kouk!* Aussi ce nom reparaît-il appliqué à cet oiseau et à d'autres, dans beaucoup de langues diverses; ainsi le turc *kughu*, cygne, syriaq. *kôkô*, id. et pélican, toungous *gâg*, cygne, andi *kog*, dido et ounso *kochgo*, oie, finland. *kaakko*, *kuikka*, canard, barabras (Afrique), *kôka*, corbeau, etc., etc. De semblables coïncidences ne prouvent rien pour une origine commune.

6). Un autre nom sanscrit de la même espèce d'oie, est *ćakra*, qui signifie aussi troupe, multitude, armée, roue, cercle, etc.— Le synonyme *ćakrânga*, — *gî*, —*kî*, peut s'interpréter de plusieurs manières différentes, par *ćakra* + *anga*, membre, qui fait partie d'une troupe, *ćakra* + *ang*, *ank*, ire, qui va en troupes, ou enfin *ćakra*, + *anga*, corps, qui a le corps en cercle, de la forme du cou (cf. *ćakrapâda*, éléphant, pied en cercle, *ćakramukha*, sanglier, museau en cercle, etc.). Ce dernier sens est le plus probable à cause du *ćakrin*, circulaire, qui désigne aussi l'*Anas ca-*

sarca. La racine de *ćakra* pour *kakra*, est peut-être *kak*, instabilem esse.

Quoi qu'il en soit, le nom de l'oiseau paraît se retrouver dans l'irlandais ancien *scecer*, plus tard *sgeigire*, jars, oie mâle, avec *sc* pour *ć*, comme cela arrive souvent.

L'ancien irlandais *gigrann*, *giugrán*, anser [1] (Cf. *giodhran*, barnacle. O'Reilly) n'a sûrement aucun rapport, et ressemble singulièrement à *gingrire*, *gingritus*, dérivé peut-être d'un ancien nom de l'oie comme κακκαβίζειν de κακκάβη, etc. Ce qui porte encore mieux à le croire, c'est l'analogie du persan *ǵigranah*, qui désigne une espèce de grue. Ce sont là sans doute des noms imitatifs du cri de ces oiseaux.

7). Un rapprochement plus douteux est celui du sanscrit *lakshaṇâ*, oie, et grue indienne, avec l'irlandais *lacha* (au génit. *lachan*), canard. Le mot sanscrit signifie marque, indication, signe, symptôme, de *laksh*, notare, indicare, et peut se rapporter, comme nom d'oiseau, aux présages relatifs à l'annonce du temps, des saisons, etc., tandis que l'irlandais se lie directement au verbe *lachaim*, je plonge. Une affinité réelle entre les deux termes ne serait possible que si le verbe irlandais dérivait du nom du canard.

Les analogies plus lointaines de l'ostiake *laâk*, oie sauvage (Klaproth, *As. Polyg.*, p. 196), et du finlandais *luiko*, cygne, sont sans doute dues au hasard.

§ 96. — LE CANARD.

La variété des genres et des espèces d'oiseaux aquatiques, et la multitude des noms, laissent ici beaucoup d'incertitude sur la question de savoir lesquels de ces noms ont été appliqués au canard domestique. Je me contenterai donc de signaler les princi-

[1] Zeuss. *Gram. celt.*, p. 740.

pales coïncidences, dont plusieurs sans doute reposent sur des confusions entre les espèces.

1). On trouve dans les Vêdas *âti*, comme désignant un oiseau aquatique dont les Apsarases, ou nymphes célestes, prennent la forme [1]. C'est aussi, avec *âṭi*, *âḍi*, le nom du *Turdus ginginiaṇus*, et Wilson lui donne le sens général d'oiseau et de mouvement (*going*). La racine est *at*=*aṭ*, *aḍ*, ire continuo, d'où *atasa*, vent, flèche, *atasi*, mendiant, vagabond, *atya*, cheval, *âtu*, radeau, etc.

Kuhn compare avec raison l'allemand *ente*, anc. all. *anut*, *aneta*, scand. *and*, ang.-sax. *ened*, *enid*, et le lithuan. *antis*, canard [2] (cf. sansc. *asi*, et lat. *ensis*) ; *antuka*, bécasse. Il faut y ajouter le russe *útka*, illyr. *utva*, dont l'*u* fait présumer une forme plus ancienne *ātka* avec la nasale. — Mais le latin *anas*, *anatis*, malgré sa ressemblance avec l'ancien allemand, est sans doute différent, car l'intercalation d'une voyelle dans le corps même de la racine *anat* pour *ant*, fréquente en vieux germanique, est étrangère au latin, et d'ailleurs *anas* ne saurait être séparé du grec νῆττα, νῆσσα, de νάω, nager.

Le cymrique *adiad*, canard sauvage, vient de *adaw*, voler, glisser (cf. *adar*, oiseau, *adan*, *aden*, aile, *eden*, *edn*, oiseau, etc.). On retrouve ici l'affaiblissement du *t* en *d* qui se remarque déjà dans le sanscrit *aḍ*=*at*, *âḍi*=*âti*, *âḍû*, radeau=*âtu*. L'irlandais a conservé la dentale forte dans *eathaim*, aller, *eathadh*, oiseau, *eatal*, vol, *eatlaim*, voler, etc. (Cf. *aith*, rapide, et *atha*, coup de vent, en sansc. *atasa*, vent.) — Le basque *atea*, canard, est probablement celtibère.

2). Sansc. *plava*, *plavaga*, canard, plongeon, de la rac. *plu*, natare. — De même, en polonais, *plywacz*, illyr. *plovka*, canard, du slave *plouti*, *plavati*, nager, et en armor. *plüier*, *plünier*, de *pluia*, plonger. Le lithuanien *pyle*, *pylis*, canard, se lie peut-être à la même racine.

[1] Voy. la citation du *Dict. sansc.* de Bœhtlinck et Roth. v. cit.
[2] Weber. *Ind. Stud.* I, 355.

3). Sansc. *bhâsa*, *bhasad*, *bhâsanta*, espèce de canard ; *bhàsa*, aussi coq, et vautour. La racine est sans doute *bhas*, lucere, par allusion au plumage brillant du canard et du coq.

En grec, φασκὰς, βασκὰς (cf. φάω, φάσμα, etc.), désignait également une espèce de canard. Il est à remarquer que, φάσηλος, canot, petit bateau, semble n'être au fond qu'un nom de l'oiseau nageur, car le sanscrit *bhasad* signifie à la fois un canard et un radeau.

4). Une coïncidence singulière est celle de l'hindoustani *marġiya*, plongeon, avec le latin *mergus*, et l'anc. allemand *merrich*. Comme le verbe *mergo* répond à la rac. sansc. *masġ* (*maġġati*) mergere, l'hindoustani doit provenir également de cette dernière par le changement de *s* en *r*. En sanscrit, *maġġika*, désigne la grue indienne.

5). Un nom commun au canard et à l'oie, qui s'est répandu fort au loin, mais dont l'origine est obscure, présente les formes suivantes dans les langues ariennes :

Hind. *bath*, *bathak*, canard, *bat*, oie, bengal *botok*, *votok*, canard et oie ; persan. *bat*, boukhar. *beth*, arménien *bath*, canard ; illyr. *patka*, id. ; alban. *peth*, oie, espagnol *pato*, jars.

En dehors de la famille arienne, on le retrouve dans le malabare *vâttu*, canard ; le siamois *pét*, id. ; l'arabe *batt*, m. *battat*, f., le syriaque *batô*, *pattô*, *fattô*, id. ; le géorgien, *bati*, oie, le tchetchenzi *bat*, *bad*, le touchi *bata*, id. ; le wogoul *batta*, *pot*, *poat*, canard, etc., etc.

Si ce nom était arien, on pourrait le rattacher à la rac. sansc. *bâḍ*, emergere, lavari, grec βάπτω, irland. *bathaim*, *badhaim*, plonger, noyer, cymr. *boddi*, id. ; ang.-sax. *bathian*, scand. *bada*, anc. all. *badôn*, lavare, etc. Il serait singulier toutefois qu'aucun nom du canard ou de l'oie n'en dérivât, soit en sanscrit, soit dans les principales langues européennes. Wilson, par contre, donne le composé *râġabhaṭṭika*, espèce d'oiseau aquatique, formé comme *râġahañsa*, oie royale ; et ce *bhaṭṭika*, qui ne se retrouve pas isolé, tout en paraissant se rattacher au groupe ci-dessus, se sépare évidemment de la racine *bâḍ*. La question d'origine reste ainsi tout à fait incertaine, mais la grande extension de ce nom de l'oiseau domestique témoigne de relations multipliées entre les anciens peuples.

§ 97. — LE COQ ET LA POULE.

Le coq domestique paraît provenir du coq sauvage de l'Himâlaya, et pourrait bien, d'après cela, avoir été une conquête des anciens Aryas. Il n'en est fait aucune mention dans la Bible, et il n'est pas sûr que les Grecs le possédassent au temps d'Homère [1]. Il est bien nommé dans la Batrachomyomachie (v. 191), mais on sait que ce poëme est d'une époque plus récente. D'après Athénée (XIV, c. 20), le coq et la poule seraient venus de la Perse. Ce qui appuie ce fait, c'est que la poule était appelée simplement ὄρνις, l'oiseau, et que ἀλέκτωρ, coq, paraît être d'origine hellénique [2]. Par contre, le sanscrit et le persan ont une synonymie très-riche, dont plusieurs termes s'accordent avec ceux de l'Occident. Il y a donc peu de doute que le coq n'ait figuré dans la basse-cour des anciens Aryas, bien que les Grecs semblent l'avoir perdu de vue depuis leur première migration.

1). Sansc. *kukkuṭa*, —*ṭaka*, m., *kukkuṭî*, f. — Hind. et bengal. *kukkuṭ*. — C'est là une onomatopée que l'on retrouve dans l'anc. slave *kokoshŭ*, poule, russe *kočekŭ*, coq, *kókotŭ*, gloussement, pol. *kogut* (anc. *kokòt*, *kokut*), coq, *kokosz*, poule, illyr. *kokot* m., *kokosk* f., etc., l'albanais *kokóshi* m. Le lithuan. *kukuttis* désigne la huppe.—L'ang.-saxon *cocc*, angl. *cock*, armor.

[1] Link. *Urwelt*, I, 394.

[2] Cf. Benfey. *Griech. W. Lex.*, I, 106, qui rejette avec raison l'étymologie ordinaire de ἀ+λέκτρον, et cherche le sens de brillant, en comparant ἠλέκτωρ soleil, et ἤλεκτρον ambre jaune. Cf. plus haut le sansc. *bhasa*, coq et canard, de *bhas*, lucere. D'un autre côté, on trouve en pehlwi *alka*, coq, chez les Lesghis du Caucase, *alkuts*, *helko*, *heleko*, qui pourrait avoir été grécisé en vue d'une étymologie.

kok, a perdu la réduplication. Le finland. *kukko*, hong. *kakas*, esthon. *kikkas*, etc., viennent du slave.

Un autre nom imitatif sanscrit, *kukkubha*, coq, est exactement le grec κουκούφα, espèce d'oiseau non déterminée, peut-être la grue (Horapol. 2, 55).

2). Le sansc. *kṛkavâku*, coq, paon, gallinacée en général, et lézard, est composé de *kṛka*, cou, gosier, et de *vâku*, qui crie, de *vać*, clamare, vocare. Le premier mot est par lui-même imitatif du cri guttural, et désigne seul la poule, et d'autres oiseaux, dans plusieurs langues ariennes[1].

En zend, son nom était sûrement *kahrka*, à en juger par celui de *kahrkâça*, l'oiseau qui mange la poule, ainsi que par un autre composé plus obscur, *kharkatâç*, qui désigne le coq[2]. C'est ce que confirment d'ailleurs le persan *kark*, poule, perdrix, et l'ossète *kharkh*, poulet. C'est là, sans aucun doute, un ancien nom arien, car il se retrouve intact dans l'irlandais *cearc*, poule.

3). Il faut distinguer du précédent un groupe de noms qui se lient à la rac. sansc. *kur*, sonare, d'où entre autres *kurara*, *kurala*, espèce d'aigle, *kurankara*, grue indienne, etc. De là aussi le persan *churu*, *churwah*, coq, *kûrak*, poule, *kûrik*, poulet, kourd. *kurka*, poule qui couve (cf. le turc *kiürek*, poule). Ce nom se retrouve dans l'anc. slave *kourŭ*, rus. *kurŭ*, polon. et bohém. *kurek*, coq, et le rus. *kuritsa*, polon. *kura*, bohém, *kaura*, poule.

Le persan *churôs*, coq, a encore une origine différente, et appartient à la rac. zend *khruç*, sansc. *kruç*, clamare, d'où *krôçu*,

[1] Voy. plus loin les articles grue, corbeau, perdrix, etc., et comparez le grec κρέκα κρέξ, esp. d'oiseau aquatique, le lithuan. *krykle*, russe, *kriakva*, canard, allem. *kriek-ente*, etc., etc.

[2] *Kahrkâça* est formé comme le sansc. *lôpâçâka*, chakal, mangeur de restes, *pavanâçana*, serpent, mangeur d'air, etc., avec la rac. *aç*, edere. Le nom désigne sûrement un oiseau de proie, d'après les passages de l'Avesta (*Fargard.* 3, 66; 9, 181), mais Spiegel ne le traduit pas. Le *kahrkatâç*, qui élève sa voix à chaque divine aurore (*Farg.*, 18, 52), ne peut s'appliquer qu'au coq, mais doit avoir, par cela même, un tout autre sens que le mot précédent. Il semble composé de *kahrka* et de *tâç*, mais ce dernier terme reste inexpliqué. Serait-ce le persan *tâsh*, compagnon, associé, époux?

kroshtṛ, chakal. En pazend, le nom du coq est *krush* (pehlwi *kherus*, Anquet.). Burnouf m'a communiqué, il y a bien des années, comme zend, la forme *khraçya* que, d'après les analogies qui précèdent, il faut peut-être lire *khruçya*.

Ce nom iranien du coq a passé dans les dialectes turcs, où on le trouve sous les formes de *churus*, *choroṣ*, *kurâs*, *koras*, etc.

4). Le sanscrit *kâṇuka*, coq, corneille, espèce d'oie, et *kâṇa*, corneille, dérivent de *kaṇ*, sonare, gemere. En persan, on trouve *kanak*, *kank*, coq. Cette fois ce sont les langues germaniques qui ont conservé cet ancien nom arien, dans le goth. *hana*, ang.-sax. *hona*, scand. *hani*, anc. allem. *hano*, coq, d'où, par dérivation, l'anc. all. *hânin*, poule et *huon*, poulet, allem. mod. *henne*, *huhn*, etc. Il se retrouve aussi, avec le *k* primitif, dans le finlandais, et karélien *kana*, esthonien *kanna*, poule, où il doit avoir pénétré par une autre voie que le germanique, ou avant que celui-ci eût adopté le changement de *k* en *h*.

5). C'est encore à une racine de son qu'appartient le persan *gâl*, coq, et aussi cri, bruit fort, dimin. *gâlićah*, pie. — C'est le latin *gallus*, *gallina*, irland. *gall*, albanais *ghièl*, *ghul*, coq. La racine commune est le sansc. *gṛ*, *gar*, *gal*, sonum edere, canere, d'où *gala*, instrument de musique, *gâli*, imprécation, etc. ; en zend *gĕrĕ*, chanter, *garu*, chanteur (cf. grec γῆρυς, son, voix, et γέλως, le rire ; anc. allem. *charôn* et *challôn*, clamare, scand. *kalla*, angl. *call*, etc. ; irland. *gairim*, et *goilim*, crier, *gaill*, parole, *galán*, *galmha*, bruit, cymr. *galw*, appeler, russ. *gólka*, bruit, etc.

Plusieurs autres noms du coq sont tirés de son chant. En sanscrit, il est appelé *âtmagôsha*, qui a un cri à lui propre ; *ravathu*, le bruyant, *ushâkala*, qui chante à l'aurore, *kahala*, quel cri ; en lithuanien, *gaidys*, de *giedmi*, cano ; en russ. *pietelĭ*, *pietuchŭ*, illyr. *pjeteo*, *pjevaz*, de *pietĭ*, chanter, etc.

6). Le sanscrit *daksha*, coq, vient probablement de *daksh* dans le sens de *strenuum esse*, *festinare* (to dispatch, to do quickly, *Wilson*), à cause de la manière expéditive dont il accomplit ses fonctions de générateur. On appelle de même *daksha* un amant qui a beaucoup de maîtresses. — Je crois reconnaître ce nom dans le kourde *dik, dikel*, boukhare *dik*, coq, avec affaiblissement de *a* en *i*, et changement de *ksh* en *k*. On pourrait, il est vrai, douter de l'origine arienne de ce dernier mot en présence de l'arabe *dîk*, coq, *dîkat*, poule (cf. hébr. *dukiphat*, gallus montanus, où le sens de *phat* est obscur) ; mais, d'une part, ce nom n'a aucune étymologie en arabe, et, de l'autre, il se retrouve à l'occident de l'Europe dans le cymrique *dicen*, appliqué par extension à la poule, et qui n'est sûrement pas venu de l'arabe. Il est donc très-probable que ce dernier l'a reçu de quelque dialecte iranien, d'autant plus que l'on trouve, en arabe même, une autre forme plus rapprochée de *daksha* (*dakshaka*), savoir *dağâğ, dağağat, diğağat, duğkğat*, coq et poule.

Les langues finno-tartares offrent aussi un nom fort analogue, et répandu au loin dans l'Asie du nord. Pour le coq, la poule, le poulet, les dialectes turcs offrent *taka, takak, tacho, tauk*, etc., le wogoule a *tokuch*, l'ostiake *tauk*, le hongrois *tik, tyuk*, le koïbale *takak*, et, enfin, le mongol *taka, takia*. — Toutes ces variantes iraniennes, sémitiques et finno-tartares, semblent se grouper naturellement autour du sanscrit *daksha*, qui les relie entre elles.

7). Deux noms sanscrits du coq, analogues de forme, mais qui diffèrent par le sens, sont, d'une part, *kâlağna*, qui connaît (qui annonce) le temps (*kâla*), ou l'heure matinale, et de l'autre *kalâdhika*, qui a un son (*kala*), un cri excessif, extraordinaire (cf. *ushâkala*, coq, cri de l'aurore, et *kalakala*, cris confus, tumulte, rac. *kal*, sonare).—A l'une ou l'autre notion du temps ou du son, se rattache le persan *kalâsh*, coq, et de plus l'irlandais *caileach*, ers. *coileach*, cymr. *ceiliawg*, corn. *chelioc*, armor. *kilok, kilek*[1]. La seconde supposition est la plus probable, à cause de la brièveté de l'*a*, et de l'extension de la racine *kal* dans toute la famille arienne (cf. le grec καλω, latin *calo*, anc. all. *hâlôn, hellan*, etc.,

[1] Cf. aussi le sansc. *kâla*, coucou, *kâlika*, corneille (noir?) courlis, héron, espèce de *Turdus*, et le persan *kalak, kalik*, hibou. (§ 121, 2.)

irland. *cal*, *cáil*, armor. *kel*, voix, bruit, lithuan. *kalóti*, gronder, etc., etc.

Les rapprochements qui précèdent ne peuvent laisser aucun doute sur la possession du coq et de la poule chez les anciens Aryas, avec une synonymie déjà assez riche, puisque les langues européennes s'en sont partagé les divers termes. De plus, les analogies de quelques noms ariens avec ceux des Sémites et de l'Asie du nord, semblent indiquer une transmission de l'oiseau domestique lui-même dans plusieurs directions, ce qui s'accorde d'ailleurs avec ce que l'on présume de sa patrie primitive.

§ 98. — LE PIGEON.

La domestication du pigeon est sûrement fort ancienne, mais il est douteux qu'elle remonte jusqu'à l'époque antérieure à la séparation des races ariennes. Des vingt-cinq à trente noms sanscrits de cet oiseau, et de ses quinze ou seize noms persans, aucun ne se retrouve avec sûreté dans les langues européennes [1]. Il semblerait, toutefois, que le pigeon a été connu des Aryas alors qu'ils ne s'étaient encore divisés qu'en deux branches principales; car l'un de ses noms est commun à l'Inde et à l'Iran, et l'autre à plusieurs des peuples de l'Europe.

1). Le premier est le sanscrit *kapôta*, qui se décompose en *ka* interrogatif ou exclamatif, et *pôta*, petit d'oiseau et d'animal quelconque. Cela peut signifier : combien de petits! ou, quels (vilains) petits! vu l'extérieur peu gracieux des jeunes pigeons au sortir de l'œuf. De là l'hind. *kapot*, bengal. *kopôt* ; mais en hind. on trouve aussi *kabûtar*, et en maratte *kaputra*, avec le sansc. *putra*, enfant, fils, pour *pôta*, et c'est à ce synonyme que se rattachent le persan *kaftar*, *kabtar*, *kabûtar*, *kawatar*, l'afghan *kèwter*, le

[1] L'irlandais *colur*, ressemble bien un peu au sanscrit *kalarava*, l'oiseau dont la voix est un murmure, mais cette unique analogie est fort incertaine.

kourd. *koter*, etc. Le zend n'est malheureusement pas connu.

2). Le nom européen, d'une origine beaucoup moins claire, forme un groupe étendu, avec des variations assez fortes. Il se compose du latin *columba* (*palumba*), de l'irlandais *calmán*, *colum*, *colm*, erse, *calman*, *columan*, du cymr. *colomen*, corn. *kylobman*, armor. *kulm*, de l'ang.-saxon *culufre*, *culfer*, angl. *culver*; de l'anc. slave *golàbĭ*, rus. *gólubĭ*, polon. *golĕb*, illyr. *golub*, bohém. *holub*, etc.; d'où le hongrois *galamb*. Il faut peut-être y ajouter le grec κολύμβος, qui désigne un oiseau aquatique, probablement le plongeon.

L'analogie de tous ces noms semble évidente, et cependant il est difficile de les ramener à un même thème primitif. Rien n'est moins probable qu'une transmission du latin aux autres langues, et on ne sait trop de quelle forme partir comme la plus ancienne.

Kuhn a proposé, pour *columba*, une étymologie ingénieuse, mais qui me semble prêter à plus d'une objection. Il voit dans *lumba* la rac. sansc. *lamb*, cadere, labi, et dans le *co*, *go*, *pa*, des formes diverses, une gutturalisation ou modification du préfixe *ava*, réduit d'abord à *va*, et qui renforce le sens de *lamb*, de sorte que le nom signifierait l'oiseau qui s'abat, qui tombe, qui plonge du haut des airs, ce qui expliquerait aussi κόλυμβος, plongeon. Partant ensuite de la supposition que *lamb* est pour *damb*, il rattache ici le gothique *dûbô*, anc. all. *tûba*, colombe, d'une forme plus ancienne *dumba*. Enfin il trouve dans le sanscrit *kâdamba*, nom d'une espèce d'oie ou de canard, la confirmation de son hypothèse, et le corrélatif de *columba* [1]. A cela on peut objecter :

1° L'absence d'une racine *damb*, et l'accord de la forme *lamb* avec le latin *labo* et le grec λάβω, λαμβάνω. (Cf. *â-lamb*, *ava-lamb*, capere, prehendere [2].

2° L'extrême improbabilité d'un changement de *ava* ou *va* en

[1] *Ind. Stud.*, de Weber, I, p. 346.

[2] Cf. aussi *ramb*, ire, et ῥέμβω, tourner, errer, scand. *ramba*, vaciller, etc.

co, *go*, ou même *pa*, et l'impossibilité de réconcilier cette supposition avec le sanscrit *kâdamba*, s'il correspond réellement à *columba*.

3). La dérivation même de *kâdamba*, qui paraît provenir (par *gouṇa*) de *kadamba*, multitude, et signifier l'oiseau qui vole en troupes, ce qui conviendrait au pigeon comme à l'oie et au plongeon.

Mais de nouvelles difficultés se présentent si l'on compare les autres noms européens. Le slave *golăbĭ* offre *g* pour *k*, irrégularité dont je ne connais aucun exemple dans l'ancien slave qui maintient fidèlement l'ordre primitif des consonnes. Par contre, le *c* de l'ang.-saxon *culufre* répond régulièrement à ce *g* du slave, et point du tout au *c* du latin qui exigerait un *h*, et, d'un autre côté, le mot saxon n'a aucunement l'air d'un emprunt fait au latin, mais plutôt d'un terme indigène.

Le pigeon, en effet, s'appelle aussi en ang.-saxon *cusceote*, *cowshot* dans le dialecte anglais du Lankashire, de *cû*, vache, et de *sceotan*, ruere, l'oiseau qui se lance, qui vole vers la vache. Comment, d'après cela, ne pas voir dans *culufre* un composé semblable, en anglais *cowlover*, de *cû* et de *lufian*, aimer, *lufe*, amour, etc.? Ce sens, qui peut paraître singulier, se justifiera bientôt par d'autres analogies; mais il faut remarquer d'abord que le nom slave du pigeon semble offrir une interprétation du même genre, sinon identique.

On peut, en effet, sans invraisemblance, voir dans *go-lăbĭ* le nom arien de la vache *gô*, qui a laissé des traces dans les langues slaves, où il a sans doute existé (cf. § 86, 1). Quant à *lăbĭ*, il serait peut-être difficile de le ramener directement à *liubiti*, aimer, = ang.-sax. *lufian*, lat. *lubens*, *lubet*, sansc. *lubh*, cupere, etc., soit parce que cette racine ne prend pas de nasale en sanscrit, soit, surtout, parce que l'*ă* slave répond dans la règle au sanscrit, *an*, *añ*, *am*[1]. Mais nous avons ici la racine *labh*, *lambh*,

[1] Cf. *ăgli*, charbon, et *angara*, id.; *tăću*, pluie, et *tanć*, fluere, *mătiti*, turbare et *manth*, agitare, *măso*, chair et *mâsña*, id.

adire aliquem, obtinere, au désidératif cupere (cf. *lambhita*, soigné, caressé, aimé), probablement alliée de près à *lubh*, de sorte que *gôlambha* aurait le même sens que *gôlubha* ou *gôlôbha*. On trouve plus d'un exemple de composés synonymes qui se ressemblent ainsi par la forme sans être identiques de tout point ; mais il se peut aussi que les Anglo-Saxons aient modifié le terme primitif pour l'adapter à leur langue.

Les relations de bonne intelligence que semblent indiquer ces noms du pigeon entre l'oiseau et le quadrupède, sont sans doute fondées sur quelque observation réelle, bien que je n'en puisse citer aucune [1]. Il est à remarquer que le lithuanien *karwelis*, pigeon, rapproché de *kárwe*, vache, offre une nouvelle confirmation de ce fait, qui s'explique d'ailleurs très-naturellement. On sait qu'il est dans les habitudes de plusieurs oiseaux de s'attacher aux quadrupèdes domestiques, non point par un sentiment d'affection, mais tout simplement parce qu'ils trouvent dans leur proximité, ou même sur eux, les insectes dont ils se nourrissent. C'est ainsi que le hoche-queue accompagne volontiers les troupeaux, ce qui lui a fait donner le nom de *bergeronnette*. Celui de *caprimulgus*, tette-chèvre, qui désigne l'engoulevent, et qui se retrouve avec ce sens dans plusieurs langues européennes [2], dérive sans doute d'une habitude analogue, car l'oiseau ne tette certainement pas la chèvre. Le *Crotophaga sulcata* du Pérou, que Tschudi décrit sous le nom de *pferdehüter*, ou garde-cheval, se tient constamment dans le voisinage des chevaux et des ânes, et s'établit même sur leur dos pour y chercher des tiques [3]. Le garde-bœuf, *ardea bubulcus*, donne lieu aux mêmes observations, et l'un des noms du vautour nous offrira plus tard un sens tout semblable [4].

[1] En sanscrit, le pigeon est appelé *kharapriya*, amant ou aimé de l'âne ou du mulet. Toutefois *khara* désigne aussi la corneille, le héron et l'orfraie.

[2] En grec αἰγοθήλας, en allem. *ziegenmelker*, en angl. *goatsucker*, en russe *kozodói*, etc.

[3] Tschudi. *Peru*, t. I, p. 59.

[4] Plusieurs noms sanscrits d'oiseaux sont composés avec *gó*; ainsi *gókirdṭika*,

Le difficile maintenant, c'est de concilier cette interprétation avec la forme du latin *columba*, dont le *co* pour *go* serait aussi insolite que le slave *go* pour *co*. Faut-il y voir, avec Benfey (*Griech. W. Lex*, II, 106), un composé avec l'interrogatif *ka*, analogue à *kapôta*, et qui exprimerait l'ardeur amoureuse de l'oiseau ? (de *lubh*, cupere). Faut-il ainsi le séparer du slave et de l'anglo-saxon, aussi bien que du grec κόλυμβος et du sanscrit *kâdamba ?* On se tirerait peut-être de ces difficultés en admettant la possibilité d'une confusion entre des noms et des espèces qui se ressemblaient à certains égards, *gôlubha, gôlambha, kalubha, kâdamba* (*kâlamba*), de sorte que la gutturale initiale aurait varié par suite de l'analogie des formes. Une confusion de ce genre s'observe en irlandais, où l'oie sauvage, *cadhan*, et le pigeon *caidhcàn* (cymr. *cuddon*, armor. *kudon*) ont le même nom, altéré peut-être du sanscrit *kâdamba*.

§ 99. — L'ABEILLE.

A la suite des quadrupèdes et des oiseaux, il faut placer le seul insecte que l'homme ait réellement associé à sa vie domestique, l'industrieuse abeille qui lui fournit la cire et le miel. L'art d'élever les abeilles est fort ancien. Homère y fait allusion en décrivant la grotte des nymphes à Ithaque [1]. Toutefois, l'insecte et ses produits doivent avoir été connus avant sa domestication, et il n'est point certain que les Aryas primitifs aient pratiqué l'apiculture, malgré les coïncidences que présentent les noms de l'abeille et du miel. Ceux de la ruche, en effet, diffèrent partout ; mais ce n'est là qu'une indication négative, car la culture des abeilles exige une existence sédentaire, et peut s'être perdue facilement à la suite de la migration des peuples. Quoi qu'il en soit, je me bor-

Turdus salica, *gônandî*, *gônarda*, grue indienne, *gôbhaṇḍîra*, *gôranku*, espèces d'oiseaux aquatiques. Mais partout ici *gô* paraît avoir l'acception de terre ou d'eau.

[1] *Odys*. XIII. v. 106.

nerai à signaler les analogies assez nombreuses que présentent les langues ariennes pour l'abeille et ses produits.

La synonymie sanscrite de l'insecte comprend une trentaine de noms ; mais plusieurs sont purement poétiques, car l'abeille tient une grande place dans les images des anciennes épopées. Ce qui indique cependant une synonymie primitive déjà riche, c'est qu'elle s'est divisée entre les diverses langues de la famille, sans qu'aucun nom se soit maintenu d'une manière générale, tandis que, pour le miel et la cire, c'est le contraire. Dans les rapprochements qui suivent, je tiens compte naturellement des noms du bourdon et de la guêpe, à cause des transitions qui se remarquent plus d'une fois.

1). Sansc. *bha*, m., abeille, de la race *bhâ*, lucere, à cause de l'éclat métallique de certaines espèces. Cf. *bha*, étoile, et *bhâ*, lumière, rayon. Le synonyme *bhasana*, grosse abeille noire, dérive de même de *bhas*, lucere.

Je compare l'ang.-saxon *beo*, f., scand. *bî*, m. (et f. dans *bî-fluga*, abeille-mouche), anc. allem. *pîa*, f., etc., peut-être d'un thème féminin *bhî*, avec une addition inorganique. L'irland.-erse *beach*, resté masculin, se lie à un diminutif *bhaka*. Le lithuan. *bitte*, f. est probablement aussi une forme diminutive, bien que la nature du suffixe reste obscure.

L'anc. allem. *pian*, m. (de *pina?*) *pini*, *pine*, m., d'où le moderne *biene*, f. paraît dérivé par un suffixe *n* (cf. sansc. *bhânu*, lumière). La forme *pigin*, apes, all. moyen *bîgen*, et *piutta*, vas apium, sont peut-être des composés, de même que *impi*, essaim d'abeilles. L'obscurité même de ces formations témoigne de leur ancienneté[1].

C'est à tort, je crois, que l'on a voulu rattacher ces noms à la rac. sansc. *pî*, *pâ*, boire, en s'appuyant de l'analogie de *madhupa*,

[1] Cf. Grimm. *Deut. Gram.* III. 365. Graff. *Deut. Spr. sch.*, I. 237, II. 12, *Impi* se lie peut-être à *impiton*, ang.-sax. *impian*, ang. *imp*, greffer, l'essaim pouvant se comparer à une greffe. En Suisse *imbe*, *imme*, est le nom de l'abeille même, et on pourrait penser aussi à la rac. sansc. *ambh*, sonare, si quelque autre nom de l'insecte bourdonnant s'y rattachait.

abeille, littér. qui boit le miel ; car le *p* aurait dû devenir *f* en germanique, tandis que le *b*, *p* répond exactement au *bh* sanscrit. C'est à tort également que l'on a comparé le latin *apis*, sans pouvoir rendre compte de l'*a* bref initial. Le mot latin me paraît se lier à la même racine que *apisci*, *ad-ipisci*, savoir le sansc. *âp*, qui devient *ap* dans *apas* = lat. *opus* et désigner l'insecte travailleur qui acquiert et butine [1].

Au synonyme, *bhasana*, grosse abeille, répond peut-être le grec ψήν, esp. de guêpe, pour φσήν, contracté de φασήν.

2). Sansc. *bhramara*, grosse abeille noire, de la rac. *bhram*, errare, et probablement aussi bruire, bourdonner, à en juger par l'analogie de φρίμασσω, *fremo*, ang.-sax. *breman*, anc. allem. *preman*, allem. mod. *brummen*, irland. *bramaim*, pedere, cymr. *bramu*, id., etc.

C'est le persan *barmûr*, *parmar*, *parmûr*, abeille. Dans les langues germaniques, c'est le taon qui est appelé *prêmo* en anc. allemand, all. mod. *bräme*, *bremse*, suéd. *bröms*, ang.-saxon, sans la nasale, *briosa*.

3). Sansc. *bambhara*, abeille, cf. *bambha*, mouche, noms imitatifs du bourdonnement. En bengal. *bhômra*, hind. *bhaunra*, marat. *bhôñvara*, abeille, *bhônbula*, bourdon Cette dernière forme est exactement βόμβυλος, bourdon, de βομβέω, cf. βόμβος, *bombus*, cymr. *bwmbwr*, bruit sourd, scand. *bumba*, tambour, etc. [2].

4). Sansc. *druṇa*, abeille, probablement aussi une onomatopée, bien que l'on puisse dériver ce nom de *druṇ*, lædere, comme *druṇa*, le scorpion qui pique, mais qui ne bourdonne pas. L'arc, *druṇa*, et sa corde, *druṇâ*, résonnent sans doute, mais comme *druṇ* signifie aussi *curvare* et *ligare*, la nature du mot reste incertaine.

Je réunis ici, sans les comparer directement, plusieurs noms européens du bourdon qui sont analogues, mais où la dentale et la voyelle varient.

[1] Le copte *af*, *aaf*, *ab*, abeille, mouche, n'a sans doute qu'une ressemblance fortuite.

[2] Alban. *brumbul*, mouche.

Le grec τενθρήνη est une réduplication de θρηνέω, gémir, θρῆνος, gémissement, et répond exactement au sansc. *dandhran*, forme intensitive de *dhran*, sonare. De là aussi l'angl.-saxon *dran*, angl. *drone*, anc. all. *treno*, bourdon. Il faut en séparer le lithuanien *tranas*, id., de *traniti*, babiller ; en polon. *trunić*, murmurer, *treṇ*, chant plaintif ; en irland. *treanaim*, gémir, se lamenter ; en cymr. *trinaw*, faire du bruit, etc., cf. notre mot *train*. Ces formes diverses indiquent trois racines imitatives, *dran* ou *druṇ*, *dhran* et *tran*, variations très-ordinaires quand il s'agit d'onomatopées.

Le sanscrit *indindira*, grosse abeille, est encore plus sonore que τενθρήνη.

5). Sansc. *ârghâ* f., espèce d'abeille jaune, et *ârghya*, le miel qui en provient. Sans doute de *argha*, valeur, prix, *arghya*, précieux, rac. *argh*, *arh*, pretio stare.

On peut comparer p.-ê. l'irlandais *arc*, abeille, guêpe, *earc*, id., et miel, où le *c* serait pour *g*.

L'arabe *ara'*, mellificavit (apis), d'où *ary*, miel, n'a probablement aucun rapport ; mais on peut se demander si le persan *ârî*, abeille, en dérive, ou le contraire. Car *ârî* ressemble singulièrement au sanscrit *âli*, *ali*, *alin*, abeille, de *ala*, aiguillon [1], dont la racine est *ṛ*, *ar* (*al*), lædere, infigere, transfigere.

6). Sanscrit *çyâmala*, grosse abeille noire, de *çyama*, noir. Ce nom se retrouve dans l'anc. slave *čmelĭ*, bourdon, rus. *shmelĭ*, bohém. *čmel*, polon., par corruption, *trzmiel*. L'allemand *hummel* n'en paraît être qu'une forme altérée pour en faire une onomatopée.

7). Le singhalais, qui a conservé un bon nombre de mots purement sanscrits qui manquent au dictionnaire de Wilson, offre, pour l'abeille *sarasa*, que l'on peut interpréter par *qui a une langue*, une trompe, *rasâ*, de même que l'insecte est appelé *madhulih*, qui lèche le miel. A *sarasa* paraît correspondre le lithuanien *szirszys*, guêpe, tandis que le synonyme *szirszonas* = anc. slave

[1] Cf. irland. *ail*, aiguillon, ang.-sax. *âl*, *ala*, alène, anc. all. *ala*, scand. *alr*, lithuan. *ylà*, id.

shrtshent, frelon, rus. *shershent*, polon. *szerszen'*, bohém. *srssen'*, semble composé avec *rasanâ* = *rasâ*, langue[1]. Et il est singulier qu'une troisième forme, *rasalâ*, rende compte également du troisième synonyme lithuanien *szirszlys*.

8). Sansc. *çâilêya*, m. abeille, de *çilâ*, *çâila*, montagne, l'insecte de montagne, probablement une espèce particulière. Je ne sais si le persan *zallah*, *zillah*, abeille, est à comparer, mais l'erse *seillein*, p.-ê. d'un thème *çâilin*, semble d'autant mieux s'y rapporter qu'il désigne l'abeille sauvage, *apis montana*.

9). A la suite de ces coïncidences ariennes multipliées, mais isolées, je veux encore en signaler deux autres beaucoup plus énigmatiques entre le sanscrit et les langues sémitiques. Bien qu'il soit difficile de rien conclure de ces analogies qui laissent presque toujours en doute sur leur réalité parce que les étymologies diffèrent de part et d'autre, il est utile cependant de les noter, comme autant de données futures pour éclairer l'obscur problème d'une affinité possible entre ces deux familles de langues, si profondément séparées d'ailleurs par leur génie et leur organisme.

Le sanscrit *saraghâ*, abeille, rappelle certainement l'hébreu *tsir'âh*, guêpe, frelon. L'étymologie est obscure des deux parts, car celle qu'indique Wilson, de *sara*, qui va, et de *han*, frapper, ne vaut pas mieux que celle de Gesenius d'une racine *tsâra'*, percussit, prostravit. Aussi ce dernier ajoute-t-il : *fortasse a pungendo, quod a percutiendi potestate non multum abest*[2]. Le kourde *zerkek*, guêpe, paraît se lier à ce groupe, et il est curieux que le mandchou *sorokia* désigne aussi une abeille ou une guêpe.

Un autre nom sanscrit de l'abeille, *dvira*, en singhalais *debaru*, *dvirelu*, ressemble bien mieux encore à l'hébreu *dborâh*, arab. *dabr*, *dibr*, syriaq. *deburto*. Ici l'étymologie est tout en faveur d'une origine sémitique ; car la racine *dâbar*, duxit, in ordinem coegit, d'où, en arabe, *dabr*, examen apium, fournit un sens très-

[1] Miklosich, toutefois, *Rad. slov.* 108, indique comme racine le bohém. *shrsheti* strepere, ce qui rend les rapprochements indiqués fort douteux.

[2] *Lexic. hebr.*, p. 875.

satisfaisant. Les grammairiens indiens, au contraire, ont recours à une interprétation très-forcée, savoir *dvi-ra*, l'insecte *qui a deux r* dans son nom ordinaire, *bhramara*. Ils ont même créé de seconde main un synonyme *dvirêpha*, en substituant à *ra* le nom grammatical de la lettre *r*.

10). *Le miel.*

Ici toutes les langues ariennes présentent un accord remarquable, ce qui prouverait déjà que les Aryas ont utilisé l'abeille sauvage ou domestique.

Le thème le plus ancien du nom est le sanscrit *madhu*, dérivé probablement de la rac. *mṛdh*, humidum esse, par la vocalisation complète de la semi-liquide *ṛ* que les Indiens considèrent déjà comme une voyelle. Le sens général de *madhu* est celui de doux, au physique et au moral, et ce mot désigne aussi le sucre, le lait, l'eau, le vin et une liqueur spiritueuse particulière. Cf. *madhura*, doux, douceur, sirop, et *madhula*, vin. L'abeille est appelée *madhukara* ou *madhukṛt*, qui fait le miel, *madhupa*, *madhulih*, qui boit, qui lèche le miel, *madhumakshikâ*, mouche à miel, etc.

Dans les langues îraniennes, le zend *madhu* ne se trouve que avec le sens de vin, et peut-être d'hydromel. Le persan *may*, kourd. *mèi*, vin, paraissent contractés du féminin *madhvî*, liqueur spiritueuse en sanscrit, de même que *madhu* est devenu *mau* en bengali et en hindoustani, et *madhula*, vin, *mul* en persan. L'ossète *mid*, et l'arménien *meghr*, pour *melr*, de *medhr*, ont conservé le sens de miel [1]. L'ossète *midibinġ*, abeille, répond au sansc. *madhu-bhṛnga*, et *midaġan*, cire, à *madhuġa*, produit du miel.

En Europe, on trouve deux groupes distincts, dont l'un désigne le miel et l'autre aussi l'hydromel ou le vin. Le premier change le *dh* en *l* (comme dans l'arménien *meghr* où le *gh* est pour *l*, par une substitution fréquente d'ailleurs), et prend un suffixe différent de l'*u* de *madhu*. Le second est resté fidèle au thème sanscrit. On a bien tenté de les séparer étymologiquement, mais leur communauté d'origine est beaucoup plus probable.

[1] Cf. armén. *méghou*, abeille.

Le grec μέλι, gén. μέλιτος, thème μελιτ, auquel répond exactement le goth. *milith* [1], présente un suffixe *it* dont on trouve en sanscrit quelques exemples, tels que *taḍit*, éclair, de *taḍ*, lucere, *sarit*, rivière, de *sṛ*, ire, *yôshit=yôshâ*, femme, probablement pour *ġôshit* de *ġush*, diligere, gratum habere. Le thème primitif doit avoir été *madhit*. Le latin *mel*, *mellis* peut s'expliquer par l'assimilation du suffixe, qui disparaît complétement dans l'irland.-erse *mil*, gén. *meala*, le cymr. *mel* et l'armor. *mél*. Le changement du *dh* en *l* peut avoir été favorisé par l'ancienne présence du *ṛ* sanscrit que l'étymologie probable de *madhu*, pour *mṛdhu*, autorise à supposer [2].

Le thème sanscrit reparaît inaltéré dans le lithuanien *medus*, miel, à côté de *middus*, *middùkas*, hydromel, l'anc. slave *medŭ*, russe *mēdŭ*, polon. *miod*, illyr. *med*, etc. Le russe et le polonais s'appliquent aussi à l'hydromel, pour lequel l'illyrien a *medovina*. Dans les autres langues européennes, cette forme s'est maintenue avec le sens de liqueur spiritueuse seulement. Ainsi le grec μέθυ, vin, l'ang.-sax. *medu*, *medo*, scand. *miödr*, anc. all. *medu* (*metu?*) all. mod. *meth*, hydromel ; irland. *meadh*, *mídh*, *miodh*, cymr. *medd*, id., etc.

Ce nom du miel a passé dans le mizdjeghi du Caucase, *mods*, *mos*, le finland. *mesi* (gén. *meden*), le mordouine *med*, le tchérém. *miu*, le syriène *ma ;* le turc *mŭd*, etc., etc. On pourrait sans doute le suivre plus loin encore vers le fond de l'Asie, car le chinois *mĭ*, *miĕ*, rappelle les formes finnoises, et le bengali *mau*. Le malai *madû* est purement sanscrit.

11). *La cire.*

L'accord de plusieurs langues européennes pour le nom de la cire indique une origine arienne. Au grec κηρὸς, correspondent le latin *cera*, l'irland. *ceir*, le cymr. *cwyr* et l'armor. *koar*. Il faut y ajouter le lithuanien *kòris*, rayon de miel, =κηρίον, *cerium*. En

[1] Cf. alban. *mialte*.

[2] A la forme hypothétique *mṛdhu*, répondrait parfaitement le goth. *milds*, ang.-sax. *mild*, scand. *mildr*. anc. all. *milti*, suavis, mitis, et mieux qu'au sanscrit *mṛdu*, mollis, dont la dentale diffère.

Orient, je ne trouve d'analogue que l'arménien *keron*, cire, et *khorin*, rayon de miel. Tous ces noms me paraissent provenir de la racine sansc. *kṛ*, facere, d'où *kâra*, *kâraṇa*, œuvre, ouvrage ; car la cire recueillie et travaillée par l'abeille est bien une œuvre par excellence.

Les Germains et les Lithuano-Slaves ont en commun un autre terme, l'ang.-sax. *weax*, scand. *vax*, anc. allem. *wahs*, lithuan., par métathèse, *wászkas*, anc. slav. et russe *voskŭ*, illyr. *woska*, polon. et bohém. *wosk*, etc. Ce nom se rattache sans doute au gothique *vahsian*, crescere, anc. all. *wahsan*, ang.-sax. *weaxan*, scand. *vexan*, en sansc. *vaksh*, en zend *vakhsh*, *vakhs*, crescere, accumulare, et désigne la cire comme la substance que l'abeille accumule et fait croître.

SECTION II.

§ 100. — LES ANIMAUX PARASITES.

A la suite des animaux domestiques, il faut parler aussi de ceux qui, toujours et partout, accompagnent l'homme malgré lui, et vivent à ses dépens. C'est même ici que l'on peut attendre des concordances linguistiques plus multipliées et plus complètes qu'ailleurs, parce que l'homme ne réussissant jamais à se débarrasser de ces fâcheux compagnons qui le suivent obstinément, ou que même il porte avec lui, n'en vient pas aisément à oublier leurs noms trop bien connus. Le nombre, au reste, en est heureusement restreint, et paraît avoir été dès l'origine à peu près ce qu'il est de nos jours. Les pères de notre race arienne n'ont été à l'abri ni des larcins de la souris, ni des piqûres de la puce, ni des dégâts du ver, ni des importunités de la mouche, et il est à croire, bien que la preuve linguistique soit moins décisive, que les insectes habitants des lits et des chevelures, ont accompagné les Aryas dans toutes leurs migrations.

§ 101. — LA SOURIS.

La souris et le rat ont, en sanscrit et en persan, beaucoup de noms caractéristiques, mais un seul est décidément arien, et commun à la plupart des langues de la famille. Quelques autres, en petit nombre, offrent des analogies moins sûres, ou ont passé quelquefois à des rongeurs d'espèces différentes.

1). On reconnaît sans peine le nom le plus répandu en Europe dans le sansc. *mûsha*, m., *mushî*, f., au dimin. *mûshaka, mûsika*, mais le sanscrit seul nous apprend que ce mot signifie voleur, de la racine *mush*, furari. Cf. pali *mûsika*, hind. *musâ*, *musrâ*, etc.

La branche iranienne offre le pazend *mùska*, le persan et boukhar. *mûsh*, le kourd. *meshk*, l'ossète *misht*, l'afghan *mukhak*, et l'arménien *mugn*.

Le grec μῦς, gén. μυός, pour μυσος, a perdu, comme souvent, la sifflante entre deux voyelles, tandis que le latin *mus*, *muris* l'a changée en *r*.

L'anc. allem. ang.-sax. et scand. *mûs*, allem. *maus*, angl. *mouse*, etc.; et l'anc. slave *myshĭ*, rus. id., polon. *mysz*, bohém. *mysh*, illyr. *misc*, *mis*, etc. auxquels il faut joindre l'albanais *mi*, *mü*, complètent le cercle des analogies européennes, où le lithuanien et le celtique font seuls défaut.

Les comparaisons qui suivent sont moins certaines.

2). Sansc. *karva*, rat, peut-être de la rac. *kṛv*, ferire, occidere, l'animal destructeur [1]. En persan *kalâwû* désigne une espèce de mulot. — On peut comparer le russe *karbyshŭ*, le hamster, et p.-ê., en admettant un *s* prosthétique, l'ang.-sax. *screawa*, angl. *shrew*, la musaraigne, dont on croyait la morsure mortelle pour le bétail [2].

[1] Comme *dinâ*, souris, de *dî*, destruere, *viṭa*, rat, de *viṭ*, perdere, destruere.

[2] Cf. cependant l'anc. allem. *scero*, talpa, de *sceran*, scindere, maintenant *scher*, *schermaus*.

3). Sansc. *çushira*, rat, de *çushi*, *çusha*, trou dans la terre. Le rat est aussi appelé *vilêçaya*, qui dort dans un trou [1].

Ici probablement le russe *suslikŭ*, polon. *susiel*, le campagnol. L'ang.-sax. *sise-mûs*, anc. allem. *zisimûs*, all. *zieselmaus*, désigne le loir, et Grimm conjecture pour *sise* le sens de creux ou de fosse [2]. — Le mongol *soosar*, marte, n'a sans doute aucun rapport réel.

4). Sansc. *babhru*, rat et ichneumon; littér. brun, fauve. En persan, *bibar*, souris.

Dans toutes les langues européennes, ce nom a passé au castor, lithuan. *bebrus*, anc. slave *bobrŭ*, latin *fiber*, etc., à l'article duquel nous le retrouverons.

5). Sansc. *giri*, *girikâ*, souris, de la rac. *gṝ*, vorare, glutire. Comme *gṝ* devient *gl* dans le latin *glutio*, *gula*, etc., on peut comparer *glis*, *gliris*, loir, dont le thème primitif serait *gilis*= *giris*.

Le hongrois *egér*, souris, finland. *hyri*, *hiiri*, karél. *hiri*, sont probablement différents. Mais d'où vient le languedocien *gâri* qui désigne le rat?

6). Le persan *murz*, *marzah*, *marzan*, souris, ressemble singulièrement à l'armoricain *morzen*, *morsen*, mulot. Ce dernier dérive de *morza*, engourdir, à cause du sommeil d'hiver du mulot. (Cf. sansc. *murćh*, stupescere, et l'irland. *múrcas*, tristesse, *múrcach*, triste, etc). Le persan provient-il de la même racine? C'est ce qui est douteux, car il peut se rapporter à *marz*, champ, et dès lors l'analogie ci-dessus serait illusoire.

7). L'accord du grec ὕραξ, et du latin *sorex*, avec le lithuanien *żurke*, loir, le polon. *szczur*, rat, et le russe *surókŭ*, marmotte, indique une origine arienne. Benfey rattache avec raison, je crois, ὕραξ, ainsi que ὕριον, ὕρον, essaim d'abeille, à la même racine que συρίζω, siffler, σύριγξ, flûte, savoir le sansc. *svṛ*, *svar*, sonare,

[1] A *vila*, trou, ou à un dérivé *viléya*, *vâiléya*, paraît se lier le grec ἐλειὸς, εἰλεὸς, ἴλησς, espèce de souris, avec perte du digamma.

[2] *Gesch. d. deut. Spr.*, p. 235.

cantare[1]. (Cf. *susurro.*) Dans l'anc. slave, on trouve *svirati*, jouer du chalumeau, *svirieli*, flûte, d'où, par contraction, le russe *surna*, polon. et lithuan. *surma*, chalumeau. Le latin *sorix*, *saurix*, espèce de chouette, a sans doute la même origine, et la souris tire ainsi son nom de son cri perçant, comme la marmotte, en russe, de son sifflement.

§ 102. — LA PUCE.

Ce parasite agile peut faire valoir ses titres à une haute antiquité, car son nom principal s'est conservé chez la plupart des peuples européens.

Le sanscrit *pulaka* désigne tout insecte parasite des animaux, à l'extérieur ou à l'intérieur. Le persan *pûlah* a aussi le sens général d'insecte. La racine est évidemment *pul*, magnum (multum) fieri, *pûl*, accumulare. (Cf. *pṛ*, *pṝ*, implere, *puru*, multus = πολύς, etc., et le nom indique l'insecte qui se multiplie beaucoup.

L'application spéciale à la puce ne se trouve que dans les langues de l'Europe, où le latin *pulex-icis* représente parfaitement le sanscrit *pulaka*, tandis que le grec ψύλλα, est irrégulièrement modifié. Il y a eu contraction dans l'anc. allem. *flôh* (de *fulah)*, l'ang.-sax. *flaeh*, le scand. *flô*, etc., ainsi que dans l'anc. slave *blucha*, russe, *blocha*, polon. *pchla* (par inversion), bohémien *blecha*, etc., et dans le lithuan. *blussá*. L'affaiblissemeut du *p* primitif en *b*, auquel le polonais ne participe pas, est manifeste par la comparaison du polon. *pluskwa*, punaise, bohém. *plosstice*, id., tandis que le lithuanien *blake*, id., se rapproche de nouveau davantage de *pulaka*, tout en affaiblissant la labiale. L'albanais *plèsht*, puce, et le hongrois *balha*, *bolha*, se rattachent à ces diverses formes slaves.

Notre mot *puce*, vient de *pulex*, et n'a rien de commun avec le

[1] *Griech. W. Lex.* I. 461.

maratte *puçî*, *pisû*, bengal. *piçû*, hind. *pissû*, dont l'origine est sûrement tout autre. Ces noms se lient sans doute au persan *us-pus, supus*, pou, punaise, *ishpisha*, petit ver, kourd. *speh*, pou, dont la forme ancienne se retrouve dans le zend, *çpis*, pou, d'origine encore incertaine [1]. La presque identité de *puce* et de *puçî*, sans aucun rapport réel entre ces deux mots, est un exemple des erreurs où l'on tombe aisément quand on compare des termes isolés sans remonter à leur forme primitive.

§ 103. — LE POU ET LA LENTE.

Les noms de cet insecte diffèrent presque partout, et c'est à peine si l'on peut signaler une ou deux coïncidences probables. Ainsi le sanscrit *vaṭi*, tique, se retrouve peut-être dans le lettique *uts* (de *vats*), lithuan. *uttẽ*, *uttelẽ*, pou ; l'irlandais *sar*, *sor*, idem ; cymr. *hôr*, tique (cf. basque *sorria*, *zorria*, sans doute celtibère), peut appartenir à la même racine que le persan *sîsarû*, punaise, savoir le sansc. *sṝ*, *çṝ*, lædere, en irland. *sáraighim*, etc. ; mais c'est là tout. Il ne faudrait pas cependant se hâter d'en conclure que les anciens Aryas aient eu le bonheur de ne point connaître ce fâcheux parasite, car, d'un autre côté, les noms de la lente s'accordent d'une manière singuliere dans une grande partie de la famille arienne, bien qu'il soit difficile de reconnaître un thème primitif au milieu de leurs divergences.

Si nous partons des langues européennes, nous trouverons presque partout une racine *nid*, précédée d'une gutturale ou d'une sibilante, quand elle n'est pas à sa forme simple. Ainsi :

Anc. allem. *hniz*, *niz*, ang.-sax. *hnitu*, scand. *nyt* (*z* et *ṫ* = *d*, sanscrit), allem. *niss*, angl. *nit*, suéd. *gnet*, dan. *gnid*.

Russe *gnida*, polon. id., illyr. *ghgnida*, bohém. *hnida*.

Lithuan. *glinda*, pour *gnida*, ou *gninda*.

[1] Spiegel. *Avesta*, p. 224.

Cymr. *nêdd*, *nedden*, corn. *nedhau*, armor. *néz*, *niz*, *néch*. Irland. *snidh*, *snigh*, *sneagh*; erse *sneadh*, *sneamh*, *snionga*.

Le grec κόνις, au plur. κόνιδες, offre aussi *nid*, en composition, à ce qu'il semble, avec *ko*=*h* des formes germaniques.

Enfin, le latin *lens*, *lendis*, qui diverge le plus, se rattache cependant au même groupe par le lithuanien *glinda* que l'on ne saurait séparer du slave *gnida*. *Lend* semble provenir de *nend*, comme *alius* du sanscrit *anya*.

En Orient, cet élément radical *nid*, ne se retrouve, à ma connaissance, que dans l'arménien *anidz*, avec un *a* prosthétique; mais les termes de comparaison me font, il est vrai, défaut pour les autres langues iraniennes, à l'exception du persan qui n'offre rien d'analogue. On trouve bien, en sanscrit, *nikshâ*, qui rappelle l'allemand *niss*, l'irland. *snigh* et l'armor. *néch*; mais l'analogie n'est qu'apparente, car *niss* vient de *niz*, pour *nid*, et le *gh* irlandais, comme le *ch* armoricain, remplacent ici comme souvent le *dh* aspiré. D'ailleurs *nikshâ*, ne paraît être qu'une variante des synonymes *rikshâ likshâ*, *likkâ*, qui nous éloignent tout à fait de *nid*. A la première forme répond le bengali *nikî*, *nikhî*, à la seconde le pali *likka*, le maratte *likha*, l'hindoust. *lîkh*, et, de plus, le persan *rishk*, *risht*, *rashkah* [1]. Comme *rikshâ*, en sanscrit, signifie aussi un atome, un corpuscule qui flotte dans la lumière, et *likshâ* une graine de pavot, le sens primitif doit être celui de petitesse, et on peut rapporter ces termes à la racine *liç*, parvum fieri, d'où *liça* (petit, menu, alliée, sans doute, à *riç*, ferire, lædere (scindere, dividere). Ainsi, les noms sanscrits ne semblent avoir aucun rapport avec ceux des langues européennes [2].

Quant à ces derniers, leur affinité incontestable ne peut s'expliquer que par une origine arienne commune; mais, en l'absence d'une concordance sanscrite, la recherche d'une étymologie est

[1] Le persan *sirkah*, lente, est peut-être une inversion de *rishkah*; toutefois le turc *sirké*, hongrois *serke*, id., rendent la chose douteuse.

[2] A *riç*, et *rikshâ*, appartient peut-être le latin *ricinus*, tique. Il est curieux que *lisà*, lente, en tagala, = *likshâ*, se lie également, suivant Humboldt (*Kawi Spr.*, p. 406) à une racine *lis* qui exprime la petitesse.

d'un résultat bien douteux. On ne pourrait guère recourir qu'à la racine *nid*, *nind*, spernere, vituperare, soit avec le *ka* interrogatif dans κόνιδ, *hnitu*, *hniz*, etc., soit avec l'*s* prosthétique dans l'irlandais *snidh*, soit, enfin, avec le préfixe *â* dans l'arménien *anidz*. Le sens serait partout celui du sanscrit *nindya*, vil, mauvais, méprisable, renforcé encore par les préfixes. Mais c'est assez s'arrêter sur ce sujet peu attrayant.

§ 104. — LA PUNAISE.

Celui-ci ne l'est guère davantage; mais heureusement que nous n'avons pas grand'chose à en dire, vu la grande divergence des noms de la punaise. Les analogies que l'on peut signaler conduisent à des termes généraux qui s'appliquent également à plusieurs parasites. Ainsi le sanscrit *matka*, punaise, littér. *ce qui est à moi*, exprime d'une manière naïve l'insecte parasite en général [1], et se retrouve dans le persan *matah*, tinea, *mîtah*, ver, armén. *met*, id., le goth. *matha*, ver, l'ang.-sax. *madha*, *madhu*, ver et punaise, le scand. *madkr*, l'anc. all. *made*, etc., et, enfin, le cymrique *mâd*, vermine, reptiles. Le lithuanien *blake*, punaise, en russe *klopŭ*, par inversion pour *plokŭ*, polon. *pluskwa*, correspond, comme nous l'avons vu, au sanscrit *pulaka*. De même, le latin *cimex-icis*, en illyr. *kimak*, en hongr. *tsimaz*, en basque *chimicha* [2], ne semble être autre chose que le sanscrit *kṛmi*, *kṛmika*, ver, en pali, *kimi*, comme nous disons vermine. L'anc. all. *wantlus* signifie pou de muraille. Les noms vraiment caractéristiques de la punaise ne se rencontrent guère qu'en sanscrit, où l'on trouve *gandhin*, l'insecte puant, *raktânga*, corps rouge, *talpakîṭa*, insecte de lit. *mancâçraya*, qui fait du lit sa demeure.

[1] Le synonyme *matkuṇa*, de *kuṇ* vexari, pati, signifie : *mon tourment*. Cf., *utkuṇa*, qui tourmente beaucoup, *uddañça*, qui mord beaucoup, et *kôṇakuṇa*, *kôlakuṇa?* noms divers de la punaise.

[2] La punaise aurait-elle été portée par les Romains en Illyrie et en Espagne?

On serait tenté de croire, d'après tout cela, que l'introduction de la punaise en Europe est d'une date postérieure aux immigrations ariennes. Ce qui est certain, c'est que les Celtes britanniques ne la connaissaient point avant l'arrivée des Saxons. Les Cymris et les Irlandais n'ont point de nom pour la désigner, et Mac Curtin, dans son Dictionnaire anglo-irlandais, en 1732, s'exprime encore ainsi à l'article *bug* : « Petite bête sale et malfaisante, qui » tourmente les hommes dans leurs lits, apportée en France par » les Saxons, et multipliée dans tous les pays, bien qu'on ne la » trouve point en Irlande. » En est-il de même encore aujourd'hui?

§ 105. — LE VER.

Les noms du ver sont extrêmement nombreux et présentent des analogies multipliées, mais avec des transitions fréquentes d'une espèce à une autre, ou même à des classes d'animaux différents. Tout ce qui rampe, grouille et pullule reçoit facilement toujours et partout le nom de ver et de vermine. Je me borne à noter les rapprochements les plus saillants entre l'Orient et l'Occident.

1). Le terme principal est le sansc. *kṛmi*, *krimi*, *krima*, *krami*, ver et insecte en général, chenille, fourmi, araignée, etc., et même huître, dans *kṛmiçankha*, *kṛmiçukti*, insecte-coquille. La racine probable est *kram*, incedere, gradi, par allusion au mouvement mesuré du ver. Ce nom se retrouve dans toute la famille arienne.

Pali *kimi*, marat. *kirma*, hind. *kirm*.

Persan *kirm*, *kirim*, kourd. *kermi*, boukhar. *girm*, ossète *khalm*, ver et serpent.

Lithuan. *kirmis*, *kirminas*, *kirmélé*, ver et chenille, *kurmis*, taupe, *kurmrausis*, taupinière, comme en sanscrit *kṛmiçâila*, fourmilière :

Anc. slave *čr̆vĭ* (*v* pour *m*), mais *čr̆mĭnŭ*, coccineus, russe *červĭ*, polon. *czerw*, illyr. *zarv*, etc.

Irland.-erse *cruimh*, *cromh*, et *cnuimh* (par altération), cymr. *pryf*, corn. *prif*, *prev*, armor. *prév*, *prévan*, *preñv*, par le changement ordinaire de *k* en *p*.

Le latin. *vermis* et le grec ἕλμινς, pour ϝέλμινς, s'expliquent sans doute par la substitution antérieure de la gutturale *q*, *qu* à *k*, comme dans *quis* = sansc. *kas*, etc., et *vermis* provient de *quermis* pour *kermis*. Toutefois, la formation du thème grec ἑλμινθ est encore obscure.

Le même fait se reproduit pour le gothique *vaurms*, ang.-sax. *worm*, *wyrm*, scand. *ormr*, anc. all. *wurm*, ver et serpent, d'un thème plus ancien *hvaurms*, pour *haurms*, comme *hvas* pour *has* = sansc. *kas*, quis.

Il faut ajouter l'albanais *krüm*, *krimp*, ver, et *kremi*, *kremil*, escargot ; et, en dehors de la famille arienne, le finlandais *kärmet*, serpent.

J'ai montré ailleurs (§ 72, 1) comment le composé sanscrit *kṛmighna*, oignon, qui tue le ver, trouve ses analogues en grec, en lithuanien et en irlandais. Un autre composé, *kṛmiǵâ*, née du ver, désigne la laque-rouge, appelée aussi *kṛmi* tout court. De là *kṛmilikâ*, étoffe de lin teinte en rouge, *kṛmivarṇa*, drap rouge, etc. Ces termes ont passé de bonne heure dans l'Asie occidentale, et de là en Europe, par le commerce. Nos mots *carmin*, *cramoisi*, *kermès*, en proviennent par l'intermédiaire du persan *kirmiz*, arab. *qirmiz*, kourd. *krmes*, armén. *karmir*, etc. L'hébreu *karmil*, couleur et étoffe rouge, et le sanscrit *kṛmila*, *kṛmilikâ*. L'anc. slave *čr̆mĭnŭ*, russe *čermenĭ*, où l'*m* primitif s'est maintenu, mais en polon. *czerwony*, et en illyr. *zarvan*, signifie rouge en général.

2). Sansc. *kîṭa*, *kîṭaka*, ver, insecte, peut-être de *kiṭ*, ire, ou timere. De là *kîṭaǵa*, la soie et la laque, née du ver, *kîṭaghna*, le soufre, qui tue l'insecte, *kîṭibha*, punaise, c'est-à-dire vermine, etc. Cf. bengali *kîṭok*, ver.

Ici le persan *kît*, abeille, et le beloutchi *kithà*, insecte.

Bopp compare le grec κίς, gén. κιός, ver du bois, charançon, où le *ṭ* est supprimé [1]. L'irlandais *caideog*, ver de terre, paraît se lier *kâiṭa*, qui est de la nature du ver.

3). Sansc. *kusû*, ver de terre, de *ku* interrogatif, exprimant ce qui est petit, vil, méprisable, mauvais, et *sû* engeance, race, production. Le persan *kuzûd*, ver, indique un synonyme *kusûti*.

Ici probablement le latin *cossus*, *cossis*, ver du bois ; soit par réduplication inorganique de *s*, soit par contraction de *kusûta* ou *kusûti*. De là le français *cosson* et l'espagnol *gusano*, ver. L'armoricain *kos*, vermine, charançon, se retrouve dans le basque *cochoa*, ver, sans doute celtique. L'irlandais *cu*, gerce, semble avoir perdu la seconde partie du composé ; exactement comme le finlandais *koi*, gerce, à côté de *koisu*, *koiso*, qui coïncide d'une manière singulière avec le sanscrit.

4). Sansc. *malûka*, espèce de ver, de *mala*, boue, ordure. — En singhalais, on trouve *malaruk*, ver, littér. qui paraît dans la boue. L'arménien *mlukn* désigne la punaise.

Au sanscrit répond lettre pour lettre le lithuanien *molúkas*, en allemand *haarwurm*, ver des cheveux, affection particulière de la crinière des chevaux. Cf. *mòlis*, argile, = sansc. *màla*. — Au même groupe appartiennent le goth. *malô*, scand. *mölr*, *melr*, suéd. *mal*, danois *möl*, anc. allem. *mol*, stellio, en all. mod. *molch* ; l'anc. slave *molĭ*, tinea, rus. *mólĭ*, polon. *mòl*, bohém. *mol*, etc. Les langues celtiques offrent l'irlandais *moil*, espèce de ver noir, et le cymr. *malaen*, *malwen*, *melyën*, corn. *melyen*, armor. *melfeden*, escargot, limace. Enfin l'albanais *molitze*, gerce, s'y rattache, comme *molji*, souillure, à *mala*.

5). Sansc. *gaḍu*, ver de terre ; *gaṇḍûpada*, id., de *gaṇḍû*, nœud, articulation, et de *pada*, pied, à qui ses articulations servent de pieds. *Gaḍu* signifie aussi bosse, excroissance.

L'anc. slave *gadŭ* désigne un reptile en général, russe *gady* (plur.) reptiles, insectes, vermine, *gádina*, id., bohém. *had*,

[1] *Vergl. Gram.*, p. 310. Cf. σὴς, gerce, au gén. σητὸς ou σέος ; en sanscrit *sa*, serpent, de *sô*, destruere, d'où *sâta*, détruit, *sâti*, destruction, etc.

polon. *gad*, *gadzina*, reptiles venimeux, amphibies. Ces mots, il est vrai, paraissent dériver du verbe russe *gáditĭ*, salir, souiller, d'où *gádkiĭ*, laid, dégoûtant, malpropre, ce qui pourrait faire douter d'un rapport réel avec le sanscrit *gaḍu*, à moins que le verbe slave ne soit un dénominatif.

Je compare aussi le cymrique *euddon*, plur. aggrég. pour *geuddon*, comme l'indique l'armoricain *gaozan*, gerce, teigne.

6). Sansc. *bhûġantu*, ver de tere, littér. animal de terre, comme les synonymes *bhûlatâ*, *bhûnâġa*, reptile ou serpent de terre. — Le persan *bûkân*, ver, signifie de même qui creuse la terre.

Je soupçonne un composé analogue dans l'armoricain *büzügen*, *büchügen* (au plur. aggr. *büzüg*), ver de terre, où *zügen* paraît être le sanscrit *ġaganu*, insecte, animal. L'erse *bògus*, tinca, cimex, d'où l'anglais *bug* (ou vice versa?) est encore plus douteux.

7). Sansc. *çilî*, petit ver de terre, aussi dard, pique. En persan, *sîlak*, gerce, teigne.

Ici p.-ê. le grec σίλφη, gerce, blatte, où φη serait le suffixe sanscrit *bha*.

8). Persan *chas*, *chast*, reptile, insecte, *chastar*, insectes nuisibles, de *chastan*, blesser, piquer.

Cf. armoricain *kést*, ver intestinal.

9). Pers. *radanġô*, *rânġô*, ver du bois, teigne, probablement aussi charançon, qui ronge le grain, l'orge, *ġaw*, de *randîdan*, couper, tailler, creuser=sansc. *rad*, fodere, findere, *rodere*, d'où *rada*, *radana*, action de ronger, dent.

Cf. irland. *réudán*, ver du bois.

§ 106. — LA MOUCHE.

On peut bien mettre au nombre des parasites la mouche commune qui remplit nos demeures, ainsi que les moustiques qui vivent de notre substance.

1). Le nom général de la mouche dans les langues ariennes se rattache au sanscrit *makshikâ*, diminutif d'un thème *makshi* que le zend a conservé. Le mot s'écrit aussi *mâćikâ*. Il désigne l'insecte qui bourdonne, de la rac. *maç*, sonare, et, secondairement, irasci, comme *maksh*. De là *maça*, son et colère, et *maça*, *maçaka*, *masaka*, moustique.

Dans les idiomes néo-sanscrits, on trouve le pali *mâćika (masaka)*, le marat. *maçî*, *masûka (maçaka)*, le beng. *mâććhî*, *makhyikâ (moçâ, mosâ)*, hind. *makkhî*, etc.

Dans les langues iraniennes, le zend *makhshi*, le pers. *magas (mach*, guêpe, *mikil*, cousin), kourd. *mesh*, boukhar. *mekes*, afghan *mićân*, armén. *mdzégh* (*miekh*, *miegh*, cousin).

En Europe, le grec μυῖα, μουῖα, fortement contracté de μυσικα, le latin *musca*, l'alban. *müze* (*musitze*, *mouskonje*, cousin).

L'anc. allem. *muccha*, cousin, ang.-sax. *micge*, *mygge*, angl. *midge*, allem. *mücke*, suéd. *mygge*, dan. *myg*.

L'anc. slave, russ. polon. *mucha*, illyr. *muha*, bohém. *maucha*, *musska*.

Le lithuan. *musse (maszalas*, papillon de nuit).

En dehors de la famille arienne, on peut comparer le tchetchenzi *masui*, l'ingouchi *mosi*, le turc éniséen *mas*, et le finland. *mäkärä*, moustique.

2). Les langues celtiques, qui seules font défaut dans le groupe ci-dessus, ont pour la mouche un nom particulier; en irland. *cuil*, *cuileog*, ers. *cuileag*, cymr. *cylion* (pl. agg.), *cylionyn* (sing.); corn. *kelionen*, armor. *kelienen*. L'origine de ce nom doit être la même que celle du latin *culex*, savoir le sanscrit *kula*, *kulaka*, essaim d'insectes, troupe, multitude, de la rac. *kul*, accumulare, colligere.

3). Les noms du taon diffèrent presque partout, et sont, ou des composés clairement significatifs, ou des termes d'origine inconnue, ou douteuse. Le latin *tabanus*, auquel correspond l'irlandais *tabhul*, fait seul présumer une étymologie arienne, si on peut le rapporter à la rac. *tap*, urere, et cruciare, angere, d'où *tapana*, tourment, torture, sens parfaitement approprié à l'insecte. Le *b* se serait affaibli de *p* comme dans *caballus* de *kapala* (§ 87, 2). En malai, où l'on trouve souvent des mots sanscrits, *tabûân*, *tabuvan*, désigne le frelon et la guêpe, en javanais *tawon*, en bali *tabwan*, l'abeille.

SECTION III.

§ 107. — LES ANIMAUX SAUVAGES.

Nous nous sommes arrêtés avec quelque détail sur les animaux qui tiennent de près à l'homme ; nous devons être plus brefs en ce qui concerne les espèces sauvages sans perdre de vue, toutefois, l'importance de reconstituer dans son ensemble l'ancienne faune arienne pour éclairer la question géographique. Ici, comme pour les plantes, il serait oiseux de s'astreindre à suivre une classification strictement scientifique, et nous nous contenterons de grouper les animaux d'après les grandes divisions adoptées par les naturalistes.

ART. I. — MAMMIFÈRES.

§ 108. — LE LION.

Les anciens Aryas ont-ils connu le roi des animaux ? Cela paraît très-probable d'après les témoignages qui constatent l'existence du lion, soit dans les portions de l'Asie centrale d'où il a disparu maintenant, soit dans la Thrace, et même, sans doute, la Grèce du nord. Les traditions grecques qui se rapportent au lion, mais surtout la parfaite vérité avec laquelle Homère sait le peindre dans ses images, prouvent une connaissance immédiate de l'animal et de ses habitudes. Hérodote, dans son septième livre, raconte comment les Perses furent assaillis par des lions entre le fleuve Nestus et l'Achéloüs, la seule région où ils existaient encore en Europe, et son dire est confirmé par Aristote (VI, p. 406, ed. Camus).

Ce que rapporte Quinte-Curce du combat d'Alexandre contre un lion dans la Sogdiane, est peut-être une fable inventée pour glorifier le héros, mais se fonde sans doute sur l'existence réelle de l'animal dans la Transoxiane. Il n'est pas sûr même qu'il ne s'y trouve pas encore de nos jours, puisque le capitaine Abbot le nomme parmi les animaux du Kharisme avec le tigre et le léopard [1]. Il est certain d'ailleurs que l'examen de ses noms européens porte à croire à une origine arienne, et non point sémitique, comme on l'admet ordinairement.

C'est de l'hébreu *lâbia, lbi, lbiyâ*, arab. *lâbid*, *labu-at*, lion, lionne, que l'on fait dériver le nom européen ; mais il est impossible déjà d'en faire sortir le grec λέων, λέοντος, qui a toute la forme d'un participe présent, et qui doit se rattacher à quelque racine verbale. Le latin *leo*, *leonis*, vient peut-être du grec, mais l'anc. allem. *louwo*, *lewo*, l'anc. slave *lĭvŭ*, rus. *levŭ*, pol. bohém. *lew*, illyr. *lav*, le cymr. *llew*, irland. *leomhan*, ne paraissent empruntés ni au latin, ni au grec. Encore moins le lithuanien *lutas*, dont la divergence est très-remarquable. Comme λεοντ est évidemment pour λεϝοντ, on ne peut recourir, pour expliquer ces formes diverses, qu'à une racine *lu*, développée en *lav* devant les suffixes commençant par une voyelle.

Or on trouve, en effet, en sanscrit la racine *lû* avec le sens de desecare, dissecare, destruere, d'où, entre autres dérivés, *lava*, destruction, *lôta*, *lôtra*, butin, etc. (Cf. λύω, λύμη, destruction, ruine, lat. *luo*, *lues*, *lumà*, anc. slav. *loviti*, venari, *lovŭ*, proie, chasse, gibier, irland. *lot*, rapine, *lothar*, ruine, destruction, cymr. *llewa*, *llewi*, dévorer, etc.). Le grec λεία, butin, pour λεϝια, =sansc. *lavya*, secandus, nous offre la forme λεϝ du nom du lion, et λεϝοντ=sansc. *lavant*, ne peut signifier que l'animal de proie,

[1] Abbot. *Journey to Khiwa*, t. II, p. 25. Supplément.

qui déchire et détruit. Dès lors les formes diverses du nom s'expliquent sans difficulté. Le slave, le germanique et le cymrique se rattachent au thème *lava*, avec le suffixe *a* des noms d'agents. Le lithuanien *lútas*, au fém. *lúte* (cf. *lutis*, tempête, qui détruit), n'a pas le sens du part. passé sanscrit *lûta*, mais celui des noms d'agents grec en της, comme aussi *ráktas*, clé, de *rakinti*, fermer, *sẽtas*, tamis, de *sijóti*, tamiser, *rẽsztas*, pelle, de *rẽszti*, couper, etc. Enfin l'irlandais *leomhan* (*mh*=*v*), présente le suffixe *mhan*=sansc. *van*, qui forme également des noms d'agents[1].

Ainsi, racine et suffixes, tout paraît ici purement arien, tandis que le nom sémitique ne saurait en aucune manière rendre compte de la diversité des formes. On serait même tenté de croire que le mot hébreu, qui n'a pas de racine indigène, est une importation étrangère. Gesenius *suppose* bien un radical *lâbâ*, suivant lui une onomatopée, *rugiendi sonum imitans*, mais il faut avouer que rien ne ressemble moins au rugissement du lion. Un nom vraiment sémitique est l'hébreu *lais*, chald. *laith*, arabe *lays*, qui désigne l'animal fort, et d'où provient sans aucun doute le grec λῖς, mais aussi ce nom n'a-t-il point pénétré plus loin en Europe.

Il n'est pas impossible que les premiers arrivants ariens n'aient encore trouvé le lion dans les régions de la Germanie, où les bœufs sauvages, les cerfs, etc., pouvaient lui fournir une abondante pâture. Le *Felis leo* des cavernes, qui est de la même taille que l'espèce actuelle, ne paraît en différer par aucun caractère essentiel[2]. En tout cas, son existence prolongée beaucoup plus tard dans l'Acarnanie et la Thrace, suffirait à expliquer comment le souvenir d'un animal aussi remarquable a pu se conserver chez les peuples européens, longtemps après l'avoir perdu de vue.

L'absence de ce nom du lion, en sanscrit et en persan, ne prouve pas qu'il n'ait jamais existé en Orient. Les animaux qui

[1] Cela explique comment *leomhan* peut signifier à la fois lion, gerce et sangsue, Dans les trois acceptions, c'est l'animal qui détruit ou blesse.

[2] D'Orbigny. *Dict. d'hist. nat.* t. III, p. 429.

frappent vivement l'imagination de l'homme, reçoivent incessamment de nouvelles dénominations caractéristiques. Les Aryas de l'Inde, en contact journalier avec le lion, lui ont donné de cinquante à soixante noms descriptifs, et au milieu de cette profusion, quelques-uns des plus anciens ont pu facilement se perdre.

Les termes iraniens n'offrent avec le sanscrit que des analogies douteuses. Le persan *babar*, lion, tigre, est peut-être le sanscrit *bhâri*, lion. Pott conjecture que *shêr*, kourd. *scier*, boukhar. *shîr*, pourrait être une forme mutilée de *kêsara*, ou *kêçara*, l'animal à crinière (*kêça*) [1]; mais la mutilation paraît bien forte. Le nom zend ne s'est malheureusement pas rencontré dans les textes conservés.

§ 109. — LE TIGRE.

Tout aussi bien et mieux que le lion, le tigre doit avoir été connu des anciens Aryas, car, encore aujourd'hui, son habitation s'étend au delà de la Bactriane au nord, depuis le Kharisme jusque dans les déserts qui séparent la Chine de la Sibérie orientale [2]; mais on ne l'a jamais trouvé à l'ouest de la mer Caspienne. C'est ce qui explique pourquoi les Aryas européens l'ont complétement oublié, et n'ont reçu que beaucoup plus tard son nom du grec τίγρις. Toutefois, ce nom même, venu en Grèce de l'Orient, paraît être d'origine arienne.

Benfey, s'appuyant des témoignages anciens qui donnent le sens de *flèche* au fleuve du Tigre, à cause de sa rapidité, rapporte τίγρις à une forme zend hypothétique *tighra*, de la rac. sansc. *tig*, acuere, avec le sens secondaire de rapide, comme le latin *acer*, épithète,

[1] *Kurd. Stud. Zeitsch. f. d. k. d. morg.* IV. 23.

[2] Et même, suivant Siebold (*Voy. au Japon*. V. 54. trad. franç.), jusque dans la Corée, où les peaux du tigre royal, plus belles que celles du Bengale, sont un objet de commerce avec l'étranger.

qui conviendrait parfaitement au tigre [1]. Il faut ajouter que *tîġ* signifie encore flèche en persan. Mais le nom de l'animal pourrait aussi avoir eu son acception propre, car, en sanscrit, il est appelé *tîkshṇadañshṭra,* dent acérée, et *tîkshṇa* dérive également de *tiġ*.

Le sanscrit *vyâghra*, tigre, paraît avoir été commun aux Aryas de la Perse et de l'Inde, si le persan *waghâ*, et l'arménien *vakr* ne sont pas des importations plus récentes. Ce terme se décompose en *vi-â* et *ghrâ*, odorari, soit de l'odorat subtil du tigre, soit de l'odeur forte qu'il exhale. Cette dernière interprétation est la plus probable, à cause d'un autre de ses noms, *pṛdaku* (aussi léopard), littér. le péteur, de *pard*, pedere, auquel se lie le grec πάρδος, πάρδαλις, πόρδαλις, de πέρδω. Aristote déjà observe que le lion lâche des vents extrêmement puants (*De anim.*, I. VIII), et le tigre semble ne lui céder en rien à cet égard [2]. Cela porte à croire que le sanscrit *çardûla*, tigre, s'écrirait plus correctement *çardhûla*, de la racine *çṛdh*, pedere.

Le grec πάνθηρ paraît provenir du sanscrit *puṇḍarika*, léopard, dont l'étymologie est incertaine.

§ 110. — L'OURS.

Avec l'ours, nous rentrons dans la faune européenne, et les comparaisons deviennent plus faciles et plus sûres. Le principal nom arien est :

[1] Benfey u. Stern. *Uber die Monathsnamen*, p. 202. C'est à tort, je crois, qu'il compare le persan *tîr*, flèche. comme contracté de *tighra*, car c'est le sansc. *tîra*, *tîri*, flèche. Le véritable terme de comparaison est le persan *tîġ*, puisque d'après Quinte-Curce, 4. 9. 16 *tigris* était le nom persan de la flèche.

[2] Comme *pṛdâku* désigne aussi le serpent et le scorpion, qui ne se permettent, que je sache, aucune incongruité de ce genre, le mot peut avoir le sens général de puant. (Cf. Benfey. *Gr. W. Lex.* II, 370.) Ou bien le serpent tire-t-il son nom de ce qu'il est tacheté comme le léopard? Cela est très-probable puisque *puṇḍarîka*, désigne aussi à la fois un léopard et une espèce de serpent.

1). Le sanscrit *ṛksha*, m., *ṛkshî*, f., dont l'étymologie n'est pas très-sûre. Suivant Boehtlingk et Roth (*Sansk. W. B.*), ce mot signifierait le *destructeur* dans un passage du Rigvêda, et doit être rapporté à la rac. *riç*, ferire, lædere (cf. *rish* et *ṛksh*, id., mais *radix dubia*, d'après Westergaard). Kuhn, partant du sens d'astre, de constellation, qui appartient aussi à *ṛksha*, voit dons l'ours l'animal au poil luisant, et fait dériver le nom de *ṛć*, *arć*, lucere [1]. La première interprétation semble la plus probable, soit à cause du synonyme *bhalla*, ours, qui vient de *bhall*, ferire, occidere, soit parce que l'apparence générale de l'ours brun ou noir, malgré son poil lisse, ne justifie guère l'épithète de luisant ou de brillant [2].

Les variations phoniques de ce nom sont singulières, et, sans l'aide du sanscrit, il aurait été bien difficile de les reconcilier entre elles.

En pali déjà, *ṛksha* devient *ikka*, *issa*, *isa*, par la vocalisation de *ṛ* et l'assimilation de *ksh*. Le bengali *ṛkhya*, hind. *rîćh*, *riñćh*, marat. *rîsa*, *rîñsa*, présentent d'autres altérations.

Dans la branche iranienne, on trouve le pers. *chirs*, le kourde *erġ* ou *harć*, l'ossète *ars*, l'armén. *arġ*.

En grec ἄρκος, ἄρκτος, pour ἄρξος; en latin *ursus* pour *arxus*; en alban. *ari*, m., *arushke*, f.

En irland. *art*, cymrique *arth* (cf. basque *artza*, sans doute celtibère). L'irlandais *ursa*, corn. *ors*, armor. *ourz*, proviennent de *ursus*.

Enfin le lithuanien *lokis*, lett. *lazis*, offrent la forme la plus divergente, par la substitution de *l* à *r*, et la suppression de la sifflante.

En dehors de la famille, je ne trouve à comparer que le finlandais *ressu* (cf. marat. *rîsa*), ours, et animal velu en général.

Au nom de l'ours se lie celui de la constellation boréale appelée aussi le chariot. Les deux dénominations, ἄρκτος et ἄμαξα, se

[1] Hœfer. *Zeitsch.* I. 155.

[2] La forme *aććha*, ours, altérée peut-être de *ṛksha* (Cf. pali *ikka*), parle cependant en faveur de Kuhn, car ce mot signifie aussi clair, transparent et cristal.

trouvent déjà réunies chez Homère (*Iliad.*, xviii, 487, *Odys*, v, 273), et il est très-remarquable que, dans le Rigvêda, *ṛksha*, désigne la même constellation. On doit en conclure que les anciens Aryas déjà avaient imaginé cette comparaison avec l'animal. C'est du grec sans doute que vient ce nom de la constellation dans les langues de l'Europe moderne, ainsi que dans l'arabe *dubb*, ours; mais la figure du char, qui est commune à plusieurs peuples ariens, paraît aussi ancienne que celle de l'ours. Nous reviendrons ailleurs à cette question.

2). Sansc. *bhîruka, bhîluka,* ours. — Comme adjectif, ce mot signifie à la fois formidable et timide, craintif, de même que *bhîru, bhîlu,* et suivant l'une ou l'autre acception, *bhîru* désigne tour à tour le tigre, le chakal, la chèvre, le scolopendre, et, au féminin, *bhîrû*, une femme timide. Pour des animaux tels que l'ours et le tigre, le sens de formidable peut seul être accepté. La racine est *bhî*, timere, à la forme causative terrere; mais cette racine elle-même paraît alliée à *bhṝ*, vituperari, minari (*to threaten*, Wilson), évidemment une onomatopée, comme le montre la comparaison du lithuanien *bárti*(*bâru*), gronder, quereller, de l'irlandais *báire*, querelle, dispute, *bairidh*, mugissement, hurlement, du persan *bîr*, tonnerre, etc. C'est de cette forme *bhṛ* que me paraît dériver *bhâri*, lion, et les noms du tigre et de l'ours, *bhîru*, *bhîruka*, pourraient aussi s'y rattacher avec plus de raison qu'à *bhî*.

Ce nom de l'ours se retrouve dans l'anc. allem. *bëro*, *përo*, angl.-sax. *bere*, *bera*, scand. *biörn*, *barsi*, m., *bera*, f., etc., ainsi que dans l'irland. *bear* et *brach*, d'où probablement le vieux français *brachis*, petit ours[1]. Le gothique *biari*, par lequel Ulphilas traduit le grec θὴρ, bête féroce, ne peut guère être séparé de ce groupe, et on peut même se demander si φὴρ et *fera* n'y appartient pas également, auquel cas le φ, *f*=*bh* sanscrit, serait plus primitif que le θ. Cette conjecture trouve certainement un appui

[1] La forme irlandaise *beithir*, où le *th* est quiescent, ne semble être qu'une variante orthographique.

dans l'anc. slave *svierĭ*, rus. *zvierĭ*, pol. *źwierz*, illyr. *svjer*, lithuan. *źwēris*, bête féroce, où l'*s* ne paraît être qu'un préfixe fréquent en slave, par l'influence duquel le *bh* primitif se serait changé en *v*, le groupe initial *sb* étant tout à fait insolite. Ce changement d'ailleurs s'observe déjà dans l'illyrien *wever*, ours, forme redoublée qui rappelle le persan *babar*, lion et tigre[1]. Le finlandais, qui a conservé beaucoup de vieux mots germaniques, nous offre *wieri*, ours, qui relie d'une manière frappante le gothique *biari* au slave *svierĭ*, tandis que le lapon *bire*, ours, a conservé la labiale.

3). Sansc. *bhalla*, *bhallaka*, *bhalluka*, ours; probablement de *bhall*, *bhal*, ferire, occidere. En beng. *bhalluk*, *bhâluk*, en hind. *bhâl*, *bhâluk*, en marat. *bhâlû*.

Ce nom paraît avoir passé au loup dans le cymrique *bela*, peut-être aussi dans le synonyme *blai*, *blaidd*, corn. *blaidh*, *blait*, armor. *bleiz*, qu'il est bien difficile de rattacher au sansc. *vṛka* (Voy. le § suivant, 1). Comme *bela* = sansc. *bhal*, signifie combattre, et *bel*, guerre, en armor. *bel*, id. *bélour*, combattant, en irland. *bal*, *baladh*, combat, je compare également le latin *bellum*, proprement carnage, et *belua*, *bellua*, bête féroce, qui nous ramène au sanscrit *bhalla*, *bhallu*.

4). Le goût bien connu de l'ours pour le miel lui a fait donner en anc. slave et russe le nom de *medviedĭ*, en illyr. *medvjed* et *medo* (par abréviation), en serbe *medjed*, en polon. *niedźwiedz*, boh. *nedwéd* (*n* pour *m* par corruption). Miklosich l'explique par *medv-iedĭ*, mangeur de miel, de *iasti*, edere, rac. *iad* = sanscrit *ad*[2]. Le lithuanien *meszkis*, *meszkà*, ours, ourse, se rattache de même aux formes *mēszti*, édulcorer avec du miel, *mēsztas*, mielleux, de *medus*, miel. Aucun nom sanscrit ne fait allusion à ce goût de l'ours, mais l'irlandais possède encore un composé analogue au slave, et qui doit remonter aux origines ariennes.

Ce terme remarquable est *mathgamhan*, ursus, d'après un

[1] Les montagnards de Deer, dans le Caboul, appellent le tigre *birbûr* (*Journ. of the As. soc. of Bengal.* n° 84. p. 784).

[2] *Rad. Slov.* p. 109.

glossaire manuscrit de Trinity College à Dublin [1]. O'Reilly (*Irish. Dict.*) donne les formes plus modernes *mathghamhuin*, ou *gabhuin*, et, par contraction, *mathon* et *mahon*, dans le nom de famille des *Mac Mahons*. En erse, on trouve *mathghamhuin* et *mathan*. Comme *gamhuin* signifie un veau, O'Reilly et le dictionnaire erse d'Édimbourg explique ce composé par *mághgamhuin*, a calf of the plain ! un veau de plaine : singulière épithète pour un ours. Je crois qu'il faut voir dans *math* l'ancien nom du miel, en sanscrit *madhu*, que l'irlandais n'a conservé d'ailleurs que sous la forme de *meadh*, hydromel (cf., § 99-10); et quant à *ghamhan* (pour *gaman*), qui ne saurait avoir le sens de veau, lequel dérive du sanscrit *gô*, *gava* (cf., § 86-1), je le rapporte à la rac. sansc. *gam*, ire, d'où *gamana*, qui va, à la fin des composés. Ainsi *mathghamhan* = *madhugamana* serait l'animal qui va au miel.

Cette interprétation se trouve singulièrement appuyée dans un sens, et, peut-être, modifiée dans un autre, par le sanscrit *madagamana*, qui désigne, non pas l'ours, mais le buffle, et qui signifie littéralement : *qui marche comme ivre*, à cause de son allure chancelante. On sait que la démarche de l'ours a précisément le même caractère, de sorte que l'on peut choisir entre l'une ou l'autre étymologie. Comme d'ailleurs la racine *gam* ne se retrouve plus en irlandais [2], on ne peut expliquer l'existence de ce composé qu'en y voyant un ancien nom arien de l'ours.

§ 111. — LE LOUP.

Cet animal de proie, le fléau des troupeaux et la terreur des bergers, qui est répandu dans toute l'Asie tempérée ainsi qu'en Europe, a dû être, entre tous, celui avec lequel les anciens Aryas

[1] O'Donovan. *Ulster Journ. of. Archaeol.* n° 22. p. 141.
[2] Le cymrique *gomach*, jambe, s'y lie probablement.

ont eu à lutter à l'époque de leur vie pastorale. Aussi son nom arien, le *ravisseur*, s'est-il conservé partout, dans l'Occident comme dans l'Orient : *Délivre-nous du loup!* est une des prières qui reviennent fréquemment dans le Rigvêda, et, bien des siècles plus tard, la même prière retentissait encore dans les forêts de la Lithuanie païenne [1].

1). Le nom sanscrit est *vṛka*, que les linguistes allemands s'accordent, je ne sais trop pourquoi, à faire dériver de la rac. *vraçć*, lacerare, vulnerare, d'où *vṛçćika*, scorpion, chenille, mille-pieds, crabe, buisson épineux, etc., en s'appuyant de *vṛkṇa*, brisé, coupé, qui cependant appartient mieux au vêdique *vṛć*, lædere, occidere (*Nâigh.*, 2. 19). Mais, comme *vṛka*, d'après le même vieux glossaire (3.14), signifie aussi *voleur*, et qu'il désigne également le chakal, et la corneille qui dérobe mais qui ne déchire point, je crois qu'il faut rapporter le nom du loup à la racine *vṛk*, capere, sumere, et y voir le *ravisseur*. Cela est d'autant plus probable, que *vṛça*, rat (pour *vṛka*), est sans doute synonyme de *mûsha*, voleur (cf., § 101-1), et qu'un autre nom du loup, *kôka*, vient de *kuk*, capere. Cette racine *vṛk*, il est vrai, n'a pas encore été retrouvée dans les textes, mais l'anc. slave *vlick* (*vlickā*, *vlieshći*, trahere) y répond parfaitement.

Ce qui n'est pas douteux, c'est l'accord remarquable que présente ce nom du loup dans toute les branches de la famille, malgré quelques divergences de forme un peu énigmatiques au premier coup d'œil.

Les idiomes néo-sanscrits ont le pali *vaka*, et l'hindoust. *brik*, *bik*.

Le zend *vĕhrka*, d'où *Vĕhrkâna*, Hyrcanie, pays de loups, gutturalise son *v* initial dans le persan *gurg*, kourd. *gurgh*, bélout. *gurk*. L'ossète *biragh*, le change en *b*, comme l'hind. *brik*. L'afghan *lug*, de *vlug*, *vluk*, le supprime complétement, comme le grec λύκος.

[1] Voy. dans Hanush (*Slav. Mythol.* p. 369) le chant de Goniglu. — « O Dieu » Goniglu, garde mes vaches, garde mon taureau, et éloigne le loup rapace!... »

En Europe, les formes les mieux conservées sont le lithuanien *wilkas* et l'anc. slav. *vlŭkŭ*, rus. *volkŭ*, polon. *wilk*, bohém. *wlk*, illyr. *vuk* (cf. pali *vaka*).

Le goth. *vulfs*, ang.-sax. *wulf*, scand. *ûlfr*, anc. allem. *wolf*, m., *wulpa*, f., etc., a changé le *k* en *f*=*p*, transition rare d'ailleurs en germanique.

Le grec λύκος, pour ϝλυκος, se lie de près au slave *vŭlkŭ*, tandis que le latin *lupus*, de *vlupus*, *vulpus* se rattache à *vulfs*. D'après les analogies phoniques des deux langues classiques, on aurait dû attendre le contraire; mais cette anomalie de *lupus* pour *lucus*, toute semblable à celle du goth. *vulfs*, pour *vulhs*, n'autorise pas à séparer, comme le propose Pott [1], le mot latin de λύκος, pour le rapporter au sanscrit *lup*, scindere. La forme sabine *hirpus* (Serv. *in Æn.* 785) offre le même changement de *k* en *p*, et l'aspiration y remplace le *v*, comme souvent le *spiritus asper* remplace le digamma grec [2].

Enfin, l'irlandais *bréch*, *bréach*, loup, chien sauvage, rappelle l'hindoustani *brik*, et l'ossète *biragh*. Ainsi que je l'ai dit plus haut à l'occasion de l'ours, je crois devoir séparer de ce groupe le cymrique *blai*, *blaidd*, etc., soit à cause du synonyme *bela*, soit parce que le changement du *k* en *dd* n'est guère admissible.

Il faut sans doute séparer aussi le scandinave *vargr*, ang.-saxon *wearg*, *wearh*, loup, dont le sens propre est latro, maleficus, anc. all. *warc*, diabolus. Si l'on compare le goth. *gavargjan* (ang.-sax. *wyrgan*), maledicere, *vargitha*, maledictio, on reconnaîtra dans ce nom germanique l'animal maudit. Sans cette indication précise, on aurait pu penser à une inversion du sanscrit *vâgara*, loup, dont l'étymologie est douteuse [3].

[1] *Etym. Forsch.* I. 149, 258.

[2] Le scand. *irpa*, louve, n'a aucun rapport, et signifie fusca, comme aussi *iörp*, jument brune.

[3] Surtout à cause des significations très-divergentes de ce terme, un sage, un saint, un savant, un héros, une pierre à aiguiser, un feu sous-marin, un obstacle, etc., qu'il semble impossible de ramener à une même origine. Pour le loup, on pourrait conjecturer une altération de *çvâgara*, qui dévore le chien, comme le boa est appelé *ağagara*, qui avale la chèvre. Cf. sanscrit *chagabhôgin*, loup, et le persan *buzgalah*, id., avec le même sens.

Plus que tout autre nom d'animal, *vṛka* et ses analogues présentent, en dehors de la famille arienne, des coïncidences singulières, dont quelques-unes sont décidément trompeuses. Ainsi l'arabe *warqâ*, louve, et colombe, est le féminin de *awraq*, brun, fauve, et n'a rien de commun avec le nom sanscrit. J'ignore d'où vient l'arabe *ilq*, loup, fémin. *ilqat* (cf. finland. *jolkka*, loup), mais il diffère à coup sûr tout à fait du lithuan. *wilkas*. Le hongrois *farkas*, loup, paraît signifier *caudatus*, de *fark*, queue. Le lapon *warg* est scandinave, et il est peu probable que le samoïède *wark*, ours, ait quelque rapport avec *vṛka*. Enfin, le russe *biriukü*, loup, ressemble singulièrement à l'hindoustani *brik* et à l'ossète *biragh*, et cependant il provient sans doute du turc et tartare *bûrî*, loup, ainsi nommé de sa couleur sombre. Cf. *buru*, obscurcir, en mongol *boro*, gris, et *bürük*, sombre.

2). J'ai parlé plus haut du sanscrit *kôka*, loup, que l'on trouve déjà dans le Rigvêda (V, 7, 8-4), et je l'ai rapporté à la rac. *kuk*, capere, comme *vṛka* à *vṛk*, id., Bœhtlingk et Roth (*Sansk. W. Buch.*) veulent y voir une onomatopée ; cela est peu douteux pour l'application de *kôka* à l'oie, au coucou, à la grenouille, au lézard, mais le hurlement du loup n'y ressemble en aucune façon. Kuhn, par un ingénieux rapprochement, croit retrouver ce nom dans le gothique *hôha*, charrue, parce que dans le Rigvêda (I, 117, 21), *vṛka*, loup, signifie la charrue qui déchire la terre [1]. Kuhn aurait pu s'appuyer encore de la curieuse coïncidence du finlandais *koukô*, *kukki*, *hukka*, loup, qui pourrait être d'origine germanique comme beaucoup de termes finnois. Mais ce qui inspire quelque doute, c'est que le sanscrit même présente pour la charrue, ou ses parties principales, un mot qui répond également au gothique *hôha*, et qui diffère de *kôka*, savoir *kuça*, la corde qui lie le timon au joug, et *kuçî*, *kuçika*, le soc. Nous reviendrons ailleurs sur cette question en parlant de la charrue.

[1] *Ind. stud.* de Weber. I. 353.

§ 112. — LE RENARD.

L'intelligence remarquable du renard, ses finesses et ses ruses, l'ont fait distinguer de tout temps. Partout où la fable populaire a pris naissance, le renard en est devenu le héros. De là les noms caractéristiques et traditionnels qu'il a reçus chez les peuples divers, et qui ont contribué à faire oublier les termes primitifs. Un trait d'analogie générale assez curieux, c'est que dans la plupart des langues ariennes les noms du renard sont féminins ; ainsi en sanscrit, en grec, en latin, en gothique, en lithuanien, en russe, etc. Il semble que l'on ait voulu par là caractériser l'animal qui supplée à l'énergie virile par les armes féminines de l'adresse et de la ruse.

1). Le seul nom sanscrit du renard qui se retrouve aussi en Europe, est *lôpâçikâ*, diminutif de *lôpâçâ*, composé de *lôpa*, reste, débris (rac. *lup*, scindere), et de *aç*, edere. Le chakal est également appelé *lôpâka*, *lôpâçaka*, et ce nom lui convient mieux qu'au renard qui ne se nourrit en général que de proies vivantes. Mais *lôpa*, comme son synonyme *lôptra*, signifie aussi butin, et, dans ce sens, il s'applique bien à l'animal qui vit de sa proie.

On reconnaît sans peine dans *lôpâça*, le grec ἀλώπηξ,-εκος, avec un *a* prosthétique. L'arménien *aghovês* (pour *alovês*) a tout l'air d'en provenir. Le lithuan. *lape*, lett. *lapssa*, semble avoir changé irrégulièrement la voyelle radicale.

Pott rattache à la même racine *lup*, le latin *vulpes*, aussi bien que *lupus*, avec l'adjonction du préfixe intensitif *vi*. Mais il semble aussi difficile de séparer *vulpes* du goth. *vulfs*, auquel il répond lettre pour lettre, que *lupus* de λύκος, *wilkas* et *vṛka* [1]. Le nom de ravisseur, de voleur, convient aussi bien au renard qu'au loup, et la transition d'un animal à l'autre était facile.

[1] *Etym. Forsch.* I. 149, 258, Pott identifie bien *vulpes* et *vulfs*, mais en les séparant tous deux de *vṛka*.

2). Le zend a un nom particulier, *raoja* [1], dont l'étymologie est un peu incertaine. Il paraît correspondre à la rac. sansc. *ruǵ*, frangere, vexare, d'où *ruǵâ*, destruction, et signifier le *déprédateur*. Comme on trouve aussi *luǵ*, *lunǵ*, ferire, on peut comparer l'hindoust. *lûkṭî*, renard, et ceci nous conduit au grec λύγξ (λυγγὸς, λυγκὸς), lynx, loup-cervier, animal assez différent du renard, puisqu'il appartient à la famille des chats, mais, comme lui, animal de proie. Ce nom se retrouve dans l'anc. allem. *luhs*, ang.-sax. *lox*, allem. *luchs*, dan. *los*, avec l'adjonction d'un suffixe *s*, p.-ê. d'une forme désirative *ruksh*, *luksh*. Le lithuanien *lúszis*, semble avoir réuni dans le *sz* la gutturale et la sibilante, et cette dernière seule est restée dans l'anc. slave et russe *rysĭ*, polon. et bohém. *rys*, comme dans le danois *los*.

Ceci nous ramène au persan *rûs*, renard, que l'on pourrait hésiter à rattacher directement au zend *raoja*, mais qui provient sans doute de la même racine, comme le slave *rysĭ*. A cette forme persane correspond le cymrique *rhus*, renard, et, avec *l* pour *r*, l'irlandais *loisi*, id.

Il faut probablement séparer de ce groupe l'anc. slave *lisŭ*, *lisitsa*, etc., renard, qui paraît se lier à *lĭstĭ*, fraus, dolus. Cf. anc. all., ang.-sax. et scand. *list*, ars, ingenium, astutia, et le sansc. *lasta*, habile, de *las*, peritum esse, artem exercere.

En fait d'analogies non-ariennes, apparentes ou réelles, on peut citer le basque *luguia*, *luquia*, renard, le hongrois *roka*, et le samoïède *loka*, *lóga*, id.

3). Le persan *rûbah*, renard, kourd. *ruvi*, ossèt. *ruwas*, dérive sans doute de *rûbîdan*, *ruftan*, balayer, propr. enlever, puis piller, dérober, comme le prouve la comparaison du goth. *raubôn*, spoliare, lithuan. *rûbiti*, id., *rubà*, butin, irland. *robaim*, id., etc. Au persan *rûbah* correspond ainsi le scand. *refr*, *rebbi*, renard, d'où le finland. *repo*, id., en ang.-sax. *refa*, prædo, de *reafian*=

[1] D'après une communication de Burnouf. Spiegel, au Fargard. V. 18, traduit ce mot par panthère.

goth. *raubôn*. A la même racine appartient l'anc. allem. *rûpa*, la chenille déprédatrice. L'espagnol *raposo*, renard, vient de *rapere*, et ne ressemble que par l'identité de sens.

4). Le renard tire plus d'une fois son nom de sa queue bien fournie, ainsi le scand. *dratthali*, traîne-queue, le cymr. *llostawg*, de *llost*, queue, etc. Il est probable d'après cela que le goth. *fauhô*, anc. all. *fuhs*, *fôha*, ang.-sax. *fox*, scand. *fox*, se lient directement au sanscrit *puččha*, queue, chevelure, d'où *puččhin*, le coq. L'ancien all. *fahs*, ang.-sax. *faex*, scand. *fax*, chevelure, que l'on a comparé, diffère radicalement par la voyelle, et répond au sansc. *paksha*, queue, de *paç*, ligare, ou de *pać*, expandere, dilatare.

§ 113. — LE CERF.

Le grand nombre des espèces du genre cerf répandues sur tout l'ancien continent, a fait naître une variété de noms très-grande aussi, et aucun ne peut être reconnu comme généralement arien. Il est singulier que des soixante noms, et plus, qui désignent en sanscrit le cerf et ses espèces, un seul paraisse se retrouver isolé en germanique, et un autre p.-ê. en slave. On peut signaler toutefois dans les langues européennes quelques coïncidences qui indiquent assez clairement une origine arienne commune.

1). Sansc *ṛça*, chevreuil, antilope, *ṛçya*, *ṛshya*, *riçya*, id. Cf. *ârça*, ce qui est relatif à l'animal.

Weber compare avec raison l'anc. allem. *rêho* [1], all. mod. *reh*, contracté dans l'ang.-sax. *raa*, angl. *roe*, etc., et rapporte le nom sanscrit à la racine *riç*, *rish* lædere, ferire, c.-à-d. ici frapper de la corne. Les rapprochements qu'il ajoute avec *alces*, ang.-sax.

[1] *Zeits. f. verg. Sp. F.* VI. 320.

elch, etc., l'élan, et surtout *hirpus*, *hircus*, semblent plus douteux.

2). Sansc. *rôhisha*, *râuhisha*, espèce de cerf. — Ce nom paraît signifier rouge, comme *rôhita*, cerf, et rouge. Le persan *rûs*, élan, n'en est probablement qu'une contraction toute semblable à celle du malais *rusa*, à Timor *rausa*, cerf, évidemment emprunté au sanscrit.

Le nom russe de l'élan *lósĭ*, polon. *los*, est peut-être comparable, bien qu'une contraction aussi forte soit une anomalie dans les langues slaves.

3). Latin *cervus*; cymr. *carw*, corn. *caro*, armor. *karv*, *karô*; irl. *carr-fiadh*.

Pott (*Étym. Forsch.* I, 129) rapporte *cervus* à κέρας, corne, mais le cymrique *carw* ne saurait en provenir. Je crois plutôt à un rapport avec le sanscrit *karbu*, tacheté, aussi *karbura*, *karbara*, *karvara*, et, sous cette dernière forme, un des noms du tigre. Le cerf, en sanscrit, est appelé de même *êta*, tacheté, bariolé, et *ćitramṛga*, de *ćitra*, avec le même sens. Une double signification analogue se remarque dans *çabala*, *çavala*, tacheté, bariolé, et *çabalâ*, vache (tachetée), et cela me fait présumer que le lithuanien *kárwe*, vache, anc. slave *krava*, rus. *korova*, pol. *krowa*, etc., ne diffère pas, étymologiquement parlant, de *cervus*.

Grimm et Pott ont comparé l'anc. allem. *hiruz*, ang.-sax. *heort*, scand. *hiörtr*, etc. [1], dans la supposition que *z*, *t* et le latin *vu* ne seraient que des suffixes; mais cela devient fort improbable en présence du sansc. *karbu*. Si le *t* ou *z*=*d* sanscrit, appartient à la racine, on est conduit pour celle-ci à une forme *kṛd*, laquelle se trouve, en effet, modifiée de deux manières, dans *krîḍ*, ludere, jocari, et *kurd*, *kûrd*, id., et saltare, d'où *kûrda*, *kûrdana*, saut, bond. Il en résulte un sens parfaitement approprié au cerf, qui est aussi appelé *plavanga*, *plava*, sauteur, et *râma*, de *ram*, ludere. Ceci me paraît jeter un jour nouveau sur l'origine des noms du cœur, en goth. *hairtô*, ang.-sax. *heorte*, scand, *hiarta*, anc.

[1] Grimm. *Deut. Gram.* II. 326. Pott. *Et. Forsch.* loc. cit.

allem. *herza*, qui forment un parallélisme parfait avec ceux du cerf, et qui, comparés au grec καρδιά, au latin *cor, cordis*, à l'irland. *cridhe*, au cymr. *craidd*, au lithuan. *szirdis*, à l'anc. slave *srĭdĭtse*, etc., conduisent également à une racine *kard* (*kṛd*)= *kurd*. Le sanscrit *hṛd, hṛdaya*, zend *zĕrĕdhaya*, etc., que l'on a toujours comparé sans pouvoir rendre compte de la substitution de *h* à *k*, est analogue, mais non identique. A côté de *kurd*, en effet, on trouve une série de formes de même sens *urd, khurd, gurd, ćhṛd*, qui sont alliées entre elles, et une forme de plus, *ghurd, hurd, ghṛd, hṛd*, est indiquée par le nom même du cœur en sanscrit et en zend. Ainsi s'expliquerait de la manière la plus satisfaisante la presque identité des noms germaniques du cerf et du cœur, qui tous deux sautent et bondissent.

Pour en revenir à *cervus*, une analogie trompeuse se présente dans le hongrois *szarva*, finland. *hirwi*, cerf, lapon *sarw*, wogoul. *sharba*, élan, etc., qui se lient au hongr. *szarva*, lap. et finland. *sarwi*, corne. Le pali *sarabha*, cerf, dont l'origine est encore différente, offre un second exemple de ces jeux du hasard.

4). Grec ἐλάφος, cerf, ἐλλὸς, ἑλλὸς, jeune cerf; anc. allem. *elah, elaho*, élan, ang.-sax. *elch*, scand. *elgr* (*alces*. Tacit.); anc. slave *ielenĭ*, rus. *olénĭ*, pol. *ieleñ*, illyr. *jelin*, bohém. *gelen*, cerf; lithuan. *élnis*, id.; irland. *eilidh*, ers. *eilid*, biche; cymr. *eilon*, cerf, *elain*, faon.

Je réunis ces noms parce qu'ils semblent tous provenir d'une même racine par des suffixes divers, et que cette racine ne peut guère se chercher que dans le sanscrit *ṛ*, *ar*, ire, qui devient *al, il, el*, par le changement ordinaire de *r* en *l*. Déjà en sanscrit même, on trouve la forme intensitive *alarshi, alarshati*, et *il* (*ilati, êlayati*), ire et projicere [1]. En grec ἐλάω, ἐλαύνω (ἔλω, ἔλλω), faire aller, chasser, pousser, d'où l'on fait dériver ἐλάφος; ἄλημι, ἀλάλημι, fuir, etc. En latin *al*, dans *ala*, aile, *ala-cer*, rapide (cf. sansc. *ara*, rapide, et irland. *arr*, cerf [2]. En anc. allem. *êlan*,

[1] Cf. *alka*, membre du corps (Wilson), de *al*+*ka* suffixe? mais ce mot manque dans le dict. de Pétersbourg.

[2] Cf. anc. égyp. *ar*, gazelle (Bunsen. *Ægypt*. I. 557). Vocab.

all. mod. *eilen*, festinare, ruere. En irland. *ailim*, *allaim*, aller, se mouvoir (*al*, cheval, *alach*, activité, *aill*, course, voyage), *calaidhim*, fuir (*calamh*, rapide, *eala*, *ealadh*, cygne); en cymr. *elu*, aller, *eilig*, rapide, mobile, etc., etc.

Dans l'orient arien, je ne trouve pour le nom du cerf d'autre analogie que l'arménien *ieghn*, pour *ieln*, qui répond au slave *ielenĭ*, lithuan. *élnis*. Il est douteux que le mandchou *iren*, *oron*, toungous. *oron*, *orol*, *iriuni*, renne, auquel ressemble singulièrement le basque *oreña*, *oriña*, cerf, ait quelque rapport réel avec les noms européens. Je ne cite que pour mémoire l'hébreu *ayyâl*, cerf, arab. *iyyal*, *ayyul*, syriaq. *îlo*, cophte *eul*, *eiul*, dont l'origine est sûrement différente.

Le sens étymologique qui résulte de ces rapprochements n'a pas besoin de justification. Plusieurs noms sanscrits du cerf, tels que *ćanću*, *ćalana*, *ġavana*, *srmara*, etc., dérivent de racines de mouvement, et désignent l'animal rapide.

5). A l'anc. slave et russe *lanĭ*, élan, polon. *lania*, biche, lithuan. *lonē*, id., correspond exactement l'irlandais *lón*, élan, sans que l'un puisse provenir de l'autre, mais l'étymologie reste douteuse en l'absence d'un nom sanscrit analogue. On pourrait penser à la racine de mouvement *ṛṇ*, *raṇ*, d'où *raṇa*, mouvement, avec *l* pour *r*, comme dans le persan *lândan*, agiter, mouvoir, vaciller, à côté de *rândan*, chasser, poursuivre, l'irland. *rán*, actif, agile, *raon*, *rian*, route, et *lonn*, agitation, *loin*, ruisseau, *lána*, chemin, ruelle, etc. Mais on pourrait aussi présumer une altération du sanscrit *ćalana*, cerf, toute semblable à celle que nous avons signalée pour le slave *lebedĭ*, cygne, du sanscrit *ġâlapada*. Il serait singulier seulement que l'irlandais se fût altéré précisément de la même manière [1].

6). Irland.-erse *fiadh*, cerf, et en général bête sauvage; cf. *fiadha*, *fiadhain*, sauvage, *fiadhanta*, id., féroce, *fiadhaighe*, chasseur, etc.

[1] L'ang.-saxon *hranas*, scand. *hrein*, renne, le *rheno* ou *reno* de César, est peut-être contracté de *harana*=*ćaraṇa*, *ćalaṇa*.

La ressemblance avec le sansc. *vyâḍa,* bête sauvage, animal de proie, est presque complète, et cependant douteuse, à cause de *vyâdha*, chasseur, de la rac. *vyadh,* ferire, icere, vulnerare, d'où *vyâdhabhîta*, cerf, c'est-à-dire effrayé par le chasseur. Les deux termes sanscrits ne peuvent guère se ramener l'un à l'autre, et le choix reste fort incertain. L'irlandais peut avoir confondu les deux formes en une seule.

7). J'ajoute, à titre de curiosités, quelques rapprochements du sanscrit avec les idiomes non-ariens.

Sansc. *ranku,* espèce de cerf. axis tacheté ; persan *rang*, jeune cerf. — Lapon *ronk,* renne de trait.

Sansc. *vâtâyu,* antilope ; de *vâta,* vent, et de *i*, aller, rapide comme le vent. — Lapon. *vatja*, renne femelle.

Sansc. *êṇa*, *êṇaka*, espèce d'antilope, p.-ê. de *i*, ire.—Finland. *oino*, renne mâle.

Sansc. *râma*, espèce de cerf, de *ram,* ludere.—Hébreu *rem,* oryx, bubalus, arab. *raym*, *rim,* antilope, biche ; géorgien *iremi*, *irêm*, cerf. Pour l'étymologie du sémitique, cf. § 87, 4, f.

§ 114. — LE BLAIREAU.

Ce carnassier de l'ordre des plantigrades ne se trouve, suivant les naturalistes, que dans l'Asie tempérée et en Europe, aussi n'a-t-il pas de nom sanscrit, mais il en a plusieurs en persan et en arabe. Parmi ceux des langues européennes, deux seulement méritent une attention particulière au point de vue comparatif.

1). Le latin *taxo*, *taxus*, en vieux français *taisson*, espag. *texon, tasugo*, ital. *tasso*, se retrouve avec le changement régulier des consonnes, dans l'anc. allemand *dahs*, maintenant *dachs*. Le mot latin, qui ne paraît pas dans les auteurs avant saint Augustin, est peut-être d'origine celtique [1], car en erse *taghan* désigne le

[1] Les noms français paraissent également venir du celtique, *blaireau* du cymr.

putois et la marte, comme *meles*, en latin, la marte et le blaireau. Le persan ne m'a rien offert d'analogue, mais il est très-probable que l'hébreu *tachash*, qui désignait ou le blaireau ou un animal semblable, était un terme arien. Les peaux de *tachash*, précieuses sans doute puisqu'on les employait à couvrir le tabernacle (*Nomb.* IV, VI et suiv.), et pour des chaussures de luxe (*Ézech.* XVI, 10), provenaient sans doute du commerce avec l'Iran [1]. Tout cela fait croire à une origine arienne, et ce nom semble, en effet, s'expliquer fort bien par la racine sansc. *taksh*, frangere, diffringere, d'où nous avons vu dériver déjà le nom de l'if, *taxus* (§ 48, 1). On sait que le blaireau coupe et creuse la terre avec une facilité remarquable à l'aide de ses griffes très-fortes, de sorte que le nom de *taksha*, *takshan*, coupeur, en sanscrit charpentier, lui convient parfaitement. Comme il irait mieux encore au castor, je compare aussi l'irlandais *tiadhan*, pour *tiaghan*, ainsi que le géorgien *thakvi*, castor, et *thagvi*, souris, tous deux probablement d'origine arienne.

2). Le second nom du blaireau que j'ai en vue offre un problème plus complexe et accompagné de circonstances singulières. C'est le russe *barsukŭ*, illyr. et polon. *borsuk* (en hongr. *borz* et *hörtsök*), évidemment le même mot que le persan *pursuk*, lequel toutefois ne paraît désigner que la belette. Le turc *bursuk*, *burzuk*, blaireau, est-il persan ou tartare? c'est ce que la comparaison des autres dialectes du nord de l'Asie pourrait seule nous apprendre. Ce qui, toutefois, porterait à y voir un nom arien, c'est que l'on trouve en cymrique *byrhwch* pour le blaireau, terme qui répond exactement à *bursuk* par le changement régulier en cymrique de *s* en *h*. Mais *byr-hŵch* est un composé purement cymrique et signifie petit cochon, comme son synonyme *mochyn*, *bychan*, blaireau. Si c'était là le sens primitif du mot slavo-persan, il serait bien extraordinaire que le cymrique l'eût conservé

blaier, gris, comme l'irland. *broc*, le cymr. *llwyd*, l'ang. *grey*, blaireau et gris; le vieux franç. *bedou*, *bedouan*, du cymrique *bedd*, creux, fosse, comme le slave *iazvetsŭ* de *iazva*, fosse, terrier.

[1] Cf. Gesenius. *Dict. hébr.* v. c., qui cherche une étymologie sémitique.

seul intégralement. Voyons ce que l'analyse de ce nom peut nous indiquer à cet égard.

Le blaireau a le museau en forme de groin, ce qui explique pourquoi on le compare parfois au cochon. Ainsi le persan *shughr*, *ushghar*, blaireau, aussi bien que *sughr* et *sukar*, hérisson, se rattache au sanscrit *sûkara*, cochon (Cf., § 91-1). Le suédois *gräf-svin*, cochon de terrier, et le cymrique *daearhwch*, cochon de terre, expriment la même ressemblance. Il n'y a donc rien d'improbable à chercher dans le *sukŭ*, *suk*, final, du nom slavo-persan, une forme abrégée de *sûkara*, analogue au persan *chûk*, et corrélative au cymrique *hwch* (Cf., § 91-1). Reste le *bar*, *bur*, *byr*, initial qu'il n'est peut-être pas impossible de ramener aussi à une commune origine.

Le cymrique *byr* signifie proprement court, et se lie, comme l'armor. *berr* et l'irlandais *bearr*, id., à *bearraim*, couper. Or, en zend, on trouve la racine *bĕrĕ* avec le même sens [1], et le persan *burîdan*, *burrîdan*, d'où *burâ*, tranchant, signifie également couper, tailler. Ceci conduirait donc à voir, dans le composé en question, le cochon qui coupe, taille, creuse avec ses griffes, opération qu'exprime aussi le nom de *taxus*, *dahs*, etc. Si ce nom de l'animal est réellement arien, ce serait là sa signification primitive, et celle du cymrique, *cochon court* ou *petit cochon*, ne résulterait que du sens spécial pris plus tard par l'adjectif *byr*. Si, au contraire, ce mot se trouvait appartenir aux langues tartares, d'où il aurait passé dans le persan et le slave, si, par conséquent, *bursuk* et *byrhwch* n'avaient aucune connexion réelle, il faudrait avouer que le hasard aurait tendu là un merveilleux piége aux étymologistes.

§ 115. — LA LOUTRE.

Nous rentrons ici franchement dans le champ des affinités

[1] Spiegel. *Zeitschr. f. verg. Spr.* V. 231.

ariennes, car l'ancien nom de la loutre s'est conservé d'une manière très-remarquable.

1). C'est le sansc. *udra*, moins correctement sans doute *urdra*, car ce mot vient de la rac. *ud*, *und*, madefacere (cf. *uda*, *udra*, eau) et désigne l'animal aquatique, aussi s'applique-t-il également au crabe. En bengali et hindoustani, il se réduit à *ûd*, ou bien *ûdbirâl*, c'est-à-dire chat d'eau. Il reparaît intact dans le zend *udra*, qui peut signifier la loutre ou le castor [1] ; mais le persan moderne ne semble plus le posséder [2].

Si nous passons en Europe, nous trouvons ce nom admirablement conservé dans le lithuanien *udrà*. Le russe, polon. et bohém. *vydra*, *wydra*, illyr. *vidra*, est à *udra* dans le même rapport que le slave *voda*, eau, au sanscrit *uda*, dont la racine *ud*, *und* est pour *vad*, *vand*, comme l'indiquent le gothique *vatô* et le lithuanien *wandû*.

L'ang.-saxon *otor*, scand. *otr*, anc. allem. *ottar*, est resté dans tous les dialectes germaniques modernes.

Le grec ἐνυδρίς, l'animal qui vit dans l'eau, a rajeuni, en quelque sorte, l'étymologie du nom, en le rattachant directement à ὕδωρ.

La forme la plus divergente est celle du latin *lutra*, en italien *lontra*, en espagnol *nutria*, laquelle se rencontre d'une manière singulière avec le pendjabi *ludhur* [3]. Il n'y a donc aucune raison de rattacher ce mot à *luo*, *lavo*, en le séparant ainsi de *udra*, bien que l'analogie du verbe latin ait pu influer sur l'altération de la forme.

2). En irlandais, la loutre s'appelle *dobran*, en erse *dòbhran*, *doran*, de *dobhar*, eau, cymr. *dwfr* (Cf. sansc. *dabhra*, mer). Le cymr. *dyfrgi*, corn. *dourghi*, armor. *kî-dour*, signifient chien d'eau, de même que l'erse *cù-donn*, et l'irlandais *coibhfcaran*

[1] *Vendidad*. 14. 2. *Yô uderem ģainti yim upâpem*. « Celui qui frappe l'*udra*, » qui vit dans l'eau. » Spiegel (*Avesta*. p. 202) ne traduit pas ce nom, et l'on voit par la citation du Sad-der, ajoutée en note, que l'*udra*, canis aquarum, est considéré comme le castor qu'il était défendu de tuer.

[2] *Udrah*, en persan, signifie la crête d'un casque. Est-ce que ce ne serait point une peau de loutre?

[3] *Journ. of the As. soc. of Bengal*. n° 80. p. 718.

dobhar. Comme le nom de la loutre peut passer facilement au castor [1], je compare le lithuanien *débrus*, et l'illyr. *dabra*, *dabar*, qui désignent ce dernier animal. Le changement de *b* en *d* est si anormal que je ne saurais voir dans ces formes des altérations de *bebrus*, *bobr*, que nous retrouverons au paragraphe suivant.

§ 116. — LE CASTOR.

Cet animal si remarquable par son industrie bien connue, et qui est seul de son espèce, se trouve, comme on le sait, dans l'ancien et le nouveau monde. Il est devenu rare en Europe, où il abondait autrefois sur le bord des grands fleuves. Comme il a plusieurs noms en persan et dans les langues finno-tartares, on ne saurait douter de son existence dans l'Asie tempérée et septentrionale, et cependant les naturalistes n'en font aucune mention [2]. Par contre, il semble tout à fait étranger à l'Inde, car il n'a pas de nom sanscrit. D'après les rapprochements qui suivent, il paraît évident que les Aryas l'ont bien connu dans leur patrie primitive.

1). A l'exception du grec, toutes les langues européennes sont ici d'accord : latin *fiber*, ang.-sax. *beofer*, *befor*, scand. *bifr*, *biôr*, anc. all. *pipar*, *bibar*, angl. *beaver*, all. *biber*, erse *beabhar*, anc. corn. *befer*, armor. *bieuzr* [3], lithuan. *bebrus*, *bewrus*, russe *bobrŭ*, polon., bohém. *bobr*, etc. Le corrélatif sanscrit est évidemment *babhru*, mais appliqué à deux autres rongeurs, l'ichneumon et le rat, de même que *bibar*, en persan, désigne la souris.

[1] Le persan *saglâb*, *saklâb*, chien de bord de rivière (*lab*) désigne les deux animaux, et le castor est aussi appelé *sagâb*, chien d'eau. En sanscrit on trouve *galamarģara*, chat d'eau, *ģalâkhu*, *nîrâkhu*, rat ou cochon d'eau, pour la loutre.

[2] Voy. entre autres l'article castor dans le Dict. d'hist. nat. de d'Orbigny.

[3] Je ne trouve ce nom ni en irlandais, ni en cymrique, mais il semble avoir existé chez les Gaulois, si, comme le pense Zeuss (*Gram. celt.* 44) celui de *Bibrax*, et d'après Glück (*Die Kelt. namen bei Caesar*. p. 43), celui des *Bibroci*, en dérive. En Allemagne, on trouve comme anciens noms de lieux, *Biberburg*, *Biberbah*, *Piberchar*, *Biberussa*. (Graff. *Spr. schatz*), en Lithuanie *Bébruwėle*, etc.

Comme le sens propre de *babhru*, forme redoublée de *bhṝ*, frigere, assare, est celui de brun, roux, fauve, on comprend la transition d'un animal à l'autre, et il est probable que c'est là l'ancien nom arien du castor, dont le pelage est d'un roux marron, et que les Indiens avaient perdu de vue.

2). L'origine du grec κάστωρ est encore incertaine. Pott y cherche un mot indigène, et la rapporte à κεάζειν, scier, parce que le castor coupe les bois avec ses dents (*Etym. Forsch.*, II, 237). Suivant Pline (*H.-N.*, VIII, 47 ; XXII, 13) le *castoreum*, secrétion particulière de l'animal bien connue des anciens, venait du Pont, et il est à croire que le nom en provenait également. C'est ce qui fait penser à Lassen qu'il appartenait aux langues de l'Asie Mineure et de la Perse, car, en persan, le castor s'appelle encore *chaz* [1]. Ce qui complique la question, c'est que le sanscrit *kastûri, kastûrika,* désigne le musc, substance analogue au castoreum. Pott, il est vrai, et avec lui Bœhtlingk et Roth (*Sansk. W. Buch*), croient ce mot emprunté du grec ; mais comment concilier cette opinion avec le fait que, dans les dialectes vulgaires de l'Himâlaya, *kastûri* est le nom de l'animal même qui fournit le musc? fait attesté déjà par Cosmas, qui avait vu cet animal que les indigènes appelaient καστουρὶ [2]. Il est difficile de croire que les Indiens aient attendu un mot grec pour donner un nom à un ruminant de leur pays. Il semble beaucoup plus probable que c'est là un terme arien, un nom du castor emporté par les Indiens lors de leur séparation de la branche iranienne, et appliqué plus tard à l'animal qui fournissait un produit semblable au castoreum.

Le persan *chaz*, castor, vient de *chazîdan*, ramper, marcher avec peine, se traîner, se rouler à terre comme les enfants ; de là *chazindah,* ver, reptile. Les jambes courtes, et les formes ramassées du castor expliquent suffisamment ce sens. Le grec κάστωρ, indique un synonyme perdu *chastâr*, rampeur, reptor, formé par le suffixe *târ*, *dâr* des noms d'agents (en sansc. *tar*). Comme le

[1] *Ind. Alt.* I. 316.
[2] Lassen. loc. cit.

ch et le *z* persans répondent plus d'une fois au *k* et à l'*s* du sanscrit [1], on peut chercher le corrélatif de *chaz* dans la rac. *kas*, ire (cf. irland. *casaim*, tourner, se tourner), ce qui expliquerait les formes κάστωρ et *kastûri*. Quant à l'anomalie de *tûri* pour *tar*, elle peut provenir d'une corruption des dialectes vulgaires qui ont appliqué à un animal nouveau le nom du castor dont le sens primitif était perdu.

Telles sont les conjectures qui me paraissent concilier le mieux les difficultés de la question.

§ 117. — LE LIÈVRE ET LE LAPIN.

Parmi les noms sanscrits du lièvre, un seul se retrouve dans les langues européennes, mais deux autres de ces dernières paraissent se rattacher aux origines ariennes.

1). Le sansc. *çaça*, *çaçaka*, lièvre et lapin, vient de la racine *çaç*, saltare [2]. Cf. pali *sasa*, hind. *sasâ*, singhal. *sasana*, bengal. *çoçok*, *çoçâru*, etc., où le suffixe varie. Ce nom paraît manquer aux idiomes iraniens, ou du moins il a passé à d'autres sauteurs, comme dans le persan *sâs*, puce, *saysadî*, sauterelle, *sîsak*, hochequeue, du verbe *sîstan*, sauter=*çaç*.

En Europe, l'anc. allem. *haso*, all. mod. *hase*, nous offre encore le *k* initial primitif déjà affaibli dans *çaça* (pour *kaka*), et répond ainsi à un thème *kaça* ou *kasa*, avec *s* pour *ç* comme en pali et en persan. Cet *s*, par un changement très-ordinaire, devient *r* dans l'ang.-sax. *hara*, et le scand. *hêri*, *hieri*, qui perdent ainsi toute apparence de rapport avec *çaça*.

Le lithuanien *kiszkis*, lièvre=sansc. *çaçaka*, est resté plus rapproché encore du thème primitif, car le *sz* répond dans la règle au *ç* et au *k* sanscrit. Une forme un peu différente du même nom,

[1] Vullers. *Inst. ling. pers.* p. 10 et 25.

[2] On trouve aussi la forme plus primitive *kaç*.

szészkas, désigne le putois. L'anc. slave *zaiêtsĭ*, lièvre, rus. *záiatsŭ*, polon. *zaiãc*, boh. *zagic*, illyr. *sez*, semble avoir perdu la seconde sibilante ou gutturale, et changé le suffixe.

2). Le grec λαγὸς, λαγὼς, lièvre, λαγιδεύς, lapin, a été rattaché avec beaucoup de probabilité à la racine sansc. *lagh*, *langh*, transilire, d'où *laghu*, léger, rapide, petit, *laghaṭ*, vent, etc., malgré l'irrégularité du γ pour *gh* qui exigerait χ, comme dans ἐλαχύς, petit= *laghu* [1]. Cf. lithuan. *lengwas*, léger, lat. *levis*, pour *legvis*, anc. slave *lĭgŭkŭ*, anc. allem. *lîhti*, etc. Le russe *liagushka*, grenouille, vient de même du verbe *liagati (sia)*, ruer, regimber, et, la conjecture ci-dessus se confirme mieux encore par le persan *lâghûn*, lièvre, allié sans doute à *lâgh*, poltronnerie, légèreté à fuir. — Il faut observer cependant qu'il existe en sanscrit une autre racine de mouvement, *lang*, ire, claudicare, à laquelle répond le grec λαγγέω, λαγγάζω, hésiter, fuir, être craintif, et d'où λαγὸς dériverait plus régulièrement encore.

L'affinité du latin *lepus,-oris*, semble douteuse, malgré les ingénieux efforts de Pott pour l'établir [2], car la transition du *g* ou *gh* au *p* ne saurait être justifiée par aucun exemple. La racine sansc. *lêp*, ire, en lithuan. *lépti*, errer, vagabonder (cf. scand. *lipr*, agile), pourrait fournir une meilleure étymologie.

3). Le latin *cuniculus*, lapin, a passé dans le grec κόνικλος, l'armor. *konikl*, l'allem. *küniglein*, l'illyr. *kuniegl*, etc. Pline (*N. H.* VIII, 81, 55) donne ce nom comme originaire d'Espagne, et le rattache à *cuniculus*, mine, galerie souterraine. Cependant ces termes ont une physionomie toute latine. Peut-être que la racine était celtibère, et le suffixe ajouté par les Romains. Ce qui semble l'indiquer c'est que l'on trouve, dans les langues celtiques, ce nom du lapin avec un suffixe différent, en irlandais *coinin*, *cuinin*, ers. *coinean*, cymr. *cwning*, corn. *kynin*. Le scand. *kanîna*, *kûnîna*, *kûnis*, *kûnîngr*, suéd. et dan. *kanin*, ang. *coney*, allem. *kaninchen*, trahissent tous leur origine étrangère par le *k*

[1] Pott. *Etym. Fors.* I. 232. Benfey. *Gr. W. Lex.* II. 26.
[2] *Etym. Fors.* loc. cit.

resté intact, et paraissent provenir du celtique plutôt que du latin. La racine primitive, comme l'indique Benfey (*Griech. W. Lex.* I, 198), est sans doute le sanscrit *khan*, fodere, dont le *kh*, étranger d'ailleurs aux langues européennes, est représenté par *k*, déjà dans le persan *kandan*, creuser, d'où *kân*, mine, excavation = sansc. *khani*. Le sanscrit *khanaka*, mineur, est un des noms du rat [1]. Ce qui achève enfin de montrer que c'est bien là un mot arien, c'est que le russe *kuna*, lithuan. *kiaune*, désigne la marte, comme l'illyrien *kunaz*, le lapin, ces deux animaux ayant également l'habitude de se terrer.

§ 118. — L'ÉCUREUIL.

Ce joli petit rongeur a plusieurs noms sanscrits qui le dépeignent et le caractérisent, comme *čamarapuččha*, qui a la queue en forme de chasse-mouche, *çâkhâmṛga, parṇamṛga*, animal des branches et des feuilles, *vṛkshaçâyikâ*, qui dort sur l'arbre, etc., mais ces composés sont purement indiens. C'est la comparaison de quelques termes persans et européens surtout, qui peut nous faire remonter aux origines ariennes.

1). Le persan *warwarah* désigne l'écureuil et le *Mus ponticus*, et c'est là une forme redoublée dont la racine simple paraît se retrouver dans *warigh, wargh*, belette. Les langues européennes nous offrent tout un groupe de noms analogues, avec ou sans réduplication, appliqués à l'écureuil et à d'autres petits rongeurs. Ainsi :

Le latin *viverra*, fouine, grec mod. βερβερίτζα, écureuil ; lithuan. *waiwēris* m., *wowerē* f., id., *waiwaras*, belette, marte, lett. *wâweris*, écureuil ; polon. *wieworka*, bohém. *wewerka*, id., illyr. *vivera, viveriza*, fouine, belette ; cymr. *gwiwer*, écureuil, armor.

[1] Le cymr. *ceinach*, lièvre, n'a probablement aucun rapport, et paraît dériver de *cain*, gris.

a même conservé la nasale de la forme *kṛnt*. La circonstance que cette racine n'existe plus en germanique, prouve que ce nom du bœuf doit être fort ancien [1].

Avant de quitter la taupe, j'observerai que le latin *talpa*, dont on a beaucoup cherché l'origine, est probablement celtique. O'Reilly, dans son dictionnaire, donne réellement *talpa* comme un mot irlandais, peut-être par suite de quelque erreur ; mais il est certain que l'étymologie la plus probable de ce nom se trouve dans le cymrique *talp*, *talpen*, monceau, *talpiaw*, faire des monceaux, ce qui est bien le travail caractéristique de la taupe.

§ 121. — LE HÉRISSON.

Comme c'est le cas pour les animaux à conformation singulière, le hérisson a beaucoup de noms descriptifs composés, dans lesquels, en général, il est comparé au cochon, à cause de son groin ; ainsi le grec ἀκανθόχοιρος, l'allem. *stachelschwein*, l'italien *porcospino*, l'ang. *hedgehog* (cochon de haie), etc. Parmi ses noms simples, qui seuls nous intéressent ici, deux paraissent remonter à la source arienne commune, sans cependant se retrouver directement dans le sanscrit.

1). Le premier constitue un groupe étendu, avec des variations de forme considérables. C'est l'arménien *ozni*, le grec ἐχῖνος, l'ang.-sax. et anc. allem. *igil*, scand. *îgull*, le lithuan. *eżys*, l'anc. slav. *iejĭ*, rus. *éjü*, pol. *jeż*, illyr. *jesc*, etc. Si l'on retranche partout les suffixes, il reste une racine εχ, *ig*, *eż*, *oz*, ou plutôt un thème εχι, etc., corrélatif au sanscrit *ahi*, qui désigne le serpent. La liaison des deux significations est encore manifeste dans le grec ἐχῖνος, qui dérive de ἔχις, serpent, vipère, comme le sanscrit *ahîna*, espèce de grand serpent, de *ahi*. En zend, *ahi*

[1] Voy. la *Zeitsch. f. vergl. Spr.* de Kuhn, t. VI, p. 189, où cette question est traitée avec plus de détail.

devient *azi*, ce qui explique l'armén. *ozni*, et les formes lithuano-slaves, tandis que le germanique remplace *h* par *g*, comme dans le scand. *öglir*, couleuvre, et dans les noms de la sangsue, *egala*, *egel*, etc., que nous retrouverons ailleurs. On ne s'étonnera pas que le hérisson soit comparé à un reptile, car il rampe plutôt qu'il ne marche. Aussi en cymrique est-il appelé *sarth*, en cornique *sart*, *sort*, du verbe *sarthu*, ramper. Nous avons vu déjà dans le persan *chaz*, castor, le même sens s'appliquer à un quadrupède.

2). Le grec χήρ, lat. *heres*, *eres*, *ericius*, *erinaceus*, espag. *erizo*, ital. *riccio*, etc., d'où notre *hérisson*, a été rapporté par Benfey à la rac. sansc. *hṛsh*, horrere[1] ; mais la forme latine s'oppose à ce rapprochement, car la sibilante n'aurait pas disparu, comme le montre *hirsutus* ou se serait assimilée à l'*r*, comme dans *horreo*, *horridus*, etc. L'analogie du nom précédent porte à croire plutôt à un rapport avec le sanscrit *hari*, védique *hârya*, serpent. C'est par l'influence de cet instinct étymologique qui guide l'oreille, en l'égarant fort souvent, que le français a rattaché *hérisson* au verbe *hérisser*.

Le synonyme grec σχῦρος est sans doute tout différent de χήρ, et rappelle le persan *sughr*, *sugur*, *asgur*, *sukar*, kourde *sikor*, hérisson, qui conduisent au sanscrit *sûkara*, cochon. Comme il est impossible toutefois de comparer directement le grec et le sanscrit, cette ressemblance est peut-être fortuite, et σχῦρος pourrait appartenir à la rac. *ċhur*, scindere, comme σχιδ répond au sansc. *ċhid*, findere, etc.

ART. II. — OISEAUX.

Libres dans le vaste domaine de l'air, les oiseaux sont beaucoup moins dépendants que les quadrupèdes de certaines conditions de localités et de climats. Leurs noms ont par cela même

[1] *Griech. W. Lex.*, II, 111.

moins d'importance pour la question des origines géographiques. Ils sont aussi plus sujets à varier de langue à langue et d'époque à époque, ce que montre déjà le grand nombre de termes significatifs que l'on trouve dans tous nos idiomes européens. Pour quelques espèces seulement les plus remarquables par leurs caractères, ou les plus familières avec l'homme, les anciens noms se sont conservés, mais avec moins d'extension que pour les quadrupèdes. Le champ des recherches comparatives est limité d'ailleurs par la circonstance qu'une foule de noms d'oiseaux européens nous font défaut dans les langues des Aryas de l'Asie, et surtout dans le sanscrit.

§ 122. — L'AIGLE.

Les termes qui désignent le roi des airs n'offrent pas, il est vrai, de coïncidences directes bien sûres entre l'Asie et l'Europe, mais quelques-uns de ses noms se lient certainement aux origines ariennes primitives.

1). Sansc. *kurara, kurala*, aigle marin, *ossifraga*, orfraie. En pali *kurara*, id., et *kulala*, faucon ; en singhal. *kura*. La racine est *kur*, sonare, par allusion au cri perçant de l'aigle, appelé aussi *utkrôça*, qui crie haut, et *kharaçabda*, cri rauque. De là encore *kurankara*, clamorem faciens, pour l'*Ardea sibirica*, et *kulâla* pour le hibou et le faisan.

Aucun nom de l'aigle ne correspond en Europe, mais le cymrique *curyll*, épervier, est sûrement identique à *kurala*. J'y rattacherais aussi l'irlandais *corr*, gén. *cuirre*, héron, grue, si ce mot n'avait pas le sens de bec, ce qui rend le rapprochement douteux [1].

2). Pers. *âlah*, *âlûh*, aigle et faucon, kourd. *aló*. Si l'on n'avait égard qu'au changement de *r* en *l*, on ne douterait pas de l'affinité

[1] Cf. aussi sansc. *khara*, héron.

de ce nom avec le groupe européen qui suit ; mais comme les formes du persan moderne résultent souvent de fortes contractions, et que le mot ci-dessus s'écrit aussi *awlah, ûlah*, la corrélation reste un peu incertaine. Ce qui est plus sûr, c'est l'affinité radicale des termes suivants entre eux.

Goth. *ara*, anc. allem. *aro*, *arn*, ang.-sax. *earn*, *earnas*, scand. *ari*, *arin*, *ern*, etc.

Lithuan. *eris* [1], *erélis, arélis ;* anc. slave *orĭlŭ*, rus. *orelŭ*, pol. *orzel*, illyr. *oro*, *oral*, boh. *orel*, etc.

Cymr. *eryr*, *erydd*, corn. *er*, armor. *erer*, *er ;* irland.-erse *iolar, iolair*, diminut. *ilrin*, aiglon.

Dans toute cette série, la racine est la même, et les suffixes seuls varient de manière à former trois dérivés dont les thèmes primitifs ont dû être *ara*, *arna*, et *arara* ou *arala*, *alara*. Tous se présentent comme des formations régulières de la racine de mouvement *ṛ*, *ar*, et en sanscrit *ara* signifie rapide, ce qui convient parfaitement à l'aigle. Au germanique *arn*, *earn*, *arin*, répond de même le sanscrit *arṇa*, *arṇava*, agité, impétueux, courant, torrent, et nom d'un démon des vents, et le zend *ĕrĕnava*, le coursier rapide. — L'arménien *ori*, épervier, appartient sûrement à la même racine, ainsi, p.-ê., que *ardziv*, aigle.

3). Le persan désigne l'aigle par plusieurs composés dont le sens paraît être identique, savoir *ajdan*, ou *âjadan*, *ajdahâm*, et *ajdaf*. Je crois reconnaître dans *aj* le zend *aji*, serpent, en composition avec *dan* = send *zan* et sansc. *han*, tuer, frapper. On sait, en effet, que l'ancien dialecte persan de l'époque des Achéménides et des inscriptions cunéiformes, remplace souvent par un *d* le *z* du zend et l'*h* du sanscrit. Ainsi on trouve *adam*, ego, pour *azem* et *aham*, *darya*, lac, mer, pour *zarayañh*, lac, sansc. *haras*, eau, etc. Le persan *aj-dan*, serait en zend *ajizan*, en sansc. *ahihan*, qui tue le serpent. Le second composé, *ajdahâm*, répondrait au zend *ajidahma*, et en sansc. *ahidasma*, destructeur du serpent, et le *daf* de la troisième forme s'explique

[1] *Beiträge* de Kuhn et Schleicher, I, 234.

également bien par la racine zend *dab*=sansc. *dabh*, lædere, offendere [1].

Ce qui rend ces noms intéressants, c'est qu'ils conduisent à interpréter de même le scandinave *egdir* m., *egda* f., aigle, où *eg* paraît être l'ancien nom du serpent, *ahi*, que nous retrouverons plus tard dans un autre composé germanique, *egidehsa*, le lézard, et ailleurs encore. Dès lors le *di*, *da* final, ne peut guère être que le sansc. *dâ*, destruere, dissecare, car l'aigle et le serpent sont en hostilité naturelle. Si le *d* ne s'est pas changé ici en *t*, selon la règle propre au germanique, c'est que le *g* qui précède aura exercé une influence adoucissante.

4). Le grec αἰετὸς, ἀετος, aigle, pour ἀϝιετος, a été expliqué par Benfey d'une manière heureuse, comme un composé de ἀι=sansc. *avi*, air, vent, et de *yat*, partic. prés. de *yâ*, ire, synonyme par conséquent du sansc. *vihaga*, oiseau, et *viyaččârin*, vautour, signifiant tous deux : *qui va dans l'air* [2]. Quelque plausible, cependant, que soit cette étymologie, il s'en présente une autre qui ne l'est pas moins, par suite du double sens de *avi*, qui est aussi le nom du mouton. En tout cas, il serait plus simple, au lieu de la rac. *yâ*, de recourir, soit à *at*, continuo ire, ire solere, soit à *aṭ*, circumerrare, vagari. Cette dernière racine forme le composé analogue *vyaghrâṭa*, alouette, c.-à-d. *qui vole autour du tigre*, nom qui se fonde sans doute sur quelque habitude de l'oiseau. Comme l'aigle attaque volontiers le mouton, l'épithète de *avyaṭa*= αϝιετος, lui conviendrait parfaitement.

Quant à οἰωνὸς, aigle, vautour, oiseau de proie au vol solitaire, que Benfey tente d'expliquer de même par *avi-yâna*, la dérivation de οἶος, seul, nous semble trop bien établie pour être abandonnée. La forme du dérivé est suffisamment justifiée par les analogies de υἱωνὸς, κοινωνὸς qui proviennent de υἱὸς, κοινὸς, etc., et l'épithète est la même que celle de μόνιος, appliquée au loup et au sanglier. Je ne comprends point, je l'avoue, l'objection de Benfey

[1] Cf. § 136, 1.

[2] *Griech. W. Lex.* I, 19.

que cette interprétation n'est en *aucune manière (nicht im entferntesten)* justifiée par le sens, car le vol solitaire des grands oiseaux de proie est un fait d'observation journalière.

5). Le latin *aquila*, d'où probablement l'irlandais *acuil*, a été rapporté par Pott à la même racine que le sanscrit *açu*, *açva*, equus, le rapide [1]. De là aussi *aquilo*, le vent du nord. Ce nom aurait ainsi le même sens que le goth. *ara*, etc.

6). Une remarquable coïncidence se présente entre le russe *bérkutŭ*, aigle royal, et le cymr. *barcut*, *barcud*, *barcutan*, armor. *barged*, corn. *bargez*, buse, vautour, milan. Il est difficile de croire que ces noms n'aient pas une origine commune, mais je ne sais trop où la chercher. Le cymrique *cut*, *cud*, désigne tout oiseau du genre faucon (cf. ang.-sax. *cyta*, milan, angl. *kite*, et le pers. *chût*, *chûd*, aigle, milan) ; mais il signifie aussi vol, rapidité (cf. rac. sansc. *ćud*, properare), et de là vient *cudain*, *cudawl*, qui plane, qui se meut dans l'air. Il est certain que *bar*, sommet, hauteur, en composition avec *cud*, dans l'une ou l'autre acception, donnerait un sens assez approprié, mais assurément le russe *bérkutŭ* ne saurait avoir une étymologie cymrique. Par un jeu de hasard, sans doute, l'arabe *burkat* désigne aussi un oiseau, d'une espèce différente, il est vrai, une sorte de canard.

§ 123. — LE VAUTOUR.

Deux des noms sanscrits du vautour paraissent se retrouver en Europe, mais appliqués à d'autres rapaces, et ici, comme pour l'aigle, c'est l'origine étymologique probable de quelques termes européens qui offrent le plus d'intérêt.

1). Sans. *gṛdhra*, vautour, et, comme adjectif, avide, de la rac. *gṛdh*, *gardh*, appetere, cupere. — Le *ṛ* se vocalise entièrement dans le pali *gaddha*, marat. *gîda*, beng. *gidhinî*, hind. *giddh*. — En persan, on trouve de même *gîd*.

[1] *Étym. Forsch*, II, 54.

Ce nom semble avoir passé au milan, dans le scand. *gledra*, ang.-saxon *glida*, ang. *glede*, avec changement de *ṛ* en *l*, comme pour l'anc. slave *glodŭ*, faim (avidité). La rac. *gṛdh*, toutefois, s'est mieux maintenue encore dans le goth. *grêdus*, faim, *grêdôn*, esurire, ang.-saxon *graedig*, scand. *grâdugr*, avide, etc., où le *g* primitif initial est resté intact comme plus d'une fois d'ailleurs (Cf. irland. *grádh*, amour, désir, *grádhmhar*, amoureux, etc.). Le scand. *glôdr*, milan, rappelle aussi singulièrement les formes néo-sanscrites et le persan *gîd*. Je ne crois pas que l'anc. allem. *gîr*, maintenant *geyer*, vautour, soit à comparer avec *gṛdhra*, car il dérive directement de la même racine que *gîri*, avide, goth. *geirô*, *gairnei*, avidité, désir, etc., savoir le sanscrit *gṛ*, vorare, allié peut-être, mais non identique à *gṛdh*. Le sens du nom d'oiseau est d'ailleurs le même de part et d'autre.

2). Sansc. *çakuna*, *çakuni*, *çakunta*, vautour, et espèce d'aigle, aussi oiseau en général, et appliqué également au geai bleu, au moineau, etc. La racine paraît être *çak*, valere, dont les dérivés expriment la force, la vivacité. De là *çakula*, poisson, *çakvara*, taureau, *çakti*, *çakman*, force, puissance, etc. En bengali, on trouve *sokun*, vautour, et le persan *shakrah*, faucon, se lie au sansc. *çakra*, fort, un des surnoms d'Indra.

Je compare le lithuan. *sakalas*, faucon, anc. slave et russe *sokolŭ*, polon., illyr. *sokol*, id. L'irlandais *segh*, *séigh*, faucon, peut avoir perdu un suffixe [1].

3). Le grec γὺψ, gén. γυπὸς, vautour, auquel répond l'armoricain *gûp*, id., qui n'en provient certainement pas [2], conduit à une conjecture étymologique intéressante. Je crois y voir un composé

[1] *Segh* est aussi le nom du bœuf sauvage, et se rapporterait peut-être mieux à la racine sanscrite *sah*, posse, sustinere, d'où *sahas*, force, *sahya*, fort, et *sahari*, taureau.

[2] On serait tenté de comparer aussi l'angl. sax. *geap* de *carn-geap*, vautour = γυπαίετος? si *geap* ne signifiait pas curvus, fallax; mais le synonyme *ûf*, vautour, pourrait bien être pour *cûf*, comme *ylfete*, cygne, pour *cylfete*=sansc. *gâlapâda* (§ 95, 2), et répondrait alors à γὺψ.

du nom du bœuf ou de la vache, *gô* ou *gu* (§ 86-1) et de la rac. *pâ*, garder, identique, par conséquent, au sanscrit *gôpa*, *gôpâlâ*, berger. Déjà en sanscrit, la dénomination *gôpay*, custodire, littéralement *garder les vaches*, a donné naissance à une racine secondaire *gup*, tueri, custodire, comme adjectif en composition, qui garde (*dharmagup*, qui garde la loi, le droit, jus), comme substantif, synonyme de *gupila*, *gôpa*, *gôpati*, *gôpâla*, roi, primitivement pasteur, mais où *gu*, *gô* se prend ordinairement dans le sens de terre. Le grec γύπη, caverne, ne semble de même avoir signifié dans l'origine qu'un lieu de refuge pour les vaches. Ce nom du vautour serait ainsi le synonyme parfait de celui du *garde-bœuf*, oiseau d'une autre espèce, il est vrai. On sait que le vautour suit volontiers les grands troupeaux de bétail pour épier l'occasion d'une proie quelconque. Aux temps de la vie pastorale, cette habitude de l'oiseau vorace à dû être fréquemment observée, et on lui aura donné, par ironie, ce nom de *berger* qu'il ne mérite guère (Cf. passim, le § 98-2.) [1].

Ce qui confirme cette interprétation, c'est d'abord le synonyme grec αἰγυπιὸς, vautour, où αἰ me paraît être le sansc. *avi*, mouton, que j'ai soupçonné déjà dans le nom de l'aigle, αἰετος, et γυπιὸς l'équivalent de γὺψ. Il pourrait sembler singulier que ce composé renfermât ainsi les noms du mouton et de la vache, mais le sansc. *gôpa* désigne un berger en général, et on dit de même *açvagôpa*, littér. cheval-vache qui garde, pour gardien de chevaux. Ainsi αἰγυπιος, vautour, ne signifie autre chose que garde-mouton [2].

[1] C'est par une ironie du même genre que le chakal déprédateur, qui suit aussi les troupeaux, est appelé en sansc. *gômin*, littér. *possesseur de vaches*, ou *riche en bétail*.

[2] Le sens qui vient de se révéler pour αἰγυπιὸς pourrait bien éclairer l'origine, restée jusqu'à présent tout à fait obscure, du nom de l'Égypte et des Égyptiens. Αἰγύπτος, et Αἰγύπτιοι paraissent pour la première fois dans Homère (Od. IV, 84, 351, 385, etc.), et, plus tard, la tradition fait d'Ægyptus un frère de Danaus, que son père Belus envoie conquérir l'Arabie, et qui soumet aussi l'Égypte, à laquelle il donne son nom (Apollod. II, 1, 4). Cette tradition semble se rapporter à l'invasion des *Hyksos*, qui sont venus de l'Arabie, et dont le règne, d'après Lepsius, a duré depuis l'an 2,100 à 1,700 avant notre ère. (*Uber die 12ta Aegyptische Dynastie. Abh d. Berliner Akad*, 1852, p. 525.) C'est

Une seconde analogie remarquable se présente dans αἰπόλιος, nom d'un oiseau dont l'espèce n'est pas déterminée. C'est là encore un synonyme de αἰγυπιός, car αἰπόλος, chevrier, est un composé tout semblable, et qui correspond exactement, sauf la longueur de la voyelle, au sanscrit *avipâla*, berger, comme αἰπόλος au latin *opilio* de *ovipilio*. Le sanscrit *avi* désigne à la fois le mouton et la chèvre, de sorte qu'il n'est point nécessaire d'expliquer αἰπόλος, par αἰγοπόλος = sanscrit *aǵapâla*. Il est donc évident que l'oiseau en question s'appelait le berger ou le chevrier, ce qui appuie singulièrement notre étymologie de αἰγυπιος, non moins que celle de γύψ.

4). S'il pouvait rester quelque doute sur le sens primitif de ce mot, il achèverait de se dissiper par la comparaison du nom slave du vautour, lequel conduit, par une autre voie, à la même étymologie. L'anc. slave *sãpŭ*, rus. *supŭ*, *sipŭ*, pol. *sẽp*, illyr. *sep*, bohém. *sup*, ne diffère de γύψ qu'en ce qu'il contient l'autre ancien nom de la vache, sansc. *psu*, zend *fshu*, avec perte de la consonne initiale, et *psupa*, *fshupa* auraient le même sens que *gôpa*, pasteur. Et ce n'est pas là une pure hypothèse, car, ainsi que je l'ai déjà remarqué, on trouve en persan *shubân*, comme synonyme de *gawbân*, *gôpân*, où *pân*, gardien, répond au sanscrit *pâna*, garde, protection (Cf., § 86-10). La forme nasale *sãpŭ*, pol. *sẽp*, du nom slave du vautour correspond à un thème qui serait en sanscrit *psavampa*, en zend *fshûmpa*, avec le premier

vers cette époque, sans doute, que les Grecs auront eu quelque connaissance, au moins vague, de l'Égypte. Or, on sait que le nom des *Hyksos* signifiait rois-pasteurs, et que *sós* désignait un *pasteur* en égyptien vulgaire. (Bunsen, *Aegypten*, III, 10.) Il devient donc extrêmement probable que le grec αἰγύπτος = αἰγυπιός, n'est que la traduction de *sós*. La différence du suffixe ne saurait faire douter de l'identité essentielle des deux termes. Γύπτος, rac. γυπ = sansc. *gup*, signifie ici qui garde, comme ἑρπετός, qui rampe, μενετός, qui demeure, στατός, qui se tient, etc. Ces participes passés avec sens actif ne dérivent, il est vrai, dans la règle que des verbes intransitifs; mais ὀχετός, canal, de ὀχέω, veho, offre un cas de dérivation d'un verbe actif, et le latin *fertus* qui porte, fertile, est tout semblable. En lithuanien le suffixe *ta* forme régulièrement des noms d'agents. (Cf. § 108, 1, et Bopp. *Vergl. Gramm.*, p. 1153.)

élément à l'accusatif, comme cela est souvent le cas dans les composés de ce genre.

5). Le latin *vultur*, *voltur* a été comparé avec le sanscrit *gṛdhra* [1], mais ce rapprochement suppose des transitions phoniques bien forcées. Quant à la forme, *vultur* répond parfaitement au sanscrit *vṛtra*, comme *mulgeo* à *mṛǵ*, *fulgeo* à *bhrâǵ (bhṛǵ)*, *vulnus* à *vraṇa*, etc. Le sens de *vṛtra*, en zend *vĕrĕthra*, est celui d'ennemi en général, et il n'y a rien d'improbable à ce qu'on ait désigné ainsi l'oiseau de proie redouté des troupeaux et des pasteurs.

6). L'irlandais *fang*, *faing*, vautour et corbeau, paraît contracté de *fanag*, comme l'indique le lithuanien *wánagas*, *wánagátis*, oiseau de proie en général, et plus spécialement le faucon. On dirait du pur sanscrit, car *vanaǵa* et *vanaǵâti* signifient né dans la forêt, sauvage, race de forêt. Plusieurs fois déjà, j'ai eu l'occasion de remarquer avec quelle fidélité surprenante le lithuanien a conservé les formes ariennes primitives. Un nom sanscrit tout analogue est *vanâçraya*, corbeau, c'est-à dire qui demeure dans la forêt. Le persan *wanâ*, pigeon sauvage, et *wanaǵ*, petit quadrupède d'une espèce indéterminée, ont sans doute la même origine.

7). Enfin l'irlandais *badhb*, *fadhb*, vautour, corbeau, oiseau de proie en général, et le cymr. *bôd*, *boda*, vautour, semblent se rattacher à la rac. sansc. *badh*, ferire, d'où *badha*, meurtrier, meurtre, *badhatra*, l'arme qui tue, etc. (Cf. ang.-sax. *beado*, *beaduw*, pugna, nex, scand. *böd*, id., *ödvarr*, pugnax, etc.). En sanscrit le faucon est appelé de même *mâraka*, le tueur, et le grec ἰκτίν, ἰκτῖνος, vautour, milan, paraît dériver de κτείνω, tuer [2].

§ 124. — LE MILAN.

Les noms du milan se confondent souvent avec ceux du vau-

[1] Benfey, *Griech. W. Lex.*, II, 136, 138.
[2] Pott, *Étym. Forsch*, I, 203.

tour, auquel il ressemble par ses habitudes. Je n'en connais, en sanscrit, aucun qui s'applique exactement à l'espèce, et je me borne aux observations suivantes sur quelques termes européens.

1). Le latin *milvus* me paraît appartenir à la même racine que le sansc. *mâraka*, faucon, savoir *mṛ*, *mṝ*, interficere, lædere, et désigner l'oiseau de proie, le destructeur (Cf., § 123-7 et 125-1). Si l'on compare l'ossète *malath*, mors, l'irland. *millim*, détruire, *milteach*, destructeur, *milighe*, *meilg*, mort (subst.), et *mile*, *mileadh*, cymr. *milwr*, guerrier, il devient très-probable que le latin *miles,-itis*, signifie : celui qui tue.

Le basque *mirua*, milan, *mirotza*, épervier, semble d'origine celtibère, car nous verrons au paragraphe suivant le nom celtique du faucon et de l'épervier se rattacher aussi à la rac. *mṛ*. Une autre forme identique à *milvus* est l'anc. all. *miliwa*, all. mod. *milbe*, mais qui désigne la gerce, sans doute comme insecte destructeur. Enfin le lithuan. *marwà*, le taon qui pique et blesse, paraît se rattacher à ce groupe avec une application encore différente.

2). Je doute beaucoup que l'anc. allem. *wîho*, *wio*, maintenant *weihe*, milan, dérive de *wîh*, sacer, comme on l'a présumé, en s'appuyant de ce que le grec ἱέραξ, faucon, vient de ἱερος, sacré. Il n'est point sûr, comme on le verra au prochain paragraphe, qu'il y ait une connexion réelle entre ces deux derniers termes, et, d'un autre côté, *wîho* correspond aussi exactement que possible au sanscrit *vîka*, oiseau, air, vent, c'est-à-dire rapide, de la rac. *vî*, ire, pervadere, d'où *vi*, *vî*, *vayas*, oiseau, *viti*, mouvement et cheval, en zend *vi*, oiseau et poisson (Cf., latin *vio*, *via*, *viator*, etc.).

3). Le polon. *kania*, *kaniuk*, milan, illyr. *kania*, hong. *kánya* (en russe *kaniukŭ*, désigne le hibou), rappelle le sansc. *kâṇa*, corneille, *kâṇûka*, id., et coq, auquel nous avons rattaché déjà le nom germanique du coq (§ 97-4). La racine est *kaṇ*, sonare, d'où *kaṇita*, cri, cri de détresse, et le nom slave signifie l'oiseau *criard*.

§ 125. — LE FAUCON.

Le genre faucon comprend plusieurs espèces qui ne sont pas toujours bien distinguées par leur noms vulgaires, lesquels se confondent souvent, soit entre eux, soit avec ceux d'autres oiseaux de proie. La synonymie orientale du faucon, très-riche en sanscrit et en persan, offre un certain nombre de rapports avec l'Occident, mais quelques-uns peuvent être le résultat de transmissions relativement récentes. On sait, en effet, que l'art de la fauconnerie est venu de l'Orient en Europe. Ni les Grecs ni les Romains ne pratiquaient la chasse au faucon, et c'est probablement en Perse qu'elle a pris naissance. Les Slaves et les Germains paraissent l'avoir connue de très-bonne heure, et on verra que, chez ces deux peuples, les noms de l'oiseau se lient de près au persan [1]. Les anciens poëmes de l'Inde ne font pas mention de cette chasse, mais les lexiques sanscrits la désignent par le mot de *çyênampâtâ*, le vol au faucon, et le fauconnier y est appelé *çyênaǵit*, et *çyênaǵîvin*, c'est-à-dire qui connaît le faucon, qui vit du faucon. Ces termes, toutefois, ne doivent pas être fort anciens [2].

Je fais suivre les analogies que l'on peut signaler.

1). Sansc. *mâraka*, faucon, aussi tueur, meurtrier, peste, de la rac. *mṛ*, *mṝ*, interficere, lædere. De là vient aussi le nom zend du serpent, *mairya*, en pers. *mâr*, *mârah*, etc.

Ici le grec μερμνὸς, μερμνὴς, espèce de faucon (Hésych.) pour μερμενος = sansc. *marmâna*, occidens; l'irland.-erse *meirneal*, faucon, épervier (Cf. sansc. *maraṇa*, meurtre; et, sans doute,

[1] Voy. sur toute cette question l'intéressante dissertation de J. Grimm, *Gesch. de deut. Spr.*, p. 43 et suiv.

[2] La chasse au faucon fut introduite de la Corée au Japon au IVe siècle de notre ère (Siebold, *Voy. au Japon*, V, 157), et le coréen *sjoroki*, faucon, rappelle bien un peu le persan *shikarah*, id. (Cf. n° 7.)

avec l'*s* prosthétique, l'anc. all. *smirle*, *smirl*, scand. *smirill*, bas-latin *mirlus*, d'où le français *émérillon*, l'ang. *merlin*, etc. (Cf., § 124-1).

2). Sansc. *patrin*, faucon et oiseau en général, c'est-à-dire ailé, de *patra*, aile, rac. *pat*, volare. De là une foule de noms de l'oiseau, tels que *patat*, *patama*, *patasa*, *pitsat*, *patanga*, *patangama*, *patravâha* (aliger), etc., etc. Cette racine *pat* se retrouve dans le grec πέτομαι, πτῆμι, d'où ποτὴ, πτῆμα, vol, πτερὸν, πτίλον, aile, πετεινόν, volatile, etc., et le latin *peto*, *impetus*, et *penna*, plume, pour *petna*. Cf. l'anc. allem. *fedah*, aile, *fedara*, plume, angl.-saxon *fidher*, scand. *fidr*, irland. *fiteán*, id. A *paṭanga* semble répondre le grec πτύγξ, πτυγγὸς (Arist., *H. anim.*, 9-12), nom d'une espèce particulière. Les langues slaves, qui ont perdu la racine verbale, nous offrent cependant, pour l'oiseau, l'anc. slave *ptitsa*, rus. *ptitsa* et *ptacha*, polon. *ptak*, illyr. *ptiza*, *ptich*, etc. Cf. le lettique *putus*, id. L'albanais *petrit*, faucon, répond le mieux au sansc. *patrin*.

Pott a reconnu le mot *patra*, aile, dans le latin *accipiter*, qu'il interprète par le sansc. *âçupatra* = ὠκύπτερος, aile rapide [1]; *acci* pour *acu* peut provenir de ce que ce nom a été rattaché instinctivement à *accipere*.

3). Sansc. *mahâvîra*, espèce de faucon, littér. grand-fort, très-fort, aussi lion, héros, l'oiseau fabuleux Garouda, etc. L'adj. et subst. *vîra*, excellent, fort, puissant, héros, etc., a pu tout aussi bien désigner seul le faucon, et je compare le grec ionien ἴρηξ, ϝίρηξ, le digamma étant indiqué par la forme βείραξ que donne Hesychius (Cf. sansc. *vâira*, héroïsme, *vâirin*, héros). La forme ordinaire ἱέραξ doit sans doute son origine à l'analogie de ἱερος, sacré. Benfey déjà a mis en doute cette étymologie, mais celles qu'il propose ne semblent guère plus acceptables [2]. Kuhn a montré que ἱερος correspond au sanscrit *ishira*, fort, actif, prompt [3], ce qui le sépare également de *vîra* et de βείραξ.

[1] *Étym. Forsch*, II, 54, 278.

[2] *Griech. W. Lex.* II, 142.

[3] *Zeitschr.*, etc. II, 274.

Je ne sais si le persan *irân*, épervier, pour *wirân* (?) peut être comparé, mais je serais tenté de rattacher à *vîra* l'irlandais *firéan*, *firéun*, l'aigle, l'oiseau fort par excellence (cf. *firsi*, force, puissance), soit que *ean*, *eun* (sans accent) ait ici le sens ordinaire d'oiseau, soit qu'il faille y voir un suffixe de dérivation.

4). Sansc *çaçâdana*, faucon, littér. qui fait du lièvre sa nourriture ; en maratte, par contraction *sasâna*.

Le lithuan. *kiszkinnis*, faucon, de *kiszkis*, lièvre, = sansc. *çaçaka* (cf., § 117-1) a sans doute le même sens et pourrait bien se lier à une forme synonyme *çaçakânna* (*anna*, nourriture = *adana*), car j'ai peine à croire que la signification ordinaire de *kiszkinnis*, ce qui concerne le lièvre, ai pu se prendre comme un nom de l'oiseau.

5). Pers. *čapak*, faucon, sans doute le rapide, de même origine que *čâpûk*, *čâbûk*, rapide, agile, actif, ingénieux, sagace, etc., savoir de la racine *čap*, *kap*, d'où nous avons vu dériver déjà les noms du cheval (§ 87-2), de la chèvre (§ 90-3) et du sanglier (§ 91-7).

Je compare sans hésiter l'anc. allem. *habuh*, *habih*, ang.-sax. *hafuc*, *hafoc*, all. *habicht*, angl. *hawk*, etc., où l'*h* pour *k* témoigne d'une affinité d'ancienne date. Grimm, il est vrai (*Gesch. d. deut. Spr.*, p. 50), soupçonne une dérivation de *haban*, habere, mais le sens de ce verbe semble trop vague pour exprimer l'idée de saisir sa proie. Le cymr. *hebog*, est sûrement emprunté à l'anglo-saxon ; mais il est plus difficile d'expliquer l'irland. *seabhach*, *seabhag*, dont l'*s* initial = *h* cymrique, semble primitif. Peut-être le nom a-t-il été modifié en vue du verbe *seabhaim*, voyager, errer..

Au même groupe paraît appartenir le russe *kopčikŭ*, épervier. Le lapon *hapak*, *hapke*, finland. *hawikka*, *haukka*, faucon, est sans doute germanique.

6). Pers. *čarch*, *čargh*, faucon blanc, et aussi cercle, roue et tout ce qui a un mouvement circulaire. C'est le sansc. *čakra*, roue, avec inversion de *kr*, et il s'applique au faucon par allusion aux cercles qu'il décrit en planant. De là aussi le nom de *gyrofalco*, d'où notre *gerfault*.

Le grec κίρκος (κέρκαξ) est doublement allié au persan *ćarch*, car il signifie aussi faucon et cercle. Le même rapport se présente encore entre l'armoricain *cyrch*, *cyrcq*, faucon [1], et le cymrique *cyrch*, *cylch*, *cyrchell*, irland. *cearcall*, circulus. Cette triple coïncidence indique que ce nom de l'oiseau doit être fort ancien.

7). Pers. *shakrah*, faucon, *shikarah*, tout oiseau dressé pour la chasse. Cf. *shakraw*, faucon, *shakardah*, prompt, actif, agile. Le verbe *shikardan*, chasser, n'est qu'un dénominatif, comme l'anglais *to hawk*.

J'ai déjà rapporté ce nom au sanscrit *çakra*, fort, de *çak*, valere, et comparé *çakuna*, vautour, oiseau, le slave *sokolŭ*, faucon, le lithuan. *sakalas*, et l'irland. *segh*, id. (§ 123, 2). Du persan, il a passé à l'arabe *sakr*, *zakr*, avec l'art même de la fauconnerie, et de l'arabe, dans le bas-latin *sacer*, et le vieux français *sacre*, *sacret*. Ce nom n'a donc pas de rapport immédiat avec *sacer* dans le sens sacré, saint, bien que *sacer* et le sansc. *çakra*, fort, puissant, aient sans doute la même origine, comme le grec ἱέρος et *ishira* (Cf. n° 3).

8). Le latin *falco* vient très-probablement de *falx*, à cause de la forme des ailes étendues. Le grec δρεπανίς, martinet, dérive de même de δρέπανον, faucille. Du latin proviennent le grec φάλκων (Suidas), l'anc. all. *falcho*, scand. *fálki*, etc., l'armor. *falchon*, et l'irland. *faolchon*, sans parler des termes néo-latins. Le cymr. *gwalch* par contre (*gw* = *v*), est tout différent et se rattache à l'ang.-sax. *wealh*, *wealhhafoc*, le faucon pèlerin, en scand. *valr*, de *weallian*, anc. all. *wallôn*, peregrinare, ambulare. Cf. sansc. *val*, *vall*, ire, d'où *valûka*, oiseau, ainsi que le latin *volare*.

[1] *Dict. français-breton* de Grégoire de Rostrenen.

§ 126. — L'ÉPERVIER.

Ce petit oiseau de proie, que l'on dressait pour la chasse comme le faucon, n'a pas de nom spécial en sanscrit. Parmi ses noms européens, quelques-uns, ainsi que nous l'avons vu déjà, se lient à ceux d'autres rapaces, comme le cymr. *curyll* au sansc. *kurala*, orfraie, l'armén. *ori*, au goth. *ara*, aigle, le russe *kopčikŭ* au persan *čapak*, faucon. Je ne m'arrête ici que sur ceux qui paraissent se rattacher aux origines ariennes.

1). Pers. *kirâgha*, *qirghûy*, épervier. Cf. *karaghah*, corneille, freux. Probablement une onomatopée, comme le russe *kraguĭ*, épervier, gerfault, polon. *krogulec*, illyr. *kraguglíaz*, boh. *krahug*, *krahulec*.

2). Le latin *nĭsus*, épervier, avec son *ĭ* bref, ne paraît pas dériver de *nīti*, malgré l'analogie de *nīsus*, effort et vol. Nous avons vu plusieurs noms d'oiseau de proie, comme le sansc. *mâraka*, faucon, le latin *milvus*, l'irland. *badhb*, vautour, provenir de racines qui signifient tuer, détruire. On pourrait donc rapporter *nisus* au sansc. *naç*, d'où dérive en effet *naçâka*, espèce de corbeau. Le changement de *ç* en *s* est des plus fréquents, et le fait que *naç* se trouve mieux conservé dans *neco* n'est pas une objection, car on rencontre plus d'une fois des formes doubles dans la même langue, et le grec νόσος, maladie, à côté de νέκυς, meurtre, en offre la contre-partie exacte. L'affaiblissement de *a* en *i* se présente déjà dans le sansc. *niçâ*, pour *naçâ*, nox, etc., la nuit, en tant que funeste et malfaisante (cf. le zend *daosha*, nuit et mauvaise, etc.), et le cymr. *nôs* a changé de même le *ç* en *s*.

Après cela, il faut reconnaître que *nisus* offre un rapport assez frappant avec l'hébreu *nets*, syriaq. *nitsô*, épervier, du radical *nâtsâ*, volavit. Mais comment le nom d'un oiseau européen serait-il venu en Italie de l'Orient sémitique?

3). L'anc. all. *sperwari*, *sparawari*, all. mod. *sperber*, d'où l'italien *sparviere*, et notre *épervier*, se lie au goth. *sparva*, passereau, ang.-sax. *spearva*, *speara*, scand. *spörr*, anc. allem. *sparo*, etc., et peut-être aussi au scand. *spraka*, passer minor, all. *spreche*, *sprehe*, étourneau [1]. A ce nom correspond l'irland. *speir*, *speirge*, *spirscog*, ers. *spireag*, épervier ; mais l'armoricain *sparfel*, semble emprunté. Si l'on compare le lithuan. *sparis*, hirondelle, *sparwà*, taon, et *sparnas*, aile, il devient très-probable que le sens primitif de tous ces noms est celui de *volatile*.

La rac. sansc. *spr*, vivere (cf. *spiro*, *spiritus*, etc.), d'où dérive *sparitr*, une cause active, un agent de douleur ou de malheur, semble procéder de la notion générale de mouvement, et se retrouve dans le grec σπαίρω, ἀσπαίρω, trembler, palpiter, s'agiter, se débattre, le lithuan. *spirti*, ruer, *spéray* (adv.), rapidement, l'irland. *sparnaim*, *spairnim*, lutter, faire effort, *speir*, *spir*, jambe, jarret, etc. Le sansc. *sphar*, *sphur*, *sphal*, se movere, tremere, vacillare, est sans doute allié à *spr*.

Comme l'*s* initial tombe souvent, ou s'ajoute, au contraire, comme élément prosthétique, on peut admettre une racine de mouvement *pr*, conservée en sanscrit sous les formes de *pal*, *pil*, *pêl*, ire, se movere, et qui se retrouve encore dans le zend *pĕrĕ*, au causat. faire passer, faire traverser, dans le grec πείρω (πέπορα), le lat. *pro-pero*, etc. Ici, le pers. *parîdan*, voler, d'où *par*, aile, plume, *pâr*, *pârah*, vol. *parand*, oiseau, *pârawar*, rapide, *parwanah*, papillon, sauterelle, *parî*, ailé, et nom propre d'un génie ailé, la Péri, en zend *Pairika* [2]. L'anc. slave *pariti*, *prati*, volare, d'où *pero*, plume, pol. *piorò*, etc., en est le corrélatif parfait. Ce sens plus spécial de voler nous ramène à plusieurs noms d'oiseaux et d'insectes ailés, tels que le grec πέρνης, espèce de faucon (Arist.). Cf. lithuan. *sparnas*, aile ; le latin *parus*, mésange, et, avec changement de *r* en *l*, comme dans le sansc. *pal*, *pil*, le cymr. *pilan*, épervier, *pila*, pinçon et *pilai*, papillon. Les deux formes se rencontrent avec réduplication dans le lithuan. *pĕpala*, rus. *pérepelŭ*,

[1] Cf. pers. *isfarûd*, étourneau, busard, cormoran, et peut-être *sapârûk*, pigeon, avec une voyelle intercalée entre s et *p*, comme à l'ordinaire en persan.

[2] Spiegel, *Avesta*, p. 180.

pol. *przepiòrka*, illyr. *prepeliza*, *prepiorka*, etc., noms de la caille à la fois significatifs et imitatifs.

§ 127. — LE HIBOU, LA CHOUETTE.

Les rapaces nocturnes, auxquels se lient partout des idées superstitieuses et lugubres, tirent la plupart de leurs noms de leur cri caractéristique ; mais l'ancienneté de quelques-unes de ces onomatopées est prouvée par leur accord dans les langues ariennes.

1). Sansc. *ulûka*, *ûlûka*, *urûka*, hibou ; bengal, *ulûk*, hind. *ulâgh*, *ullu*. Pers. *urûgh*.

Latin *ulula ;* anc. all. *ûlu*, ang.-sax. *ula ;* all. *eule*, ang. *owl ;* corn. *ula ;* vieux franç. *hulotte*.

L'onomatopée sanscrite *ulûlu*, *ululi*, ululatus, et *ululo*, ὀλολύζω, etc., indiquent clairement la nature imitative de ce nom. Il faut en séparer sans doute :

2). Le sansc. *âlu*, pers. *arûgh*, auquel répond le latin *alŭcus*, ital. *alloco*, espag. *alucon*. — Je crois que *âlu* est pour *âru*, de *â* intensitif et de *ru*, clamare. Cf. *ârava*, cri, bruit. Le grec ἐλεός, ἐλεᾶς, effraie, est encore différent, et se lie à ἐλελίζομαι, gémir, se plaindre.

3). Sansc. *ghûka*, hibou, hind. *ghughuâ*, de la rac. imitative *ghu*, sonare.

Le cri du chat-huant, *hou! hou-hou!* a donné naissance à plusieurs noms analogues, comme le pali *uhumkara*, qui fait *uhu*, le persan *hûhû*, *cughû*, l'anc. all. *huo*, all. mod. *uhu*, le cymr. *hwan*, *hwên* (cf. *hwa*, crier, huer), l'ital. *gufo*, etc. Cf. finland. *huhka*, turc *eügü*, etc.

Un autre groupe substitue le *k*, comme le pers. *ûkû*, *kûf*, *kûman*, *kôkah*, *kôkan*, *kawkawah*, *kûć*, *kôć*, l'alban. *kukuvaike*, le grec κίκυμος, κίκυβος, le bas-lat. *cecua*, *cecumia*, le cymr. *cuan*, armor. *kuchan, kochan*, etc. Cf. le vieux franç. *cho, choca, chouant, chuen*, etc.

Le sansc. *kâuçika*, hibou et ichneumon, est d'un ordre différent, car il désigne aussi un preneur de serpents, p.-ê. de la rac. *kuç*, amplecti. On sait que les chouettes font la chasse aux petits reptiles et aux souris (le lithuan. *pellēda*, hibou, signifie mange-souris), comme l'ichneumon qui est appelé *sarpâri, sarpahan*, l'ennemi du serpent, qui tue le serpent. En pali, *kâuçika* devient *kôsiya*, et se rapproche ainsi, fortuitement sans doute, de l'hébreu *kôs*, hibou. L'allemand *kauz*, languedocien *gaus*, n'ont à coup sûr aucun rapport réel.

4). Le grand-duc fait entendre le cri de *bou-hou, pou-hou*, et la chevêche, en volant, celui de *pou-pou*. De là les noms imitatifs avec une labiale au lieu de la gutturale, tels que le pers. *bûh, bûf, bûm*, le kourd. *bûmi*, l'armén. *bou*, le grec βύας, le latin *bubo*, l'esp. *buho*, etc. (Cf. géorgien *bui*), ou bien, avec *p*, le pers. *push*, le polon. *puchacz, puhacz*, l'alban. *phuphupheike*. D'autres fois la voyelle précède la labiale, comme dans le lettique *uhpis*, l'anc. all. *ûfo* [1], ang.-sax. *ûf*, all. *auf*, etc.

5). L'effraie et la chouette produisent aussi un cri guttural, *grei-grei ! crei-crei !* dont l'imitation se retrouve dans le sansc. *gharghara*, hibou, et le pers. *karchaghar*, et *harrah ;* ou bien une sorte de sifflement, *chei ! chue !* que représente le slave *sova, suwa*, hibou. L'anc. slave. *sirena*, rus. *sirinŭ*, id., paraît signifier le siffleur, aussi bien que le latin *saurix, sorix*, et le lithuan. *żuras* (cf. au § 101, 7, le nom de la souris). Tous ces noms se rattachent à la rac. sansc. *svṛ, svar*, sonare, pers. *surôdan, sârîdan, sirâyidan*, chanter, *sirâ, sarâ*, chant, grec συρίζω, siffler, lat. *susurro*, slav. *svirati*, tibia canere, cymr. *chwyrnu*, siffler, ronfler, etc.

6). Parmi les noms significatifs du hibou, dont le sanscrit possède plusieurs, je n'en trouve que deux qui donnent lieu à des rapprochements avec l'Occident.

[1] La forme *hûfo* répond exactement au persan *kûf*.

a). L'un est le sansc. *pâka*, aussi crainte, panique, dont l'étymologie est obscure, mais qui se lie sans doute aux terreurs superstitieuses inspirées par l'oiseau nocturne dont un autre nom est *ghôradarçana*, aspect terrible. Il me semble se retrouver dans le lithuan. *apokas*, hibou, et p.-ê. dans le *pheike* du composé albanais *phuphupheike*.

b). L'autre est le sansc. *dyuka*, hibou, de la rac. *div*, *dêv*, queri, lamentari. En lithuanien *dukas* désigne le butor, dont le cri rauque et nocturne est bien connu. Le polonais *dukać*, coasser, et l'irlandais *diucaim*, gémir, sont p.-ê. des dénominatifs comme l'anglais *to crow*, l'allem. *krähen*, le grec κακκαβίζειν, de κακκάβη, etc. Je ne sais quelle est la source prochaine du français *duc*, languedocien *dūgou*, hibou. D'après l'irlandais *diucaim*, gémir, on pourrait croire à une provenance du celtique.

§ 128. — LE CORBEAU.

Le corbeau, et ses espèces, la corneille, le choucas, etc., est un des oiseaux dont la nomenclature est la plus riche. En sanscrit, il a plus de soixante et dix noms, dont plusieurs coïncident avec ceux des langues européennes. Quelques-uns, il est vrai, sont des onomatopées qui se retrouvent aussi en dehors de la famille arienne.

1). Sansc. *kârava*, corbeau. Ce mot, composé de l'interrogatif *ka*, et de *rava*, ou *ârava*, cri (rac. *ru*), est un des exemples les plus intéressants de ce genre de formations, parce qu'il s'est conservé dans plusieurs langues ariennes qui d'ailleurs ne connaissent plus ces termes exclamatifs que le sanscrit seul a hérités de l'idiome primitif. *Quel cri!* signifie ici quelle voix forte, rauque, extraordinaire! comme le corbeau est aussi appelé *krûraravin*, qui a le cri rauque. On reconnaît ce nom du corbeau dans l'armén. *akrâv*, et, il a passé à la grue dans le persan *kârwânak*, d'où l'arabe *karawân*, id., d'un thème *kâravaṇa*,=*kârava*. Il est à remarquer que *ravaṇa*, et *ravatha*, tous deux de *ru*, désignent le coucou indien.

Le latin *corvus*, pour *cōrovus*, répond à *kârava*, et l'anc. all. *hraban*, ang.-sax. *hreafn*, *raefen*, scand. *hrefn*, angl. *raven*, etc., à *kâravaṇa*. Par contre, le synonyme ang.-sax. *craw*, *crawe*, angl. *crow*, et le suéd. *korp*, sont dérivés du latin.

Le nom russe du courlis, *karavaĭka*, a sûrement la même origine étymologique, ainsi que le persan *karbah*, geai. Un autre composé persan analogue est *harâwâ*, rossignol, qui s'expliquerait fort bien, en sanscrit, par *sa-râva*, littér. *avec-voix*, c.-à-d. doué d'une belle voix.

Une coïncidence extra-arienne remarquable est celle de l'hébreu *'ôreb*, chald. *'areba*, syr. *'urbô*, arab. *ghurâb*, corbeau, corneille. Gesenius dit positivement : *radix in linguis semiticis non quærenda*, et compare le sanscrit *kârava* [1]. Or, comme ce dernier a une étymologie très-précise, il faut en conclure que le mot hébreu, qui se trouve déjà dans la Genèse (VIII, 7), est d'origine arienne, ce qui ne laisse pas d'être curieux. Il en résulterait aussi que l'arabe *gharaba*, il a été au loin (comme un corbeau), serait un dénominatif.

2). Sansc. *karaka*, espèce d'oiseau non déterminée. En persan, *karâk*, *kurâk*, désigne la pie, la caille et le hoche-queue, *karâkar*, la corneille et le freux.

Au sanscrit répond exactement le grec κόραξ,-ακος, corbeau, et κορακίας, geai. Ces noms, analogues au précédent, paraissent se décomposer en *ka-raka*, de la rac. *ṛć*,=*ark*, canere, alliée à *râç*, sonare, et d'où dérivent *ṛć* (nomin. *'ṛk*) et *arka*, chant, voix, racine de son répandue au loin dans les langues ariennes. Cf. pers. *rakidan*, murmurer de colère, grec ῥωκαω, grincer des dents, anc. all. *rohôn*, rugir, irland. *rácaim*, bruire, babiller, *racán*, bruit, cymr. *rhochi*, gronder, armor. *raka*, coasser, lithuan. *rēkti*, crier, anc. slav. *reshči (rekă)* parler, rus. *rykatĭ*, polon. *rykać*, rugir, *rzekot*, coassement, etc., etc.

[1] *Dict. hebr.*, p. 793.

3). Un troisième exemple de ces formations se présente dans le persan *karânah*, espèce d'oiseau noir au vol pesant, probablement un *Corvus*. N'est-ce pas là exactement le grec κορώνη, et, par conséquent, le latin *cornix,-icis*, contracté d'une part, et augmenté de l'autre d'un nouveau suffixe? Et que pourrions-nous chercher dans *rânah*, ρώνη, si ce n'est la rac. sansc. *raṇ*, sonare, d'où *raṇa*, son, bruit, *raṇaraṇa*, le moustique qui bourdonne, *râṇa*, la feuille bruissante, etc., et à laquelle appartient aussi le latin *rāna*, la grenouille criarde? Cette racine, d'ailleurs, n'est pas isolée dans le sanscrit. On la retrouve avec *l* pour *r*, dans le persan *lândan*, crier, aboyer, *lânah*, cri, bruit [1], mais, surtout, dans l'irland.-erse *ránaim*, rugir, bruire, *rán*, *ránach*, cri, rugissement, et l'ang.-saxon *rynan*, mugire. Le verbe *runian*, anc. all. *runên*, etc., se rattache mieux à la rac. *ru*.

Les trois étymologies des noms du corbeau qui précèdent s'appuient les unes les autres, et deviennent plus évidentes encore par l'analogie d'autres noms sanscrits de la corneille et de la grue; savoir *karaṭa*, corneille, et *karaṭu*, grue numidienne, de *ka* et de *raṭ*, vociferare, mugire; *karâyika*, grue, de *ka* et de *rî*, *râi*, rudere, latrare, d'où *râi*, son, *râyaṇa*, cri, bruit, *kahva*, Ardea nivea, de *ka* et de *hvê (hvayati)*, vocare, etc.

4). Sansc. *kâka*, *kâga*, corbeau, corneille; hind. *kâk*, beng. *kâk*, *kâg*, etc. Évidemment une pure onomatopée; aussi la retrouve-t-on dans les langues les plus diverses; en Europe, dans l'anc. allem. *chaha*, *caha*, ang.-saxon *ceo*, pour *ceho*, corneille; en Asie, dans le mandchou *kaha*, le géorgien *qvaqi*, l'arab. *ghâk*, le malai *gâgak*, lampoung *kaka*; en Afrique dans le barabras *kôka*, corbeau, etc., etc. (Cf. § 95, 5.)

5). Sansc. *dhmâksha*, corneille et oiseau aquatique en général, aussi *dvânksha*, des racines imitatives *dhmâksh*, *dhvâksh*, horrendum sonum edere (de avibus [2]). Je ne trouve à comparer que

[1] Cf. irland. *lonach*, loquace, babillard, et *lon*, merle.

[2] Aussi *dhraksh* (cf. θράσσω, bruire), *draksh*, et *dhrêk*, *drêk*, clamare. (Cf. irl. *draine*, grondement, grognement, *draincanta*, snarling; le rus. *drachva*, outarde, et l'angl. *drake*, canard.

l'irlandais *macha*, corneille mantelée, qui peut facilement avoir perdu le *dh*, le groupe initial *dhm* étant étranger au celtique.

6). Hind. *kavâ*, corbeau, beng. *kavâ*, *kêuvâ*, corneille. — Si ces noms ne sont pas le sansc. *kahva*, Ardea nivea, cité plus haut, ils ne peuvent se rattacher qu'à la racine *ku*, *kû*, clamare, vociferari, d'où *kavâra*, nom du *Tantalus falcinellus*, *kavasha*, qui bruit, crie (d'une porte), etc. A la même racine se lie sans doute l'armor. *kavan*, corneille, ainsi que le lithuan. *kówà*, pie et corneille, polon. *kawka*, id., *kawić*, croasser, etc.

7). Le lithuan. *krauklys*, corneille, polon. *kruk*, boh. *krkwec*, corbeau, dérivent des verbes imitatifs *kraukti*, *krukać*, croasser. C'est le goth. *hrukjan*, *hruk*, qu'Ulphilas emploie pour le chant du coq. De là l'anc. all. *hruoh*, *ruoho*, geai, ang.-sax. *hrôc*, id., et corneille, angl. *rook*, scand. *hrôkr*, *hraukr*, pélican noir. L'irland. erse *rocas*, *rocus*, choucas, vient peut-être de l'anglais *rook*.

Cette racine imitative se retrouve dans le sansc. *kruç*, zend *khruç*, clamare (cf. § 97, 3), le latin *crocio*, *crocito*, le lithuanien, *krókti*, *krukti*, id. russe *kriukati*, etc., etc., sans parler des formes *krak*, *krik*, *krek*, qui se présentent dans toutes les langues.

8). L'irlandais et cymrique *bran*, corbeau, correspond à l'anc. slave *vranŭ*, id. *vrana*, corneille, rus. *voronŭ*, *voróna*, illyrien *vran*, *vrana*, pol. *wrona*, etc., lithuan. *warnas*, *warnà*. De part et d'autre, *bran* et *vranŭ* signifient aussi noir (rus. *voróni*, couleur bleu-noir de l'acier), mais on reste en doute si le nom de l'oiseau vient de la couleur ou vice-versâ, car la rac. sansc. *braṇ*, *vraṇ*, sonare, fournirait une très-bonne étymologie. Le même doute se présente pour le sansc. *kâla*, coucou et noir, car la rac. *kal*, sonare, explique bien le nom de l'oiseau, mais non celui de la couleur. Le sansc. *varṇa*, couleur en général, semble d'un sens trop vague pour s'appliquer au corbeau. Deux noms d'oiseaux de même forme sont le pers. *warnâ*, tourterelle, et l'ang.-saxon *wraenna*, angl. *wren*, roitelet.

9). Enfin le lithuan. *wátra*, corneille, semble avoir désigné l'oiseau parleur, si toutefois on peut admettre la perte d'une gutturale, et comparer le sansc. *vaktṛ*, parleur, loquace, de *vać*, loqui. En sanscrit, *vaća*, désigne le perroquet, et *vaćâ*, le *Turdus salica*.

§ 129. — LA PIE, LE GEAI.

Je réunis ces deux oiseaux du genre *Pica*, parce que leurs noms se confondent souvent. Le geai bleu, *Coracias indica*, en a plusieurs en sanscrit, mais je n'en connais aucun pour la pie, tandis que le persan en possède au moins une vingtaine. Les analogies avec l'Occident sont isolées, et proviennent en partie de transitions d'une espèce à une autre, très-fréquentes en général, pour les noms d'oiseaux.

1). Sansc. *ćâsa*, *ćâsha*, geai bleu, probablement pour *kâsa*, de la rac. *kâs*, ingratum sonum edere, tussire, d'où *kâsa*, toux, et *kâsû*, parole, langage, plus spécialement parole confuse. Ce nom semble ainsi désigner l'oiseau parleur. (Cf. lithuan. *kósti*, tousser, rus. *káshelĭ*, toux ; ang.-sax. *has*, scand. *hâs*, anc. allem. *heis*, rauque, enroué, irland. *casadh*, toux, *caisán*, enrouement, *ceis*, grognement, murmure. cymr. *pas*, armor. *pâs*, toux ($p=k$), etc.). — En persan c'est la pie qui s'appelle *kasak*, *kashak*, *kashkû*, *kashkarak*, kourd. *kasksk*, id., et espèce de corbeau. En géorgien *kaćhkaćhi*, pie [1].

Le nom sanscrit se trouve fidèlement conservé dans le lithuanien *kosá*, *kosas*, geai, freux, tandis que le russe, polon., bohém. *kos*, illyr. *koos*, a passé au merle. On peut aussi comparer peut-être le grec κόσσυφος, merle ; mais κίσσα, pie, geai, est sans doute différent.

2). Sansc. *ćâla*, geai bleu, probablement pour *kâla*, comme

[1] Cf. aussi le sansc. *kashika*, espèce d'oiseau, et oiseau en général. En japonais, la pie garrule s'appelle *kasasai* (Siebold, *Voy. au Japon*, t. I, 263), évidemment une onomatopée.

ćâsa pour *kâsa*, car la racine *ćal*, ire, n'explique rien. Ce nom se lierait ainsi à *kâla*, coucou, *kalarava*, etc., id. et pigeon, de la rac. *kal*, sonare, d'où *kalana*, babil, caquet, etc.

Les noms persans de la pie, *kalâj*, *kalaćah*, *kalćah*, etc., appuient cette conjecture. On peut dès lors comparer aussi le grec κολοιὸς, geai, et l'illyr. *chiola*, pie.

3). Sansc. *kiki*, geai bleu, onomatopée comme *kâka*, *kôka*, *coucou*, etc. — En cymrique, le geai s'appelle *cawci*, *cegid*. Le lithuanien *kikillis* désigne le pinçon.

4). Sansc. *çari*, *çârikâ*, *sârikâ*, le *Turdus salica*, et la *Gracula religiosa*, probablement comme *çâra*, *çârita*, tacheté, bariolé.

Les corrélatifs persans sont *sâr*, *sâri*, *sârak*, *sârang*, étourneau, *sâragh*, merle, *sârûk*, un oiseau parleur.

Je compare le lithuan. *szarka*, pie ; russe *soróko*, polonais *sroka*, illyr. *svraka*, etc., d'où sans doute le finlandais *harakka*, pie.

5). Au latin *pica*, pie, répondent l'irland. *pighe*, *pighead*, erse *pioghaid*, cymr. *piog*, *pi*, *pia*, armor. *pik*. C'est là, comme *kiki*, une onomatopée. En sanscrit *pika*, *pikî*, est le nom du coucou indien (Cf. *picus*, pivert).

6). Un autre nom imitatif est le latin *graculus*, geai, espagnol *grajo*, qui se retrouve dans l'irlandais *sgreachóg*, cymr. *ysgrechog* (cf. irland. *sgreachaim*, crier, *greachd*, cri, *gragaim*, croasser, armor. *graka*, id., lat. *grocio*, anc. slave *grakati*, *garkati*, id., et le sansc. *garć*, loqui, reprehendere).

7). L'irland.-erse *cathag*, *cadhag*, geai, paraît allié au suédois *skata*, dan. *skade*, id., et les deux formes rappellent le sanscrit *ćaṭaka*, *ćaṭika*, moineau, *ćâtaka*, Cuculus melanoleucus. En persan, on trouve *ćâdak* pour l'alouette et un oiseau aquatique, et *ćutûk*, pour le moineau. — On fait dériver le nom sanscrit de *ćaṭ*, findare (*to break the ears of corn*. Wilson), mais *ćaṭu*, cri, indique une origine imitative. (Cf. l'anglais *to chatter*, gazouiller, babiller.)

8). Le nom slave du geai, rus. *soia*, *soĭka*, polon. *sòia*, *sòika*, illyr. *sojka*, d'où le hongr. *tzóka*, ressemble singulièrement au sansc. *çuka*, perroquet, en pali *suka*, hind. *sûgâ*, *suâ*. La racine paraît être *çuć*, dans le sens de *lucere*, *purum esse*, à cause du plumage brillant de l'oiseau. On conçoit dès lors comment ce mot a pu s'appliquer à plusieurs espèces différentes.

9). Enfin, un nom remarquable de la pie me paraît être l'ang.-saxon *agu*, anc. all. *agaza*, *agalastra*, all. *elster*, d'où l'italien *gazza* et le français *agasse*. La concordance de l'erse *agaid* indique un terme ancien. Sa racine *ag* semble correspondre au sansc. *ah*, loqui, usité seulement dans quelque temps du verbe défectif *brû*, et d'ailleurs sans dérivés, mais qui se retrouve dans le grec ἠχή, ἦχος, cri, bruit, discours, parole, ἠχώ, écho, ἠχέω, bruire, résonner, etc. D'après cela, *agu* serait l'oiseau parleur. Le composé *agalastra*, s'explique peut-être par *lastar*, querela, reprehensio, blasphemia, par allusion aux cris de la pie en colère.

§ 130. — LE COURLIS.

Un naturaliste allemand, M. Schmidt Gœbel, a publié dans le journal de Kuhn (*Zeitsch. f. vergl. Spr.*, IV, 260), un article intéressant sur les noms comparés de cet oiseau. Ce sont, en général, des onomatopées, comme *courlis*, *courlieu*, *turlu*, angl. *curlew*, ital. *chiurlo*, lithuan. *kiurklys*, grec mod. τουρλίδα, etc., ou bien des noms significatifs propres aux langues particulières.

1). Le seul nom sanscrit qui s'applique avec certitude à l'espèce est *krunć*, *krunća*, *krâunća*, courlis, et ossifrage, que M. Schmidt Gœbel ne cite pas. Ce n'est point une onomatopée, mais un dérivé de la rac. *krunć*, curvum esse, par allusion à la forme du bec, comme dans l'italien *arcaza*, *arquato*, et le nom scientifique de *Numenius arquatus*. L'allemand *kron-schnepfe*, bécasse à couronne, n'est probablement qu'une altération de *korn-schnepfe*, bécasse du blé, comme le conjecture le naturaliste allemand, puisque le courlis n'a pas de couronne ; mais il ne serait pas impossible qu'il n'y eût là quelque souvenir effacé d'une forme ancienne alliée au sanscrit *krunć*. Le scandinave *krûnkr*, corbeau, de *krûnka*, crocitare = sansc. *kruç*, sans modification des consonnes, par suite de la nature imitative du mot, ne saurait être comparé.

2). Le sanscrit *kâlika*, *kâlîka*, est, suivant Wilson, un nom du courlis, mais le dictionnaire de Pétersbourg ne lui donne que les acceptions de corneille, de *Ardea jaculator*, et de *Turdus macrourus*. Comme ce mot signifie aussi noir, = *kâla*, on comprend son application à des oiseaux divers. On peut douter cependant, ainsi que je l'ai remarqué déjà (§ 128, 8), que ce sens soit toujours et partout le véritable, et ce doute se confirme par la comparaison des noms d'autres oiseaux qui ne se distinguent point par leur couleur noire, comme le persan *kalik*, *kalak*, hibou, *kalâsh*, coq, en irland. *caileach*, id., etc., de la rac. *kal*, sonare (§ 97, 7). Ici la signification d'oiseau criard est manifeste, et s'appliquerait mieux au courlis que celle de noir.

Au sanscrit *kâlika* répond le russe *kulikŭ*, *kulíga*, polon. *kulik*, bohém. *kuliha*, qui désignent soit le courlis, soit la bécasse, et, en polonais, plusieurs espèces de *Tringa*. Schmidt Gœbel compare aussi l'allemand *giloch*, et *keilhaken*, ou *heilhakker*, composés qui n'ont aucun sens rationnel, et qui semblent être des produits de l'étymologie populaire.

Les autres noms européens ne donnent lieu à aucun rapprochement.

§ 131. — LA GRIVE ET LE MERLE.

On peut signaler quelques analogies entre les noms sanscrits du genre *Turdus*, et ceux de la grive, du merle et d'autres oiseaux d'Europe ; mais le fait capital est celui de l'accord très-général de nos langues occidentales pour un nom de la grive qui se retrouve aussi dans l'arménien, bien que l'étymologie en soit un peu incertaine.

1). Sansc. *çârika*, *sârî*, *sârika*, Turdus salica ; *çalâkâ*, Turdus gosalica ; *çarâṭi*, *çarâḍi*, Turdus ginginianus. Les premiers noms se lient sûrement à *çâra*, *çârita*, bariolé, tacheté, les autres noms semblent se rattacher plutôt à *çara*, eau, *çara-âṭi*, oiseau d'eau, etc. — Cf. pers. *sâragh*, merle, *sâr*, *sâri*, *sârak*, etc., étourneau, *shârak*, rossignol, *sarîcah*, hoche-queue, *zarić*, perdrix, etc. ; armén. *sarig*, *sarieag*, merle et étourneau.

Nous avons vu plus haut (§ 129', 4) que ce nom a passé à la pie dans le lithuan.-slave, et nous le retrouverons au § suivant appliqué à l'étourneau.

2). Sansc. *hilla*, Turdus ginginianus. De la rac. *hil.* lascivire, to sport amorously, d'après Wilson.

Aristote donne ἰλλὰς, ἰλιὰς, comme le nom d'une espèce de grive. Si la ressemblance n'est pas purement apparente, le mot grec serait altéré de χιλλὰς.

3). Sansc. *smaralêkhanî*, Turdus salica, littér. plume de *Smara*, le dieu de l'amour. C'est là évidemment un terme poétique, mais le mot *smara*, amour, souvenir, de *smṛ*, desiderare, anxium esse, recordari, paraît avoir désigné seul quelque oiseau chanteur, dont les accents réveillaient des idées d'amour et de poésie. C'est ce que l'on peut inférer du moins de l'analogie remarquable de l'irlandais *smeorach*, *smólach*, grive, *smoltach*, rossignol, linotte. La rac. *smṛ*, conservée d'ailleurs dans l'irland. *smuaircaṇ*, anxiété, tristesse=sansc. *smaraṇa*, regret, souvenir, perd son *s* dans *mear*, désir, *meoranach*, souvenir, *meorughadh*, méditation (cf. grec μέρμερος, μέρμηρα, μέριμνα, lat. *memoro*, *memoria*, goth. *mêrjan*, etc. On peut donc rattacher également à *smṛ* et *smara*, le latin *merula*, et le cymrique *meirwys*, merle.

4). L'arménien *dorthig*, grive, semble se lier à tout un groupe européen dont les formes assez divergentes laissent en doute sur la nature du thème primitif. Ce sont les suivantes.

Lat. *turdus*, ital. esp. *tordo*, vieux franç. *tourd*, *tourdre*.

Irland. *truisg*, *troisg*, cymr. *tresglen*, armor. *drask*, *draskl*, *dlask*, vieux franç. *trasle*, grive ; et, plus rapproché du latin, irland. *truid, druid*, étourneau, cymr. *drudwy, drudwen*, armor. *tréd, dread*, id.

Ang.-sax. *throstle, throsle*, ang. *thrush*, scand. *thröstr*, suéd. *trast* [1], anc. allem. *drosca, droscila*, all. mod. *drossel.*

Lithuan. *strazdas*, lett. *strasds*.

Rus. *drosdŭ*, pol. boém. *drozd,* illyr. *dros, drosed*, etc. A tous ces noms, il faut ajouter p.-ê. le persan *turshak*, qui désigne un oiseau d'une espèce indéterminée.

D'après l'accord général des langues européennes, sauf le latin, il semblerait que ce dernier, aussi bien que l'arménien, a perdu un *s*, et que *turdus* est pour *tursdus* ou *trusdus*. On serait conduit dès lors à la rac. *tras*, en sanscrit timere, timore tremere; d'où *trasta*, timide, craintif, signification assez appropriée à la grive et au merle. — Cf. grec τρέστης, timide, de τρέω, pour τρέσω, craindre, fuir, lat. *tristis* (=irland. et cymr. *trist*) et *terreo*, pour *tersco*, russe *trusitĭ*, craindre, *triastĭ*, faire trembler, secouer, etc., persan *tarsîdan*, craindre, etc., etc.

Toutefois la racine *tras* exprime aussi plusieurs espèces de sons, comme, en sanscrit, *tras, trañs*, loqui, en lat. *trisso, trinso*, crier comme l'hirondelle, en irland. *trost*, *trosta*, bruit, craquement, en cymr. *trwst*, son, murmure, *trystiaw*, armor. *trouza*, bruire; en lithuan. *trázkēti*, *treszkēti*, bruire, craquer, *treszkēti*, babiller, jaboter, rus. *treshćatĭ*, *tresnutĭ*, polon. *trzäsać*, craquer, pétiller, etc. On peut hésiter, pour le nom de l'oiseau, entre les deux interprétations.

§ 132. — L'ÉTOURNEAU OU SANSONNET.

Je ne connais pas de nom sanscrit, mais il y en a plusieurs en persan, dont deux offrent des rapports avec l'Occident.

1). Pers. *sâr, sârî, sârak, sârang, sârang*, etc. ; en hindoust.

[1] Cf. finland. *rastas*, grive.

sâru, en armén. *sarieag*. — J'ai déjà comparé plus haut le sansc. *sârika*, *çâri*, *çârikâ*, espèce de *Turdus*, et p.-ê. étourneau, car, en bengali, ce dernier oiseau est appelé *tilasâlik* ou *sâlik*, tacheté. J'ai rapporté ces noms, et ceux d'autres espèces, au sansc. *çâra*, *çârita*, bigarré, bariolé, et cette explication se trouve pleinement confirmée par le persan *sârang*, étourneau,=sansc. *çâranga*, *sâranga*, synonyme de *çâra*, tacheté, etc., et nom de plusieurs oiseaux, coucou, paon, héron (*Ardea sarunga*), etc. — Le finlandais *karanka*, étourneau, est presque identique.

Il semble peu douteux que le grec ψάρ, ψὴρ, étourneau, n'appartienne au même groupe, mais le *p* préfixé n'est pas facile à expliquer.

2). Pers. *suturnâk*, étourneau.—Le groupe initial *st* est étranger au persan, qui le modifie toujours par une voyelle préfixée ou intercalée. Le nom ci-dessus répond donc exactement au latin *sturnus*, et à l'ang.-saxon *staern*, *stearn*, *staer*, anc. all. *stara*, all. *staar*, angl. *starling*, etc. La racine commune ne peut guère être que le sansc. *str̥*, sternere, expandere, tegere; mais aussi exhilarare, lætari, vivere, significations trop générales pour permettre une interprétation quelque peu sûre. Il se pourrait aussi que le nom de l'oiseau se rattachât à celui de l'étoile, en vêdique *stara*, pers. *sitâr*, kourd. *ster*, afghan. *sturi*, goth. *stairnô*, ang.-sax. *steorra*, scand. *stiarna*, anc. all. *sterno*, lat. *stella*, etc., etc., sans doute de *str̥*, sternere, ce qui est étendu, répandu à la voûte du ciel. L'étourneau serait ainsi nommé de ses taches étoilées.

Le russe *skvorka*, *skvoretsŭ*, illyr. *sckvargljak*, etc., que l'on a tenté de comparer, se rattache sans doute au polonais *skwarczeć*, crier, gazouiller, *skwierk*, gazouillement, etc.

§ 133 — L'HIRONDELLE.

Les noms de cet oiseau, salué partout comme un messager de bon augure, varient beaucoup dans les langues ariennes, et je n'en connais aucun en sanscrit, bien que l'hirondelle se trouve sûrement aussi dans l'Inde. Le persan la désigne par une douzaine de synonymes, dont un seul paraît se retrouver dans le slave. Parmi les noms européens, presque tous d'un sens obscur, le græco-latin semble indiquer une origine arienne.

1). Le persan *parastak*, avec beaucoup de variantes, *farâstûk*, *faristugh*, *pilustuk*, *fartûk*, *fâstarak*, *ârâstak*, *arastû*, etc., n'a pas d'étymologie indigène. C'est évidemment un composé de même forme que le pehlwi *parestuk*, lequel ne désigne pas l'hirondelle, mais le chien, ce qui paraît compliquer la question au lieu de l'éclaircir. Si nous avons recours au sanscrit, nous trouvons encore un terme tout semblable, *parêshṭukâ*, qui n'est ni l'oiseau, ni le chien, mais la vache féconde en veaux. Ici, toutefois, l'étymologie vient nous donner la clef de l'énigme. Le mot sanscrit se décompose en *para*, præcipuus, summus, eximius, et *ishṭu*, désir, de *ish*, cupere; et *parêshṭukâ*, signifie l'animal désiré et tenu en grande estime, ce qui s'applique également aux deux quadrupèdes utiles à l'homme et à l'oiseau de bon augure.

Dans la forme mutilée *arastû*, le persan perd déjà le *p* initial et le suffixe secondaire *ka*. L'*a* disparaît de plus dans l'ancien slave *lastov-itsa*, d'un thème *lastu*, avec le suffixe diminutif, en illyr. *lastoviza*, en bohém. *lastowka*, en russe *lastočka*. Le polon. *iaskôlka* est devenu tout à fait méconnaissable. La transition de *parêshṭukâ* à *lastu*, *lastowka*, n'est guère plus forte que celle de *gâlapada*, à *lebedĭ*, *labut*, etc., pour le nom du cygne (§ 95, 2), et nous avons ici un nouvel exemple de ces mutilations de composés anciens que la perte du sens primitif devait nécessairement amener dans la suite des temps.

2). L'affinité du grec χελιδὼ, χελιδὼν, et du latin *hirundo*,*-inis*, a été reconnue depuis longtemps, mais on n'a point réussi jusqu'à présent à les ramener à un thème commun qui pût expliquer le nom de l'oiseau [1]. Le lithuanien *krégżde*, que l'on a comparé, est probablement une onomatopée (cf. *kregēti*, grogner), et se sépare

[1] Cf. Pott, *Étym. Fors*, I, 143, Benfey, *Griech. W. Lex.*, II, 135.

nettement par son *k* des formes græco-latines. Ces dernières sont sans doute des composés, et je crois pouvoir en proposer une explication qui laisse peu de prise aux objections.

Je vois dans χελι le sanscrit *hari*, air, vent, et dans δών le sanscrit *dâna*, qui fend, qui coupe, de la racine *dâ, dô*, scindere, dividere, ou mieux encore *dân*, de la racine de même forme avec le sens de *cædere*. Le synonyme χελιδώ, gén. χελιδοῦς, est composé avec *dâ, dô*. Le latin *hirundo,-inis*, analogue mais non identique, se lie probablement à un thème *hara=hari* (tous deux de *hṛ*, rapere, ferre), et mis à l'accusatif, comme dans d'autres composés analogues. Ainsi, on peut conjecturer comme thèmes primitifs les synonymes *haridân* ou *dâna*, *haridâ* et *harandâna*, avec le sens de l'oiseau *qui fend le vent*, pour rendre compte des trois formes. Aucune dénomination ne saurait convenir mieux pour l'hirondelle au vol rapide et aux ailes falciformes.

§ 134. — LE MOINEAU.

La synonymie de cet oiseau est assez riche en sanscrit et en persan, mais, à l'exception de *ćaṭaka*=pers. *ćutûk*, les noms diffèrent tous déjà dans ces deux langues. La variété est grande aussi en Europe, et les points de comparaison avec l'Orient se bornent aux suivants.

1). Sansc. *vara*, moineau. — Entre beaucoup d'acceptions diverses, *vara* a celle de désir, de la rac. *vṛ*, optare, velle, et, comme le moineau est connu par son ardeur amoureuse, et qu'il est aussi appelé *kâmin, kâmuka, kâmaćârin*, l'amoureux, l'amant, le libertin, il est probable que *vara* a ici le même sens.

A ce nom, augmenté du suffixe *bha*, je compare l'anc. slave *vrabii*, rus. *vorobeĭ*, polon. *wróbel*, illyr. *vrabaz*, bohém. *wrabec*, etc. Du slave, il a passé au hongrois *vereb*, et au finland. *warpuinen*. Je ne sais jusqu'à quel point on peut y rattacher le lithuanien *żwirblis*, et l'albanais *sborak*.

2). Le latin *passer*, pour *paxer*, n'a primitivement que le sens d'oiseau en général, comme l'espagnol *paxaro*. C'est le sanscrit *paksha*, *pakshin*, *pakshâlu*, oiseau, de *paksha*, aile, rac. *paċ*, *panċ*, expandere, dilatare, en pali *pakkhi*, beng. *pâki*, hind. *panċhi*, etc. De là le persan *bâzîdan*, voler, et plusieurs noms d'oiseaux et d'insectes ailés, tels que *bâzî*, faucon, *pâzidah*, papillon, chauve-souris, *pâsîġ*, *bâsîġ*, hirondelle, *pashah*, mouche, etc. (cf. *bâz*, côté, flanc, et *pazî*, du côté de, vers, avec le sanscrit *paksha*, id.).

Il est probable que le lithuanien *pauksztis*, oiseau, se rattache aussi à *paksha*, malgré la différence de la voyelle radicale ; car le changement de *a* en *u* peut s'expliquer par l'influence d'une nasale supprimée (cf. l'hind. *panċhi*). Par la même raison, je crois qu'il faut rapporter à une forme primitivement nasale, ou directement à la rac. *panċ*, le goth. *fugls*, ang.-sax. *fugl*, *fugol*, scand. *fugl*, anc. allem. *fokal*, etc. Le *g* du gothique n'est qu'un affaiblissement de *h*=*k*, *ċ*, car on trouve encore en ang.-sax. la forme *fuhl*.

Pour le goth. *sparva*, passereau, etc., voyez le § 126, 3.

§ 135. — LE PINSON.

Ce joli petit oiseau chanteur a deux noms européens qui, bien que imitatifs, ont sûrement une origine très-ancienne.

1). Le grec σπίγγος, σπίζο, σπίνος (pour σπιγνος), se rattache sans doute à σπίζω, pipire, mais la concordance de l'anc. allem. *fincho*, *finco*, ang.-sax. *finc*, angl. *finch*, etc., indique une affinité primitive que Benfey a déjà signalée avec raison [1]. C'est cependant à tort, je crois, qu'il incline à chercher dans ces noms autre chose que des onomatopées, en les rapportant au sanscrit *pinga*, jaune,

[1] *Griech. W. Lex.*, I, 534. (Cf. aussi le bas latin *pincio*, le cymrique *pinc*, et l'armor. *pint. tint.*)

fauve. La rac. *ping̓*, sonare, tinnire, d'où *pingôla*, murmure des feuilles, et *pinga*, jeune animal en général [1], fournit une explication plus directe, et le lithuanien *spengti*, résonner, tinter, nous ramène au grec σπίγγος.

2). Le latin *fringilla*, pinson, offre un rapport plus direct encore avec le sanscrit *bhṛnga*, *bhṛngaka*, qui désigne deux oiseaux, le *Lanius cœrulescens* et *malabaricus*, et, de plus, la grosse abeille noire ou le bourdon, ce qui ne laisse aucun doute sur son caractère d'onomatopée. Cf. l'armoricain *friñgol*, fredon, *friñgoli*, fredonner.

§ 136. — L'ALOUETTE.

Plusieurs des noms de l'alouette se lient à ceux de la caille et de la perdrix, où nous les retrouverons. Les autres ne donnent lieu qu'à bien peu d'observations comparatives.

1). Le sansc. *bharadvâǵa*, ou *bhâradvaǵa*, alouette, signifie littér. alas ferens, aliger, de *vâǵa*, aile, et de *bharat*, ferens, rac. *bhṛ*, ferre. De la même racine dérivent *bhâraya*, alouette, et *bhâratî*, caille, mais ici le sens étymologique n'est plus clair. En pali, on trouve *bharadaǵa*, et en hind. *bhart*.

On peut comparer le bas-latin *bardaea*, *bardala*, alouette, d'où le vieux français *bardac*, *bardal* (Roquefort, Dict.), probablement d'origine gauloise, bien que les langues néo-celtiques n'offrent rien d'analogue.

2). Le persan *ćâdak*, alouette, se lie sans doute au sanscrit *ćaṭaka*, moineau (Cf., § 129-7). L'armoricain *kodioch*, alouette, qui n'a pas d'étymologie, y ressemble quelque peu, mais ce rapprochement reste bien douteux, faute d'intermédiaires.

[1] Comme le polonais *piskla*, jeune animal, petit enfant, de *piskać*, criailler, gémir.

§ 137. — LE HOCHE-QUEUE.

Comme les oiseaux qui se distinguent par quelque habitude remarquable, le hoche-queue a reçu partout des noms significatifs dans les langues particulières, et il n'est plus possible de reconnaître celui qu'il doit avoir eu, à coup sûr, à l'époque arienne, puisqu'il est répandu dans tout l'ancien monde. Même entre ses noms sanscrits et persans, au nombre d'une vingtaine de part et d'autre, je ne trouve à signaler qu'une seule coïncidence, celle du sansc. *karkarâksha*, littér. qui a l'œil (brillant) comme un miroir, avec le persan *harkarak* ou *karâk*. Les analogies de sens, par contre, sont nombreuses, et j'en citerai quelques-unes, sans vouloir en inférer une communauté d'origine que l'identité des mots pourrait seule démontrer.

L'unique exception à ce qui vient d'être dit se trouve peut-être dans le sanscrit *ćara*, *ćaraṭa*, hoche-queue, c'est-à-dire mobile, vacillant, oscillant, à cause de son mouvement continuel. Comme la rac. *ćar* devient aussi *ćal*, et que *ćala* est synonyme de *ćara*, on peut comparer le lithuan. *kēla*, *kēle*, hoche-queue. Le même sens se présente dans le nom grec κίγκαλος, κίγκλος (cf. sanscrit *ćanćala*, vacillant, mobile), d'où le verbe κιγκλίζω, remuer la queue comme l'oiseau.

Une foule de noms dans les diverses langues sont l'équivalent du français *hoche-queue*. Ainsi le persan *dumtak*, *dumsiîćah*, *dumsanġak*, de *dum*, queue, et de *takidan*, mouvoir, *sićîdan*, *sanġidan*, balancer ; le grec κίλλουρος, σείσουρα, σεισοπυγίς, de κίλλω et σείω, mouvoir, secouer, et οὐρά, πυγή, queue, podex[1] ; le latin *motacilla*, où *cilla*, de *cello*, doit être un ancien nom de la queue ; l'italien *cutretta*, le langued. *branlo-cuïo*, l'angl. *wagtail*, le danois

[1] A σεισο, — répond le persan *sîsâ*, dans *sîsâlang*, hoche-queue (*lang*, queue = sansc. *langa*), aussi *sîsak*, sauteur, de *sîstan*, sauter (cf. § 117, 1). — En sanscrit l'oiseau est appelé *sadânarta*, qui saute ou danse toujours

quaegstiaert, *vippestiaert*, le cymr. *tinsigyl (tin*, queue, *siglaw*, branler), le russe *triasoguzka (guzka*, croupion, *triastĭ*, secouer), etc., etc.

Le sanscrit *taṇḍaka* signifie le batteur, par allusion au mouvement oscillatoire de l'oiseau. Le polonais *pliszka*, bohém. *pliska*, vient de même de *plaskać*, rus. *pleskatĭ*, battre l'eau, le hoche-queue se tenant volontiers au bord des ruisseaux. De là son nom français de *lavandière*, et l'armoricain *kannérézig-ann-dour*, la petite batteuse d'eau, la petite blanchisseuse.

Une autre habitude de l'oiseau, c'est de suivre les troupeaux, à cause des insectes qui les accompagnent ; de là le nom de *bergeronnette*, et en languedocien *galapâstrë*, qui réjouit le pâtre. Le hoche-queue suit aussi le laboureur pour piquer les vers de terre dans le sillon, c'est pour cela qu'il est appelé, en scand. *erla*, la travailleuse, en suédois, mieux encore, *sädes-ärla*, qui travaille à la semaille ; et, en erse, *breac-an-t-sil*, l'oiseau tacheté de la semence.

Ces exemples, que l'on pourrait encore multiplier, nous montrent les langues à l'œuvre pour créer incessamment de nouveaux noms expressifs que suggère une observation constante des animaux.

§ 138. — LE PIVERT OU PIC.

Comme le hoche-queue, le pic tire souvent ses noms d'une habitude très-caractéristique, celle de frapper et de percer les arbres de son bec robuste, pour atteindre les insectes dont il se nourrit, ou pour déposer des provisions dans les trous qu'il pratique. C'est ce qui a fait donner le nom de *charpentier* à une espèce de Cayenne et de Saint-Domingue. Le russe *dietelĭ*, polon. *dzięciòl*, bohém. *datel*, de l'anc. slave *dieti*, facere, operari, signifie *l'ouvrier*. L'ang.-saxon *higere*, paraît venir de *hiwian*, *heawan*, couper, tailler, d'où *hig*=goth. *havi*, allem. *heu*, le foin coupé, etc. Le grec κέρθιος, espèce de pic, de κέρω, κείρω, couper, a le même sens.

Une série de composés avec l'un des noms ariens de l'arbre et du chêne présente des analogies plus spéciales.

1). Le sanscrit *dârvâghata*, pic, signifie qui frappe l'arbre, de *dâru+â-han*. En persan, on trouve *dâr-bur*, qui taille l'arbre, de *burîdan*, couper, *dâr-sumb*, *diracht-sumbah*, qui perce l'arbre ou le bois (aussi forêt et ver du bois), *dârah-kôb*, qui frappe l'arbre, de *kôbîdan*, *kôftan*, battre. Le grec δρυοκολάπτης, pic, est la traduction exacte de ce dernier nom; et l'irlandais *snagardarach* (ou simplement *snag*) signifie qui taille le chêne, sans doute de *snaighim*, *snoighim*, tailler, en erse, à l'impératif, *snagair*, carve wood. Tout ces composés se ressemblent par le nom commun de l'arbre.

Il est à remarquer que le lithuan. *genys*, pic, de *genėti*, tailler, frapper, se rattache à la rac. sansc. *han (ghan)*, qui figure dans *dârvâghata*.

2). Au latin *picus* correspond l'anc. allem. *speh*, *speht*, all. mod. *specht*, suéd. *hack-spik*, dan. *spæt*, angl. *wood-pecker*. Comme on l'a vu déjà au nom de la pie, le sansc. *pika*, beng. *pika*, hind. *pik*, désigne le coucou, qui est, comme le pic, un oiseau de l'ordre des grimpeurs. C'est peut-être là une onomatopée; cependant, il est diffiicile de ne pas penser aussi à une racine *pik* avec le sens de piquer, qui se montre clairement dans πικρὸς, âpre; *spico*, *spica*, *spina*, etc.; l'irland. *piocaim*, l'armor. *pika*, piquer, le cymr. *picell*, dard, etc.; le scand. *piaka*, ang.-saxon *pycan*, angl. *to pick*, allem. *picken*, *spicken*, etc. Cette racine, toutefois, n'est sans doute également qu'une onomatopée.

§ 139. — LE COUCOU.

Le cri caractéristique de cet oiseau, *kou-kou*, *kou-hou*, est devenu partout son nom même avec ou sans suffixes additionnels.

En sanscrit, il a en outre une foule de dénominations poétiques, car le *Cuculus indicus* est remarquable par son chant, et joue dans la poésie le rôle que nous attribuons au rossignol. Les formes imitatives diverses sont les suivantes :

Sansc. *kuhûka*, *kuhûrava* (dont le cri est *kuhû*), *kôkila;* beng. *kôkol*, hind. *kokil*.

Pers. *kôkah*, *kôkan*, *kawkawah*. (Cf. *kûkû*, pigeon ramier.)

Grec κόκκυξ, gr. mod. κοῦκκος; latin *cuculus;* alban. *kiuki*.

Irland. *cuach*, *caoi;* cymr. *cwccw*, *côg*, armor. *kuku*.

Anc. all. *gauh*, anc. sax. *gaec*, *geac*, scand. *gaukr*, suédois *gjök*, allem. mod. *gauch*, *kuckuk*, angl. *cuckoo*, etc.

Lithuan. *géguże*, *gégutte* (*kukti*, crier comme le coucou; *kukawimas*, le cri de l'oiseau).

Rus. *kukushka*, pol. *kukawka*, *kukulka*, illyr. *kukaviza*, bohém. *kukacka*, *żeżhulka*, etc.

En dehors des langues ariennes, je ne citerai que le basque *cucua*, le hong. *kukuk*, le finland. *käki*, le turc *ququvac*, le mandchou *hućaku*, etc.

§ 140. — LA GRUE, LE HÉRON, LA CIGOGNE.

Malgré l'abondance de leurs noms orientaux, et surtout sanscrits, sauf la cigogne qui n'a pas de nom indien à moi connu, ces trois échassiers ne donnent lieu qu'à peu d'observations comparatives. On peut signaler quelques analogies entre le sanscrit et les langues iraniennes, telles que le sanscr. *karaṭu*, *karêṭu*, grue numidienne (de *ka*+*raṭ*, *rêṭ*, sonare. (Cf. *karaṭa*, corneille, et § 121, 1, 2, 3) et l'arménien *chort*, grue ; le sansc. *kurankara*, grue indienne (littér. qui fait du bruit) et le pers. *kulank*, *kulang*, kourd. *koléng*, grue ; le sansc. *karkaṭa*, — *aṭu*, grue numidienne, aussi *karkarêṭu*, *karkarâṭuka*, c'est-à-dire dont la voix est rauque, hind. *karkarâ*, et le pers. *kurkî*, espèce de grue (Cf. chald. *kurkiâ*, syriaque *kurkô*, grue, arab. *qarqarâ*,

Ardea virgo; géorg. *qarqati*, cigogne, finland. *kurki*, grue, etc., tous des onomatopées.

Les langues européennes n'offrent que des analogies douteuses. L'irlandais *corr*, *corra*, tout oiseau du genre *Ardea*, rappelle le sansc. *khara*, héron (dur, rude, rauque), mais *corr* signifie aussi bec. Le cymrique *cryr*, *crëyr*, héron, semble répondre mieux encore au sansc. *krûra*, héron, de même sens que *khara*, mais les formes *cryhyr*, *crygyr*, *crychydd*, *crëydd*, ne s'accordent plus (cf. n° 3).

1). A défaut de coïncidences directes avec l'Orient, les idiomes européens présentent, pour le nom de la grue, un accord qui indique une origine arienne, confirmée d'ailleurs par l'étymologie très-probable de ce nom. Ses formes diverses sont :

Grec γέρανος, latin *grus*,-*uris*.

Anc. all. *chranuh*, ang.-sax. *cran*, *cornoch*, angl. *crane*, all. *kranich*.

Cymr. corn. armor. *garan*, *grew*, armor. *gru* (du français?).

Lithuan. *garnys*, cigogne; *gérwë*, héron.

Rus. *juravlï*, grue, polon. *żòraw*, bohém. *żeraw*, *geráb*, etc.

La racine est partout la même, et les suffixes seuls diffèrent. Or, je vois dans cette racine le sanscrit *ġṝ*, *ġri*, *ġur*, senescere, dont les dérivés, *ġaraṇa*, *ġarṇa*, vieux, *ġuġurva*, grandævus (vêd. Westerg. Rad. v. c.), *ġûr*, vieille femme [1], s'accordent parfaitement avec les divers noms de la grue. Le grec γέρανος=*ġarana* (cf. cymr. *garan* et lith. *garnys*) se lie ainsi immédiatement à γεραιὸς, vieux, γῆρας,-ατος=sansc. *ġarat*, vieillesse, γέρων,-οντος= sanscr. *ġarant*, senescens, en irland. *grant*, vieux. Le germanique change régulièrement le *ġ* en *k* et *ch*. Les formes slaves se rattachent au sansc. *ġûr*, *ġuġurva*, en zend *zaurva*, vieillesse. Le latin *grus*, *gruris*, pour *grusis*, se lie probablement à un terme *ġaras*, ou *ġarus*, contracté comme γραῦς de γεραὸς.

Quant au sens étymologique, il se justifie pleinement par le fait

[1] Max Müller, *Zeits.*, de Kuhn, V, 147. Ce mot ne se trouve qu'une fois dans le Vêda.

que la grue se distingue par sa longévité, car elle atteint jusqu'à cinquante ans. Le corbeau, qui devient plus vieux encore, est appelé de même, en sanscrit, *dîrghâyus*, et *ciraģîvin*, qui vit longtemps.

2). Ceci conduit à une conjecture sur l'origine du nom germanique et slave de la cigogne, qui atteint aussi un âge avancé ; en anc. allem. *storah*, ang.-sax. *storc*, scand. *storkr;* en lithuan. *stárkus*, lett. *stahrks;* en rus. *sterch*, hongr. *essterag*, etc. Ce nom se rattache sans doute à l'anc. slave *starĭ*, senex, rus. *staryĭ*, vieux; *starikŭ*, vieillard, *staricha*, vieille femme, polon. *starek*, grand-père, *starka*, grand'mère, etc. Ces termes, aussi bien que l'ancien allem. *starah*, *starh*, fort, dérivent de la rac. sanscrite et arienne *sthâ*, stare, d'où *sthavira*, ferme, solide et vieux, dans le sens de permanent.

3). Le cymrique *crygyr*, *cryhyr*, *crëyr*, *cryr*, etc., héron, vient de *crygu*, *cregu*, crier d'une voix rauque.—C'est exactement l'ang. sax. *hragra*, anc. allem. *reigir*, pour *hreigir*, all. mod. *reiher*, héron, d'une racine perdue *hrag*, qui se retrouve dans le grec κέρχω, κέρχνω, raucum esse, d'où κερχνὴ, espèce de faucon. (Cf. lithuan. *kregēti*, *krogti*, grogner, coasser, et le russe *kórga*, corneille. — Tous ces termes sont des onomatopées [1].

4). Le latin *ciconia* est isolé, mais remarquable par son étymologie probable. On sait que les cigognes semblent privées de voix, et ne font entendre que ce claquement singulier de leur bec qu'exprime parfaitement leur nom arabe *laḱlak*. D'après cela, je vois dans *ciconia*, un composé de l'interrogatif sanscrit *ki* ou *kim*, quam parum, et de la racine *kaṇ*, ou *kvaṇ*, sonare (cf. § 124, 3), analogue à l'un des noms sanscrits du francolin, *kharakvaṇa*, et *kharakôṇa*, dont la voix est rauque [2]. Le mot latin serait ainsi synonyme du sanscrit *kinkaṇi* (de *kim*+*kaṇ*, clochette, c'est-à-dire *quam parum sonans*.

[1] Cf. pers. *karaghah*, freux, *kirâgha*, épervier, etc., au § 126, I.

[2] Cf. *kṛkaṇa*, *krakaṇa*, perdrix (§ 141, 2), et *kaḷukvâṇa*, Parra goensis (§ 142, 3).

§ 141. — LA PERDRIX.

Les noms de la perdrix qui donnent lieu à des rapprochements, sont en général imitatifs. Il y en a plusieurs.

1). Sansc. *tittiri*, *tittira*, *tâittira*, francolin, du cri de l'oiseau qui ressemble à *tri! tri!* En beng. *titor*, hind. *titar*, id.

Le persan *tadraw*, désigne le faisan, grec τάτυρος, id., indiqué comme son nom oriental.

En Europe, nous trouvons le grec τέτριξ, espèce indéterminée qu'Aristote nomme avec l'alouette (VI, 322, éd. Camus), τέτραξ, autre oiseau inconnu, et τετράων, coq de bruyère. Ce dernier sens est aussi celui du lithuanien *telèrwas*, lett. *tetteris*, rus. *téterwü*, pol. *cietrzew*. Le russe *tetéria, tetërka*, est la gélinotte. Enfin, le scandinave *thydr, thidr*, Lagopus mas, appartient au même groupe.

2). Une seconde série imitative reproduit un cri plus guttural; sansc. *kṛkaṇa, krakaṇa*, Perdix sylvatica, littér. dont le cri est *kṛ*, *kra*, ou *krakara*, id., qui fait *kra*. Cf. pers. *karkarak*, caille, cornique *gyrgîrik*, perdrix, scand. *karri*, id. Le sanscr. *ćakôra*, *ćakôraka*, bartavelle, persan *ćakûr*, perdrix [1], est une réduplication de la rac. *kur*, sonare (cf. § 97, 3). Le russe *kuropátka*, polonais *kuropatwa*, perdrix, est composé du nom de la poule *kuro*, et de celui de l'oiseau en général, *ptacha*, *ptak*, etc. (§ 125, 2), poule-oiseau, poule volante. Le cymr. *coriar*, perdrix, c'est-à-dire poule naine, de *cór*, nain et *iar*, poule, est tout différent.

3). Le grec κακκάβη, perdrix, est une autre onomatopée, analogue au sanscrit *kukkubha*, coq. Aristote, en parlant des perdrix, dit : οἱ μὲν κακκαβίζουσιν, οἱ δὲ τρίζουσι, « les unes font *kakkab*, les autres *tritri*. » Ce nom imitatif se retrouve dans le persan *kabk*, *kabûk*, perdrix, *kabkkar*, bécasse (cf. *kabkabah*, bruit con-

[1] Cf. hébreu *qôré*, perdrix.

fus), l'armén. *gaqav*, perdrix, géorg. *kakabi*, perdreau, etc. Le grec ἀττάγας, francolin, est aussi une onomatopée.

4). Un nom d'un ordre différent est l'ancien slave *rĕbŭ*, *ierĕbitsa*, rus. *riabŭ*, *riabka*, illyr. *jareb*, *jarebiza*, pol. *iarzāb*, *iarzābek*, lithuan. *jĕrube*, perdrix. (J'ignore quelle est la nature du *ie*, *ia*, préfixé à quelques formes.) Nous le retrouvons dans l'anc. allem. *repa-huon*, maintenant *rebhuhn*, scand. *riûpa*, où Graff voit un poulet de vigne, *repa*, *rebe*. Mais le slave fournit une explication meilleure dans le russe *riabóĭ*, tacheté, bigarré, *riabĭ*, moucheture, en lithuanien *raibas*, bigarré, en parlant des oiseaux. Et ce qui confirme tout à fait cette explication, c'est que le nom slave de la perdrix reparaît en irlandais, mais appliqué à l'alouette, *riabhóg*, et que, dans la même langue, *riabhach*, signifie tacheté. Cette double coïncidence est la preuve d'une origine arienne, mais le sanscrit, cependant, ne semble rien offrir d'analogue.

J'ajouterai que le grec πέρδιξ [1] a bien probablement la même signification, dérivée du sanscrit *pṛdâku*, léopard et serpent tacheté comme le léopard (cf. 109, note 2). Je ne conçois pas, en effet, par quelle liaison d'idées Benfey tente de rattacher le nom de l'oiseau à πέρδειν, pedere (*Griech. W. Lex.* II, 370).

§ 142. — LA CAILLE.

Les termes qui désignent ce gallinacé sont aussi, en général, des onomatopées, et, lors même qu'ils ont un sens spécial, ils revêtent ordinairement la forme d'un dactyle, $-\smile\smile$, imitatif du cri de l'oiseau. Ainsi, le sanscrit *vartaka*, le pers. *kar karak*, *karchaghar*, l'anc. all. *wahtala*, le lithuan. *paipala*, *putpela*, le russe *perepolĭ*, le bas latin *quaquilla*, le géorg. *mtsqeri*, l'ethiopien *phorphorath* [2], etc., tous de trois syllabes. Parmi les noms signi-

[1] Irl. *páitrisg*, cymr. *petrus*, *petrusen*, de l'angl. *partridge?*
[2] Cf. basq *pospolina*, et alban. *potpolóshke*.

ficatifs, il en est deux qui remontent sûrement aux temps ariens.

1). L'un est le sanscrit *vartaka-kâ*, *vartikâ*, espèce de caille, *perdix olivacea*, en hind. *baṭer*, de la rac. *vṛt*, vertere, par allusion à l'habitude de la caille de se rouler à terre comme la perdrix, fait observé déjà par Aristote. « Les oiseaux qui n'ont pas » l'aile bonne, dit-il, et qui s'élèvent peu de terre, aiment à » se rouler dans la poussière ; tels sont la poule, la perdrix, » l'attagas, l'alouette, le faisan, etc. (*Anim.*, I. IX, p. 558, éd. » Camus). »

Le nom sanscrit se retrouve dans le persan *wartâġ*, *wardîć*, *watak*, caille, kourd. *verdi*, id., *vordek*, *verdek*, canard, afghan. *ordek* (turc *öṛdek*), id.

Le grec ὄρτυξ, pour ϝορτυξ, a pour thème ϝορτυγο, probablement d'un synonyme *vartaga*, qui va en roulant, composé avec *ga*, comme *plavaga*, singe, grenouille, qui va en sautant, *pataga*, oiseau, qui va en volant, etc. Le lithuanien *w̃ewersys*, alouette, est une forme redoublée de *vṛt* (cf. sansc. *vivarta*, action de rouler, de tourbillonner). Le lithuan. *wyturis*, alouette, illyr. *vitulia*, *vitulinka*, id., semble avoir perdu l'*r* comme l'hind. *baṭer*, et le pers. *watak*, et rappelle le sansc. *vartula*, rond, globulaire. Enfin, l'anc. allem. *wahtala*, scand. *vaktela*, etc., qui n'a pas d'étymologie sûre, pourrait bien n'être qu'une transformation de *vartaka*, où le *k* et l'*r*=*l* auraient changé de place.

2). L'autre nom est le sanscrit *lava*, *lâva*, espèce de caille, *perdix sinensis*, en beng. et hind. *lâvâ*. — Ce mot signifie aussi l'action de couper, de faucher, de moissonner, et dérive de la rac. *lû*, secare, desecare, destruere, d'où *lavaka*, moissonneur, faucheur, *lu*, *lûni*, *lavana*, moisson, *lavâka*, *lavitra*, faucille. On sait que la caille, la perdrix et l'alouette, recherchent le blé, et qu'elles en coupent les épis avec leur bec, de sorte que le nom de *moissonneuse* leur convient parfaitement.

On se souvient que c'est de cette même racine *lû* dans le sens de destruere, etc., que dérive, selon toute apparence, le nom européen du lion (§108) ; aussi, en persan, *lawa*, ou *lâwah*, désigne-t-il, non-seulement une espèce de perdrix, mais aussi le milan, l'oiseau de proie, le destructeur. Le nom de la caille, qui est *lâruh*, en hind. *lâhûra*, en armén. *lor*, se rattache très-probablement à un thème *lavara=lavaka*, *lavitra*, et d'où, par une contraction analogue, semble provenir l'afghan *lur*, faux, faucille.

Ces dernières formes, en effet, nous conduisent à l'ang.-saxon *lawerc*, *lawaerc*, *laferc*, alouette, en anglo-écossais *lawerock*, en néerland. *leeuwerck* = dimin. sansc. *lavaraka*, et contracté, comme le persan, déjà dans l'anc. allem. *leraha*, *lerihha*, maintenant *lerche*, angl. *lark*, suéd. *lerka*, etc. L'irlandais *laireóg* ou *learthóg* (avec le *th* quiescent) est peut-être anglais. Le scandinave *lô*, plur. *lear*, gélinotte, paraît offrir les deux thèmes *lava* et *lavara*, et le premier se retrouve encore dans *lôa*, *lafa*, espèce de *charadrius*, ou de courlis, oiseau qui se nourrit aussi de blé, ce qui l'a fait appeler en allemand *kornschnepfe*, et en lettique *sehjas putns*, oiseau du seigle. J'ajouterai que, en irlandais, la caille est nommée *gart-eun*, oiseau du blé, et *gearrghuirt*, ers. *gearradhgort*, qui coupe le blé en épis.

De ce nom arien de la caille et de l'alouette, on pourrait déjà, à défaut de bien d'autres preuves, conclure à la culture des céréales chez les anciens Aryas.

3). Le latin *coturnix*, caille, n'a pas d'analogue connu ; mais il faut probablement y voir un ancien composé arien, car il s'explique fort bien par le sanscrit *kaṭu*, âpre, âcre, perçant, et *raṇa*, *raṇaka*, cri de *raṇ*, sonare (cf. § 128, 3). Les composés tout semblables, *kaṭurava*, cri perçant, grenouille, *kaṭukvâṇa*, même sens, Parra goensis, espèce de gallinacé, appuient cette étymologie. Le *ṭ* cérébral ne saurait être objecté, puisque nous avons vu le cymrique *cethw*, moutarde, répondre au sansc. *kaṭuka*, (§ 71). Ainsi, *coturnix* serait pour *coturanix* (cf. *rana*, grenouille, comme *corvus* est pour *corovus*=sansc. *kârava* (§ 128, 1).

Je crois reconnaître encore un dérivé de la rac. *raṇ*, dans le cymr. *rhinc*, corn. *rinc*, caille (=sansc. *raṇaka*) qui signifie aussi un cri perçant et continu, d'où *rinciaw*, crier comme une caille. Le grillon est appelé *rhinc y tes*, le criard de la chaleur, ou du foyer.

ART. IV. — REPTILES.

Dans cette revue comparative, les quatre ordres de reptiles, Chéloniens, Sauriens, Ophidiens et Batraciens, ne seront représentés respectivement que par la tortue, le lézard, le serpent (couleuvre, vipère) et la grenouille, sans les distinctions d'espèces que les langues observent fort peu.

§ 143. — LA TORTUE.

La tortue a reçu presque partout des noms significatifs particuliers qui n'ont entre eux que des analogies générales. Bien que sa synonymie sanscrite et persane soit assez riche, elle ne présente aucune concordance certaine avec les langues européennes, car le rapprochement que l'on a tenté entre le sanscrit *kurmâ*, et le grec χλέμμυς est plus que problématique. Les seules affinités à signaler forment deux groupes dont l'un appartient à l'Orient et l'autre à l'Occident.

1). Sansc. *kaćhapa*, tortue, hind. *kaćh*, *kaćhap*, beng. *koćhop*, singhal. *kösup*, *kösbâ*. — De *kaćha*, marais, et de *pa*, qui garde, qui habite. On trouve aussi, dans les Vêdas, *kaçyapa*, dont le *kaçya* se lie sans doute au vêdique *kaças*, eau (*Nâigh.* 1, 12).

On retrouve cette dernière forme dans le zend *kaçyapa*, à laquelle se rattache sans doute aussi le persan *kashaf*, *kashu*.

2). Au grec χέλυς, χελώνη, répond régulièrement l'anc. slave *jelŭvĭ*, rus. *jelvĭ*, polon. *żolw*, boh. *želw*, etc. (*j*, *ż*=χ=*h* sansc. =*z* zend). Comme on est conduit de part et d'autre à une racine sanscrite *hal*, je crois que ces noms se lient au sanscrit *halâ*, eau, vêd. *hara* (*Nirukta*. IV, 33), de la rac. *hr*, ferre, avec des suffixes qui leur donnent le sens d'aquatique. On pourrait toutefois les rattacher directement à *hṛ*, et voir dans la tortue l'animal qui *porte* sa maison.

§ 144. — LE LÉZARD.

Ce reptile a beaucoup de noms sanscrits et persans, mais je n'en connais aucun, ni en Asie, ni en Europe, qui soit commun à plusieurs, ou même à deux des branches de la famille arienne. La plupart des noms européens sont d'origine obscure, mais les langues germaniques en possèdent deux qui ont tout l'air d'antiques formations de l'époque arienne.

1). Le premier est l'anc. allem. *egidehsa*, angl.-sax. *âdhexe*, all. mod. *eidechse*. Benfey déjà a reconnu dans *egi* le corrélatif parfait du sansc. *ahi*, serpent, et cherché dans *dehsa*, la rac. sansc. *taksh*, fabricare (cf. anc. all. *dehsa*, hache), d'où aurait pu dériver un substantif *taksha*, corps [1]. Le nom signifierait ainsi : *qui a le corps d'un serpent.* Comme, toutefois, *taksh* a aussi le sens de *pellem detrahere*, ainsi que *tvać*, d'où dérive *tvaća*, peau (cf. lithuan. *toszis*, lett. *tahssis*, écorce de bouleau), on pourrait mieux encore interpréter *egidehsa=ahitaksha*, par : *qui a la peau d'un serpent.*

2). L'autre terme est l'ang.-saxon *efeta*, *efete*, angl. *eft*, où l'on ne saurait méconnaître le sanscrit *apada*, reptile en général, c.-à-d. *privé de pieds* (cf. *ylfete*, cygne=sansc. *ǵâlapada*. § 95, 3). Le lézard a cependant quatre pieds bien visibles, et même d'une forme assez frappante pour qu'il ait reçu, en sanscrit, le nom de *krakaćapâda*, qui a le pied en forme de scie. Cette circonstance même semble indiquer que le mot saxon est ancien, et n'a eu primitivement que le sens de reptile, car celui de *privé de pieds* (*a-fôt*), ne conviendrait nullement au lézard [2].

[1] *Griech. W. Lex.*, II, 248.

[2] Le grec σαῦρος, σαῦρα, lézard, paraît être le corrélatif du sansc. *surâ*, serpent, de la rac. *sur*, lucere, à cause de sa peau brillante.

§ 145. — LE SERPENT.

De tous les êtres de la création, aucun n'a frappé, dès le principe, l'imagination de l'homme autant que le serpent. Ses formes si divergentes du type animal, ses mouvements de reptile, ses qualités malfaisantes, l'espèce d'horreur que sa vue seule inspire aux autres créatures, et que l'homme partage pleinement, expliquent assez comment il est devenu partout le symbole du mal, et pourquoi il tient tant de place dans les traditions mythiques des peuples. Nous n'avons pas ici à le considérer sous ce rapport, bien que ce sujet ait une grande importance pour l'histoire des anciennes croyances. Pour le moment, nous n'avons affaire qu'à ses noms ariens, dont l'étude offre plus d'un genre d'intérêt.

La synonymie sanscrite du serpent comprend plus de cent noms, presque tous clairement descriptifs et significatifs, ce qui ne doit pas étonner, vu la profusion avec laquelle il est répandu dans l'Inde. Aussi la plupart de ces termes sont-ils purement indiens, et quelques-uns seulement remontent avec certitude aux temps de l'unité arienne. Ce sont ceux-là que nous allons d'abord passer en revue.

1). Sansc. *ahi*, serpent, *ahîna*, espèce de grand serpent; pali et marat. *ahi*, beng. *ohi*, etc. Dans le Rigvêda, *Ahi* est le nom du puissant démon *Vṛtra* que combat et terrasse le dieu Indra. Avant de rechercher l'origine probable de ce mot, constatons d'abord ses analogies ariennes.

En zend *ahi* devient régulièrement *azi* ou *aji*, en armén. *ij* et *ôdz*. Le serpent créé par Ahriman pour détruire la pureté des mondes est appelé dans l'Avesta *Aji dahâka*, le destructeur, le démon *Zôhak*, des traditions persanes [1]. Cf. persan *ajdahâ*, *ajdahk*, *ajdar*, dragon, pehlwi *azdeman* (*az-dehman?*), ser-

[1] Burnouf. *J. Asiat.* 1844, p. 498.

pent (Anquetil), et les noms de l'aigle qui *tue le serpent*, au § 122, 3).

A ces formes iraniennes, se lient de près les formes slaves, russe *újŭ*, couleuvre, polon. *wąż*, serpent (avec un *w* inorganique comme dans *wiĕgel*=anc. slav. *ăglŭ*, angulus, etc.). L'anc. slave a dû être *ăjŭ* ou *ăzŭ*, avec une nasale qui se montre clairement dans le lithuanien *angis*, serpent, à côté de *eżys* qui a passé au hérisson (§ 121, 1).

Le grec ἔχις, vipère, ἔχιδνα, id., ἐχῖνος, hérisson), nous ramène directement au sanscrit *ahi* [1], tandis que le latin *anguis* reproduit la nasale du lithuanien et du slave.

En germanique, où l'*h* devient *g*, nous avons retrouvé déjà *ahi* dans l'anc. allemand *egidehsa*, lézard (§ 144, 1), ainsi qu'au nom du hérisson (§ 121, 1), et nous le retrouverons encore dans ceux de l'anguille et de la sangsue. Le scandinave *öglir*, couleuvre, est sans doute une forme dérivée. La nasale reparaît aussi dans l'anc. allem. *unc*, anguis, basiliscus, all. mod. *unke*, serpent et grenouille.

Ainsi, à l'exception des langues celtiques, où il ne paraît plus se trouver, ce nom du serpent est resté dans tous les idiomes ariens.

Quant à son origine étymologique, elle me semble se reconnaître assez clairement dans la racine vêdique *ah (ahnôti)*, amplecti, pervadere (Westerg. *Rad*), d'où *ahi*, celui qui enserre sa proie, comme fait le serpent, le *constrictor*. De là aussi, avec une nasale intercalée comme souvent, les dérivés *añhu*, étroit, serré, *añhas*, anxiété, malheur, péché, *añhati*, id., *añhura*, angoissé, malheureux. La forme primitive de cette racine a dû être *agh*, *angh*, à en juger par *agha*, mauvais, dangereux; mal, douleur, péché, *aṅgha*, *anghas*, péché=*añhas*. Il est curieux de voir ainsi la langue primitive rattacher à la même racine les noms du mal, du péché et du serpent.

[1] Le grec ὄφις, que l'on a aussi comparé, est sans doute égyptien ou sémitique. Cf. cophte *hóf*, *hob*, *hfó*, vipère, anc. égypt. *hefi*, *hefu* (Bunsen); hébr. *eph'ah*, arab. *af'a*, *af'aw*, id.

Ces deux formes, *agh* et *angh* se retrouvent d'ailleurs avec une foule de dérivés, et des transitions du sens matériel au moral, dans toute la famille arienne. Elles se maintiennent souvent à côté l'une de l'autre, et suivent fidèlement les variations phoniques du nom du serpent. Ainsi, en persan, *azîdan*, molester, chagriner ; en russe *úzitĭ*, rétrécir, *újatĭ*, serrer, presser, *úzkiĭ*, étroit, *úje*, plus étroit (cf. *újŭ*, serpent); en lithuan. *anksztis*, étroit (cf. *angis*) ; en grec ἄγχω, serrer, étrangler, angoisser, γργόνη, anxiété, puis, sans la nasale, ἄχω, chagriner, ἄχομαι, ἄχνυμι, être triste, anxieux, ἄχος, angoisse, crainte, douleur=sansc. *agha ;* en latin *ango*, *angor*, *angustus*, *anxius*, etc. (cf. *anguis*); en goth. *agan*, craindre, *agis*, terreur, puis *aggvus*, étroit, resserré, *aggvitha*, anxiété (anc. all. *angust*, all. *angst*, id.), avec tous les termes germaniques qui s'y rattachent ; enfin, en irlandais *agh*, crainte, *ang*, *ing*, danger, péril, etc., et en cymr. *angu*, embrasser, contenir, comprendre, d'où *ang*, large, grand *(capax)* par une liaison d'idées exactement contraire à celle qui conduit au sens de *angustus*.

Je n'ai fait qu'indiquer rapidement les termes principaux de ce groupe, qui a pris une extension très-considérable. Dans toute la série, c'est le grec ἄγχω et le latin *ango*, qui ont le mieux conservé la forme et la signification primitive de la racine.

2). Sans. *sarpa*, *sarîsṛpa* (forme redoublée), de la rac. *sṝp*, serpere. En pali *sappa*, marat. *sâpa*, beng. *sâp*, hind. *sarp*, *sâmp*, singhal. *sarpa*, *sapa*, *sapû*, etc. [1].

La rac. *sṛp*, restée vivante dans le grec ἕρπω, et le latin *serpo*, y a produit de même ἑρπετὸν, reptile, et *serpens,-entis* = sansc. *sarpant*, part. prés. de *sṛp*. En cymrique, on trouve *sarff*, serpent, *sarf*, étendu à terre, *serfu*, vaciller, avoir le vertige, *serfyll*, vacillant, instable. L'irlandais *searpan*, *searfan*, désigne, non pas le serpent, mais le cygne, soit parce qu'il glisse sur les eaux, soit de la forme de son cou. A *sṛp*, répond également le goth. *sliupan*, anc. all. *sliufan*, repere, prorepere, *slîfan*, labi, labare; *za-slîfan*,

[1] Cf., alban. *shapi*, lézard.

fluere, ang.-sax. *slippan*, repere, labi, etc., mais aucun nom de reptile n'en dérive. Je crois qu'il faut y rapporter aussi le goth. *slêpan*, dormir, prop. s'étendre, se coucher, plutôt que à *svap*, mieux représenté par l'ang.-saxon *swefan*, scand. *sôfa*, etc., sopire, dormire.

Une analogie extra-arienne très-remarquable se présente dans l'hébreu *sârâph*, serpent venimeux, arabe *sirfat*, *surfat*, cheville, =pers. *surfah*, chenille, ver. Gesenius doute un peu de l'origine sémitique de ce nom, tout en indiquant *sâraph*, deglutivit, sorbsit, combussit, comme une racine possible. La question de savoir si les *srâphim*, ou séraphins, étaient des serpents ailés, ou des anges ardents, ou des princes du ciel, est encore débattue, et nous l'abandonnons aux théologiens.

3). Sansc. *nâga*, serpent, et plus spécialement le *Cobra capello;* beng. hind. *nâg*, singhal. *nayâ*, *nâ*. On fait dériver ce nom de *naga*, montagne, mais le sens de *montanus* ne convient guère au serpent, qui habite plutôt les plaines. Comme *nâ-ga* signifie *qui ne marche pas*, c'est-à-dire qui rampe, et que le synonyme *a-ga* désigne aussi le serpent [1], je crois que c'est bien ainsi qu'il faut interpréter le nom du reptile.

Dans les langues germaniques, on trouve l'ang.-saxon *snaca*, *snacu*, scand. *snâkr*, *snôkr*, angl. *snake*, serpent, anc. allem. *sneccho*, escargot, etc., lesquels, sauf l'*s* prosthétique, répondent exactement à *nâga*. Ces mots toutefois se lient au verbe ang.-sax. *snican*, anc. all. *snachan*, ramper, en irlandais *snágaim*, *snighim*, id., *snagán*, reptation, *snagach*, rampant, etc. Si l'on écarte la supposition d'une ressemblance due au hasard, on ne peut expliquer cette double étymologie qu'en voyant, dans le verbe celto-germanique, un ancien dénominatif de *nâga*, équivalent à *serpenter*.

L'hébreu *nâçhâsh*, arabe *nakkâz*, serpent, vient de *nâchash*, sibilavit, et n'a sans doute aucun rapport avec le sanscrit.

[1] Cependant *aga* pourrait venir de la rac. *ag*, volvi, per anfractus incedere. Le cophte *agô*, *egou*, vipère, y ressemble sans doute fortuitement.

4). Sansc. *hari*, *hârya*, *hîra*, serpent. Il n'est pas certain que ces trois noms aient la même origine, car *hari* signifie vert, jaune, fauve, et désigne, par leur couleur, plusieurs animaux différents, le lion, le cheval, le singe, la grenouille, etc., tandis que *hârya* et *hîra* peuvent appartenir à la rac. *hṛ*, rapere, violenter agere. J'ai indiqué ailleurs (§ 21, 1) l'étymologie probable de *hari*, et signalé, entre autres affinités, celle du lithuan. *żâlas*, vert, et *żalas*, fauve, rouge. Or, le nom lithuanien du serpent est *żaltis*, et se lie ainsi à la même racine que *hari*.

En parlant du hérisson, j'ai fait remarquer l'analogie du grec χήρ, heres, avec *hari* (§ 121, 2). Une autre transition du même genre paraît se trouver dans le latin *hirudo*, sangsue, c'est-à-dire semblable au serpent, d'un subst. *hira*=sansc. *hîra*, comme *testudo* de *testa*. Ce rapprochement est d'autant plus plausible que *hira*, en latin, signifie *boyau*, évidemment de la similitude de forme avec le serpent.

5). Le regard du serpent a joué de tout temps un grand rôle dans les superstitions populaires, et les traditions mythiques relatives aux dragons, gardiens vigilants des trésors, sont très-répandues chez les peuples ariens. En sanscrit, le serpent est appelé *dṛgvischa*, œil-poison, et *dṛkçruti* ou *dṛkkarṇa*, celui dont l'œil est l'oreille, expression singulière pour indiquer que toute la vigilance du serpent se concentre dans le sens de la vue. C'est de la même liaison d'idées, et de la même racine *dṛç* = δέρκω voir, que dérive le grec δράκων,-οντος (cf. δράκος, œil, ἔδρακον, etc.), littér. le voyant = sansc. *darçant* [1]. Ce nom grec a passé dans toutes les langues européennes par l'intermédiaire du latin *draco*; ainsi l'anc. all. *draccho*, le scand. *dreki*, l'irland. *draic*, le cymr. *draig*, le rus. *drakon*, le bohém. *drak*, etc., et même le finlandais *traaki*. Mais une coïncidence indépendante de ces transmissions modernes se montre dans l'irlandais *dearc*, lézard, serpent, et œil = sansc. *darça*. Le lézard est aussi appelé *dearc-luachra*, œil brillant, et, en erse, *dearc-bhallach* désigne un serpent tacheté.

[1] Cf., Benfey. *Griech. W. Lex.* I, 225.

Le lithuan. *drēžas*, vipère et lézard, que l'on serait tenté de comparer, diffère essentiellement par son *ž*, qui répond à *h* ou *gh*, jamais à *k* ou *ç* sanscrit. Je crois y reconnaître *dîrgha*, long, qui forme plusieurs noms composés du serpent, tel que *dîrghaǵihva*, ou *dîrgharasana*, longue-langue, *dîrghaprshṭha*, long-dos, etc.

6). Le persan *machîd*, *machîdah*, désigne tout reptile en général, de *machîdan*, ramper, glisser, se mouvoir, trembler, etc. Cf. sansc. *makh*, *mañkh*, ire, se movere, et l'anc. slave *machati*, polonais *machać*, agitare. — La gutturale varie, en sanscrit, dans les formes synonymes *mañk*, *makk*, *mañg*, *mañgh*. A ce groupe appartient avec l'*s* prosthétique, l'ancien slave *smykati sia*, repere, polon. *smykac*, aller, couler, courir ; en lithuan. *smukti* (*smunku*), glisser. De là le polon. *smok*, dragon, serbe *smuk*, lithuan. *smakas*, id.

Dans les langues celtiques, les formes *mac* et *mag*, alternent, cymr. *macai*, *magai*, chenille, ver; irland. *magaim*, ramper, *magán*, crapaud. (Cf. persan *magal*, grenouille, et *magil*, *makil*, sangsue). Tous ces noms se rattachent à un même groupe de racines ariennes.

Il faut en séparer, je crois, l'anc. slave *zmiia*, *zmii*, rus. *zmieĭ*, serpent, polon. *żmiia*, vipère, illyr. *smija*, etc. Comme l'ancien slave s'écrit aussi *zmliia* (Miklos, *Rad. slov.*, v. c.), ce nom paraît se rattacher à *zemia*, *zemlia*, terre, lithuan. *żéme* (cf. zend *zem*, terre, persan *zamî*, etc.), soit de ce que le serpent rampe sur le sol, soit de ce qu'il se cache dans la terre.

7). L'intérêt particulier qui s'attache aux noms du serpent m'entraîne à parler encore de quelques termes purement européens, mais que leur étymologie probable fait remonter aux sources ariennes.

a). Le latin *coluber* offre avec *columba* une analogie de formation qui ne semble pas fortuite et qui s'expliquerait singulièrement bien par le sens que nous avons conjecturé pour le nom de l'oiseau (§ 98, 2). Sauf le *c* initial qui devrait être *g*, *coluber*, répond à l'ang.-sax. *culufre*, pigeon, c'est-à-dire qui aime la vache, car *lufian*, aimer=sansc. *lubh*, cupere, se retrouve dans le latin *lubet, lubens, lubido.* Or, on sait à quel point est répandue la croyance, fondée ou non, que la couleuvre aime à s'approcher des vaches pour les téter pendant leur repos [1]. Cette curieuse coïncidence de forme et de signification peut difficilement être due au hasard, mais le *co* latin pour *go* reste toujours la pierre d'achoppement. Si *ceva*, vache, était véritablement latin, et répondait au thème sanscrit *gava*, on aurait un exemple d'un changement analogue, mais le rapprochement est douteux. En grec, cependant, le κ remplace quelquefois le γ, comme dans κύπη=γύπη, caverne, où γυ est très-probablement le nom de la vache, *gô, gu*, (cf. ℥ 123, 3), κυβερνάω = *guberno*, κένταυρος = sanscr. *gandharva*, suivant Kuhn [2]. Pour le latin, ce serait là, en tout cas, une anomalie très-isolée.

b). Le gothique *nadrs*, vipère, ang.-sax. *naeddra, nadder*, scand. *nadr, nadra*, anc. allem. *nattara, natra*, etc., auquel répond l'irland.-erse *nathair*, cymr. *nadyr, neidyr*, corn. *nader*, a été souvent comparé avec *natrix*, serpent d'eau, et, comme *natrix*, de *nare*, nager, est purement latin, on a conclu, soit à une provenance du latin, soit à une commune dérivation du sanscrit *snâ*, lavari. La première supposition est fort improbable pour le gothique, et la seconde n'est guère plus admissible, parce qu'un dérivé sanscrit *snâtṛ, snâtar* = *nator*, serait devenu *nathr*, et non pas *nadr*. Je crois donc qu'il faut séparer les deux termes, et rapporter le nom celto-germanique à la rac. sansc. *nah*, nectere, ligare, d'où *naddha*, lié, et *naddhrî*. corde, lien. Nous obtiendrions ainsi le même sens que pour le sanscrit *ahi*, le serpent qui lie et enserre sa proie.

[1] Le sanscr. *gavêdhu, gavêdhuka*, espèce de serpent, et, au féminin, une sorte d'herbe, paraît se décomposer en *gô*+*êdh*, et signifier *qui fait prospérer la vache*.
[2] *Zeitsch*, I. 513.

§ 146. — LA GRENOUILLE.

Les noms de ce batracien sont très-variés, la plupart imitatifs ou significatifs, et ne donnent lieu qu'à un petit nombre d'observations comparatives.

1). Sansc. *agambha*, grenouillle, littér. qui n'a pas de dents, de *a* privatif et *gambha*=γόμφος, molaire, γαμφαὶ, mâchoire, ancien slav. *zăbŭ*, dent, rus. *zubŭ*, etc. — Par une altération singulière, l'*a* privatif, qui détermine le sens caractéristique de ce nom, disparaît déjà dans le singhalais *yembâ*, grenouille, et cette même omission se répète dans l'anc. slave *jaba*, rus. *jaba*, pol. *żaba*, illyr. *sciaba*, grenouille et crapaud, ainsi que l'albanais *tsiampe*, grec moderne ζάμπα, qui ont conservé la nasale. Il ne reste ainsi partout que le nom de la dent, preuve que la signification originelle était oubliée.

Ce terme arien, ainsi mutilé, doit être fort ancien, car on le retrouve, en dehors de la famille arienne, dans le géorgien *gambio*, crapaud, et le lapon *tsuobba*, qui peut provenir du slave. Le basque *zapoa*, crapaud, est peut-être celtibère.

2). Sansc. *bhêka, bhêkî*, grenouille. — On le fait dériver de *bhî*, timere, timor, avec le sens de timide, mais c'est là, sans doute, une onomatopée. Aussi retrouve-t-on ce nom, sous des formes diverses, non-seulement dans les dialectes néo-sanscrits, marat. *bêñka, pêñkâ*, beng. *bêka*, hind. *bêk*, etc., ainsi que le persan *bak, wak, pak, puk*, kourd. *bàk*, mais dans le turc *bagha*, le kirgis *buka*, le hong. *bèka*, le géorg. *baqaqi*, etc. Les langues européennes n'offrent à comparer que l'allemand *pogge*, grenouille.

3). Le zend a un nom particulier *vazagha*, conservé dans le persan *wazagh, bazagh, wajâghah, pajagh*. Le corrélatif sanscrit de ce composé serait *vahaga*, qui va à la rivière ou à l'eau, *vaha*.

Ce nom semble conduire à une très-bonne explication pour le grec ὀξύγη, crapaud, primitivement grenouille (?). On le fait dériver de ὀξύς, tranchant, âcre, à cause de l'humeur venimeuse que secrète le crapaud, mais la terminaison γη reste inexpliquée. J'aimerais mieux voir dans ὀξυ, pour ϝοξυ, le sansc. et zend *vakshu*, =*vakshaṇa*, rivière et nom propre de l'Oxus[1], et dans γη, le *ga* des nombreux composés sanscrits analogues, avec le sens de *qui va*, tels que *khaga*, oiseau, qui va dans l'air, *dyuga*, *vihaga*, id., qui va dans le ciel, etc. Le nom grec serait ainsi synonyme de *vazagha*, et de *vahaga*.

Le lithuanien *warlẽ*, grenouille, se rattache sans doute au sanscrit *vâr*, *vâri*, eau, et a dû signifier aquatique.

4). Le latin *rāna*, armor. *ran*[2], appartient sûrement, au sanscrit *raṇ*, sonare. (Cf. § 128, 3 ; 142, 3.) Cette racine imitative se trouve aussi dans l'hébreu *rânan*, clamavit, arab. *ranama*, id., d'où *ranam*, son, chant, cri de la cigale, et il est curieux qu'il en dérive également, en arabe, un nom de la grenouille, *ranan*.

ARTICLE IV. — POISSONS.

Il n'y a guère à considérer ici que le nom général de la classe, car les noms spéciaux sont d'une origine relativement moderne, et propres aux diverses langues de la famille. Les poissons, en effet, varient beaucoup suivant les eaux qu'ils habitent, et, cachés qu'ils sont dans leur élément, ils n'attirent pas l'attention sur les caractères qui les différencient, au même degré que les habitants de la terre et de l'air. Aussi les termes qui les désignent résultent-ils surtout d'observations locales, et de là leur grande diversité. L'anguille seule, par cela même qu'elle ne ressemble plus à un poisson, présente un groupe d'analogies d'une certaine extension.

[1] Cf. § 18, A. 3.
[2] Cf. irland. *rán*, cri fort.

§ 147. — LE POISSON EN GÉNÉRAL.

Les synonymes sanscrits et persans du poisson sont assez nombreux ; mais à une unique exception près, ils diffèrent des noms européens. Ceux-ci, par contre, s'accordent dans trois des principales branches de la famille.

1). Sansc. *matsya*, *matsa*, *maččha*, poisson ; pali *maččha*, marat. *mâsâ*, beng. *mâčh*, hind. *maččhî*, *mačlî*, singh. *matsa*, *masa*, *masu*.

Les formes iraniennes, pers. *mâhî*, boukhar. *mahî*, kourd. *mahsi*, afghan *mahai*, semblent indiquer une racine *mas*, mais cela n'explique, ni les variations de la forme sanscrite, ni l'origine du mot qui reste tout à fait incertaine.

En Europe, il ne paraît se retrouver que dans l'irlandais *meas*, poisson, d'où *measach*, poissonneux. (Cf. le *mâsâ*, *masa* des dialectes néo-sanscrits.) C'est là un exemple à remarquer de ces termes orientaux que l'irlandais seul a conservés [1], et qui semblent indiquer que la séparation des Celtes de la branche gaëlique s'est opérée à une époque antérieure à celle des autres rameaux de la famille.

2). Le latin *piscis* est en parfait accord avec le goth. *fisks*, ang.-sax. *fisc*, scand. *fiskr*, anc. all. *fisk;* le cymr. *pysg*, arm. *pesk*, irland. *iasc*, *iasg* (avec perte du *p* initial, comme dans *athair*, pater), et, enfin, l'albanais *pishk*. Ce nom doit avoir une racine arienne ; mais, en l'absence d'un terme sanscrit correspondant, la recherche en est pleine d'incertitude. L'étymologie proposée par Pott et Benfey prête à trop d'objections pour être définitivement acceptée [2]. En fait de conjectures de ce genre, les plus sim-

[1] Il est singulier que seul aussi l'irlandais *dag*, poisson, réponde à l'hébreu *dâg*, id. de *dâgdh*, multiplicatus est.

[2] Pott (*Ét. Forsch*, I, 244, II, 273) indique, sans le justifier suffisamment, le sens de *squammis obtectus*, *pi-sci* (?), et compare le sansc. *piččha*, queue. Benfey

ples sont les meilleures. Si nous consultons l'analogie, nous verrons que trois des noms sanscrits du poisson sont tirés de sa rapidité, savoir *ćapala*, l'agile, le mobile, le rapide (cf. § 87, 2), *mîna*, de *mî*, ire, meare, d'où *mîvan*, air, vent, et *visâra*, ou *visârin*, qui glisse, se meut vivement, de *vi*, intensitif et *sṛ*, ire, se movere. En zend, le poisson, comme l'oiseau, s'appelle *vi*, le rapide. (Cf. § 123, 2.) Rien n'empêche donc de rapporter *piscis* à la rac. sanscrite *pis*, *pês*, ire, d'où *pêsvara*, mobile, mouvant, et à laquelle nous avons rattaché déjà l'un des noms du chien rapide. (Cf. § 92, 8.) Et ce qui appuie fortement cette étymologie, c'est que la racine *pis* se retrouve dans l'ang.-saxon *fysan*, aller vite, se hâter, *fesian*, chasser, mettre en fuite, scand. *fysa*, incitare, *fysi*, *fysn*, impetus. Le germanique *fisks*, *fisk*, pourrait en dériver directement[1], mais l'accord du latin et du celtique indique l'existence d'un thème primitif *piska*, qui serait parfaitement régulier.

Cela mettrait fin aux rapprochements forcés que l'on a tenté d'établir entre *piscis*, ἰχθύς et le lithuanien *żuwis*, à coup sûr complétement étrangers les uns aux autres. D'après les analogies phoniques, *żuwis* ne peut appartenir qu'à la rac. sanscrite *ǵu*, properare, festinare, d'où *ǵû*, mouvement, rapidité, *ǵava*, rapide, etc., cf. zend *zu* = *ǵu* (Burnouf, *J. As.*, 1844, 478) et persan *zû*, rapide, agile, *zûdì*, célérité, etc.; ce qui nous conduit au même sens que *piscis*, *ćapala*, etc. Le slave *ryba*, poisson, semble aussi se rattacher à une racine de mouvement, le sansc. *rab*, *ramb*, ou *rabh*, d'où *rabhas*, vélocité, rapidité. (Cf. lat. *rabies*, *rabidus*, ῥέμβω, tourner, errer, scandinave *ramba*, vaciller, cymr. *rheb*, course, etc.)

Quant à ἰχθύς, qui est tout à fait isolé, la question est beaucoup plus obscure. C'est là, peut-être, un composé purement grec, où

(*Gr. W. L.*, I, 345) développe laborieusement cette hypothèse et part d'un thème *piscuvis* pour *api-scuvis*, de la racine *sku*, tegere, en y rattachant le grec ἰχθύς, et le lithuanien *żuwis*, poisson.

[1] Pour la substitution de *y* à *i*, *i*, dans les deux langues, voir Grimm. *Deutsche Gramm*, I, 228, 284.

θύς me paraît se lier à θύω=sansc. *dhu*, agitare, commovere, et ἰχ à un ancien nom de l'eau dont la trace est restée dans ἰκμάς, humidité. Cf. *aqua*, goth. *ahva*, anc. all. *aha*, cymr. *ach*, irland. *oiche*, eau, etc., et les rac. sansc. *ak*, volvi, *aç*, permeare, etc. Cet *ik* hypothétique, identique à sa racine comme beaucoup d'autres noms, se serait changé en ἰχ devant le θ de θύω, et ἰχθύς signifierait ainsi : *qui agite l'eau*, épithète bien adaptée au poisson.

Ainsi, à l'exception du grec qui semble posséder un terme indigène, tous les noms européens du poisson paraissent se rattacher à des origines ariennes, et dater des temps de l'unité primitive.

§ 148. — L'ANGUILLE.

Pour les naturalistes, l'anguille est un poisson, mais pour les langues elle est une espèce de serpent. Aussi ses noms européens dérivent-ils presque tous de celui du reptile, mais avec des variations qui indiquent une origine ancienne, prouvée d'ailleurs pour la similitude des formations.

1). Le grec ἔγχελυς, d'abord, provient évidemment d'un thème ἔγχι=ἔχι, avec la nasale que l'on retrouve dans *anguis, angis, unk*, etc. (§ 145, 1). Le latin *anguilla*, reste plus fidèle à *anguis* que le lithuanien *ungurys* à *angis*. Le russe *úgorĭ*, *úgrĭ*, polon. *wĕgorz*, bohém. *auhorĭ* (anc. slave, sans doute, *ăgorĭ)*, comparés au russe *újŭ*, et au polonais *wăž*, serpent, prouvent que le nom de l'anguille date de l'époque où le *g* remplaçait encore l'*h* du sanscrit, comme en germanique et en celtique, au lieu de s'affaiblir en *j* ou *ž*. L'illyrien *jeguglja*, se rapproche par le suffixe du latin et du grec. Enfin, l'anc. allem. *âl*, ang.-sax. *ael*, scand. *âll*, etc., ne semble être qu'une contraction d'un ancien thème *agal*, toute semblable à celle de *egala*, sangsue, qui devient *ile*. (Cf. § 159, 3.) Tous ces termes dérivent du nom de serpent par un même suffixe avec *l* ou *r*, ce qui indique une origine commune. (Cf. le nom germanique du hérisson, § 121, 1.)

Ce qui est digne de remarque, c'est que ce nom ario-européen de l'anguille a franchi dans plusieurs directions les limites de la famille, car on le retrouve dans le basque *ainguira*, le hongrois *angolna*, le finland. *ankerias* et l'arabe *anklîz*, pers. *ankalîz*, tous deux sans doute de ἔγχελυς. Comment expliquer ces transmissions pour un poisson qui se rencontre partout?

2). Les langues celtiques ont seules, en Europe, quelques noms particuliers pour l'anguille. Je ne citerai ici que l'irland. *geallóg*, anguille et sangsue, parce qu'il se rattache évidemment au sansc. *ġala*, eau, d'où *ġalika*, *ġaluka*, etc., sangsue, c'est-à-dire aquatique (Cf., § 159). Le cornique *zilli*, armor. *sili*, *silien*, anguille, rappelle aussi le pers. *sillûr*, id., mais j'ignore si ce rapport a quelque chose de réel.

ARTICLE V. — MOLLUSQUES.

Les termes à comparer sont ici en petit nombre, mais quelques-uns ont de l'importance pour la question de savoir si les anciens Aryas ont habité près de quelque mer, question à laquelle, par d'autres arguments, nous avons répondu déjà d'une manière affirmative.

§ 149. — L'ESCARGOT ET LA LIMACE.

Les noms de ces deux gastéropodes terrestres se tirent presque partout, soit de la coquille de l'un, soit de la viscosité de l'autre, soit enfin de leur mouvement lent et rampant. Les analogies directes à signaler se réduisent aux suivantes.

1). Sansc. *kôçastha*, escargot, chrysalide, et, en général, tout insecte qui habite une coque, ce que le nom même signifie. Le mot *kôça*, moins correctement *kôsha*, de *kuç*, amplecti, désigne toute enveloppe plus ou moins solide, coque, cocon, noyau, gousse, œuf, calice, gaîne, boîte, caisse, etc. Cf. pers. *kûkû*, œuf, *kôkalak*, gousse du coton, *kôshah*, ventre, grec κόκκος, noyau, κουκούλιον, cocon, lat. *cochlea*, coquille, illyr. *kuka*, id., rus. *kukla*, cocon, cymr. *cocwy*, œuf, *cocos*, coquillages, irland. *cochal*, *coichme*, coquille, etc., etc.

A ce groupe étendu se lie le nom grec de l'escargot κόχλος, κοχλίας, lat. *cochlea*, ou le χ, dérive de κ, comme le montre le synonyme plur. τά κωκάλια (Arist., IV, p. 188, éd. Camus). Le bengali *gugolî* (aussi *ghungûrâ*), marat. *gôgala-gaya*, n'a aucun rapport et s'explique par un composé sanscrit *gô-gala*, qui avale de la terre.

2). Grec λείμαξ, lat. *līmax*, rus. *slimakŭ*, escargot, *slizenĭ*, limace, polon., bohém. *slimak*, escargot, illyr. *slinavaz*, limace, etc.

Les noms classiques dérivent de la même racine que λειμων, lieu humide, *līmus*, boue, etc., savoir le sansc. *lî*, dans le sens de *liquidum fieri*, d'où *lî*, *laya*, liquéfaction, *lîna*, fondu, liquéfié, etc. Cf. pers. *lîmah*, boue. Les langues slaves l'ont conservée sous la double forme *liti* et *sliti* (rus. et illyr.), verser, fondre, d'où le russe et polonais *slina*, salive. Cf. anc. allem. *lîm*, gluten, et *slîm*, viscus, etc. Le sens qui en résulte pour le nom du mollusque est clair par lui-même, et répond à celui de l'hébreu *shablul*, escargot, de *shâbal*, fluxit.

3). Grec σέσιλος, σεσελίτης, aussi σελάτης. (Hesych.), escargot. Irland. *seilide*, *seilcheog*, *seilmide*, id.

L'irlandais se lie directement à *seile*, *sileadh*, salive, de *silim*, couler, distiller, cracher; armor. *sila*, filtrer [1], et *hal*, *halô*, cymr. *haliw=saliva*. Cf. le sanscr. *sala*, *salila*, eau, de *sal*, *sêl*, ire=*sṛ*, *sar*, et le grec σέλω, σέλλω, mouvoir, agiter, d'où σάλος, fluctuation, agitation des vagues, etc.

[1] Ici, peut-être, le nom armoricain de l'anguille, *sili*, *silien*.

§ 150. — LA CONQUE OU LE TRITON.

Les noms des gastéropodes marins, ou dermobranches, seraient les plus intéressants à étudier comparativement au point de vue de la question géographique arienne. Malheureusement les données sont ici fort rares, parce que les termes anciens qui ont pu exister ont dû se perdre et s'oublier bien plus facilement que d'autres par l'effet des migrations. Les noms généraux du coquillage ne prouvent rien, parce qu'ils s'appliquent également aux espèces terrestres. Le persan *mârah*, petite coquille, ressemble bien à l'irlandais *moireog*, *maorach*, coquille de mer, mais les deux formes paraissent se rattacher au nom arien de la mer, qui cependant ne se trouve pas en persan (cf., § 16, 1) et ne font que confirmer l'ancienneté de ce nom. Il en est toutefois deux autres plus spéciaux dont les affinités sont dignes de toute attention.

1). Au sansc. *çankha*, *çankhaka*, conque, correspond, non-seulement le persan *sank*, mais le grec κόγχη, concha. Ce mot désigne les grandes coquilles appelées tritons, qui servaient, dans l'Inde, de vases pour les libations et de trompettes de guerre. On les nommait aussi de leur forme, *vâmavarta*, contourné à gauche, ou *shôdaçavarta*, ayant seize spires, et de leur sonorité, *bahunâda*, *mahânâda*, grandisonus. Le grec κόγχος, κόγχη, a pris aussi le sens impropre de coquille bivalve, mais, dans l'origine, il n'a dû signifier que le triton.

Je crois, en effet, que *çankha* dérive de la même racine que *çâkhâ*, branche, corne (cf., § 31, 1), et que, primitivement, les conques étaient appelées des cornes, à cause de la ressemblance de forme. Le beloutchi *shankâ*, corne, a conservé la nasale du nom de la conque, tandis que le persan *shâch*, *shâkah*, kourd. *shiâk*, ossète *skha*, se rattachent à *çâkha*. On dit en persan *shâch zadan*, pour sonner de la trompette ou de la corne, et *shâka* désigne aussi un vase à boire, une coupe, comme *çankha*, un vase à libation. On sait que partout les cornes ont servi dans l'origine de coupes et de trompettes, aussi bien que les grandes coquilles. La réunion de ces divers sens, en sanscrit et en persan, témoigne de l'identité des noms de la corne et de la conque.

Si *çankha* et κόγχη n'ont ainsi désigné primitivement qu'une corne, l'application qu'en ont faite en commun le sanscrit et le grec aux tritons est un fait remarquable; car les tritons sont un produit exclusivement maritime, et cela prouverait bien la proximité de quelque mer pour l'ancienne *Aryana*. S'en trouve-t-il dans la mer Caspienne? Ce serait là un point intéressant à constater, car il n'est pas à croire que les conques aient été l'objet d'un commerce lointain à une époque aussi reculée. Il n'y a rien d'étonnant d'ailleurs à ce que ce nom ait été oublié par les autres races ariennes, qui se sont éloignées davantage de la mer en émigrant vers l'Europe centrale.

2). Le persan *muhrah* signifie à la fois la conque de Vénus, et un marteau. Dans cette dernière acception, il correspond exactement au sanscrit *musra*, pilon, de la rac. *mus*, dividere, frangere. Le coquillage peut avoir reçu ce nom, soit par suite de quelque analogie de forme, soit de ce qu'il est divisé par une fente. Quoi qu'il en soit, je crois pouvoir rapporter à la même racine le grec μῦς, gén. μυὸς, pour μυσος, μύαξ, pour μυσαξ, ainsi que le latin *murex*, pour *musex*, et *musculus*, d'où l'anc. allem. *muscula*, ang.-sax. *muscel*, allem. *muschel*, et, par contraction, le français *moule*. Ces termes divers n'ont aucun rapport avec les noms de la souris, μῦς, *mus*, etc., malgré l'identité des formes, et cette identité résulte de celle des deux racines sanscrites *mus*, dividere, et *mush*, furari, d'où dérive μῦς, avec le double sens ci-dessus. (Cf., § 101, 1.)

§ 151. — L'HUITRE.

Ce mollusque acéphale mérite une attention particulière, bien qu'aucun de ses noms sanscrits n'offre de rapports avec l'Occident [1], car l'accord général des langues européennes entre elles ne saurait faire douter de l'existence d'un ancien nom arien. Cet accord résulte de l'énumération suivante :

Grec ὄστρεον, ὄστρειον, lat. *ostrea*.

Ang.-sax. *ostra*, scand. *ôstra*, all. *auster*, angl. *oyster*, etc.

Irland. *oisridh*, *oisire*, *uisire*, *eisir*, ers. *eisir*.

Cymr. *oestren*, corn. *estren*, armor. *eistren*, *histr*, *histren*.

Rus. *ustersŭ*, *ustritsa*, polon. *ostrzyga*, boh. *austryc*, etc.

Comme l'huître se trouve en abondance dans toutes les mers, il est impossible d'expliquer cet accord par une transmission du grec et du latin, et d'autant moins que les huîtres ne sauraient se transporter au loin. Les Celtes britanniques, les Anglo-Saxons et les Scandinaves, pas plus que les Slaves de la Baltique, n'auront attendu un nom classique pour un mollusque dont ils faisaient un constant usage. Il faut donc bien admettre une origine arienne commune, et l'arménien *osdri*, huître, est peut-être un reste oriental de ce nom. Je n'ose en dire autant du persan *istiridiya*, turc *istridia*, géorg. *stridia*, qui rappellent trop le grec moderne ὀστρίδι, στρίδι, et qui en sont provenus sans doute par l'intermédiaire des marins grecs pêcheurs d'huîtres sur les côtes de l'Asie Mineure, de la mer Noire et de l'Hellespont.

Le sens primitif de ce mot est obscur, comme cela est souvent le cas lorsque le corrélatif sanscrit manque. Sa racine est sans doute la même que celle de ὀστεόν, en composition ὀστο, os, noyau, et de ὄστρακον, coquille, terre cuite. Nous sommes donc renvoyés au sanscrit *asthi*, *asthika*, en composition *astha*, os, noyau de fruit, qui se retrouve également dans le persan *âstah*, kourd. *astii*, oss. *asteg*, lat. *os*, *ossis*, alban, *ashti*, etc. (Cf. alban. *áshterate*, coquilles, écaille de tortue). L'arménien *osgr* indique un suffixe différent qui reparaît dans l'irlandais *cas-gar*, noyau, et le cymr. *as-gwrn*, armor. *as-kourn*, os. La racine ne peut être que *as*, qui signifie en sanscrit jacere, jaculari, et l'os ou le noyau

[1] Entre le sanscrit et le persan, la seule analogie à signaler est celle de *pushtikâ*, huître, avec *pûst*, *pôst*, coquille, écorce, peau, etc.

paraît ainsi avoir été ce que l'on rejette comme inutile à l'alimentation.

Ce ne peut toutefois avoir été là le sens du nom de l'huître, dont le thème est différent, et se lie au sanscrit *astra*, missile, arme de jet. Cela ne semble pas fournir une meilleure explication, mais *astra* a fort bien pu signifier aussi la pierre que l'on lance, comme *açan*, *açani*, *açman*, pierre, trait, missile, foudre, que le Dict. de Pétersbourg rapporte à la racine de mouvement *aç*. (Cf. sansc. *ashṭhi*, noyau=*asthi*, et *asṭhîla*, id., et pierre, caillou.) Dès lors ὄστρεον s'expliquerait très-bien par *semblable à la pierre*, à cause de la dureté de l'écaille, et nous avons ici l'analogie de l'illyrien *kameniza*, qui signifie à la fois huître et petite pierre.

Si l'on pouvait conclure quelque chose d'un fait isolé, on serait tenté de croire que ce nom de l'huître, commun à tous les peuples européens, mais étranger aux Aryas orientaux, a pris naissance à l'époque où la race arienne commençait à se diviser en deux branches par suite de son extension graduelle vers la mer Caspienne, dont les riverains apprirent seulement alors à connaître et à utiliser ce mollusque.

ART. VI. — INSECTES.

La classe immense des insectes, avec ses onze ordres, ne sera représentée ici que par un nombre limité d'espèces, ou plutôt de genres, parmi les plus généralement connus, les seuls dont les noms vulgaires se prêtent à une étude comparative. — Nous avons déjà parlé de quelques insectes parasites. Ceux qui restent à considérer sont les suivants :

§ 152. — LE CRABE, L'ECREVISSE, LA CREVETTE.

Les noms de ces crustacés se confondent souvent, et présentent plusieurs coïncidences remarquables, mais, parfois, difficiles à classer avec sûreté.

1). Sansc. *karka*, *karkaṭa*, *karkaṭaka*, écrevisse, crabe ; marat. *karka*, beng. *korkoṭ*, hind. *kark*, *karkaṭ*, etc. Le sens primitif est sans doute le même que celui de *karkara*, *karkaça*, dur, rude, termes évidemment imitatifs. En persan, on trouve *kark* et *karćang*, peut-être un ancien composé = *karkânga*, corps rude.

A *karka*, répond le grec καρκίνος, avec un suffixe secondaire de dérivation. On sait que ce mot désigne aussi l'écrevisse comme signe du zodiaque, et il en est même du sanscrit *karka* et *karkin*. La question d'antériorité de cette désignation astronomique dépend de celle de l'origine du zodiaque, qui a été très-controversée, mais qui, en tout cas, n'intéresse en rien le nom même de l'écrevisse, arien sans aucun doute.

Les langues slaves présentent toutes la forme *rakŭ*, *rak*, mutilée de *karka*.

On rapporte ordinairement à ce groupe le latin *cancer* pour *carcer* [1], et le cymr. *cranc*, armor. *krank*, qui semble être une forme intermédiaire, appuierait ce rapprochement. On peut douter toutefois d'un rapport réel, si l'on compare quelques noms néo-sanscrits qui conduisent à un autre résultat. En bengali, l'écrevisse est appelée *kâñkra*, *kâñkorâ*, *koñkar*, en hind. *kekra*, sans nasale. C'est exactement, en apparence du moins, le latin *cancer* ; mais le maratte *khêñkaḍâ* prouve que l'*r* du bengali provient d'un *ḍ* ou *ṭ* cérébral, et conduit au sanscrit *kankaṭa*, cuirasse, armure, ce qui convient parfaitement au crustacé. Comme les cérébrales appartiennent spécialement à l'Inde, on ne saurait assimiler l'*r* de *cancer* à l'*r* de *koñkar*, etc., de sorte que la presque identité des formes n'est qu'apparente. Et ceci se confirme par l'étymologie probable de *kankaṭa*, de même origine sans doute que *kanćuka*, cuirasse, savoir de *kać*, *kanć*, ligare ou lucere, car les deux interprétations sont admissibles. (Cf. persan

[1] Pott, *Et. Forsch*, I, 84 ; Benfey, *Griech. W. Lex.*, I, 204 ; II, 286.

kadûn, armure). Le latin *cancer*, s'il a primitivement le même sens, se rattacherait dès lors à une forme *kandara*, dérivée de *kand*, comme *kanduka* et *kankaṭa*. Je ne donne tout ceci, bien entendu, qu'à titre de conjecture, car la question se complique encore par l'analogie du persan *dangâr* (aussi *kangâg*, crabe, qui paraît se lier à *dang*, crochet, griffe, objet courbe en général.

2). Le sansc. *çarabha*, comme le latin *locusta*, désigne à la fois la langouste et la sauterelle. La racine pourrait être *çṝ*, lædere, d'où *çara*, mal, dommage, blessure, flèche, etc. Le nom peut se rapporter, soit aux piquants de la langouste, soit aux déprédations de la sauterelle. Il est plus difficile d'expliquer pourquoi ce nom est aussi celui du chameau.

Lassen a comparé déjà le grec κάραβος, καραβίς, latin *carabus*, langouste, homard [1], lequel est pour κάραφος, comme l'indique le synonyme κηραφίς. La forme σκάραβος, scarabée, n'en est sans doute qu'une variante. A la même racine paraît se lier καρίς, -ιδος, crevette, car *bha* n'est qu'un suffixe très-usité.

Le latin *carabus* a passé à l'ang.-sax. *krabba*, scand. *krabbi*, anc. allem. *krebazo*, *chrepazo*, comme le montre l'identité de la gutturale. Cette transmission est singulière pour un crustacé si répandu, et surtout par le fait que l'anglo-saxon a conservé la forme germanique primitive du nom dans *hrefen*, crabe.

Il est difficile de séparer de ce groupe l'irlandais *crubán*, erse *crubóg*, cymr. *crwban*, bien que le verbe *crubaim*, courber, suggère le sens d'animal tortu. Peut-être le terme ancien a-t-il été modifié en vue de l'étymologie.

3). Le sansc. *ćilîma*, *ćilićîma*, *ćilimînaka* (cf. *mîna*, poisson), aussi *ćilla*, dans le composé *kurućilla*, désigne une espèce de crevette. Cf. pers. *giling*, id. *kilingâr*, écrevisse. La racine *ćill*, lascivire, qu'indique Wilson, ne donne qu'un sens bien forcé [2], mais *ćil*, vestire, conviendrait bien au crustacé revêtu de son ar-

[1] *Anthol. sansc.*, Gloss. v. cit.

[2] *Finding sport amongst reeds*, etc. Wilson, *Dict.*

mure. Comme la palate *ć* est souvent représentée par *sk*, on peut comparer le latin *scilla*, *squilla*, crevette.

4). Un nom très-caractéristique du crabe est le sanscrit *vahiç-ćara*, qui marche en dehors, c'est-à-dire de côté, ou *vahihkuṭi-ćara*, qui marche de travers en dehors. Il est curieux que le premier élément de ces composés, l'adverbe *vahis*, extra, paraisse être resté seul dans le lithuanien *wĕżys*, écrevisse, qui y répond lettre pour lettre. Cf. *weżu*, = *vah*, vehere, *eżys* = *ahi*, etc.

Le synonyme *tiryagyâna*, crabe, de *tiryak*, tortuose, et *yâ*, ire, a un sens analogue, et *tiraçćara*, de *tiras* + *ćar*, signifierait la même chose. Ce composé me semble se trouver, en effet, dans l'irlandais *turusgar (turuscar?)*, crustacé, écrevisse, avec d'autant plus de probabilité que l'adverbe *tiras* s'est conservé dans l'irlandais *tairis*, trans.

5). Le grec ἀσταχὸς, ὄσταχος, astacus, écrevisse, soulève une question intéressante. On sait que l'écrevisse a huit pieds, comme l'araignée, et celle-ci est appelée en sanscrit *ashṭapâd*, *ashṭapâda* = ὀκτώπους. Le sanscrit *ashṭaka* signifie : composé de huit parties, mais, appliqué à l'écrevisse, il pourrait s'interpréter par *ashṭa*, huit, et *ka*, articulation, comme *bahuka*, crabe, qui a beaucoup d'articulations. Cette coïncidence de forme, et on peut dire de sens (car le nom de l'araignée passe quelquefois au crabe, comme dans l'armoricain *kifniden mor*, araignée de mer), serait-elle purement fortuite? On pourrait le croire, en alléguant que *ashṭan*, *ashṭâu* est devenu en grec ὀκτω, et qu'il faudrait ὀκτοχος au lieu de ὄσταχος. Il n'est pas impossible, toutefois, que la signification primitive de ce nom ait été oubliée, et que sa forme plus ancienne soit restée inaltérée. Ce qui porterait à l'admettre, c'est non-seulement l'analogie du persan *takah*, écrevisse, probablement mutilé de *ashṭaka*, mais surtout celle de l'irlandais *ball-oisgteach*, crabe, où *ball* signifie membre, et où *oisgteach* a tout l'air d'une corruption de *ashṭaka*. Le crabe, il est vrai, est un décapode, mais il peut facilement avoir pris le nom de l'écrevisse dont le sens étymologique était perdu.

6). Enfin, l'irland.-erse *giomach*, *giomhach*, crabe, rappelle singulièrement le sanscrit *ģihma*, courbe, tortu[1]. Le nom du serpent, *ģihmaga*, qui se meut tortueusement, conviendrait tout aussi bien au crustacé. Le poisson, au contraire, est appelé *aģihma*, non courbe, droit. L'irlandais *giomh*, boucle de cheveux, a la même origine.

Le cymrique *ceimwch*, homard, est différent et appartient à *camu*, courber. Il se rattache ainsi au scandinave *hamarr, humar, humri*, dans *hummer*, d'où notre *homard*, et tous deux se relient au sanscrit *kmar*, curvum esse.

§ 153. — L'ARAIGNÉE.

Ne serait-ce point l'araignée qui aurait suggéré à l'homme la première idée de l'art du tissage? Ce qui est certain, c'est que partout elle tire ses noms de cet art qui lui appartient en propre. Cela tend à restreindre le nombre des coïncidences directes, mais l'étude de ces noms a un intérêt particulier, en ce qu'elle prouve déjà que l'art du tissage était connu des anciens Aryas.

1). Sansc. *tantuvâya*, *tantravâya*, araignée, c'est-à-dire qui tisse le fil, de *tantu*,*-tra*, fil (rac. *tan*, extendere), et de *vê*, texere. Le persan *tandû*, araignée, a laissé tomber le second élément du composé, mais celui-ci se retrouve, ainsi que la rac. *vê* ellemême, dans plusieurs langues ariennes. Ainsi, en irlandais, *vê (vayâmi)*, devient *fighim*, et l'araignée est appelée *figheadair*, la tisseuse, et de même, en cymrique, de *gwëu*, tisser, dérive *gwëawdr (copyn)* pour le nom de l'insecte. Le lithuanien *wóras*, id., paraît synonyme du sanscrit *vâ*, tisseuse (cf. *vâya*, tissu), et provenir de *vê* par le suffixe *ra* ou *ara* des noms d'agents.

Je soupçonne aussi un ancien composé de cette racine avec le

[1] La forme *gliomach*, que l'on trouve aussi, est à *ģihma* comme *glun*, genou, est à *ģdnu*, *genu*.

préfixe *upa*, sub, dans l'anc. slave *paãkŭ*, *paoukŭ*, araignée, rus. et illyr. *paukŭ*, *pauk*, polon. *paiãk*, bohém. *pawauk* (avec un *w* perdu peut-être dans le vieux dialecte) ; en hong. *pók*. La formation de ce mot, il est vrai, n'est pas facile à expliquer, à cause de la nasale qui se montre dans l'ancien slave et le polonais. Si *paãkŭ* est pour *pavãku*, comme semble l'indiquer le bohémien *pawauk*, on pourrait penser à une contraction d'un thème primitif *upavâṇika* (cf. *vâṇi*, *vêṇi*, tissu), avec le sens d'insecte tisseur [1].

2). Un autre nom sanscrit de l'araignée, *ûrṇavâbhi*, se rencontre dans les Vêdas, et doit sans doute être distingué du synonyme plus moderne *ûrṇanâbhi*, littér. ombilic à laine. Aufrecht a reconnu, dans le premier, une racine perdue *vabh*,=*vap*, tisser, à laquelle répond exactement le grec ὑφ-αίνω et le germ. *weban* [2]. Le composé signifie ainsi : *qui tisse de la laine*.

A la racine germanique se lie l'ang.-sax. *gang-waefre*, qui tisse en marchant, et *waefer-gang*, toile d'araignée, littér. le chemin de la tisseuse. En scandinave, on trouve *köngul-vofa*, *köngul-lô*, *göngu-lô*, de *göngull*, ambulatorius, et de *vofa* (rac. *vef*, texere), ou *lô*, titivillitium, tomentum.

3). Sansc. *lûtâ*, *lûtikâ*, araignée et fourmi, de la rac. *lû*, secare, destruere ; beng. *lûtâ*, id., probablement l'insecte qui butine (Cf., § 108). L'hindoustani *lucra*, araignée, semble appartenir au sansc. *luć*, *lunć*, evellere. Cf. λύκος, espèce d'araignée, qu'il faut séparer peut-être de λύκος, loup, qui se lie à *vṛka*, (§ 111, 1). La coïncidence du finlandais *lukki*, araignée, est-elle fortuite? Il est à remarquer que l'anglais-saxon *lobbe*, araignée, paraît se rattacher de même à la rac. sansc. *lup*, scindere, angl. *to lop*, à moins qu'il ne faille y voir le gothique *lubi*, anc. allem. *luppi*, venenum.

4). Sansc. *ǵâlakâraka*, araignée, littér. qui fait un filet, aussi *ǵâlika*, de *ǵâla*, filet. La première partie du composé se retrouve

[1] Un dérivé *vâṇika*, tisseur, de *vâṇi* ou *vâṇa*, tissu, serait parfaitement analogue à *ǵâlika*, araignée de *ǵâla*, filet (v. n° 4).

[2] *Zeits. f. verg. Spr.*, IV, 282.

dans le persan *gâl*, *za-gâl*, *gûlah*, araignée (*gâl*, filet); la seconde, plus indirectement, dans *karah*, toile d'araignée, cocon de ver à soie, d'où *karah-tan*, *karaw-tanuh*, qui tend sa toile, pour l'insecte. Le mot signifie ouvrage, œuvre, de *kardan*, facere = sansc. *kṛ*, d'où *kara*, œuvre, *karaṇa*, industrieux, *karû*, ouvrier, etc. Il faut sans doute y rattacher le cymr. *côr*, *coryn*, araignée, avec le sens d'insecte travailleur.

5). Le cymrique *copyn*, armor. *kefnid*, *kefniden*, araignée, présente une analogie remarquable avec le sansc. *kupinda*, *kuvinda*, tisserand, et *kupinî*, filet, dont l'origine étymologique est obscure [1]. L'armor. *kefnid*, pour *kefind?* fait présumer, pour le cymrique, un thème *copynd*, ce dialecte retranchant souvent un *d* final après *n* (Cf. *crwn*, rond, plus anciennement *crwnn*, et irlandais *cruind; gwyn*, blanc, de *gwynn*, et irland. *find*, etc. Zeuss., *Gr. Celt.*, p. 168). Ce nom de l'insecte semble avoir passé du cymrique dans l'ang.-sax. *atter-coppa* (*atter*, venin), d'où l'anglais *cob-web*, toile d'araignée.

6). L'origine du grec ἀράχνη, lat. *aranea*, est encore incertaine, malgré des conjectures multipliées. Benfey compare λάχνη, laine, et propose une racine hypothétique = ῥραχ = *hṛksh*, de *hṛsh*, horrere [2]. Plus récemment, Max Müller pense à la racine sansc. *rać*, facere, ordinare, apparare, qui aurait pu exprimer plus spécialement l'action de tisser, et dont le *ć*=*k* se serait changé en χ devant *n*, comme dans λύχνος de *ruć* lucere [3]. A l'appui de cette conjecture, on pourrait ajouter que *raćana* signifie l'action de tresser, de tisser des guirlandes, chapelets, etc., et que le persan *râk* est un nom du fil. Il se présente cependant une autre explication qui semble mériter la préférence.

Le grec ἀράσσω, signifie frapper, pousser, lancer, et s'emploie comme κρέκω, pour jouer d'un instrument à cordes, *pulsare chordas*. Or, de même que l'on disait ἱστὸν κρέκειν, pour tisser, que κερκίς

[1] La forme *ku-vinda* s'expliquerait par : *qui gagne peu*, gagne-petit, mais elle semble altérée de *kupinda*, à cause de *kupinî*.

[2] *Griech. W. Lex*, II, 111.

[3] *Zeits. f. v. Spr.*, IV, 368.

désignait le métier, et κρόκη, la trame, de même ἀράσσω a pu s'employer d'une manière analogue. La racine simple est ῥαγ, ῥήγνυμι, ou ῥακ (ῥάκος, etc.), mais le χ paraît aussi dans ῥαχία, le flot qui bat le rivage. Il n'y a donc aucune objection à y rapporter ἀράχνη, avec le sens hypothétique, mais probable, de tisseuse.

Après tout cela, il est possible encore que ce nom de l'araignée ne soit ni grec, ni arien, mais sémitique ; car on ne saurait nier que l'hébreu *ârag*, texuit, plexit, d'où *ereg*, textura, radius textorius, n'ait un rapport frappant avec ἀράχνη. Il n'y aurait rien de surprenant d'ailleurs à ce qu'un mot technique eût été importé par les Phéniciens pour un art dans lequel ils excellaient.

§ 154. — LA CHENILLE.

Les analogies que l'on peut signaler sont fort isolées et se réduisent aux suivantes.

1). Sansc. *kapanâ*, chenille, ver (*Nirukta*, 6, 4), mot vêdique, de la racine de mouvement *kap*, *kamp*. Bœhtlingk et Roth comparent le grec κάμπη, qui semblerait cependant provenir plus directement de κάμπτω, courber.

2). Sansc. *patasa*, chenille (et oiseau), de la racine *pat*, mais dans le sens de tomber, c'est-à-dire ramper. En armoricain *pétiz*, *pitis* désigne une espèce de ver qui sert d'amorce. Le lithuanien *pátranka*, chenille, semble appartenir à la même racine, mais rappelle le sanscrit *patra*, *pâtra*, feuille, et a pu signifier l'insecte des feuilles, comme le cymrique *pryf y dail*, l'irland. *duillmhiol*, le suéd. *löf-matk*, etc.

3). Sansc. *vṛçćika*, chenille (et scorpion, crabe, millepieds) de la racine *vraçć*, scindere, lacerare, vulnerare, d'où *vraçćana*, action de couper, ciseau, scie. Cette racine me paraît se retrouver dans le grec βρώσκω, et βρύκω, mordre, déchirer, dévorer, manger, auquel se lie sans doute le nom de la sauterelle βροῦκος, βροῦχος, bruchus, en russe *vruchŭ*, id. L'anc. slave *gǫsenitsa*, rus. *guse-*

nitsa, pol. *gāzionka*, boh. *hauzenka*, chenille, semble avoir désigné de même l'insecte vorace, et se rattacher à la rac. sanscrite *ghas*, edere, vorare, avec une nasale intercalée.

4). Le latin *erūca*, chenille, et *rauca*, ver, paraissent appartenir à *runco*, en sansc. *ruç*, lædere, ferire, *lunć*, evellere. Graff a comparé hypothétiquement l'anc. all. *rûpa*, all. mod. *raupe* (*Deut. Sprach. Schatz.*, II, 360), mais le changement de *k* en *p* est étranger au germanique, et *rûpa* appartient clairement à *raufian*, goth. *raupian*, vellere, runcare, = sansc. *lup*, scindere, lat. *rumpo*, etc.

§ 155. — LE PAPILLON.

La beauté du papillon et le phénomène frappant de sa métamorphose lui ont fait donner beaucoup de noms significatifs et poétiques propres aux diverses langues, ce qui tend toujours à restreindre le nombre des analogies directes et anciennes. L'étude de ces noms est intéressante, parce qu'elle nous révèle les idées symboliques, et quelquefois mythiques, que les peuples ont rattachées au papillon, dont la transformation avait pour eux quelque chose de mystérieux. C'est ainsi que les Grecs l'appelaient ψυχή, âme, et πετομένη ψυχή, âme volante (Hesych.). Le bengali *proǵâpati*, papillon, est le sanscrit *praǵâpati*, maître des créatures, et nom de Brahma et des anciens Richis; mais il ne désigne point l'insecte, et j'ignore par quelle liaison d'idées il lui est appliqué en bengali. Les Irlandais l'appellent *dealbhan dé*, créature de Dieu, *eunan-dé*, petit oiseau de Dieu, *dealán dé*, fulgor Dei, *teine-dé*, feu de Dieu (de son éclat?), les Cymris *gloyn duw*, l'insecte brillant de Dieu, et *eilier*, *eilir*, le changé, le transformé, de *eiliaw*, changer, alterner. Un rapport plus obscur est celui que présente le grec ἠπιόλος, papillon de nuit, avec ἠπιόλης, ἠπίαλης, la fièvre, double sens qui, chose curieuse, se retrouve aussi dans le lithuanien *drùgis*. Cf. scand. *draugr*, larve, spectre, et le slovaque *veja*, papillon, feu-follet et sorcière [1]. Ce sont là des traces de croyances superstitieuses communes à plusieurs peuples.

Ce qui étonne, c'est la rareté des noms sanscrits, tandis que l'Inde abonde en beaux papillons. Je n'en trouve aucun dans Wilson, et le dictionnaire de Pétersbourg ne donne jusqu'à présent que *kîtamaṇi*, joyau des insectes. Les termes à comparer sont d'ailleurs en petit nombre.

1). Le sansc. *patanga*, oiseau, sauterelle, qui se meut en volant, a sûrement aussi, comme le bengali *potongo*, le sens de papillon, bien que Wilson ne l'indique pas. Les *patangas* dont il est question dans la belle image du Bhagavadgîta (Lect. XI, çlôka 30), et qui volent dans la flamme pour y périr, ne peuvent être que des papillons de nuit.

Un nom tout semblable est le lithuanien *poteliszka*, *peteliszka*, proprement petit oiseau. Cf. sansc. *patêra*, oiseau, et le πετομένη ψυχὴ = φάλαινα d'Hésychius. (Voy. aussi § 125, 2.)

2). Pers. *bâlwânah*, *bâlwartah*, papillon, moineau, chauve-souris, etc., littér. ailé, de *bâl*, aile, *bâlwar*, ailé, etc. Cf. *bâlîdan*, étendre, s'étendre, s'allonger. Le kourde *balatink*, papillon, semble composé de *bala*, aile, et de *tink* = pers. *tanuk*, mince, délicat [2].

Ici sans doute le grec φάλαινα, papillon de nuit, phalène. Une coïncidence plus complète encore est celle de l'armoricain *balaven*, *balafen*, papillon, qui n'a pas d'étymologie indigène, et qui manque aux autres dialectes celtiques.

Le persan *parwânah*, papillon, sauterelle, etc., semble distinct du précédent, à moins que *par*, aile, et *bâl* ne soient identiques, ce qui est peu probable, à cause de *parîdan*, voler (Cf., § 126, 3). Le turc *pervané*, qui en provient, a passé sans doute dans l'albanais *pervân*, *pervane*, papillon. En finlandais, on trouve le nom très-analogue de *perho*, *perhoinen*.

3). Le latin *pāpilio* donne lieu à quelques rapprochements

[1] Grimm., *Deut. Myth.*, 514.

[2] Pott, *Zeit. f. k. d. Morg.*, de Lassen, IV, 38.

intéressants. C'est un thème redoublé dont la forme simple se retrouve dans le cymrique *pila, pilai*, papillon, en irlandais *feileacan*, avec un double suffixe. En sanscrit, *pîlu* signifie un insecte, un atome, *pîlaka*, une grosse fourmi noire, et *pipîlaka, pipîlika*, la petite fourmi rouge. Je rapporte tous ces termes, non plus comme je l'ai fait ailleurs à la rac. sansc. *pîl*, cessare, stupere [1], mais à *pil, pêl*, ire, vacillare, au prét. redoublé *pipêla*, d'où nous avons vu dériver un des noms du cheval (§ 87, 3, g).

En dehors de la famille arienne, on trouve quelques analogies remarquables, telles que le géorgien *pepeli*, le basque *pimpirina*, le hongrois *pillangó*, etc. [2].

Il est curieux d'observer, en général, à quel point les formes redoublées se reproduisent dans toutes les langues pour exprimer les mouvements vifs et saccadés du vol du papillon ou de la course de la fourmi. En hindoustani, le papillon est appelé *titrî, titlî*, en armén. *titiern*, en arabe *farfûr*, en mandchou *tonton*, en basque *chichitola, chichitera, hastasta*, en malai *râma-râma*, en tahitien *pepe*, en botocoudo (Brésil) *kiaku-keck-keck*, comme la fourmi *plik-neck-neck* [3]. De même, pour la fourmi, le cophte *ġapġip*, le malai *anî-anî*, le chaldéen *sumsemana*, l'arabe *simsimat*, etc. Ce caractère imitatif du mouvement de l'insecte explique les transformations singulières de *papilio* dans les dialectes néo-latins, en italien *parpaglione, farfalla*, provençal *parpalhô*, languedocien *parpaliol*, portugais *borboleta*, etc.

§ 156. — LA SAUTERELLE.

Cet insecte si redouté dans tout l'Orient par ses ravages l'est beaucoup moins en Europe, où la plupart de ses noms sont descriptifs ou se rattachent à ses allures de sauteur. Aussi, je ne trouve

[1] *J. Asiat.*, IV, série II, 133, au nom *pîlu* de l'éléphant.

[2] En mexicain *papalotl*, coïncidence qui résulte de la nature imitative du nom.

[3] Neuwied, *Voy. au Brésil*, t. II, vocabul.

à signaler qu'une seule coïncidence avec le sanscrit, de laquelle il résulterait que les anciens Aryas ont souffert déjà des déprédations de la sauterelle.

Un de ses noms sanscrits est *çarabha* ou *çalabha*, de la rac. *çṛ*, lædere, dirumpere, d'où *çara*, mal, dommage, etc., et désigne l'insecte nuisible. De la même racine vient *çiri*, sauterelle (épée, flèche, etc.), et, comme *çṝ* n'est qu'une forme affaiblie de *kṝ*, qui a le même sens, je rapporte aussi à cette dernière *kaṛîṛá*, sauterelle et grillon. Nous avons déjà comparé avec Lassen le grec χαράβος (§ 152, 2), mais une analogie plus directe encore paraît être celle de σερίφη, σέριφος, σέρφος, qui désignait une espèce de sauterelle (suivant d'autres, la fourmi ailée), et où *s* remplace *ç*, comme souvent d'ailleurs. Un autre nom de la sauterelle, ἀσίραχος, paraît se lier de même au synonyme *çiri*.

Il faut très-probablement aussi rapporter à ce groupe le russe *sarančà*, polon. *szaransza*, sauterelle et essaim ou nuée de sauterelles, ainsi que le lithuanien *skéris*, *skerélis*, avec un *s* prosthétique, comme dans *skirti*, diviser, anc. all. *sceran*, couper=κείρω, et sansc. *kṝ*, *kar*, etc.

§ 157. — LE GRILLON.

Cet insecte du foyer domestique est connu partout par son cri de bon augure qui annonce la pluie à l'homme des champs. Déjà en sanscrit, il est appelé *varshakarî*, qui fait la pluie, et *phalâyôshit*, qui donne des fruits, c'est-à-dire qui amène la prospérité [1]. Les Irlandais le nomment *tinchiarog* et *urchuil*, l'insecte du foyer, et l'anc. allem. *heimo*, ang.-sax. *hama*, all. *heimchen*, rattache son nom à celui de la maison et de la famille.

La plupart des noms du grillon sont d'ailleurs des onomato-

[1] De *phala*, fruit, et *â-ģush*, concedere, dare, *y* pour *ģ*, comme dans *yôsha*, femme, de *ģush*, amare, gratum habere.

pées, mais elles varient à l'infini suivant les fantaisies de l'imitation, et, quand elles offrent des concordances multipliées dans les langues de même souche, elles sont une preuve d'affinité primitive. On trouve dans la famille arienne un de ces groupes imitatifs, dont l'origine doit être commune et fort ancienne.

Le sanscrit est *ćîrî*, *ćîrikâ*, *ġhirî*, *ġhirûkâ*, modifiés diversement en *ćilika*, *ćillî*, *ćillakâ*, *ġhalâ*, *ġhillî*, *ġhillika*, *ġhiġġî*, etc., tous féminins, l'hind. *ġhillî*, le singhal. *ćirî*, *ćilla*, *ġhallika*, etc. Le persan *zâlah* se lie au sansc. *ġhalâ*, et *ġizgh* à *ġhiġġî*, comme l'arménien *dzghrid* à *ġhirî*. Tous ces noms partent des sons imitatifs *ćr̥*, *ġhr̥*, développés de plusieurs manières.

Il en est de même en Europe où l'on distingue deux groupes qui correspondent aux deux variations orientales. A *ćîrî*, *ćîrikâ*, se rattachent le cymrique *cricied*, l'anglais *cricket*, l'allemand *schirke* (en finland. *sirkka*), l'armor. *skril*, tandis que, à *ġhirî*, *ġhillî*, etc., se lient le grec γρύλλος, latin. *gryllus*, allemand *grille*, irlandais *grullan*, erse *greollan*, cymr. *grilliedyz*, armor. *grîl*, etc.

Pour mieux comprendre l'affinité réelle de ces noms, malgré leur caractère imitatif et leurs divergences, on n'a qu'à comparer la variété des onomatopées d'un autre genre, soit en Europe, soit en Asie. Ainsi le lithuanien *swirplys*, le rus. *sverčokŭ*, le hongrois *szötskö*, l'albanais *tsintsir*, le basque *quirquirra*, *quirriloa*, le persan *ćuz*, le turc *ćirtlaq*, le mandchou *kurćen*, le maratte *râlra*, le malai *ćingkri*, le chinois-coréen *sirsor*, l'hébreu *tslâtsâl*, le syriaq. *zizrô*, l'arabe *sharshar*, etc., etc., énumération que l'on pourrait étendre à l'infini.

§ 158. — LA FOURMI.

L'ancien nom arien de la fourmi s'est maintenu d'une manière surprenante dans toutes les branches de la famille, mais avec des variations de formes qui font de la restitution du thème primitif une question un peu problématique. Ces formes sont réunies dans le groupe suivant :

1). Sansc. *vamra, vamrâ, vamrî, vamraka.*

Zend *maoiri*, pehlwi *mavir*, pers. *mûr*, *môr*, *mûrčah*, *mîrûk*, *mîrudâk*, kourd. *merù*, boukhar. *mûrčeh*, armén. *mrǵiun*, ossète *muldzug*, *maeldzüg*.

Grec μύρμος, μύρμηξ, βύρμαξ (Hesych).

Lat. *formica.*

Ang.-sax. *myra*, scand. *maur*, suéd. *myra* [1], dan. *myre*, angl. *pis-mire*.

Irland. *moirb*; cymr. *myr*, *myrionen*, corn. *murrian*, armor. *merionen*.

Anc. slave *mravii*, rus. *muraveĭ*, illyr. *mrav*, polon. *mròwka*, bohém, *mrawenec*, *brabenec*, etc.

Albanais *mermink*.

Si l'on examine avec attention ces formes plus ou moins divergentes, en faisant abstraction des suffixes, on peut les ramener à quatre thèmes distincts, mais qui sont évidemment des inversions les uns des autres, savoir *vamri* ou *ra*, *mavri*, *varmi* et *mravi* ou *marvi*, et il est à remarquer que, en sanscrit même, on trouve *valmîka* [2], sans doute pour *vamrîka*, qui se rapproche de *formica*, et de βύρμαξ. Or, de tous ces thèmes, le sanscrit seul a une étymologie très-précise, car il dérive régulièrement de la rac. *vam*, vomere, et désigne la fourmi en tant qu'elle rejette par la bouche cette liqueur particulière que l'on appelle l'acide formique. C'est donc bien là, selon toute probabilité, la véritable source de tous les noms ariens. On doit s'étonner, toutefois, qu'un terme d'un sens aussi clair se soit éloigné si vite, et si généralement, de sa forme primitive, surtout si l'on considère que la racine *vam*, vomere, est restée vivante dans les principales branches de la famille arienne.

2). Le sanscrit *divî* désigne, suivant Wilson, un insecte qui

[1] De là le finlandais *myyriäinen*.

[2] D'après Kuhn, *Zeitschrift*, etc., III, 66. = Wilson ne donne que le sens de fourmilière.

s'appelle aussi *upagihvikâ*, et ce dernier nom, d'après Bœhtlingk et Roth, est celui d'une espèce de fourmi. En persan, on trouve *dîwak* pour la fourmi blanche, la sangsue et la gerce (aussi *dîw*, *dîwah*, sangsue). Ces applications divergentes indiquent un sens général, peut-être celui de la rac. sansc. *div*, vexare, mais cela est fort incertain. Quoi qu'il en soit, ce nom de la fourmi se retrouve dans l'irlandais *dibheach*, et, avec un autre suffixe, dans le cymrique *dyban*; mais je n'en ai découvert de trace nulle part ailleurs.

Beaucoup d'autres noms de l'insecte appartiennent aux langues particulières, et ne sont pas directement comparables.

§ 159. — LA SANGSUE.

Plusieurs des noms de cet annélide expriment le même sens que la latin *sanguisuga*. Ainsi le sanscrit *raktapâ* et *asrapâ*, le scandinave *blôdsuga*, *blôddrekkr*, le hongr. *vér-szopó*, etc., ou, en sous-entendant le sang, le grec βδέλλα, la succuse, le russe *piiavitsa*, la buveuse, etc., mais ce ne sont là que des analogies générales. Parmi ses autres noms sanscrits, qui sont assez nombreux, un seul correspond directement avec plusieurs langues ariennes.

1). Sansc. *ǵalikâ*, *ǵalukâ*, sangsue, c'est-à-dire aquatique, de *ǵala*, eau, qui forme encore d'autres synonymes composés, tels que *ǵalakṛmi*; ver d'eau, *ǵalôragî*, *ǵalasarpiṇî*, serpent d'eau, *ǵalasûči*, aiguille d'eau, *ǵalâukas*, qui a sa demeure dans l'eau, etc. Cf. le pali *ǵalakâ*, hind. *ǵalâuka*, singhal. *ǵâlika*, *ǵalukaya*, etc.

En persan, on trouve les formes très-diverses *zalah*, *ẓalûk*, *shalûk*, *shalk*, *zâlû*, *zârû*, *zurah*, etc; en kourde *zelu*. De là le turc *shülük*.

Les langues celtiques seules, en Europe, ont conservé ce nom qui se reconnaît dans l'irlandais *ǵeallóg*, sangsue et anguille, le cymrique *gêl*, *gêle*, *gêleu*, *gelen*, le cornique *ghel*, et l'armoricain *gélauen*. Le sanscrit *ǵala*, eau, n'est resté de même que dans l'irlandais *gil*.

On sait que la sangsue ne se rencontre point partout, et qu'elle ne prospère et ne se multiplie que dans des conditions spéciales de localité. De là le commerce lointain dont elle est l'objet encore de nos jours, et depuis qu'elle est devenue un puissant auxiliaire de l'art de guérir. Il ne faut donc pas s'étonner de retrouver dans les langues sémitiques le nom arien de cet annélide. Il est difficile, en effet, de ne pas reconnaître le sanscrit *ǵalukâ*, persan *zalûk*, dans l'hébreu *'aluqâh* (Prov. 30, 15), le syriaque *laqô*, *'olaqtô*, l'arabe *'alqat*, *'alaqat*, etc. Il est vrai que l'on fait dériver ces noms d'un radical *'alaqa*, adhæsit ; mais ici surtout, comme dans bien d'autres cas, le verbe ne paraît être qu'un dénominatif, et signifier *s'attacher comme une sangsue*.

2). Un autre nom irlandais de la sangsue, *deal*, *deala*, *daoil*, s'accorde d'une manière remarquable avec le lithuanien *dēle*, id. Je ne crois pas à un rapport avec βδέλλα, de βδάλλω sucer, et encore moins à un emprunt fait au grec par le lithuanien comme le conjecture Benfey, qui cependant indique aussi, et avec plus de raison, la rac. sanscrite *dhê*, bibere, comme source véritable [1] cf. (θάω) θῆσαι, allaiter, θῆσθαι (Ods. 4, 89), traire, et, comme dérivés de formation analogues, θηλή, mamelle, θῆλυς, féminin, θηλώ, nourrice (Hesych.), etc., anc. allem. *tila*, *tili*, teton. L'irlandais *deala*, id., pis de vache, est même identique avec le nom de la sangsue, *deol*, *diul*, signifie suçon, et le verbe dérivé *deolaim*, sucer, ce qui ne laisse aucun doute sur l'origine du mot.

3). Nous avons vu déjà comment le latin *hirudo* se lie au nom sanscrit du serpent, *hîra* ou *hari*, par l'intermédiaire du latin *hira*, intestin, boyau (§ 145, 4). Les langues germaniques rattachent de même la sangsue au serpent par une forme dérivée toute semblable à celles qui désignent le hérisson comme reptile, et l'anguille (§ 121, 148, 1). C'est l'anc. allem. *ecala*, *egala*,

[1] *Griech. W. Lex.*, I, 525, et II, 270.

egela, maintenant *egel*, suéd. *igel* (d'où le finlandais *iili*, danois *egel*, et *ile*, pour *igle*. (Cf. scand. *öglir*, couleuvre)

SECTION IV.

§ 160. — RÉSUMÉ DES RECHERCHES SUR LES NOMS D'ANIMAUX.

Quelque incomplète que puisse être encore l'étude que nous venons de faire, il en résulte cependant avec évidence que les anciens Aryas ont tiré de leur propre fonds toute leur nomenclature du règne animal, tels qu'ils l'ont eu sous les yeux. Chacun des noms qu'ils ont donnés aux êtres animés est comme l'image fidèle des impressions reçues ou des idées associées. La race arienne a dû naître et se développer paisiblement au sein d'une nature dont l'ensemble se réfléchit encore dans les débris de la langue primitive.

Il en résulte de plus, et ceci confirme les inductions tirées déjà des deux autres règnes, que cette nature n'a pu être que celle d'une région tempérée, également éloignée de l'exubérance tropicale et de la pauvreté du Nord ; et, ici encore, nous sommes conduits à la chercher dans la portion antérieure de l'Asie centrale. C'est là, en effet, que les naturalistes sont portés à placer les origines de nos principaux animaux domestiques ; et, si le bœuf et le cheval ne s'y rencontrent plus à l'état sauvage, l'âne, le mouton, la chèvre et le chien y errent encore en pleine liberté. Non-seulement les Aryas n'ont reçu de l'étranger aucun des noms de ces espèces, mais plusieurs des termes ariens qui les désignent semblent avoir pénétré au loin, et dans plusieurs directions, chez d'autres races d'hommes. Quant aux animaux sauvages, la faune de ces régions est encore mal connue, mais le peu que l'on en sait prouve qu'elle est fort analogue à notre faune européenne, avec une richesse plus grande encore. D'après Meyendorf et Abbot [1], celle de la

[1] Meyendorf, *Voyage d'Orenbourg a Boukhara*, 1826, p. 59 et 382. — Abbot, *Journey to Khiwa*, t. II, supplément.

Boukharie et du Kharisme comprend l'ours, le loup, le renard, le sanglier, le blaireau, le lièvre, la marte, la fouine, le putois, la belette, la marmotte, le loir, le hérisson, la souris, etc., sans parler du lion, du tigre, et des animaux domestiques encore sauvages, l'âne, le mouton, la chèvre et le chat. La plupart de nos oiseaux s'y trouvent également. La faune de l'Hindoukouch, de l'Afghanistan, et d'une partie de la Perse, ne paraît pas en différer essentiellement, et celle de la zone intermédiaire de l'ancienne Bactriane ne saurait avoir un autre caractère.

Ainsi se confirme de plus en plus l'hypothèse qui place dans cette dernière région le berceau primitif de la race arienne, ainsi que le théâtre plus étendu de ses développements graduels avant le moment de sa grande dispersion.

CONCLUSIONS GÉNÉRALES

DE LA PREMIÈRE PARTIE.

A la suite de cette longue et laborieuse étude de détail, de ces recherches un peu arides par elles-mêmes, sur les débris de l'ancienne langue de notre race, qui sont comme les fossiles d'un monde disparu, qu'il me soit permis d'en résumer encore les résultats par un coup d'œil d'ensemble.

Nous sommes partis du grand fait, désormais démontré avec la dernière évidence, de la communauté d'origine, de la consanguinité de tous les peuples de la famille indo-européenne ou arienne, pour en inférer l'existence, à une époque encore indéterminée, mais fort ancienne, d'un peuple unique, père de toute la race, ainsi que celle d'une langue, également une et homogène, qui lui a servi d'organe. Nous nous sommes proposé, à l'aide des mêmes procédés d'analyse comparative qui ont permis de retrouver les traits essentiels du type primitif de cette langue, de rechercher ce que l'on peut savoir encore de l'histoire du peuple qui la parlait. Sur quel point de l'ancien monde a-t-il fait son apparition ? Dans quelle région, sous quel ciel, s'est-il développé avant de se disperser au loin ? Telle était la première question à résoudre, et ce volume tout entier y a été consacré.

En consultant tour à tour les noms ethniques, les traditions, la géographie, la linguistique et l'ethnographie, nous sommes arrivés aux résultats suivants :

Le peuple des *Aryas*, c'est-à-dire les excellents, les dignes de respect, les maîtres, les héros (le nom signifie tout cela), ainsi qu'ils s'appelaient eux-mêmes par opposition aux *Barbares*, a dû occuper une région dont la Bactriane peut être considérée comme le centre. C'est ce que l'on est conduit à reconnaître déjà en comparant les directions suivies par les essaims d'hommes qui en sont sortis, et qui tous en rayonnent comme d'un point général de départ. La configuration géographique de cette portion de l'Asie confirme tout à fait cette première induction ; car les seules issues possibles pour les émigrations se trouvent là précisément où les courants principaux se sont établis, à en juger d'après les positions ultérieures des peuples ariens, et les traditions qu'ils ont conservées ici et là sur leurs origines.

Ceci, comme de raison, ne s'applique qu'à l'époque du développement complet de la race arienne avant sa dispersion ; car, de savoir d'une manière plus précise sur quel point de cette région elle a débuté, et d'où elle y est venue en premier lieu, c'est ce qui se dérobe aux investigations de la science dans son état actuel. Ce qui paraît certain, c'est que l'on ne saurait, avec quelque probabilité, reléguer ce point de départ sur le haut plateau de Pamer, comme quelques-uns l'ont pensé en s'appuyant sur la tradition du Zend Avesta. Cette tradition, en effet, ne concerne que la branche iranienne, et peut s'interpréter d'une manière différente. La nécessité seule pourrait avoir poussé une fraction isolée de la grande race dans ces régions glaciales et inhospitalières, où quelques tribus errantes mènent encore aujourd'hui une existence misérable.

Ce que l'on peut présumer, d'après l'ordre et la direction des migrations qui ont déterminé les positions ultérieures des races ariennes, d'après les traces laissées par d'anciens noms de peuples sur les routes que ceux-ci ont dû suivre, d'après les affinités plus spéciales qui relient entre elles, de groupe à groupe, les langues de la famille, c'est que l'Ariane primitive, à l'époque de sa plus grande extension, a dû comprendre à peu près toute la région située entre l'Hindoukouch, le Berloutagh, l'Oxus et la mer Caspienne, et s'étendre peut-être dans la Sogdiane assez haut vers les sources de l'Oxus et du Iaxartes. Cela ne veut pas dire qu'elle ait formé alors un seul État fortement constitué. Il est beaucoup plus probable qu'elle était fractionnée en tribus distinctes, réunies seulement par le lien général de la race, par la similitude des mœurs et du langage, par un fonds commun de croyances et de traditions, par un sentiment de confraternité nationale. C'est ce qui résulte également de la nature topographique du pays, et des émigrations successives qui ont eu lieu peut-être à d'assez longs intervalles. Nous avons cherché, au chapitre III, à reconstruire par approximation la distribution relative des principaux embranchements de la race avant la dispersion. Ce n'est là, sans doute, qu'une hypothèse, mais elle nous semble, mieux que toute autre, rendre compte de l'ensemble des faits.

Ce qui peut se démontrer d'une manière plus précise, c'est que les Aryas ont dû en premier lieu se diviser en deux groupes, l'un oriental et l'autre occidental, d'où sont sortis d'une part les Aryas de la Perse et de l'Inde, et de l'autre les peuples européens. Les principaux arguments à l'appui de ce fait ne pourront être développés que dans la suite de notre travail ; mais nous avons signalé déjà quelques indications de ce genre à propos de certains termes communs aux langues européennes et qui manquent aux Aryas orientaux. Je ne rappellerai ici que le nom du lin (§ 80), et surtout celui de l'huître (§ 151), d'où il résulte que les Aryas occidentaux devaient habiter dans le voisinage de la mer Caspienne.

La comparaison des noms de la mer elle-même nous a prouvé que l'ancienne Ariane ne pouvait pas en être éloignée, et les rapports qui se sont révélés entre quelques-uns de ces noms et ceux de l'occident et du désert, fournissent une donnée très-digne d'attention pour identifier la position géographique de ce pays avec celle de la Bactriane (cf. § 16).

Des inductions d'une nature plus générale ont été tirées de la division de l'année en trois saisons bien distinctes, ce qui s'accorde parfaitement avec le climat de ces régions (§ 11, 12, 14), ainsi que des termes relatifs à la topographie, lesquels ne peuvent se rapporter qu'à un pays de montagnes et de vallées, arrosé par de nombreux cours d'eau, et tel enfin que la Bactriane se présente (§ 17, 18). Plusieurs noms de rivières semblent même avoir été emportés par les émigrants, et appliqués à d'autres fleuves dans leur nouvelle patrie.

Le moyen le plus sûr de contrôler la solidité de ces premières inductions était sans doute de rechercher quelles ont été les productions naturelles de l'ancienne Ariane, ses minéraux, ses plantes, ses animaux. Ici s'ouvrait un vaste champ d'investigations intéressantes, mais laborieuses, et nous n'avons pas cru devoir reculer devant un travail nécessaire pour rassembler une à une les données du problème. Les discussions de mots, et les débats étymologiques, n'ont guère d'attrait que pour ceux qui s'y livrent, mais il s'agit ici des intérêts de la science, et non de celui des lecteurs. Ceux-ci, pour la plupart, ne s'enquièrent que des résultats définitifs, et laissent volontiers au pionnier, ou au mineur, le soin d'explorer les régions inconnues, ou de découvrir les filons. Il faut pourtant bien recueillir l'or grain à grain avant de le frapper en monnaie courante, ou de le façonner en bijoux. Ce second travail, plus agréable à tous égards, sera l'œuvre de nos successeurs.

L'application de la méthode comparative aux termes qui concernent l'histoire naturelle des trois règnes, n'a fait que confirmer les inductions suggérées par les premières recherches. La possession des métaux les plus usuels par les anciens Aryas, qui, sans doute, ne les recevaient pas par le commerce, indique un pays fécond en ressources métalliques. Leurs végétaux utiles, spontanés ou cultivés, étaient ceux dont les botanistes placent l'habitation primitive dans les régions voisines au moins de la Bactriane, qui y prospèrent encore aujourd'hui, et qui forment le fonds principal de nos cultures européennes. Il en est de même de la plupart des animaux domestiques, et la faune arienne tout entière est celle d'une zone climatérique analogue à la nôtre. La richesse et la variété de cette faune prouvent de plus que l'ancienne Ariane devait être un pays accidenté et fort étendu, et qu'on ne saurait la reléguer dans quelque région circonscrite au sein des montagnes, abstraction faite toujours du premier point de départ qui reste incertain.

Ce n'est pas encore le moment de soulever ici la question chronologique, sur laquelle d'ailleurs il est difficile d'arriver à autre chose qu'à des conjectures approximatives. Cette question reviendra plus convenablement quand nous aurons réuni toutes les données accessibles sur l'état de la civilisation arienne, car ces données même constituent un des éléments du problème. Ce que nous pouvons dire par anticipation, c'est que, suivant toutes les probabilités, on ne saurait placer les premières émigrations ariennes à moins de trois mille ans avant notre ère, et qu'elles remontent peut-être plus haut encore.

Quel degré de culture sociale, matérielle et intellectuelle avait atteint ce grand peuple des Aryas dont nous avons fixé la demeure primitive? Telle est la question intéressante, mais difficile, qui nous reste à aborder dans la seconde partie de notre travail.

FIN.

TABLE DES MATIÈRES

Pages.

AVANT-PROPOS. I

§ 1. Introduction. 1

§ 2. La méthode. 11

LIVRE PREMIER. — ETHNOGRAPHIE ET GÉOGRAPHIE.

CHAPITRE I.

§ 3. Le nom primitif des Aryas. 27

CHAPITRE II.

§ 4. Hypothèses géographiques. 35

CHAPITRE III.

§ 5. Données linguistiques générales. 43

CHAPITRE IV.

§ 6. Données ethnographiques. 54
§ 7. Les Aryas et les Barbares. 55
§ 8. Les Yavanas et les Ioniens. 58
§ 9. Les Eri (Aryas) et les Iberi du Caucase et de l'Espagne. 67
§ 10. Les Aryas du Nord. — Les prétendus Indo-Germains de l'Asie centrale. — Les Gètes et les Goths. — Les Daces et les Danois. — Les Saces et les Saxons. 75

CHAPITRE V.

Pages.

COMPARAISON DES TERMES RELATIFS AU CLIMAT. 88

§ 11. L'hiver, la neige, la glace. . . . . ib.
§ 12. Le printemps. 98
§ 13. L'été. 103
§ 14. L'automne. 106

CHAPITRE VI.

EXAMEN DE QUELQUES TERMES GÉOGRAPHIQUES ET TOPOGRAPHIQUES. 109

§ 15. Observations préliminaires. . . . . ib.
§ 16. La mer. . . . . ib.
§ 17. Les montagnes. 121
A. La montagne. 122
B. La pierre et le rocher. 129
C. La vallée. 134
§ 18. Les cours d'eau. . . . . ib.
A. Noms généraux. 135
B. Noms propres de quelques fleuves. 140

LIVRE DEUXIÈME. — HISTOIRE NATURELLE.

CHAPITRE I.

LES MINÉRAUX. 149

§ 19. Les minéraux en général. . . . . ib.
§ 20. Le métal en général. 152
§ 21. L'or. 154
§ 22. L'argent 159
§ 23. Le fer. 162
§ 24. Le cuivre et l'airain. 170
§ 25. L'étain. 177
§ 26. Le plomb. 181
§ 27. Résumé des recherches sur les métaux. 184

CHAPITRE II.

LES PLANTES. 188

§ 28. Observations préliminaires. . . . . ib.

Section I. — Le végétal et ses parties.

Pages.

§ 29. L'arbre 190
§ 30. Le tronc, la tige 196
§ 31. La branche 197
§ 32. La racine 199
§ 33. L'écorce 202
§ 34. La feuille 205
§ 35. La fleur et le fruit . . . . ib.
§ 36. Le bois (*lignum*). 208
§ 37. La forêt 210

Section II. — Les arbres spontanés.

§ 38. Le chêne 213
§ 39. Le bouleau 217
§ 40. Le hêtre 219
§ 41. L'orme 221
§ 42. Le frêne 222
§ 43. Le saule 223
§ 44. Le peuplier 224
§ 45. Le tilleul 225
§ 46. L'aune 226
§ 47. Le sureau 228
§ 48. L'if . . . . ib.
§ 49. Le pin et le sapin 230

Section III. — Les arbres a fruits.

§ 50. Observations préliminaires 237
§ 51. Le pommier 238
§ 52. Le poirier 239
§ 53. Le prunier 242
§ 54. Le cerisier 244
§ 55. L'amandier 245
§ 56. Le noyer 247
§ 57. Le châtaignier 249
§ 58. La vigne 250

Section IV. — Plantes cultivées pour leur utilité.

§ 59. Observations préliminaires 257
§ 60. Noms généraux des céréales 258

Pages.

§ 61. Le froment. 261
§ 62. L'orge. 266
§ 63. Le seigle. 272
§ 64. L'épeautre. 276
§ 65. L'avoine. 278
§ 66. Le millet. 279
§ 67. La fève. 282
§ 68. Le pois. 287
§ 69. La lentille. 290
§ 70. Le pavot. 292
§ 71. La moutarde. 296
§ 72. L'oignon et l'ail. 297
§ 73. La carotte. 301
§ 74. La rave et le navet. 303
§ 75. Le radis. 305
§ 76. Le chou. . . . . ib.
§ 77. L'oseille. 308
§ 78. Les cucurbitacés. 309
§ 79. Le chanvre. 313
§ 80. Le lin. 319
§ 81. L'ortie. 322

SECTION V.

§ 82. LES PLANTES SPONTANÉES. 324

SECTION VI.

§ 83. Résumé des recherches sur les noms de plantes. . . . 325

CHAPITRE III.

LES ANIMAUX. . . . . ib.
§ 84. Observations préliminaires. 328

SECTION I.

§ 85. LES ANIMAUX DOMESTIQUES. 329
§ 86. Le bœuf. 330
§ 87. Le cheval. 344
§ 88. L'âne. 353
§ 89. Le mouton. 356
§ 90. La chèvre. 365
§ 91. Le cochon. 369

Pages.

§ 92. Le chien. 375
§ 93. Le chat. 381
§ 94. Le chameau. 382
§ 95. L'oie et le cygne. 387
§ 96. Le canard. 392
§ 97. Le coq et la poule. 395
§ 98. Le pigeon. 399
§ 99. L'abeille. 403

SECTION II.

§ 100. LES ANIMAUX PARASITES. 410

§ 101. La souris. 411
§ 102. La puce. 413
§ 103. Le pou et la lente. 414
§ 104. La punaise. 416
§ 105. Le ver. 417
§ 106. La mouche. 420

SECTION III.

§ 107. LES ANIMAUX SAUVAGES. 422

ARTICLE I. — MAMMIFÈRES. . . . . ib.

§ 108. Le lion. . . . . ib.
§ 109. Le tigre. 425
§ 110. L'ours. 426
§ 111. Le loup. 430
§ 112. Le renard. 434
§ 113. Le cerf. 436
§ 114. Le blaireau. 440
§ 115. La loutre. 442
§ 116. Le castor. 444
§ 117. Le lièvre et le lapin. 446
§ 118. L'écureuil. 448
§ 119. La belette, la fouine, la marte, le putois. 450
§ 120. La taupe. 452
§ 121. Le hérisson. 453

ARTICLE II. — OISEAUX. 454

§ 122. L'aigle. 455
§ 123. Le vautour. 458

Pages.

§ 124. Le milan. 462
§ 125. Le faucon. 464
§ 126. L'épervier. 468
§ 127. Le hibou, la chouette. 470
§ 128. Le corbeau. 472
§ 129. La pie et le geai. 476
§ 130. Le courlis. 478
§ 131. La grive et le merle. 479
§ 132. L'étourneau. 481
§ 133. L'hirondelle. 482
§ 134. Le moineau. 484
§ 135. Le pinson. 485
§ 136. L'alouette. 486
§ 137. Le hoche-queue. 487
§ 138. Le pivert. 488
§ 139. Le coucou. 489
§ 140. La grue, le héron, la cigogne. 490
§ 141. La perdrix. 493
§ 142. La caille. 494

ARTICLE III. — REPTILES. 497

§ 143. La tortue. . . . . ib.
§ 144. Le lézard. 498
§ 145. Le serpent. 499
§ 146. La grenouille. 506

ARTICLE IV. — POISSONS. 507

§ 147. Le poisson en général. 508
§ 148. L'anguille. 510

ARTICLE V. — MOLLUSQUES. 511

§ 149. L'escargot et la limace. . . . . ib.
§ 150. La conque ou le triton. 513
§ 151. L'huître. 514

ARTICLE VI. — INSECTES. 516

§ 152. Le crabe et l'écrevisse. . . . . ib.
§ 153. L'araignée. 520
§ 154. La chenille. 523

Pages.
§ 155. Le papillon. 524
§ 156. La sauterelle. 526
§ 157. Le grillon. 527
§ 158. La fourmi. 528
§ 159. La sangsue. 530

SECTION IV.

§ 160. Résumé des recherches sur les noms d'animaux. . . . 532

Conclusions générales de la première partie. 535

FIN DE LA TABLE DES MATIÈRES.

Saint-Denis. — Typographie de A. Moulin

www.ingramcontent.com/pod-product-compliance
Lightning Source LLC
Chambersburg PA
CBHW070835230426
43667CB00011B/1806
* 9 7 8 2 0 1 2 6 9 7 2 4 9 *